# 广东农村统计年鉴

GUANGDONG RURAL STATISTICAL YEARBOOK

2024

《广东农村统计年鉴》编辑委员会编

中国统计出版社
China Statistics Press

图书在版编目（CIP）数据

广东农村统计年鉴. 2024 = Guangdong Rural Statistical Yearbook 2024 / 《广东农村统计年鉴》编辑委员会编. -- 北京 : 中国统计出版社, 2024. 11.
ISBN 978-7-5230-0535-4

Ⅰ. ①广… Ⅱ. ①广… Ⅲ. ①农业统计－统计资料－广东－2023－年鉴 Ⅳ. ①F327.65-66

中国国家版本馆 CIP 数据核字第 2024G3L085 号

广东农村统计年鉴 2024

作　　者/《广东农村统计年鉴》编辑委员会
责任编辑/ 高媛媛
装帧设计/ 广州睡一觉文化艺术发展有限责任公司
出版发行/ 中国统计出版社有限公司
地　　址/ 北京市丰台区西三环南路甲 6 号
邮政编码/ 100073
电　　话/ 邮购（010）63376909　书店（010）68783171
网　　址/ http://www.zgtjcbs.com
印　　刷/ 广州星河印刷有限公司
经　　销/ 新华书店
开　　本/ 890mm×1240mm　1/16
字　　数/ 1400 千字
印　　张/ 26.25　彩页 1.5
版　　别/ 2024 年 11 月第 1 版
版　　次/ 2024 年 11 月第 1 次印刷
定　　价/ 350.00 元

本书附同版本 CD-ROM 一张，光盘内容以书面文字为准。
如有印装差错，由本社发行部调换。

# 《广东农村统计年鉴 2024》编委会和编辑出版人员名单

# 编者说明

《广东农村统计年鉴》是由广东省统计局、广东省农业农村厅、国家统计局广东调查总队、广东省民政厅、广东省自然资源厅、广东省水利厅、广东省应急管理厅、广东省林业局、广东省气象局、广东省农垦总局、广东省供销合作社联合编辑出版的大型统计资料工具书。其宗旨是力求全面、系统、客观、翔实地向广大读者提供广东农村经济和社会发展的基本统计资料信息。

《广东农村统计年鉴2024》(简称《年鉴》)，主要收录2023年全省、各市、县（区）涉农统计数据和新中国成立以来各个主要时期主要涉农统计数据。本年新增了县镇村主要经济指标专题，全书共分十八个专题：农业主要指标与农村基本情况、自然资源、气候与自然灾害、农业技术装备与农村科技及教育、水利建设、国民经济概况、农村经济综合、种植业、林业、畜牧业与饲料工业、渔业、农产品进出口贸易、农村经济收入分配与效益、农村居民收入与消费、农垦、供销合作社、分区域主要经济指标、县镇村主要经济指标等。

《年鉴》资料来源于政府统计部门、农业部门和各有关部门的年报表，部分资料采自抽样调查。由于有关业务部门的统计范围、口径不完全相同，资料中少数指标数据不完全一致，使用时敬请读者注意。

《年鉴》涉及珠江三角洲、东翼、西翼和山区的具体划分为：珠江三角洲指广州、深圳、珠海、佛山、江门、东莞、中山、惠州和肇庆；东翼指汕头、汕尾、潮州和揭阳；西翼指湛江、茂名和阳江；山区指韶关、河源、梅州、清远和云浮。

《年鉴》统计表中的符号说明：“…”表示数据不足本表最小单位数；“#”表示其中主要项；空格表示该项统计指标数据不详或无该项数据。

根据《全国农业普查条例》,本书2007年及以后年份部分数据以第三次全国农业普查结果为基础做了调整。

《年鉴》中地区生产总值以及分产业分行业增加值数据，最后一年的数据均为初步核算数，不是最终数。

# 目　　录

**十、畜牧业与饲料工业**



**十一、渔业**



**十二、农产品进出口贸易**



**十三、农村经济收入分配与效益**

# 2023年广东农业农村发展情况

2023年，广东坚持以习近平新时代中国特色社会主义思想为指导，全面贯彻党的二十大精神，深入贯彻习近平总书记视察广东重要讲话、重要指示精神，锚定建设农业强省目标，学习运用“千万工程”经验，把实施“百县千镇万村高质量发展工程”（以下简称“百千万工程”）作为头号工程，统筹强富绿美新县域、美丽兴旺新城镇、宜居宜业新农村建设和城乡融合发展，以县域为主战场，突出优势塑造、结构调整、动力增强、价值实现，大力推进强县兴镇带村，加快推动城乡区域协调发展。全省农林牧渔业总产值9202.09亿元，同比增长5.1%，农林牧渔增加值5753.60，同比增长5.0%。

**一、学习运用“千万工程”经验，把“百千万工程”作为推动乡村全面振兴、促进城乡区域协调发展的总抓手。**以实施“百千万工程”为牵引，创新完善党管农村工作机制，推动全省各级把责任扛在肩上、抓在手上。一是深化学思践悟笃行。省委和省政府主要负责同志高度重视“三农”工作，把学习习近平总书记关于“三农”工作的重要论述与总书记视察广东重要讲话、重要指示精神结合起来，组织学习运用浙江“千万工程”经验，切实把总书记的殷殷嘱托转化为做好“三农”工作的自觉行动。二是强化组织领导。构建省市县三级党政主要负责同志牵头挂帅的“百千万工程”指挥体系，全面实行省领导定点联系市县、市领导挂钩镇、县领导联系村。建立专班推进机制，落实专人专责专业抓落实。建立完善横向到边、纵向到底、层层贯彻落实的政策体系和体制机制。健全分类考核评价体系，制定重点任务年度清单，将市县镇村党组织书记抓乡村振兴责任落实情况作为考核重点内容。三是明确工作思路。结合实际借鉴运用“千万工程”经验做法，实施“百千万工程”，努力争取“一年开局起步、三年初见成效、五年显著变化、十年根本改变”；坚持分类施策，将全省122个县（市、区）划分为创先、进位、消薄三类，制定乡镇和村庄分类办法，推动特色发展、错位发展；坚持城乡融合，以县域为重要切入点，把县的优势、镇的特色、村的资源更好统筹起来；坚持典型引路，选树22个典型县（市、区）、110个典型镇、1062个典型村（社区），在全省推广经验做法。四是加大多元投入力度。推动各市计提土地出让收益的35%以上用于农业农村。实施涉农资金统筹整合改革，探索开展“补改投”试点，基本形成“政银保担基企”金融支农格局，截至2023年10月末，涉农贷款余额2.5万亿元，提早实现年度目标。推动降低县域融资成本，设立乡村振兴融资风险补偿资金池，撬动银行授信6.25亿元。抓实农业保险，基本覆盖全省种养业主要品种，三大粮食作物投保面积覆盖率接近80%。

**二、大抓产业发展，推动乡村产业提质升级。**严格落实粮食安全和耕地保护党政同责，做好“土特产”文章，统筹县域强县产业和富民产业、传统产业和新兴产业，高水平推动全产业链培育发展。一方面，全力保障粮食和重要农产品稳定安全供给。粮食播种面积稳定在3313.3万亩以上、粮食产量稳定在1270万吨以上。高质量推进100万亩高标准农田建设，有序推进撂荒耕地连片15亩以下、3亩以上可复耕撂荒耕地复耕复种和盐碱地综合利用，全面铺开第三次全国土壤普查，完成国家下达我省新增3000亩油菜籽扩种任务。狠抓技术服务提单产，开展主要作物大面积单产提升行动，创建省级粮油绿色高产高效千亩示范片175个；大力发展农业社会化服务，2023年完成农业生产托管面积360万亩，是上年的1.88倍。狠抓大食物观拓来源，农林牧渔并举，大力发展冬种粮食和蔬菜种植，提高甘薯种植面积和产量。另一方面，聚力构建体现广东“三农”特色、展现广东比较优势的现代乡村产业体系。突出抓好现代化海洋牧场建设，出台17条政策举措，深入实施“深蓝种业”工程，实现海鲈省内全流程人工繁育，硇洲族大黄鱼种业培育取得新进展，大力发展抗台风能力强的深远海养殖装备，博贺渔港成功获批国家级沿海渔港经济区，启动现代化海洋牧场建设项目35个、总投资119.79亿元。突出市场主体培育，选育做强农业龙头企业，开展新型农业经营主体能力提升三年行动，培育打造标杆家庭农场和农民合作社，赋能新型农业经营主体和服务主体发展，递补5家国家级、新认定192家省级农业龙头企业，开展“广东乡村振兴板”上市培育工程，累计培育展示挂牌企业405家。突出产业平台打造，推动黄羽鸡、金柚、荔枝等优势特色产业跨区域发展，新增创建国家优势特色产业集群2个、国家现代农业产业园3个、国家农业产业强镇10个；大力发展现代设施农业，打造一批现代设施农业示范区。突出产业链条补强，以县为单元建设加工基地，以镇村为单元建设原料基地，实施农产品加工业提升行动，立项制定5项基础性关键性地方标准；推进8个农产品产地冷藏保鲜设施试点县建设；健全“12221”农产品市场营销体系，助推菠萝、荔枝等特色优势农产品丰产又丰收。

**三、大抓人居环境整治，全面建设宜居宜业和美乡村。**统筹新型城镇化和乡村全面振兴，以美丽圩镇建设和乡村建设行动为抓手，推动农村人居环境品质提升。一是提升规划建设水平。统筹推进乡村布局规划、村庄建设规划、农房风貌规划，制定县域乡村空间分类规划和管控指引，因地制宜梯次提升建设干净整洁、美丽宜居、特色精品村庄，扎实推进416条乡村振兴示范带建设。二是提升环境整治水平。坚持镇村一体持续推进厕所、污水和垃圾处理“三大革命”，开展农村改厕“提质年”工作，农村卫生无害化户厕普及率达96%以上，农村生活垃圾收运处置体系基本建立。开展农房风貌管控，安排4亿元省级财政资金支持 23 个省级农房建设试点，强化“六乱”整治推进圩镇面貌整体改善。三是提升绿化美化水平。推进绿美广东生态建设“六大行动”，突出林分优化、林相改善，利用乡村“四旁”“五边”空地植绿增绿，推进点绿成金、深化造绿为民、加强以绿养心，打造 193 个绿美广东生态建设示范点。四是提升设施建设水平。按照“一村一策”开展乡村基础设施补短板工程，坚持县域统筹、镇村联动、补短攻坚推动农村基础设施提能级，农村集中供水实现自然村全覆盖，100 人以上自然村全部通硬化路，20 户以上自然村全部通百兆光纤，农村电网平均供电可靠率、建成 5G 和 4G 基站数量均居全国第一。

**四、大抓体制机制改革，全面激发乡村发展内生动力。**聚力破解关键领域、环节障碍，既“稳”又“活”推进农村改革，突出农业科技创新应用导向，为农业现代化增动力、添活力。一是突出强化科技创新。聚焦核心种源等 19 个方向实施技术攻关，新增超级稻品种 4 个、占全国的 1/4，自主选育的突破性新品种乡下黑猪通过国家审定，种业振兴取得新突破；健全新型农技推广服务体系，布局建设农业生产全程服务中心 1252 个。二是稳步推进现代农业经营体系改革。高标准开展家庭农场、合作社示范创建和认定工作，建立县镇村三级农业生产托管协办体系，建立农民合作社服务中心 46 家。三是积极探索新型农村集体经济多种实现形式。支持 897 个村通过居间服务、资产参股等发展壮大新型农村集体经济，探索“强镇富村公司”、“强村公司”、“政银企村（户）”共建等模式。建设省级农村产权流转交易信息平台，实现全省交易入口、资产登记、合同管理等统一化标准化规范化，交易资产 1.98 万宗、362 亿元。四是稳慎推进农村承包地和宅基地制度改革。稳步推进二轮延包试点工作，探索有效的承包地经营权“活化”路径，全省农村承包地流转面积承包地总面积 56.3%。五是聚焦城乡深度融合深化改革。出台《县域经济高质量发展体制机制改革方案》，推动国家城乡融合发展试验区广清接合片区建设，启动 7 个省级市县试点工作，突出强镇扩权，推动各市经济社会管理权限下放至乡镇（街道），平均下放事项 598 项。六是加大用地保障力度。出台保障农村一二三产业融合发展用地促进乡村振兴的指导意见，出台 19 条支持政策，推动拓空间、简审批、优供应。实施点状供地助力乡村产业振兴政策。

# 一、农业主要指标与农村基本情况

# 1-1　全省行政区划

(2023年)　　　　单位：个

| 市　别 | 地级市 | 县级市 | 县 | 自治县 | 市辖区 | 市辖镇 | 乡 | | 街道 |
|---|---|---|---|---|---|---|---|---|---|
| | | | | | | | | 民族乡 | |
| **全　省** | **21** | **20** | **34** | **3** | **65** | **1112** | **4** | **7** | **490** |
| 广　州 | 1 | | | | 11 | 34 | | | 143 |
| 深　圳 | 1 | | | | 9 | | | | 74 |
| 珠　海 | 1 | | | | 3 | 15 | | | 10 |
| 汕　头 | 1 | | 1 | | 6 | 30 | | | 37 |
| 佛　山 | 1 | | | | 5 | 21 | | | 11 |
| 韶　关 | 1 | | 4 | 1 | 3 | 94 | | 1 | 10 |
| 河　源 | 1 | | 5 | | 1 | 94 | | 1 | 6 |
| 梅　州 | 1 | | 5 | | 2 | 104 | | | 6 |
| 惠　州 | 1 | | 3 | | 2 | 48 | | 1 | 22 |
| 汕　尾 | 1 | | 2 | | 1 | 40 | | | 14 |
| 东　莞 | 1 | | | | | 28 | | | 4 |
| 中　山 | 1 | | | | | 15 | | | 8 |
| 江　门 | 1 | | | | 3 | 61 | | | 12 |
| 阳　江 | 1 | | 1 | | 2 | 38 | | | 10 |
| 湛　江 | 1 | | 2 | | 4 | 82 | 2 | | 38 |
| 茂　名 | 1 | | | | 2 | 86 | | | 26 |
| 肇　庆 | 1 | | 4 | | 3 | 87 | | 1 | 17 |
| 清　远 | 1 | | 2 | 2 | 2 | 77 | | 3 | 5 |
| 潮　州 | 1 | | 1 | | 2 | 41 | | | 5 |
| 揭　阳 | 1 | | 2 | | 2 | 62 | 2 | | 24 |
| 云　浮 | 1 | | 2 | | 2 | 55 | | | 8 |

注：本行政区划截至2021年底。

# 1-2　农业主要指标

| 指　　标 | 单位 | 2000 | 2005 | 2010 | 2015 | 2021 | 2022 | 2023 |
|---|---|---|---|---|---|---|---|---|
| 农业总产值 | 亿元 | 1701.18 | 2447.57 | 3697.18 | 5303.63 | 8305.84 | 8892.29 | 9202.09 |
| 农业增加值 | 亿元 | 1005.14 | 1428.27 | 2254.49 | 3275.05 | 5151.27 | 5541.58 | 5753.60 |
| 农作物总播种面积 | 万亩 | 7735.35 | 7223.06 | 6394.16 | 6291.83 | 6747.54 | 6830.20 | 6880.91 |
| 粮食作物 | 万亩 | 4649.83 | 4179.75 | 3579.49 | 3289.94 | 3319.55 | 3345.43 | 3344.26 |
| 经济作物 | 万亩 | 2940.05 | 3043.31 | 2814.67 | 3001.88 | 3427.98 | 3484.77 | 3536.65 |
| 人工造林面积 | 万亩 | 25.76 | | 142.72 | 177.69 | 30.00 | 15.48 | 22.38 |
| 主要产品产量 | | | | | | | | |
| 粮食 | 万吨 | 1822.33 | 1394.97 | 1249.15 | 1211.66 | 1279.87 | 1291.54 | 1285.19 |
| 糖蔗 | 万吨 | 1137.59 | 946.02 | 1064.09 | 1093.58 | 1118.20 | 1107.76 | 1087.43 |
| 花生 | 万吨 | 77.68 | 75.86 | 81.59 | 94.48 | 115.87 | 115.93 | 119.54 |
| 蔬菜 | 万吨 | 2214.80 | 2596.02 | 2551.00 | 2994.70 | 3855.73 | 3999.11 | 4099.33 |
| 水果 | 万吨 | 643.52 | 831.69 | 1049.21 | 1298.52 | 1826.73 | 1895.18 | 1991.87 |
| 猪肉 | 万吨 | 206.85 | 256.28 | 285.14 | 296.31 | 263.23 | 279.81 | 298.00 |
| 水产品 | 万吨 | 593.19 | 695.23 | 729.03 | 804.14 | 884.49 | 894.03 | 924.02 |
| 化肥施用量(折纯) | 万吨 | 176.20 | 204.62 | 233.57 | 238.28 | 212.87 | 208.74 | 206.79 |
| 农药施用量 | 万吨 | 8.47 | 8.70 | 9.79 | 9.75 | 7.74 | 7.60 | 7.44 |

注：1.表中农业总产值、农业增加值按当年价格计算，增长速度按可比价格计算。
　　2.2004年起，粮食产量含大豆。

# 1-3 主要农产品产量与最高年份比较

(2023年)

| 指　　标 | 单位 | 2023 | 新中国成立以来最高年 | | |
|---|---|---|---|---|---|
| | | | 年份 | 产量 | 2023为新中国成立以来最高年份(%) |
| 粮食总产量 | 万吨 | 1285.19 | 1997 | 1966.75 | 65.3 |
| #稻谷 | 万吨 | 1096.89 | 1998 | 1688.53 | 65.0 |
| #早稻 | 万吨 | 529.70 | 1983 | 862.25 | 61.4 |
| 晚稻 | 万吨 | 567.19 | 1998 | 866.51 | 65.5 |
| 薯类 | 万吨 | 109.88 | 1998 | 238.28 | 46.1 |
| 经济作物 | | | | | |
| 甘蔗 | 万吨 | 1271.08 | 1992 | 2376.62 | 53.5 |
| #糖蔗 | 万吨 | 1087.43 | 1992 | 2271.06 | 47.9 |
| 油料作物 | 万吨 | 121.01 | 2022 | 117.43 | 103.1 |
| #花生 | 万吨 | 119.54 | 2022 | 115.93 | 103.1 |
| 烟叶 | 万吨 | 3.74 | 1992 | 8.62 | 43.3 |
| 其他作物 | | | | | |
| #蔬菜 | 万吨 | 4099.33 | 2022 | 3999.11 | 102.5 |
| 水果 | 万吨 | 1991.87 | 2022 | 1895.18 | 105.1 |
| 生猪年末存栏量 | 万头 | 2049.20 | 2009 | 2455.11 | 83.5 |
| 生猪出栏头数 | 万头 | 3794.01 | 2014 | 4062.02 | 93.4 |
| 猪肉产量 | 万吨 | 298.00 | 2014 | 302.86 | 98.4 |
| 家禽年末存栏 | 亿只 | 4.02 | 2010 | 4.09 | 98.4 |
| 出售和自宰的家禽 | 亿只 | 13.74 | 2020 | 13.74 | 100.0 |
| 禽肉产量 | 万吨 | 194.54 | 2020 | 195.27 | 99.6 |
| 水产品 | 万吨 | 924.02 | 2022 | 894.03 | 103.4 |

# 1-4 主要年份农村基本情况

| 年 份 | 乡镇个数（个） | 村民委员会个数（个） | 年 份 | 乡镇个数（个） | 村民委员会个数（个） |
|---|---|---|---|---|---|
| 1949 | | | 1995 | 1593 | 118530 |
| 1952 | | | 2000 | 1589 | 21942 |
| 1957 | | | 2005 | 1156 | 18693 |
| 1962 | 1920 | | 2010 | 1145 | 19506 |
| 1965 | 1593 | | 2015 | 1139 | 19734 |
| 1970 | 1351 | | 2017 | 1135 | 19785 |
| 1975 | 1459 | | 2018 | 1134 | 19792 |
| 1978 | 1577 | | 2019 | 1125 | 19801 |
| 1980 | 1629 | | 2020 | 1127 | 19425 |
| 1985 | 1673 | 140812 | 2021 | 1123 | 19430 |
| 1990 | 1302 | 117202 | 2022 | 1123 | 19431 |
| | | | 2023 | 1123 | 19436 |

注：乡镇个数、村民委员会个数为广东省民政厅统计年报数。

# 1-5 各市农村基本情况

(2023年)

| 市 别 | 乡镇个数（个） | 村民委员会个数（个） | 市 别 | 乡镇个数（个） | 村民委员会个数（个） |
|---|---|---|---|---|---|
| **全 省** | **1123** | **19436** | 东莞市 | 28 | 350 |
| 广州市 | 34 | 1145 | 中山市 | 15 | 150 |
| 深圳市 | | | 江门市 | 61 | 1056 |
| 珠海市 | 15 | 122 | 阳江市 | 38 | 710 |
| 汕头市 | 30 | 558 | 湛江市 | 84 | 1638 |
| 佛山市 | 21 | 329 | 茂名市 | 86 | 1628 |
| 韶关市 | 95 | 1207 | 肇庆市 | 88 | 1255 |
| 河源市 | 95 | 1251 | 清远市 | 80 | 1031 |
| 梅州市 | 104 | 2048 | 潮州市 | 41 | 894 |
| 惠州市 | 49 | 1043 | 揭阳市 | 64 | 1446 |
| 汕尾市 | 40 | 728 | 云浮市 | 55 | 847 |

# 1-6 各县(市、区)农村基本情况

(2022年)

| 地　区 | 乡镇个数(个) | 村民委员会个数(个) |
|---|---|---|
| **广州市** | **34** | **1145** |
| 海珠区 | | |
| 荔湾区 | | |
| 天河区 | | |
| 白云区 | 4 | 118 |
| 黄埔区 | 1 | 28 |
| 番禺区 | 5 | 177 |
| 花都区 | 6 | 188 |
| 南沙区 | 6 | 128 |
| 从化区 | 5 | 221 |
| 增城区 | 7 | 285 |
| **深圳市** | | |
| 福田区 | | |
| 罗湖区 | | |
| 盐田区 | | |
| 南山区 | | |
| 宝安区 | | |
| 龙岗区 | | |
| 龙华区 | | |
| 坪山区 | | |
| 光明区 | | |
| **珠海市** | **15** | **122** |
| 香洲区 | 6 | 7 |
| 金湾区 | 4 | 14 |
| 斗门区 | 5 | 101 |
| **汕头市** | **30** | **558** |
| 金平区 | | |
| 龙湖区 | | 33 |
| 澄海区 | 8 | 137 |
| 濠江区 | | |
| 潮阳区 | 9 | 180 |
| 潮南区 | 10 | 167 |
| 南澳县 | 3 | 41 |
| **佛山市** | **21** | **329** |
| 禅城区 | 1 | 53 |
| 南海区 | 6 | 66 |
| 顺德区 | 6 | 108 |
| 高明区 | 3 | 54 |
| 三水区 | 5 | 48 |
| **韶关市** | **95** | **1207** |
| 浈江区 | 5 | 48 |
| 武江区 | 5 | 49 |
| 曲江区 | 9 | 85 |
| 乐昌市 | 16 | 195 |
| 南雄市 | 17 | 208 |
| 仁化县 | 10 | 109 |
| 始兴县 | 10 | 113 |
| 翁源县 | 8 | 156 |
| 新丰县 | 6 | 141 |
| 乳源县 | 9 | 103 |
| **河源市** | **95** | **1251** |
| 源城区 | 2 | 28 |
| 东源县 | 21 | 258 |
| 和平县 | 17 | 216 |
| 龙川县 | 24 | 315 |
| 紫金县 | 16 | 245 |
| 连平县 | 13 | 159 |
| 江东新区 | 2 | 30 |
| **梅州市** | **104** | **2048** |
| 梅江区 | 4 | 81 |
| 梅县区 | 17 | 355 |
| 兴宁市 | 17 | 458 |
| 平远县 | 12 | 136 |
| 蕉岭县 | 8 | 97 |
| 大埔县 | 14 | 245 |
| 丰顺县 | 16 | 261 |
| 五华县 | 16 | 415 |
| **惠州市** | **49** | **1043** |
| 惠城区 | 5 | 142 |
| 惠阳区 | 6 | 102 |
| 惠东县 | 12 | 245 |
| 博罗县 | 15 | 331 |
| 龙门县 | 8 | 156 |
| 大亚湾开发区 | | 29 |

## 1-6 续表

(2022年)

| 地 区 | 乡镇个数（个） | 村民委员会个数（个） |
|---|---|---|
| 仲恺高新区 | 3 | 38 |
| **汕尾市** | **40** | **728** |
| 市城区 | 3 | 81 |
| 陆丰市 | 17 | 293 |
| 海丰县 | 12 | 237 |
| 陆河县 | 8 | 117 |
| **东莞市** | **28** | **350** |
| **中山市** | **15** | **150** |
| **江门市** | **61** | **1056** |
| 蓬江区 | 3 | 55 |
| 江海区 |  | 36 |
| 新会区 | 10 | 199 |
| 台山市 | 16 | 277 |
| 开平市 | 13 | 226 |
| 鹤山市 | 9 | 112 |
| 恩平市 | 10 | 151 |
| **阳江市** | **38** | **710** |
| 江城区 | 4 | 106 |
| 阳东区 | 11 | 157 |
| 阳春市 | 15 | 309 |
| 阳西县 | 8 | 138 |
| **湛江市** | **84** | **1638** |
| 赤坎区 |  | 16 |
| 霞山区 |  | 33 |
| 麻章区 | 3 | 91 |
| 坡头区 | 5 | 61 |
| 雷州市 | 18 | 422 |
| 廉江市 | 18 | 340 |
| 吴川市 | 10 | 143 |
| 遂溪县 | 15 | 322 |
| 徐闻县 | 14 | 175 |
| 湛江经济技术开发区 | 1 | 35 |
| **茂名市** | **86** | **1628** |
| 茂南区 | 9 | 153 |
| 电白区 | 16 | 290 |
| 信宜市 | 18 | 352 |
| 高州市 | 23 | 439 |
| 化州市 | 17 | 334 |
| 茂名高新区 | 1 | 17 |
| 茂名滨海新区 | 2 | 43 |
| **肇庆市** | **88** | **1255** |
| 端州区 |  |  |
| 鼎湖区 | 4 | 53 |
| 高要区 | 16 | 279 |
| 四会市 | 10 | 113 |
| 广宁县 | 14 | 156 |
| 德庆县 | 12 | 175 |
| 封开县 | 15 | 178 |
| 怀集县 | 17 | 301 |
| **清远市** | **80** | **1031** |
| 清城区 | 4 | 71 |
| 清新区 | 8 | 186 |
| 英德市 | 23 | 256 |
| 连州市 | 12 | 163 |
| 佛冈县 | 6 | 78 |
| 阳山县 | 13 | 159 |
| 连山县 | 7 | 49 |
| 连南县 | 7 | 69 |
| **潮州市** | **41** | **894** |
| 湘桥区 | 4 | 120 |
| 潮安区 | 16 | 418 |
| 饶平县 | 21 | 356 |
| **揭阳市** | **64** | **1446** |
| 榕城区 | 3 | 161 |
| 揭东区 | 11 | 196 |
| 普宁市 | 19 | 523 |
| 揭西县 | 16 | 280 |
| 惠来县 | 15 | 286 |
| **云浮市** | **55** | **847** |
| 云城区 | 4 | 98 |
| 云安区 | 7 | 105 |
| 罗定市 | 17 | 306 |
| 新兴县 | 12 | 161 |
| 郁南县 | 15 | 177 |

# 二、自然资源

2023 年 10 月 10 日，省自然资源厅召开全省耕地保护重点工作暨“田长制”工作部署会。会议强调要全面推行“田长制”，健全完善耕地网格化监督管理工作机制。

2023 年 12 月13 日，省自然资源厅联合省地方金融监督管理局、佛山市人民政府在佛山市南海区举办广东省首届全域土地综合整治项目推介活动，为全省有关市、县（市、区）、镇人民政府，金融机构，国有及民营企业搭建多方共商共赢平台，全面助力广东“百千万工程”实施。活动共计 700 余人参加，现场签约项目 52 个、总金额超过 1400 亿元，推介项目 88 个、总金额近 3000 亿元。

2023 年 9 月 28 日，为进一步推进和美乡村建设、号召社会各界聚焦乡村振兴、更好发挥乡村风貌设计的引领作用，省自然资源厅、教育厅、住房城乡建设厅和农业农村厅联合召开 2023 年度“粤美乡村”风貌设计大赛启动会，标志着本次赛事正式启动。

2023 年 12 月 20 日，省自然资源厅主要负责同志率队到梅州市五华县安流镇实地调研纵向帮扶、驻镇帮扶工作，看望问候帮扶工作队全体队员。

2023 年 10 月 7 日，省地质灾害防治工作领导小组召开 2023 年度全省地质灾害防治工作推进会。会议通报省地质灾害综合防治能力提升三年行动 2023 年度计划实施和 2023 年省民生实事任务进展情况，对推进实施地质灾害综合防治能力提升三年行动方案，进一步做好地质灾害防治工作再强调再部署，向地质灾害防治三年行动（2020–2022 年）先进单位和先进个人颁奖。

# 自然资源管理

2023年，省自然资源厅坚持以习近平新时代中国特色社会主义思想为指导，全面贯彻党的二十大、二十届二中全会精神，深入贯彻习近平总书记视察广东重要讲话、重要指示精神，全面落实省委“1310”具体部署，将全面推进乡村振兴战略与助力“百县千镇万村高质量发展工程”实施紧密结合，做到“一盘棋”统筹谋划和“一体化”协同推进，为全省乡村振兴提供了有力的国土空间保障和资源要素支撑。

**一、“四级三类”国土空间规划体系初步建立，支撑引领宜居宜业和美乡村建设。**一是省级规划引导持续加强。省级总规在全国第一批经国务院批复同意，设立“营造兴旺和美的农业空间”专章，提出“坚持农业农村优先发展，全面实施乡村振兴战略”等规划发展要求，并将各地谋划的乡村振兴重点项目纳入规划予以保障。二是市县规划编制报批全面完成，进度居全国前列。印发市县规划编制系列政策技术文件，指导市县结合乡村布局优化要求，提出各类村庄发展规划指引，做好风貌管控引导，保障乡村振兴用地需求。广州、深圳、佛山、东莞4个市级总规已呈报国务院审批，其余市级总规全部获省政府批复，除广州、深圳、佛山市等3个国批城市的区级规划以外，其他县级总规全部批复，120个县级规划数据库已启用作为建设项目用地用海组卷报批的依据，极大提高了建设项目用地审批效率。三是镇村规划编制加快推进。全面推进镇村规划编制实施，重点推动110个典型镇国土空间规划编制审批、1062个典型村村庄规划优化提升，开展54个镇村集成规划编制试点，探索乡村存量建设空间按需腾挪、有序流动空间保障机制，引导村庄分类发展。四是规划管控创新开展。支持各地在镇村规划编制中，预留增减挂钩腾退建设用地指标的10%作为机动指标，用以保障村民居住、农村公共公益设施以及新产业新业态建设需求。支持典型镇、村通过实施全域土地综合整治、城乡建设用地增减挂钩腾退的建设用地规模可全部不落图。支持典型村集中建设新村，由省给予流量规模支持。支持各地使用预支国土空间规划新增建设用地规模，支持乡村振兴项目用地需求。

**二、“田长制”正式建立实施，耕地保护硬措施全面落实。**一是高位推动建立“田长制”，压实耕地保护党政同责。推动省委、省政府出台全面推行田长制的实施意见，在全省范围内建立省、市、县、乡（镇）、村、村小组“5+1”和“人防+技防”的耕地保护网格化监督管理机制。二是严格落实耕地占补平衡、进出平衡。2023年，完成补充耕地1.24万亩、垦造水田5.88万亩、恢复耕地26.52万亩，耕地净流入13万亩，实现年度耕地进出平衡和占补平衡。三是从严开展耕地保护相关考核。联合省发展改革委等相关单位完成省级和各地级以上市耕地保护和粮食安全责任书签订工作，组织开展省对21个地级以上市2022年度耕地保护和粮食安全责任制考核工作。四是进一步规范设施农业用地管理。2023年，全省已备案设施农业用地共计2.94万宗，面积22.07万亩。五是持续强化执法保障。全省各地“零容忍”整治2020年7月以来的新增农村乱占耕地建房问题1356宗；稳妥有序推进农村乱占耕地建房存量整治试点工作，按时保质完成非住宅类房屋整治试点阶段性任务；全省新增非农建设违法占用耕地面积同比下降40.9%。

**三、资源集约节约利用水平进一步提高，全力保障乡村振兴用地需求。**一是以头号力度推进全域土地综合整治，2023年，全省42个国家级和省级试点共计完成投资481亿元，实施项目478个，开展农用地整理5.4万亩、建设用地整理6.3万亩和生态修复9.2万亩。省财政下达2.55亿元引导资金，重点支持试点地区以“先建新后拆旧”模式开展农村建设用地整理。对接省农发行为我省全域土地综合整治提供不少于3000亿元授信额度。成功举办全省首届全域土地综合整治项目推介会，现场签约项目52个，总金额超1400亿元。二是创新乡村振兴用地保障方式。设立省市联动“百千万工程”用地指标池，省级预留一定比例用地计划指标保障乡村重点产业项目用地需求，各地市安排不少于10%用地计划指标保障乡村振兴用地需求，市计划指标不足部分，可由省计划指标统筹解决。对57个县（市）实行“自己挣自己用”“自己垦自己用”“垦五奖一”等倾斜政策，推动土地要素直达到县（市）。2023年，全省使用省级指标统筹保障乡村重点产业项目共计52个，面积1164亩。涉农点状供地项目可使用涉农市县安排的专项用地计划指标，2023年，全省累计实施点状供地项目共计93个，使用建设用地面积约1900亩，其中2023年新增实施项目33个，新增使用建设用地面积690亩。抓好农村宅基地指标保障，2023年，我省使用国家新增建设用地计划指标保障农村宅基地项目共计813个，面积5865亩，保障宅基地项目面积同比增长266%。三是审慎稳妥推进农村集体经营性建设用地入市试点。印发省级实施方案，建立省级工作协调机制，统筹试点地区审慎稳妥推进试点工作。在组织开展业务培训、专题座谈、调研督导的基础上，编印入市政策和典型案例汇编，指导试点地区创造性开展工作。配合省财政厅完善土地增值收益分配机制。2023年，全省各试点地区完成集体经营性建设用地入市共计7宗，面积328.9亩，成交金额约15.77亿元。

**四、海洋资源要素保障有力加强，海洋强省建设迈出重大步伐。**一是提高站位整体谋划。坚持陆海统筹、山海互济，出台海洋强省建设三年行动方案，量身制定支持现代化海洋牧场高质量发展10条用海措施和海域使用金优惠政策，支持沿海县（市）依托海洋资源优势，大力发展现代化海洋牧场。二是注重规划统筹引导。加快我省海岸带及海洋空间规划修编工作，初步划定优化利用岸线1361公里，海洋发展区4.40万平方公里（占省管海域的67.88%，其中渔业用海区2.93万平方公里）。以15米等深线以深至领海线之间海域为重点，支持重力式深水网箱、桁架式养殖平台和养殖工船等装备型海洋牧场用海建设。提出立体分层用海、时序用海等用海管控方式，支撑海洋渔业与其他产业融合发展。三是强化用海模式创新。支持探索实施“标准海”供应，统一开展区域整体海域使用论证等用海前期工作，符合条件的用海申请不再进行海域使用论证，实现“拎包入驻”“拿海即开工”。四是优化养殖用海审批机制。指导沿海市县探索推动海域使用权不动产权证和养殖许可证“两证”同时受理、同步办理。五是推进养殖用海市场化配置。指导汕头南澳、江门台山、湛江徐闻等试点地区完成养殖用海项目挂牌出让共计15宗。

**五、深入推进绿美广东生态建设，形成一批人与自然和谐共生的现代化广东样板。**一是深入落实“六大行动”。完成林分优化提升230.9万亩，森林抚育提升215.1万亩，打造绿美示范点193个，认定广东省森林城镇35个，建设森林乡村104个、绿美古树乡村54个、绿美红色乡村56个，超额完成年度任务。二是加强森林湿地保护。华南国家植物园、深圳“国际红树林中心”建设高标准推进，南岭国家公园进入设立报批阶段，4个万亩级红树林示范区加快创建，完成红树林营造2509公顷、修复2476公顷，新增国际重要湿地2处、国家重要湿地1处、省级重要湿地9处。三是加强生态保护修复重点工程实施。韶关“山水工程”入选全国首批优秀案例，成功争取9亿元中央财政资金支持汕头、潮州、茂名等生态修复项目。全年修复历史遗留矿山2045公顷，304个持证在采矿山全部达到绿色矿山建设标准。四是拓宽生态产品价值实现途径。科学利用森林资源大力发展木本粮油、林下经济、生态旅游、森林康养等特色产业，提高绿美广东生态建设综合效益，促进乡村产业振兴和农民增收，全年新造油茶29.23万亩，低改及抚育20.66万亩，超额完成国家下达年度任务；成功申报总投资额为13.18亿元的河源市中央财政油茶产业示范奖补项目，获中央财政4亿元奖补资金支持；全国首单滨海盐沼生态系统碳汇产品交易、首单红树林碳汇指数保险分别在广州、深圳落地。

**六、有效防范化解风险隐患，资源惠民利民再上台阶。**一是极端负责抓好安全生产和地质海洋灾害防治工作。成功抵御30轮强降雨和6个台风登陆的严重影响，深入实施新一轮地质灾害防治三年行动，完成106处大型及以上隐患点治理工程主体建设、36个重点乡镇1:10000地质灾害风险调查，超额完成省政府民生实事任务。圆满完成海洋灾害风险普查，形成全省海洋灾害隐患风险“一张图”。二是扎实推进确权登记发证工作。持续推进房地一体宅基地确权登记发证，截至2023年底，全省已完成登记发证数1189.46万宗（其中房地一体登记发证数392.83万宗），为农村宅基地制度改革试点工作推进夯实了产权基础。广州增城和韶关南雄分别颁发了职责划转以来的全省首本农村土地经营权不动产权证书和首本农村土地承包经营权不动产权证书，保持了农村土地承包关系的稳定、维护了农民财产权益。三是持续提升不动产登记便民服务效能，“交房即发证”、二手房“带押过户”实现21个地市全覆盖，近49万户业主在收楼的同时拿到了不动产权属证书，推进“涉企不动产登记”等事项“一件事一次办”，持续优化营商环境。

**七、切实发挥优势力量，驻镇帮镇扶村工作有力有效。**一是高位推动责任落实。厅领导主持召开11次专题会议研究部署驻镇帮扶工作，并多次到安流镇实地调研，指导做好帮扶工作。二是育好用好乡土人才。举办“乡村振兴共同富裕带头人”群英荟暨第二届擂台赛活动，共遴选出24名致富带头人，其中张春梅同志光荣获选为第十四届全国人大代表。三是壮大镇村集体经济。推动完塘村生物防治绿色水稻种植示范基地项目、农业教育科普基地产业融合项目和农产品加工项目落地，村集体年收入由帮扶前的3万余元增加至40万元。四是做好行业帮扶政策指导。基本完成安流镇村国土空间集成规划成果，指导安流镇推进全域土地综合整治省级试点工作，指导安流镇先行探索建立耕地保护“田长制”，将学少村作为“田长制”试点。五是提升基础设施水平。推动实施6处地质灾害隐患点综合治理，其中1处已完成终验，完成安流镇10.5公里绿道建设项目，完成安流镇以及2条重点帮扶村党群服务中心建设。六是巩固拓展脱贫成果。健全防止返贫动态监测和帮扶机制、拓展帮扶路径、创新帮扶方式，防返贫监测对象由帮扶前23户85人减少到9户30人。

# 2-1 自然资源概况

| 项　目 | 单　位 | 2023年 |
| --- | --- | --- |
| **一、土地资源和海洋** | | |
| 土地面积 | 万平方公里 | 17.98 |
| 耕　地 | 万公顷 | 190.63 |
| 林　地 | 万公顷 | 1072.88 |
| 园　地 | 万公顷 | 129.40 |
| 牧草地 | 万公顷 | 0.04 |
| 海域总面积 | 万平方公里 | 41.93 |
| 海洋滩涂面积 | 万公顷 | 18.02 |
| 海岛面积 | 平方公里 | 1513.17 |
| 大陆海岸线长度 | 公里 | 4084.48 |
| 岛屿岸线长度 | 公里 | 2378.71 |
| 岛屿个数 | 个 | 1963 |
| **二、矿产** | | |
| 煤保有资源储量 | 万吨 | 48793.31 |
| 铁矿石保有资源储量 | 万吨 | 37278.91 |
| 硫铁矿保有资源储量 | 万吨 | 31136.18 |

注：土地面积、耕地、林地、园地、牧草地面积等数据来源于2022年度变更调查（因2023年度土地利用变更调查尚未完成，暂未有2023年度相关数据）。

# 2-2 各市耕地面积情况

(2022年) 单位：公顷

| 市　别 | 年初实有耕地面积 | 年末实有耕地面积 | | | | 耕地变动情况 | |
|---|---|---|---|---|---|---|---|
| | | 合　计 | 水　田 | 水浇地 | 旱　地 | 年内增加耕地面积 | 年内减少耕地面积 |
| **广东省** | **1899650.10** | **1906308.76** | **1369386.41** | **172618.32** | **364304.03** | **22215.25** | **15556.52** |
| 广州市 | 49513.94 | 49421.85 | 32449.14 | 16578.28 | 394.43 | 846.33 | 938.42 |
| 韶关市 | 160928.84 | 161270.06 | 124787.58 | 10280.27 | 26202.21 | 1375.21 | 1033.99 |
| 深圳市(含深汕合作区) | 4968.60 | 4880.39 | 1698.45 | 3014.27 | 167.68 | 68.50 | 156.71 |
| 其中：深汕合作区 | 1900.08 | 1859.12 | 1647.90 | 70.93 | 140.30 | 24.51 | 65.47 |
| 珠海市 | 6274.75 | 6637.17 | 4192.20 | 1774.25 | 670.72 | 521.88 | 159.46 |
| 汕头市 | 28120.77 | 28472.66 | 20735.47 | 6321.40 | 1415.79 | 695.88 | 343.99 |
| 佛山市 | 20395.14 | 20664.81 | 11957.78 | 7673.96 | 1033.07 | 612.38 | 342.71 |
| 江门市 | 110772.72 | 111131.97 | 98750.69 | 5638.01 | 6743.27 | 926.89 | 567.64 |
| 湛江市 | 413576.55 | 418123.52 | 186963.36 | 46244.67 | 184915.49 | 9190.73 | 4643.76 |
| 茂名市 | 166068.57 | 166178.19 | 141015.87 | 5456.55 | 19705.77 | 746.59 | 636.97 |
| 肇庆市 | 106908.30 | 107093.99 | 87719.43 | 7565.26 | 11809.30 | 944.93 | 759.25 |
| 惠州市 | 90938.60 | 91236.47 | 65913.65 | 15819.08 | 9503.74 | 1157.62 | 859.75 |
| 梅州市 | 107274.48 | 107274.05 | 95969.71 | 3759.41 | 7544.93 | 578.90 | 579.33 |
| 汕尾市(不含深汕合作区) | 74801.25 | 74801.12 | 58533.95 | 4654.97 | 11612.19 | 563.60 | 563.73 |
| 河源市 | 106070.68 | 106041.75 | 92919.61 | 3631.21 | 9490.93 | 723.64 | 752.52 |
| 阳江市 | 108583.21 | 108582.48 | 89160.01 | 3388.12 | 16034.35 | 647.92 | 648.65 |
| 清远市 | 175734.90 | 175683.41 | 131829.20 | 8577.52 | 35276.69 | 902.35 | 953.81 |
| 东莞市 | 8874.54 | 8896.72 | 718.27 | 7973.03 | 205.42 | 356.42 | 334.24 |
| 中山市 | 6811.98 | 6937.20 | 2292.95 | 4587.32 | 56.93 | 335.66 | 210.44 |
| 潮州市 | 18402.90 | 18401.38 | 15110.70 | 2169.52 | 1121.16 | 222.19 | 223.71 |
| 揭阳市 | 60655.01 | 60596.29 | 49726.92 | 4640.78 | 6228.59 | 497.60 | 556.32 |
| 云浮市 | 73974.37 | 73983.28 | 56941.47 | 2870.44 | 14171.37 | 300.03 | 291.12 |

注：各市耕地面积数据来源于2022年度变更调查(因2023年度土地利用变更调查尚未完成，暂未有2023年度相关数据)。深汕合作区数据利用国家下发的数据库统计。

# 2-3 各市建设占用耕地情况表

(2022年)　　　　单位：公顷

| 市　别 | 合计 | 城镇村及工矿用地 | 交通运输用地 | 水利设施用地 |
|---|---|---|---|---|
| **广东省** | **4821.70** | **3748.65** | **1024.04** | **49.01** |
| 广州市 | 679.11 | 477.83 | 197.31 | 3.97 |
| 韶关市 | 199.25 | 150.43 | 46.14 | 2.68 |
| 深圳市(含深汕合作区) | 99.75 | 83.06 | 15.98 | 0.71 |
| 其中：深汕合作区 | 50.91 | 42.42 | 8.26 | 0.23 |
| 珠海市 | 71.74 | 63.04 | 8.59 | 0.11 |
| 汕头市 | 184.27 | 144.31 | 38.10 | 1.86 |
| 佛山市 | 154.45 | 133.40 | 19.97 | 1.08 |
| 江门市 | 199.63 | 148.65 | 48.74 | 2.24 |
| 湛江市 | 352.26 | 271.29 | 79.65 | 1.32 |
| 茂名市 | 330.67 | 193.75 | 133.91 | 3.01 |
| 肇庆市 | 181.94 | 151.34 | 26.11 | 4.49 |
| 惠州市 | 475.18 | 394.67 | 79.57 | 0.94 |
| 梅州市 | 212.57 | 175.99 | 35.54 | 1.04 |
| 汕尾市(不含深汕合作区) | 164.57 | 118.59 | 45.19 | 0.79 |
| 河源市 | 261.28 | 221.44 | 37.78 | 2.06 |
| 阳江市 | 151.53 | 123.28 | 27.88 | 0.37 |
| 清远市 | 227.90 | 169.57 | 56.75 | 1.58 |
| 东莞市 | 234.24 | 179.27 | 36.49 | 18.48 |
| 中山市 | 143.42 | 112.32 | 31.10 | |
| 潮州市 | 113.94 | 101.93 | 11.97 | 0.04 |
| 揭阳市 | 283.24 | 245.46 | 35.78 | 2.00 |
| 云浮市 | 100.76 | 89.03 | 11.49 | 0.24 |

注：土地面积、耕地、林地、园地、牧草地面积等数据来源于2022年度变更调查(因2023年度土地利用变更调查尚未完成，暂未有2023年度相关数据)。深汕合作区数据利用国家下发的数据库统计。

# 2-4　各市(县、区)耕地面积情况

(2022年)　　单位：公顷

| 地　　区 | 年初实有耕地面积 | 年末实有耕地面积 | | | | 耕地变动情况 | |
|---|---|---|---|---|---|---|---|
| | | 合　计 | 水　田 | 水浇地 | 旱　地 | 年内增加耕地面积 | 年内减少耕地面积 |
| **广东省** | **1899650.10** | **1906308.76** | **1369386.41** | **172618.32** | **364304.03** | **22215.25** | **15556.52** |
| **广州市** | **49513.94** | **49421.85** | **32449.14** | **16578.28** | **394.43** | **846.33** | **938.42** |
| 荔湾区 | 15.52 | 18.83 | | 18.83 | | 3.73 | 0.42 |
| 越秀区 | | | | | | | |
| 海珠区 | 169.95 | 168.75 | 30.29 | 133.45 | 5.01 | 0.93 | 2.13 |
| 天河区 | 210.64 | 187.60 | 36.14 | 146.09 | 5.37 | 5.13 | 28.17 |
| 白云区 | 6495.49 | 6496.54 | 2462.35 | 4018.96 | 15.23 | 143.73 | 142.68 |
| 黄埔区 | 1638.27 | 1622.28 | 867.31 | 738.89 | 16.08 | 42.12 | 58.11 |
| 番禺区 | 2603.83 | 2536.40 | 1294.31 | 1186.87 | 55.22 | 102.50 | 169.93 |
| 花都区 | 5749.90 | 5737.14 | 3845.76 | 1844.28 | 47.10 | 68.16 | 80.92 |
| 南沙区 | 8656.13 | 8790.16 | 5030.01 | 3750.78 | 9.37 | 320.51 | 186.48 |
| 从化区 | 10016.97 | 10021.68 | 9109.12 | 844.82 | 67.74 | 48.56 | 43.85 |
| 增城区 | 13957.24 | 13842.47 | 9773.85 | 3895.31 | 173.31 | 110.96 | 225.73 |
| **韶关市** | **160928.84** | **161270.06** | **124787.58** | **10280.27** | **26202.21** | **1375.21** | **1033.99** |
| 武江区 | 4975.28 | 4992.11 | 3592.98 | 667.23 | 731.90 | 44.78 | 27.95 |
| 浈江区 | 5141.90 | 5125.83 | 3943.59 | 853.09 | 329.15 | 39.73 | 55.80 |
| 曲江区 | 13023.86 | 13100.90 | 10652.79 | 929.17 | 1518.94 | 162.30 | 85.26 |
| 始兴县 | 14513.68 | 14668.57 | 12315.01 | 859.47 | 1494.09 | 251.81 | 96.92 |
| 仁化县 | 10295.64 | 10372.74 | 9628.12 | 369.17 | 375.45 | 137.73 | 60.63 |
| 翁源县 | 23067.96 | 23094.49 | 18928.18 | 826.66 | 3339.65 | 183.27 | 156.74 |
| 乳源县 | 16461.47 | 16412.50 | 12325.78 | 936.18 | 3150.54 | 124.72 | 173.69 |
| 新丰县 | 9560.61 | 9562.67 | 6894.50 | 953.24 | 1714.93 | 102.16 | 100.10 |
| 乐昌市 | 26549.05 | 26605.05 | 17752.23 | 2580.54 | 6272.28 | 202.08 | 146.08 |
| 南雄市 | 37339.39 | 37335.20 | 28754.40 | 1305.52 | 7275.28 | 126.63 | 130.82 |
| **深圳市(含深汕合作区)** | **4968.60** | **4880.39** | **1698.45** | **3014.27** | **167.68** | **68.50** | **156.71** |
| 罗湖区 | 28.98 | 29.11 | | 27.86 | 1.25 | 0.34 | 0.21 |
| 福田区 | 3.02 | 3.02 | | 2.91 | 0.11 | | |
| 南山区 | 62.51 | 62.00 | 0.02 | 60.31 | 1.67 | 1.18 | 1.69 |
| 宝安区 | 496.29 | 496.16 | | 492.70 | 3.46 | 9.54 | 9.67 |
| 龙岗区 | 718.57 | 704.36 | 8.77 | 683.07 | 12.52 | 23.60 | 37.81 |
| 盐田区 | 6.64 | 6.72 | | 6.61 | 0.11 | 0.23 | 0.15 |
| 龙华区 | 118.23 | 116.40 | | 113.33 | 3.07 | 0.58 | 2.41 |
| 坪山区 | 469.99 | 455.94 | | 455.01 | 0.93 | 1.48 | 15.53 |
| 光明区 | 1164.29 | 1147.56 | 41.76 | 1101.54 | 4.26 | 7.04 | 23.77 |
| 深汕合作区 | 1900.08 | 1859.12 | 1647.90 | 70.93 | 140.30 | 24.51 | 65.47 |
| **珠海市** | **6274.75** | **6637.17** | **4192.20** | **1774.25** | **670.72** | **521.88** | **159.46** |
| 香洲区 | 263.90 | 294.38 | 39.18 | 187.94 | 67.26 | 55.31 | 24.83 |

## 2-4 续表 1

(2022年)　　单位：公顷

| 地　区 | 年初实有耕地面积 | 年末实有耕地面积 | | | | 耕地变动情况 | |
|---|---|---|---|---|---|---|---|
| | | 合　计 | 水　田 | 水浇地 | 旱　地 | 年内增加耕地面积 | 年内减少耕地面积 |
| 斗门区 | 4394.47 | 4474.10 | 3403.46 | 829.09 | 241.55 | 175.91 | 96.28 |
| 金湾区 | 1616.38 | 1868.69 | 749.56 | 757.22 | 361.91 | 290.66 | 38.35 |
| **汕头市** | **28120.77** | **28472.66** | **20735.47** | **6321.40** | **1415.79** | **695.88** | **343.99** |
| 龙湖区 | 1836.55 | 1829.56 | 862.27 | 958.58 | 8.71 | 10.63 | 17.62 |
| 金平区 | 690.75 | 710.17 | 516.28 | 186.04 | 7.85 | 44.18 | 24.76 |
| 濠江区 | 1653.34 | 1646.23 | 482.48 | 836.58 | 327.17 | 10.73 | 17.84 |
| 潮阳区 | 9650.09 | 9854.08 | 8761.10 | 656.03 | 436.95 | 345.37 | 141.38 |
| 潮南区 | 9086.99 | 9095.55 | 7606.09 | 991.74 | 497.72 | 89.11 | 80.55 |
| 澄海区 | 4921.53 | 5054.65 | 2495.40 | 2501.49 | 57.76 | 192.85 | 59.73 |
| 南澳县 | 281.52 | 282.42 | 11.85 | 190.94 | 79.63 | 3.01 | 2.11 |
| **佛山市** | **20395.14** | **20664.81** | **11957.78** | **7673.96** | **1033.07** | **612.38** | **342.71** |
| 禅城区 | 264.30 | 276.81 | 0.41 | 275.31 | 1.09 | 20.28 | 7.77 |
| 南海区 | 5354.30 | 5450.82 | 872.84 | 4375.94 | 202.04 | 182.79 | 86.27 |
| 顺德区 | 1456.70 | 1521.79 | | 1508.93 | 12.86 | 102.98 | 37.89 |
| 三水区 | 6544.47 | 6594.57 | 4764.05 | 1216.23 | 614.29 | 190.35 | 140.25 |
| 高明区 | 6775.37 | 6820.82 | 6320.48 | 297.55 | 202.79 | 115.98 | 70.53 |
| **江门市** | **110772.72** | **111131.97** | **98750.69** | **5638.01** | **6743.27** | **926.89** | **567.64** |
| 蓬江区 | 1023.35 | 1008.55 | 664.42 | 309.24 | 34.89 | 9.43 | 24.23 |
| 江海区 | 1263.83 | 1255.28 | 1027.47 | 227.13 | 0.68 | 12.03 | 20.58 |
| 新会区 | 8537.64 | 8567.95 | 7890.54 | 425.56 | 251.85 | 121.92 | 91.61 |
| 台山市 | 48059.43 | 48224.15 | 44901.08 | 1065.51 | 2257.56 | 344.11 | 179.39 |
| 开平市 | 23893.34 | 23977.83 | 21459.61 | 1133.15 | 1385.07 | 192.08 | 107.59 |
| 鹤山市 | 7758.73 | 7800.81 | 6625.43 | 518.97 | 656.41 | 84.01 | 41.93 |
| 恩平市 | 20236.40 | 20297.40 | 16182.14 | 1958.45 | 2156.81 | 163.31 | 102.31 |
| **湛江市** | **413576.55** | **418123.52** | **186963.36** | **46244.67** | **184915.49** | **9190.73** | **4643.76** |
| 赤坎区 | 493.47 | 482.88 | 274.26 | 69.98 | 138.64 | 3.01 | 13.60 |
| 霞山区 | 1260.71 | 1246.49 | 930.56 | 81.08 | 234.85 | 3.06 | 17.28 |
| 坡头区 | 13893.36 | 14037.05 | 8311.85 | 610.46 | 5114.74 | 212.91 | 69.22 |
| 麻章区 | 18111.99 | 18169.65 | 10966.40 | 656.12 | 6547.13 | 254.96 | 197.30 |
| 遂溪县 | 92377.29 | 95120.97 | 25795.47 | 14922.13 | 54403.37 | 4483.78 | 1740.10 |
| 徐闻县 | 67269.42 | 67486.88 | 13694.27 | 18984.42 | 34808.19 | 1168.52 | 951.06 |
| 廉江市 | 60690.41 | 60883.24 | 48925.03 | 2353.19 | 9605.02 | 377.77 | 184.94 |
| 雷州市 | 131058.86 | 132185.97 | 55471.45 | 7007.96 | 69706.56 | 2466.08 | 1338.97 |
| 吴川市 | 28421.04 | 28510.39 | 22594.07 | 1559.33 | 4356.99 | 220.64 | 131.29 |
| **茂名市** | **166068.57** | **166178.19** | **141015.87** | **5456.55** | **19705.77** | **746.59** | **636.97** |
| 茂南区 | 13076.82 | 13044.90 | 11894.96 | 724.96 | 424.98 | 32.61 | 64.53 |
| 电白区 | 42447.76 | 42354.55 | 36217.31 | 1502.79 | 4634.45 | 132.98 | 226.19 |

## 2-4 续表 2

(2022年) 单位：公顷

| 地　区 | 年初实有耕地面积 | 年末实有耕地面积 | | | | 耕地变动情况 | |
|---|---|---|---|---|---|---|---|
| | | 合　计 | 水　田 | 水浇地 | 旱　地 | 年内增加耕地面积 | 年内减少耕地面积 |
| 高州市 | 38688.09 | 38748.59 | 31267.04 | 1127.76 | 6353.79 | 179.41 | 118.91 |
| 化州市 | 45007.00 | 45125.51 | 38031.58 | 1429.25 | 5664.68 | 243.62 | 125.11 |
| 信宜市 | 26848.90 | 26904.64 | 23604.98 | 671.79 | 2627.87 | 157.97 | 102.23 |
| **肇庆市** | **106908.30** | **107093.99** | **87719.43** | **7565.26** | **11809.30** | **944.93** | **759.25** |
| 端州区 | 166.84 | 179.02 | 48.22 | 129.11 | 1.69 | 20.35 | 8.17 |
| 鼎湖区 | 2069.82 | 2110.15 | 1523.53 | 375.49 | 211.13 | 147.33 | 107.00 |
| 高要区 | 19373.40 | 19376.54 | 16490.03 | 2276.05 | 610.46 | 204.58 | 201.44 |
| 广宁县 | 13437.45 | 13453.30 | 11906.82 | 483.24 | 1063.24 | 83.10 | 67.28 |
| 怀集县 | 31690.53 | 31714.76 | 24115.23 | 1722.17 | 5877.36 | 143.74 | 119.51 |
| 封开县 | 21252.50 | 21268.46 | 17699.29 | 913.36 | 2655.81 | 87.88 | 71.92 |
| 德庆县 | 11308.53 | 11334.27 | 9586.08 | 970.59 | 777.60 | 135.33 | 109.57 |
| 四会市 | 7609.23 | 7657.49 | 6350.23 | 695.25 | 612.01 | 122.62 | 74.36 |
| **惠州市** | **90938.60** | **91236.47** | **65913.65** | **15819.08** | **9503.74** | **1157.62** | **859.75** |
| 惠城区 | 16099.31 | 16134.24 | 9446.56 | 5405.28 | 1282.40 | 346.76 | 311.83 |
| 惠阳区 | 9251.66 | 9273.59 | 5530.12 | 2509.66 | 1233.81 | 92.81 | 70.88 |
| 博罗县 | 29521.99 | 29625.62 | 19968.87 | 5876.60 | 3780.15 | 395.24 | 291.61 |
| 惠东县 | 24038.10 | 24070.34 | 20919.07 | 1008.59 | 2142.68 | 175.85 | 143.61 |
| 龙门县 | 12027.54 | 12132.68 | 10049.03 | 1018.95 | 1064.70 | 146.96 | 41.82 |
| **梅州市** | **107274.48** | **107274.05** | **95969.71** | **3759.41** | **7544.93** | **578.90** | **579.33** |
| 梅江区 | 1786.08 | 1786.58 | 1517.03 | 192.60 | 76.95 | 13.60 | 13.10 |
| 梅县区 | 11209.80 | 11206.44 | 10542.94 | 343.85 | 319.65 | 68.62 | 71.98 |
| 大埔县 | 8850.00 | 8868.69 | 7998.01 | 335.61 | 535.07 | 94.27 | 75.58 |
| 丰顺县 | 11255.44 | 11300.38 | 9313.40 | 886.40 | 1100.58 | 123.18 | 78.24 |
| 五华县 | 31206.03 | 31152.88 | 26896.85 | 802.36 | 3453.67 | 87.95 | 141.10 |
| 平远县 | 10897.94 | 10902.30 | 9965.97 | 544.95 | 391.38 | 69.20 | 64.84 |
| 蕉岭县 | 5830.22 | 5825.26 | 5390.75 | 206.77 | 227.74 | 41.80 | 46.76 |
| 兴宁市 | 26238.97 | 26231.52 | 24344.76 | 446.87 | 1439.89 | 80.28 | 87.73 |
| **汕尾市(不含深汕合作区)** | **74801.25** | **74801.12** | **58533.95** | **4654.97** | **11612.19** | **563.60** | **563.73** |
| 城区 | 4146.47 | 4156.56 | 2780.87 | 725.47 | 650.22 | 44.98 | 34.89 |
| 海丰县(不含深汕合作区) | 24697.95 | 24691.51 | 22227.59 | 689.67 | 1774.24 | 112.71 | 119.15 |
| 陆河县 | 6266.20 | 6241.23 | 4080.04 | 605.60 | 1555.59 | 35.15 | 60.12 |
| 陆丰市 | 39690.63 | 39711.82 | 29445.45 | 2634.23 | 7632.14 | 370.76 | 349.57 |
| **河源市** | **106070.68** | **106041.75** | **92919.61** | **3631.21** | **9490.93** | **723.64** | **752.52** |
| 源城区 | 1864.82 | 1850.93 | 1087.47 | 572.81 | 190.65 | 40.85 | 54.74 |
| 紫金县 | 22631.96 | 22665.79 | 20837.73 | 640.14 | 1187.92 | 248.35 | 214.47 |
| 龙川县 | 31056.38 | 31043.86 | 28178.92 | 762.14 | 2102.80 | 129.92 | 142.44 |

## 2-4 续表 3

(2022年) 单位：公顷

| 地 区 | 年初实有耕地面积 | 年末实有耕地面积 | | | | 耕地变动情况 | |
|---|---|---|---|---|---|---|---|
| | | 合 计 | 水 田 | 水浇地 | 旱 地 | 年内增加耕地面积 | 年内减少耕地面积 |
| 连平县 | 14018.07 | 14027.87 | 11669.96 | 543.97 | 1813.94 | 85.89 | 76.09 |
| 和平县 | 17196.94 | 17195.93 | 15089.20 | 631.70 | 1475.03 | 77.15 | 78.16 |
| 东源县 | 19302.51 | 19257.37 | 16056.33 | 480.45 | 2720.59 | 141.48 | 186.62 |
| **阳江市** | **108583.21** | **108582.48** | **89160.01** | **3388.12** | **16034.35** | **647.92** | **648.65** |
| 江城区 | 15183.64 | 15180.06 | 12660.39 | 339.96 | 2179.71 | 158.79 | 162.37 |
| 阳东区 | 23415.88 | 23379.49 | 20060.70 | 418.18 | 2900.61 | 82.83 | 119.22 |
| 阳西县 | 25061.14 | 25110.54 | 20428.22 | 595.76 | 4086.56 | 129.97 | 80.57 |
| 阳春市 | 44922.55 | 44912.39 | 36010.70 | 2034.22 | 6867.47 | 276.33 | 286.49 |
| **清远市** | **175734.90** | **175683.41** | **131829.20** | **8577.52** | **35276.69** | **902.35** | **953.81** |
| 清城区 | 15256.46 | 15242.76 | 11813.99 | 1899.09 | 1529.68 | 205.90 | 219.63 |
| 清新区 | 21038.94 | 21067.28 | 17463.20 | 1229.84 | 2374.24 | 168.82 | 140.48 |
| 佛冈县 | 8762.12 | 8820.40 | 7816.89 | 534.61 | 468.90 | 85.54 | 27.26 |
| 阳山县 | 29100.11 | 29126.54 | 16800.15 | 1710.05 | 10616.34 | 126.58 | 100.15 |
| 连山县 | 8058.45 | 8038.32 | 7809.90 | 124.07 | 104.35 | 14.33 | 34.46 |
| 连南县 | 6420.39 | 6430.44 | 5082.93 | 228.41 | 1119.10 | 41.63 | 31.52 |
| 英德市 | 56775.95 | 56720.21 | 43751.44 | 1407.82 | 11560.95 | 214.85 | 270.59 |
| 连州市 | 30322.48 | 30237.46 | 21290.70 | 1443.63 | 7503.13 | 44.70 | 129.72 |
| **东莞市** | **8874.54** | **8896.72** | **718.27** | **7973.03** | **205.42** | **356.42** | **334.24** |
| **中山市** | **6811.98** | **6937.20** | **2292.95** | **4587.32** | **56.93** | **335.66** | **210.44** |
| **潮州市** | **18402.90** | **18401.38** | **15110.70** | **2169.52** | **1121.16** | **222.19** | **223.71** |
| 湘桥区 | 1639.28 | 1670.23 | 1386.67 | 237.02 | 46.54 | 47.95 | 17.00 |
| 潮安区 | 7366.82 | 7330.68 | 6595.73 | 492.77 | 242.18 | 67.10 | 103.24 |
| 饶平县 | 9396.80 | 9400.47 | 7128.30 | 1439.73 | 832.44 | 107.14 | 103.47 |
| **揭阳市** | **60655.01** | **60596.29** | **49726.92** | **4640.78** | **6228.59** | **497.60** | **556.32** |
| 榕城区 | 3583.63 | 3562.71 | 3152.97 | 318.40 | 91.34 | 29.46 | 50.38 |
| 揭东区 | 8401.32 | 8362.15 | 6572.89 | 835.13 | 954.13 | 91.24 | 130.41 |
| 揭西县 | 12899.37 | 12924.70 | 11262.52 | 661.30 | 1000.88 | 135.23 | 109.90 |
| 惠来县 | 20198.43 | 20169.02 | 14389.75 | 2059.90 | 3719.37 | 113.30 | 142.71 |
| 普宁市 | 15572.26 | 15577.71 | 14348.79 | 766.05 | 462.87 | 128.37 | 122.92 |
| **云浮市** | **73974.37** | **73983.28** | **56941.47** | **2870.44** | **14171.37** | **300.03** | **291.12** |
| 云城区 | 5113.62 | 5109.15 | 4553.07 | 258.60 | 297.48 | 42.04 | 46.51 |
| 云安区 | 9093.48 | 9114.76 | 6658.20 | 440.73 | 2015.83 | 73.08 | 51.80 |
| 新兴县 | 12095.34 | 12107.08 | 11313.09 | 428.42 | 365.57 | 71.49 | 59.75 |
| 郁南县 | 10301.50 | 10305.01 | 7601.16 | 535.16 | 2168.69 | 30.55 | 27.04 |
| 罗定市 | 37370.43 | 37347.28 | 26815.95 | 1207.53 | 9323.80 | 82.87 | 106.02 |

注：各市(县、区)耕地面积数据来源于2022年度变更调查(因2023年度土地利用变更调查尚未完成，暂未有2023年度相关数据)。深汕合作区数据利用国家下发的数据库统计。

# 三、气候与自然灾害

# 3-1 主要年份各地年平均气温(℃)

| 年 份 | 全 省 | 粤 北 | 粤东北 | 粤西北 | 粤 东 | 粤 中 | 粤 西 |
|---|---|---|---|---|---|---|---|
| 1952 | | 20.6 | | | 21.9 | 22.6 | 23.7 |
| 1957 | | 19.9 | 21.0 | 21.7 | 21.0 | 21.5 | 22.9 |
| 1962 | 21.2 | 20.1 | 20.9 | 21.8 | 21.0 | 21.6 | 22.8 |
| 1965 | 21.6 | 20.6 | 21.4 | 22.1 | 21.3 | 21.9 | 23.4 |
| 1970 | 21.1 | 19.8 | 21.1 | 21.6 | 21.0 | 21.4 | 22.7 |
| 1975 | 21.3 | 20.3 | 21.1 | 21.9 | 21.3 | 21.7 | 23.0 |
| 1980 | 21.7 | 20.7 | 21.5 | 22.5 | 21.2 | 22.2 | 23.4 |
| 1985 | 21.2 | 20.2 | 20.9 | 22.0 | 21.1 | 21.6 | 22.6 |
| 1990 | 22.0 | 21.1 | 21.5 | 22.8 | 21.8 | 22.6 | 23.4 |
| 1995 | 21.4 | 20.0 | 21.0 | 22.2 | 21.6 | 22.3 | 23.0 |
| 2000 | 22.2 | 20.4 | 21.9 | 22.6 | 22.5 | 22.5 | 23.8 |
| 2005 | 22.0 | 20.5 | 21.6 | 22.5 | 22.2 | 22.8 | 23.0 |
| 2010 | 21.9 | 20.0 | 21.8 | 22.4 | 22.3 | 22.5 | 23.3 |
| 2011 | 21.5 | 19.6 | 21.7 | 22.3 | 22.1 | 21.4 | 22.4 |
| 2012 | 21.8 | 19.6 | 22.0 | 22.4 | 22.3 | 21.7 | 23.2 |
| 2015 | 22.6 | 20.8 | 22.0 | 23.4 | 23.5 | 22.2 | 24.3 |
| 2016 | 22.3 | 20.7 | 21.7 | 22.5 | 23.3 | 22.0 | 23.6 |
| 2017 | 22.4 | 20.8 | 22.0 | 22.6 | 23.5 | 22.1 | 23.7 |
| 2018 | 22.3 | 20.7 | 22.0 | 22.6 | 23.4 | 22.2 | 23.5 |
| 2019 | 22.8 | 20.8 | 22.3 | 23.2 | 23.8 | 22.7 | 24.6 |
| 2020 | 22.8 | 21.2 | 22.5 | 23.1 | 23.9 | 22.7 | 24.3 |
| 2021 | 23.0 | 21.4 | 23.0 | 23.3 | 24.2 | 22.9 | 24.2 |
| 2022 | 22.2 | 20.8 | 21.9 | 22.6 | 23.4 | 22.1 | 23.3 |
| 2023 | 22.7 | 21.1 | 22.3 | 23.2 | 23.8 | 22.7 | 24.0 |

# 3-2 主要年份各地年极端最高气温(℃)

| 年 份 | 全 省 | 粤 北 | 粤东北 | 粤西北 | 粤 东 | 粤 中 | 粤 西 |
|---|---|---|---|---|---|---|---|
| 1952 | | 40.1 | | | 35.6 | 37.1 | 35.9 |
| 1957 | | 38.7 | 38.6 | 36.7 | 35.0 | 36.1 | 36.0 |
| 1962 | 39.9 | 38.6 | 38.7 | 36.9 | 37.9 | 36.5 | 36.2 |
| 1965 | 38.6 | 38.1 | 37.3 | 37.1 | 34.5 | 36.1 | 37.3 |
| 1970 | 39.2 | 38.3 | 38.9 | 36.0 | 35.9 | 36.4 | 36.8 |
| 1975 | 37.2 | 36.8 | 36.5 | 36.4 | 35.1 | 34.9 | 35.1 |
| 1980 | 39.6 | 39.2 | 38.4 | 38.1 | 34.9 | 38.1 | 36.1 |
| 1985 | 38.5 | 38.5 | 38.4 | 36.1 | 34.9 | 35.3 | 35.5 |
| 1990 | 39.5 | 38.3 | 38.6 | 38.7 | 35.8 | 38.0 | 38.1 |
| 1995 | 38.8 | 38.3 | 37.6 | 36.9 | 36.5 | 36.9 | 36.1 |
| 2000 | 39.2 | 37.0 | 38.0 | 36.7 | 36.9 | 36.6 | 35.4 |
| 2005 | 40.3 | 39.5 | 39.0 | 38.4 | 37.6 | 39.0 | 36.8 |
| 2010 | 38.7 | 37.1 | 38.4 | 37.1 | 36.8 | 37.1 | 36.3 |
| 2011 | 38.7 | 37.7 | 38.5 | 37.2 | 36.1 | 36.9 | 35.7 |
| 2012 | 38.4 | 37.2 | 37.6 | 37.0 | 37.6 | 36.8 | 36.4 |
| 2015 | 38.9 | 37.5 | 38.1 | 37.2 | 37.6 | 37.6 | 38.4 |
| 2016 | 40.2 | 38.9 | 38.3 | 37.7 | 38.3 | 38.0 | 36.2 |
| 2017 | 39.9 | 39.3 | 38.1 | 38.0 | 36.9 | 38.3 | 36.0 |
| 2018 | 38.7 | 37.6 | 37.7 | 36.5 | 37.4 | 37.0 | 35.7 |
| 2019 | 40.0 | 38.6 | 37.9 | 37.4 | 38.5 | 38.0 | 37.3 |
| 2020 | 40.3 | 38.3 | 39.6 | 38.1 | 38.6 | 37.9 | 37.0 |
| 2021 | 39.3 | 37.8 | 39.2 | 37.6 | 37.9 | 38.1 | 36.6 |
| 2022 | 40.2 | 39.6 | 39.1 | 38.8 | 37.6 | 38.1 | 35.8 |
| 2023 | 39.7 | 39.7 | 39.4 | 39.2 | 38.0 | 39.0 | 36.2 |

# 3-3 主要年份各地年极端最低气温(℃)

| 年 份 | 全 省 | 粤 北 | 粤东北 | 粤西北 | 粤 东 | 粤 中 | 粤 西 |
|---|---|---|---|---|---|---|---|
| 1952 | | -1.6 | | | 3.3 | 1.6 | 4.4 |
| 1957 | | -2.0 | -2.3 | -0.5 | 1.1 | | 3.3 |
| 1962 | -4.2 | -1.4 | -1.6 | 2.7 | 2.1 | 2.1 | 7.6 |
| 1965 | -2.7 | 0.4 | -0.1 | 4.2 | 4.5 | 4.7 | 6.4 |
| 1970 | -3.0 | -0.6 | -1.0 | 3.0 | 2.5 | 2.6 | 6.4 |
| 1975 | -5.2 | -1.5 | -2.7 | 1.0 | 1.8 | 0.9 | 2.8 |
| 1980 | -2.6 | -1.0 | -0.2 | 3.5 | 3.6 | 2.6 | 4.3 |
| 1985 | -3.0 | 0.8 | -1.4 | 4.6 | 2.1 | 2.9 | 7.5 |
| 1990 | -1.4 | | 1.9 | 3.9 | 4.7 | 3.4 | 5.7 |
| 1995 | -2.2 | -0.8 | 0.4 | 4.7 | 5.4 | 6.4 | 7.8 |
| 2000 | -1.3 | 0.9 | 1.1 | 5.2 | 5.5 | 4.0 | 8.2 |
| 2005 | -3.1 | -1.2 | -2.0 | 3.1 | 2.4 | 2.1 | 4.8 |
| 2010 | -3.4 | -1.5 | -0.6 | 2.7 | 2.5 | 1.8 | 4.2 |
| 2011 | -2.5 | -0.9 | 1.6 | 4.4 | 4.7 | 2.6 | 4.7 |
| 2012 | -2.2 | -2.0 | 1.1 | 5.0 | 3.9 | 2.5 | 5.7 |
| 2015 | -0.1 | 1.6 | 1.3 | 7.7 | 7.7 | 4.8 | 8.1 |
| 2016 | -3.6 | -1.3 | -1.4 | 2.4 | 1.7 | 1.2 | 2.7 |
| 2017 | -1.9 | -0.3 | 2.3 | 5.5 | 7.9 | 4.5 | 7.3 |
| 2018 | -3.7 | -2.2 | | 2.5 | 5.3 | 1.4 | 4.3 |
| 2019 | -0.7 | 1.6 | 3.0 | 5.7 | 9.2 | 6.1 | 8.4 |
| 2020 | -2.6 | 0.8 | 0.4 | 5.3 | 5.1 | 1.8 | 6.5 |
| 2021 | -4.7 | -2.8 | -1.6 | 1.3 | 5.4 | 1.1 | 5.2 |
| 2022 | -1.7 | -0.4 | 0.2 | 5.6 | 7.6 | 4.3 | 6.6 |
| 2023 | -2.7 | -0.8 | 0.4 | 3.4 | 6.4 | 1.8 | 6.6 |

# 3-4 主要年份各地年平均地面温度(℃)

| 年 份 | 全 省 | 粤 北 | 粤东北 | 粤西北 | 粤 东 | 粤 中 | 粤 西 |
|---|---|---|---|---|---|---|---|
| 1952 | | | | | | | |
| 1957 | | 22.3 | | 23.2 | 23.6 | 23.9 | 25.9 |
| 1962 | 23.5 | 23.3 | 24.2 | 24.8 | 24.3 | 24.1 | 26.0 |
| 1965 | 24.3 | 23.8 | 25.0 | 24.7 | 24.9 | 24.3 | 26.6 |
| 1970 | 23.6 | 22.4 | 24.0 | 23.9 | 24.5 | 23.4 | |
| 1975 | 23.8 | 22.6 | 23.7 | 24.1 | 24.3 | 23.3 | 25.7 |
| 1980 | 24.7 | 23.4 | 24.2 | 25.4 | 24.7 | 25.3 | 26.8 |
| 1985 | 23.9 | 22.9 | 24.5 | 24.2 | 24.1 | 24.2 | 25.6 |
| 1990 | 24.6 | 23.7 | 25.2 | 24.7 | 24.4 | 24.9 | 26.2 |
| 1995 | 23.7 | 22.0 | 24.6 | 23.7 | 24.6 | 23.6 | 25.7 |
| 2000 | 24.8 | 23.0 | 25.4 | 24.4 | 26.3 | 23.8 | 26.9 |
| 2005 | 24.5 | 23.3 | 24.9 | 23.6 | 25.3 | 23.8 | 26.4 |
| 2010 | 24.2 | 22.5 | 25.1 | 23.8 | 25.4 | 24.0 | 26.6 |
| 2011 | 24.4 | 22.4 | 25.9 | 24.6 | 26.3 | 23.9 | 26.3 |
| 2012 | 24.3 | 22.1 | 25.6 | 23.8 | 25.2 | 24.0 | 26.6 |
| 2015 | 25.1 | 22.9 | 24.4 | 24.7 | 27.1 | 24.6 | 28.1 |
| 2016 | 24.5 | 22.9 | 23.9 | 24.1 | 26.1 | 24.2 | 27.3 |
| 2017 | 25.0 | 23.9 | 24.9 | 23.9 | 27.1 | 25.1 | 27.3 |
| 2018 | 25.0 | 23.7 | 24.6 | 24.3 | 27.3 | 24.9 | 27.6 |
| 2019 | 25.5 | 23.7 | 24.8 | 25.1 | 27.3 | 25.5 | 28.3 |
| 2020 | 25.6 | 24.3 | 25.1 | 24.4 | 27.2 | 25.5 | 28.4 |
| 2021 | 26.0 | 25.2 | 26.2 | 24.5 | 28.1 | 26.3 | 28.4 |
| 2022 | 25.0 | 24.0 | 25.1 | 24.2 | 26.9 | 25.5 | 27.1 |
| 2023 | 25.3 | 24.1 | 24.9 | 24.4 | 27.0 | 25.7 | 27.8 |

# 3-5 主要年份各地年降雨量(毫米)

| 年 份 | 全 省 | 粤 北 | 粤东北 | 粤西北 | 粤 东 | 粤 中 | 粤 西 |
|---|---|---|---|---|---|---|---|
| 1952 | | 1564.1 | | | 1424.5 | 1737.4 | 1752.4 |
| 1957 | | 1641.2 | 1745.5 | 1914.3 | 1860.3 | 1988.5 | 1327.2 |
| 1962 | 1480.0 | 1735.4 | 1348.0 | 1516.8 | 1053.4 | 1521.6 | 1377.1 |
| 1965 | 1865.4 | 1189.4 | 1221.8 | 2066.1 | 1270.2 | 2332.5 | 1695.2 |
| 1970 | 1853.8 | 1708.8 | 1352.0 | 1482.0 | 1267.8 | 1470.4 | 1618.6 |
| 1975 | 2185.6 | 2120.8 | 2039.8 | 1910.9 | 1570.0 | 2516.7 | 1683.0 |
| 1980 | 1685.4 | 1459.4 | 1461.7 | 1586.1 | 1369.1 | 1492.2 | 2274.0 |
| 1985 | 1865.7 | 1360.2 | 1607.8 | 1726.9 | 1481.3 | 1706.0 | 2411.3 |
| 1990 | 1702.9 | 1436.6 | 1709.0 | 1284.8 | 2236.9 | 1239.5 | 1510.2 |
| 1995 | 1814.2 | 1506.9 | 1171.0 | 1766.4 | 1512.2 | 1752.4 | 2082.9 |
| 2000 | 1751.6 | 1565.8 | 1850.9 | 1318.2 | 1486.7 | 1798.9 | 1762.7 |
| 2005 | 1771.0 | 1772.2 | 1647.3 | 1905.2 | 1631.3 | 1986.2 | 1387.3 |
| 2010 | 1867.7 | 2104.4 | 1416.1 | 1419.6 | 1350.3 | 2353.6 | 1952.3 |
| 2011 | 1390.4 | 1443.0 | 1233.1 | 1277.2 | 1027.0 | 1632.3 | 1408.5 |
| 2012 | 1847.6 | 2056.3 | 1460.5 | 1919.2 | 1247.1 | 1813.9 | 2068.6 |
| 2015 | 1845.7 | 2128.7 | 1696.3 | 1848.1 | 1446.6 | 2471.9 | 1328.9 |
| 2016 | 2321.0 | 2428.9 | 2410.3 | 2132.5 | 2174.7 | 2939.7 | 1820.0 |
| 2017 | 1710.8 | 1397.2 | 1396.3 | 1275.8 | 1419.0 | 2067.4 | 1760.7 |
| 2018 | 1801.8 | 1695.9 | 1481.7 | 1798.7 | 1484.1 | 1870.8 | 2031.7 |
| 2019 | 1917.6 | 2051.7 | 1650.4 | 1522.3 | 1383.9 | 2459.3 | 1431.4 |
| 2020 | 1505.2 | 1719.5 | 1122.7 | 1057.4 | 1207.5 | 1916.2 | 1568.9 |
| 2021 | 1358.0 | 1168.9 | 823.4 | 1064.3 | 923.5 | 1544.1 | 1123.8 |
| 2022 | 2057.6 | 2423.9 | 1841.3 | 1666.1 | 2024.4 | 1959.7 | 1928.4 |
| 2023 | 1819.2 | 2065.1 | 1819.3 | 1451.8 | 1687.5 | 1900.6 | 2361.9 |

# 3-6 主要年份各地年降雨日数(日雨量≥0.1毫米)

| 年 份 | 全 省 | 粤 北 | 粤东北 | 粤西北 | 粤 东 | 粤 中 | 粤 西 |
| --- | --- | --- | --- | --- | --- | --- | --- |
| 1952 | | 171 | | | 155 | 164 | 146 |
| 1957 | | 166 | 160 | 166 | 132 | 169 | 153 |
| 1962 | 148 | 139 | 132 | 148 | 118 | 150 | 126 |
| 1965 | 171 | 150 | 138 | 170 | 139 | 165 | 147 |
| 1970 | 174 | 191 | 167 | 177 | 132 | 171 | 160 |
| 1975 | 198 | 184 | 182 | 188 | 171 | 189 | 171 |
| 1980 | 133 | 148 | 121 | 142 | 118 | 126 | 124 |
| 1985 | 168 | 170 | 165 | 168 | 134 | 169 | 171 |
| 1990 | 152 | 153 | 144 | 159 | 131 | 149 | 158 |
| 1995 | 152 | 157 | 147 | 153 | 116 | 148 | 154 |
| 2000 | 144 | 153 | 147 | 151 | 115 | 148 | 134 |
| 2005 | 146 | 152 | 126 | 148 | 128 | 142 | 132 |
| 2010 | 154 | 158 | 157 | 157 | 123 | 160 | 143 |
| 2011 | 120 | 130 | 117 | 117 | 87 | 113 | 132 |
| 2012 | 173 | 185 | 161 | 173 | 144 | 171 | 161 |
| 2015 | 142 | 168 | 148 | 146 | 102 | 147 | 122 |
| 2016 | 166 | 164 | 163 | 151 | 159 | 172 | 143 |
| 2017 | 150 | 171 | 144 | 124 | 113 | 149 | 145 |
| 2018 | 145 | 167 | 142 | 144 | 109 | 151 | 148 |
| 2019 | 146 | 162 | 147 | 144 | 124 | 157 | 116 |
| 2020 | 133 | 144 | 137 | 135 | 106 | 151 | 111 |
| 2021 | 126 | 129 | 121 | 118 | 95 | 139 | 118 |
| 2022 | 146 | 150 | 140 | 142 | 124 | 149 | 149 |
| 2023 | 143 | 149 | 145 | 136 | 120 | 148 | 145 |

# 3-7 主要年份各地年平均相对湿度(%)

| 年 份 | 全 省 | 粤 北 | 粤东北 | 粤西北 | 粤 东 | 粤 中 | 粤 西 |
|---|---|---|---|---|---|---|---|
| 1952 | | 78 | | | | 79 | 83 |
| 1957 | | 77 | 79 | 81 | 84 | 80 | 82 |
| 1962 | 79 | 76 | 77 | 79 | 82 | 76 | 80 |
| 1965 | 81 | 76 | 80 | 82 | 81 | 81 | 84 |
| 1970 | 82 | 78 | 79 | 81 | 83 | 82 | 84 |
| 1975 | 82 | 79 | 82 | 81 | 84 | 81 | 83 |
| 1980 | 79 | 73 | 77 | 77 | 83 | 77 | 82 |
| 1985 | 81 | 75 | 78 | 77 | 82 | 78 | 83 |
| 1990 | 80 | 76 | 80 | 77 | 82 | 77 | 83 |
| 1995 | 79 | 78 | 77 | 76 | 81 | 73 | 82 |
| 2000 | 78 | 78 | 77 | 76 | 77 | 77 | 80 |
| 2005 | 76 | 73 | 73 | 74 | 69 | 71 | 80 |
| 2010 | 77 | 79 | 74 | 76 | 77 | 73 | 83 |
| 2011 | 73 | 72 | 68 | 67 | 73 | 74 | 77 |
| 2012 | 79 | 78 | 74 | 76 | 79 | 82 | 82 |
| 2015 | 80 | 82 | 79 | 77 | 77 | 78 | 83 |
| 2016 | 82 | 82 | 81 | 84 | 80 | 82 | 84 |
| 2017 | 80 | 81 | 77 | 84 | 75 | 80 | 86 |
| 2018 | 80 | 81 | 75 | 83 | 74 | 82 | 86 |
| 2019 | 81 | 82 | 77 | 84 | 78 | 82 | 85 |
| 2020 | 79 | 79 | 75 | 82 | 74 | 79 | 83 |
| 2021 | 76 | 76 | 71 | 78 | 70 | 76 | 80 |
| 2022 | 78 | 76 | 76 | 79 | 74 | 79 | 84 |
| 2023 | 78 | 78 | 76 | 79 | 72 | 79 | 83 |

# 3-8 主要年份各地年日照时数(小时)

| 年份 | 全省 | 粤北 | 粤东北 | 粤西北 | 粤东 | 粤中 | 粤西 |
|---|---|---|---|---|---|---|---|
| 1952 | | | | | 2175.2 | 1957.0 | |
| 1957 | | 1704.1 | 2009.9 | 1580.7 | 2166.2 | 1752.9 | 1861.6 |
| 1962 | 1996.3 | 2181.5 | 2161.7 | 2009.8 | 2401.2 | 2126.4 | 1979.3 |
| 1965 | 1933.8 | 1975.2 | 2147.2 | 1857.3 | 1985.9 | 1895.6 | 1991.4 |
| 1970 | 1756.6 | 1685.4 | 1908.1 | 1756.0 | 1932.5 | 1772.8 | 1738.8 |
| 1975 | 1720.3 | 1516.9 | 1898.6 | 1741.2 | 1650.5 | 1643.1 | 1900.3 |
| 1980 | 1933.6 | 1754.1 | 1811.1 | 1945.8 | 1989.2 | 1921.8 | 2036.5 |
| 1985 | 1667.4 | 1701.6 | 1926.7 | 1613.3 | 1900.6 | 1406.0 | 1868.4 |
| 1990 | 1722.3 | 1613.9 | 1893.1 | 1542.8 | 1921.3 | 1648.7 | 1877.4 |
| 1995 | 1695.2 | 1420.6 | 1868.7 | 1704.6 | 2038.3 | 1559.6 | 1828.3 |
| 2000 | 1791.2 | 1497.2 | 1672.6 | 1714.1 | 2126.3 | 1609.2 | 1855.3 |
| 2005 | 1606.1 | 1491.2 | 1736.4 | 1345.6 | 1849.5 | 1288.5 | 1784.4 |
| 2010 | 1647.0 | 1631.0 | 1676.9 | 1356.5 | 1855.5 | 1484.0 | 1878.4 |
| 2011 | 1864.1 | 1783.8 | 1901.1 | 1709.7 | 2077.9 | 1878.4 | 1822.3 |
| 2012 | 1547.9 | 1501.0 | 1660.3 | 1361.1 | 1650.4 | 1471.2 | 1544.0 |
| 2015 | 1735.8 | 1540.8 | 1740.4 | 1583.0 | 2010.7 | 1594.3 | 2008.1 |
| 2016 | 1622.0 | 1629.2 | 1553.6 | 1466.2 | 1701.0 | 1451.8 | 1963.9 |
| 2017 | 1757.3 | 1738.9 | 1831.4 | 1605.4 | 1994.6 | 1671.5 | 1891.9 |
| 2018 | 1705.6 | 1632.2 | 1738.2 | 1607.7 | 2031.5 | 1544.3 | 1980.2 |
| 2019 | 1749.0 | 1630.8 | 1831.6 | 1688.0 | 2053.6 | 1658.5 | 1829.0 |
| 2020 | 1766.5 | 1581.8 | 1830.7 | 1724.0 | 2426.4 | 1661.4 | 1803.9 |
| 2021 | 2058.8 | 1898.0 | 2142.3 | 1948.9 | 2567.0 | 1946.8 | 2080.8 |
| 2022 | 1856.3 | 1684.6 | 1851.6 | 1779.5 | 2431.4 | 1774.6 | 1801.8 |
| 2023 | 1780.8 | 1884.0 | 1675.7 | 1677.8 | 2527.5 | 1683.4 | 1742.0 |

## 3-9 各地平均气温(℃)

(2023年)

| 月 份 | 全 省 | 粤 北<br>(韶关) | 粤东北<br>(梅县) | 粤西北<br>(高要) | 粤 东<br>(汕头) | 粤 中<br>(广州) | 粤 西<br>(湛江) |
|---|---|---|---|---|---|---|---|
| 1 | 13.9 | 11.1 | 13.2 | 14.3 | 15.8 | 14.0 | 15.5 |
| 2 | 16.8 | 13.2 | 16.9 | 17.6 | 16.6 | 17.2 | 18.6 |
| 3 | 19.4 | 17.8 | 19.0 | 20.3 | 19.0 | 19.3 | 21.2 |
| 4 | 22.4 | 20.5 | 22.4 | 22.7 | 22.8 | 22.6 | 24.0 |
| 5 | 25.9 | 25.1 | 26.1 | 26.4 | 26.4 | 26.1 | 27.2 |
| 6 | 28.2 | 27.8 | 27.8 | 28.6 | 28.9 | 28.2 | 28.9 |
| 7 | 29.4 | 29.8 | 29.5 | 29.7 | 30.3 | 29.7 | 29.6 |
| 8 | 28.4 | 28.4 | 28.4 | 29.0 | 29.9 | 28.5 | 28.4 |
| 9 | 27.5 | 26.8 | 27.4 | 27.7 | 28.7 | 27.3 | 28.0 |
| 10 | 24.2 | 22.7 | 23.6 | 24.7 | 26.1 | 23.9 | 25.4 |
| 11 | 20.5 | 17.5 | 19.2 | 20.9 | 22.5 | 20.0 | 22.7 |
| 12 | 15.6 | 12.1 | 14.3 | 15.9 | 17.9 | 15.2 | 18.2 |
| 全年 | 22.7 | 21.1 | 22.3 | 23.2 | 23.8 | 22.7 | 24.0 |

## 3-10 各地极端最高气温(℃)

(2023年)

| 月 份 | 全 省 | 粤 北 | 粤东北 | 粤西北 | 粤 东 | 粤 中 | 粤 西 |
|---|---|---|---|---|---|---|---|
| 1 | 29.5 | 26.8 | 28.3 | 26.3 | 27.8 | 27.8 | 25.3 |
| 2 | 31.2 | 26.5 | 28.5 | 26.1 | 27.0 | 27.6 | 26.4 |
| 3 | 35.7 | 28.6 | 29.9 | 31.2 | 30.1 | 28.2 | 32.0 |
| 4 | 34.7 | 32.0 | 34.5 | 33.0 | 33.5 | 32.7 | 31.0 |
| 5 | 39.7 | 38.4 | 39.4 | 38.5 | 36.1 | 39.0 | 35.9 |
| 6 | 38.1 | 37.4 | 36.2 | 36.3 | 36.0 | 37.7 | 34.4 |
| 7 | 39.7 | 39.7 | 38.1 | 39.2 | 38.0 | 39.0 | 36.2 |
| 8 | 38.1 | 37.3 | 37.1 | 35.7 | 37.6 | 37.0 | 34.3 |
| 9 | 36.7 | 35.8 | 36.0 | 35.4 | 35.8 | 36.3 | 35.9 |
| 10 | 37.0 | 35.1 | 35.8 | 35.2 | 35.7 | 35.1 | 33.6 |
| 11 | 33.4 | 30.1 | 31.7 | 31.3 | 33.1 | 30.5 | 30.0 |
| 12 | 32.0 | 28.9 | 29.6 | 29.6 | 29.8 | 29.9 | 28.2 |
| 全年 | 39.7 | 39.7 | 39.4 | 39.2 | 38.0 | 39.0 | 36.2 |

## 3-11 各地极端最低气温(℃)

(2023年)

| 月 份 | 全 省 | 粤 北 | 粤东北 | 粤西北 | 粤 东 | 粤 中 | 粤 西 |
|---|---|---|---|---|---|---|---|
| 1 | -2.7 | -0.8 | 0.4 | 3.4 | 6.4 | 1.8 | 6.6 |
| 2 | 1.1 | 2.7 | 7.2 | 8.8 | 9.2 | 7.7 | 11.7 |
| 3 | 5.6 | 7.6 | 9.1 | 12.7 | 11.1 | 10.6 | 15.6 |
| 4 | 9.0 | 12.0 | 12.4 | 14.5 | 14.9 | 14.1 | 18.1 |
| 5 | 12.2 | 14.2 | 17.2 | 19.7 | 20.7 | 18.9 | 20.6 |
| 6 | 20.9 | 21.7 | 23.1 | 24.4 | 23.8 | 23.3 | 24.1 |
| 7 | 21.9 | 24.7 | 23.9 | 24.6 | 24.8 | 24.9 | 24.1 |
| 8 | 21.1 | 22.4 | 23.3 | 24.5 | 25.0 | 23.1 | 24.0 |
| 9 | 20.7 | 22.3 | 23.1 | 23.5 | 23.7 | 23.6 | 23.2 |
| 10 | 12.7 | 14.1 | 16.6 | 16.8 | 21.2 | 15.5 | 18.9 |
| 11 | 3.6 | 6.1 | 6.3 | 10.2 | 13.8 | 7.8 | 14.0 |
| 12 | -2.4 | -0.7 | 0.7 | 4.7 | 6.5 | 3.2 | 8.3 |
| 全年 | -2.7 | -0.8 | 0.4 | 3.4 | 6.4 | 1.8 | 6.6 |

## 3-12 各地平均地面温度(℃)

(2023年)

| 月 份 | 全 省 | 粤 北<br>(韶关) | 粤东北<br>(梅县) | 粤西北<br>(高要) | 粤 东<br>(汕头) | 粤 中<br>(广州) | 粤 西<br>(湛江) |
|---|---|---|---|---|---|---|---|
| 1 | 16.0 | 12.8 | 15.1 | 15.1 | 18.4 | 16.8 | 18.6 |
| 2 | 19.5 | 15.0 | 20.0 | 18.8 | 20.0 | 20.9 | 22.1 |
| 3 | 22.5 | 20.7 | 22.6 | 21.9 | 23.0 | 22.4 | 25.4 |
| 4 | 24.0 | 22.2 | 24.2 | 22.9 | 25.9 | 24.1 | 26.6 |
| 5 | 28.5 | 28.0 | 28.8 | 27.5 | 30.5 | 28.1 | 32.3 |
| 6 | 30.8 | 31.6 | 30.5 | 29.5 | 30.6 | 31.0 | 32.5 |
| 7 | 33.1 | 36.7 | 32.8 | 31.2 | 34.6 | 34.2 | 35.7 |
| 8 | 31.2 | 32.4 | 31.5 | 30.4 | 33.0 | 31.4 | 31.4 |
| 9 | 30.0 | 29.8 | 30.2 | 28.7 | 31.4 | 30.4 | 31.5 |
| 10 | 26.6 | 25.8 | 25.3 | 25.7 | 28.9 | 27.1 | 28.8 |
| 11 | 23.2 | 20.3 | 20.9 | 22.8 | 26.6 | 23.5 | 26.7 |
| 12 | 18.1 | 13.7 | 16.3 | 17.9 | 21.1 | 18.2 | 21.1 |
| 全年 | 25.3 | 24.1 | 24.9 | 24.4 | 27.0 | 25.7 | 27.8 |

# 3-13 各地降雨量(毫米)

(2023年)

| 月 份 | 全 省 | 粤 北 | 粤东北 | 粤西北 | 粤 东 | 粤 中 | 粤 西 |
|---|---|---|---|---|---|---|---|
| 1 | 54.7 | 86.4 | 25.6 | 79.5 | 11.2 | 35.1 | 92.8 |
| 2 | 27.9 | 64.8 | 26.3 | 24.7 | 16.3 | 44.5 | 13.7 |
| 3 | 148.2 | 327.4 | 214.0 | 94.6 | 61.9 | 159.5 | 61.6 |
| 4 | 141.6 | 408.5 | 230.2 | 83.2 | 63.8 | 81.4 | 58.3 |
| 5 | 142.6 | 166.6 | 137.8 | 116.5 | 132.9 | 221.4 | 95.6 |
| 6 | 334.7 | 436.3 | 274.3 | 271.3 | 489.6 | 422.4 | 385.6 |
| 7 | 210.4 | 56.7 | 165.2 | 187.7 | 216.2 | 192.6 | 336.1 |
| 8 | 211.4 | 143.3 | 382.5 | 163.5 | 289.3 | 223.4 | 264.8 |
| 9 | 370.6 | 209.5 | 239.4 | 316.9 | 323.2 | 428.1 | 432.3 |
| 10 | 141.8 | 74.8 | 102.9 | 76.1 | 76.2 | 63.1 | 555.7 |
| 11 | 23.9 | 55.5 | 16.5 | 0.9 | 1.5 | 21.2 | 53.8 |
| 12 | 11.5 | 35.3 | 4.6 | 36.9 | 5.4 | 7.9 | 11.6 |
| 全年 | 1819.2 | 2065.1 | 1819.3 | 1451.8 | 1687.5 | 1900.6 | 2361.9 |

# 3-14 各地降雨日数(日雨量≥0.1毫米)

(2023年)

| 月 份 | 全 省 | 粤 北 | 粤东北 | 粤西北 | 粤 东 | 粤 中 | 粤 西 |
|---|---|---|---|---|---|---|---|
| 1 | 9 | 9 | 11 | 8 | 10 | 7 | 9 |
| 2 | 7 | 11 | 5 | 5 | 7 | 9 | 8 |
| 3 | 9 | 13 | 8 | 10 | 9 | 8 | 9 |
| 4 | 14 | 16 | 11 | 15 | 9 | 15 | 11 |
| 5 | 13 | 13 | 12 | 12 | 12 | 13 | 10 |
| 6 | 21 | 19 | 22 | 18 | 23 | 23 | 19 |
| 7 | 13 | 10 | 13 | 12 | 13 | 12 | 13 |
| 8 | 19 | 14 | 23 | 16 | 14 | 20 | 19 |
| 9 | 17 | 17 | 16 | 17 | 11 | 16 | 21 |
| 10 | 11 | 10 | 13 | 11 | 7 | 12 | 14 |
| 11 | 4 | 8 | 4 | 4 | 2 | 7 | 6 |
| 12 | 6 | 9 | 7 | 8 | 3 | 6 | 6 |
| 全年 | 143 | 149 | 145 | 136 | 120 | 148 | 145 |

## 3-15　各地平均相对湿度(%)

(2023年)

| 月　份 | 全　省 | 粤　北 | 粤东北 | 粤西北 | 粤　东 | 粤　中 | 粤　西 |
|---|---|---|---|---|---|---|---|
| 1 | 71 | 71 | 72 | 74 | 69 | 71 | 79 |
| 2 | 76 | 77 | 71 | 77 | 72 | 77 | 85 |
| 3 | 76 | 74 | 70 | 78 | 69 | 78 | 88 |
| 4 | 82 | 83 | 77 | 83 | 73 | 80 | 88 |
| 5 | 80 | 79 | 75 | 81 | 73 | 80 | 86 |
| 6 | 83 | 81 | 82 | 84 | 79 | 83 | 84 |
| 7 | 78 | 74 | 76 | 78 | 74 | 77 | 80 |
| 8 | 82 | 81 | 81 | 81 | 75 | 84 | 84 |
| 9 | 84 | 85 | 83 | 85 | 76 | 86 | 85 |
| 10 | 79 | 80 | 81 | 79 | 70 | 82 | 81 |
| 11 | 75 | 81 | 73 | 76 | 65 | 78 | 77 |
| 12 | 73 | 77 | 73 | 74 | 67 | 74 | 75 |
| 全年 | 78 | 78 | 76 | 79 | 72 | 79 | 83 |

## 3-16　各地日照时数(小时)

(2023年)

| 月　份 | 全　省 | 粤　北 | 粤东北 | 粤西北 | 粤　东 | 粤　中 | 粤　西 |
|---|---|---|---|---|---|---|---|
| 1 | 119.8 | 111.1 | 119.8 | 119.8 | 112.4 | 133.9 | 88.0 |
| 2 | 134.9 | 95.8 | 159.2 | 133.2 | 135.7 | 148.3 | 100.8 |
| 3 | 136.6 | 131.9 | 146.1 | 117.5 | 195.5 | 110.4 | 144.9 |
| 4 | 89.7 | 81.8 | 94.7 | 68.4 | 175.8 | 73.1 | 69.5 |
| 5 | 144.2 | 140.1 | 148.4 | 125.8 | 222.0 | 119.6 | 188.2 |
| 6 | 151.7 | 160.3 | 125.0 | 153.6 | 239.2 | 142.8 | 162.7 |
| 7 | 222.7 | 239.5 | 188.1 | 231.1 | 300.9 | 206.0 | 229.6 |
| 8 | 167.2 | 227.4 | 151.0 | 177.6 | 263.1 | 137.2 | 150.3 |
| 9 | 154.7 | 196.0 | 148.6 | 144.9 | 246.0 | 146.9 | 159.9 |
| 10 | 140.9 | 177.8 | 107.3 | 140.2 | 223.5 | 140.9 | 152.1 |
| 11 | 189.1 | 179.2 | 182.0 | 162.7 | 243.5 | 188.7 | 190.7 |
| 12 | 129.3 | 143.1 | 105.5 | 103.0 | 169.9 | 135.6 | 105.3 |
| 全年 | 1780.8 | 1884.0 | 1675.7 | 1677.8 | 2527.5 | 1683.4 | 1742.0 |

# 3-17 自然灾害损失情况

| 市 别 | 受灾人口(人) | 因灾死亡人口(人) | 因灾失踪人口(人) | 因灾伤病人口(人) | 紧急转移安置人口(人) | 需紧急生活救助人口(人) | 需过渡期生活救助人口(人) | 因旱需生活救助人口(人) | 其中：因旱饮水困难需救助人口 |
|---|---|---|---|---|---|---|---|---|---|
| **全 省** | **4458839** | **5** | | | **289991** | **349** | **512** | | |
| 广州市 | 140530 | | | | 25869 | | | | |
| 深圳市 | 599221 | | | | 105509 | | | | |
| 珠海市 | 172611 | | | | 3026 | | | | |
| 汕头市 | 65710 | | | | 914 | | | | |
| 佛山市 | 64409 | | | | 2271 | | | | |
| 韶关市 | 23261 | | | | 11037 | 85 | 57 | | |
| 河源市 | 21705 | | | | 17561 | | | | |
| 梅州市 | 159166 | | | | 5073 | 63 | | | |
| 惠州市 | 149759 | | | | 25238 | 39 | | | |
| 汕尾市 | 220934 | | | | 18449 | | | | |
| 东莞市 | 52382 | 1 | | | 10611 | 35 | | | |
| 中山市 | 8520 | | | | 8248 | | | | |
| 江门市 | 134731 | | | | 10242 | | | | |
| 阳江市 | 198662 | 1 | | | 14958 | 80 | | | |
| 湛江市 | 831533 | | | | 6045 | | | | |
| 茂名市 | 1195161 | 2 | | | 2083 | 36 | 443 | | |
| 肇庆市 | 54225 | | | | 1053 | | 7 | | |
| 清远市 | 37272 | | | | 529 | | | | |
| 潮州市 | 16523 | | | | 4671 | 4 | | | |
| 揭阳市 | 11159 | | | | 5039 | | | | |
| 云浮市 | 301365 | 1 | | | 11565 | 7 | 5 | | |

## 3-17 续表1

| 市 别 | 农作物受灾面积(公顷) | 农作物成灾面积 | 农作物绝收面积 | 草场受灾面积(公顷) | 因灾死亡大牲畜(只) | 因灾死亡羊只(只) | 倒塌房屋间数(间) | 其中:倒塌农房间数 |
|---|---|---|---|---|---|---|---|---|
| **全 省** | **217571.76** | **86804.00** | **17923.16** | | **21310.00** | | **1497.00** | **1144.00** |
| 广州市 | 850.64 | 226.52 | 68.38 | | | | | |
| 深圳市 | 149.89 | | | | | | | |
| 珠海市 | 436.74 | 57.21 | 17.54 | | | | 1 | |
| 汕头市 | 152.45 | | | | | | 1 | |
| 佛山市 | 833.99 | | | | | | | |
| 韶关市 | 304.66 | 64.00 | 5.80 | | | | 70.00 | 66 |
| 河源市 | 483.79 | 54.01 | 20.46 | | 37.00 | | 3.00 | 3 |
| 梅州市 | 12949.05 | 2313.68 | 261.77 | | 38.00 | | 74.00 | 70 |
| 惠州市 | 2908.58 | 1454.51 | 77.50 | | | | 44.00 | 44 |
| 汕尾市 | 9053.21 | 3427.32 | 1218.84 | | 500.00 | | 12.00 | |
| 东莞市 | 1129.24 | 614.15 | 163.81 | | | | | |
| 中山市 | 2792.94 | 1826.30 | 124.61 | | | | | |
| 江门市 | 376.59 | 103.78 | 3.00 | | | | | |
| 阳江市 | 4152.60 | 1032.64 | 106.54 | | 7792.00 | | 103.00 | 5 |
| 湛江市 | 104151.96 | 56119.21 | 7463.69 | | | | | |
| 茂名市 | 52375.85 | 15258.59 | 6469.79 | | 11866.00 | | 378.00 | 364 |
| 肇庆市 | 3600.91 | 1019.48 | 254.36 | | | | 136.00 | 102 |
| 清远市 | 3743.75 | 552.83 | 258.96 | | | | 49.00 | 9 |
| 潮州市 | 58.84 | | | | 2.00 | | 82.00 | 69 |
| 揭阳市 | 3835.41 | 2679.77 | 610.43 | | 100.00 | | | |
| 云浮市 | 13230.67 | | 797.68 | | 975.00 | | 544.00 | 412 |

## 3-17 续表2

| 市　别 | 倒塌房屋户数(户) | 其中：倒塌农房户数 | 严重损坏房屋间数(间) | 其中：严重损坏农房间数 | 严重损坏房屋户数(户) | 其中：严重损坏农房户数 | 一般损坏房屋间数(间) | 其中：一般损坏农房间数 |
|---|---|---|---|---|---|---|---|---|
| **全　省** | **698** | **474** | **938** | **633** | **368** | **270** | **4793** | **3853** |
| 广州市 | | | | | | | | |
| 深圳市 | | | | | | | | |
| 珠海市 | | | | | | | | |
| 汕头市 | 1 | | 1 | | 1 | | 1 | |
| 佛山市 | | | | | | | 259 | 259 |
| 韶关市 | 24 | 22 | 73 | 71 | 36 | 35 | 12 | 9 |
| 河源市 | 1 | 1 | 5 | 3 | 4 | 2 | 1 | |
| 梅州市 | 31 | 29 | 246 | 105 | 100 | 66 | 207 | 126 |
| 惠州市 | 21 | 21 | 1 | 1 | | | 3 | 3 |
| 汕尾市 | 12 | | 9 | 1 | 8 | | 43 | 14 |
| 东莞市 | | | | | | | | |
| 中山市 | | | 1 | | | | 17 | |
| 江门市 | | | | | | | 2 | |
| 阳江市 | 59 | 4 | 80 | 16 | 48 | 14 | 117 | 117 |
| 湛江市 | | | 1 | 1 | 1 | 1 | 83 | 72 |
| 茂名市 | 123 | 118 | 287 | 255 | 112 | 107 | 894 | 747 |
| 肇庆市 | 49 | 36 | 16 | 6 | 9 | 2 | 242 | 239 |
| 清远市 | 9 | 7 | 53 | 13 | 15 | 13 | 57 | 36 |
| 潮州市 | 2 | 2 | 7 | 7 | 4 | 4 | 1 | 1 |
| 揭阳市 | | | | | | | | |
| 云浮市 | 366 | 234 | 158 | 154 | 30 | 26 | 2854 | 2230 |

## 3-17 续表3

| 市别 | 一般损坏房屋户数（户） | 其中：一般损坏农房户数 | 直接经济损失（万元） | 其中：房屋及居民家庭财产损失 | 农林牧渔业损失 | 工矿商贸业损失 | 基础设施损失 | 公共服务损失 | 其他损失 |
|---|---|---|---|---|---|---|---|---|---|
| **全省** | **3318** | **2519** | **1701922** | **106177** | **568606** | **133946** | **695916** | **116694** | **80584** |
| 广州市 | | | 9511.82 | 4599.52 | 3926.47 | 615.80 | 227.09 | 135.74 | 7.21 |
| 深圳市 | | | 128889.91 | 10061.42 | 638.45 | 24976.10 | 20818.83 | 56105.62 | 16289.50 |
| 珠海市 | | | 20233.54 | 127.77 | 11235.39 | 933.91 | 6071.77 | 1076.60 | 788.10 |
| 汕头市 | 1 | | 2603.91 | 12 | 67.05 | | 2432.67 | | 92.69 |
| 佛山市 | 94 | 94 | 13068.13 | 5491.02 | 6501.05 | 832.12 | 13.70 | 59 | 171.36 |
| 韶关市 | 11 | 9 | 679.9200 | 167.0000 | 267.8000 | | 230.1200 | 10.0000 | 5.0000 |
| 河源市 | | | 6776.42 | 98.00 | 1173.69 | | 5504.73 | | |
| 梅州市 | 112 | 86 | 75834.85 | 8747.41 | 26581.03 | 4747.50 | 30477.13 | 4074.99 | 1206.80 |
| 惠州市 | 3 | 3 | 13942.31 | 1594.23 | 5145.48 | 443.00 | 6753.87 | 5.73 | |
| 汕尾市 | 35 | 6 | 81335.08 | 903.09 | 33356.97 | 1452.35 | 34225.20 | 4882.93 | 6514.54 |
| 东莞市 | | | 21699.80 | 6993 | 1445.11 | 12699 | 548 | 15 | |
| 中山市 | | | 3622.54 | 23 | 2648.04 | 435 | 112.65 | 36 | 368 |
| 江门市 | | | 17271.17 | 1.01 | 2438.58 | 14.50 | 12506.61 | 2033.12 | 277.36 |
| 阳江市 | 16 | 16 | 164982.70 | 13324.56 | 51871.27 | 13661.79 | 74288.89 | 10906.99 | 929.20 |
| 湛江市 | 72 | 72 | 263072.18 | 365 | 183812.30 | 8672 | 59962.69 | 3793 | 6466.99 |
| 茂名市 | 473 | 358 | 654991.48 | 21757.54 | 171649.22 | 38562.55 | 356721.11 | 25016.69 | 41284.36 |
| 肇庆市 | 83 | 81 | 31247.24 | 502.72 | 23326.81 | 3718.62 | 2656.51 | 1039.88 | 2.70 |
| 清远市 | 13 | 13 | 24968.95 | 1520.72 | 6950.37 | 2766.50 | 13580.37 | 151.00 | |
| 潮州市 | 1 | 1 | 6613.40 | 541.80 | 109.34 | 413.00 | 4987.66 | 82.10 | 479.50 |
| 揭阳市 | | | 21809 | 252 | 8401 | 3060 | 9892 | 48 | 157 |
| 云浮市 | 2404 | 1780 | 138767.46 | 29094.34 | 27060.96 | 15941 | 53905.09 | 7222 | 5544.68 |

# 3-18 救灾工作情况

| 市　别 | 本级启动响应次数（次） | 已救助人口（人） | 已重建住房户数（户） | 已重建住房间数（间） | 已维修住房户数（户） | 已维修住房间数（间） |
|---|---|---|---|---|---|---|
| **全　省** | **10** | **58176** | **286** | **787** | **226** | **391** |
| 广州市 | | 25869 | | | | |
| 韶关市 | | 150 | 21 | 63 | 32 | 70 |
| 深圳市 | 1 | | | | | |
| 珠海市 | | | | | | |
| 汕头市 | | | | | | |
| 佛山市 | | | | | | |
| 江门市 | | | | | | |
| 湛江市 | | 7 | | | 1 | 1 |
| 茂名市 | 1 | 941 | 119 | 404 | 111 | 168 |
| 肇庆市 | | 46 | 14 | 47 | 1 | 1 |
| 惠州市 | 1 | 25238 | 9 | 40 | | |
| 梅州市 | 1 | 339 | 23 | 67 | 56 | 116 |
| 汕尾市 | | | | | | |
| 河源市 | | 5035 | 1 | 3 | 4 | 7 |
| 阳江市 | | 144 | 43 | 43 | 7 | 8 |
| 清远市 | | 155 | 20 | 45 | 7 | 9 |
| 东莞市 | 5 | | | | | |
| 中山市 | | | | | | |
| 潮州市 | | 128 | 2 | 2 | | |
| 揭阳市 | | | | | | |
| 云浮市 | 1 | 124 | 34 | 73 | 7 | 11 |

## 3-18 续表

| 市 别 | 下级支出自然灾害生活补助资金（万元） | 其中：已支出应急生活补助资金 | 已支出遇难人员家属抚慰金 | 已支出过渡期生活救助资金 | 已支出恢复重建补助资金 | 已支出旱灾救助资金 |
|---|---|---|---|---|---|---|
| **全 省** | **1945.04** | **527.26** | **8.50** | **184.88** | **1226.80** | |
| 广州市 | 25.37 | 25.37 | | | | |
| 韶关市 | 106.70 | 2.67 | | 12.63 | 91.40 | |
| 深圳市 | | | | | | |
| 珠海市 | | | | | | |
| 汕头市 | | | | | | |
| 佛山市 | | | | | | |
| 江门市 | | | | | | |
| 湛江市 | 0.20 | | | | 0.20 | |
| 茂名市 | 603.74 | 1.08 | 2.00 | 96.46 | 506.20 | |
| 肇庆市 | 66.10 | | | 8.90 | 57.20 | |
| 惠州市 | 473.26 | 420.19 | | 8.07 | 45.00 | |
| 梅州市 | 118 | | | 13 | 105 | |
| 汕尾市 | | | | | | |
| 河源市 | 81.96 | 74.95 | | 0.21 | 6.80 | |
| 阳江市 | 204.76 | | 2.00 | 28.36 | 174.40 | |
| 清远市 | 101.15 | | | 16.15 | 85.00 | |
| 东莞市 | 2.5 | | 2.5 | | | |
| 中山市 | | | | | | |
| 潮州市 | 9 | | | 1 | 8 | |
| 揭阳市 | 3 | 3 | | | | |
| 云浮市 | 149.4 | | 2 | | 147.4 | |

# 四、农业技术装备与农村科技及教育

# 4-1 农机化服务组织及人员

(2023年)

| 市别 | 农机服务组织 | | 农机户 | | 农机维修厂及维修点 | | 乡村农机从业人员年末人数(人) |
|---|---|---|---|---|---|---|---|
| | 机构数(个) | 人数(人) | 机构数(个) | 人数(人) | 机构数(个) | 人数(人) | |
| **全省** | **2542** | **27958** | **1042910** | **1198857** | **6576** | **16901** | **1226209** |
| 广州 | 125 | 805 | 39022 | 43942 | 146 | 350 | 46727 |
| 珠海 | 18 | 212 | 9215 | 20467 | 26 | 108 | 4484 |
| 汕头 | 132 | 1258 | 3079 | 3884 | 31 | 110 | 3223 |
| 佛山 | 6 | 55 | 61990 | 80917 | 88 | 199 | 48871 |
| 韶关 | 110 | 1896 | 148098 | 152522 | 373 | 706 | 124797 |
| 河源 | 79 | 627 | 21815 | 21895 | 272 | 518 | 47032 |
| 梅州 | 123 | 3819 | 33776 | 40578 | 670 | 1671 | 54165 |
| 惠州 | 72 | 683 | 40160 | 41851 | 174 | 586 | 44289 |
| 汕尾 | 39 | 547 | 19943 | 21130 | 402 | 1008 | 29259 |
| 东莞 | 4 | 30 | 2535 | 3317 | 2 | 7 | 1026 |
| 中山 | 6 | 34 | 26134 | 26899 | 45 | 157 | 32712 |
| 江门 | 199 | 2941 | 34158 | 45867 | 1108 | 2780 | 83223 |
| 阳江 | 27 | 413 | 40159 | 46086 | 211 | 615 | 29650 |
| 湛江 | 913 | 5552 | 203701 | 256714 | 853 | 2533 | 300161 |
| 茂名 | 75 | 1854 | 137744 | 146729 | 680 | 1628 | 112903 |
| 肇庆 | 275 | 2323 | 88765 | 95870 | 463 | 1128 | 116745 |
| 清远 | 120 | 1806 | 61257 | 69071 | 335 | 426 | 58150 |
| 潮州 | 48 | 728 | 3667 | 4000 | 186 | 641 | 6002 |
| 揭阳 | 91 | 692 | 10681 | 12896 | 273 | 1003 | 17717 |
| 云浮 | 80 | 1683 | 57011 | 64222 | 238 | 727 | 65073 |

# 4-2 农业机械作业情况

(2023年) 单位：千公顷

| 市别 | 农机化作业总体情况 | | | | |
|---|---|---|---|---|---|
| | 机耕面积 | 机播面积 | 机电灌溉面积 | 机械植保面积 | 机收面积 |
| **全省** | **4091.52** | **900.98** | **1822.25** | **1771.49** | **2088.21** |
| 广州 | 208.35 | 15.47 | 140.39 | 55.38 | 35.78 |
| 珠海 | 14.02 | 4.81 | 1.26 | 7.31 | 4.88 |
| 汕头 | 94.30 | 16.57 | 41.84 | 52.41 | 45.32 |
| 佛山 | 65.42 | 7.87 | 42.00 | 34.76 | 12.55 |
| 韶关 | 247.44 | 36.65 | 33.57 | 91.60 | 129.47 |
| 河源 | 170.54 | 25.13 | 13.66 | 59.18 | 110.59 |
| 梅州 | 256.00 | 48.82 | 92.95 | 63.87 | 159.21 |
| 惠州 | 268.71 | 62.96 | 114.24 | 198.45 | 123.48 |
| 汕尾 | 168.53 | 38.90 | 40.71 | 44.36 | 85.72 |
| 东莞 | 22.19 | 3.48 | 13.99 | 14.14 | 6.04 |
| 中山 | 23.37 | 1.96 | 19.21 | 20.33 | 3.17 |
| 江门 | 284.84 | 139.73 | 142.57 | 161.05 | 196.44 |
| 阳江 | 202.08 | 40.66 | 87.57 | 65.09 | 112.56 |
| 湛江 | 658.66 | 186.05 | 483.37 | 244.85 | 290.82 |
| 茂名 | 420.31 | 75.12 | 158.27 | 244.01 | 234.78 |
| 肇庆 | 275.82 | 82.83 | 179.69 | 181.33 | 184.95 |
| 清远 | 332.49 | 33.12 | 22.10 | 99.73 | 154.91 |
| 潮州 | 54.35 | 16.17 | 31.37 | 12.80 | 35.38 |
| 揭阳 | 180.83 | 34.18 | 99.78 | 7.67 | 82.62 |
| 云浮 | 143.26 | 30.50 | 63.73 | 113.16 | 79.54 |

## 4-2 续表 1

(2023年) 单位：千公顷

| 市别 | 主要农作物农机化作业情况 | | | | | |
|---|---|---|---|---|---|---|
| | 水稻机耕面积 | 水稻机械种植面积 | 水稻机收面积 | 玉米机耕面积 | 大豆机耕面积 | 花生机耕面积 |
| **全省** | **1810.23** | **719.74** | **1771.38** | **124.98** | **25.83** | **313.05** |
| 广州 | 23.92 | 13.43 | 23.52 | 2.97 | 0.38 | 3.00 |
| 珠海 | 4.77 | 4.79 | 4.88 | 0.27 | 0.17 | 0.08 |
| 汕头 | 45.68 | 16.56 | 45.30 | 2.30 | 0.40 | 1.11 |
| 佛山 | 6.90 | 5.32 | 6.85 | 0.93 | 0.04 | 0.17 |
| 韶关 | 101.92 | 32.90 | 101.41 | 9.34 | 3.00 | 35.25 |
| 河源 | 119.63 | 21.93 | 107.06 | 3.82 | 0.93 | 19.13 |
| 梅州 | 160.31 | 46.83 | 155.61 | 5.02 | 2.70 | 11.30 |
| 惠州 | 84.83 | 43.11 | 84.75 | 16.10 | 1.46 | 17.35 |
| 汕尾 | 68.36 | 33.82 | 68.24 | 2.96 | 1.32 | 12.09 |
| 东莞 | 1.60 | 1.26 | 1.60 | 0.28 | 0.11 | |
| 中山 | 2.51 | 1.81 | 2.51 | 0.19 | | 0.02 |
| 江门 | 168.22 | 130.68 | 167.82 | 3.47 | 1.90 | 9.21 |
| 阳江 | 106.66 | 38.90 | 106.52 | 4.67 | 3.03 | 19.77 |
| 湛江 | 224.08 | 81.38 | 224.03 | 23.00 | 1.60 | 65.08 |
| 茂名 | 206.07 | 73.01 | 201.06 | 14.38 | 2.45 | 45.35 |
| 肇庆 | 166.20 | 69.26 | 164.29 | 8.32 | 0.53 | 17.57 |
| 清远 | 121.23 | 30.67 | 120.57 | 14.41 | 2.42 | 32.91 |
| 潮州 | 31.55 | 14.53 | 31.34 | 2.68 | | 2.25 |
| 揭阳 | 80.23 | 29.12 | 74.78 | 4.19 | 2.56 | 7.15 |
| 云浮 | 85.56 | 30.40 | 79.23 | 5.70 | 0.84 | 14.28 |

## 4-2 续表 2

(2023年) 单位：千公顷

| 市 别 | 单项农机化作业情况 | | | | |
|---|---|---|---|---|---|
| | 机械深松深耕面积 | 机械深松面积 | 机械深施化肥面积 | 机械铺膜面积 | 农田机械节水灌溉面积 |
| **全 省** | **456.36** | **10.03** | **12.19** | **2.67** | **256.05** |
| 广 州 | 0.06 | | 0.06 | | 14.82 |
| 珠 海 | | | 1.67 | | |
| 汕 头 | | | | | 4.97 |
| 佛 山 | 1.00 | 0.70 | 0.30 | 0.10 | 4.48 |
| 韶 关 | 1.67 | 1.20 | 0.02 | | 14.92 |
| 河 源 | 0.02 | 0.02 | 0.15 | | 0.01 |
| 梅 州 | 26.55 | | 7.15 | | 9.82 |
| 惠 州 | 107.35 | | | 0.32 | 9.38 |
| 汕 尾 | 1.55 | 0.57 | | | 9.00 |
| 东 莞 | 1.25 | | | | 2.54 |
| 中 山 | 6.62 | | 1.63 | | 11.12 |
| 江 门 | | | | | 2.18 |
| 阳 江 | 2.52 | 0.35 | | 0.10 | 3.30 |
| 湛 江 | 210.95 | 3.08 | 1.22 | 2.16 | 94.75 |
| 茂 名 | 29.84 | 3.21 | | | 12.12 |
| 肇 庆 | 23.51 | | | | 15.70 |
| 清 远 | 0.68 | 0.68 | | | 7.81 |
| 潮 州 | 2.32 | 0.24 | | | 5.25 |
| 揭 阳 | | | | | 19.08 |
| 云 浮 | 40.47 | | | | 14.81 |

# 4-2 续表 3

(2023年)

| 市别 | 单项农机化作业情况 | | | |
|---|---|---|---|---|
| | 机械化秸秆还田面积(千公顷) | 机械脱出粮食数量(万吨) | 机械化饲草料加工数量(万吨) | 农机跨区作业面积(千公顷) |
| **全省** | **742.89** | **1285.50** | **452.99** | **478.72** |
| 广州 | 14.30 | 47.80 | 3.87 | 6.23 |
| 珠海 | 5.05 | 2.86 | 0.50 | 1.42 |
| 汕头 | 45.30 | 32.18 | 2.07 | 49.57 |
| 佛山 | 5.30 | 6.07 | 1.17 | 0.67 |
| 韶关 | 37.27 | 70.75 | 3.05 | 12.33 |
| 河源 | 39.77 | 111.44 | 1.95 | 3.76 |
| 梅州 | 105.21 | 111.93 | 7.06 | 47.26 |
| 惠州 | 32.73 | 55.37 | 21.12 | 32.08 |
| 汕尾 | 41.09 | 34.80 | 10.39 | 2.38 |
| 东莞 | | 42.97 | | |
| 中山 | 5.98 | 2.33 | | 0.16 |
| 江门 | 140.44 | 93.70 | 2.43 | 19.64 |
| 阳江 | 92.52 | 57.93 | 42.45 | 20.79 |
| 湛江 | 6.95 | 145.99 | 23.89 | 36.26 |
| 茂名 | 3.20 | 149.34 | 173.71 | 30.03 |
| 肇庆 | 62.58 | 123.93 | 34.19 | 74.24 |
| 清远 | 29.37 | 69.94 | 1.00 | 42.91 |
| 潮州 | 18.68 | 24.39 | 4.08 | 5.41 |
| 揭阳 | 13.59 | 42.25 | 0.77 | 67.70 |
| 云浮 | 43.57 | 59.54 | 119.31 | 25.87 |

# 4-3 农业机械年末拥有量

(2023年)

| 项目 | 计算单位 | 数量 | 项目 | 计算单位 | 数量 |
|---|---|---|---|---|---|
| 农业机械总动力合计 | 万千瓦 | 2586.04 | 1.水泵 | 台 | 730259.00 |
| 1.柴油发动机动力 | 万千瓦 | 1614.46 | 2.节水灌溉机械 | 套 | 136031.00 |
| 2.汽油发动机动力 | 万千瓦 | 241.24 | 三、收获机械 | | |
| 3.电动机动力 | 万千瓦 | 718.55 | 1.谷物联合收割机 | 台 | 29732.00 |
| 4.其他机械动力 | 万千瓦 | 11.79 | 2.机动脱粒机 | 台 | 504103.00 |
| 一、耕整地机械 | | | 3.秸秆粉碎还田机 | 台 | 8513.00 |
| 1.耕整机 | 万台(套) | 14.62 | 四、水产机械 | | |
| | 万千瓦 | 66.18 | 1.增氧机 | 台 | 1255083.00 |
| 2.微耕机 | 万台(套) | 32.86 | 2.投饵机 | 台 | 127929.00 |
| | 万千瓦 | 142.06 | 五、农业航空器 | | |
| 二、农用排灌机械 | | | 1.植保无人机 | 台 | 3189.00 |

# 4-4 各市农业机械年末拥有量

(2023年)

| 市 别 | 农业机械总动力(万千瓦) | 1.柴油发动机动力(万千瓦) | 2.汽油发动机动力(万千瓦) | 3.电动机动力(万千瓦) | 4、其他机械动力(万千瓦) |
|---|---|---|---|---|---|
| **全 省** | **2586.04** | **1614.46** | **241.24** | **718.55** | **11.79** |
| 广州市 | 129.75 | 64.65 | 20.34 | 44.75 | 0.02 |
| 珠海市 | 28.26 | 4.85 | 1.38 | 22.03 | |
| 汕头市 | 30.99 | 19.56 | 2.77 | 7.89 | 0.77 |
| 佛山市 | 91.56 | 41.65 | 5.44 | 43.43 | 1.04 |
| 韶关市 | 179.65 | 140.40 | 8.17 | 30.41 | 0.67 |
| 河源市 | 83.71 | 58.26 | 11.29 | 14.16 | |
| 梅州市 | 139.92 | 78.69 | 22.93 | 35.88 | 2.43 |
| 惠州市 | 108.19 | 71.41 | 12.77 | 24.01 | |
| 汕尾市 | 114.09 | 90.85 | 5.84 | 16.95 | 0.44 |
| 东莞市 | 49.47 | 30.03 | 2.25 | 17.18 | |
| 中山市 | 81.75 | 33.19 | 8.26 | 40.30 | |
| 江门市 | 189.29 | 105.83 | 10.14 | 72.70 | 0.62 |
| 阳江市 | 119.37 | 91.29 | 5.85 | 22.23 | |
| 湛江市 | 446.83 | 339.74 | 6.45 | 99.06 | 1.58 |
| 茂名市 | 227.02 | 128.05 | 50.53 | 48.45 | |
| 肇庆市 | 186.46 | 74.15 | 27.03 | 85.27 | |
| 清远市 | 117.06 | 76.76 | 9.24 | 30.61 | 0.45 |
| 潮州市 | 46.87 | 15.51 | 12.17 | 16.17 | 3.02 |
| 揭阳市 | 59.18 | 44.78 | 1.45 | 12.95 | |
| 云浮市 | 108.15 | 77.12 | 11.39 | 19.51 | 0.13 |
| 农 垦 | 48.49 | 27.68 | 5.56 | 14.62 | 0.62 |

# 4–4 续表

(2023年)

| 市　别 | 排灌机械 | | 收获机械 | | 渔业机械 | |
|---|---|---|---|---|---|---|
| | 农用水泵(台) | 节水灌溉机械(套) | 谷物联合收割机(万台) | 机动脱粒机(万台) | 增氧机(万台) | 投饵机(万台) |
| **全　省** | **730259** | **136031** | **2.97** | **50.41** | **125.51** | **12.79** |
| 广州市 | 37010 | 13366 | 0.02 | 1.34 | 11.41 | 2.74 |
| 珠海市 | 11811 | 27 | 0.01 | | 15.77 | 0.40 |
| 汕头市 | 5962 | 1200 | 0.01 | 0.00 | 3.25 | 0.03 |
| 佛山市 | 34692 | 1815 | 0.00 | 0.33 | 22.04 | 2.35 |
| 韶关市 | 27482 | 704 | 0.46 | 6.59 | 0.82 | 0.51 |
| 河源市 | 8754 | 3942 | 0.25 | 2.01 | 0.61 | 0.06 |
| 梅州市 | 39292 | 8750 | 0.22 | 4.84 | 1.38 | 0.52 |
| 惠州市 | 35960 | 4695 | 0.13 | 1.62 | 1.85 | 0.38 |
| 汕尾市 | 23251 | 4319 | 0.15 | 0.52 | 3.07 | 0.06 |
| 东莞市 | 2553 | 1088 | 0.00 | 0.02 | 0.56 | 0.15 |
| 中山市 | 34266 | 12162 | 0.01 | 0.07 | 8.73 | 0.53 |
| 江门市 | 70206 | 2373 | 0.52 | 1.57 | 10.83 | 0.46 |
| 阳江市 | 25165 | 1154 | 0.17 | 2.47 | 6.15 | 0.18 |
| 湛江市 | 199896 | 70308 | 0.44 | 1.58 | 18.33 | 2.24 |
| 茂名市 | 88356 | 605 | 0.16 | 9.56 | 9.79 | 0.99 |
| 肇庆市 | 33934 | 3025 | 0.09 | 5.91 | 5.03 | 0.67 |
| 清远市 | 12851 | 1437 | 0.20 | 2.14 | 2.26 | 0.34 |
| 潮州市 | 9634 | 319 | 0.01 | 0.05 | 1.92 | 0.10 |
| 揭阳市 | 18444 | 3698 | 0.01 | 0.25 | 0.72 | 0.02 |
| 云浮市 | 10740 | 1044 | 0.09 | 9.53 | 0.99 | 0.05 |
| 农　垦 | | | | | | |

# 4-5 农业科研和技术开发机构基本情况

| 项 目 | 单位 | 2015 | 2017 | 2018 | 2019 | 2020 | 2021 | 2022 | 2023 |
|---|---|---|---|---|---|---|---|---|---|
| **一、机构与人员** | | | | | | | | | |
| 机构数 | 个 | 76 | 76 | 73 | 68 | 73 | 67 | 64 | 61 |
| 职工人数 | 人 | 4983 | 4760 | 4289 | 4633 | 5193 | 5075 | 4983 | 4855 |
| 从事科技活动人员 | 人 | 3502 | 3651 | 3432 | 3995 | 4570 | 4873 | 4846 | 5047 |
| **二、经费收入与支出** | | | | | | | | | |
| 经常费收入总额 | 万元 | 205404.7 | 246696.6 | 212921.7 | 253409.3 | 284009.4 | 313128.7 | 306949.2 | 295850.8 |
| 科技活动收入 | 万元 | 161821.6 | 186499.3 | 175375.0 | 207241.0 | 234424.8 | 267905.9 | 267203.8 | 257853.9 |
| #政府资金 | 万元 | 147126.0 | 164986.1 | 160117.9 | 178635.1 | 202991.6 | 231655.7 | 218553.9 | 223750.9 |
| 经营活动收入 | 万元 | 15015.9 | 10713.1 | 6345.2 | 2244.9 | 2007.1 | 2040.2 | 2431.5 | 1114.7 |
| 其他收入 | 万元 | 28567.2 | 49484.2 | 31201.5 | 43923.4 | 47577.5 | 43182.6 | 37313.9 | 36882.2 |
| 经费支出总额 | 万元 | 184867.5 | 228659.7 | 198783.3 | 276617.8 | 286968.7 | 318829.3 | 318612.0 | 318474.9 |
| 科技经费内部支出 | 万元 | 135210.5 | 173555.2 | 149799.5 | 222030.9 | 236889.9 | 271420.6 | 277231.6 | 291109.2 |
| 生产性支出 | 万元 | 15114.8 | 13758.1 | 14092.4 | 14874.4 | 7747.8 | 8726.7 | 11322.9 | 1883.4 |
| 其他支出 | 万元 | 34542.2 | 41346.4 | 34891.4 | 39712.5 | 42331.0 | 38682.0 | 30057.5 | 25482.3 |
| **三、课题活动与产出** | | | | | | | | | |
| 科技活动课题数 | 个 | 1688 | 1918 | 1631 | 2286 | 2334 | 2450 | 2465 | 2504 |
| 课题投入人员 | 人年 | 2631 | 2780 | 2390 | 2787 | 3171.5 | 3332.3 | 3233.3 | 3437 |
| 课题投入经费 | 万元 | 50350.6 | 56224.5 | 42623.5 | 68810.2 | 83641.3 | 71227.1 | 73224.8 | 70972.1 |
| 科学论文合计 | 篇 | 1519 | 1681 | 1383 | 1862 | 1944 | 2101 | 2324 | 2398 |
| #国外发表 | 篇 | 339 | 393 | 308 | 605 | 717 | 923 | 1186 | 1270 |
| 科技著作合计 | 种 | 41 | 44 | 43 | 32 | 81 | 62 | 57 | 53 |

注：2019年起经常费收入总额数据中未包含科研基建中的政府资金。

## 4-6　各市农村专业技术协会情况

(2023年)

| 市　别 | 农村专业技术协会 | | 市　别 | 农村专业技术协会 | |
|---|---|---|---|---|---|
| | 个数<br>(个) | 会员数<br>(人) | | 个数<br>(个) | 会员数<br>(人) |
| **合　计** | **222** | **18709** | 东莞市 | | |
| 省本级 | 1 | 90 | 中山市 | | |
| 广州市 | 5 | 394 | 江门市 | 14 | 1509 |
| 深圳市 | | | 阳江市 | 7 | 2000 |
| 珠海市 | | | 湛江市 | 9 | 784 |
| 汕头市 | 13 | 1147 | 茂名市 | | |
| 佛山市 | 9 | 865 | 肇庆市 | 30 | 3844 |
| 韶关市 | 37 | 2366 | 清远市 | 16 | 1658 |
| 河源市 | 5 | 998 | 潮州市 | 2 | 230 |
| 梅州市 | 17 | 864 | 揭阳市 | 24 | 857 |
| 惠州市 | 5 | 445 | 云浮市 | 1 | 39 |
| 汕尾市 | 27 | 619 | | | |

## 4-7　主要年份农业生产物质消耗情况

(2023年)

| 项　目 | 单位 | 1985 | 1990 | 1995 | 2000 | 2005 | 2010 | 2015 | 2021 | 2022 | 2023 |
|---|---|---|---|---|---|---|---|---|---|---|---|
| **一、化肥施用量** | | | | | | | | | | | |
| 折纯量 | 万吨 | 102.67 | 162.41 | 195.71 | 176.20 | 204.62 | 233.57 | 238.28 | 212.87 | 208.74 | 206.79 |
| 氮肥 | 万吨 | 69.37 | 95.82 | 99.49 | 95.89 | 93.78 | 94.93 | 90.78 | 80.06 | 78.26 | 77.25 |
| 磷肥 | 万吨 | 14.62 | 20.08 | 27.16 | 18.36 | 18.96 | 24.75 | 29.03 | 25.98 | 25.19 | 24.80 |
| 钾肥 | 万吨 | 13.97 | 27.57 | 34.14 | 35.84 | 41.54 | 46.74 | 47.00 | 40.80 | 40.21 | 39.95 |
| 复合肥 | 万吨 | 4.71 | 18.94 | 34.92 | 26.11 | 50.34 | 67.16 | 71.47 | 66.03 | 65.09 | 64.81 |
| **二、农药施用量** | **万吨** | **7.27** | **7.95** | **8.05** | **8.47** | **8.50** | **9.79** | **9.75** | **7.74** | **7.60** | **7.44** |

注：根据《农业综合统计报表制度》，2020年开始对表名进行修订，具体指标不变，数据可比。

# 4-8 农业生产物质消耗情况

(2023年)

| 项 目 | 单位 | 数 量 | 项 目 | 单位 | 数 量 |
|---|---|---|---|---|---|
| **一、农用化肥施用量** | | | **二、农用塑料薄膜使用量** | **吨** | **43528** |
| 按折纯量计算 | 吨 | 2067930 | 其中：地膜使用量 | 吨 | 23802 |
| 氮肥 | 吨 | 772451 | 地膜覆盖面积 | 公顷 | 2272175 |
| 磷肥 | 吨 | 247952 | **三、农药使用量** | **吨** | **74390** |
| 钾肥 | 吨 | 399475 | **四、农用柴油使用量** | **吨** | **862262** |
| 复合肥 | 吨 | 648051 | | | |

# 4-9 各市农业生产物质消耗情况

(2023年)

| 市 别 | 农用化肥施用量 | | | | | 农用塑料薄膜使用量(吨) | | 农药使用量(吨) |
|---|---|---|---|---|---|---|---|---|
| | 按折纯量计算(吨) | 氮肥 | 磷肥 | 钾肥 | 复合肥 | | 地膜使用量 | |
| 广州市 | 95946 | 16855 | 6541 | 11071 | 61478 | 2867 | 637 | 2561 |
| 深圳市 | 1831 | 284 | 49 | 30 | 1468 | 138 | 54 | 22 |
| 珠海市 | 5210 | 1833 | 507 | 776 | 2095 | 1864 | 110 | 151 |
| 汕头市 | 46297 | 21187 | 3330 | 7435 | 14345 | 880 | 150 | 830 |
| 佛山市 | 22854 | 7690 | 2184 | 2559 | 10421 | 1133 | 680 | 975 |
| 韶关市 | 89961 | 30133 | 9407 | 14298 | 36124 | 3896 | 2485 | 3484 |
| 河源市 | 110016 | 42769 | 25911 | 16370 | 24966 | 1807 | 1392 | 2141 |
| 梅州市 | 137100 | 65174 | 9228 | 22300 | 40398 | 3454 | 2170 | 4237 |
| 惠州市 | 79115 | 29671 | 9935 | 18769 | 20740 | 2823 | 1960 | 3798 |
| 汕尾市 | 52789 | 24176 | 5659 | 11919 | 11036 | 1112 | 781 | 2163 |
| 东莞市 | 2771 | 1268 | 238 | 423 | 843 | 387 | 104 | 453 |
| 中山市 | 9866 | 2612 | 988 | 1561 | 4705 | 1320 | 530 | 484 |
| 江门市 | 118843 | 37545 | 8332 | 24295 | 48670 | 5991 | 3101 | 5560 |
| 阳江市 | 87352 | 27398 | 14160 | 16603 | 29191 | 1473 | 830 | 3228 |
| 湛江市 | 408298 | 151746 | 68278 | 91557 | 96717 | 2881 | 2377 | 15379 |
| 茂名市 | 302411 | 101587 | 23569 | 72739 | 104516 | 2985 | 1036 | 7597 |
| 肇庆市 | 160428 | 72163 | 24513 | 27627 | 36125 | 2574 | 1572 | 4626 |
| 清远市 | 152937 | 53160 | 15664 | 25214 | 58899 | 2404 | 1517 | 6503 |
| 潮州市 | 39525 | 14813 | 4589 | 5625 | 14498 | 1156 | 744 | 2140 |
| 揭阳市 | 100492 | 54961 | 8772 | 21181 | 15578 | 1010 | 485 | 4404 |
| 云浮市 | 43887 | 15427 | 6100 | 7122 | 15238 | 1373 | 1086 | 3654 |

# 4-10 各县(市、区)农业生产物质消耗情况

(2023年)

| 市 别 | 农用化肥施用量 按折纯量计算(吨) | 氮肥 | 磷肥 | 钾肥 | 复合肥 | 农用塑料薄膜使用量(吨) | 地 膜 使用量 | 农 药 使用量(吨) |
|---|---|---|---|---|---|---|---|---|
| **广州市** | **95946** | **16855** | **6541** | **11071** | **61478** | **2867** | **637** | **2561** |
| 越秀区 | | | | | | | | |
| 海珠区 | 68 | 20 | 9 | 20 | 19 | | | 6 |
| 荔湾区 | 18 | | | | 18 | 214 | | 3 |
| 天河区 | 41 | | | | 41 | | | 25 |
| 白云区 | 14277 | 5126 | 4108 | 5011 | 32 | 101 | 100 | 180 |
| 黄埔区 | 1653 | 496 | 73 | 93 | 991 | 43 | 15 | 150 |
| 番禺区 | 3959 | 804 | 327 | 551 | 2277 | 198 | 95 | 273 |
| 花都区 | 9599 | 2976 | 192 | 576 | 5855 | 139 | 43 | 440 |
| 南沙区 | 16364 | 1291 | 116 | 712 | 14245 | 1513 | 116 | 368 |
| 从化区 | 17887 | 3577 | 1073 | 2504 | 10732 | 236 | 126 | 453 |
| 增城区 | 32080 | 2566 | 642 | 1604 | 27268 | 424 | 141 | 663 |
| **深圳市** | **1831** | **284** | **49** | **30** | **1468** | **138** | **54** | **22** |
| 福田区 | | | | | | | | |
| 罗湖区 | 9 | | 2 | 2 | 5 | 1 | 1 | 0 |
| 盐田区 | | | | | | | | |
| 南山区 | 2 | | | | 2 | | | 1 |
| 宝安区 | 282 | | | | 282 | 30 | | 6 |
| 龙岗区 | 319 | 7 | 15 | 12 | 285 | 51 | 29 | 3 |
| 龙华区 | 319 | 7 | 15 | 12 | 285 | 51 | 29 | 3 |
| 坪山区 | 11029 | 4169 | 1185 | 2305 | 3370 | 184 | 154 | 256 |
| 光明区 | 2014 | 911 | 260 | 590 | 253 | 62 | 62 | 154 |
| 深汕合作区 | 13043 | 5080 | 1445 | 2895 | 3623 | 246 | 216 | 410 |
| **珠海市** | **5238** | **1163** | **526** | **736** | **2813** | **353** | **337** | **113** |
| 香洲区 | 106 | 25 | 17 | 32 | 32 | 6 | 1 | 9 |
| 金湾区 | | | | | | | | |
| 斗门区 | 2142 | 790 | 138 | 39 | 1175 | 40 | 40 | 68 |
| **汕头市** | **845** | **278** | **265** | **184** | **118** | | | **48** |
| 金平区 | 21374 | 7336 | 2391 | 3886 | 7761 | 645 | 594 | 648 |
| 龙湖区 | 28042 | 12023 | 3282 | 6328 | 6409 | 423 | 327 | 943 |
| 澄海区 | 593 | 272 | 75 | 216 | 31 | | | 75 |
| 濠江区 | 50009 | 19631 | 5748 | 10430 | 14201 | 1067 | 922 | 1666 |
| 潮阳区 | 3343 | 979 | 436 | 648 | 1280 | 101 | 16 | 69 |
| 潮南区 | 4366 | 844 | 353 | 961 | 2208 | 40 | 40 | 78 |
| 南澳县 | 905 | 338 | 222 | 147 | 198 | 19 | 9 | 45 |
| **佛山市** | **8614** | **2161** | **1011** | **1756** | **3686** | **160** | **65** | **193** |
| 禅城区 | 12560 | 5662 | 1595 | 2506 | 2797 | 52 | 39 | 405 |
| 南海区 | 19954 | 4999 | 4463 | 5149 | 5343 | 426 | 212 | 360 |
| 顺德区 | 32514 | 10661 | 6058 | 7655 | 8140 | 478 | 251 | 766 |
| 高明区 | 7920 | 2809 | 1579 | 1381 | 2151 | 184 | 147 | 144 |
| 三水区 | 4828 | 1868 | 112 | 502 | 2346 | 179 | 137 | 350 |
| **韶关市** | **89961** | **30133** | **9407** | **14298** | **36124** | **3896** | **2485** | **3484** |
| 浈江区 | 3791 | 939 | 901 | 400 | 1551 | 100 | 57 | 125 |
| 武江区 | 5034 | 2086 | 962 | 550 | 1436 | 93 | 82 | 199 |
| 曲江区 | 7344 | 1820 | 531 | 1212 | 3781 | 228 | 82 | 394 |
| 乐昌市 | 18426 | 5010 | 2132 | 1263 | 10021 | 285 | 258 | 766 |
| 南雄市 | 15357 | 5345 | 1262 | 2728 | 6022 | 919 | 531 | 499 |
| 仁化县 | 9680 | 1844 | 1085 | 3081 | 3670 | 482 | 403 | 471 |
| 始兴县 | 7065 | 2332 | 1009 | 1614 | 2110 | 630 | 370 | 253 |
| 翁源县 | 16726 | 7877 | 1137 | 2676 | 5036 | 707 | 457 | 466 |
| 新丰县 | 3047 | 1786 | 180 | 210 | 871 | 57 | 55 | 196 |
| 乳源县 | 3491 | 1093 | 208 | 564 | 1626 | 395 | 190 | 115 |

## 4-10 续表 1

(2023年)

| 市 别 | 农用化肥施用量 按折纯量计算(吨) | 氮肥 | 磷肥 | 钾肥 | 复合肥 | 农用塑料薄膜使用量(吨) | 地膜使用量 | 农药使用量(吨) |
|---|---|---|---|---|---|---|---|---|
| **河源市** | **110016** | **42769** | **25911** | **16370** | **24966** | **1807** | **1392** | **2141** |
| 源城区 | 2057 | 781 | 504 | 292 | 480 | 15 | 14 | 38 |
| 东源县 | 11744 | 5463 | 2060 | 2255 | 1966 | 221 | 183 | 330 |
| 和平县 | 14357 | 5437 | 3477 | 1857 | 3586 | 352 | 250 | 290 |
| 龙川县 | 29945 | 13505 | 6479 | 3694 | 6267 | 544 | 544 | 592 |
| 紫金县 | 28148 | 8417 | 6452 | 4389 | 8890 | 225 | 179 | 589 |
| 连平县 | 23765 | 9166 | 6939 | 3883 | 3777 | 450 | 222 | 302 |
| **梅州市** | **137100** | **65174** | **9228** | **22300** | **40398** | **3454** | **2170** | **4237** |
| 梅江区 | 7761 | 2140 | 356 | 1075 | 4190 | 147 | 125 | 234 |
| 梅县区 | 35728 | 17015 | 1775 | 6841 | 10097 | 413 | 80 | 1349 |
| 兴宁市 | 22314 | 11843 | 1509 | 3946 | 5016 | 567 | 302 | 1102 |
| 平远县 | 9099 | 5248 | 793 | 1231 | 1827 | 407 | 287 | 265 |
| 蕉岭县 | 5382 | 1736 | 520 | 1808 | 1318 | 595 | 275 | 179 |
| 大埔县 | 17882 | 8524 | 1155 | 2613 | 5590 | 484 | 368 | 460 |
| 丰顺县 | 17341 | 6109 | 1578 | 1886 | 7768 | 117 | 53 | 363 |
| 五华县 | 21593 | 12559 | 1542 | 2900 | 4592 | 724 | 680 | 286 |
| **惠州市** | **79115** | **29671** | **9935** | **18769** | **20740** | **2823** | **1960** | **3798** |
| 惠城区 | 13043 | 5080 | 1445 | 2895 | 3623 | 246 | 216 | 410 |
| 惠阳区 | 5344 | 1188 | 543 | 768 | 2845 | 359 | 338 | 122 |
| 惠东县 | 20205 | 8573 | 3529 | 5441 | 2662 | 721 | 259 | 393 |
| 博罗县 | 28633 | 11122 | 3224 | 6690 | 7597 | 1038 | 947 | 2242 |
| 龙门县 | 11890 | 3708 | 1194 | 2975 | 4013 | 459 | 200 | 631 |
| **汕尾市** | **52789** | **24176** | **5659** | **11919** | **11036** | **1112** | **781** | **2163** |
| 市城区 | 2987 | 1068 | 403 | 223 | 1293 | 40 | 40 | 116 |
| 陆丰市 | 28635 | 12295 | 3357 | 6544 | 6440 | 423 | 327 | 1018 |
| 海丰县 | 15943 | 9473 | 1541 | 3844 | 1085 | 600 | 364 | 905 |
| 陆河县 | 5224 | 1340 | 358 | 1308 | 2218 | 49 | 49 | 125 |
| **东莞市** | **2771** | **1268** | **238** | **423** | **843** | **387** | **104** | **453** |
| **中山市** | **9866** | **2612** | **988** | **1561** | **4705** | **1320** | **530** | **484** |
| **江门市** | **118843** | **37545** | **8332** | **24295** | **48670** | **5991** | **3101** | **5560** |
| 蓬江区 | 2026 | 650 | 285 | 220 | 870 | 180 | 36 | 86 |
| 江海区 | 3942 | 907 | 484 | 521 | 2029 | 861 | 317 | 440 |
| 新会区 | 13065 | 3867 | 755 | 2236 | 6207 | 2397 | 979 | 1028 |
| 台山市 | 46528 | 16615 | 3025 | 12745 | 14143 | 864 | 461 | 2012 |
| 开平市 | 25036 | 7462 | 1860 | 4228 | 11486 | 888 | 640 | 1010 |
| 鹤山市 | 13004 | 5077 | 730 | 1340 | 5858 | 418 | 287 | 378 |
| 恩平市 | 15242 | 2967 | 1193 | 3005 | 8077 | 382 | 381 | 605 |
| **阳江市** | **87352** | **27398** | **14160** | **16603** | **29191** | **1473** | **830** | **3228** |
| 江城区 | 8614 | 2161 | 1011 | 1756 | 3686 | 160 | 65 | 193 |
| 阳东区 | 20736 | 4916 | 5773 | 3267 | 6780 | 440 | 256 | 1001 |
| 阳春市 | 41939 | 14054 | 3577 | 9207 | 15101 | 526 | 362 | 1396 |
| 阳西县 | 16063 | 6267 | 3799 | 2373 | 3624 | 347 | 147 | 638 |

# 4-10 续表 2

(2023年)

| 市 别 | 农用化肥施用量 按折纯量计算(吨) | 氮肥 | 磷肥 | 钾肥 | 复合肥 | 农用塑料薄膜使用量(吨) | 地膜使用量 | 农药使用量(吨) |
|---|---|---|---|---|---|---|---|---|
| **湛江市** | **408298** | **151746** | **68278** | **91557** | **96717** | **2881** | **2377** | **15379** |
| 赤坎区 | 385 | 66 | 80 | 78 | 161 | | | 6 |
| 霞山区 | 661 | 111 | 101 | 139 | 310 | 0 | 0 | 4 |
| 麻章区 | 32514 | 10661 | 6058 | 7655 | 8140 | 478 | 251 | 766 |
| 坡头区 | 8733 | 3028 | 581 | 2813 | 2311 | 27 | | 264 |
| 雷州市 | 95483 | 34125 | 22091 | 17688 | 21578 | 960 | 914 | 4445 |
| 廉江市 | 71760 | 30259 | 8414 | 12839 | 20247 | 509 | 359 | 2227 |
| 吴川市 | 15480 | 4757 | 2505 | 4136 | 4081 | 152 | 132 | 1054 |
| 遂溪县 | 88081 | 28878 | 16227 | 22836 | 20141 | 443 | 433 | 4770 |
| 徐闻县 | 95202 | 39861 | 12221 | 23373 | 19747 | 311 | 287 | 1844 |
| **茂名市** | **302411** | **101587** | **23569** | **72739** | **104516** | **2985** | **1036** | **7597** |
| 茂南区 | 15650 | 5588 | 1044 | 3197 | 5821 | 264 | 127 | 676 |
| 电白区 | 48726 | 14701 | 1578 | 10355 | 22092 | 737 | 238 | 1408 |
| 信宜市 | 52437 | 13877 | 4027 | 12812 | 21721 | 226 | 54 | 692 |
| 高州市 | 105571 | 36352 | 9050 | 27811 | 32358 | 1279 | 252 | 1649 |
| 化州市 | 80026 | 31070 | 7870 | 18564 | 22524 | 479 | 365 | 3171 |
| **肇庆市** | **160428** | **72163** | **24513** | **27627** | **36125** | **2574** | **1572** | **4626** |
| 端州区 | 16 | 8 | 2 | 2 | 4 | | | |
| 鼎湖区 | 4326 | 1593 | 1058 | 572 | 1103 | 96 | 63 | 209 |
| 高要区 | 26496 | 10621 | 2866 | 7430 | 5579 | 1122 | 746 | 745 |
| 四会市 | 20225 | 10015 | 1142 | 3471 | 5597 | 87 | 44 | 824 |
| 广宁县 | 14583 | 8785 | 1243 | 1401 | 3154 | 26 | 16 | 481 |
| 德庆县 | 24599 | 7426 | 6785 | 4085 | 6303 | 490 | 175 | 555 |
| 封开县 | 38239 | 17914 | 2120 | 5298 | 12907 | 305 | 233 | 1319 |
| 怀集县 | 31944 | 15801 | 9297 | 5368 | 1478 | 448 | 295 | 494 |
| **清远市** | **152937** | **53160** | **15664** | **25214** | **58899** | **2404** | **1517** | **6503** |
| 清城区 | 11688 | 2436 | 1462 | 1677 | 6113 | 94 | 59 | 468 |
| 清新区 | 30044 | 6535 | 3220 | 4737 | 15552 | 558 | 382 | 1184 |
| 英德市 | 50607 | 24157 | 3608 | 8482 | 14360 | 308 | 290 | 2316 |
| 连州市 | 20508 | 4992 | 2291 | 4298 | 8927 | 552 | 316 | 906 |
| 佛冈县 | 13382 | 4235 | 2750 | 1499 | 4898 | 220 | 88 | 510 |
| 阳山县 | 17448 | 6248 | 1669 | 2816 | 6715 | 325 | 156 | 759 |
| 连山县 | 5463 | 2617 | 272 | 1016 | 1558 | 164 | 81 | 198 |
| 连南县 | 3797 | 1940 | 392 | 689 | 776 | 183 | 145 | 162 |
| **潮州市** | **39525** | **14813** | **4589** | **5625** | **14498** | **1156** | **744** | **2140** |
| 湘桥区 | 5278 | 2225 | 425 | 943 | 1685 | 87 | 64 | 147 |
| 潮安区 | 4883 | 2330 | 474 | 907 | 1172 | 159 | 100 | 286 |
| 饶平县 | 29364 | 10258 | 3690 | 3775 | 11641 | 909 | 580 | 1707 |
| **揭阳市** | **100492** | **54961** | **8772** | **21181** | **15578** | **1010** | **485** | **4404** |
| 榕城区 | 5901 | 3434 | 565 | 759 | 1143 | 70 | 62 | 222 |
| 揭东区 | 14310 | 8170 | 1289 | 3369 | 1482 | 121 | 92 | 485 |
| 普宁市 | 28110 | 17345 | 2518 | 5819 | 2428 | 398 | 72 | 1791 |
| 揭西县 | 26143 | 14522 | 1921 | 5042 | 4658 | 158 | 98 | 601 |
| 惠来县 | 26028 | 11490 | 2479 | 6192 | 5867 | 263 | 161 | 1306 |
| **云浮市** | **43887** | **15427** | **6100** | **7122** | **15238** | **1373** | **1086** | **3654** |
| 云城区 | 2770 | 182 | 547 | 1002 | 1039 | 114 | 73 | 241 |
| 云安区 | 5284 | 1211 | 370 | 451 | 3252 | 29 | 25 | 201 |
| 罗定市 | 23004 | 10223 | 2536 | 3816 | 6429 | 330 | 305 | 1955 |
| 新兴县 | 7077 | 1643 | 1485 | 1216 | 2733 | 775 | 653 | 263 |
| 郁南县 | 5752 | 2168 | 1162 | 637 | 1785 | 125 | 30 | 994 |

# 五、水利建设

珠江三角洲水资源配置工程–调压塔

环北部湾广东水资源配置工程–先行段贵子支洞洞口

湛江徐闻县大水桥水库—环北部湾广东水资源配置工程输水终点

水库除险加固攻坚战—潮州饶平县汤溪水库溢洪闸拆除重建

汕头澄海区莲阳河幸福河湖建设—莲阳公园

江门恩平市锦江灌区续建配套与节水改造工程

茂名茂南区水系连通及水美乡村建设试点县

水库除险加固攻坚战–清远清新区大秦水库大坝加固

水库除险加固攻坚战–惠州龙门县白沙河水库

水库除险加固攻坚战–阳江阳东区江河水库

水库除险加固攻坚战—阳江阳春市北河水库

江门开平市水系连通及水美乡村建设试点县—三门里景观节点

江门恩平市西坑水库灌区中干渠

江门台山市大隆洞灌区续建配套与节水改造工程

# 水利建设概述

【水利投入】2023 年广东省水利建设落实投资 1012 亿元，完成投资 1006 亿元，成为全国首个且唯一一个年度完成投资超 1000 亿元的省份。其中，落实中央水利资金 62.6 亿元、省级水利资金 81.5 亿元，争取地方政府专项债券 241 亿元，专项债使用规模位居全国水利系统第一。年度中央水利投资计划完成率达 104.4%，完成进度位居全国首位。水利投资向环北部湾广东水资源配置、珠江三角洲水资源配置、西江干流治理、潖江蓄滞洪区建设与管理、高州水库灌区续建配套与现代化改造等国家水网骨干工程，以及病险水库除险加固、江河主要支流治理、中小河流治理、中型灌区续建配套与节水改造、水系连通及水美乡村建设、水土流失治理、山洪灾害防治等民生水利项目倾斜。

【水利规划】2023 年，广东省水利厅编制完成《广东省水网建设规划》，进一步优化广东水网总体布局，谋划总投资超 1.3 万亿元的水网工程项目。深入开展市县水网先导区建设，同步推进市、县两级水网建设规划编制，推动省市县水网协同融合，并指导茂名高州市入选全国第一批县级水网先导区。加快推进全省防洪规划修编，部署各地市同步开展市级防洪规划修编工作，不断完善广东防洪布局体系。2023 年 11 月，经省政府同意，广东省水利厅联合省有关部门印发《广东省水利高质量发展指标体系（试行）》，为广东推进水利高质量发展建设和开展评价工作提供重要依据。组织完成《广东省水利发展“十四五”规划》《广东万里碧道总体规划》等省重点专项规划实施情况中期评估报告并上报省政府。

【河湖长制】2023 年，省委、省政府高规格召开全省河湖长制林长制工作会议，全面部署纵深推进河湖长制工作，将“建设幸福河湖”“打造绿色水经济新业态”写入广东省《政府工作报告》。省委书记专题会、省政府常务会议多次研究解决涉河湖管理问题。2023 年，省级河湖长专门批示 89 次，省、市、县三级发出河长令 41 件，省、市、县、镇、村五级河湖长巡河湖 279 万次，问责河湖长 632 人次。

2023 年，省级总河长共同签发《关于印发〈广东省河湖长制监督检查办法〉的令》，全面建立“查、认、改、责”闭环管理的监督检查机制。省河长办开展“全覆盖”暗访检查，对全省 21 个地级以上市开展检查 47 次，检查河湖现场点 700 多个。省委办公厅、省政府办公厅修订出台《广东省全面推行河湖长制工作考核方案》，进一步完善全省纵向到底、横向到边、责任到个人的河湖长制考核体系。率先在珠江流域建立省级“水行政执法+检察公益诉讼”协作机制。出台省河湖长公示牌规范设置指引，开展规范设置专项行动，推广应用“广东智慧河长”平台，以多种形式畅通监督渠道。

2023 年，广东省按期完成水利部下发的 64155 宗河湖疑似问题图斑复核，确认河湖“四乱”问题 3766 宗，全部按期整改销号。运用卫星遥感对省主要河道岸线进行常态化监测发现“四乱”问题 2384 宗，已完成整治 2327 宗。全省累计清理违规侵占河湖的建筑物面积约 125 万平方米，腾退被侵占的河湖管理范围面积约 190 万平方米。依法依规严格涉河建设项目审批，年度受理涉河建设项目 138 宗，对其中 2 宗项目方案不符合规定的，督促建设单位投入约 2.4 亿元采取补救措施完善方案。全面完成约 5.5 万公里流域面积 50 平方公里以下河道管理范围划定，基本实现全省河湖管理范围划定全覆盖。在全国率先出台《河道管理范围内涉及采砂特定活动管理规定》，有效促进涉及采砂特定活动实施和管理的规范化、制度化。全面实施河道采砂许可电子证照，批复省主要河道 2024 年度河砂计划开采量 146.7 万立方米。

2023 年，广东省护河志愿者注册人数达 104 万人，提前两年实现百万计划目标。省河长办、省水利厅、省妇联、省工会、团省委联合通报《广东百名最美河湖卫士名单》。省河长办先后开展广东“益苗计划”护河类项目评选、绿色水经济融媒大直播、“亲水指数研究报告”发布、媒体集中采访活动等社会活动，并举办 3 场国际化高规格碧道系列赛事。全国“守护幸福”短视频大赛获一等奖，省河长办成为全国连续 3 届获得优秀组织奖最多的两个单位之一。广东省河湖长制工作连续 5 年获得国务院督查激励，是全国获此殊荣的 2 个省份之一。

至 2023 年底，广东省累计建成碧道 6278 公里，水质优于Ⅲ类（含Ⅲ类）河长比建设前增加 579.7 公里，新增生态岸线 2216.7 公里，新增绿化面积约 7.95 万亩，新增慢行道 5639.2 公里，新增特色资源点数量 2439 个，万里碧道已成为广东亮丽的生态名片。探索开展碧带相关工作，编制《广东省碧带建设思路研究报告》，部署开展全省绿美碧带建设。大力推动水利风景区建设，新增评定 5 个省级水利风景区，增城增江画廊入选“第三批国家水利风景区高质量发展典型案例重点推介名单”。

**【水旱灾害防御】**2023 年，广东省暴雨、洪涝、台风频发重发，先后遭遇 32 场强降雨和 6 个台风登陆或影响，98 条河流发生超警以上洪水，总体呈现“降雨前少后多、江河洪水超警多、水利工程损毁重”的特点。

降雨范围广，极端降水强，突发性明显。受台风“海葵”影响，珠江三角洲突发极端强降水，多地降雨打破本地历史记录，其中深圳、佛山、肇庆的 24 小时雨量和 12 小时雨量均突破当地历史极值。江河洪水超警站次多，洪水量级大，水位涨幅大。全省共有 98 条河流 122 个站点 193 站次发生超警以上洪水。罗定江历史罕见一年内两次发生超 100 年一遇洪水，九洲江、鉴江、小东江发生超 50 年一遇洪水，漠阳江、袂花江、梅江发生超 20 年一遇洪水，罗定江连滩站出现最大 10.5 米的涨幅。受灾影响范围广，水利工程损毁多，经济损失大。全省 18 个市、71 个县、467 个乡镇遭受洪涝灾害，共 103 座水库、1654 处堤防（长度约 25 公里）等水利工程出现不同程度损坏，水利工程设施直接经济损失约 27.4 亿元。茂名、阳江、湛江、云浮、梅州、汕尾等地受灾严重。

据统计，全省共发布 758 道水工程调度令，调度运用 722 座大中型水库，累计预泄腾库约 10 亿立方米，拦蓄洪量 36.9 亿立方米，减淹城镇 183 个，减淹耕地 61.93 万亩，避免人员转移约 60 万人；处置山洪灾害预警 3485 个，发出责任人预警信息 23 万余条；储备防汛抗旱物资价值约 5.44 亿元，组织市、县落实专业抢险队伍 779 支 3.69 万人，有力处置险情 208 处。

**【农村水利水电】**2023 年度，省水利厅联合省发展改革委印发大中型灌区续建配套与现代化改造建设管理实施细则，制定了灌区（灌排泵站）标准化管理实施细则等制度文件，建立了较为完备的灌区建设管理制度体系。实施 55 宗大中型灌区现代化改造，完成投资 29.21 亿元，创历史新高；累计创建省级标准化灌区和灌排泵站 227 宗，省级节水型灌区 31 宗，国家级节水型灌区 2 宗；391 宗大中型灌区实现“一张图”管理；农田灌溉水有效利用系数提升至 0.535；基本完成农田灌溉发展规划编制，谋划新（创）建大中型灌区 29 宗，系统优化了全省的灌溉发展布局。阳江市、肇庆市、广州增城区、江门台山市和恩平市、云浮罗定市等，以新建大中型灌区为契机，成立了灌区工程运管中心对灌区实行统一管理，为提升灌区管理水平奠定了坚实基础。

2023年，广东省水利厅按照省政府的既定部署，分类分批推动小水电分类整改工作，基本完成第一阶段分类整改任务，累计退出或关停216宗电站，完善各类手续1.7万多项，推动8500余宗小水电站完成生态流量泄放设施改造任务，有效改善对河流生态环境的影响，社会风险得以有效管控。

【农村饮水安全】2023年广东省全力推进农村供水“三同五化”改造提升、水质提升专项行动、农村供水县域统管及工程标准化管理等工作，制定印发《关于落实“百县千镇万村高质量发展工程”要求全面提升农村供水保障水平的工作方案》等相关政策文件，出台《广东省农村供水条例》。坚持以规模化发展为核心、以标准化建设为基石、以智慧化服务为支撑的农村供水高质量发展思路，进一步完善农村供水规模化和城乡一体化工程体系；扎实推进小型农村供水工程标准化改造，落实农村供水水质提升专项行动工作要求；加强农村供水工程水质检测、监测能力；深化数字赋能，建设县级智慧化管理平台，通过技术手段提升管理能力、改善服务质量。

2023年度，广东省农村供水工程建设投资达112亿元，全省农村自来水普及率稳定达到99%以上，农村供水规模化建设水平、水质合格率稳步提高，规模化供水工程覆盖农村人口的比例达到83.78%，水质合格率连续三年保持在90%以上，全省农村供水总体水平已提升至全国上游。

【城乡供水】2023年，广东省水利厅组织开展北江等14条江河流域水资源统一调度，对东深供水工程、珠海对澳门供水工程、深圳东部供水工程开展年度水量调度。通过实施水资源精细调度，汛期东江、韩江、北江、鉴江主要调度水库增蓄水量34.9亿，枯水期向下游补水48.3亿立方米，保障流域供水安全，国考、省考断面生态流量稳定达标。完成3宗大型调水工程标准化评价工作，其中东深供水工程入选水利部首批标准化管理调水工程。

2023年，粤港、粤澳政府签署新一轮供水协议，为保障港澳供水安全提供了重要依据。平岗—广昌原水供应保障工程全面竣工验收，对港澳供水的水利基础设施建设全面提升，保障能力进一步加强。2023年，累计对港供水近8.2亿立方米，创历史新高；对澳供水近1亿立方米，水质均保持在Ⅱ类水。

【水土保持】2023年，广东省完成新增水土流失治理面积808.85平方公里，水土保持率为90.56%。完成国家水土保持重点工程5宗和小流域提质增效试点项目2宗。完成全省小流域划分，共划分小流域6600条，建成高标准生态清洁小流域30个。广东省2个区（深圳市福田区和龙华区）入选为国家水土保持示范县，3条生态清洁小流域项目（深圳市南山区大沙河生态清洁小流域、广州市从化区鸭洞河生态清洁小流域和深圳市龙岗区甘坑-木古河生态清洁小流域）、2个生产建设项目（深圳市正坑水碧道工程、广东阳江抽水蓄能电站）入选为国家水土保持示范工程。在水利部牵头组织的2022年全国水土保持规划实施情况综合评估中，广东省取得“优秀”等次。

2023年，广东省共审批生产建设项目水土保持方案5268宗，报备生产建设项目水土保持设施验收3454宗。对3531个疑似违法违规图斑进行现场复核，对认定的708个违法违规项目全部完成查处。全省共有67家水土保持市场主体列入水土保持“重点关注名单”，共取消水土保持方案行政许可15宗，立案查处75宗、结案47宗。

# 5-1 各市灌溉面积

(2023年) 单位：千公顷

| 市 别 | 灌溉面积 | 耕地灌溉面积(有效灌溉面积) | 林地灌溉面积 | 园地灌溉面积 |
|---|---|---|---|---|
| **全 省** | **2047.73** | **1560.24** | **250.08** | **233.63** |
| 广州市 | 70.54 | 50.67 | 4.19 | 15.68 |
| 深圳市 | 16.26 | 4.47 | 8.07 | 3.72 |
| 珠海市 | 9.77 | 7.08 | 0.09 | 2.60 |
| 汕头市 | 58.78 | 26.43 | 18.45 | 12.67 |
| 佛山市 | 37.33 | 20.14 | 7.26 | 9.86 |
| 韶关市 | 148.31 | 143.22 | 0.60 | 4.49 |
| 河源市 | 108.46 | 97.51 | 0.35 | 10.60 |
| 梅州市 | 324.39 | 102.89 | 183.82 | 37.68 |
| 惠州市 | 77.88 | 69.55 | 1.96 | 6.37 |
| 汕尾市 | 64.22 | 62.56 | 1.10 | 0.57 |
| 东莞市 | 8.75 | 5.11 | | 3.64 |
| 中山市 | 13.15 | 7.13 | 0.49 | 5.53 |
| 江门市 | 131.22 | 110.79 | 5.18 | 15.25 |
| 阳江市 | 86.02 | 77.83 | 1.77 | 6.42 |
| 湛江市 | 265.61 | 252.71 | 4.20 | 6.70 |
| 茂名市 | 188.65 | 154.04 | 2.51 | 32.10 |
| 肇庆市 | 119.91 | 98.56 | | 21.35 |
| 清远市 | 143.24 | 135.91 | 2.32 | 5.02 |
| 潮州市 | 33.73 | 18.28 | 5.31 | 10.14 |
| 揭阳市 | 66.83 | 55.61 | 2.27 | 8.95 |
| 云浮市 | 74.68 | 59.75 | 0.15 | 14.31 |

# 5-2 各市2000亩以上灌区

(2023年)

| 市别 | 灌区数量(处) | | | | | | |
|---|---|---|---|---|---|---|---|
| | 合计 | 50万亩以上 | 30～50万亩 | 10～30万亩 | 5～10万亩 | 1～5万亩 | 0.2～1万亩 |
| **全 省** | **1833** | **2** | **2** | **23** | **46** | **306** | **1454** |
| 广州市 | 103 | | | | 1 | 8 | 94 |
| 深圳市 | 1 | | | | | | 1 |
| 珠海市 | 14 | | | | | 4 | 10 |
| 汕头市 | 30 | | 1 | | 2 | 10 | 17 |
| 佛山市 | 33 | | | | | 1 | 32 |
| 韶关市 | 204 | | 1 | | 1 | 18 | 184 |
| 河源市 | 138 | | | | | 21 | 117 |
| 梅州市 | 112 | | | 1 | 2 | 18 | 91 |
| 惠州市 | 98 | | | 2 | 3 | 16 | 77 |
| 汕尾市 | 71 | | | 2 | 3 | 17 | 49 |
| 东莞市 | | | | | | | |
| 中山市 | | | | | | | |
| 江门市 | 141 | | | 4 | 3 | 24 | 110 |
| 阳江市 | 95 | | | 2 | 3 | 21 | 69 |
| 湛江市 | 135 | 1 | | 5 | 5 | 28 | 96 |
| 茂名市 | 83 | 1 | | 3 | 10 | 22 | 47 |
| 肇庆市 | 170 | | | | 3 | 23 | 144 |
| 清远市 | 194 | | | | 3 | 32 | 159 |
| 潮州市 | 35 | | | | 1 | 11 | 23 |
| 揭阳市 | 76 | | | 4 | 2 | 20 | 50 |
| 云浮市 | 100 | | | | 4 | 12 | 84 |

## 5-2 续表

(2023年)

| 市别 | 灌区耕地有效灌溉面积(千公顷) | | | | | | |
|---|---|---|---|---|---|---|---|
| | 合计 | 50万亩以上 | 30～50万亩 | 10～30万亩 | 5～10万亩 | 1～5万亩 | 0.2～1万亩 |
| **全　省** | **1226.24** | **162.58** | **46.08** | **191.66** | **162.73** | **344.04** | **319.15** |
| 广州市 | 40.25 | | 0.53 | | 1.53 | 14.59 | 23.60 |
| 深圳市 | | | | | | | |
| 珠海市 | 5.66 | | | | | 4.39 | 1.27 |
| 汕头市 | 35.21 | | 11.29 | | 8.65 | 11.27 | 4.00 |
| 佛山市 | 4.79 | | | | | | 4.79 |
| 韶关市 | 85.53 | | 22.65 | | 3.83 | 20.44 | 38.61 |
| 河源市 | 47.31 | | | | | 19.52 | 27.80 |
| 梅州市 | 48.15 | | | 9.11 | 5.01 | 17.70 | 16.34 |
| 惠州市 | 71.30 | | | 17.02 | 11.84 | 21.56 | 20.88 |
| 汕尾市 | 58.38 | | | 19.47 | 6.87 | 20.98 | 11.07 |
| 东莞市 | | | | | | | |
| 中山市 | | | | | | | |
| 江门市 | 97.19 | | | 31.17 | 10.98 | 23.14 | 31.91 |
| 阳江市 | 51.36 | | | 14.47 | 8.41 | 16.96 | 11.52 |
| 湛江市 | 272.37 | 109.70 | | 72.41 | 33.39 | 40.24 | 16.63 |
| 茂名市 | 109.94 | 52.88 | | 13.88 | 19.86 | 13.60 | 9.72 |
| 肇庆市 | 69.26 | | | | 12.11 | 27.47 | 29.68 |
| 清远市 | 85.10 | | | | 7.54 | 38.05 | 39.51 |
| 潮州市 | 30.58 | | 7.53 | | 7.00 | 10.77 | 5.28 |
| 揭阳市 | 71.43 | | 4.08 | 14.14 | 9.35 | 32.99 | 10.87 |
| 云浮市 | 42.43 | | | | 16.37 | 10.39 | 15.68 |

# 5-3 各市已建堤防长度

(2023年)

| 市 别 | 堤防长度(公里) | | | | | |
|---|---|---|---|---|---|---|
| | 合计 | 按等级分 | | | | |
| | | 1级堤防 | 2级堤防 | 3级堤防 | 4级堤防 | 5级堤防 |
| **全 省** | **17625.71** | **946.67** | **2714.74** | **4060.75** | **6150.93** | **3752.63** |
| 广州市 | 1683.27 | 589.26 | 264.09 | 331.05 | 448.08 | 50.80 |
| 深圳市 | 150.20 | 83.20 | 21.20 | 30.54 | 11.61 | 3.65 |
| 珠海市 | 397.76 | 98.13 | 250.78 | 9.84 | 39.01 | |
| 汕头市 | 774.23 | 59.73 | 143.00 | 304.53 | 207.15 | 59.82 |
| 佛山市 | 1128.69 | 49.17 | 344.13 | 193.98 | 476.61 | 64.80 |
| 韶关市 | 485.19 | | 65.21 | 147.61 | 161.20 | 111.17 |
| 河源市 | 762.32 | | 6.43 | 139.59 | 256.62 | 359.68 |
| 梅州市 | 797.04 | | 67.18 | 81.71 | 455.95 | 192.20 |
| 惠州市 | 789.21 | 17.50 | 42.00 | 292.26 | 274.13 | 163.32 |
| 汕尾市 | 972.60 | | 34.07 | 418.81 | 303.45 | 216.27 |
| 东莞市 | 938.10 | 18.80 | 520.31 | 313.59 | 80.70 | 4.70 |
| 中山市 | 430.92 | 11.70 | 147.06 | 186.33 | 21.90 | 63.93 |
| 江门市 | 1402.61 | | 144.12 | 306.79 | 680.25 | 271.45 |
| 阳江市 | 686.10 | | 90.06 | 171.59 | 266.44 | 158.01 |
| 湛江市 | 1349.23 | | 30.59 | 185.78 | 716.14 | 416.72 |
| 茂名市 | 1347.34 | | 127.43 | 270.67 | 427.89 | 521.35 |
| 肇庆市 | 741.30 | | 122.44 | 119.55 | 222.39 | 276.92 |
| 清远市 | 759.45 | 19.18 | 65.18 | 169.08 | 292.73 | 213.28 |
| 潮州市 | 644.28 | | 64.54 | 135.87 | 247.79 | 196.08 |
| 揭阳市 | 951.54 | | 155.52 | 149.30 | 351.43 | 295.29 |
| 云浮市 | 434.33 | | 9.40 | 102.28 | 209.46 | 113.19 |

# 5-3 续表

(2023年)

| 市别 | 达标堤防长度(公里) | | | | | |
|---|---|---|---|---|---|---|
| | 合计 | 按等级分 | | | | |
| | | 1级堤防 | 2级堤防 | 3级堤防 | 4级堤防 | 5级堤防 |
| **全省** | **12404.68** | **850.88** | **2404.72** | **3040.84** | **4195.85** | **1912.39** |
| 广州市 | 1516.59 | 528.75 | 221.76 | 302.85 | 412.43 | 50.80 |
| 深圳市 | 96.89 | 65.71 | 19.19 | 11.99 | | |
| 珠海市 | 364.93 | 96.61 | 242.15 | | 26.17 | |
| 汕头市 | 666.83 | 59.73 | 109.52 | 242.64 | 197.29 | 57.65 |
| 佛山市 | 1079.72 | 48.57 | 342.33 | 193.98 | 433.17 | 61.67 |
| 韶关市 | 431.00 | | 42.83 | 116.40 | 161.20 | 110.57 |
| 河源市 | 280.99 | | 3.12 | 54.87 | 93.05 | 129.95 |
| 梅州市 | 596.64 | | 59.20 | 69.33 | 345.59 | 122.52 |
| 惠州市 | 418.79 | 17.50 | 35.48 | 188.64 | 136.80 | 40.37 |
| 汕尾市 | 528.26 | | 28.37 | 233.10 | 118.33 | 148.46 |
| 东莞市 | 723.54 | 15.71 | 442.58 | 231.83 | 33.42 | |
| 中山市 | 350.87 | 2.00 | 140.64 | 186.33 | 21.90 | |
| 江门市 | 1245.95 | | 144.12 | 306.79 | 584.19 | 210.85 |
| 阳江市 | 449.08 | | 90.06 | 151.71 | 89.83 | 117.48 |
| 湛江市 | 581.15 | | 30.59 | 107.98 | 401.11 | 41.47 |
| 茂名市 | 503.94 | | 48.77 | 109.40 | 133.24 | 212.53 |
| 肇庆市 | 584.37 | | 114.66 | 97.85 | 171.24 | 200.62 |
| 清远市 | 588.59 | 16.30 | 65.18 | 155.14 | 198.20 | 153.77 |
| 潮州市 | 318.54 | | 61.20 | 56.54 | 145.38 | 55.42 |
| 揭阳市 | 765.88 | | 155.52 | 133.81 | 328.70 | 147.85 |
| 云浮市 | 312.13 | | 7.45 | 89.66 | 164.61 | 50.41 |

# 5-4 各市除涝面积

(2023年)

| 市 别 | 除涝面积(千公顷) | 3～5年一遇标准 | 5～10年一遇标准 | 10年以上一遇标准 |
|---|---|---|---|---|
| **全 省** | **536.93** | **63.11** | **107.09** | **366.73** |
| 广州市 | 54.82 | 3.44 | 5.82 | 45.56 |
| 深圳市 | 8.12 | 1.04 | | 7.08 |
| 珠海市 | 17.54 | 1.76 | 15.78 | |
| 汕头市 | 44.80 | 3.72 | 12.32 | 28.76 |
| 佛山市 | 59.98 | | 8.90 | 51.08 |
| 韶关市 | 20.12 | 3.83 | 10.74 | 5.55 |
| 河源市 | 0.84 | 0.15 | 0.52 | 0.17 |
| 梅州市 | 10.58 | 1.93 | 2.01 | 6.64 |
| 惠州市 | 35.03 | 3.97 | 1.22 | 29.84 |
| 汕尾市 | 21.44 | 3.72 | 1.86 | 15.86 |
| 东莞市 | | | | |
| 中山市 | 30.73 | | | 30.73 |
| 江门市 | 51.17 | 14.01 | 7.44 | 29.72 |
| 阳江市 | 8.52 | 0.20 | 1.87 | 6.45 |
| 湛江市 | 31.77 | 5.69 | 11.82 | 14.26 |
| 茂名市 | 15.74 | 7.82 | 7.59 | 0.33 |
| 肇庆市 | 45.01 | 1.52 | 6.83 | 36.66 |
| 清远市 | 27.45 | 5.25 | 2.69 | 19.51 |
| 潮州市 | 23.29 | 3.86 | 4.45 | 14.98 |
| 揭阳市 | 26.70 | 0.90 | 4.49 | 21.31 |
| 云浮市 | 3.28 | 0.30 | 0.74 | 2.24 |

注：2023年，河道治理相关指标“有防洪任务河段长度”、“已治理河段长度”、“治理达标河段长度”不纳入统计范围，故删除。

# 5-5 各市本年新增水土流失综合治理面积

(2023年)　　　　单位：千公顷

| 市　别 | 合计 | 梯田 | 水土保持林 | 经济林 | 种草 | 封禁治理 | 其他措施 |
|---|---|---|---|---|---|---|---|
| **全　省** | **80.89** | **0.44** | **34.05** | **2.38** | **0.58** | **42.61** | **0.83** |
| 广州市 | 1.62 | 0.44 | 0.60 |  | 0.15 | 0.42 |  |
| 深圳市 | 0.51 |  | 0.23 |  | 0.10 | 0.01 | 0.17 |
| 珠海市 | 1.10 |  | 0.21 |  |  | 0.89 |  |
| 汕头市 | 0.84 |  | 0.58 |  |  | 0.27 |  |
| 佛山市 | 0.87 |  | 0.75 | 0.10 |  | 0.02 |  |
| 韶关市 | 5.36 |  | 0.26 |  |  | 5.10 |  |
| 河源市 | 11.74 |  | 6.74 |  |  | 5.00 |  |
| 梅州市 | 11.17 |  | 3.57 | 0.01 | 0.30 | 7.29 | 0.00 |
| 惠州市 | 5.99 |  | 5.72 |  | 0.00 | 0.27 |  |
| 汕尾市 | 2.83 |  | 1.69 |  |  | 1.14 |  |
| 东莞市 | 0.80 |  | 0.27 | 0.01 | 0.01 | 0.35 | 0.16 |
| 中山市 | 0.87 |  | 0.08 |  |  | 0.78 |  |
| 江门市 | 5.38 |  | 1.31 |  |  | 4.01 | 0.06 |
| 阳江市 | 2.21 |  | 1.21 | 0.31 |  | 0.68 |  |
| 湛江市 | 1.01 |  | 0.57 |  | 0.03 |  | 0.41 |
| 茂名市 | 2.95 |  | 2.25 | 0.31 |  | 0.40 |  |
| 肇庆市 | 8.87 |  | 0.87 | 0.42 |  | 7.55 | 0.03 |
| 清远市 | 7.23 |  | 2.98 | 0.63 |  | 3.62 |  |
| 潮州市 | 1.19 |  | 1.19 |  |  |  |  |
| 揭阳市 | 1.23 |  | 1.23 |  |  |  |  |
| 云浮市 | 7.15 |  | 1.76 | 0.59 |  | 4.80 |  |

# 5-6 各市已建水库、水电站数量

(2023年)

| 市 别 | 水库数量(座) | | | | | | 水库总库容(万立方米) | | |
|---|---|---|---|---|---|---|---|---|---|
| | 合计 | 大(1)型 | 大(2)型 | 中型 | 小(1)型 | 小(2)型 | 合计 | 大(1)型 | 大(2)型 |
| **全 省** | **7293** | **7** | **34** | **338** | **1543** | **5371** | **4525642.36** | **2259200.03** | **707262.00** |
| 广州市 | 294 | | 1 | 16 | 69 | 208 | 101964.64 | | 37820 |
| 深圳市 | 170 | | 2 | 14 | 63 | 91 | 97701.93 | | 32127 |
| 珠海市 | 62 | | | 4 | 22 | 36 | 15301.21 | | |
| 汕头市 | 204 | | | 8 | 33 | 163 | 30918.28 | | |
| 佛山市 | 114 | | | 3 | 21 | 90 | 10982.45 | | |
| 韶关市 | 595 | 1 | 5 | 33 | 96 | 460 | 371976.57 | 128050 | 103116 |
| 河源市 | 593 | 2 | | 15 | 89 | 487 | 1641564.41 | 1582800 | |
| 梅州市 | 698 | | 5 | 20 | 139 | 534 | 194382.88 | | 79576 |
| 惠州市 | 441 | 1 | 3 | 24 | 118 | 295 | 287417.15 | 115600.01 | 50005 |
| 汕尾市 | 284 | | 2 | 18 | 56 | 208 | 122598.36 | | 45469 |
| 东莞市 | 118 | | | 8 | 45 | 65 | 39192.9 | | |
| 中山市 | 31 | | | 1 | 16 | 14 | 8781.44 | | |
| 江门市 | 543 | | 4 | 30 | 160 | 349 | 249507.45 | | 107713 |
| 阳江市 | 234 | | 2 | 21 | 75 | 136 | 128947.16 | | 45920 |
| 湛江市 | 650 | 1 | 2 | 23 | 112 | 512 | 256425.53 | 114400 | 25151 |
| 茂名市 | 470 | 1 | 1 | 12 | 71 | 385 | 200695.53 | 127950 | 11473 |
| 肇庆市 | 414 | | | 26 | 77 | 311 | 119019.28 | | |
| 清远市 | 505 | 1 | 4 | 24 | 105 | 371 | 403282.35 | 190400.02 | 104450 |
| 潮州市 | 198 | | 1 | 7 | 30 | 160 | 71618.16 | | 38100 |
| 揭阳市 | 453 | | 2 | 19 | 97 | 335 | 111916.6 | | 26342 |
| 云浮市 | 222 | | | 12 | 49 | 161 | 61448.08 | | |

## 5-6 续表

(2023年)

| 市 别 | 水库总库容(万立方米) | | | 水电站数量(座) | | | |
|---|---|---|---|---|---|---|---|
| | 中型 | 小(1)型 | 小(2)型 | 合计 | 1(含)~5万千瓦(含) | 0.1(含)~1万千瓦 | 0.1万千瓦以下 |
| **全 省** | **940292.60** | **448682.35** | **165105.38** | **9347** | **93** | **1374** | **7880** |
| 广州市 | 37834 | 20072.86 | 6237.78 | 138 | 1 | 30 | 107 |
| 深圳市 | 41213 | 20747.6 | 3614.33 | 10 | | 5 | 5 |
| 珠海市 | 8210 | 5977.45 | 1113.76 | | | | |
| 汕头市 | 19016 | 7241.79 | 4660.49 | 14 | | 7 | 7 |
| 佛山市 | 3603 | 4236.03 | 3143.42 | | | | |
| 韶关市 | 101249 | 25760.29 | 13801.28 | 2080 | 20 | 319 | 1741 |
| 河源市 | 23516 | 23302.63 | 11945.78 | 780 | 9 | 94 | 677 |
| 梅州市 | 60936 | 31950.54 | 16820.34 | 1541 | 14 | 99 | 1428 |
| 惠州市 | 74152.5 | 36841.18 | 10818.46 | 296 | 3 | 45 | 248 |
| 汕尾市 | 54190 | 16458.18 | 6481.18 | 142 | 1 | 38 | 103 |
| 东莞市 | 20448 | 15386.23 | 3358.67 | | | | |
| 中山市 | 5151 | 3126.45 | 503.99 | | | | |
| 江门市 | 77494 | 51071.04 | 13229.41 | 210 | 1 | 34 | 175 |
| 阳江市 | 55283.73 | 23183.58 | 4559.85 | 477 | 2 | 49 | 426 |
| 湛江市 | 65100 | 38278.41 | 13496.12 | 52 | | 4 | 48 |
| 茂名市 | 29757 | 20685.69 | 10829.84 | 554 | 2 | 96 | 456 |
| 肇庆市 | 90623.87 | 19727.55 | 8667.86 | 682 | 16 | 109 | 557 |
| 清远市 | 60607.5 | 34888.64 | 12936.19 | 1468 | 15 | 329 | 1124 |
| 潮州市 | 19878 | 9412.71 | 4227.45 | 191 | 2 | 30 | 159 |
| 揭阳市 | 49482 | 27246.41 | 8846.19 | 314 | 5 | 55 | 254 |
| 云浮市 | 42548 | 13087.09 | 5812.99 | 397 | 1 | 31 | 365 |

注：2023年起，水电站仅统计农村小水电，规模划分变更为“1(含)~5万千瓦(含)”、“0.1(含)~1万千瓦”、“0.1万千瓦以下”。

# 5-7　各市已建泵站、水闸数量

(2023年)

| 市　别 | 泵站数量(处) | | | | | | 水闸数量(座) | | | | | |
|---|---|---|---|---|---|---|---|---|---|---|---|---|
| | 合计 | 大(1)型 | 大(2)型 | 中型 | 小(1)型 | 小(2)型 | 合计 | 大(1)型 | 大(2)型 | 中型 | 小(1)型 | 小(2)型 |
| **全　省** | **15206** | **4** | **42** | **585** | **2344** | **12231** | **14526** | **8** | **100** | **627** | **2764** | **11027** |
| 广州市 | 1110 | 1 | 4 | 54 | 359 | 692 | 1162 | | 11 | 71 | 411 | 669 |
| 深圳市 | 196 | | 3 | 49 | 98 | 46 | 224 | | 2 | 28 | 72 | 122 |
| 珠海市 | 272 | | 3 | 20 | 69 | 180 | 224 | | 1 | 25 | 180 | 18 |
| 汕头市 | 417 | | 1 | 15 | 119 | 282 | 996 | 1 | 6 | 25 | 185 | 779 |
| 佛山市 | 1319 | | 8 | 157 | 290 | 864 | 555 | | 4 | 19 | 206 | 326 |
| 韶关市 | 852 | | | | 11 | 841 | 32 | | 3 | | 1 | 28 |
| 河源市 | 462 | | | | 18 | 444 | 11 | 2 | | 1 | 4 | 4 |
| 梅州市 | 437 | | 1 | 20 | 119 | 297 | 1048 | | 2 | 6 | 35 | 1005 |
| 惠州市 | 724 | | 6 | 41 | 87 | 590 | 677 | 1 | 3 | 45 | 121 | 507 |
| 汕尾市 | 401 | | | | 47 | 354 | 1449 | | 5 | 28 | 259 | 1157 |
| 东莞市 | 293 | 2 | | 91 | 173 | 27 | 361 | | 5 | 64 | 198 | 94 |
| 中山市 | 463 | 1 | 4 | 25 | 109 | 324 | 391 | | 4 | 23 | 114 | 250 |
| 江门市 | 2005 | | 1 | 23 | 279 | 1702 | 1966 | | 10 | 42 | 278 | 1636 |
| 阳江市 | 376 | | 1 | 2 | 46 | 327 | 644 | 1 | 1 | 34 | 78 | 530 |
| 湛江市 | 1100 | | | 1 | 25 | 1074 | 1498 | | 11 | 59 | 120 | 1308 |
| 茂名市 | 1662 | | 1 | 11 | 79 | 1571 | 753 | 1 | 14 | 50 | 149 | 539 |
| 肇庆市 | 695 | | 4 | 31 | 200 | 460 | 501 | | 3 | 13 | 75 | 410 |
| 清远市 | 893 | | 3 | 21 | 60 | 809 | 313 | | 1 | 32 | 53 | 227 |
| 潮州市 | 469 | | | 3 | 36 | 430 | 516 | 1 | 5 | 13 | 43 | 454 |
| 揭阳市 | 638 | | 1 | 18 | 90 | 529 | 846 | 1 | 8 | 35 | 159 | 643 |
| 云浮市 | 422 | | 1 | 3 | 30 | 388 | 359 | | 1 | 14 | 23 | 321 |

# 5-8 各市已建农村集中式供水工程、机电井数量

(2023年)

| 市别 | 农村集中式供水工程数量(处) | | | | | 机电井数量(眼) | | | | | |
|---|---|---|---|---|---|---|---|---|---|---|---|
| | 合计 | 城镇管网延伸工程 | 万人工程 | 千人工程 | 千人以下工程 | 合计 | 规模以上机电井 | 浅层地下水机电井 | 深层承压水机电井 | 规模以下机电井 | 浅层地下水机电井 |
| **全省** | **15195** | **197** | **865** | **2863** | **11270** | **1223764** | **10175** | **8486** | **1689** | **1213589** | **1213440** |
| 广州市 | 352 | 6 | 12 | 5 | 329 | 31718 | 1274 | 1267 | 7 | 30444 | 30444 |
| 深圳市 | 1 | | 1 | | | 587 | 153 | 153 | | 434 | 434 |
| 珠海市 | 1 | | 1 | | | 753 | 46 | 46 | | 707 | 707 |
| 汕头市 | 87 | 1 | 26 | 43 | 17 | 2197 | 48 | 48 | | 2149 | 2149 |
| 佛山市 | 123 | 14 | | | 109 | 1134 | 67 | 63 | 4 | 1067 | 1067 |
| 韶关市 | 2170 | 10 | 79 | 140 | 1941 | 38891 | 118 | 118 | | 38773 | 38773 |
| 河源市 | 734 | 15 | 58 | 342 | 319 | 38837 | 92 | 51 | 41 | 38745 | 38597 |
| 梅州市 | 1334 | 3 | 113 | 243 | 975 | 26336 | 112 | 112 | | 26224 | 26224 |
| 惠州市 | 500 | 32 | 44 | 66 | 358 | 84502 | 314 | 314 | | 84188 | 84188 |
| 汕尾市 | 140 | 6 | 32 | 78 | 24 | 45969 | 51 | 51 | | 45918 | 45918 |
| 东莞市 | 18 | 18 | | | | 1886 | 56 | 56 | | 1830 | 1830 |
| 中山市 | 1 | 1 | | | | 2705 | 24 | 24 | | 2681 | 2681 |
| 江门市 | 252 | 10 | 50 | 11 | 181 | 10831 | 206 | 197 | 9 | 10625 | 10624 |
| 阳江市 | 274 | 4 | 24 | 44 | 202 | 93143 | 54 | 54 | | 93089 | 93089 |
| 湛江市 | 4160 | 11 | 49 | 1000 | 3100 | 234126 | 5958 | 4335 | 1623 | 228168 | 228168 |
| 茂名市 | 563 | 6 | 89 | 142 | 326 | 353123 | 940 | 940 | | 352183 | 352183 |
| 肇庆市 | 1118 | 16 | 83 | 129 | 890 | 29355 | 332 | 330 | 2 | 29023 | 29023 |
| 清远市 | 1768 | 7 | 99 | 240 | 1422 | 109641 | 207 | 206 | 1 | 109434 | 109434 |
| 潮州市 | 328 | 9 | 19 | 121 | 179 | 20686 | 19 | 18 | 1 | 20667 | 20667 |
| 揭阳市 | 222 | 15 | 34 | 146 | 27 | 61898 | 27 | 27 | | 61871 | 61871 |
| 云浮市 | 1049 | 13 | 52 | 113 | 871 | 35446 | 77 | 76 | 1 | 35369 | 35369 |

# 5-9 各县(市、区)灌溉面积

(2023年) 单位：千公顷

| 市　别 | 灌溉面积 | 耕地灌溉面积(有效灌溉面积) | 林地灌溉面积 | 园地灌溉面积 | 牧草耕地灌溉面积 |
|---|---|---|---|---|---|
| **全　省** | **2047.73** | **1560.24** | **250.08** | **233.63** | **3.77** |
| **广州市** | **70.54** | **50.67** | **4.19** | **15.68** | |
| 荔湾区 | 0.02 | 0.02 | | | |
| 越秀区 | | | | | |
| 海珠区 | 0.45 | 0.16 | 0.29 | | |
| 天河区 | 0.32 | 0.22 | | 0.10 | |
| 白云区 | 6.79 | 6.74 | 0.01 | 0.04 | |
| 黄埔区 | 2.31 | 1.90 | 0.10 | 0.31 | |
| 番禺区 | 4.54 | 2.07 | 1.85 | 0.62 | |
| 花都区 | 7.73 | 5.95 | | 1.77 | |
| 南沙区 | 9.71 | 9.31 | 0.17 | 0.22 | |
| 增城区 | 19.76 | 14.24 | | 5.52 | |
| 从化区 | 18.92 | 10.06 | 1.77 | 7.09 | |
| **深圳市** | **16.26** | **4.47** | **8.07** | **3.72** | |
| 罗湖区 | 0.26 | 0.03 | 0.23 | | |
| 福田区 | 0.15 | 0.01 | 0.14 | | |
| 南山区 | 1.94 | 0.01 | 1.93 | | |
| 宝安区 | 4.71 | 0.27 | 4.30 | 0.14 | |
| 龙岗区 | 3.74 | 0.77 | | 2.97 | |
| 盐田区 | 0.06 | 0.01 | 0.05 | | |
| 光明区 | 1.01 | 1.01 | 0.00 | | |
| 坪山区 | 0.55 | 0.28 | 0.27 | | |
| 龙华区 | 0.67 | 0.06 | | 0.61 | |
| 大鹏新区 | 1.15 | 0.11 | 1.05 | | |
| 深汕特别合作区 | 2.02 | 1.92 | 0.09 | | |
| **珠海市** | **9.77** | **7.08** | **0.09** | **2.60** | |
| 香洲区 | 0.21 | 0.21 | | | |
| 斗门区 | 7.94 | 5.49 | | 2.45 | |
| 金湾区 | 1.62 | 1.38 | 0.09 | 0.15 | |
| **汕头市** | **58.78** | **26.43** | **18.45** | **12.67** | **1.23** |
| 龙湖区 | 1.90 | 1.90 | | | |
| 金平区 | 0.81 | 0.68 | 0.06 | 0.07 | |
| 濠江区 | 1.94 | 1.90 | 0.04 | | |
| 潮阳区 | 35.59 | 9.67 | 17.04 | 7.65 | 1.23 |
| 潮南区 | 7.57 | 6.97 | 0.20 | 0.40 | |
| 澄海区 | 10.42 | 5.02 | 0.98 | 4.42 | |
| 南澳县 | 0.55 | 0.29 | 0.13 | 0.13 | |
| **佛山市** | **37.33** | **20.14** | **7.26** | **9.86** | **0.07** |
| 禅城区 | 0.28 | 0.28 | | 0.00 | |
| 南海区 | 12.58 | 5.46 | 3.14 | 3.91 | 0.07 |
| 顺德区 | 6.51 | 1.57 | 1.51 | 3.43 | |
| 三水区 | 7.13 | 5.93 | | 1.20 | |
| 高明区 | 10.83 | 6.90 | 2.61 | 1.32 | |
| **韶关市** | **148.31** | **143.22** | **0.60** | **4.49** | |
| 武江区 | 5.39 | 4.36 | | 1.03 | |
| 浈江区 | 4.95 | 4.95 | | | |
| 曲江区 | 10.70 | 10.70 | | | |
| 始兴县 | 14.45 | 14.45 | | | |
| 仁化县 | 12.74 | 10.19 | | 2.55 | |

## 5-9 续表 1

(2023年) 单位：千公顷

| 市　别 | 灌溉面积 | 耕地灌溉面积（有效灌溉面积） | 林地灌溉面积 | 园地灌溉面积 |
|---|---|---|---|---|
| 翁源县 | 20.67 | 20.15 | | 0.52 |
| 乳源瑶族自治县 | 10.83 | 10.54 | 0.29 | |
| 新丰县 | 7.81 | 7.81 | | |
| 乐昌市 | 23.81 | 23.81 | | |
| 南雄市 | 36.96 | 36.26 | 0.31 | 0.39 |
| **河源市** | **108.46** | **97.51** | **0.35** | **10.60** |
| 源城区 | 1.78 | 1.69 | | 0.09 |
| 紫金县 | 22.25 | 18.37 | | 3.87 |
| 龙川县 | 34.10 | 30.52 | | 3.58 |
| 连平县 | 15.21 | 13.82 | 0.35 | 1.04 |
| 和平县 | 18.41 | 16.40 | | 2.01 |
| 东源县 | 16.71 | 16.71 | | |
| **梅州市** | **324.39** | **102.89** | **183.82** | **37.68** |
| 梅江区 | 5.08 | 1.87 | 0.27 | 2.93 |
| 梅县区 | 219.61 | 11.03 | 181.73 | 26.85 |
| 大埔县 | 10.37 | 8.30 | 0.83 | 1.24 |
| 丰顺县 | 13.59 | 10.21 | 0.77 | 2.61 |
| 五华县 | 30.60 | 28.10 | | 2.50 |
| 平远县 | 11.55 | 10.51 | 0.22 | 0.83 |
| 蕉岭县 | 6.54 | 5.82 | | 0.72 |
| 兴宁市 | 27.04 | 27.04 | | |
| **惠州市** | **77.88** | **69.55** | **1.96** | **6.37** |
| 惠城区 | 15.76 | 14.43 | 1.33 | |
| 惠阳区 | 9.01 | 8.05 | 0.38 | 0.57 |
| 博罗县 | 18.97 | 15.19 | | 3.78 |
| 惠东县 | 22.23 | 21.98 | 0.25 | |
| 龙门县 | 11.92 | 9.90 | | 2.02 |
| **汕尾市** | **64.22** | **62.56** | **1.10** | **0.57** |
| 城区 | 4.75 | 4.73 | 0.01 | 0.01 |
| 海丰县 | 23.35 | 22.42 | 0.62 | 0.31 |
| 陆河县 | 4.61 | 4.61 | | |
| 陆丰市 | 31.52 | 30.80 | 0.47 | 0.25 |
| **东莞市** | **8.75** | **5.11** | | **3.64** |
| **中山市** | **13.15** | **7.13** | **0.49** | **5.53** |
| **江门市** | **131.22** | **110.79** | **5.18** | **15.25** |
| 蓬江区 | 1.14 | 1.06 | 0.05 | 0.03 |
| 江海区 | 1.61 | 1.35 | | 0.26 |
| 新会区 | 19.78 | 8.57 | 1.53 | 9.68 |
| 台山市 | 52.12 | 48.07 | 0.83 | 3.22 |
| 开平市 | 24.17 | 22.60 | 0.68 | 0.89 |
| 鹤山市 | 10.63 | 8.77 | 0.99 | 0.87 |
| 恩平市 | 21.78 | 20.38 | 1.10 | 0.30 |
| **阳江市** | **86.02** | **77.83** | **1.77** | **6.42** |
| 江城区 | 10.76 | 10.18 | 0.03 | 0.55 |
| 阳西县 | 14.42 | 12.23 | 1.73 | 0.46 |
| 阳东区 | 16.70 | 16.70 | | |
| 阳春市 | 44.14 | 38.73 | | 5.41 |

## 5-9 续表 2

(2023年) 单位：千公顷

| 市 别 | 灌溉面积 | 耕地灌溉面积（有效灌溉面积） | 林地灌溉面积 | 园地灌溉面积 | 牧草耕地灌溉面积 |
|---|---|---|---|---|---|
| **湛江市** | **265.61** | **252.71** | **4.20** | **6.70** | **2.00** |
| 赤坎区 | 0.61 | 0.35 | 0.22 | 0.04 | |
| 霞山区 | 1.40 | 1.31 | 0.03 | 0.06 | |
| 坡头区 | 9.32 | 8.87 | 0.45 | | |
| 麻章区 | 13.97 | 12.85 | 0.80 | 0.32 | |
| 遂溪县 | 46.95 | 45.69 | 0.76 | 0.50 | |
| 徐闻县 | 36.45 | 33.39 | 0.58 | 0.48 | 2.00 |
| 廉江市 | 55.54 | 53.37 | 1.36 | 0.81 | |
| 雷州市 | 64.77 | 60.28 | | 4.49 | |
| 吴川市 | 36.60 | 36.60 | | | |
| **茂名市** | **188.65** | **154.04** | **2.51** | **32.10** | |
| 茂南区 | 13.59 | 13.13 | | 0.46 | |
| 电白区 | 44.69 | 38.48 | 0.25 | 5.96 | |
| 高州市 | 55.62 | 36.41 | 0.93 | 18.28 | |
| 化州市 | 46.84 | 39.49 | 1.33 | 6.02 | |
| 信宜市 | 27.91 | 26.53 | | 1.38 | |
| **肇庆市** | **119.91** | **98.56** | | **21.35** | |
| 端州区 | | | | | |
| 鼎湖区 | 2.81 | 1.98 | | 0.83 | |
| 广宁县 | 14.40 | 13.31 | | 1.09 | |
| 怀集县 | 32.75 | 25.66 | | 7.09 | |
| 封开县 | 23.62 | 21.26 | | 2.36 | |
| 德庆县 | 12.66 | 11.02 | | 1.64 | |
| 高要区 | 25.26 | 19.80 | | 5.46 | |
| 四会市 | 8.41 | 5.53 | | 2.89 | |
| **清远市** | **143.24** | **135.91** | **2.32** | **5.02** | |
| 清城区 | 15.30 | 14.57 | | 0.73 | |
| 佛冈县 | 8.92 | 7.99 | 0.89 | 0.04 | |
| 阳山县 | 19.22 | 18.28 | 0.55 | 0.39 | |
| 连山壮族瑶族自治县 | 6.99 | 6.68 | 0.10 | 0.21 | |
| 连南瑶族自治县 | 5.29 | 5.21 | 0.08 | | |
| 清新区 | 20.21 | 18.88 | | 1.33 | |
| 英德市 | 45.03 | 42.60 | 0.12 | 2.31 | |
| 连州市 | 22.28 | 21.70 | 0.58 | | |
| **潮州市** | **33.73** | **18.28** | **5.31** | **10.14** | |
| 湘桥区 | 2.92 | 1.70 | 0.07 | 1.15 | |
| 潮安区 | 11.06 | 7.37 | 2.44 | 1.25 | |
| 饶平县 | 19.75 | 9.21 | 2.80 | 7.73 | |
| **揭阳市** | **66.83** | **55.61** | **2.27** | **8.95** | |
| 榕城区 | 3.59 | 3.59 | | | |
| 揭东区 | 10.30 | 8.51 | | 1.79 | |
| 揭西县 | 13.79 | 11.85 | 0.66 | 1.28 | |
| 普宁市 | 18.80 | 15.55 | | 3.25 | |
| 惠来县 | 20.36 | 16.12 | 1.61 | 2.63 | |
| 空港经济区 | | | | | |
| **云浮市** | **74.68** | **59.75** | **0.15** | **14.31** | **0.47** |
| 云城区 | 5.89 | 5.18 | | 0.71 | |
| 新兴县 | 12.68 | 12.14 | | 0.54 | |
| 郁南县 | 9.26 | 6.31 | 0.15 | 2.33 | 0.47 |
| 云安区 | 18.82 | 8.09 | | 10.73 | |
| 罗定市 | 28.03 | 28.03 | | | |

# 5-10　各县(市、区)2000亩以上灌区

(2023年)

| 市　别 | 灌区数量(处) | | | | | | |
|---|---|---|---|---|---|---|---|
| | 合计 | 50万亩以上 | 30～50万亩 | 10～30万亩 | 5～10万亩 | 1～5万亩 | 0.2～1万亩 |
| **全　省** | **1833** | **2** | **2** | **23** | **46** | **306** | **1454** |
| **广州市** | **103** | | | | **1** | **8** | **94** |
| 荔湾区 | | | | | | | |
| 越秀区 | | | | | | | |
| 海珠区 | | | | | | | |
| 天河区 | | | | | | | |
| 白云区 | 8 | | | | | 1 | 7 |
| 黄埔区 | 6 | | | | | | 6 |
| 番禺区 | | | | | | | |
| 花都区 | 19 | | | | | 3 | 16 |
| 南沙区 | | | | | | | |
| 增城区 | 52 | | | | | 1 | 51 |
| 从化区 | 18 | | | | 1 | 3 | 14 |
| **深圳市** | **1** | | | | | | **1** |
| 罗湖区 | | | | | | | |
| 福田区 | | | | | | | |
| 南山区 | 1 | | | | | | 1 |
| 宝安区 | | | | | | | |
| 龙岗区 | | | | | | | |
| 盐田区 | | | | | | | |
| 光明区 | | | | | | | |
| 坪山区 | | | | | | | |
| 龙华区 | | | | | | | |
| 大鹏新区 | | | | | | | |
| 深汕特别合作区 | | | | | | | |
| **珠海市** | **14** | | | | | **4** | **10** |
| 香洲区 | | | | | | | |
| 斗门区 | 12 | | | | | 4 | 8 |
| 金湾区 | 2 | | | | | | 2 |
| **汕头市** | **30** | | **1** | | **2** | **10** | **17** |
| 龙湖区 | 1 | | | | | | 1 |
| 金平区 | 1 | | | | | | 1 |
| 濠江区 | 3 | | | | | | 3 |
| 潮阳区 | 11 | | | | | 8 | 3 |
| 潮南区 | 13 | | | | 2 | 2 | 9 |
| 澄海区 | 1 | | 1 | | | | |
| 南澳县 | | | | | | | |
| **佛山市** | **33** | | | | | **1** | **32** |
| 禅城区 | | | | | | | |
| 南海区 | 12 | | | | | | 12 |
| 顺德区 | | | | | | | |
| 三水区 | 12 | | | | | 1 | 11 |
| 高明区 | 9 | | | | | | 9 |
| **韶关市** | **204** | | **1** | | **1** | **18** | **184** |
| 武江区 | 23 | | | | | | 23 |
| 浈江区 | 11 | | | | | 1 | 10 |
| 曲江区 | 9 | | | | | 2 | 7 |
| 始兴县 | 10 | | | | 1 | 2 | 7 |
| 仁化县 | 26 | | | | | 3 | 23 |
| 翁源县 | 15 | | | | | 4 | 11 |

## 5-10 续表 1

(2023年)

| 市 别 | 灌区数量(处) | | | | | | |
|---|---|---|---|---|---|---|---|
| | 合计 | 50万亩以上 | 30～50万亩 | 10～30万亩 | 5～10万亩 | 1～5万亩 | 0.2～1万亩 |
| 乳源瑶族自治县 | 22 | | | | | 2 | 20 |
| 新丰县 | 24 | | | | | | 24 |
| 乐昌市 | 56 | | | | | 2 | 54 |
| 南雄市 | 8 | | 1 | | | 2 | 5 |
| **河源市** | **138** | | | | | **21** | **117** |
| 源城区 | 3 | | | | | 1 | 2 |
| 紫金县 | 74 | | | | | 4 | 70 |
| 龙川县 | 9 | | | | | 5 | 4 |
| 连平县 | 16 | | | | | 3 | 13 |
| 和平县 | 17 | | | | | 5 | 12 |
| 东源县 | 19 | | | | | 3 | 16 |
| 江东新区 | | | | | | | |
| **梅州市** | **112** | | | **1** | **2** | **18** | **91** |
| 梅江区 | 14 | | | | | 1 | 13 |
| 梅县区 | 35 | | | | | 4 | 31 |
| 大埔县 | 2 | | | | | | 2 |
| 丰顺县 | 7 | | | | | 3 | 4 |
| 五华县 | 8 | | | | 1 | 2 | 5 |
| 平远县 | 4 | | | | | 2 | 2 |
| 蕉岭县 | 7 | | | | 1 | 2 | 4 |
| 兴宁市 | 35 | | | 1 | | 4 | 30 |
| **惠州市** | **98** | | | **2** | **3** | **16** | **77** |
| 惠城区 | 27 | | | | | 4 | 23 |
| 惠阳区 | 9 | | | | | 2 | 7 |
| 博罗县 | 31 | | | 1 | 1 | 6 | 23 |
| 惠东县 | 16 | | | 1 | 1 | 1 | 13 |
| 龙门县 | 15 | | | | 1 | 3 | 11 |
| **汕尾市** | **71** | | | **2** | **3** | **17** | **49** |
| 城区 | 8 | | | | | 2 | 6 |
| 海丰县 | 32 | | | 1 | 2 | 5 | 24 |
| 陆河县 | 9 | | | | | 2 | 7 |
| 陆丰市 | 22 | | | 1 | 1 | 8 | 12 |
| **东莞市** | | | | | | | |
| **中山市** | | | | | | | |
| **江门市** | **141** | | | **4** | **3** | **24** | **110** |
| 蓬江区 | 4 | | | | | | 4 |
| 江海区 | | | | | | | |
| 新会区 | 14 | | | | | 4 | 10 |
| 台山市 | 65 | | | 2 | 1 | 8 | 54 |
| 开平市 | 22 | | | 1 | 1 | 3 | 17 |
| 鹤山市 | 15 | | | | | 6 | 9 |
| 恩平市 | 21 | | | 1 | 1 | 3 | 16 |
| **阳江市** | **95** | | | **2** | **3** | **21** | **69** |
| 江城区 | 13 | | | 1 | | 4 | 8 |
| 阳西县 | 19 | | | | 1 | 8 | 10 |
| 阳东区 | 17 | | | 1 | | 6 | 10 |
| 阳春市 | 46 | | | | 2 | 3 | 41 |

## 5-10 续表 2

(2023年)

| 市别 | 灌区数量(处) | | | | | | |
|---|---|---|---|---|---|---|---|
| | 合计 | 50万亩以上 | 30～50万亩 | 10～30万亩 | 5～10万亩 | 1～5万亩 | 0.2～1万亩 |
| **湛江市** | **135** | **1** | | **5** | **5** | **28** | **96** |
| 赤坎区 | | | | | | | |
| 霞山区 | | | | | | | |
| 坡头区 | 2 | | | | | 1 | 1 |
| 麻章区 | 27 | | | | | 2 | 25 |
| 遂溪县 | 35 | 1 | | | | 6 | 28 |
| 徐闻县 | 24 | | | 1 | 1 | 5 | 17 |
| 廉江市 | 7 | | | 2 | 1 | 1 | 3 |
| 雷州市 | 36 | | | 2 | 3 | 9 | 22 |
| 吴川市 | 4 | | | | | 4 | |
| **茂名市** | **83** | **1** | | **3** | **10** | **22** | **47** |
| 茂南区 | 4 | | | | | 1 | 3 |
| 电白区 | 13 | | | 2 | 2 | 9 | |
| 高州市 | 43 | 1 | | 1 | 2 | 7 | 32 |
| 化州市 | 19 | | | | 5 | 3 | 11 |
| 信宜市 | 4 | | | | 1 | 2 | 1 |
| **肇庆市** | **170** | | | | **3** | **23** | **144** |
| 端州区 | | | | | | | |
| 鼎湖区 | 5 | | | | | 2 | 3 |
| 广宁县 | | | | | | | |
| 怀集县 | 29 | | | | 2 | 4 | 23 |
| 封开县 | 20 | | | | | 4 | 16 |
| 德庆县 | 30 | | | | | 6 | 24 |
| 高要区 | 57 | | | | | 3 | 54 |
| 四会市 | 29 | | | | 1 | 4 | 24 |
| **清远市** | **194** | | | | **3** | **32** | **159** |
| 清城区 | 21 | | | | 1 | 2 | 18 |
| 佛冈县 | 29 | | | | | 1 | 28 |
| 阳山县 | 20 | | | | | 5 | 15 |
| 连山壮族瑶族自治县 | 24 | | | | | | 24 |
| 连南瑶族自治县 | 8 | | | | | 3 | 5 |
| 清新区 | 18 | | | | 1 | 3 | 14 |
| 英德市 | 56 | | | | | 12 | 44 |
| 连州市 | 18 | | | | 1 | 6 | 11 |
| **潮州市** | **35** | | | | **1** | **11** | **23** |
| 湘桥区 | 6 | | | | | 3 | 3 |
| 潮安区 | 7 | | | | | | 7 |
| 饶平县 | 22 | | | | 1 | 8 | 13 |
| **揭阳市** | **76** | | | **4** | **2** | **20** | **50** |
| 榕城区 | 2 | | | 1 | | 1 | |
| 揭东区 | 9 | | | 2 | | 2 | 5 |
| 揭西县 | 14 | | | | 1 | 4 | 9 |
| 普宁市 | 29 | | | 1 | | 5 | 23 |
| 惠来县 | 22 | | | | 1 | 8 | 13 |
| 空港经济区 | | | | | | | |
| **云浮市** | **100** | | | | **4** | **12** | **84** |
| 云城区 | 24 | | | | | 4 | 20 |
| 新兴县 | 18 | | | | 1 | 2 | 15 |
| 郁南县 | 11 | | | | | 2 | 9 |
| 云安区 | 21 | | | | | 3 | 18 |
| 罗定市 | 26 | | | | 3 | 1 | 22 |

# 5-10 续表 3

(2023年)

| 市 别 | 灌区耕地有效灌溉面积(千公顷) | | | | | | |
|---|---|---|---|---|---|---|---|
| | 合计 | 50万亩以上 | 30～50万亩 | 10～30万亩 | 5～10万亩 | 1～5万亩 | 0.2～1万亩 |
| **全 省** | **1226.24** | **162.58** | **46.08** | **191.66** | **162.73** | **344.04** | **319.15** |
| **广州市** | **40.25** | | **0.53** | | **1.53** | **14.59** | **23.60** |
| 荔湾区 | | | | | | | |
| 越秀区 | | | | | | | |
| 海珠区 | | | | | | | |
| 天河区 | | | | | | | |
| 白云区 | 5.39 | | | | | 4.20 | 1.19 |
| 黄埔区 | 1.90 | | | | | | 1.90 |
| 番禺区 | | | | | | | |
| 花都区 | 8.64 | | | | | 5.92 | 2.72 |
| 南沙区 | | | | | | | |
| 增城区 | 16.34 | | | | | 2.14 | 14.20 |
| 从化区 | 7.98 | | 0.53 | | 1.53 | 2.33 | 3.59 |
| **深圳市** | | | | | | | |
| 罗湖区 | | | | | | | |
| 福田区 | | | | | | | |
| 南山区 | | | | | | | |
| 宝安区 | | | | | | | |
| 龙岗区 | | | | | | | |
| 盐田区 | | | | | | | |
| 光明区 | | | | | | | |
| 坪山区 | | | | | | | |
| 龙华区 | | | | | | | |
| 大鹏新区 | | | | | | | |
| 深汕特别合作区 | | | | | | | |
| **珠海市** | **5.66** | | | | | **4.39** | **1.27** |
| 香洲区 | | | | | | | |
| 斗门区 | 5.49 | | | | | 4.39 | 1.10 |
| 金湾区 | 0.17 | | | | | | 0.17 |
| **汕头市** | **35.21** | | **11.29** | | **8.65** | **11.27** | **4.00** |
| 龙湖区 | 2.09 | | 1.59 | | | | 0.50 |
| 金平区 | 0.84 | | 0.65 | | | | 0.19 |
| 濠江区 | 1.17 | | | | | | 1.17 |
| 潮阳区 | 12.80 | | | | 3.65 | 8.72 | 0.43 |
| 潮南区 | 9.26 | | | | 5.00 | 2.55 | 1.72 |
| 澄海区 | 9.05 | | 9.05 | | | | |
| 南澳县 | | | | | | | |
| **佛山市** | **4.79** | | | | | | **4.79** |
| 禅城区 | | | | | | | |
| 南海区 | 3.67 | | | | | | 3.67 |
| 顺德区 | | | | | | | |
| 三水区 | | | | | | | |
| 高明区 | 1.12 | | | | | | 1.12 |
| **韶关市** | **85.53** | | **22.65** | | **3.83** | **20.44** | **38.61** |
| 武江区 | 4.36 | | | | | | 4.36 |
| 浈江区 | 3.12 | | | | | 0.79 | 2.33 |
| 曲江区 | 3.95 | | | | | 2.49 | 1.46 |
| 始兴县 | 6.63 | | | | 3.83 | 1.83 | 0.97 |
| 仁化县 | 9.00 | | | | | 3.90 | 5.10 |
| 翁源县 | 4.82 | | | | | 3.00 | 1.82 |

# 5-10 续表 4

(2023年)

| 市　别 | 灌区耕地有效灌溉面积(千公顷) | | | | | | |
|---|---|---|---|---|---|---|---|
| | 合计 | 50万亩以上 | 30～50万亩 | 10～30万亩 | 5～10万亩 | 1～5万亩 | 0.2～1万亩 |
| 乳源瑶族自治县 | 6.26 | | | | | 2.67 | 3.59 |
| 新丰县 | 6.29 | | | | | | 6.29 |
| 乐昌市 | 17.42 | | | | | 5.76 | 11.66 |
| 南雄市 | 23.68 | | 22.65 | | | | 1.03 |
| **河源市** | **47.31** | | | | | **19.52** | **27.80** |
| 源城区 | 1.49 | | | | | 1.14 | 0.35 |
| 紫金县 | 21.93 | | | | | 3.93 | 18.00 |
| 龙川县 | 5.64 | | | | | 4.77 | 0.87 |
| 连平县 | 5.36 | | | | | 1.90 | 3.46 |
| 和平县 | 5.89 | | | | | 3.91 | 1.98 |
| 东源县 | 7.00 | | | | | 3.87 | 3.14 |
| **梅州市** | **48.15** | | | **9.11** | **5.01** | **17.70** | **16.34** |
| 梅江区 | 2.74 | | | | | 0.63 | 2.11 |
| 梅县区 | 9.78 | | | | | 5.56 | 4.22 |
| 大埔县 | 0.35 | | | | | | 0.35 |
| 丰顺县 | 3.13 | | | | | 2.18 | 0.95 |
| 五华县 | 3.89 | | | | 1.80 | 0.77 | 1.32 |
| 平远县 | 3.42 | | | | | 2.77 | 0.65 |
| 蕉岭县 | 5.63 | | | | 3.21 | 1.42 | 1.01 |
| 兴宁市 | 19.21 | | | 9.11 | | 4.37 | 5.73 |
| **惠州市** | **71.30** | | | **17.02** | **11.84** | **21.56** | **20.88** |
| 惠城区 | 8.71 | | | | | 3.94 | 4.77 |
| 惠阳区 | 3.87 | | | | | 1.63 | 2.24 |
| 博罗县 | 32.98 | | | 7.73 | 4.00 | 10.98 | 10.27 |
| 惠东县 | 15.79 | | | 9.29 | 3.35 | 1.21 | 1.94 |
| 龙门县 | 9.95 | | | | 4.49 | 3.80 | 1.66 |
| **汕尾市** | **58.38** | | | **19.47** | **6.87** | **20.98** | **11.07** |
| 城区 | 3.79 | | | | | 2.85 | 0.95 |
| 海丰县 | 26.35 | | | 8.47 | 3.00 | 9.40 | 5.48 |
| 陆河县 | 3.04 | | | | | 1.15 | 1.89 |
| 陆丰市 | 25.20 | | | 11.00 | 3.87 | 7.58 | 2.75 |
| **东莞市** | | | | | | | |
| **中山市** | | | | | | | |
| **江门市** | **97.19** | | | **31.17** | **10.98** | **23.14** | **31.91** |
| 蓬江区 | 0.92 | | | | | | 0.92 |
| 江海区 | | | | | | | |
| 新会区 | 3.89 | | | | | 1.67 | 2.22 |
| 台山市 | 47.09 | | | 14.80 | 3.40 | 9.53 | 19.36 |
| 开平市 | 20.25 | | | 8.37 | 4.05 | 3.93 | 3.89 |
| 鹤山市 | 7.63 | | | | | 5.47 | 2.17 |
| 恩平市 | 17.41 | | | 8.00 | 3.53 | 2.53 | 3.35 |
| **阳江市** | **51.36** | | | **14.47** | **8.41** | **16.96** | **11.52** |
| 江城区 | 9.69 | | | 5.53 | | 3.06 | 1.10 |
| 阳西县 | 4.12 | | | | 0.41 | 2.13 | 1.58 |
| 阳东区 | 16.42 | | | 8.94 | | 6.34 | 1.14 |
| 阳春市 | 21.14 | | | | 8.00 | 5.43 | 7.71 |

# 5-10 续表 5

(2023年)

| 市　别 | 灌区耕地有效灌溉面积(千公顷) | | | | | | |
|---|---|---|---|---|---|---|---|
| | 合计 | 50万亩以上 | 30～50万亩 | 10～30万亩 | 5～10万亩 | 1～5万亩 | 0.2～1万亩 |
| **湛江市** | **272.37** | **109.70** | | **72.41** | **33.39** | **40.24** | **16.63** |
| 赤坎区 | 0.17 | 0.17 | | | | | |
| 霞山区 | 0.50 | 0.50 | | | | | |
| 坡头区 | 3.68 | 1.61 | | | | 1.87 | 0.20 |
| 麻章区 | 8.05 | 3.35 | | | | 3.20 | 1.50 |
| 遂溪县 | 45.97 | 37.84 | | | | 3.29 | 4.84 |
| 徐闻县 | 25.10 | | | 12.41 | 1.51 | 6.88 | 4.30 |
| 廉江市 | 70.97 | 25.09 | | 36.30 | 6.03 | 2.00 | 1.55 |
| 雷州市 | 78.61 | 29.17 | | 23.70 | 7.70 | 13.80 | 4.24 |
| 吴川市 | 39.32 | 11.97 | | | 18.15 | 9.20 | |
| **茂名市** | **109.94** | **52.88** | | **13.88** | **19.86** | **13.60** | **9.72** |
| 茂南区 | 9.09 | 8.07 | | | | 0.39 | 0.63 |
| 电白区 | 40.84 | 12.21 | | 13.33 | 5.78 | 6.20 | 3.32 |
| 高州市 | 27.82 | 17.65 | | 0.55 | 2.98 | 2.73 | 3.91 |
| 化州市 | 27.41 | 14.95 | | | 8.31 | 2.43 | 1.73 |
| 信宜市 | 4.78 | | | | 2.79 | 1.86 | 0.13 |
| **肇庆市** | **69.26** | | | | **12.11** | **27.47** | **29.68** |
| 端州区 | | | | | | | |
| 鼎湖区 | 6.33 | | | | | 6.16 | 0.17 |
| 广宁县 | | | | | | | |
| 怀集县 | 15.25 | | | | 7.11 | 3.07 | 5.07 |
| 封开县 | 8.25 | | | | | 4.53 | 3.72 |
| 德庆县 | 9.91 | | | | | 4.94 | 4.97 |
| 高要区 | 15.41 | | | | | 4.30 | 11.11 |
| 四会市 | 14.11 | | | | 5.00 | 4.47 | 4.64 |
| **清远市** | **85.10** | | | | **7.54** | **38.05** | **39.51** |
| 清城区 | 15.30 | | | | 2.00 | 2.30 | 11.00 |
| 佛冈县 | 5.83 | | | | | 0.83 | 5.00 |
| 阳山县 | 8.27 | | | | | 5.10 | 3.17 |
| 连山壮族瑶族自治县 | 7.03 | | | | | 7.03 | |
| 连南瑶族自治县 | 4.76 | | | | | 2.71 | 2.05 |
| 清新区 | 13.75 | | | | 5.54 | 4.36 | 3.86 |
| 英德市 | 23.85 | | | | | 11.17 | 12.68 |
| 连州市 | 6.30 | | | | | 4.55 | 1.75 |
| **潮州市** | **30.58** | | **7.53** | | **7.00** | **10.77** | **5.28** |
| 湘桥区 | 2.50 | | 0.80 | | | | 1.70 |
| 潮安区 | 7.80 | | 6.73 | | | | 1.07 |
| 饶平县 | 20.28 | | | | 7.00 | 10.77 | 2.51 |
| **揭阳市** | **71.43** | | **4.08** | **14.14** | **9.35** | **32.99** | **10.87** |
| 榕城区 | 11.19 | | 2.74 | 7.54 | | 0.91 | |
| 揭东区 | 5.36 | | 1.34 | | | 2.63 | 1.39 |
| 揭西县 | 11.44 | | | | 3.35 | 6.71 | 1.38 |
| 普宁市 | 22.21 | | | 6.60 | | 10.36 | 5.25 |
| 惠来县 | 21.23 | | | | 6.00 | 12.38 | 2.85 |
| 空港经济区 | | | | | | | |
| **云浮市** | **42.43** | | | | **16.37** | **10.39** | **15.68** |
| 云城区 | 4.78 | | | | | 2.75 | 2.04 |
| 新兴县 | 8.23 | | | | 2.49 | 1.43 | 4.31 |
| 郁南县 | 3.72 | | | | | 2.17 | 1.55 |
| 云安区 | 6.69 | | | | | 2.65 | 4.04 |
| 罗定市 | 19.01 | | | | 13.88 | 1.39 | 3.74 |

# 5-11 各县(市、区)已建堤防长度

(2023年)

| 市　别 | 堤防长度(公里) | | | | | |
|---|---|---|---|---|---|---|
| | 合计 | 按等级分 | | | | |
| | | 1级堤防 | 2级堤防 | 3级堤防 | 4级堤防 | 5级堤防 |
| **全　省** | **17625.71** | **946.67** | **2714.74** | **4060.75** | **6150.93** | **3752.63** |
| **广州市** | **1683.27** | **589.26** | **264.09** | **331.05** | **448.08** | **50.80** |
| 荔湾区 | 60.56 | 31.67 | 28.89 | | | |
| 越秀区 | 13.50 | 13.50 | | | | |
| 海珠区 | 50.27 | 43.00 | | | 7.27 | |
| 天河区 | 13.63 | 12.63 | | | 1.00 | |
| 白云区 | 154.65 | 20.99 | | 90.99 | 42.67 | |
| 黄埔区 | 172.78 | 44.33 | | | 128.45 | |
| 番禺区 | 228.48 | 163.71 | 64.77 | | | |
| 花都区 | 166.50 | | | 49.50 | 84.98 | 32.02 |
| 南沙区 | 429.86 | 259.43 | 170.43 | | | |
| 增城区 | 265.76 | | | 112.19 | 151.65 | 1.92 |
| 从化区 | 127.29 | | | 78.37 | 32.06 | 16.86 |
| **深圳市** | **150.20** | **83.20** | **21.20** | **30.54** | **11.61** | **3.65** |
| 罗湖区 | | | | | | |
| 福田区 | 1.90 | 1.90 | | | | |
| 南山区 | 19.16 | 19.16 | | | | |
| 宝安区 | 34.81 | 32.51 | | 2.30 | | |
| 龙岗区 | | | | | | |
| 盐田区 | 3.56 | 3.56 | | | | |
| 光明区 | 5.90 | 5.90 | | | | |
| 坪山区 | | | | | | |
| 龙华区 | | | | | | |
| 大鹏新区 | 51.06 | 20.17 | 21.20 | 9.69 | | |
| 深汕特别合作区 | 33.81 | | | 18.55 | 11.61 | 3.65 |
| **珠海市** | **397.76** | **98.13** | **250.78** | **9.84** | **39.01** | |
| 香洲区 | 47.20 | 34.37 | 9.80 | | 3.03 | |
| 斗门区 | 195.45 | 13.22 | 182.23 | | | |
| 金湾区 | 155.11 | 50.54 | 58.75 | 9.84 | 35.98 | |
| **汕头市** | **774.23** | **59.73** | **143.00** | **304.53** | **207.15** | **59.82** |
| 龙湖区 | 89.06 | 37.04 | 18.63 | 33.39 | | |
| 金平区 | 78.69 | 22.69 | 39.63 | 14.27 | 2.10 | |
| 濠江区 | 45.62 | | | 36.70 | 8.19 | 0.73 |
| 潮阳区 | 262.56 | | 60.08 | 85.14 | 61.74 | 55.60 |
| 潮南区 | 140.86 | | | 19.72 | 121.14 | |
| 澄海区 | 149.97 | | 24.66 | 113.03 | 12.28 | |
| 南澳县 | 7.47 | | | 2.28 | 1.70 | 3.49 |
| **佛山市** | **1128.69** | **49.17** | **344.13** | **193.98** | **476.61** | **64.80** |
| 禅城区 | 88.41 | | 18.45 | 67.33 | 2.63 | |
| 南海区 | 325.25 | 6.11 | 103.91 | | 215.23 | |
| 顺德区 | 355.61 | 4.00 | 191.50 | 126.65 | 33.46 | |
| 三水区 | 266.80 | 39.06 | 30.27 | | 132.67 | 64.80 |
| 高明区 | 92.62 | | | | 92.62 | |
| **韶关市** | **485.19** | | **65.21** | **147.61** | **161.20** | **111.17** |
| 武江区 | 22.67 | | 7.40 | | | 15.27 |
| 浈江区 | 57.81 | | 57.81 | | | |
| 曲江区 | 66.52 | | | 31.21 | 19.41 | 15.90 |
| 始兴县 | 43.67 | | | 13.00 | 25.25 | 5.42 |
| 仁化县 | 94.91 | | | | 53.13 | 41.78 |
| 翁源县 | 58.30 | | | 22.61 | 31.80 | 3.89 |
| 乳源瑶族自治县 | 19.40 | | | 18.28 | | 1.12 |
| 新丰县 | 38.09 | | | 23.97 | 4.26 | 9.86 |
| 乐昌市 | 45.22 | | | 14.71 | 20.06 | 10.45 |

## 5-11 续表 1

(2023年)

| 市　别 | 堤防长度(公里) | | | | | |
|---|---|---|---|---|---|---|
| | 合计 | 按等级分 | | | | |
| | | 1级堤防 | 2级堤防 | 3级堤防 | 4级堤防 | 5级堤防 |
| 南雄市 | 38.60 | | | 23.83 | 7.29 | 7.48 |
| **河源市** | **762.32** | | **6.43** | **139.59** | **256.62** | **359.68** |
| 源城区 | 31.02 | | | 8.07 | 18.74 | 4.21 |
| 紫金县 | 196.63 | | | 32.00 | 57.27 | 107.36 |
| 龙川县 | 270.10 | | 6.43 | 38.00 | 129.52 | 96.15 |
| **连平县** | **34.79** | | | **6.46** | **18.63** | **9.70** |
| 和平县 | 112.60 | | | 45.78 | 3.00 | 63.82 |
| 东源县 | 95.53 | | | 9.28 | 29.46 | 56.79 |
| 江东新区 | 21.65 | | | | | 21.65 |
| **梅州市** | **797.04** | | **67.18** | **81.71** | **455.95** | **192.20** |
| 梅江区 | 40.95 | | 21.89 | 6.63 | 12.43 | |
| 梅县区 | 96.60 | | 12.10 | | 71.34 | 13.16 |
| 大埔县 | 45.00 | | | 19.80 | 24.80 | 0.40 |
| 丰顺县 | 138.90 | | | 32.40 | 61.90 | 44.60 |
| 五华县 | 141.40 | | 33.19 | | 61.01 | 47.20 |
| 平远县 | 55.57 | | | 13.63 | 31.08 | 10.86 |
| 蕉岭县 | 69.02 | | | 9.25 | 59.77 | |
| 兴宁市 | 209.60 | | | | 133.62 | 75.98 |
| **惠州市** | **789.21** | **17.50** | **42.00** | **292.26** | **274.13** | **163.32** |
| 惠城区 | 246.52 | | 25.15 | 120.24 | 85.73 | 15.40 |
| 惠阳区 | 113.80 | 17.50 | | 41.54 | 33.30 | 21.46 |
| 博罗县 | 267.61 | | 13.65 | 108.12 | 113.22 | 32.62 |
| 惠东县 | 116.09 | | 3.20 | | 31.35 | 81.54 |
| 龙门县 | 45.19 | | | 22.36 | 10.53 | 12.30 |
| **汕尾市** | **972.60** | | **34.07** | **418.81** | **303.45** | **216.27** |
| 城区 | 193.71 | | 34.07 | 29.86 | 22.22 | 107.56 |
| 海丰县 | 340.40 | | | 130.40 | 120.00 | 90.00 |
| 陆河县 | 38.62 | | | 6.17 | 32.45 | |
| 陆丰市 | 399.87 | | | 252.38 | 128.78 | 18.71 |
| **东莞市** | **938.10** | **18.80** | **520.31** | **313.59** | **80.70** | **4.70** |
| **中山市** | **430.92** | **11.70** | **147.06** | **186.33** | **21.90** | **63.93** |
| **江门市** | **1402.61** | | **144.12** | **306.79** | **680.25** | **271.45** |
| 蓬江区 | 165.70 | | 44.41 | 38.02 | 14.91 | 68.36 |
| 江海区 | 44.71 | | 13.21 | 31.50 | | |
| 新会区 | 630.20 | | 56.29 | 149.15 | 359.60 | 65.16 |
| 台山市 | 116.83 | | 5.60 | 56.85 | 40.88 | 13.50 |
| 开平市 | 141.25 | | | 31.27 | 104.15 | 5.83 |
| 鹤山市 | 144.87 | | 24.61 | | 70.98 | 49.28 |
| 恩平市 | 159.05 | | | | 89.73 | 69.32 |
| **阳江市** | **686.10** | | **90.06** | **171.59** | **266.44** | **158.01** |
| 江城区 | 186.91 | | 51.08 | 6.80 | 117.15 | 11.88 |
| 阳西县 | 149.63 | | | 115.08 | 33.95 | 0.60 |
| 阳东区 | 191.41 | | 38.98 | 49.71 | 22.08 | 80.64 |
| 阳春市 | 158.15 | | | | 93.26 | 64.89 |
| 阳江市属 | | | | | | |
| **湛江市** | **1349.23** | | **30.59** | **185.78** | **716.14** | **416.72** |
| 赤坎区 | 14.65 | | 14.65 | | | |
| 霞山区 | 24.53 | | 15.94 | | 8.59 | |
| 坡头区 | 101.85 | | | 49.60 | 46.43 | 5.82 |
| 麻章区 | 163.67 | | | 20.00 | 119.62 | 24.05 |
| 遂溪县 | 165.62 | | | | 66.26 | 99.36 |
| 徐闻县 | 139.99 | | | | 2.74 | 137.25 |
| 廉江市 | 273.81 | | | 12.05 | 239.64 | 22.12 |

## 5-11 续表 2

(2023年)

| 市 别 | 堤防长度(公里) | | | | | |
|---|---|---|---|---|---|---|
| | 合计 | 按等级分 | | | | |
| | | 1级堤防 | 2级堤防 | 3级堤防 | 4级堤防 | 5级堤防 |
| 雷州市 | 318.82 | | | 21.05 | 173.24 | 124.53 |
| 吴川市 | 146.29 | | | 83.08 | 59.62 | 3.59 |
| **茂名市** | **1347.34** | | **127.43** | **270.67** | **427.89** | **521.35** |
| 茂南区 | 133.81 | | 32.22 | 45.54 | | 56.05 |
| 电白区 | 611.57 | | | 150.00 | 166.43 | 295.14 |
| 高州市 | 223.87 | | | | 221.75 | 2.12 |
| 化州市 | 220.93 | | 95.21 | 30.00 | | 95.72 |
| 信宜市 | 157.16 | | | 45.13 | 39.71 | 72.32 |
| 高州水库 | | | | | | |
| **肇庆市** | **741.30** | | **122.44** | **119.55** | **222.39** | **276.92** |
| 端州区 | 16.70 | | 16.70 | | | |
| 鼎湖区 | 83.87 | | 49.30 | 18.20 | 16.37 | |
| 广宁县 | 60.46 | | | 23.07 | 37.39 | |
| 怀集县 | 62.25 | | | 28.90 | | 33.35 |
| 封开县 | 68.35 | | | 8.19 | 14.58 | 45.58 |
| 德庆县 | 97.49 | | | 7.28 | 50.57 | 39.64 |
| 高要区 | 111.38 | | 23.70 | | 34.81 | 52.87 |
| 四会市 | 240.80 | | 32.74 | 33.91 | 68.67 | 105.48 |
| **清远市** | **759.45** | **19.18** | **65.18** | **169.08** | **292.73** | **213.28** |
| 清城区 | 185.77 | 19.18 | 54.76 | 23.48 | 83.59 | 4.76 |
| 佛冈县 | 103.34 | | | 20.18 | 69.11 | 14.05 |
| 阳山县 | 18.61 | | | 12.92 | 5.69 | |
| 连山壮族瑶族自治县 | 34.70 | | | 13.60 | | 21.10 |
| 连南瑶族自治县 | 87.58 | | | 13.11 | 14.22 | 60.25 |
| 清新区 | 113.74 | | | 3.15 | 86.09 | 24.50 |
| 英德市 | 101.01 | | 10.42 | 35.45 | 19.50 | 35.64 |
| 连州市 | 114.70 | | | 47.19 | 14.53 | 52.98 |
| **潮州市** | **644.28** | | **64.54** | **135.87** | **247.79** | **196.08** |
| 湘桥区 | 97.13 | | 7.87 | 27.66 | 28.17 | 33.43 |
| 潮安区 | 117.27 | | 30.36 | | 69.81 | 17.10 |
| 饶平县 | 429.88 | | 26.31 | 108.21 | 149.81 | 145.55 |
| **揭阳市** | **951.54** | | **155.52** | **149.30** | **351.43** | **295.29** |
| 榕城区 | 143.47 | | 89.32 | | 34.55 | 19.60 |
| 揭东区 | 92.49 | | 55.75 | | 25.64 | 11.10 |
| 揭西县 | 260.86 | | | 39.04 | 136.54 | 85.28 |
| 普宁市 | 236.01 | | 10.45 | 66.39 | 154.70 | 4.47 |
| 惠来县 | 218.71 | | | 43.87 | | 174.84 |
| 空港经济区 | | | | | | |
| **云浮市** | **434.33** | | **9.40** | **102.28** | **209.46** | **113.19** |
| 云城区 | 68.26 | | | 40.74 | 25.96 | 1.56 |
| 新兴县 | 193.46 | | | 46.52 | 58.68 | 88.26 |
| 郁南县 | 88.17 | | | 7.80 | 80.37 | |
| 云安区 | 35.44 | | 9.40 | | 25.66 | 0.38 |
| 罗定市 | 49.00 | | | 7.22 | 18.79 | 22.99 |

## 5-11 续表 3

(2023年)

| 市别 | 达标堤防长度(公里) | | | | | |
|---|---|---|---|---|---|---|
| | 合计 | 按等级分 | | | | |
| | | 1级堤防 | 2级堤防 | 3级堤防 | 4级堤防 | 5级堤防 |
| **全　省** | **12404.68** | **850.88** | **2404.72** | **3040.84** | **4195.85** | **1912.39** |
| **广州市** | **1516.59** | **528.75** | **221.76** | **302.85** | **412.43** | **50.80** |
| 荔湾区 | 60.56 | 31.67 | 28.89 | | | |
| 越秀区 | 13.50 | 13.50 | | | | |
| 海珠区 | 50.27 | 43.00 | | | 7.27 | |
| 天河区 | 13.63 | 12.63 | | | 1.00 | |
| 白云区 | 154.65 | 20.99 | | 90.99 | 42.67 | |
| 黄埔区 | 172.78 | 44.33 | | | 128.45 | |
| 番禺区 | 228.48 | 163.71 | 64.77 | | | |
| 花都区 | 166.50 | | | 49.50 | 84.98 | 32.02 |
| 南沙区 | 327.02 | 198.92 | 128.10 | | | |
| 增城区 | 201.91 | | | 83.99 | 116.00 | 1.92 |
| 从化区 | 127.29 | | | 78.37 | 32.06 | 16.86 |
| **深圳市** | **96.89** | **65.71** | **19.19** | **11.99** | | |
| 罗湖区 | | | | | | |
| 福田区 | 1.90 | 1.90 | | | | |
| 南山区 | 18.34 | 18.34 | | | | |
| 宝安区 | 18.14 | 15.84 | | 2.30 | | |
| 龙岗区 | | | | | | |
| 盐田区 | 3.56 | 3.56 | | | | |
| 光明区 | 5.90 | 5.90 | | | | |
| 坪山区 | | | | | | |
| 龙华区 | | | | | | |
| 大鹏新区 | 49.05 | 20.17 | 19.19 | 9.69 | | |
| 深汕特别合作区 | | | | | | |
| **珠海市** | **364.93** | **96.61** | **242.15** | | **26.17** | |
| 香洲区 | 47.20 | 34.37 | 9.80 | | 3.03 | |
| 斗门区 | 192.90 | 11.70 | 181.20 | | | |
| 金湾区 | 124.83 | 50.54 | 51.15 | | 23.14 | |
| **汕头市** | **666.83** | **59.73** | **109.52** | **242.64** | **197.29** | **57.65** |
| 龙湖区 | 77.77 | 37.04 | 18.63 | 22.10 | | |
| 金平区 | 78.69 | 22.69 | 39.63 | 14.27 | 2.10 | |
| 濠江区 | 43.09 | | | 36.70 | 6.39 | |
| 潮阳区 | 185.98 | | 26.60 | 42.04 | 61.74 | 55.60 |
| 潮南区 | 132.80 | | | 19.72 | 113.08 | |
| 澄海区 | 142.47 | | 24.66 | 105.53 | 12.28 | |
| 南澳县 | 6.03 | | | 2.28 | 1.70 | 2.05 |
| **佛山市** | **1079.72** | **48.57** | **342.33** | **193.98** | **433.17** | **61.67** |
| 禅城区 | 88.41 | | 18.45 | 67.33 | 2.63 | |
| 南海区 | 325.25 | 6.11 | 103.91 | | 215.23 | |
| 顺德区 | 352.72 | 3.40 | 189.70 | 126.65 | 32.97 | |
| 三水区 | 257.98 | 39.06 | 30.27 | | 126.98 | 61.67 |
| 高明区 | 55.36 | | | | 55.36 | |
| **韶关市** | **431.00** | | **42.83** | **116.40** | **161.20** | **110.57** |
| 武江区 | 19.77 | | 5.10 | | | 14.67 |
| 浈江区 | 37.73 | | 37.73 | | | |
| 曲江区 | 35.31 | | | | 19.41 | 15.90 |
| 始兴县 | 43.67 | | | 13.00 | 25.25 | 5.42 |
| 仁化县 | 94.91 | | | | 53.13 | 41.78 |
| 翁源县 | 58.30 | | | 22.61 | 31.80 | 3.89 |
| 乳源瑶族自治县 | 19.40 | | | 18.28 | | 1.12 |
| 新丰县 | 38.09 | | | 23.97 | 4.26 | 9.86 |
| 乐昌市 | 45.22 | | | 14.71 | 20.06 | 10.45 |

# 5-11 续表 4

(2023年)

| 市别 | 达标堤防长度(公里) | | | | | |
|---|---|---|---|---|---|---|
| | 合计 | 按等级分 | | | | |
| | | 1级堤防 | 2级堤防 | 3级堤防 | 4级堤防 | 5级堤防 |
| 南雄市 | 38.60 | | | 23.83 | 7.29 | 7.48 |
| **河源市** | **280.99** | | **3.12** | **54.87** | **93.05** | **129.95** |
| 源城区 | 8.85 | | | 2.70 | 1.94 | 4.21 |
| 紫金县 | 70.13 | | | 32.00 | 11.30 | 26.83 |
| 龙川县 | 63.06 | | 3.12 | 4.00 | 29.38 | 26.56 |
| **连平县** | **34.79** | | | **6.46** | **18.63** | **9.70** |
| 和平县 | 26.80 | | | 8.56 | 2.34 | 15.90 |
| 东源县 | 74.56 | | | 1.15 | 29.46 | 43.95 |
| 江东新区 | 2.80 | | | | | 2.80 |
| **梅州市** | **596.64** | | **59.20** | **69.33** | **345.59** | **122.52** |
| 梅江区 | 29.55 | | 14.09 | 6.63 | 8.83 | |
| 梅县区 | 53.96 | | 12.10 | | 41.86 | |
| 大埔县 | 45.00 | | | 19.80 | 24.80 | 0.40 |
| 丰顺县 | 111.60 | | | 20.02 | 47.68 | 43.90 |
| 五华县 | 82.34 | | 33.01 | | 35.00 | 14.33 |
| 平远县 | 55.57 | | | 13.63 | 31.08 | 10.86 |
| 蕉岭县 | 69.02 | | | 9.25 | 59.77 | |
| 兴宁市 | 149.60 | | | | 96.57 | 53.03 |
| **惠州市** | **418.79** | **17.50** | **35.48** | **188.64** | **136.80** | **40.37** |
| 惠城区 | 138.49 | | 25.15 | 79.92 | 33.42 | |
| 惠阳区 | 86.86 | 17.50 | | 32.32 | 30.63 | 6.41 |
| 博罗县 | 120.80 | | 7.13 | 54.04 | 54.07 | 5.56 |
| **惠东县** | **39.37** | | **3.20** | | **15.59** | **20.58** |
| 龙门县 | 33.27 | | | 22.36 | 3.09 | 7.82 |
| **汕尾市** | **528.26** | | **28.37** | **233.10** | **118.33** | **148.46** |
| 城区 | 110.14 | | 28.37 | 18.56 | 5.50 | 57.71 |
| 海丰县 | 297.40 | | | 130.40 | 77.00 | 90.00 |
| 陆河县 | 38.62 | | | 6.17 | 32.45 | |
| 陆丰市 | 82.10 | | | 77.97 | 3.38 | 0.75 |
| **东莞市** | **723.54** | **15.71** | **442.58** | **231.83** | **33.42** | |
| **中山市** | **350.87** | **2.00** | **140.64** | **186.33** | **21.90** | |
| **江门市** | **1245.95** | | **144.12** | **306.79** | **584.19** | **210.85** |
| 蓬江区 | 165.70 | | 44.41 | 38.02 | 14.91 | 68.36 |
| 江海区 | 44.71 | | 13.21 | 31.50 | | |
| 新会区 | 571.02 | | 56.29 | 149.15 | 321.69 | 43.89 |
| 台山市 | 103.33 | | 5.60 | 56.85 | 40.88 | |
| 开平市 | 126.46 | | | 31.27 | 89.36 | 5.83 |
| 鹤山市 | 144.87 | | 24.61 | | 70.98 | 49.28 |
| 恩平市 | 89.86 | | | | 46.37 | 43.49 |
| **阳江市** | **449.08** | | **90.06** | **151.71** | **89.83** | **117.48** |
| 江城区 | 83.37 | | 51.08 | 6.80 | 23.19 | 2.30 |
| 阳西县 | 110.99 | | | 110.18 | 0.81 | |
| 阳东区 | 158.58 | | 38.98 | 34.73 | 4.23 | 80.64 |
| 阳春市 | 96.14 | | | | 61.60 | 34.54 |
| 阳江市属 | | | | | | |
| **湛江市** | **581.15** | | **30.59** | **107.98** | **401.11** | **41.47** |
| 赤坎区 | 14.65 | | 14.65 | | | |
| 霞山区 | 24.53 | | 15.94 | | 8.59 | |
| 坡头区 | 56.87 | | | 39.70 | 17.17 | |
| 麻章区 | 47.25 | | | 4.00 | 43.25 | |
| 遂溪县 | 54.05 | | | | 52.55 | 1.50 |
| 徐闻县 | 19.44 | | | | 2.74 | 16.70 |
| 廉江市 | 242.41 | | | 12.05 | 208.24 | 22.12 |

## 5-11 续表 5

(2023年)

| 市　别 | 达标堤防长度(公里) | | | | | |
| --- | --- | --- | --- | --- | --- | --- |
| | 合计 | 按等级分 | | | | |
| | | 1级堤防 | 2级堤防 | 3级堤防 | 4级堤防 | 5级堤防 |
| 雷州市 | 53.81 | | | 7.50 | 45.56 | 0.75 |
| 吴川市 | 68.14 | | | 44.73 | 23.01 | 0.40 |
| **茂名市** | **503.94** | | **48.77** | **109.40** | **133.24** | **212.53** |
| 茂南区 | 57.40 | | | 25.63 | | 31.77 |
| 电白区 | 67.99 | | | 38.64 | 6.25 | 23.10 |
| 高州市 | 92.30 | | | | 90.18 | 2.12 |
| 化州市 | 143.97 | | 48.77 | | | 95.20 |
| 信宜市 | 142.28 | | | 45.13 | 36.81 | 60.34 |
| 高州水库 | | | | | | |
| **肇庆市** | **584.37** | | **114.66** | **97.85** | **171.24** | **200.62** |
| 端州区 | 16.70 | | 16.70 | | | |
| 鼎湖区 | 61.32 | | 43.12 | 18.20 | | |
| 广宁县 | 44.59 | | | 23.07 | 21.52 | |
| 怀集县 | 21.55 | | | 7.20 | | 14.35 |
| 封开县 | 53.30 | | | 8.19 | 14.58 | 30.53 |
| 德庆县 | 96.30 | | | 7.28 | 50.57 | 38.45 |
| 高要区 | 75.38 | | 22.10 | | 26.17 | 27.11 |
| 四会市 | 215.23 | | 32.74 | 33.91 | 58.40 | 90.18 |
| **清远市** | **588.59** | **16.30** | **65.18** | **155.14** | **198.20** | **153.77** |
| 清城区 | 149.20 | 16.30 | 54.76 | 23.48 | 52.60 | 2.06 |
| 佛冈县 | 103.34 | | | 20.18 | 69.11 | 14.05 |
| 阳山县 | 12.57 | | | 6.88 | 5.69 | |
| 连山壮族瑶族自治县 | 33.24 | | | 13.60 | | 19.64 |
| 连南瑶族自治县 | 50.48 | | | 12.61 | 8.36 | 29.51 |
| 清新区 | 54.39 | | | 3.15 | 40.15 | 11.09 |
| 英德市 | 79.56 | | 10.42 | 28.05 | 7.76 | 33.33 |
| 连州市 | 105.81 | | | 47.19 | 14.53 | 44.09 |
| **潮州市** | **318.54** | | **61.20** | **56.54** | **145.38** | **55.42** |
| 湘桥区 | 12.93 | | 4.67 | 1.93 | 5.00 | 1.33 |
| 潮安区 | 117.13 | | 30.22 | | 69.81 | 17.10 |
| 饶平县 | 188.48 | | 26.31 | 54.61 | 70.57 | 36.99 |
| **揭阳市** | **765.88** | | **155.52** | **133.81** | **328.70** | **147.85** |
| 榕城区 | 142.86 | | 89.32 | | 33.94 | 19.60 |
| 揭东区 | 90.79 | | 55.75 | | 23.94 | 11.10 |
| 揭西县 | 183.89 | | | 39.04 | 116.12 | 28.73 |
| 普宁市 | 236.01 | | 10.45 | 66.39 | 154.70 | 4.47 |
| 惠来县 | 112.33 | | | 28.38 | | 83.95 |
| 空港经济区 | | | | | | |
| **云浮市** | **312.13** | | **7.45** | **89.66** | **164.61** | **50.41** |
| 云城区 | 68.26 | | | 40.74 | 25.96 | 1.56 |
| 新兴县 | 83.68 | | | 34.80 | 23.40 | 25.48 |
| 郁南县 | 78.60 | | | 7.80 | 70.80 | |
| 云安区 | 33.49 | | 7.45 | | 25.66 | 0.38 |
| 罗定市 | 48.10 | | | 6.32 | 18.79 | 22.99 |

# 5-12 各县(市、区)除涝面积

(2023年)

| 市　别 | 除涝面积(千公顷) | 3～5年一遇标准 | 5～10年一遇标准 | 10年以上一遇标准 |
|---|---|---|---|---|
| **全　省** | **536.93** | **63.11** | **107.09** | **366.73** |
| **广州市** | **54.82** | **3.44** | **5.82** | **45.56** |
| 荔湾区 | 1.46 | | 0.43 | 1.03 |
| 越秀区 | | | | |
| 海珠区 | 0.80 | | 0.13 | 0.67 |
| 天河区 | 0.75 | | 0.07 | 0.68 |
| 白云区 | 6.81 | | | 6.81 |
| 黄埔区 | 0.64 | | | 0.64 |
| 番禺区 | 22.29 | 2.20 | 1.82 | 18.27 |
| 花都区 | 5.49 | | | 5.49 |
| 南沙区 | 0.98 | 0.39 | 0.06 | 0.53 |
| 增城区 | 13.25 | 0.10 | 2.86 | 10.29 |
| 从化区 | 2.35 | 0.75 | 0.45 | 1.15 |
| **深圳市** | **8.12** | **1.04** | | **7.08** |
| 罗湖区 | | | | |
| 福田区 | 0.01 | 0.01 | | |
| 南山区 | 0.01 | | | 0.01 |
| 宝安区 | 6.23 | 1.02 | | 5.21 |
| 龙岗区 | 0.01 | 0.01 | | |
| 盐田区 | | | | |
| 光明区 | | | | |
| 坪山区 | | | | |
| 龙华区 | | | | |
| 大鹏新区 | | | | |
| 深汕特别合作区 | 1.86 | | | 1.86 |
| **珠海市** | **17.54** | **1.76** | **15.78** | |
| 香洲区 | 0.50 | 0.33 | 0.17 | |
| 斗门区 | 13.45 | | 13.45 | |
| 金湾区 | 3.59 | 1.43 | 2.16 | |
| **汕头市** | **44.80** | **3.72** | **12.32** | **28.76** |
| 龙湖区 | 4.23 | 0.08 | 0.38 | 3.77 |
| 金平区 | 2.56 | 0.49 | 0.70 | 1.37 |
| 濠江区 | 8.59 | 0.39 | 8.00 | 0.20 |
| 潮阳区 | 10.80 | 1.73 | 2.10 | 6.97 |
| 潮南区 | 7.03 | 1.03 | 0.51 | 5.49 |
| 澄海区 | 11.52 | | 0.63 | 10.89 |
| 南澳县 | 0.07 | | | 0.07 |
| **佛山市** | **59.98** | | **8.90** | **51.08** |
| 禅城区 | 2.20 | | | 2.20 |
| 南海区 | 27.59 | | 3.25 | 24.34 |
| 顺德区 | 12.15 | | | 12.15 |
| 三水区 | 10.01 | | 2.80 | 7.21 |
| 高明区 | 8.03 | | 2.85 | 5.18 |
| **韶关市** | **20.12** | **3.83** | **10.74** | **5.55** |
| 武江区 | 0.17 | 0.17 | | |
| 浈江区 | 0.65 | 0.62 | 0.03 | |
| 曲江区 | 2.26 | 1.53 | 0.73 | |
| 始兴县 | 0.12 | | 0.12 | |
| 仁化县 | | | | |

注：2023年，河道治理相关指标“有防洪任务河段长度”、“已治理河段长度”、“治理达标河段长度”不纳入统计范围，故删除。

## 5-12 续表 1

(2023年)

| 市　　别 | 除涝面积(千公顷) | 3～5年一遇标准 | 5～10年一遇标准 | 10年以上一遇标准 |
|---|---|---|---|---|
| 翁源县 | 1.76 | | 1.76 | |
| 乳源瑶族自治县 | 10.80 | | 5.77 | 5.03 |
| 新丰县 | 0.93 | 0.41 | | 0.52 |
| 乐昌市 | | | | |
| 南雄市 | 3.43 | 1.10 | 2.33 | |
| **河源市** | **0.84** | **0.15** | **0.52** | **0.17** |
| 源城区 | | | | |
| 紫金县 | | | | |
| 龙川县 | 0.46 | 0.04 | 0.28 | 0.14 |
| 连平县 | | | | |
| 和平县 | 0.38 | 0.11 | 0.24 | 0.03 |
| 东源县 | | | | |
| **梅州市** | **10.58** | **1.93** | **2.01** | **6.64** |
| 梅江区 | 0.12 | | | 0.12 |
| 梅县区 | 1.23 | 0.06 | 0.73 | 0.44 |
| 大埔县 | 0.62 | 0.12 | | 0.50 |
| 丰顺县 | 0.95 | 0.22 | 0.13 | 0.60 |
| 五华县 | 3.37 | 0.14 | 0.40 | 2.83 |
| 平远县 | 1.31 | 1.03 | 0.28 | |
| 蕉岭县 | 1.05 | 0.01 | 0.19 | 0.85 |
| 兴宁市 | 1.93 | 0.35 | 0.28 | 1.30 |
| **惠州市** | **35.03** | **3.97** | **1.22** | **29.84** |
| 惠城区 | 14.13 | | | 14.13 |
| 惠阳区 | 2.13 | 1.93 | 0.20 | |
| 博罗县 | 13.91 | | 0.08 | 13.83 |
| 惠东县 | 3.24 | 2.04 | 0.49 | 0.71 |
| 龙门县 | 1.62 | | 0.45 | 1.17 |
| **汕尾市** | **21.44** | **3.72** | **1.86** | **15.86** |
| 城区 | 1.05 | 0.27 | 0.17 | 0.61 |
| 海丰县 | 16.33 | 1.80 | 1.69 | 12.84 |
| 陆河县 | 0.05 | 0.05 | | |
| 陆丰市 | 4.01 | 1.60 | | 2.41 |
| **东莞市** | | | | |
| **中山市** | **30.73** | | | **30.73** |
| **江门市** | **51.17** | **14.01** | **7.44** | **29.72** |
| 蓬江区 | 1.91 | | | 1.91 |
| 江海区 | 4.73 | | | 4.73 |
| 新会区 | 15.46 | | | 15.46 |
| 台山市 | 14.14 | 9.47 | 4.67 | |
| 开平市 | 6.61 | 4.54 | 2.07 | |
| 鹤山市 | 3.75 | | | 3.75 |
| 恩平市 | 4.57 | | 0.70 | 3.87 |
| **阳江市** | **8.52** | **0.20** | **1.87** | **6.45** |
| 江城区 | 1.66 | | 0.33 | 1.33 |
| 阳西县 | | | | |
| 阳东区 | 3.59 | 0.20 | 0.62 | 2.77 |
| 阳春市 | 3.27 | | 0.92 | 2.35 |

注：2023年，河道治理相关指标“有防洪任务河段长度”、“已治理河段长度”、“治理达标河段长度”不纳入统计范围，故删除。

# 5-12 续表 2

(2023年)

| 市别 | 除涝面积(千公顷) | 3～5年一遇标准 | 5～10年一遇标准 | 10年以上一遇标准 |
|---|---|---|---|---|
| **湛江市** | **31.77** | **5.69** | **11.82** | **14.26** |
| 赤坎区 | 0.08 | 0.04 | 0.04 | |
| 霞山区 | | | | |
| 坡头区 | 0.67 | | 0.67 | |
| 麻章区 | 2.01 | 0.01 | 1.14 | 0.86 |
| 遂溪县 | 1.16 | 0.35 | 0.38 | 0.43 |
| 徐闻县 | 1.87 | 0.17 | 0.77 | 0.93 |
| 廉江市 | 8.47 | 0.33 | 4.95 | 3.19 |
| 雷州市 | 6.38 | 2.72 | 2.16 | 1.50 |
| 吴川市 | 11.13 | 2.07 | 1.71 | 7.35 |
| **茂名市** | **15.74** | **7.82** | **7.59** | **0.33** |
| 茂南区 | 3.63 | | 3.63 | |
| 电白区 | 4.36 | 1.33 | 3.03 | |
| 高州市 | 2.87 | 2.58 | 0.29 | |
| 化州市 | 3.91 | 3.91 | | |
| 信宜市 | 0.97 | | 0.64 | 0.33 |
| **肇庆市** | **45.01** | **1.52** | **6.83** | **36.66** |
| 端州区 | 2.29 | | 0.32 | 1.97 |
| 鼎湖区 | 10.80 | | 0.01 | 10.79 |
| 广宁县 | 2.00 | | 0.90 | 1.10 |
| 怀集县 | | | | |
| 封开县 | 1.24 | 0.33 | 0.67 | 0.24 |
| 德庆县 | 1.81 | 1.19 | 0.27 | 0.35 |
| 高要区 | 16.84 | | 4.33 | 12.51 |
| 四会市 | 10.03 | | 0.33 | 9.70 |
| **清远市** | **27.45** | **5.25** | **2.69** | **19.51** |
| 清城区 | 7.27 | | 0.43 | 6.84 |
| 佛冈县 | 1.71 | | 0.69 | 1.02 |
| 阳山县 | 1.40 | 1.00 | 0.40 | |
| 连山壮族瑶族自治县 | | | | |
| 连南瑶族自治县 | | | | |
| 清新区 | 12.03 | | 0.61 | 11.42 |
| 英德市 | 3.83 | 3.60 | | 0.23 |
| 连州市 | 1.21 | 0.65 | 0.56 | |
| **潮州市** | **23.29** | **3.86** | **4.45** | **14.98** |
| 湘桥区 | 4.50 | 3.73 | 0.77 | |
| 潮安区 | 13.80 | 0.13 | 2.26 | 11.41 |
| 饶平县 | 4.99 | | 1.42 | 3.57 |
| **揭阳市** | **26.70** | **0.90** | **4.49** | **21.31** |
| 榕城区 | 2.22 | 0.03 | 0.26 | 1.93 |
| 揭东区 | 9.79 | 0.23 | 1.10 | 8.46 |
| 揭西县 | 2.64 | 0.30 | 0.37 | 1.97 |
| 普宁市 | 5.92 | | 2.70 | 3.22 |
| 惠来县 | 6.13 | 0.34 | 0.06 | 5.73 |
| 空港经济区 | | | | |
| **云浮市** | **3.28** | **0.30** | **0.74** | **2.24** |
| 云城区 | 0.63 | | 0.08 | 0.55 |
| 新兴县 | 0.60 | | | 0.60 |
| 郁南县 | 1.15 | 0.30 | 0.55 | 0.30 |
| 云安区 | 0.90 | | 0.11 | 0.79 |
| 罗定市 | | | | |

注：2023年，河道治理相关指标"有防洪任务河段长度"、"已治理河段长度"、"治理达标河段长度"不纳入统计范围，故删除。

# 5-13 各县(市、区)本年新增水土流失综合治理面积

(2023年)

单位：千公顷

| 市　　别 | 合计 | 梯田 | 水土保持林 | 经济林 | 种草 | 封禁治理 | 其他 |
|---|---|---|---|---|---|---|---|
| **全　省** | **80.89** | **0.44** | **34.05** | **2.38** | **0.58** | **42.61** | **0.83** |
| **广州市** | **1.62** | **0.44** | **0.60** | | **0.15** | **0.42** | |
| 荔湾区 | | | | | | | |
| 越秀区 | | | | | | | |
| 海珠区 | | | | | | | |
| 天河区 | 0.01 | | | | | 0.01 | |
| 白云区 | 0.15 | | | | 0.15 | | |
| 黄埔区 | 0.26 | | 0.12 | | | 0.14 | |
| 番禺区 | 0.03 | | 0.02 | | | 0.01 | |
| 花都区 | 0.23 | | | | | 0.23 | |
| 南沙区 | 0.03 | | | | | 0.03 | |
| 增城区 | 0.47 | | 0.47 | | | | |
| 从化区 | 0.44 | 0.44 | | | | | |
| **深圳市** | **0.51** | | **0.23** | | **0.10** | **0.01** | **0.17** |
| 罗湖区 | 0.01 | | | | 0.01 | | |
| 福田区 | 0.01 | | | | 0.01 | | |
| 南山区 | 0.01 | | | | 0.01 | | |
| 宝安区 | 0.06 | | | | 0.02 | | 0.04 |
| 龙岗区 | 0.24 | | 0.23 | | | 0.01 | |
| 盐田区 | | | | | | | |
| 光明区 | 0.16 | | | | 0.03 | | 0.13 |
| 坪山区 | | | | | | | |
| 龙华区 | 0.01 | | | | 0.01 | | |
| 大鹏新区 | | | | | | | |
| 深汕特别合作区 | | | | | | | |
| **珠海市** | **1.10** | | **0.21** | | | **0.89** | |
| 香洲区 | 0.43 | | 0.12 | | | 0.31 | |
| 斗门区 | 0.35 | | 0.09 | | | 0.26 | |
| 金湾区 | 0.32 | | | | | 0.32 | |
| **汕头市** | **0.84** | | **0.58** | | | **0.27** | |
| 龙湖区 | | | | | | | |
| 金平区 | 0.04 | | 0.04 | | | | |
| 濠江区 | 0.10 | | 0.05 | | | 0.05 | |
| 潮阳区 | 0.31 | | 0.31 | | | | |
| 潮南区 | 0.32 | | 0.10 | | | 0.22 | |
| 澄海区 | 0.02 | | 0.02 | | | | |
| 南澳县 | 0.06 | | 0.06 | | | | |
| **佛山市** | **0.87** | | **0.75** | **0.10** | | **0.02** | |
| 禅城区 | | | | | | | |
| 南海区 | 0.10 | | | 0.10 | | | |
| 顺德区 | | | | | | | |
| 三水区 | 0.05 | | 0.03 | | | 0.02 | |
| 高明区 | 0.72 | | 0.72 | | | | |
| **韶关市** | **5.36** | | **0.26** | | | **5.10** | |
| 武江区 | | | | | | | |
| 浈江区 | 0.03 | | 0.03 | | | | |
| 曲江区 | | | | | | | |
| 始兴县 | 0.11 | | 0.11 | | | | |
| 仁化县 | | | | | | | |

## 5-13　续表 1

(2023年)　　单位：千公顷

| 市　别 | 合计 | 梯田 | 水土保持林 | 经济林 | 种草 | 封禁治理 | 其他 |
|---|---|---|---|---|---|---|---|
| 翁源县 | | | | | | | |
| 乳源瑶族自治县 | 0.12 | | 0.12 | | | | |
| 新丰县 | | | | | | | |
| 乐昌市 | 5.10 | | | | | 5.10 | |
| 南雄市 | | | | | | | |
| **河源市** | **11.74** | | **6.74** | | | **5.00** | |
| 源城区 | 0.09 | | 0.09 | | | | |
| 紫金县 | 2.21 | | 2.21 | | | | |
| 龙川县 | 1.56 | | 1.56 | | | | |
| 连平县 | 0.58 | | 0.58 | | | | |
| 和平县 | 1.20 | | 1.20 | | | | |
| 东源县 | 6.10 | | 1.10 | | | 5.00 | |
| **梅州市** | **11.17** | | **3.57** | **0.01** | **0.30** | **7.29** | **0.00** |
| 梅江区 | 0.16 | | 0.16 | | | | |
| 梅县区 | 1.67 | | 0.16 | 0.01 | | 1.49 | |
| 大埔县 | 1.66 | | 0.63 | | | 1.03 | |
| 丰顺县 | 1.65 | | 1.19 | | | 0.47 | |
| 五华县 | 3.16 | | 0.39 | | 0.05 | 2.72 | |
| 平远县 | 1.44 | | 0.33 | | | 1.12 | |
| 蕉岭县 | 0.63 | | 0.17 | | | 0.47 | |
| 兴宁市 | 0.80 | | 0.55 | | 0.25 | | 0.00 |
| **惠州市** | **5.99** | | **5.72** | | **0.00** | **0.27** | |
| 惠城区 | 0.44 | | 0.39 | | 0.00 | 0.04 | |
| 惠阳区 | 0.41 | | 0.24 | | | 0.17 | |
| 博罗县 | 1.32 | | 1.32 | | | | |
| 惠东县 | 2.88 | | 2.83 | | | 0.05 | |
| 龙门县 | 0.94 | | 0.94 | | | | |
| **汕尾市** | **2.83** | | **1.69** | | | **1.14** | |
| 城区 | 0.74 | | 0.56 | | | 0.18 | |
| 海丰县 | 0.88 | | 0.48 | | | 0.40 | |
| 陆河县 | 0.20 | | 0.20 | | | | |
| 陆丰市 | 1.01 | | 0.45 | | | 0.56 | |
| **东莞市** | **0.80** | | **0.27** | **0.01** | **0.01** | **0.35** | **0.16** |
| **中山市** | **0.87** | | **0.08** | | | **0.78** | |
| **江门市** | **5.38** | | **1.31** | | | **4.01** | **0.06** |
| 蓬江区 | 0.05 | | 0.05 | | | | |
| 江海区 | 0.04 | | | | | | 0.04 |
| 新会区 | 0.76 | | 0.33 | | | 0.43 | |
| 台山市 | 2.17 | | 0.29 | | | 1.89 | |
| 开平市 | 0.79 | | 0.25 | | | 0.54 | |
| 鹤山市 | 0.87 | | 0.31 | | | 0.55 | 0.01 |
| 恩平市 | 0.70 | | 0.09 | | | 0.61 | |
| **阳江市** | **2.21** | | **1.21** | **0.31** | | **0.68** | |
| 江城区 | 0.04 | | 0.00 | 0.03 | | | |
| 阳西县 | 0.84 | | 0.50 | 0.07 | | 0.27 | |
| 阳东区 | 0.77 | | 0.35 | 0.07 | | 0.35 | |
| 阳春市 | 0.56 | | 0.35 | 0.14 | | 0.07 | |

# 5-13 续表 2

(2023年) 单位：千公顷

| 市 别 | 合计 | 梯田 | 水土保持林 | 经济林 | 种草 | 封禁治理 | 其他 |
|---|---|---|---|---|---|---|---|
| **湛江市** | **1.01** | | **0.57** | | **0.03** | | **0.41** |
| 赤坎区 | 0.01 | | | | 0.01 | | |
| 霞山区 | 0.03 | | 0.03 | | | | |
| 坡头区 | 0.04 | | 0.04 | | | | |
| 麻章区 | 0.06 | | 0.06 | | | | |
| 遂溪县 | 0.14 | | 0.04 | | | | 0.10 |
| 徐闻县 | 0.03 | | 0.01 | | 0.02 | | |
| 廉江市 | 0.44 | | 0.27 | | | | 0.17 |
| 雷州市 | 0.17 | | 0.07 | | | | 0.10 |
| 吴川市 | 0.09 | | 0.04 | | | | 0.04 |
| **茂名市** | **2.95** | | **2.25** | **0.31** | | **0.40** | |
| 茂南区 | | | | | | | |
| 电白区 | 0.76 | | 0.36 | 0.09 | | 0.31 | |
| 高州市 | 0.62 | | 0.40 | 0.22 | | | |
| 化州市 | 0.31 | | 0.31 | | | | |
| 信宜市 | 1.27 | | 1.17 | | | 0.10 | |
| **肇庆市** | **8.87** | | **0.87** | **0.42** | | **7.55** | **0.03** |
| 端州区 | 0.06 | | 0.06 | | | | |
| 鼎湖区 | 0.16 | | | 0.13 | | | 0.03 |
| 广宁县 | 0.59 | | | | | 0.59 | |
| 怀集县 | 3.00 | | | | | 3.00 | |
| 封开县 | 1.30 | | 0.71 | | | 0.60 | |
| 德庆县 | 2.08 | | 0.04 | | | 2.05 | |
| 高要区 | 1.36 | | 0.05 | 0.09 | | 1.22 | |
| 四会市 | 0.30 | | 0.01 | 0.20 | | 0.09 | |
| **清远市** | **7.23** | | **2.98** | **0.63** | | **3.62** | |
| 清城区 | 0.21 | | 0.21 | | | | |
| 佛冈县 | 0.33 | | 0.15 | | | 0.18 | |
| 阳山县 | 0.81 | | 0.19 | 0.25 | | 0.37 | |
| 连山壮族瑶族自治县 | 0.70 | | 0.59 | 0.12 | | | |
| 连南瑶族自治县 | 0.45 | | 0.12 | 0.26 | | 0.07 | |
| 清新区 | 0.76 | | 0.76 | | | | |
| 英德市 | 0.39 | | 0.39 | | | | |
| 连州市 | 3.58 | | 0.58 | | | 3.00 | |
| **潮州市** | **1.19** | | **1.19** | | | | |
| 湘桥区 | 0.13 | | 0.13 | | | | |
| 潮安区 | 0.34 | | 0.34 | | | | |
| 饶平县 | 0.71 | | 0.71 | | | | |
| **揭阳市** | **1.23** | | **1.23** | | | | |
| 榕城区 | 0.02 | | 0.02 | | | | |
| 揭东区 | 0.13 | | 0.13 | | | | |
| 揭西县 | 0.20 | | 0.20 | | | | |
| 普宁市 | 0.51 | | 0.51 | | | | |
| 惠来县 | 0.37 | | 0.37 | | | | |
| 空港经济区 | | | | | | | |
| **云浮市** | **7.15** | | **1.76** | **0.59** | | **4.80** | |
| 云城区 | 0.29 | | 0.29 | | | | |
| 新兴县 | 0.80 | | 0.63 | 0.14 | | 0.03 | |
| 郁南县 | 5.02 | | 0.25 | | | 4.77 | |
| 云安区 | 0.39 | | 0.25 | 0.14 | | | |
| 罗定市 | 0.65 | | 0.34 | 0.31 | | | |

# 5-14 各县(市、区)已建水库、水电站数量

(2023年)

| 市别 | 水库数量(座) | | | | | | 水库总库容(万立方米) | | |
|---|---|---|---|---|---|---|---|---|---|
| | 合计 | 大(1)型 | 大(2)型 | 中型 | 小(1)型 | 小(2)型 | 合计 | 大(1)型 | 大(2)型 |
| **全省** | **7293** | **7** | **34** | **338** | **1543** | **5371** | **4525642.36** | **2259200.03** | **707262.00** |
| **广州市** | **294** | | **1** | **16** | **69** | **208** | **101965** | | **37820** |
| 荔湾区 | | | | | | | | | |
| 越秀区 | | | | | | | | | |
| 海珠区 | | | | | | | | | |
| 天河区 | 5 | | | | 1 | 4 | 341 | | |
| 白云区 | 33 | | | 1 | 9 | 23 | 4557 | | |
| 黄埔区 | 20 | | | 2 | 7 | 11 | 5437 | | |
| 番禺区 | 5 | | | | 1 | 4 | 322 | | |
| 花都区 | 49 | | | 4 | 13 | 32 | 15121 | | |
| 南沙区 | 3 | | | | | 3 | 131 | | |
| 增城区 | 96 | | | 4 | 17 | 75 | 14567 | | |
| 从化区 | 83 | | 1 | 5 | 21 | 56 | 61489 | | 37820 |
| **深圳市** | **170** | | **2** | **14** | **63** | **91** | **97702** | | **32127** |
| 罗湖区 | 7 | | | 1 | | 6 | 4708 | | |
| 福田区 | 4 | | | 1 | 1 | 2 | 1601 | | |
| 南山区 | 2 | | | 2 | | | 5270 | | |
| 宝安区 | 12 | | | 3 | 6 | 3 | 18944 | | |
| 龙岗区 | 42 | | 1 | 1 | 13 | 27 | 25772 | | 18600 |
| 盐田区 | 10 | | | | 3 | 7 | 1709 | | |
| 光明区 | 15 | | 1 | 1 | 7 | 6 | 16667 | | 13527 |
| 坪山区 | 18 | | | 2 | 7 | 9 | 8831 | | |
| 龙华区 | 16 | | | 1 | 10 | 5 | 4668 | | |
| 大鹏新区 | 25 | | | 2 | 10 | 13 | 7066 | | |
| 深汕特别合作区 | 19 | | | | 6 | 13 | 2467 | | |
| **珠海市** | **62** | | | **4** | **22** | **36** | **15301** | | |
| 香洲区 | 20 | | | 2 | 9 | 9 | 4977 | | |
| 斗门区 | 26 | | | 2 | 7 | 17 | 8389 | | |
| 金湾区 | 16 | | | | 6 | 10 | 1935 | | |
| **汕头市** | **204** | | | **8** | **33** | **163** | **30918** | | |
| 龙湖区 | | | | | | | | | |
| 金平区 | 3 | | | | | 3 | 199 | | |
| 濠江区 | 25 | | | | 5 | 20 | 1334 | | |
| 潮阳区 | 88 | | | 1 | 15 | 72 | 7582 | | |
| 潮南区 | 71 | | | 7 | 9 | 55 | 20772 | | |
| 澄海区 | 7 | | | | | 7 | 157 | | |
| 南澳县 | 10 | | | | 4 | 6 | 874 | | |
| **佛山市** | **114** | | | **3** | **21** | **90** | **10982** | | |
| 禅城区 | | | | | | | | | |
| 南海区 | 29 | | | 1 | 8 | 20 | 3084 | | |
| 顺德区 | | | | | | | | | |
| 三水区 | 20 | | | | 6 | 14 | 2003 | | |
| 高明区 | 65 | | | 2 | 7 | 56 | 5896 | | |
| **韶关市** | **595** | **1** | **5** | **33** | **96** | **460** | **371977** | **128050** | **103116** |
| 武江区 | 23 | | 1 | 1 | 2 | 19 | 22913 | | 20400 |
| 浈江区 | 60 | | | 3 | 2 | 55 | 20083 | | |
| 曲江区 | 34 | | 2 | 2 | 3 | 27 | 44299 | | 29416 |
| 始兴县 | 43 | | | 3 | 11 | 29 | 11686 | | |
| 仁化县 | 54 | | 1 | 4 | 6 | 43 | 33215 | | 18900 |
| 翁源县 | 98 | | | 5 | 15 | 78 | 13462 | | |

## 5-14 续表 1

(2023年)

| 市　别 | 水库数量(座) | | | | | | 水库总库容(万立方米) | | |
|---|---|---|---|---|---|---|---|---|---|
| | 合计 | 大(1)型 | 大(2)型 | 中型 | 小(1)型 | 小(2)型 | 合计 | 大(1)型 | 大(2)型 |
| 乳源瑶族自治县 | 60 | 1 | | 4 | 15 | 40 | 148725 | 128050 | |
| 新丰县 | 35 | | | 1 | 14 | 20 | 6802 | | |
| 乐昌市 | 70 | | 1 | 4 | 15 | 50 | 47844 | | 34400 |
| 南雄市 | 118 | | | 6 | 13 | 99 | 22949 | | |
| **河源市** | **593** | **2** | | **15** | **89** | **487** | **1641564** | **1582800** | |
| 源城区 | 20 | 1 | | 1 | 5 | 13 | 1393004 | 1389600 | |
| 紫金县 | 45 | | | 2 | 9 | 34 | 6615 | | |
| 龙川县 | 151 | 1 | | 5 | 12 | 133 | 205090 | 193200 | |
| 连平县 | 81 | | | 1 | 17 | 63 | 10993 | | |
| 和平县 | 119 | | | 2 | 8 | 109 | 8349 | | |
| 东源县 | 141 | | | 3 | 36 | 102 | 14808 | | |
| 江东新区 | 36 | | | 1 | 2 | 33 | 2705 | | |
| **梅州市** | **698** | | **5** | **20** | **139** | **534** | **194383** | | **79576** |
| 梅江区 | 33 | | | 2 | 6 | 25 | 7890 | | |
| 梅县区 | 125 | | | 1 | 27 | 97 | 14776 | | |
| 大埔县 | 46 | | 2 | 3 | 9 | 32 | 72443 | | 49760 |
| 丰顺县 | 69 | | | 2 | 11 | 56 | 9331 | | |
| 五华县 | 189 | | 1 | 5 | 29 | 154 | 41606 | | 16500 |
| 平远县 | 52 | | | 2 | 11 | 39 | 12705 | | |
| 蕉岭县 | 48 | | 1 | 2 | 7 | 38 | 7553 | | 1716 |
| 兴宁市 | 136 | | 1 | 3 | 39 | 93 | 28079 | | 11600 |
| **惠州市** | **441** | **1** | **3** | **24** | **118** | **295** | **287417** | **115600** | **50005** |
| 惠城区 | 66 | | | 7 | 19 | 40 | 26669 | | |
| 惠阳区 | 60 | | | 4 | 18 | 38 | 14958 | | |
| 博罗县 | 149 | | 2 | 8 | 29 | 110 | 70713 | | 25705 |
| 惠东县 | 101 | 1 | | 2 | 30 | 68 | 129577 | 115600 | |
| 龙门县 | 65 | | 1 | 3 | 22 | 39 | 45499 | | 24300 |
| **汕尾市** | **284** | | **2** | **18** | **56** | **208** | **122598** | | **45469** |
| 城区 | 37 | | | 1 | 13 | 23 | 5887 | | |
| 海丰县 | 52 | | 1 | 10 | 7 | 34 | 68285 | | 34880 |
| 陆河县 | 45 | | | 2 | 7 | 36 | 12878 | | |
| 陆丰市 | 138 | | 1 | 5 | 25 | 107 | 34746 | | 10589 |
| **东莞市** | **118** | | | **8** | **45** | **65** | **39193** | | |
| **中山市** | **31** | | | **1** | **16** | **14** | **8781** | | |
| **江门市** | **543** | | **4** | **30** | **160** | **349** | **249507** | | **107713** |
| 蓬江区 | 16 | | | 1 | 5 | 10 | 3817 | | |
| 江海区 | | | | | | | | | |
| 新会区 | 78 | | | 7 | 24 | 47 | 19104 | | |
| 台山市 | 178 | | 1 | 11 | 59 | 107 | 88477 | | 29143 |
| 开平市 | 114 | | 2 | 3 | 35 | 74 | 53830 | | 36770 |
| 鹤山市 | 74 | | | 2 | 18 | 54 | 11760 | | |
| 恩平市 | 83 | | 1 | 6 | 19 | 57 | 72520 | | 41800 |
| **阳江市** | **234** | | **2** | **21** | **75** | **136** | **128947** | | **45920** |
| 江城区 | 21 | | | 2 | 6 | 13 | 6782 | | |
| 阳西县 | 45 | | | 4 | 17 | 24 | 17478 | | |
| 阳东区 | 50 | | 1 | 7 | 15 | 27 | 38699 | | 12700 |
| 阳春市 | 118 | | 1 | 8 | 37 | 72 | 65987 | | 33220 |
| 阳江市属 | | | | | | | | | |
| **湛江市** | **650** | **1** | **2** | **23** | **112** | **512** | **256426** | **114400** | **25151** |
| 赤坎区 | 1 | | | | 1 | | 579 | | |

## 5-14 续表 2

(2023年)

| 市别 | 水库数量(座) 合计 | 大(1)型 | 大(2)型 | 中型 | 小(1)型 | 小(2)型 | 水库总库容(万立方米) 合计 | 大(1)型 | 大(2)型 |
|---|---|---|---|---|---|---|---|---|---|
| 霞山区 | 1 | | | | 1 | | 307 | | |
| 坡头区 | 19 | | | | 1 | 18 | 1030 | | |
| 麻章区 | 62 | | | 1 | 9 | 52 | 6261 | | |
| 遂溪县 | 66 | | | 1 | 21 | 44 | 10427 | | |
| 徐闻县 | 119 | | 1 | 5 | 32 | 81 | 37072 | | 12701 |
| 廉江市 | 232 | 1 | 1 | 3 | 10 | 217 | 147859 | 114400 | 12450 |
| 雷州市 | 113 | | | 13 | 33 | 67 | 51003 | | |
| 吴川市 | 37 | | | | 4 | 33 | 1887 | | |
| **茂名市** | **470** | **1** | **1** | **12** | **71** | **385** | **200696** | **127950** | **11473** |
| 茂南区 | 34 | | | 1 | 8 | 25 | 3254 | | |
| 电白区 | 77 | | 1 | 4 | 12 | 60 | 29785 | | 11473 |
| 高州市 | 234 | 1 | | 2 | 27 | 204 | 144390 | 127950 | |
| 化州市 | 75 | | | 2 | 19 | 54 | 13390 | | |
| 信宜市 | 50 | | | 3 | 5 | 42 | 9878 | | |
| 高州水库 | | | | | | | | | |
| **肇庆市** | **414** | | | **26** | **77** | **311** | **119019** | | |
| 端州区 | 1 | | | | 1 | | 175 | | |
| 鼎湖区 | 7 | | | 1 | 1 | 5 | 4279 | | |
| 广宁县 | 23 | | | 1 | 4 | 18 | 7863 | | |
| 怀集县 | 98 | | | 6 | 15 | 77 | 35929 | | |
| 封开县 | 79 | | | 7 | 17 | 55 | 30726 | | |
| 德庆县 | 40 | | | 5 | 10 | 25 | 14037 | | |
| 高要区 | 120 | | | 3 | 19 | 98 | 13246 | | |
| 四会市 | 46 | | | 3 | 10 | 33 | 12764 | | |
| **清远市** | **505** | **1** | **4** | **24** | **105** | **371** | **403282** | **190400** | **104450** |
| 清城区 | 52 | 1 | | 3 | 17 | 31 | 207125 | 190400 | |
| 佛冈县 | 32 | | | 1 | 9 | 22 | 5487 | | |
| 阳山县 | 61 | | | 3 | 12 | 46 | 10795 | | |
| 连山壮族瑶族自治县 | 23 | | | 2 | 4 | 17 | 7174 | | |
| 连南瑶族自治县 | 15 | | | 1 | 8 | 6 | 6011 | | |
| 清新区 | 48 | | | 4 | 6 | 38 | 15186 | | |
| 英德市 | 212 | | 3 | 9 | 36 | 164 | 125424 | | 86800 |
| 连州市 | 62 | | 1 | 1 | 13 | 47 | 26080 | | 17650 |
| **潮州市** | **198** | | **1** | **7** | **30** | **160** | **71618** | | **38100** |
| 湘桥区 | 18 | | | 1 | 2 | 15 | 5426 | | |
| 潮安区 | 22 | | | 2 | 9 | 11 | 12632 | | |
| 饶平县 | 158 | | 1 | 4 | 19 | 134 | 53560 | | 38100 |
| **揭阳市** | **453** | | **2** | **19** | **97** | **335** | **111917** | | **26342** |
| 榕城区 | 15 | | | | | 15 | 467 | | |
| 揭东区 | 61 | | | 3 | 9 | 49 | 13346 | | |
| 揭西县 | 92 | | 1 | 4 | 16 | 71 | 38644 | | 15400 |
| 普宁市 | 148 | | | 5 | 37 | 106 | 20767 | | |
| 惠来县 | 137 | | 1 | 7 | 35 | 94 | 38693 | | 10942 |
| 空港经济区 | | | | | | | | | |
| **云浮市** | **222** | | | **12** | **49** | **161** | **61448** | | |
| 云城区 | 21 | | | 1 | 6 | 14 | 3931 | | |
| 新兴县 | 40 | | | 3 | 12 | 25 | 19919 | | |
| 郁南县 | 35 | | | 3 | 5 | 27 | 15176 | | |
| 云安区 | 23 | | | 1 | 4 | 18 | 3370 | | |
| 罗定市 | 103 | | | 4 | 22 | 77 | 19053 | | |

## 5-14 续表 3

(2023年)

| 市　　别 | 水库总库容(万立方米) | | | 小水电站数量(座) | | | |
|---|---|---|---|---|---|---|---|
| | 中型 | 小(1)型 | 小(2)型 | 合计 | 1(含)~5万千瓦(含) | 0.1(含)~1万千瓦 | 0.1万千瓦以下 |
| **全　省** | **940292.60** | **448682.35** | **165105.38** | **9347** | **93** | **1374** | **7880** |
| **广州市** | **37834** | **20073** | **6238** | **138** | **1** | **30** | **107** |
| 荔湾区 | | | | | | | |
| 越秀区 | | | | | | | |
| 海珠区 | | | | | | | |
| 天河区 | | 237 | 104 | | | | |
| 白云区 | 1753 | 2189 | 615 | 2 | | | 2 |
| 黄埔区 | 2965 | 2167 | 305 | | | | |
| 番禺区 | | 124 | 198 | | | | |
| 花都区 | 9625 | 4456 | 1040 | | | | |
| 南沙区 | | | 131 | | | | |
| 增城区 | 6655 | 5866 | 2046 | 10 | | 6 | 4 |
| 从化区 | 16836 | 5035 | 1798 | 125 | 1 | 23 | 101 |
| **深圳市** | **41213** | **20748** | **3614** | **10** | | **5** | **5** |
| 罗湖区 | 4496 | | 212 | 1 | | 1 | |
| 福田区 | 1369 | 190 | 42 | | | | |
| 南山区 | 5270 | | | | | | |
| 宝安区 | 15767 | 2938 | 239 | | | | |
| 龙岗区 | 2258 | 3851 | 1063 | | | | |
| 盐田区 | | 1328 | 381 | | | | |
| 光明区 | 1467 | 1367 | 305 | | | | |
| 坪山区 | 5923 | 2654 | 254 | | | | |
| 龙华区 | 1957 | 2471 | 240 | | | | |
| 大鹏新区 | 2706 | 3945 | 414 | | | | |
| 深汕特别合作区 | | 2003 | 463 | 9 | | 4 | 5 |
| **珠海市** | **8210** | **5977** | **1114** | | | | |
| 香洲区 | 2799 | 1907 | 270 | | | | |
| 斗门区 | 5411 | 2425 | 554 | | | | |
| 金湾区 | | 1646 | 290 | | | | |
| **汕头市** | **19016** | **7242** | **4660** | **14** | | **7** | **7** |
| 龙湖区 | | | | | | | |
| 金平区 | | | 199 | | | | |
| 濠江区 | | 856 | 479 | | | | |
| 潮阳区 | 1793 | 3669 | 2121 | 1 | | | 1 |
| 潮南区 | 17223 | 2165 | 1383 | 7 | | 5 | 2 |
| 澄海区 | | | 157 | 3 | | 2 | 1 |
| 南澳县 | | 552 | 322 | 3 | | | 3 |
| **佛山市** | **3603** | **4236** | **3143** | | | | |
| 禅城区 | | | | | | | |
| 南海区 | 1024 | 1291 | 769 | | | | |
| 顺德区 | | | | | | | |
| 三水区 | | 1538 | 465 | | | | |
| 高明区 | 2579 | 1407 | 1910 | | | | |
| **韶关市** | **101249** | **25760** | **13801** | **2080** | **20** | **319** | **1741** |
| 武江区 | 1100 | 327 | 1086 | 90 | 1 | 14 | 75 |
| 浈江区 | 18067 | 570 | 1446 | 15 | 2 | 1 | 12 |
| 曲江区 | 13203 | 825 | 855 | 150 | 1 | 32 | 117 |
| 始兴县 | 7247 | 3529 | 910 | 222 | 1 | 27 | 194 |
| 仁化县 | 11416 | 1765 | 1134 | 256 | 3 | 26 | 227 |
| 翁源县 | 8150 | 2941 | 2371 | 196 | | 30 | 166 |

注：2023年起，水电站仅统计农村小水电，规模划分变更为“1(含)~5万千瓦(含)”、“0.1(含)~1万千瓦”、“0.1万千瓦以下”。

# 5-14 续表 4

(2023年)

| 市别 | 水库总库容(万立方米) | | | 小水电站数量(座) | | | |
|---|---|---|---|---|---|---|---|
| | 中型 | 小(1)型 | 小(2)型 | 合计 | 1(含)~5万千瓦(含) | 0.1(含)~1万千瓦 | 0.1万千瓦以下 |
| 乳源瑶族自治县 | 16735 | 2814 | 1126 | 408 | 8 | 98 | 302 |
| 新丰县 | 1250 | 4849 | 702 | 294 | | 22 | 272 |
| 乐昌市 | 7132 | 4644 | 1668 | 264 | 4 | 57 | 203 |
| 南雄市 | 16949 | 3496 | 2503 | 185 | | 12 | 173 |
| **河源市** | **23516** | **23303** | **11946** | **780** | **9** | **94** | **677** |
| 源城区 | 1798 | 1206 | 400 | 9 | 1 | 2 | 6 |
| 紫金县 | 3501 | 2512 | 602 | 144 | | 16 | 128 |
| 龙川县 | 5739 | 3570 | 2580 | 184 | 3 | 11 | 170 |
| 连平县 | 3200 | 5646 | 2148 | 234 | | 27 | 207 |
| 和平县 | 3906 | 2796 | 1647 | 63 | 1 | 15 | 47 |
| 东源县 | 4018 | 7097 | 3694 | 142 | 4 | 22 | 116 |
| 江东新区 | 1354 | 476 | 876 | 4 | | 1 | 3 |
| **梅州市** | **60936** | **31951** | **16820** | **1541** | **14** | **99** | **1428** |
| 梅江区 | 5964 | 1249 | 677 | 28 | 1 | 2 | 25 |
| 梅县区 | | 6578 | 3097 | 185 | 5 | 11 | 169 |
| 大埔县 | 20199 | 1525 | 959 | 260 | 5 | 12 | 243 |
| 丰顺县 | 5287 | 2449 | 1595 | 282 | 3 | 33 | 246 |
| 五华县 | 13586 | 6385 | 5135 | 338 | | 11 | 327 |
| 平远县 | 8008 | 3126 | 1571 | 150 | | 9 | 141 |
| 蕉岭县 | 3371 | 1602 | 864 | 183 | | 15 | 168 |
| 兴宁市 | 4521 | 9036 | 2922 | 115 | | 6 | 109 |
| **惠州市** | **74153** | **36841** | **10818** | **296** | **3** | **45** | **248** |
| 惠城区 | 17943 | 7168 | 1559 | 5 | | 1 | 4 |
| 惠阳区 | 7312 | 6307 | 1339 | | | | |
| 博罗县 | 30590 | 10395 | 4024 | 50 | 1 | 7 | 42 |
| 惠东县 | 4977 | 6585 | 2415 | 143 | 1 | 16 | 126 |
| 龙门县 | 13331 | 6386 | 1482 | 98 | 1 | 21 | 76 |
| **汕尾市** | **54190** | **16458** | **6481** | **142** | **1** | **38** | **103** |
| 城区 | 1075 | 3739 | 1073 | | | | |
| 海丰县 | 28915 | 3215 | 1276 | 27 | | 8 | 19 |
| 陆河县 | 9634 | 2158 | 1086 | 95 | 1 | 24 | 70 |
| 陆丰市 | 14566 | 6707 | 2884 | 20 | | 6 | 14 |
| **东莞市** | **20448** | **15386** | **3359** | | | | |
| **中山市** | **5151** | **3126** | **504** | | | | |
| **江门市** | **77494** | **51071** | **13229** | **210** | **1** | **34** | **175** |
| 蓬江区 | 1464 | 1860 | 493 | | | | |
| 江海区 | | | | | | | |
| 新会区 | 11510 | 5777 | 1818 | 25 | | 5 | 20 |
| 台山市 | 32563 | 21849 | 4923 | 45 | | 10 | 35 |
| 开平市 | 7229 | 7352 | 2479 | 37 | | 3 | 34 |
| 鹤山市 | 4474 | 5854 | 1432 | 3 | | | 3 |
| 恩平市 | 20254 | 8380 | 2086 | 100 | 1 | 16 | 83 |
| **阳江市** | **55284** | **23184** | **4560** | **477** | **2** | **49** | **426** |
| 江城区 | 4616 | 1818 | 348 | 1 | | 1 | |
| 阳西县 | 12123 | 4517 | 838 | 49 | | 9 | 40 |
| 阳东区 | 19138 | 5863 | 998 | 56 | | 3 | 53 |
| 阳春市 | 19407 | 10984 | 2376 | 364 | 1 | 31 | 332 |
| 阳江市属 | | | | 7 | 1 | 5 | 1 |
| **湛江市** | **65100** | **38278** | **13496** | **52** | | **4** | **48** |
| 赤坎区 | | 579 | | | | | |

注：2023年起，水电站仅统计农村小水电，规模划分变更为“1(含)~5万千瓦(含)”、“0.1(含)~1万千瓦”、“0.1万千瓦以下”。

# 5-14 续表 5

(2023年)

| 市别 | 水库总库容(万立方米) | | | 小水电站数量(座) | | | |
|---|---|---|---|---|---|---|---|
| | 中型 | 小(1)型 | 小(2)型 | 合计 | 1(含)~5万千瓦(含) | 0.1(含)~1万千瓦 | 0.1万千瓦以下 |
| 霞山区 | | 307 | | | | | |
| 坡头区 | | 675 | 355 | | | | |
| 麻章区 | 1559 | 2646 | 2056 | | | | |
| 遂溪县 | 1626 | 7646 | 1155 | 3 | | | 3 |
| 徐闻县 | 11673 | 10459 | 2238 | 10 | | | 10 |
| 廉江市 | 13472 | 2289 | 5248 | 21 | | 2 | 19 |
| 雷州市 | 36770 | 12575 | 1658 | 15 | | 2 | 13 |
| 吴川市 | | 1102 | 785 | 3 | | | 3 |
| **茂名市** | **29757** | **20686** | **10830** | **554** | **2** | **96** | **456** |
| 茂南区 | 1105 | 1441 | 707 | 1 | | | 1 |
| 电白区 | 14242 | 2224 | 1846 | 38 | | 11 | 27 |
| 高州市 | 2364 | 8852 | 5224 | 214 | | 30 | 184 |
| 化州市 | 4620 | 7076 | 1694 | 20 | | 4 | 16 |
| 信宜市 | 7426 | 1093 | 1359 | 279 | 1 | 50 | 228 |
| 高州水库 | | | | 2 | 1 | 1 | |
| **肇庆市** | **90624** | **19728** | **8668** | **682** | **16** | **109** | **557** |
| 端州区 | | 175 | | 3 | | | 3 |
| 鼎湖区 | 3964 | 130 | 185 | 5 | | 2 | 3 |
| 广宁县 | 6300 | 1192 | 371 | 169 | 4 | 27 | 138 |
| 怀集县 | 29320 | 4285 | 2324 | 268 | 6 | 59 | 203 |
| 封开县 | 25255 | 3975 | 1496 | 114 | 3 | 8 | 103 |
| 德庆县 | 10786 | 2528 | 723 | 78 | | 8 | 70 |
| 高要区 | 5031 | 5661 | 2554 | 26 | | 2 | 24 |
| 四会市 | 9968 | 1781 | 1015 | 19 | 3 | 3 | 13 |
| **清远市** | **60608** | **34889** | **12936** | **1468** | **15** | **329** | **1124** |
| 清城区 | 11638 | 3495 | 1591 | 15 | | 3 | 12 |
| 佛冈县 | 1652 | 3002 | 833 | 64 | | 4 | 60 |
| 阳山县 | 5427 | 4046 | 1322 | 244 | 5 | 92 | 147 |
| 连山壮族瑶族自治县 | 4062 | 2381 | 731 | 242 | | 33 | 209 |
| 连南瑶族自治县 | 3640 | 2052 | 319 | 240 | | 55 | 185 |
| 清新区 | 12372 | 1698 | 1117 | 144 | 2 | 14 | 128 |
| 英德市 | 19966 | 12933 | 5725 | 321 | 6 | 77 | 238 |
| 连州市 | 1851 | 5281 | 1298 | 198 | 2 | 51 | 145 |
| **潮州市** | **19878** | **9413** | **4227** | **191** | **2** | **30** | **159** |
| 湘桥区 | 4613 | 410 | 403 | 9 | | 1 | 8 |
| 潮安区 | 9290 | 2851 | 491 | 63 | 2 | 19 | 42 |
| 饶平县 | 5975 | 6152 | 3333 | 119 | | 10 | 109 |
| **揭阳市** | **49482** | **27246** | **8846** | **314** | **5** | **55** | **254** |
| 榕城区 | | | 467 | | | | |
| 揭东区 | 8319 | 3593 | 1434 | 25 | | 8 | 17 |
| 揭西县 | 16620 | 5176 | 1448 | 135 | 5 | 35 | 95 |
| 普宁市 | 9768 | 7810 | 3189 | 130 | | 8 | 122 |
| 惠来县 | 14775 | 10668 | 2308 | 24 | | 4 | 20 |
| 空港经济区 | | | | | | | |
| **云浮市** | **42548** | **13087** | **5813** | **397** | **1** | **31** | **365** |
| 云城区 | 2300 | 1182 | 449 | 37 | | 1 | 36 |
| 新兴县 | 15785 | 3179 | 955 | 98 | | 8 | 90 |
| 郁南县 | 13184 | 821 | 1171 | 78 | 1 | 7 | 70 |
| 云安区 | 1401 | 1458 | 511 | 68 | | 3 | 65 |
| 罗定市 | 9878 | 6447 | 2727 | 116 | | 12 | 104 |

注：2023年起，水电站仅统计农村小水电，规模划分变更为“1(含)~5万千瓦(含)”、“0.1(含)~1万千瓦”、“0.1万千瓦以下”。

# 5-15 各县(市、区)已建泵站、水闸数量

(2023年)

| 市别 | 泵站数量(处) | | | | | | 水闸数量(座) | | | | | |
|---|---|---|---|---|---|---|---|---|---|---|---|---|
| | 合计 | 大(1)型 | 大(2)型 | 中型 | 小(1)型 | 小(2)型 | 合计 | 大(1)型 | 大(2)型 | 中型 | 小(1)型 | 小(2)型 |
| **全　省** | **15206** | **4** | **42** | **585** | **2344** | **12231** | **14526** | **8** | **100** | **627** | **2764** | **11027** |
| **广州市** | **1110** | **1** | **4** | **54** | **359** | **692** | **1162** | | **11** | **71** | **411** | **669** |
| 荔湾区 | 45 | | | 3 | 37 | 5 | 62 | | | 3 | 16 | 43 |
| 越秀区 | 3 | 1 | | | 2 | | 13 | | | 1 | 2 | 10 |
| 海珠区 | 18 | | | 1 | 14 | 3 | 60 | | | 5 | 24 | 31 |
| 天河区 | 8 | | | 3 | 2 | 3 | 8 | | | 3 | 3 | 2 |
| 白云区 | 347 | | 2 | 9 | 65 | 271 | 159 | | 1 | 4 | 38 | 116 |
| 黄埔区 | 11 | | | | 7 | 4 | 37 | | | 6 | 20 | 11 |
| 番禺区 | 119 | | | 8 | 57 | 54 | 190 | | 1 | 14 | 83 | 92 |
| 花都区 | 57 | | | 4 | 17 | 36 | 167 | | 1 | 7 | 14 | 145 |
| 南沙区 | 376 | | 2 | 12 | 81 | 281 | 253 | | 1 | 18 | 141 | 93 |
| 增城区 | 109 | | | 14 | 68 | 27 | 180 | | 2 | 9 | 66 | 103 |
| 从化区 | 17 | | | | 9 | 8 | 33 | | 5 | 1 | 4 | 23 |
| **深圳市** | **196** | | **3** | **49** | **98** | **46** | **224** | | **2** | **28** | **72** | **122** |
| 罗湖区 | 20 | | | 7 | 9 | 4 | 6 | | | 4 | 1 | 1 |
| 福田区 | 6 | | | | 5 | 1 | 4 | | | 3 | 1 | |
| 南山区 | 6 | | | 4 | 2 | | 8 | | | 1 | 2 | 5 |
| 宝安区 | 137 | | 2 | 28 | 70 | 37 | 148 | | 1 | 16 | 45 | 86 |
| 龙岗区 | 8 | | | 3 | 4 | 1 | 3 | | | 1 | 1 | 1 |
| 盐田区 | 2 | | | | | 2 | | | | | | |
| 光明区 | 7 | | | 3 | 3 | 1 | 12 | | | | 5 | 7 |
| 坪山区 | 2 | | | 1 | 1 | | | | | | | |
| 龙华区 | 4 | | | 2 | 2 | | 3 | | 1 | | 1 | 1 |
| 大鹏新区 | 3 | | 1 | 1 | 1 | | 8 | | | 3 | 3 | 2 |
| 深汕特别合作区 | 1 | | | | 1 | | 32 | | | | 13 | 19 |
| **珠海市** | **272** | | **3** | **20** | **69** | **180** | **224** | | **1** | **25** | **180** | **18** |
| 香洲区 | 11 | | | 3 | 3 | 5 | 20 | | | 6 | 10 | 4 |
| 斗门区 | 230 | | 2 | 6 | 53 | 169 | 116 | | 1 | 9 | 96 | 10 |
| 金湾区 | 31 | | 1 | 11 | 13 | 6 | 88 | | | 10 | 74 | 4 |
| **汕头市** | **417** | | **1** | **15** | **119** | **282** | **996** | **1** | **6** | **25** | **185** | **779** |
| 龙湖区 | 3 | | | | 2 | 1 | 24 | | 1 | | 3 | 20 |
| 金平区 | 14 | | | | 9 | 5 | 116 | | 1 | 2 | 13 | 100 |
| 濠江区 | 7 | | | 2 | 3 | 2 | 99 | | | 1 | 7 | 91 |
| 潮阳区 | 177 | | | 6 | 74 | 97 | 215 | | | 14 | 80 | 121 |
| 潮南区 | 119 | | 1 | 6 | 17 | 95 | 204 | | 1 | 7 | 59 | 137 |
| 澄海区 | 97 | | | 1 | 14 | 82 | 324 | 1 | 3 | 1 | 14 | 305 |
| 南澳县 | | | | | | | 14 | | | | 9 | 5 |
| **佛山市** | **1319** | | **8** | **157** | **290** | **864** | **555** | | **4** | **19** | **206** | **326** |
| 禅城区 | 51 | | | 20 | 18 | 13 | 43 | | | 2 | 27 | 14 |
| 南海区 | 613 | | 1 | 49 | 130 | 433 | 188 | | | 6 | 85 | 97 |
| 顺德区 | 164 | | 5 | 60 | 70 | 29 | 202 | | | 9 | 75 | 118 |
| 三水区 | 456 | | 1 | 18 | 54 | 383 | 65 | | 2 | 2 | 15 | 46 |
| 高明区 | 35 | | 1 | 10 | 18 | 6 | 57 | | 2 | | 4 | 51 |
| **韶关市** | **852** | | | | **11** | **841** | **32** | | **3** | | **1** | **28** |
| 武江区 | 24 | | | | | 24 | | | | | | |
| 浈江区 | 54 | | | | 1 | 53 | | | | | | |
| 曲江区 | 12 | | | | 1 | 11 | | | | | | |
| 始兴县 | 92 | | | | 1 | 91 | 2 | | 1 | | | 1 |
| 仁化县 | 81 | | | | 5 | 76 | | | | | | |
| 翁源县 | 36 | | | | | 36 | 1 | | 1 | | | |

# 5-15 续表 1

(2023年)

| 市别 | 泵站数量(处) | | | | | | 水闸数量(座) | | | | | |
|---|---|---|---|---|---|---|---|---|---|---|---|---|
| | 合计 | 大(1)型 | 大(2)型 | 中型 | 小(1)型 | 小(2)型 | 合计 | 大(1)型 | 大(2)型 | 中型 | 小(1)型 | 小(2)型 |
| 乳源瑶族自治县 | 6 | | | | 1 | 5 | 13 | | | | | 13 |
| 新丰县 | 12 | | | | | 12 | 1 | | 1 | | | |
| 乐昌市 | 222 | | | | 2 | 220 | 12 | | | | | 12 |
| 南雄市 | 313 | | | | | 313 | 3 | | | | 1 | 2 |
| **河源市** | **462** | | | | **18** | **444** | **11** | **2** | | **1** | **4** | **4** |
| 源城区 | 17 | | | | 2 | 15 | | | | | | |
| 紫金县 | 157 | | | | | 157 | 1 | | | | 1 | |
| 龙川县 | 121 | | | | | 121 | | | | | | |
| 连平县 | 14 | | | | 2 | 12 | 1 | | | 1 | | |
| 和平县 | 33 | | | | 1 | 32 | 1 | | | | | 1 |
| 东源县 | 120 | | | | 13 | 107 | 8 | 2 | | | 3 | 3 |
| 江东新区 | | | | | | | | | | | | |
| **梅州市** | **437** | | **1** | **20** | **119** | **297** | **1048** | | **2** | **6** | **35** | **1005** |
| 梅江区 | 31 | | 1 | 2 | 13 | 15 | 22 | | | 1 | 4 | 17 |
| 梅县区 | 114 | | | 3 | 17 | 94 | 77 | | | | 3 | 74 |
| 大埔县 | 25 | | | 4 | 6 | 15 | 15 | | | | | 15 |
| 丰顺县 | 23 | | | | 12 | 11 | 111 | | | | 1 | 110 |
| 五华县 | 125 | | | 4 | 47 | 74 | 161 | | | | 13 | 148 |
| 平远县 | 13 | | | | | 13 | 11 | | | 1 | | 10 |
| 蕉岭县 | 38 | | | 1 | 16 | 21 | 130 | | | | 6 | 124 |
| 兴宁市 | 68 | | | 6 | 8 | 54 | 521 | | 2 | 4 | 8 | 507 |
| **惠州市** | **724** | | **6** | **41** | **87** | **590** | **677** | **1** | **3** | **45** | **121** | **507** |
| 惠城区 | 237 | | 5 | 22 | 32 | 178 | 146 | | | 13 | 42 | 91 |
| 惠阳区 | 68 | | 1 | 3 | 9 | 55 | 54 | | | 1 | 10 | 43 |
| 博罗县 | 272 | | | 14 | 36 | 222 | 180 | | 2 | 17 | 35 | 126 |
| 惠东县 | 77 | | | 2 | 5 | 70 | 138 | 1 | 1 | 13 | 24 | 99 |
| 龙门县 | 70 | | | | 5 | 65 | 159 | | | 1 | 10 | 148 |
| **汕尾市** | **401** | | | | **47** | **354** | **1449** | | **5** | **28** | **259** | **1157** |
| 城区 | 13 | | | | 3 | 10 | 286 | | | 9 | 99 | 178 |
| 海丰县 | 166 | | | | 4 | 162 | 556 | | 3 | 10 | 47 | 496 |
| 陆河县 | 30 | | | | 1 | 29 | 210 | | | 2 | 70 | 138 |
| 陆丰市 | 192 | | | | 39 | 153 | 397 | | 2 | 7 | 43 | 345 |
| **东莞市** | **293** | **2** | | **91** | **173** | **27** | **361** | | **5** | **64** | **198** | **94** |
| **中山市** | **463** | **1** | **4** | **25** | **109** | **324** | **391** | | **4** | **23** | **114** | **250** |
| **江门市** | **2005** | | **1** | **23** | **279** | **1702** | **1966** | | **10** | **42** | **278** | **1636** |
| 蓬江区 | 119 | | | 8 | 58 | 53 | 55 | | | 4 | 7 | 44 |
| 江海区 | 33 | | | 6 | 9 | 18 | 30 | | | 1 | 20 | 9 |
| 新会区 | 399 | | | 2 | 71 | 326 | 562 | | 1 | 7 | 100 | 454 |
| 台山市 | 416 | | | 1 | 37 | 378 | 999 | | 1 | 18 | 117 | 863 |
| 开平市 | 733 | | | 2 | 49 | 682 | 259 | | 1 | 3 | 19 | 236 |
| 鹤山市 | 214 | | 1 | 4 | 36 | 173 | 15 | | | 2 | 3 | 10 |
| 恩平市 | 91 | | | | 19 | 72 | 46 | | 7 | 7 | 12 | 20 |
| **阳江市** | **376** | | **1** | **2** | **46** | **327** | **644** | **1** | **1** | **34** | **78** | **530** |
| 江城区 | 121 | | 1 | 1 | 6 | 113 | 156 | 1 | | 16 | 32 | 107 |
| 阳西县 | 10 | | | | 2 | 8 | 171 | | | 6 | 29 | 136 |
| 阳东区 | 22 | | | | 3 | 19 | 173 | | 1 | 11 | 10 | 151 |
| 阳春市 | 223 | | | 1 | 35 | 187 | 144 | | | 1 | 7 | 136 |
| 阳江市属 | | | | | | | | | | | | |

## 5-15 续表 2

(2023年)

| 市别 | 泵站数量(处) |  |  |  |  |  | 水闸数量(座) |  |  |  |  |  |
|---|---|---|---|---|---|---|---|---|---|---|---|---|
|  | 合计 | 大(1)型 | 大(2)型 | 中型 | 小(1)型 | 小(2)型 | 合计 | 大(1)型 | 大(2)型 | 中型 | 小(1)型 | 小(2)型 |
| **湛江市** | **1100** |  |  | **1** | **25** | **1074** | **1498** |  | **11** | **59** | **120** | **1308** |
| 赤坎区 | 1 |  |  |  |  | 1 | 2 |  |  |  |  | 2 |
| 霞山区 | 60 |  |  |  |  | 60 | 15 |  |  | 1 |  | 14 |
| 坡头区 | 88 |  |  |  | 1 | 87 | 188 |  | 1 | 4 | 7 | 176 |
| 麻章区 | 19 |  |  |  | 1 | 18 | 300 |  |  | 4 | 27 | 269 |
| 遂溪县 | 23 |  |  | 1 | 5 | 17 | 98 |  |  | 10 | 24 | 64 |
| 徐闻县 | 15 |  |  |  |  | 15 | 215 |  |  | 2 | 13 | 200 |
| 廉江市 | 449 |  |  |  |  | 449 | 277 |  | 4 | 21 | 13 | 239 |
| 雷州市 | 129 |  |  |  | 14 | 115 | 119 |  | 1 | 13 | 9 | 96 |
| 吴川市 | 316 |  |  |  | 4 | 312 | 284 |  | 5 | 4 | 27 | 248 |
| **茂名市** | **1662** |  | **1** | **11** | **79** | **1571** | **753** | **1** | **14** | **50** | **149** | **539** |
| 茂南区 | 270 |  | 1 | 3 | 21 | 245 | 143 |  | 3 | 7 | 4 | 129 |
| 电白区 | 299 |  |  |  | 3 | 296 | 390 |  | 3 | 9 | 84 | 294 |
| 高州市 | 420 |  |  | 8 | 16 | 396 | 137 |  | 5 | 13 | 34 | 85 |
| 化州市 | 615 |  |  |  | 39 | 576 | 80 | 1 |  | 21 | 27 | 31 |
| 信宜市 | 58 |  |  |  |  | 58 | 3 |  | 3 |  |  |  |
| 高州水库 |  |  |  |  |  |  |  |  |  |  |  |  |
| **肇庆市** | **695** |  | **4** | **31** | **200** | **460** | **501** |  | **3** | **13** | **75** | **410** |
| 端州区 | 5 |  | 1 | 2 | 1 | 1 | 3 |  |  |  | 3 |  |
| 鼎湖区 | 86 |  |  | 11 | 20 | 55 | 22 |  |  | 2 | 11 | 9 |
| 广宁县 | 48 |  |  |  | 27 | 21 | 41 |  | 3 |  | 11 | 27 |
| 怀集县 | 52 |  |  |  |  | 52 | 60 |  |  |  |  | 60 |
| 封开县 | 11 |  |  | 1 | 3 | 7 | 24 |  |  | 2 | 3 | 19 |
| 德庆县 | 49 |  |  | 1 | 17 | 31 | 102 |  |  | 2 | 6 | 94 |
| 高要区 | 323 |  | 2 | 12 | 85 | 224 | 238 |  |  | 3 | 38 | 197 |
| 四会市 | 121 |  | 1 | 4 | 47 | 69 | 11 |  |  | 4 | 3 | 4 |
| **清远市** | **893** |  | **3** | **21** | **60** | **809** | **313** |  | **1** | **32** | **53** | **227** |
| 清城区 | 279 |  | 1 | 9 | 33 | 236 | 137 |  |  | 4 | 25 | 108 |
| 佛冈县 | 14 |  |  | 1 | 2 | 11 | 10 |  |  | 1 | 1 | 8 |
| 阳山县 | 44 |  |  |  |  | 44 | 63 |  |  | 7 | 6 | 50 |
| 连山壮族瑶族自治县 |  |  |  |  |  |  | 3 |  |  | 3 |  |  |
| 连南瑶族自治县 | 10 |  |  |  | 2 | 8 | 17 |  |  | 4 |  | 13 |
| 清新区 | 363 |  | 1 | 4 | 11 | 347 | 41 |  | 1 | 4 | 5 | 31 |
| 英德市 | 88 |  | 1 | 7 | 10 | 70 | 25 |  |  | 9 | 8 | 8 |
| 连州市 | 95 |  |  |  | 2 | 93 | 17 |  |  |  | 8 | 9 |
| **潮州市** | **469** |  |  | **3** | **36** | **430** | **516** | **1** | **5** | **13** | **43** | **454** |
| 湘桥区 | 85 |  |  | 1 | 12 | 72 | 124 |  | 2 | 5 | 10 | 107 |
| 潮安区 | 276 |  |  | 2 | 19 | 255 | 182 | 1 |  | 1 | 14 | 166 |
| 饶平县 | 108 |  |  |  | 5 | 103 | 210 |  | 3 | 7 | 19 | 181 |
| **揭阳市** | **638** |  | **1** | **18** | **90** | **529** | **846** | **1** | **8** | **35** | **159** | **643** |
| 榕城区 | 102 |  |  | 2 | 5 | 95 | 60 |  |  | 6 | 14 | 40 |
| 揭东区 | 53 |  | 1 | 6 | 6 | 40 | 90 | 1 | 1 | 2 | 11 | 75 |
| 揭西县 | 176 |  |  | 8 | 10 | 158 | 303 |  | 3 | 5 | 31 | 264 |
| 普宁市 | 121 |  |  | 2 | 27 | 92 | 162 |  | 2 | 11 | 49 | 100 |
| 惠来县 | 186 |  |  |  | 42 | 144 | 231 |  | 2 | 11 | 54 | 164 |
| 空港经济区 |  |  |  |  |  |  |  |  |  |  |  |  |
| **云浮市** | **422** |  | **1** | **3** | **30** | **388** | **359** |  | **1** | **14** | **23** | **321** |
| 云城区 | 19 |  |  |  | 2 | 17 | 18 |  |  |  | 4 | 14 |
| 新兴县 | 119 |  |  |  | 1 | 118 | 214 |  |  | 7 | 16 | 191 |
| 郁南县 | 72 |  |  | 2 | 17 | 53 | 47 |  |  | 3 |  | 44 |
| 云安区 | 35 |  | 1 | 1 | 9 | 24 | 10 |  |  | 2 | 3 | 5 |
| 罗定市 | 177 |  |  |  | 1 | 176 | 70 |  | 1 | 2 |  | 67 |

# 5-16 各县(市、区)已建农村集中式供水工程、机电井数量

(2023年)

| 市别 | 农村集中式供水工程数量(处) | | | | | 机电井数量(眼) | | | | | | |
|---|---|---|---|---|---|---|---|---|---|---|---|---|
| | 合计 | 城镇管网延伸工程 | 万人工程 | 千人工程 | 千人以下工程 | 合计 | 规模以上机电井 | 浅层地下水机电井 | 深层承压水机电井 | 规模以下机电井 | 浅层地下水机电井 | 深层承压水机电井 |
| **全　省** | **15195** | **197** | **865** | **2863** | **11270** | **1223764** | **10175** | **8486** | **1689** | **1213589** | **1213440** | **149** |
| **广州市** | **352** | **6** | **12** | **5** | **329** | **31718** | **1274** | **1267** | **7** | **30444** | **30444** | |
| 荔湾区 | | | | | | 409 | | | | 409 | 409 | |
| 越秀区 | | | | | | | | | | | | |
| 海珠区 | | | | | | | | | | | | |
| 天河区 | | | | | | 415 | 5 | 5 | | 410 | 410 | |
| 白云区 | 1 | 1 | | | | 21798 | 129 | 126 | 3 | 21669 | 21669 | |
| 黄埔区 | 1 | 1 | | | | 67 | 27 | 27 | | 40 | 40 | |
| 番禺区 | 1 | 1 | | | | 1438 | | | | 1438 | 1438 | |
| 花都区 | 68 | 1 | 1 | | 66 | 6502 | 154 | 154 | | 6348 | 6348 | |
| 南沙区 | 1 | 1 | | | | 8 | | | | 8 | 8 | |
| 增城区 | 63 | | 5 | | 58 | 263 | 167 | 167 | | 96 | 96 | |
| 从化区 | 217 | 1 | 6 | 5 | 205 | 818 | 792 | 788 | 4 | 26 | 26 | |
| **深圳市** | **1** | | **1** | | | **587** | **153** | **153** | | **434** | **434** | |
| 罗湖区 | | | | | | | | | | | | |
| 福田区 | | | | | | | | | | | | |
| 南山区 | | | | | | | | | | | | |
| 宝安区 | | | | | | 161 | 25 | 25 | | 136 | 136 | |
| 龙岗区 | | | | | | 123 | 54 | 54 | | 69 | 69 | |
| 盐田区 | | | | | | | | | | | | |
| 光明区 | | | | | | 154 | 15 | 15 | | 139 | 139 | |
| 坪山区 | | | | | | 98 | 50 | 50 | | 48 | 48 | |
| 龙华区 | | | | | | 47 | 5 | 5 | | 42 | 42 | |
| 大鹏新区 | | | | | | | | | | | | |
| 深汕特别合作区 | 1 | | 1 | | | 4 | 4 | 4 | | | | |
| **珠海市** | **1** | | **1** | | | **753** | **46** | **46** | | **707** | **707** | |
| 香洲区 | 1 | | 1 | | | 662 | 19 | 19 | | 643 | 643 | |
| 斗门区 | | | | | | 80 | 16 | 16 | | 64 | 64 | |
| 金湾区 | | | | | | 11 | 11 | 11 | | | | |
| **汕头市** | **87** | **1** | **26** | **43** | **17** | **2197** | **48** | **48** | | **2149** | **2149** | |
| 龙湖区 | | | | | | 2 | 2 | 2 | | | | |
| 金平区 | | | | | | 88 | | | | 88 | 88 | |
| 濠江区 | | | | | | 15 | 5 | 5 | | 10 | 10 | |
| 潮阳区 | 30 | | 15 | 15 | | | | | | | | |
| 潮南区 | 50 | | 5 | 28 | 17 | 2090 | 39 | 39 | | 2051 | 2051 | |
| 澄海区 | 6 | | 6 | | | 2 | 2 | 2 | | | | |
| 南澳县 | 1 | 1 | | | | | | | | | | |
| **佛山市** | **123** | **14** | | | **109** | **1134** | **67** | **63** | **4** | **1067** | **1067** | |
| 禅城区 | 1 | 1 | | | | | | | | | | |
| 南海区 | 3 | 3 | | | | 398 | 3 | 2 | 1 | 395 | 395 | |
| 顺德区 | 5 | 5 | | | | 612 | 16 | 16 | | 596 | 596 | |
| 三水区 | 5 | 2 | | | 3 | 95 | 43 | 40 | 3 | 52 | 52 | |
| 高明区 | 109 | 3 | | | 106 | 29 | 5 | 5 | | 24 | 24 | |
| **韶关市** | **2170** | **10** | **79** | **140** | **1941** | **38891** | **118** | **118** | | **38773** | **38773** | |
| 武江区 | 28 | 1 | 2 | 3 | 22 | 1499 | 32 | 32 | | 1467 | 1467 | |
| 浈江区 | 18 | 1 | 1 | 3 | 13 | 7515 | 11 | 11 | | 7504 | 7504 | |
| 曲江区 | 157 | 1 | 1 | 9 | 146 | 2570 | 33 | 33 | | 2537 | 2537 | |
| 始兴县 | 175 | 1 | 4 | 19 | 151 | 10885 | | | | 10885 | 10885 | |
| 仁化县 | 386 | 1 | 9 | 7 | 369 | 439 | 2 | 2 | | 437 | 437 | |
| 翁源县 | 106 | 1 | 15 | 37 | 53 | 1263 | 13 | 13 | | 1250 | 1250 | |

## 5-16 续表 1

(2023年)

| 市别 | 农村集中式供水工程数量(处) | | | | | 机电井数量(眼) | | | | | | |
|---|---|---|---|---|---|---|---|---|---|---|---|---|
| | 合计 | 城镇管网延伸工程 | 万人工程 | 千人工程 | 千人以下工程 | 合计 | 规模以上机电井 | 浅层地下水机电井 | 深层承压水机电井 | 规模以下机电井 | 浅层地下水机电井 | 深层承压水机电井 |
| 乳源瑶族自治县 | 100 | 1 | 5 | 8 | 86 | 220 | 3 | 3 | | 217 | 217 | |
| 新丰县 | 176 | 1 | 2 | 41 | 132 | 3958 | 24 | 24 | | 3934 | 3934 | |
| 乐昌市 | 834 | 1 | 29 | | 804 | 3005 | | | | 3005 | 3005 | |
| 南雄市 | 190 | 1 | 11 | 13 | 165 | 7537 | | | | 7537 | 7537 | |
| **河源市** | **734** | **15** | **58** | **342** | **319** | **38837** | **92** | **51** | **41** | **38745** | **38597** | **148** |
| 源城区 | 4 | 4 | | | | 2 | 2 | 2 | | | | |
| 紫金县 | 166 | 1 | 12 | 115 | 38 | 24718 | 33 | 31 | 2 | 24685 | 24685 | |
| 龙川县 | 178 | 2 | 9 | 101 | 66 | 6800 | 15 | 11 | 4 | 6785 | 6785 | |
| 连平县 | 194 | | 12 | 47 | 135 | 2 | 2 | 2 | | | | |
| 和平县 | 131 | 1 | 5 | 45 | 80 | 183 | 35 | | 35 | 148 | | 148 |
| 东源县 | 47 | 1 | 20 | 26 | | 7132 | 5 | 5 | | 7127 | 7127 | |
| 江东新区 | 14 | 6 | | 8 | | | | | | | | |
| **梅州市** | **1334** | **3** | **113** | **243** | **975** | **26336** | **112** | **112** | | **26224** | **26224** | |
| 梅江区 | 63 | 1 | 2 | 5 | 55 | 564 | 1 | 1 | | 563 | 563 | |
| 梅县区 | 264 | | 24 | 28 | 212 | 4025 | 40 | 40 | | 3985 | 3985 | |
| 大埔县 | 263 | | 14 | 15 | 234 | 446 | 11 | 11 | | 435 | 435 | |
| 丰顺县 | 72 | | 22 | 45 | 5 | 740 | 12 | 12 | | 728 | 728 | |
| 五华县 | 59 | | 19 | 34 | 6 | 3022 | 11 | 11 | | 3011 | 3011 | |
| 平远县 | 345 | 1 | 9 | 9 | 326 | 282 | 12 | 12 | | 270 | 270 | |
| 蕉岭县 | 71 | | 6 | 16 | 49 | 3349 | 6 | 6 | | 3343 | 3343 | |
| 兴宁市 | 197 | 1 | 17 | 91 | 88 | 13908 | 19 | 19 | | 13889 | 13889 | |
| **惠州市** | **500** | **32** | **44** | **66** | **358** | **84502** | **314** | **314** | | **84188** | **84188** | |
| 惠城区 | 16 | 2 | 14 | | | 23523 | 42 | 42 | | 23481 | 23481 | |
| 惠阳区 | 10 | 7 | | 1 | 2 | 11378 | 26 | 26 | | 11352 | 11352 | |
| 博罗县 | 115 | 20 | | 13 | 82 | 24509 | 91 | 91 | | 24418 | 24418 | |
| 惠东县 | 83 | 2 | 22 | 43 | 16 | 15419 | 93 | 93 | | 15326 | 15326 | |
| 龙门县 | 276 | 1 | 8 | 9 | 258 | 9673 | 62 | 62 | | 9611 | 9611 | |
| **汕尾市** | **140** | **6** | **32** | **78** | **24** | **45969** | **51** | **51** | | **45918** | **45918** | |
| 城区 | 10 | 1 | 4 | 2 | 3 | | | | | | | |
| 海丰县 | 39 | 3 | 10 | 17 | 9 | 11341 | 9 | 9 | | 11332 | 11332 | |
| 陆河县 | 73 | 1 | 6 | 54 | 12 | 1751 | 37 | 37 | | 1714 | 1714 | |
| 陆丰市 | 18 | 1 | 12 | 5 | | 32877 | 5 | 5 | | 32872 | 32872 | |
| **东莞市** | **18** | **18** | | | | **1886** | **56** | **56** | | **1830** | **1830** | |
| **中山市** | **1** | **1** | | | | **2705** | **24** | **24** | | **2681** | **2681** | |
| **江门市** | **252** | **10** | **50** | **11** | **181** | **10831** | **206** | **197** | **9** | **10625** | **10624** | **1** |
| 蓬江区 | 3 | 2 | 1 | | | | | | | | | |
| 江海区 | 1 | 1 | | | | | | | | | | |
| 新会区 | 14 | 3 | 11 | | | 18 | 11 | 8 | 3 | 7 | 6 | 1 |
| 台山市 | 125 | 1 | 21 | 3 | 100 | 60 | 15 | 12 | 3 | 45 | 45 | |
| 开平市 | 36 | 1 | 8 | 3 | 24 | 5023 | 80 | 80 | | 4943 | 4943 | |
| 鹤山市 | 43 | 1 | 5 | 4 | 33 | 5392 | 37 | 34 | 3 | 5355 | 5355 | |
| 恩平市 | 30 | 1 | 4 | 1 | 24 | 338 | 63 | 63 | | 275 | 275 | |
| **阳江市** | **274** | **4** | **24** | **44** | **202** | **93143** | **54** | **54** | | **93089** | **93089** | |
| 江城区 | | | | | | 15714 | 17 | 17 | | 15697 | 15697 | |
| 阳西县 | 36 | 3 | | | 33 | 13806 | 9 | 9 | | 13797 | 13797 | |
| 阳东区 | 36 | | 9 | | 27 | 24930 | 26 | 26 | | 24904 | 24904 | |
| 阳春市 | 202 | 1 | 15 | 44 | 142 | 38693 | 2 | 2 | | 38691 | 38691 | |
| 阳江市属 | | | | | | | | | | | | |

# 5-16 续表 2

(2023年)

| 市　　别 | 农村集中式供水工程数量(处) | | | | | 机电井数量(眼) | | | | | | |
|---|---|---|---|---|---|---|---|---|---|---|---|---|
| | 合计 | 城镇管网延伸工程 | 万人工程 | 千人工程 | 千人以下工程 | 合计 | 规模以上机电井 | 浅层地下水机电井 | 深层承压水机电井 | 规模以下机电井 | 浅层地下水机电井 | 深层承压水机电井 |
| **湛江市** | **4160** | **11** | **49** | **1000** | **3100** | **234126** | **5958** | **4335** | **1623** | **228168** | **228168** | |
| 赤坎区 | 1 | 1 | | | | 51 | 51 | 16 | 35 | | | |
| 霞山区 | 169 | | 3 | 59 | 107 | 253 | 52 | 52 | | 201 | 201 | |
| 坡头区 | 203 | 4 | | 17 | 182 | 16554 | 403 | 382 | 21 | 16151 | 16151 | |
| 麻章区 | 56 | 1 | 1 | 28 | 26 | 30697 | 1524 | 638 | 886 | 29173 | 29173 | |
| 遂溪县 | 1050 | 1 | 14 | 100 | 935 | 33150 | 1648 | 1627 | 21 | 31502 | 31502 | |
| 徐闻县 | 394 | 1 | 7 | 88 | 298 | 76930 | 654 | 250 | 404 | 76276 | 76276 | |
| 廉江市 | 301 | | 16 | 285 | | 17050 | 385 | 385 | | 16665 | 16665 | |
| 雷州市 | 1875 | 1 | 4 | 405 | 1465 | 40415 | 1067 | 811 | 256 | 39348 | 39348 | |
| 吴川市 | 111 | 2 | 4 | 18 | 87 | 19026 | 174 | 174 | | 18852 | 18852 | |
| **茂名市** | **563** | **6** | **89** | **142** | **326** | **353123** | **940** | **940** | | **352183** | **352183** | |
| 茂南区 | 9 | 1 | 6 | 2 | | 27623 | 17 | 17 | | 27606 | 27606 | |
| 电白区 | 19 | 2 | 10 | | 7 | 87677 | 162 | 162 | | 87515 | 87515 | |
| 高州市 | 180 | 1 | 18 | 6 | 155 | 113630 | 188 | 188 | | 113442 | 113442 | |
| 化州市 | 78 | 1 | 29 | 20 | 28 | 88955 | 552 | 552 | | 88403 | 88403 | |
| 信宜市 | 277 | 1 | 26 | 114 | 136 | 35238 | 21 | 21 | | 35217 | 35217 | |
| 高州水库 | | | | | | | | | | | | |
| **肇庆市** | **1118** | **16** | **83** | **129** | **890** | **29355** | **332** | **330** | **2** | **29023** | **29023** | |
| 端州区 | | | | | | 1 | 1 | 1 | | | | |
| 鼎湖区 | 64 | 2 | | 1 | 61 | 2214 | 64 | 64 | | 2150 | 2150 | |
| 广宁县 | 263 | 1 | 20 | 18 | 224 | 2054 | 26 | 26 | | 2028 | 2028 | |
| 怀集县 | 258 | 1 | 24 | 74 | 159 | 8899 | 14 | 13 | 1 | 8885 | 8885 | |
| 封开县 | 92 | 3 | 15 | 14 | 60 | 2207 | 4 | 3 | 1 | 2203 | 2203 | |
| 德庆县 | 109 | 2 | 11 | 9 | 87 | 92 | 92 | 92 | | | | |
| 高要区 | 260 | 5 | 4 | 12 | 239 | 284 | 112 | 112 | | 172 | 172 | |
| 四会市 | 72 | 2 | 9 | 1 | 60 | 13604 | 19 | 19 | | 13585 | 13585 | |
| **清远市** | **1768** | **7** | **99** | **240** | **1422** | **109641** | **207** | **206** | **1** | **109434** | **109434** | |
| 清城区 | 4 | | 4 | | | 61085 | 43 | 43 | | 61042 | 61042 | |
| 佛冈县 | 63 | | 7 | 27 | 29 | 18108 | 33 | 33 | | 18075 | 18075 | |
| 阳山县 | 300 | 1 | 11 | 16 | 272 | 4507 | 7 | 7 | | 4500 | 4500 | |
| 连山壮族瑶族自治县 | 114 | 1 | 8 | | 105 | | | | | | | |
| 连南瑶族自治县 | 203 | | 3 | 24 | 176 | 23 | 2 | 2 | | 21 | 21 | |
| 清新区 | 163 | 2 | 21 | 61 | 79 | 19482 | 14 | 13 | 1 | 19468 | 19468 | |
| 英德市 | 656 | 1 | 32 | 103 | 520 | 5452 | 108 | 108 | | 5344 | 5344 | |
| 连州市 | 265 | 2 | 13 | 9 | 241 | 984 | | | | 984 | 984 | |
| **潮州市** | **328** | **9** | **19** | **121** | **179** | **20686** | **19** | **18** | **1** | **20667** | **20667** | |
| 湘桥区 | 31 | 2 | 2 | 10 | 17 | 4268 | | | | 4268 | 4268 | |
| 潮安区 | 95 | 6 | 10 | 17 | 62 | 11167 | 5 | 5 | | 11162 | 11162 | |
| 饶平县 | 202 | 1 | 7 | 94 | 100 | 5251 | 14 | 13 | 1 | 5237 | 5237 | |
| **揭阳市** | **222** | **15** | **34** | **146** | **27** | **61898** | **27** | **27** | | **61871** | **61871** | |
| 榕城区 | 8 | 7 | 1 | | | | | | | | | |
| 揭东区 | 8 | 1 | 7 | | | 36899 | | | | 36899 | 36899 | |
| 揭西县 | 76 | 1 | 1 | 74 | | 38 | | | | 38 | 38 | |
| 普宁市 | 88 | 6 | 14 | 52 | 16 | 13584 | 15 | 15 | | 13569 | 13569 | |
| 惠来县 | 42 | | 11 | 20 | 11 | 11377 | 12 | 12 | | 11365 | 11365 | |
| 空港经济区 | | | | | | | | | | | | |
| **云浮市** | **1049** | **13** | **52** | **113** | **871** | **35446** | **77** | **76** | **1** | **35369** | **35369** | |
| 云城区 | 266 | 3 | 5 | 13 | 245 | 401 | 13 | 13 | | 388 | 388 | |
| 新兴县 | 410 | 2 | 6 | 23 | 379 | 6528 | 36 | 36 | | 6492 | 6492 | |
| 郁南县 | 267 | 2 | 16 | 45 | 204 | 5704 | 5 | 5 | | 5699 | 5699 | |
| 云安区 | 44 | 2 | 3 | 3 | 36 | 39 | 7 | 7 | | 32 | 32 | |
| 罗定市 | 62 | 4 | 22 | 29 | 7 | 22774 | 16 | 15 | 1 | 22758 | 22758 | |

# 六、国民经济概况

# 6-1 国民经济核算主要指标

| 指　　标 | 单位 | 2000 | 2015 | 2018 | 2019 | 2020 | 2021 | 2022 | 2023 |
|---|---|---|---|---|---|---|---|---|---|
| 地区生产总值 | 亿元 | 10810.21 | 74732.44 | 99945.22 | 107986.92 | 111151.63 | 124719.53 | 129513.55 | 135673.16 |
| 第一产业 | 亿元 | 986.32 | 3189.76 | 3836.40 | 4350.61 | 4732.74 | 4984.70 | 5350.09 | 5540.70 |
| 第二产业 | 亿元 | 5042.75 | 33913.76 | 41398.45 | 43368.21 | 43868.05 | 50555.79 | 52620.72 | 54437.26 |
| 第三产业 | 亿元 | 4781.15 | 37628.92 | 54710.37 | 60268.10 | 62550.84 | 69179.04 | 71542.74 | 75695.21 |
| 地区生产总值增长速度 | % | 11.7 | 8.0 | 6.8 | 6.2 | 2.3 | 8.1 | 2.0 | 4.8 |
| 第一产业 | % | 2.3 | 3.4 | 4.4 | 3.8 | 3.7 | 7.8 | 4.9 | 4.8 |
| 第二产业 | % | 12.3 | 7.0 | 5.9 | 4.2 | 1.9 | 9.2 | 1.3 | 4.8 |
| 第三产业 | % | 13.5 | 9.6 | 7.8 | 7.9 | 2.5 | 7.4 | 2.3 | 4.7 |
| 地区生产总值构成 | % | 100.0 | 100.0 | 100.0 | 100.0 | 100.0 | 100.0 | 100.0 | 100.0 |
| 第一产业 | % | 9.1 | 4.3 | 3.8 | 4.0 | 4.2 | 4.0 | 4.1 | 4.1 |
| 第二产业 | % | 46.7 | 45.4 | 41.4 | 40.2 | 39.5 | 40.5 | 40.6 | 40.1 |
| 第三产业 | % | 44.2 | 50.3 | 54.8 | 55.8 | 56.3 | 55.5 | 55.3 | 55.8 |
| 地区生产总值贡献率 | % | 100.0 | 100.0 | 100.0 | 100.0 | 100.0 | 100.0 | 100.0 | 100.0 |
| 第一产业 | % | 1.9 | 1.7 | 2.5 | 2.4 | 6.1 | 4.1 | 10.2 | 4.4 |
| 第二产业 | % | 59.7 | 42.7 | 38.2 | 30.4 | 36.1 | 44.8 | 25.8 | 40.0 |
| 第三产业 | % | 38.4 | 55.6 | 59.2 | 67.2 | 57.8 | 51.1 | 64.0 | 55.7 |
| 三次产业对地区生产总值增长的拉动 | 百分点 | 11.7 | 8.0 | 6.8 | 6.2 | 2.3 | 8.1 | 2.0 | 4.8 |
| 第一产业 | 百分点 | 0.2 | 0.1 | 0.2 | 0.1 | 0.2 | 0.3 | 0.2 | 0.2 |
| 第二产业 | 百分点 | 7.0 | 3.4 | 2.6 | 1.9 | 0.8 | 3.7 | 0.5 | 1.9 |
| 第三产业 | 百分点 | 4.5 | 4.5 | 4.0 | 4.1 | 1.3 | 4.2 | 1.3 | 2.6 |
| 人均地区生产总值 | 元 | 12817 | 64516 | 81625 | 86956 | 88521 | 98561 | 102217 | 106985 |
| 人均地区生产总值增长速度 | % | 7.3 | 6.1 | 4.9 | 4.7 | 1.1 | 7.3 | 1.9 | 4.7 |

注：1.国民经济核算数据绝对数按当年价格计算，增长速度按不变价格计算。
2.2023年地区生产总值数据为初步核算数。
3.2020年，根据全国第七次人口普查结果，对2010年后的人均生产总值有关数据进行了修订。

# 6-2 地区生产总值

单位：亿元

| 年份 | 地区生产总值 | 第一产业 | 第二产业 | 第三产业 |
|---|---|---|---|---|
| 1978 | 185.85 | 55.31 | 86.62 | 43.92 |
| 1979 | 209.34 | 66.62 | 91.65 | 51.06 |
| 1980 | 249.65 | 82.97 | 102.53 | 64.14 |
| 1981 | 290.36 | 94.30 | 120.34 | 75.71 |
| 1982 | 339.92 | 118.17 | 135.37 | 86.39 |
| 1983 | 368.75 | 121.24 | 152.27 | 95.24 |
| 1984 | 458.74 | 145.25 | 187.55 | 125.93 |
| 1985 | 577.38 | 171.87 | 229.82 | 175.69 |
| 1986 | 667.53 | 188.37 | 255.88 | 223.28 |
| 1987 | 846.69 | 232.14 | 330.35 | 284.20 |
| 1988 | 1155.37 | 306.50 | 460.17 | 388.70 |
| 1989 | 1381.39 | 351.73 | 554.13 | 475.53 |
| 1990 | 1559.03 | 384.59 | 615.86 | 558.58 |
| 1991 | 1893.30 | 416.00 | 782.67 | 694.63 |
| 1992 | 2447.54 | 465.83 | 1098.75 | 882.96 |
| 1993 | 3469.28 | 558.70 | 1702.46 | 1208.12 |
| 1994 | 4619.02 | 692.25 | 2249.99 | 1676.77 |
| 1995 | 5940.34 | 864.49 | 2901.99 | 2173.86 |
| 1996 | 6848.22 | 935.23 | 3313.55 | 2599.44 |
| 1997 | 7792.97 | 978.32 | 3713.92 | 3100.73 |
| 1998 | 8555.33 | 994.55 | 4080.96 | 3479.82 |
| 1999 | 9289.64 | 1009.01 | 4384.22 | 3896.41 |
| 2000 | 10810.21 | 986.32 | 5042.75 | 4781.15 |
| 2001 | 12126.59 | 988.84 | 5564.66 | 5573.09 |
| 2002 | 13601.89 | 1015.08 | 6209.06 | 6377.76 |
| 2003 | 15979.77 | 1072.92 | 7684.41 | 7222.44 |
| 2004 | 18658.34 | 1219.83 | 9191.71 | 8246.80 |
| 2005 | 21962.99 | 1395.23 | 11049.21 | 9518.55 |
| 2006 | 25961.24 | 1494.69 | 13158.01 | 11308.54 |
| 2007 | 31742.61 | 1663.49 | 16022.56 | 14056.56 |
| 2008 | 36704.16 | 1920.80 | 18519.40 | 16263.96 |
| 2009 | 39464.69 | 1945.95 | 19439.71 | 18079.03 |
| 2010 | 45944.62 | 2199.60 | 22917.43 | 20827.59 |
| 2011 | 53072.79 | 2553.17 | 26161.08 | 24358.54 |
| 2012 | 57007.74 | 2711.32 | 27346.12 | 26950.30 |
| 2013 | 62503.41 | 2876.42 | 29342.97 | 30284.02 |
| 2014 | 68173.03 | 3038.71 | 31930.37 | 33203.95 |
| 2015 | 74732.44 | 3189.76 | 33913.76 | 37628.92 |
| 2016 | 82163.22 | 3500.49 | 35499.24 | 43163.49 |
| 2017 | 91648.73 | 3611.44 | 38536.61 | 49500.68 |
| 2018 | 99945.22 | 3836.40 | 41398.45 | 54710.37 |
| 2019 | 107986.92 | 4350.61 | 43368.21 | 60268.10 |
| 2020 | 111151.63 | 4732.74 | 43868.05 | 62550.84 |
| 2021 | 124719.53 | 4984.70 | 50555.79 | 69179.04 |
| 2022 | 129513.55 | 5350.09 | 52620.72 | 71542.74 |
| 2023 | 135673.16 | 5540.70 | 54437.26 | 75695.21 |

注：1.1991年以前第一产业不包括农林牧渔服务业，交通运输仓储和邮政业包括电信业，但不包括城市公共交通业，批发与零售业包括餐饮业(以下相关表同)。

2.三次产业分类执行国家统计局2018年修订的《三次产业划分规定》，全省数据修订至1992年（以下相关表同）。

# 6-3 地区生产总值指数

| 年份 | 地区生产总值(上年=100) | 第一产业 | 第二产业 | 第三产业 | 地区生产总值(1978年=100) | 第一产业 | 第二产业 | 第三产业 |
|---|---|---|---|---|---|---|---|---|
| 1978 | 101.0 | 105.2 | 98.0 | 102.1 | 100.0 | 100.0 | 100.0 | 100.0 |
| 1979 | 108.5 | 106.6 | 104.7 | 118.1 | 108.5 | 106.6 | 104.7 | 118.1 |
| 1980 | 116.6 | 112.4 | 116.6 | 121.7 | 126.5 | 119.8 | 122.1 | 143.7 |
| 1981 | 109.0 | 104.6 | 112.3 | 109.4 | 137.9 | 125.3 | 137.1 | 157.2 |
| 1982 | 112.0 | 112.0 | 111.5 | 112.6 | 154.4 | 140.4 | 152.9 | 177.0 |
| 1983 | 107.3 | 103.2 | 109.6 | 108.5 | 165.6 | 144.9 | 167.7 | 192.0 |
| 1984 | 115.6 | 112.0 | 118.3 | 115.2 | 191.4 | 162.3 | 198.4 | 221.2 |
| 1985 | 118.0 | 105.7 | 120.2 | 128.1 | 225.7 | 171.5 | 238.4 | 283.5 |
| 1986 | 112.7 | 106.2 | 108.6 | 125.4 | 254.5 | 182.2 | 259.0 | 355.4 |
| 1987 | 119.6 | 108.6 | 126.2 | 119.4 | 304.5 | 197.8 | 326.9 | 424.5 |
| 1988 | 115.8 | 105.3 | 123.4 | 112.4 | 352.5 | 208.2 | 403.3 | 477.0 |
| 1989 | 107.2 | 107.0 | 108.3 | 105.5 | 377.9 | 222.9 | 437.0 | 503.1 |
| 1990 | 111.6 | 107.1 | 112.5 | 113.2 | 421.6 | 238.7 | 491.4 | 569.3 |
| 1991 | 117.7 | 105.5 | 123.7 | 119.4 | 496.1 | 251.8 | 608.0 | 679.7 |
| 1992 | 122.1 | 105.6 | 133.6 | 119.0 | 605.8 | 266.0 | 812.3 | 809.2 |
| 1993 | 123.0 | 102.6 | 136.4 | 116.8 | 745.1 | 272.9 | 1108.1 | 945.0 |
| 1994 | 119.7 | 103.2 | 125.8 | 118.5 | 891.9 | 281.5 | 1393.9 | 1119.5 |
| 1995 | 115.7 | 105.4 | 119.0 | 114.7 | 1031.9 | 296.8 | 1658.4 | 1284.3 |
| 1996 | 111.3 | 104.9 | 112.7 | 111.5 | 1148.9 | 311.3 | 1869.5 | 1432.3 |
| 1997 | 111.2 | 104.7 | 113.0 | 110.7 | 1278.1 | 325.9 | 2111.8 | 1585.8 |
| 1998 | 110.9 | 103.8 | 112.5 | 110.4 | 1416.9 | 338.3 | 2376.1 | 1751.2 |
| 1999 | 110.3 | 103.9 | 110.8 | 111.3 | 1562.4 | 351.5 | 2633.4 | 1949.3 |
| 2000 | 111.7 | 102.3 | 112.3 | 113.5 | 1745.4 | 359.7 | 2956.2 | 2213.4 |
| 2001 | 110.5 | 102.2 | 110.8 | 112.0 | 1929.2 | 367.7 | 3274.5 | 2478.9 |
| 2002 | 112.4 | 104.3 | 113.7 | 112.5 | 2167.8 | 383.5 | 3722.3 | 2789.5 |
| 2003 | 114.8 | 102.2 | 120.2 | 111.3 | 2488.6 | 392.1 | 4474.4 | 3104.6 |
| 2004 | 113.2 | 103.8 | 116.8 | 110.5 | 2816.2 | 407.1 | 5227.8 | 3429.6 |
| 2005 | 114.2 | 104.8 | 115.3 | 114.3 | 3215.4 | 426.5 | 6026.3 | 3919.2 |
| 2006 | 114.9 | 103.9 | 117.2 | 113.8 | 3693.6 | 443.2 | 7060.6 | 4460.8 |
| 2007 | 115.0 | 103.1 | 117.3 | 113.9 | 4247.7 | 456.9 | 8280.0 | 5080.1 |
| 2008 | 110.5 | 103.8 | 111.6 | 110.0 | 4693.4 | 474.2 | 9238.0 | 5587.0 |
| 2009 | 109.9 | 105.1 | 109.1 | 111.4 | 5156.0 | 498.6 | 10077.6 | 6221.5 |
| 2010 | 112.5 | 104.5 | 114.5 | 110.9 | 5800.4 | 521.2 | 11541.2 | 6898.3 |
| 2011 | 110.2 | 104.3 | 110.4 | 110.7 | 6392.9 | 543.8 | 12736.5 | 7635.2 |
| 2012 | 108.3 | 103.9 | 107.3 | 109.8 | 6920.7 | 564.8 | 13661.5 | 8382.1 |
| 2013 | 108.5 | 102.4 | 108.0 | 109.7 | 7511.9 | 578.5 | 14750.3 | 9197.8 |
| 2014 | 107.8 | 103.3 | 108.0 | 108.0 | 8098.3 | 597.6 | 15924.1 | 9937.5 |
| 2015 | 108.0 | 103.4 | 107.0 | 109.6 | 8749.5 | 617.8 | 17033.6 | 10888.2 |
| 2016 | 107.5 | 103.1 | 106.1 | 109.2 | 9407.4 | 637.2 | 18073.6 | 11885.9 |
| 2017 | 107.5 | 103.6 | 106.5 | 108.6 | 10112.3 | 660.0 | 19254.1 | 12914.0 |
| 2018 | 106.8 | 104.4 | 105.9 | 107.8 | 10801.1 | 688.9 | 20383.9 | 13922.2 |
| 2019 | 106.2 | 103.8 | 104.2 | 107.9 | 11465.5 | 715.4 | 21249.5 | 15025.9 |
| 2020 | 102.3 | 103.7 | 101.9 | 102.5 | 11723.4 | 741.6 | 21648.6 | 15394.4 |
| 2021 | 108.1 | 107.8 | 109.2 | 107.4 | 12677.6 | 799.3 | 23650.8 | 16531.7 |
| 2022 | 102.0 | 104.9 | 101.3 | 102.3 | 12937.3 | 838.8 | 23963.9 | 16919.7 |
| 2023 | 104.8 | 104.8 | 104.8 | 104.7 | 13552.0 | 878.8 | 25113.1 | 17717.9 |

# 6-4 地区生产总值产业构成

单位：%

| 年份 | 地区生产总值 | 第一产业 | 第二产业 | 第三产业 |
|---|---|---|---|---|
| 1978 | 100.0 | 29.8 | 46.6 | 23.6 |
| 1979 | 100.0 | 31.8 | 43.8 | 24.4 |
| 1980 | 100.0 | 33.2 | 41.1 | 25.7 |
| 1981 | 100.0 | 32.5 | 41.4 | 26.1 |
| 1982 | 100.0 | 34.8 | 39.8 | 25.4 |
| 1983 | 100.0 | 32.9 | 41.3 | 25.8 |
| 1984 | 100.0 | 31.7 | 40.9 | 27.4 |
| 1985 | 100.0 | 29.8 | 39.8 | 30.4 |
| 1986 | 100.0 | 28.2 | 38.3 | 33.5 |
| 1987 | 100.0 | 27.4 | 39.0 | 33.6 |
| 1988 | 100.0 | 26.5 | 39.8 | 33.7 |
| 1989 | 100.0 | 25.5 | 40.1 | 34.4 |
| 1990 | 100.0 | 24.7 | 39.5 | 35.8 |
| 1991 | 100.0 | 22.0 | 41.3 | 36.7 |
| 1992 | 100.0 | 19.0 | 44.9 | 36.1 |
| 1993 | 100.0 | 16.1 | 49.1 | 34.8 |
| 1994 | 100.0 | 15.0 | 48.7 | 36.3 |
| 1995 | 100.0 | 14.6 | 48.8 | 36.6 |
| 1996 | 100.0 | 13.6 | 48.4 | 38.0 |
| 1997 | 100.0 | 12.5 | 47.7 | 39.8 |
| 1998 | 100.0 | 11.6 | 47.7 | 40.7 |
| 1999 | 100.0 | 10.9 | 47.2 | 41.9 |
| 2000 | 100.0 | 9.1 | 46.7 | 44.2 |
| 2001 | 100.0 | 8.1 | 45.9 | 46.0 |
| 2002 | 100.0 | 7.5 | 45.6 | 46.9 |
| 2003 | 100.0 | 6.7 | 48.1 | 45.2 |
| 2004 | 100.0 | 6.5 | 49.3 | 44.2 |
| 2005 | 100.0 | 6.4 | 50.3 | 43.3 |
| 2006 | 100.0 | 5.7 | 50.7 | 43.6 |
| 2007 | 100.0 | 5.2 | 50.5 | 44.3 |
| 2008 | 100.0 | 5.2 | 50.5 | 44.3 |
| 2009 | 100.0 | 4.9 | 49.3 | 45.8 |
| 2010 | 100.0 | 4.8 | 49.9 | 45.3 |
| 2011 | 100.0 | 4.8 | 49.3 | 45.9 |
| 2012 | 100.0 | 4.7 | 48.0 | 47.3 |
| 2013 | 100.0 | 4.6 | 46.9 | 48.5 |
| 2014 | 100.0 | 4.5 | 46.8 | 48.7 |
| 2015 | 100.0 | 4.3 | 45.4 | 50.3 |
| 2016 | 100.0 | 4.3 | 43.2 | 52.5 |
| 2017 | 100.0 | 3.9 | 42.1 | 54.0 |
| 2018 | 100.0 | 3.8 | 41.4 | 54.8 |
| 2019 | 100.0 | 4.0 | 40.2 | 55.8 |
| 2020 | 100.0 | 4.2 | 39.5 | 56.3 |
| 2021 | 100.0 | 4.0 | 40.5 | 55.5 |
| 2022 | 100.0 | 4.1 | 40.6 | 55.3 |
| 2023 | 100.0 | 4.1 | 40.1 | 55.8 |

# 6-5 三次产业贡献率及三次产业对地区生产总值增长的拉动

| 年份 | 三次产业贡献率(%) | | | | 三次产业对地区生产总值增长的拉动(百分点) | | | |
|---|---|---|---|---|---|---|---|---|
| | 地区生产总值 | 第一产业 | 第二产业 | 第三产业 | 地区生产总值 | 第一产业 | 第二产业 | 第三产业 |
| 1979 | 100.0 | 23.9 | 25.7 | 50.4 | 8.5 | 2.0 | 2.2 | 4.3 |
| 1980 | 100.0 | 22.4 | 44.2 | 33.5 | 16.6 | 3.7 | 7.3 | 5.6 |
| 1981 | 100.0 | 17.0 | 56.2 | 26.8 | 9.0 | 1.5 | 5.1 | 2.4 |
| 1982 | 100.0 | 32.1 | 40.8 | 27.1 | 12.0 | 3.8 | 4.9 | 3.2 |
| 1983 | 100.0 | 14.1 | 55.7 | 30.2 | 7.3 | 1.0 | 4.1 | 2.2 |
| 1984 | 100.0 | 23.7 | 50.7 | 25.6 | 15.6 | 3.7 | 7.9 | 4.0 |
| 1985 | 100.0 | 9.5 | 49.6 | 41.0 | 18.0 | 1.7 | 8.9 | 7.4 |
| 1986 | 100.0 | 13.0 | 30.4 | 56.6 | 12.7 | 1.7 | 3.9 | 7.2 |
| 1987 | 100.0 | 11.0 | 57.8 | 31.2 | 19.6 | 2.2 | 11.4 | 6.1 |
| 1988 | 100.0 | 7.6 | 67.7 | 24.7 | 15.8 | 1.2 | 10.7 | 3.9 |
| 1989 | 100.0 | 20.3 | 56.5 | 23.3 | 7.2 | 1.5 | 4.1 | 1.7 |
| 1990 | 100.0 | 12.7 | 53.0 | 34.3 | 11.6 | 1.5 | 6.1 | 4.0 |
| 1991 | 100.0 | 7.6 | 53.0 | 39.3 | 17.7 | 1.4 | 9.4 | 7.0 |
| 1992 | 100.0 | 5.6 | 63.0 | 31.4 | 22.1 | 1.2 | 13.9 | 6.9 |
| 1993 | 100.0 | 2.2 | 71.9 | 25.9 | 23.0 | 0.5 | 16.5 | 6.0 |
| 1994 | 100.0 | 2.6 | 65.9 | 31.6 | 19.7 | 0.5 | 13.0 | 6.2 |
| 1995 | 100.0 | 4.8 | 63.9 | 31.3 | 15.7 | 0.7 | 10.0 | 4.9 |
| 1996 | 100.0 | 5.4 | 61.0 | 33.6 | 11.3 | 0.6 | 6.9 | 3.8 |
| 1997 | 100.0 | 4.9 | 63.5 | 31.6 | 11.2 | 0.6 | 7.1 | 3.5 |
| 1998 | 100.0 | 3.9 | 64.4 | 31.7 | 10.9 | 0.4 | 7.0 | 3.4 |
| 1999 | 100.0 | 4.0 | 59.8 | 36.2 | 10.3 | 0.4 | 6.1 | 3.7 |
| 2000 | 100.0 | 1.9 | 59.7 | 38.4 | 11.7 | 0.2 | 7.0 | 4.5 |
| 2001 | 100.0 | 1.9 | 47.7 | 50.4 | 10.5 | 0.2 | 5.0 | 5.3 |
| 2002 | 100.0 | 2.9 | 51.7 | 45.4 | 12.4 | 0.4 | 6.4 | 5.6 |
| 2003 | 100.0 | 1.2 | 64.6 | 34.3 | 14.8 | 0.2 | 9.6 | 5.1 |
| 2004 | 100.0 | 2.0 | 63.4 | 34.6 | 13.2 | 0.3 | 8.3 | 4.6 |
| 2005 | 100.0 | 2.1 | 55.1 | 42.8 | 14.2 | 0.3 | 7.8 | 6.1 |
| 2006 | 100.0 | 1.7 | 58.1 | 40.3 | 14.9 | 0.2 | 8.6 | 6.0 |
| 2007 | 100.0 | 1.2 | 59.1 | 39.7 | 15.0 | 0.2 | 8.9 | 6.0 |
| 2008 | 100.0 | 1.9 | 57.7 | 40.4 | 10.5 | 0.2 | 6.1 | 4.2 |
| 2009 | 100.0 | 2.5 | 48.7 | 48.8 | 9.9 | 0.2 | 4.8 | 4.8 |
| 2010 | 100.0 | 1.7 | 61.0 | 37.3 | 12.5 | 0.2 | 7.6 | 4.7 |
| 2011 | 100.0 | 2.0 | 50.6 | 47.4 | 10.2 | 0.2 | 5.2 | 4.8 |
| 2012 | 100.0 | 2.1 | 43.9 | 53.9 | 8.3 | 0.2 | 3.6 | 4.5 |
| 2013 | 100.0 | 1.2 | 46.2 | 52.6 | 8.5 | 0.1 | 3.9 | 4.5 |
| 2014 | 100.0 | 1.7 | 50.2 | 48.1 | 7.8 | 0.1 | 3.9 | 3.8 |
| 2015 | 100.0 | 1.7 | 42.7 | 55.6 | 8.0 | 0.1 | 3.4 | 4.5 |
| 2016 | 100.0 | 1.8 | 36.8 | 61.4 | 7.5 | 0.1 | 2.8 | 4.6 |
| 2017 | 100.0 | 2.0 | 39.0 | 59.0 | 7.5 | 0.1 | 2.9 | 4.4 |
| 2018 | 100.0 | 2.5 | 38.2 | 59.2 | 6.8 | 0.2 | 2.6 | 4.0 |
| 2019 | 100.0 | 2.4 | 30.4 | 67.2 | 6.2 | 0.1 | 1.9 | 4.1 |
| 2020 | 100.0 | 6.1 | 36.1 | 57.8 | 2.3 | 0.2 | 0.8 | 1.3 |
| 2021 | 100.0 | 4.1 | 44.8 | 51.1 | 8.1 | 0.3 | 3.7 | 4.2 |
| 2022 | 100.0 | 10.2 | 25.8 | 64.0 | 2.0 | 0.2 | 0.5 | 1.3 |
| 2023 | 100.0 | 4.4 | 40.0 | 55.7 | 4.8 | 0.2 | 1.9 | 2.6 |

注：1.三次产业贡献率指各产业增加值增量与GDP增量之比。
2.三次产业拉动指GDP增长速度与各产业贡献率之乘积。

# 6-6 人均地区生产总值及人均消费水平

| 年份 | 人均地区生产总值 | | 人均消费水平 | | | | | |
|---|---|---|---|---|---|---|---|---|
| | | | 全体居民 | | 农村居民 | | 城镇居民 | |
| | 绝对数(元) | 增长速度(%) | 绝对数(元) | 增长速度(%) | 绝对数(元) | 增长速度(%) | 绝对数(元) | 增长速度(%) |
| 1978 | 370 | | 222 | | 171 | | 466 | |
| 1979 | 410 | 6.9 | 252 | 8.3 | 196 | 9.8 | 507 | 2.6 |
| 1980 | 481 | 14.8 | 302 | 14.9 | 228 | 14.1 | 620 | 12.7 |
| 1981 | 550 | 7.1 | 332 | 7.9 | 260 | 13.3 | 627 | -1.9 |
| 1982 | 633 | 10.0 | 377 | 10.3 | 298 | 10.4 | 696 | 8.3 |
| 1983 | 675 | 5.6 | 403 | 7.2 | 310 | 5.1 | 764 | 8.5 |
| 1984 | 827 | 13.8 | 453 | 10.3 | 334 | 7.8 | 878 | 9.7 |
| 1985 | 1026 | 16.2 | 529 | 5.7 | 372 | -2.6 | 1038 | 10.2 |
| 1986 | 1164 | 10.6 | 609 | 9.5 | 430 | 6.3 | 1146 | 8.4 |
| 1987 | 1443 | 17.0 | 754 | 6.4 | 515 | 4.9 | 1382 | 1.1 |
| 1988 | 1926 | 13.2 | 944 | -3.5 | 651 | 0.5 | 1716 | -6.8 |
| 1989 | 2251 | 4.8 | 1212 | 19.7 | 831 | 23.1 | 2188 | 15.0 |
| 1990 | 2484 | 9.1 | 1287 | 9.3 | 896 | 12.9 | 2263 | 4.7 |
| 1991 | 2941 | 14.7 | 1434 | 8.3 | 906 | 0.2 | 2712 | 14.8 |
| 1992 | 3699 | 18.8 | 1690 | 14.7 | 1023 | 9.7 | 3210 | 15.7 |
| 1993 | 5085 | 19.3 | 2308 | 20.5 | 1347 | 17.6 | 4280 | 17.0 |
| 1994 | 6530 | 15.5 | 3234 | 17.8 | 1831 | 14.3 | 5870 | 15.7 |
| 1995 | 8139 | 12.1 | 3991 | 10.1 | 2206 | 8.4 | 7091 | 7.6 |
| 1996 | 9157 | 8.7 | 4470 | 6.9 | 2547 | 11.6 | 7660 | 2.3 |
| 1997 | 10154 | 8.4 | 4612 | -2.1 | 2597 | -0.4 | 7807 | -4.8 |
| 1998 | 10850 | 7.9 | 4796 | 4.2 | 2681 | 5.8 | 8054 | 2.2 |
| 1999 | 11463 | 7.3 | 5025 | 4.5 | 2661 | 0.8 | 8598 | 5.9 |
| 2000 | 12817 | 7.3 | 5305 | 0.2 | 2680 | -1.3 | 9189 | 0.2 |
| 2001 | 13952 | 7.3 | 5445 | 1.9 | 2759 | 3.0 | 9312 | 0.3 |
| 2002 | 15478 | 11.1 | 6199 | 13.2 | 2904 | 5.7 | 10358 | 10.2 |
| 2003 | 17950 | 13.3 | 7342 | 17.0 | 3032 | 3.4 | 11136 | 6.4 |
| 2004 | 20647 | 11.5 | 8800 | 15.9 | 3386 | 8.2 | 12409 | 7.9 |
| 2005 | 23997 | 12.7 | 9799 | 10.0 | 3915 | 13.2 | 13609 | 8.6 |
| 2006 | 27861 | 12.8 | 10619 | 7.4 | 4010 | 2.2 | 14695 | 6.9 |
| 2007 | 33236 | 12.2 | 12336 | 12.9 | 4401 | 5.0 | 16982 | 12.6 |
| 2008 | 37543 | 7.9 | 13911 | 7.1 | 4975 | 5.6 | 19101 | 7.1 |
| 2009 | 39418 | 7.3 | 15243 | 10.9 | 5533 | 6.9 | 20852 | 11.3 |
| 2010 | 44669 | 9.5 | 17211 | 9.3 | 6255 | 9.4 | 23159 | 7.5 |
| 2011 | 50076 | 7.0 | 19186 | 5.8 | 7722 | 12.2 | 24943 | 2.9 |
| 2012 | 52308 | 5.3 | 21123 | 6.9 | 8663 | 6.7 | 27218 | 6.3 |
| 2013 | 56029 | 6.0 | 21208 | 10.0 | 10543 | 10.9 | 26206 | 9.6 |
| 2014 | 59909 | 5.7 | 23446 | 7.6 | 12206 | 12.3 | 28586 | 6.3 |
| 2015 | 64516 | 6.1 | 25138 | 6.8 | 12980 | 8.5 | 30472 | 5.6 |
| 2016 | 69671 | 5.6 | 27156 | 5.6 | 14356 | 6.8 | 32602 | 4.8 |
| 2017 | 76218 | 5.4 | 29364 | 5.4 | 15473 | 7.6 | 35110 | 4.5 |
| 2018 | 81625 | 4.9 | 31837 | 5.7 | 18241 | 15.2 | 37175 | 3.1 |
| 2019 | 86956 | 4.7 | 33885 | 5.6 | 19797 | 4.7 | 39188 | 5.1 |
| 2020 | 88521 | 1.1 | 33348 | -3.9 | 20273 | -1.6 | 37906 | -5.3 |
| 2021 | 98561 | 7.3 | 36879 | 9.1 | 22662 | 13.8 | 41773 | 7.5 |
| 2022 | 102217 | 1.9 | 38266 | 1.4 | 24174 | 4.4 | 43036 | 0.7 |
| 2023 | 106985 | 4.7 | | | | | | |

注：2006—2009年人均地区生产总值根据2010年第六次全国人口普查结果进行修订，2011—2019年人均地区生产总值根据2020年第七次全国人口普查结果进行修订，本表人均地区生产总值是人口平滑后的数据(以下相关表同)。

# 6-7 人均地区生产总值及人均消费水平指数

| 年份 | 人均地区生产总值 | | 人均消费水平 | | | | | |
|---|---|---|---|---|---|---|---|---|
| | | | 全体居民 | | 农村居民 | | 城镇居民 | |
| | 绝对数(元) | 1978年为100(%) | 绝对数(元) | 1978年为100(%) | 绝对数(元) | 1978年为100(%) | 绝对数(元) | 1978年为100(%) |
| 1978 | 370 | 100.0 | 222 | 100.0 | 171 | 100.0 | 466 | 100.0 |
| 1979 | 410 | 106.9 | 252 | 108.3 | 196 | 109.8 | 507 | 102.6 |
| 1980 | 481 | 122.6 | 302 | 124.4 | 228 | 125.2 | 620 | 115.6 |
| 1981 | 550 | 131.3 | 332 | 134.2 | 260 | 141.9 | 627 | 113.4 |
| 1982 | 633 | 144.4 | 377 | 148.1 | 298 | 156.7 | 696 | 122.8 |
| 1983 | 675 | 152.4 | 403 | 158.7 | 310 | 164.8 | 764 | 133.3 |
| 1984 | 827 | 173.5 | 453 | 175.0 | 334 | 177.6 | 878 | 146.3 |
| 1985 | 1026 | 201.6 | 529 | 184.9 | 372 | 172.9 | 1038 | 161.2 |
| 1986 | 1164 | 223.1 | 609 | 202.5 | 430 | 183.7 | 1146 | 174.7 |
| 1987 | 1443 | 260.9 | 754 | 215.6 | 515 | 192.6 | 1382 | 176.6 |
| 1988 | 1926 | 295.4 | 944 | 208.1 | 651 | 193.6 | 1716 | 164.6 |
| 1989 | 2251 | 309.6 | 1212 | 249.0 | 831 | 238.2 | 2188 | 189.3 |
| 1990 | 2484 | 337.7 | 1287 | 272.1 | 896 | 269.0 | 2263 | 198.2 |
| 1991 | 2941 | 387.4 | 1434 | 294.7 | 906 | 269.5 | 2712 | 227.5 |
| 1992 | 3699 | 460.3 | 1690 | 338.1 | 1023 | 295.7 | 3210 | 263.2 |
| 1993 | 5085 | 549.0 | 2308 | 407.5 | 1347 | 347.8 | 4280 | 308.1 |
| 1994 | 6530 | 633.9 | 3234 | 480.2 | 1831 | 397.6 | 5870 | 356.5 |
| 1995 | 8139 | 710.7 | 3991 | 528.9 | 2206 | 430.8 | 7091 | 383.5 |
| 1996 | 9157 | 772.3 | 4470 | 565.4 | 2547 | 480.6 | 7660 | 392.3 |
| 1997 | 10154 | 837.2 | 4612 | 553.4 | 2597 | 478.6 | 7807 | 373.4 |
| 1998 | 10850 | 903.3 | 4796 | 576.9 | 2681 | 506.5 | 8054 | 381.6 |
| 1999 | 11463 | 969.2 | 5025 | 602.6 | 2661 | 510.6 | 8598 | 404.2 |
| 2000 | 12817 | 1040.3 | 5305 | 603.5 | 2680 | 503.8 | 9189 | 405.0 |
| 2001 | 13952 | 1115.8 | 5445 | 615.2 | 2759 | 519.0 | 9312 | 406.3 |
| 2002 | 15478 | 1240.1 | 6199 | 696.1 | 2904 | 548.8 | 10358 | 447.6 |
| 2003 | 17950 | 1405.3 | 7342 | 814.5 | 3032 | 567.2 | 11136 | 476.2 |
| 2004 | 20647 | 1566.6 | 8800 | 944.4 | 3386 | 613.6 | 12409 | 513.8 |
| 2005 | 23997 | 1766.1 | 9799 | 1039.2 | 3915 | 694.5 | 13609 | 557.8 |
| 2006 | 27861 | 1992.7 | 10619 | 1116.5 | 4010 | 709.8 | 14695 | 596.5 |
| 2007 | 33236 | 2235.7 | 12336 | 1260.3 | 4401 | 745.1 | 16982 | 671.5 |
| 2008 | 37543 | 2413.3 | 13911 | 1350.1 | 4975 | 787.1 | 19101 | 719.3 |
| 2009 | 39418 | 2588.9 | 15243 | 1496.8 | 5533 | 841.2 | 20852 | 800.5 |
| 2010 | 44669 | 2834.9 | 17211 | 1636.4 | 6255 | 920.5 | 23159 | 860.4 |
| 2011 | 50076 | 3032.2 | 19186 | 1730.9 | 7722 | 1033.1 | 24943 | 885.0 |
| 2012 | 52308 | 3192.2 | 21123 | 1850.9 | 8663 | 1101.9 | 27218 | 940.9 |
| 2013 | 56029 | 3385.1 | 21208 | 2035.2 | 10543 | 1222.5 | 26206 | 1031.1 |
| 2014 | 59909 | 3577.5 | 23446 | 2190.0 | 12206 | 1372.6 | 28586 | 1095.8 |
| 2015 | 64516 | 3797.1 | 25138 | 2338.3 | 12980 | 1489.9 | 30472 | 1157.7 |
| 2016 | 69671 | 4010.1 | 27156 | 2469.4 | 14356 | 1591.5 | 32602 | 1213.6 |
| 2017 | 76218 | 4227.6 | 29364 | 2602.2 | 15473 | 1711.8 | 35110 | 1268.1 |
| 2018 | 81625 | 4434.4 | 31837 | 2750.1 | 18241 | 1971.7 | 37175 | 1307.9 |
| 2019 | 86956 | 4641.2 | 33885 | 2903.7 | 19797 | 2063.7 | 39188 | 1375.3 |
| 2020 | 88521 | 4693.5 | 33348 | 2790.0 | 20273 | 2029.6 | 37906 | 1302.6 |
| 2021 | 98561 | 5036.4 | 36879 | 3043.1 | 22662 | 2310.2 | 41773 | 1400.7 |
| 2022 | 102217 | 5132.9 | 38266 | 3086.2 | 24174 | 2411.0 | 43036 | 1410.1 |
| 2023 | 106985 | 5372.1 | | | | | | |

# 6-8 各市地区生产总值及增长速度

(2023年)

| 市　别 | 地区生产总值(亿元) | 第一产业 | 第二产业 | 第三产业 | 地区生产总值增长速度(%) | 第一产业 | 第二产业 | 第三产业 |
|---|---|---|---|---|---|---|---|---|
| 广　州 | 30355.73 | 317.78 | 7775.71 | 22262.23 | 4.6 | 3.5 | 2.6 | 5.3 |
| 深　圳 | 34606.40 | 24.71 | 13015.32 | 21566.38 | 6.0 | 2.6 | 6.5 | 5.6 |
| 珠　海 | 4233.22 | 69.71 | 1872.11 | 2291.39 | 3.8 | 5.1 | 4.7 | 3.0 |
| 汕　头 | 3158.32 | 141.98 | 1523.26 | 1493.08 | 4.2 | 3.4 | 4.7 | 3.7 |
| 佛　山 | 13276.14 | 228.78 | 7513.72 | 5533.64 | 5.0 | 4.7 | 6.2 | 3.3 |
| 韶　关 | 1620.83 | 238.71 | 559.16 | 822.97 | 4.6 | 6.1 | 3.2 | 4.9 |
| 河　源 | 1348.22 | 172.63 | 499.12 | 676.47 | 4.0 | 6.2 | 4.7 | 2.9 |
| 梅　州 | 1408.43 | 266.05 | 444.11 | 698.27 | 6.5 | 5.8 | 9.5 | 4.9 |
| 惠　州 | 5639.68 | 296.06 | 3070.35 | 2273.27 | 5.6 | 6.6 | 6.0 | 4.8 |
| 汕　尾 | 1430.84 | 192.50 | 563.89 | 674.45 | 5.0 | 3.0 | 5.7 | 4.9 |
| 东　莞 | 11438.13 | 36.25 | 6478.18 | 4923.71 | 2.6 | 5.0 | 1.4 | 4.1 |
| 中　山 | 3850.65 | 94.13 | 1965.92 | 1790.59 | 5.6 | 5.5 | 7.3 | 3.7 |
| 江　门 | 4022.25 | 347.01 | 1855.14 | 1820.10 | 5.5 | 5.9 | 7.3 | 3.6 |
| 阳　江 | 1581.79 | 255.85 | 602.01 | 723.93 | 3.8 | 3.2 | 3.0 | 4.5 |
| 湛　江 | 3793.59 | 706.91 | 1454.61 | 1632.06 | 3.0 | 3.8 | 0.5 | 4.5 |
| 茂　名 | 3987.22 | 725.28 | 1346.00 | 1915.94 | 3.7 | 4.6 | 3.8 | 3.2 |
| 肇　庆 | 2792.51 | 498.94 | 1154.56 | 1139.01 | 3.7 | 4.4 | 2.8 | 4.2 |
| 清　远 | 2120.19 | 343.05 | 809.03 | 968.12 | 4.5 | 5.9 | 5.6 | 3.0 |
| 潮　州 | 1356.59 | 131.72 | 633.99 | 590.88 | 3.0 | 4.9 | 2.0 | 3.5 |
| 揭　阳 | 2445.03 | 230.09 | 913.79 | 1301.14 | 7.5 | 4.8 | 14.4 | 3.7 |
| 云　浮 | 1207.42 | 222.55 | 387.29 | 597.58 | 3.8 | 5.6 | 3.3 | 3.3 |
| 按经济区域分 | | | | | | | | |
| 珠三角 | 110214.70 | 1913.38 | 44701.01 | 63600.32 | 4.8 | 4.9 | 4.8 | 4.8 |
| 粤　东 | 8390.78 | 696.29 | 3634.93 | 4059.55 | 5.0 | 4.0 | 6.7 | 3.9 |
| 粤　西 | 9362.60 | 1688.04 | 3402.62 | 4271.93 | 3.4 | 4.1 | 2.2 | 3.9 |
| 粤　北 | 7705.08 | 1242.99 | 2698.70 | 3763.40 | 4.6 | 5.9 | 5.2 | 3.8 |

# 6-9　各市地区生产总值产业构成

(2023年)　　单位：%

| 市　别 | 地区生产总值 | 第一产业 | 第二产业 | 第三产业 |
|---|---|---|---|---|
| 广　州 | 100.0 | 1.1 | 25.6 | 73.3 |
| 深　圳 | 100.0 | 0.1 | 37.6 | 62.3 |
| 珠　海 | 100.0 | 1.7 | 44.2 | 54.1 |
| 汕　头 | 100.0 | 4.5 | 48.2 | 47.3 |
| 佛　山 | 100.0 | 1.7 | 56.6 | 41.7 |
| 韶　关 | 100.0 | 14.7 | 34.5 | 50.8 |
| 河　源 | 100.0 | 12.8 | 37.0 | 50.2 |
| 梅　州 | 100.0 | 18.9 | 31.5 | 49.6 |
| 惠　州 | 100.0 | 5.3 | 54.4 | 40.3 |
| 汕　尾 | 100.0 | 13.5 | 39.4 | 47.1 |
| 东　莞 | 100.0 | 0.3 | 56.6 | 43.1 |
| 中　山 | 100.0 | 2.4 | 51.1 | 46.5 |
| 江　门 | 100.0 | 8.6 | 46.1 | 45.3 |
| 阳　江 | 100.0 | 16.2 | 38.0 | 45.8 |
| 湛　江 | 100.0 | 18.6 | 38.4 | 43.0 |
| 茂　名 | 100.0 | 18.2 | 33.8 | 48.0 |
| 肇　庆 | 100.0 | 17.9 | 41.3 | 40.8 |
| 清　远 | 100.0 | 16.2 | 38.1 | 45.7 |
| 潮　州 | 100.0 | 9.7 | 46.7 | 43.6 |
| 揭　阳 | 100.0 | 9.4 | 37.4 | 53.2 |
| 云　浮 | 100.0 | 18.4 | 32.1 | 49.5 |
| 按经济区域分 | | | | |
| 珠三角 | 100.0 | 1.7 | 40.6 | 57.7 |
| 粤　东 | 100.0 | 8.3 | 43.3 | 48.4 |
| 粤　西 | 100.0 | 18.1 | 36.3 | 45.6 |
| 粤　北 | 100.0 | 16.1 | 35.0 | 48.9 |

# 6-10 各县(市、区)三次产业地区生产总值

| 地区 | 地区生产总值(亿元) | | 第一产业(亿元) | | 第二产业(亿元) | | 第三产业(亿元) | | 人均地区生产总值(元) | |
|---|---|---|---|---|---|---|---|---|---|---|
| | 2022 | 2023 | 2022 | 2023 | 2022 | 2023 | 2022 | 2023 | 2022 | 2023 |
| **广州市** | | | | | | | | | | |
| 越秀区 | 3651.44 | 3810.24 | | | 123.42 | 137.11 | 3528.02 | 3673.13 | 351523 | 383228 |
| 海珠区 | 2511.74 | 2720.16 | 1.19 | 1.40 | 440.68 | 486.37 | 2069.87 | 2232.39 | 138766 | 152535 |
| 荔湾区 | 1216.87 | 1277.93 | 5.37 | 5.32 | 343.25 | 355.25 | 868.25 | 917.36 | 108008 | 113257 |
| 天河区 | 6221.95 | 6551.26 | 2.53 | 2.77 | 437.86 | 470.52 | 5781.56 | 6077.98 | 278992 | 293798 |
| 白云区 | 2494.34 | 2812.01 | 35.22 | 36.96 | 552.47 | 589.33 | 1906.65 | 2185.73 | 68095 | 77001 |
| 黄埔区 | 4267.55 | 4315.17 | 4.92 | 5.34 | 2460.02 | 2325.94 | 1802.61 | 1983.90 | 357162 | 357527 |
| 花都区 | 1771.44 | 1801.51 | 52.82 | 56.59 | 742.04 | 697.85 | 976.57 | 1047.07 | 103729 | 104895 |
| 番禺区 | 2711.72 | 2866.95 | 36.23 | 37.67 | 997.70 | 1050.83 | 1677.79 | 1778.45 | 96405 | 101840 |
| 南沙区 | 2252.49 | 2323.54 | 75.60 | 69.54 | 977.93 | 976.49 | 1198.95 | 1277.51 | 246201 | 244931 |
| 从化区 | 408.78 | 424.48 | 34.24 | 34.34 | 127.21 | 133.43 | 247.33 | 256.71 | 55727 | 57662 |
| 增城区 | 1324.74 | 1452.46 | 64.29 | 67.85 | 524.46 | 552.60 | 735.99 | 832.01 | 86033 | 92599 |
| **深圳市** | | | | | | | | | | |
| 福田区 | 5503.65 | 5704.55 | 1.71 | 1.76 | 541.86 | 567.34 | 4960.08 | 5135.45 | 357728 | 375831 |
| 罗湖区 | 2600.26 | 2808.19 | 0.46 | 0.40 | 149.34 | 163.42 | 2450.47 | 2644.36 | 240076 | 273623 |
| 盐田区 | 809.64 | 850.02 | 0.28 | 0.34 | 146.04 | 149.30 | 663.32 | 700.38 | 379311 | 401049 |
| 南山区 | 8153.86 | 8566.02 | 0.85 | 1.10 | 2466.27 | 2529.67 | 5686.74 | 6035.25 | 449980 | 472139 |
| 宝安区 | 4686.10 | 5202.01 | 0.91 | 0.87 | 2348.12 | 2499.35 | 2337.06 | 2701.79 | 103810 | 114196 |
| 龙岗区 | 5149.01 | 5483.77 | 2.30 | 2.26 | 3406.47 | 3602.99 | 1740.24 | 1878.53 | 122383 | 128951 |
| 龙华区 | 2951.92 | 3010.72 | 0.59 | 0.62 | 1429.70 | 1401.59 | 1521.63 | 1608.51 | 117487 | 120227 |
| 坪山区 | 1128.16 | 1329.89 | 1.23 | 1.37 | 783.09 | 945.68 | 343.85 | 382.84 | 191995 | 217160 |
| 光明区 | 1403.24 | 1526.64 | 2.28 | 2.16 | 999.86 | 1089.76 | 401.09 | 434.73 | 123819 | 132183 |
| **珠海市** | | | | | | | | | | |
| 香洲区 | 2697.82 | 2819.14 | 1.71 | 1.77 | 932.63 | 977.02 | 1763.47 | 1840.35 | 192239 | 199625 |
| 金湾区 | 867.23 | 887.08 | 15.61 | 16.95 | 615.36 | 624.31 | 236.26 | 245.82 | 191619 | 195055 |
| 斗门区 | 505.13 | 527.00 | 49.56 | 51.00 | 250.88 | 270.78 | 204.69 | 205.22 | 82004 | 85185 |
| **汕头市** | | | | | | | | | | |
| 金平区 | 611.50 | 637.56 | 3.08 | 3.22 | 239.92 | 254.79 | 368.49 | 379.55 | 78852 | 82441 |
| 龙湖区 | 620.05 | 645.34 | 8.45 | 8.82 | 215.17 | 225.81 | 396.43 | 410.71 | 96303 | 99559 |
| 澄海区 | 520.94 | 557.31 | 46.32 | 49.59 | 274.26 | 297.62 | 200.37 | 210.10 | 59380 | 63424 |
| 濠江区 | 185.41 | 187.50 | 8.58 | 9.09 | 103.08 | 105.87 | 73.75 | 72.54 | 68606 | 69253 |
| 潮阳区 | 535.09 | 555.70 | 35.47 | 36.26 | 297.92 | 310.10 | 201.69 | 209.34 | 32156 | 33281 |
| 潮南区 | 524.50 | 536.41 | 22.53 | 22.95 | 318.14 | 321.98 | 183.83 | 191.48 | 42271 | 43083 |
| 南澳县 | 37.17 | 38.50 | 11.96 | 12.04 | 7.37 | 7.09 | 17.84 | 19.37 | 57720 | 60201 |
| **佛山市** | | | | | | | | | | |
| 禅城区 | 2274.43 | 2387.50 | 0.64 | 0.66 | 790.61 | 815.55 | 1483.18 | 1571.29 | 170152 | 178524 |
| 南海区 | 3761.40 | 3930.50 | 66.35 | 68.76 | 2041.37 | 2140.08 | 1653.69 | 1721.66 | 102014 | 107238 |
| 顺德区 | 4144.18 | 4317.01 | 70.39 | 73.71 | 2462.07 | 2626.24 | 1611.72 | 1617.05 | 127832 | 133815 |
| 高明区 | 1044.44 | 1100.50 | 36.82 | 38.33 | 784.76 | 817.64 | 222.86 | 244.53 | 220765 | 231733 |
| 三水区 | 1470.55 | 1540.63 | 45.36 | 47.32 | 1069.53 | 1114.21 | 355.66 | 379.10 | 174319 | 175012 |
| **韶关市** | | | | | | | | | | |
| 浈江区 | 229.13 | 237.91 | 8.71 | 8.71 | 61.88 | 61.89 | 158.54 | 167.31 | 63220 | 65768 |
| 武江区 | 310.35 | 320.07 | 8.38 | 8.61 | 125.66 | 126.87 | 176.32 | 184.58 | 81317 | 83314 |
| 曲江区 | 193.78 | 210.18 | 21.01 | 22.30 | 100.48 | 110.64 | 72.29 | 77.24 | 66689 | 72290 |
| 乐昌市 | 138.26 | 146.03 | 32.14 | 34.51 | 28.44 | 30.08 | 77.68 | 81.44 | 36220 | 38436 |
| 南雄市 | 134.37 | 135.90 | 38.63 | 38.97 | 29.69 | 29.04 | 66.05 | 67.89 | 38036 | 38602 |
| 仁化县 | 123.77 | 126.86 | 26.31 | 28.20 | 54.03 | 54.18 | 43.43 | 44.48 | 66630 | 68291 |
| 始兴县 | 100.76 | 103.09 | 28.34 | 29.96 | 29.69 | 28.95 | 42.74 | 44.18 | 50793 | 51987 |
| 翁源县 | 132.76 | 140.11 | 34.95 | 36.96 | 35.12 | 37.10 | 62.68 | 66.05 | 41083 | 43386 |
| 新丰县 | 82.05 | 85.14 | 17.50 | 18.82 | 22.49 | 23.33 | 42.07 | 43.00 | 41922 | 43586 |
| 乳源县 | 118.23 | 115.55 | 10.95 | 11.68 | 62.44 | 57.09 | 44.83 | 46.78 | 62787 | 61205 |

# 6–10 续表 1

| 地 区 | 地区生产总值(亿元) | | 第一产业(亿元) | | 第二产业(亿元) | | 第三产业(亿元) | | 人均地区生产总值(元) | |
|---|---|---|---|---|---|---|---|---|---|---|
| | 2022 | 2023 | 2022 | 2023 | 2022 | 2023 | 2022 | 2023 | 2022 | 2023 |
| **河源市** | | | | | | | | | | |
| 源城区 | 535.44 | 546.04 | 3.95 | 3.59 | 253.78 | 260.12 | 277.71 | 282.33 | 75515 | 76789 |
| 东源县 | 173.35 | 181.68 | 30.88 | 34.12 | 67.23 | 70.11 | 75.24 | 77.45 | 49226 | 51482 |
| 和平县 | 129.76 | 135.22 | 27.65 | 28.63 | 34.00 | 36.24 | 68.11 | 70.35 | 36738 | 38376 |
| 龙川县 | 172.44 | 181.62 | 32.86 | 34.16 | 40.72 | 44.07 | 98.86 | 103.40 | 29065 | 30690 |
| 紫金县 | 190.53 | 197.45 | 44.48 | 47.03 | 56.75 | 58.52 | 89.30 | 91.90 | 34702 | 36028 |
| 连平县 | 100.86 | 106.20 | 22.83 | 25.10 | 29.77 | 30.07 | 48.26 | 51.03 | 35447 | 37422 |
| **梅州市** | | | | | | | | | | |
| 梅江区 | 289.08 | 304.98 | 9.42 | 9.54 | 123.60 | 131.90 | 156.06 | 163.54 | 66084 | 69717 |
| 梅县区 | 239.26 | 258.48 | 60.26 | 63.02 | 78.59 | 87.15 | 100.40 | 108.31 | 43020 | 46666 |
| 兴宁市 | 202.23 | 213.07 | 53.21 | 55.29 | 36.84 | 38.83 | 112.18 | 118.94 | 26125 | 27714 |
| 平远县 | 87.37 | 93.72 | 15.14 | 15.90 | 24.29 | 26.65 | 47.95 | 51.17 | 46461 | 50373 |
| 蕉岭县 | 106.28 | 114.37 | 18.47 | 18.78 | 45.65 | 51.26 | 42.17 | 44.33 | 58332 | 63485 |
| 大埔县 | 101.45 | 106.85 | 30.52 | 32.45 | 18.61 | 19.82 | 52.32 | 54.58 | 31105 | 33198 |
| 丰顺县 | 120.06 | 132.41 | 26.63 | 27.45 | 42.63 | 52.01 | 50.79 | 52.96 | 25001 | 27583 |
| 五华县 | 180.05 | 184.55 | 42.63 | 43.61 | 38.17 | 36.49 | 99.25 | 104.45 | 19504 | 19945 |
| **惠州市** | | | | | | | | | | |
| 惠城区 | 1949.28 | 2078.91 | 44.88 | 46.47 | 967.14 | 1030.74 | 937.27 | 1001.71 | 92949 | 99070 |
| 惠阳区 | 1705.84 | 1755.97 | 25.40 | 27.25 | 1205.00 | 1226.03 | 475.44 | 502.69 | 120703 | 124158 |
| 惠东县 | 733.85 | 762.13 | 81.28 | 87.44 | 269.99 | 269.69 | 382.58 | 405.00 | 72069 | 74730 |
| 博罗县 | 810.79 | 838.89 | 89.37 | 94.24 | 443.15 | 466.46 | 278.27 | 278.20 | 66982 | 69317 |
| 龙门县 | 200.52 | 203.78 | 38.13 | 40.67 | 78.81 | 77.43 | 83.58 | 85.67 | 62858 | 63878 |
| **汕尾市** | | | | | | | | | | |
| 市城区 | 363.87 | 394.79 | 41.41 | 44.75 | 126.76 | 143.55 | 195.69 | 206.49 | 80262 | 86834 |
| 陆丰市 | 417.69 | 445.25 | 82.43 | 84.60 | 157.36 | 172.11 | 177.91 | 188.54 | 33684 | 35905 |
| 海丰县 | 417.10 | 445.05 | 44.16 | 45.27 | 182.98 | 193.70 | 189.96 | 206.08 | 56201 | 59915 |
| 陆河县 | 132.00 | 145.75 | 17.73 | 17.88 | 44.02 | 54.53 | 70.25 | 73.33 | 52970 | 58439 |
| **东莞市** | **11375.66** | **11438.13** | **35.92** | **36.25** | **6587.22** | **6478.18** | **4752.53** | **4923.71** | **108475** | **109339** |
| **中山市** | **3632.22** | **3850.65** | **89.25** | **94.13** | **1835.46** | **1965.92** | **1707.50** | **1790.59** | **81641** | **86636** |
| **江门市** | | | | | | | | | | |
| 蓬江区 | 878.92 | 918.24 | 8.07 | 8.03 | 332.84 | 345.37 | 538.01 | 564.84 | 101375 | 105619 |
| 江海区 | 300.11 | 306.28 | 7.41 | 8.54 | 178.28 | 178.36 | 114.42 | 119.39 | 79806 | 80931 |
| 新会区 | 943.63 | 1011.25 | 60.74 | 72.09 | 471.89 | 511.27 | 410.99 | 427.88 | 103344 | 110967 |
| 台山市 | 514.50 | 547.40 | 127.20 | 116.44 | 206.69 | 233.01 | 180.61 | 197.95 | 57037 | 61104 |
| 开平市 | 457.57 | 500.36 | 55.25 | 61.31 | 227.26 | 245.01 | 175.06 | 194.04 | 61185 | 67253 |
| 鹤山市 | 460.51 | 502.87 | 33.77 | 40.96 | 249.45 | 274.00 | 177.28 | 187.91 | 85350 | 92823 |
| 恩平市 | 219.18 | 235.85 | 30.98 | 39.64 | 63.61 | 68.12 | 124.60 | 128.09 | 45374 | 48972 |
| **阳江市** | | | | | | | | | | |
| 江城区 | 576.26 | 593.30 | 57.54 | 59.44 | 215.77 | 219.02 | 302.95 | 314.85 | 70144 | 72164 |
| 阳东区 | 351.94 | 349.87 | 59.52 | 59.96 | 182.74 | 178.51 | 109.68 | 111.40 | 73070 | 72579 |
| 阳春市 | 358.05 | 363.03 | 67.44 | 66.60 | 104.52 | 103.54 | 186.09 | 192.89 | 40616 | 41151 |
| 阳西县 | 255.40 | 275.59 | 68.43 | 69.85 | 85.96 | 100.94 | 101.01 | 104.79 | 58478 | 63049 |

## 6-10 续表 2

| 地区 | 地区生产总值(亿元) | | 第一产业(亿元) | | 第二产业(亿元) | | 第三产业(亿元) | | 人均地区生产总值(元) | |
|---|---|---|---|---|---|---|---|---|---|---|
| | 2022 | 2023 | 2022 | 2023 | 2022 | 2023 | 2022 | 2023 | 2022 | 2023 |
| **湛江市** | | | | | | | | | | |
| 赤坎区 | 364.00 | 380.39 | 1.50 | 1.14 | 80.06 | 82.06 | 282.43 | 297.19 | 85475 | 88877 |
| 霞山区 | 447.03 | 457.99 | 2.89 | 3.07 | 193.81 | 199.21 | 250.34 | 255.72 | 67375 | 68551 |
| 麻章区 | 602.84 | 618.20 | 53.82 | 57.40 | 416.99 | 415.15 | 132.02 | 145.65 | 112512 | 114386 |
| 坡头区 | 414.33 | 398.48 | 24.37 | 19.40 | 280.17 | 277.15 | 109.79 | 101.92 | 121290 | 116225 |
| 雷州市 | 369.53 | 386.42 | 154.08 | 161.81 | 44.84 | 47.72 | 170.61 | 176.89 | 27895 | 29156 |
| 廉江市 | 541.68 | 555.76 | 139.29 | 141.09 | 198.23 | 200.59 | 204.16 | 214.08 | 39625 | 40582 |
| 吴川市 | 306.59 | 314.89 | 39.39 | 41.49 | 106.36 | 105.73 | 160.84 | 167.67 | 33667 | 34461 |
| 遂溪县 | 421.64 | 426.43 | 152.43 | 160.00 | 95.08 | 86.78 | 174.12 | 179.65 | 50911 | 51371 |
| 徐闻县 | 243.19 | 255.02 | 116.34 | 121.52 | 38.12 | 40.22 | 88.73 | 93.28 | 38247 | 39922 |
| **茂名市** | | | | | | | | | | |
| 茂南区 | 1156.15 | 1152.55 | 36.19 | 38.55 | 603.19 | 586.77 | 516.77 | 527.23 | 109526 | 108808 |
| 电白区 | 810.80 | 840.26 | 166.21 | 170.01 | 290.96 | 301.61 | 353.62 | 368.65 | 53511 | 55348 |
| 信宜市 | 550.08 | 566.29 | 161.69 | 165.22 | 85.55 | 84.04 | 302.84 | 317.03 | 53604 | 54886 |
| 高州市 | 735.60 | 764.15 | 188.14 | 192.04 | 188.78 | 201.44 | 358.67 | 370.67 | 55379 | 57561 |
| 化州市 | 650.15 | 663.96 | 155.83 | 159.46 | 174.00 | 171.56 | 320.32 | 332.94 | 49872 | 50740 |
| **肇庆市** | | | | | | | | | | |
| 端州区 | 464.23 | 478.99 | 0.25 | 0.26 | 132.68 | 133.78 | 331.29 | 344.96 | 76340 | 78795 |
| 鼎湖区 | 156.91 | 163.96 | 11.86 | 12.04 | 77.39 | 83.14 | 67.67 | 68.78 | 73445 | 75594 |
| 高要区 | 542.59 | 561.45 | 116.06 | 121.41 | 289.25 | 297.55 | 137.29 | 142.49 | 73032 | 75741 |
| 四会市 | 754.27 | 759.15 | 72.40 | 73.65 | 411.27 | 402.20 | 270.60 | 283.31 | 116562 | 116662 |
| 广宁县 | 182.78 | 189.68 | 60.75 | 62.29 | 56.43 | 59.45 | 65.60 | 67.94 | 45255 | 47670 |
| 德庆县 | 150.86 | 153.67 | 44.20 | 44.80 | 43.99 | 43.39 | 62.67 | 65.48 | 45067 | 45472 |
| 封开县 | 172.83 | 180.34 | 61.79 | 62.69 | 59.21 | 63.93 | 51.82 | 53.72 | 45796 | 47415 |
| 怀集县 | 297.09 | 305.26 | 119.80 | 121.79 | 69.10 | 71.13 | 108.19 | 112.34 | 37076 | 38296 |
| **清远市** | | | | | | | | | | |
| 清城区 | 717.90 | 745.34 | 30.38 | 32.12 | 323.57 | 342.30 | 363.94 | 370.93 | 63596 | 65986 |
| 清新区 | 315.39 | 324.81 | 60.09 | 61.12 | 123.88 | 123.83 | 131.42 | 139.86 | 51001 | 52511 |
| 英德市 | 405.21 | 420.47 | 89.09 | 94.98 | 154.86 | 159.63 | 161.26 | 165.87 | 42927 | 44518 |
| 连州市 | 181.30 | 188.56 | 51.38 | 52.33 | 46.77 | 49.61 | 83.14 | 86.63 | 47987 | 49905 |
| 佛冈县 | 166.67 | 171.57 | 25.85 | 26.49 | 74.95 | 76.44 | 65.87 | 68.65 | 52661 | 54184 |
| 阳山县 | 140.78 | 144.42 | 50.26 | 51.38 | 26.27 | 26.37 | 64.25 | 66.66 | 38271 | 39245 |
| 连山县 | 49.23 | 50.94 | 11.70 | 11.53 | 11.63 | 12.28 | 25.91 | 27.12 | 51577 | 53314 |
| 连南县 | 73.67 | 74.06 | 13.32 | 13.09 | 19.46 | 18.57 | 40.88 | 42.40 | 54386 | 54640 |
| **潮州市** | | | | | | | | | | |
| 湘桥区 | 319.84 | 322.62 | 9.87 | 10.46 | 93.30 | 88.36 | 216.68 | 223.80 | 55389 | 55821 |
| 潮安区 | 654.49 | 672.49 | 28.99 | 30.00 | 414.86 | 422.17 | 210.64 | 220.33 | 55526 | 57008 |
| 饶平县 | 343.40 | 361.49 | 85.57 | 91.27 | 117.11 | 123.47 | 140.72 | 146.75 | 41931 | 44175 |
| **揭阳市** | | | | | | | | | | |
| 榕城区 | 584.72 | 596.64 | 13.49 | 13.51 | 199.00 | 199.24 | 372.23 | 383.89 | 62205 | 63251 |
| 揭东区 | 498.10 | 496.79 | 45.72 | 46.58 | 227.05 | 207.68 | 225.33 | 242.53 | 53145 | 52907 |
| 普宁市 | 642.98 | 670.76 | 47.73 | 48.66 | 207.81 | 201.41 | 387.43 | 420.69 | 31815 | 33049 |
| 揭西县 | 260.51 | 261.70 | 53.02 | 55.16 | 69.12 | 62.51 | 138.37 | 144.04 | 38606 | 38797 |
| 惠来县 | 290.54 | 419.13 | 63.83 | 66.19 | 95.34 | 242.95 | 131.37 | 110.00 | 27607 | 39637 |
| **云浮市** | | | | | | | | | | |
| 云城区 | 259.25 | 271.12 | 21.05 | 21.33 | 85.97 | 94.31 | 152.23 | 155.48 | 63207 | 65837 |
| 云安区 | 135.56 | 138.35 | 18.60 | 19.01 | 69.96 | 69.58 | 47.01 | 49.76 | 57261 | 58303 |
| 罗定市 | 322.23 | 335.03 | 67.93 | 68.00 | 84.93 | 88.86 | 169.37 | 178.17 | 34180 | 35541 |
| 新兴县 | 314.67 | 317.59 | 77.18 | 79.81 | 107.07 | 103.24 | 130.42 | 134.55 | 72815 | 73593 |
| 郁南县 | 141.79 | 145.32 | 33.50 | 34.41 | 31.48 | 31.29 | 76.81 | 79.62 | 38004 | 38935 |

# 6-11 各县(市、区)三次产业地区生产总值指数

单位：%

| 地 区 | 地区生产总值增长速度 | | 第一产业增长速度 | | 第二产业增长速度 | | 第三产业增长速度 | | 人均地区生产总值增长速度 | |
|---|---|---|---|---|---|---|---|---|---|---|
| | 2022 | 2023 | 2022 | 2023 | 2022 | 2023 | 2022 | 2023 | 2022 | 2023 |
| **广州市** | | | | | | | | | | |
| 越秀区 | 0.1 | 4.5 | | | -11.0 | 10.8 | 0.5 | 4.2 | 0.5 | 9.1 |
| 海珠区 | 1.4 | 8.6 | -4.0 | 30.9 | 2.2 | 19.9 | 1.2 | 6.2 | 2.0 | 10.2 |
| 荔湾区 | 1.1 | 4.8 | 2.8 | 0.2 | 1.2 | 4.9 | 1.1 | 4.7 | 6.4 | 4.6 |
| 天河区 | 2.4 | 5.1 | 6.6 | 27.6 | -2.9 | 8.0 | 2.8 | 4.8 | 3.0 | 5.1 |
| 白云区 | -2.9 | 8.1 | 4.5 | 6.6 | -6.5 | 6.9 | -2.0 | 8.4 | -1.3 | 8.4 |
| 黄埔区 | 0.8 | 1.2 | 6.6 | 10.1 | -0.7 | -2.0 | 3.0 | 5.5 | 4.1 | 0.1 |
| 花都区 | -1.1 | 2.1 | 4.7 | 10.1 | -5.4 | -3.6 | 2.1 | 5.9 | -2.7 | 1.5 |
| 番禺区 | 1.4 | 4.6 | -6.4 | -1.0 | 2.9 | 6.5 | 0.7 | 3.6 | -1.1 | 4.5 |
| 南沙区 | 4.2 | 4.3 | 6.7 | -1.2 | 4.3 | 3.4 | 4.0 | 5.2 | -0.4 | 0.5 |
| 从化区 | -2.0 | 4.7 | 0.2 | 6.9 | -6.3 | 6.3 | -0.2 | 3.5 | -3.4 | 4.3 |
| 增城区 | 3.9 | 8.5 | -0.3 | 4.3 | -0.5 | 6.5 | 7.5 | 10.2 | 1.2 | 6.5 |
| **深圳市** | | | | | | | | | | |
| 福田区 | 2.8 | 2.8 | 54.7 | 1.4 | 2.6 | 2.9 | 2.8 | 2.8 | 4.1 | 4.2 |
| 罗湖区 | 2.7 | 7.2 | 6.7 | -14.1 | -13.2 | 6.1 | 3.9 | 7.3 | 8.9 | 13.2 |
| 盐田区 | 4.0 | 5.3 | 67.3 | 20.0 | 9.2 | 4.0 | 2.9 | 5.6 | 4.7 | 6.1 |
| 南山区 | 3.3 | 5.1 | -28.7 | 34.7 | 1.0 | 6.3 | 4.1 | 4.7 | 3.1 | 5.0 |
| 宝安区 | 2.7 | 8.5 | 33.0 | 4.7 | 3.5 | 6.8 | 1.8 | 10.3 | 2.1 | 7.5 |
| 龙岗区 | 2.8 | 6.2 | 21.8 | -9.3 | 2.1 | 5.5 | 4.1 | 7.4 | 1.8 | 5.0 |
| 龙华区 | 2.9 | 2.0 | -5.4 | 8.4 | 0.8 | -1.2 | 4.9 | 5.1 | 3.9 | 2.4 |
| 坪山区 | 14.0 | 18.0 | 7.7 | 17.9 | 15.1 | 22.1 | 11.6 | 9.4 | 8.7 | 13.3 |
| 光明区 | 5.6 | 9.0 | 6.3 | -1.0 | 5.2 | 9.5 | 6.5 | 7.9 | 3.4 | 7.0 |
| **珠海市** | | | | | | | | | | |
| 香洲区 | 1.6 | 4.2 | -31.6 | 6.1 | 3.3 | 5.6 | 0.9 | 3.5 | 1.0 | 3.5 |
| 金湾区 | 3.4 | 2.0 | 10.4 | 5.3 | 6.8 | 1.6 | -4.6 | 2.8 | 2.9 | 1.5 |
| 斗门区 | 4.2 | 4.5 | 7.5 | 5.0 | 7.1 | 9.3 | 0.3 | -1.3 | 3.7 | 4.0 |
| **汕头市** | | | | | | | | | | |
| 金平区 | 1.6 | 4.3 | 6.3 | 6.6 | 1.7 | 6.1 | 1.4 | 3.0 | 1.7 | 4.5 |
| 龙湖区 | 0.9 | 4.8 | 1.5 | 1.5 | -4.3 | 6.3 | 3.9 | 4.0 | -0.2 | 4.0 |
| 澄海区 | 4.0 | 6.0 | 5.0 | 3.7 | 5.7 | 7.3 | 1.6 | 4.7 | 3.9 | 5.8 |
| 濠江区 | -1.6 | 2.0 | 6.8 | 7.5 | -0.8 | 4.8 | -3.5 | -2.8 | -1.8 | 1.8 |
| 潮阳区 | -0.9 | 4.2 | 5.6 | 2.3 | -3.6 | 3.9 | 2.1 | 4.8 | -1.3 | 3.8 |
| 潮南区 | 2.4 | 2.5 | 4.9 | 4.8 | 1.7 | 1.1 | 3.2 | 4.4 | 1.9 | 2.1 |
| 南澳县 | 1.7 | 4.0 | -0.8 | -0.2 | 5.3 | -3.7 | 2.5 | 8.9 | 1.9 | 4.7 |
| **佛山市** | | | | | | | | | | |
| 禅城区 | 3.1 | 5.6 | 5.6 | -2.3 | 2.0 | 6.0 | 3.7 | 5.4 | 3.1 | 5.6 |
| 南海区 | 2.7 | 4.3 | 6.6 | 4.4 | 4.1 | 4.7 | 1.1 | 3.9 | 3.1 | 5.0 |
| 顺德区 | 0.7 | 4.5 | 2.0 | 4.4 | 1.9 | 7.1 | -1.1 | 0.7 | 1.1 | 5.1 |
| 高明区 | 3.6 | 6.0 | 15.9 | 6.0 | 4.0 | 6.5 | 0.1 | 4.7 | 3.0 | 5.6 |
| 三水区 | 2.2 | 5.6 | 4.8 | 4.9 | 3.2 | 6.6 | -1.0 | 3.1 | -2.3 | 1.2 |
| **韶关市** | | | | | | | | | | |
| 浈江区 | -0.2 | 4.5 | -0.1 | 4.1 | -6.6 | 1.1 | 2.4 | 5.7 | 0.1 | 4.7 |
| 武江区 | 1.0 | 4.1 | 1.1 | 5.1 | 1.1 | 2.5 | 1.0 | 5.0 | -0.2 | 3.4 |
| 曲江区 | -10.5 | 9.7 | 2.1 | 7.3 | -19.9 | 12.4 | 0.1 | 7.0 | -10.5 | 9.6 |
| 乐昌市 | 0.7 | 5.7 | 2.0 | 5.5 | -2.2 | 7.0 | 1.0 | 5.3 | 1.0 | 6.2 |
| 南雄市 | 1.3 | 2.5 | 2.1 | 2.4 | -1.1 | -1.2 | 1.9 | 4.1 | 1.6 | 2.9 |
| 仁化县 | 9.2 | 3.5 | 13.0 | 7.7 | 14.7 | 1.8 | 1.7 | 2.6 | 9.3 | 3.5 |
| 始兴县 | 1.2 | 3.5 | 6.7 | 6.9 | -5.6 | -1.1 | 2.2 | 4.1 | 1.0 | 3.5 |
| 翁源县 | 1.5 | 5.5 | 3.0 | 7.9 | -2.1 | 5.5 | 2.6 | 4.2 | 1.3 | 5.6 |
| 新丰县 | -0.9 | 3.8 | 6.5 | 5.0 | -11.0 | 5.1 | 1.6 | 2.6 | -1.0 | 4.0 |
| 乳源县 | 6.5 | 0.2 | 15.6 | 11.4 | 14.6 | -6.0 | -3.9 | 4.8 | 6.2 | -0.1 |

## 6-11 续表 1

单位：%

| 地　区 | 地区生产总值增长速度 | | 第一产业增长速度 | | 第二产业增长速度 | | 第三产业增长速度 | | 人均地区生产总值增长速度 | |
|---|---|---|---|---|---|---|---|---|---|---|
| | 2022 | 2023 | 2022 | 2023 | 2022 | 2023 | 2022 | 2023 | 2022 | 2023 |
| **河源市** | | | | | | | | | | |
| 源城区 | 1.5 | 2.5 | 0.7 | -8.3 | 1.7 | 4.0 | 1.3 | 1.3 | 1.0 | 2.2 |
| 东源县 | 2.9 | 5.4 | 5.9 | 9.9 | 5.1 | 5.8 | -0.1 | 3.2 | 2.1 | 5.1 |
| 和平县 | 0.2 | 5.0 | 3.9 | 5.4 | 0.3 | 7.5 | -1.2 | 3.6 | 0.4 | 5.2 |
| 龙川县 | 0.3 | 6.0 | -2.1 | 5.4 | -0.1 | 9.9 | 1.3 | 4.6 | 0.5 | 6.2 |
| 紫金县 | 0.4 | 4.0 | 10.2 | 5.8 | -0.3 | 3.8 | -3.2 | 3.2 | 0.6 | 4.2 |
| 连平县 | 1.1 | 4.6 | 4.8 | 6.6 | 11.0 | 0.0 | -5.7 | 6.4 | 1.2 | 4.8 |
| **梅州市** | | | | | | | | | | |
| 梅江区 | 0.4 | 6.0 | 6.9 | 3.9 | -1.4 | 8.7 | 1.5 | 4.0 | 0.3 | 6.0 |
| 梅县区 | 0.3 | 7.6 | 4.3 | 5.9 | -5.1 | 10.3 | 2.4 | 6.4 | 0.5 | 8.0 |
| 兴宁市 | 1.3 | 6.2 | 4.5 | 6.2 | -0.5 | 8.8 | 0.4 | 5.3 | 1.8 | 6.9 |
| 平远县 | 0.8 | 6.6 | 3.7 | 6.0 | -5.1 | 8.0 | 2.9 | 6.1 | 1.7 | 7.7 |
| 蕉岭县 | -0.2 | 7.6 | 7.3 | 6.0 | -6.7 | 10.7 | 4.0 | 4.9 | 0.7 | 8.8 |
| 大埔县 | 0.6 | 5.4 | 4.4 | 4.9 | -10.5 | 9.5 | 3.4 | 4.1 | 1.7 | 6.8 |
| 丰顺县 | 0.4 | 9.5 | 4.5 | 5.6 | -6.9 | 19.4 | 4.6 | 3.8 | 0.3 | 9.5 |
| 五华县 | 1.8 | 4.5 | 4.5 | 5.8 | -4.0 | 1.6 | 2.9 | 4.8 | 1.4 | 4.2 |
| **惠州市** | | | | | | | | | | |
| 惠城区 | 4.4 | 7.0 | 7.9 | 6.2 | 3.3 | 5.9 | 5.4 | 8.1 | 4.5 | 7.0 |
| 惠阳区 | 5.0 | 5.0 | -0.3 | 7.4 | 7.3 | 5.8 | 0.0 | 3.0 | 5.1 | 4.9 |
| 惠东县 | 2.3 | 4.6 | 9.4 | 6.7 | 1.5 | 5.7 | 1.4 | 3.5 | 2.3 | 4.5 |
| 博罗县 | 3.8 | 4.8 | 5.8 | 6.5 | 5.2 | 7.9 | 1.0 | -0.4 | 3.8 | 4.8 |
| 龙门县 | 5.1 | 2.6 | 9.0 | 6.5 | -3.1 | 2.0 | 12.4 | 1.4 | 5.2 | 2.6 |
| **汕尾市** | | | | | | | | | | |
| 市城区 | 0.4 | 6.0 | 10.2 | 2.8 | 9.7 | 8.1 | -6.5 | 5.3 | 0.0 | 5.7 |
| 陆丰市 | -3.3 | 3.9 | 4.6 | 3.3 | -8.9 | 3.6 | -1.7 | 4.4 | -3.5 | 3.9 |
| 海丰县 | 1.3 | 3.9 | 8.0 | 2.7 | -2.8 | 2.3 | 3.9 | 5.8 | 1.0 | 3.8 |
| 陆河县 | 28.7 | 8.7 | 4.4 | 3.1 | 56.7 | 20.9 | 23.0 | 2.9 | 28.6 | 8.6 |
| **东莞市** | **1.7** | **2.6** | **-2.0** | **5.0** | **1.0** | **1.4** | **2.7** | **4.1** | **1.9** | **2.8** |
| **中山市** | **0.5** | **5.6** | **5.9** | **5.5** | **1.8** | **7.3** | **-1.0** | **3.7** | **0.5** | **5.7** |
| **江门市** | | | | | | | | | | |
| 蓬江区 | 4.4 | 4.2 | 17.3 | 5.6 | 4.1 | 5.0 | 4.5 | 3.6 | 3.7 | 3.9 |
| 江海区 | 2.5 | 3.8 | 0.9 | 4.0 | -1.2 | 4.5 | 8.4 | 2.7 | 1.0 | 3.1 |
| 新会区 | 3.5 | 7.2 | -1.7 | 6.4 | 2.8 | 9.6 | 5.1 | 4.6 | 3.5 | 7.4 |
| 台山市 | 3.1 | 6.3 | 20.5 | 6.1 | 5.6 | 8.1 | -9.9 | 4.3 | 3.6 | 7.0 |
| 开平市 | 3.0 | 5.5 | 4.4 | 5.9 | 7.2 | 6.2 | -2.3 | 4.4 | 3.3 | 6.0 |
| 鹤山市 | 3.3 | 6.2 | -1.4 | 5.1 | 9.4 | 9.3 | -3.2 | 2.3 | 2.4 | 5.8 |
| 恩平市 | 3.1 | 6.3 | -11.4 | 6.3 | 7.7 | 11.3 | 5.2 | 3.9 | 3.4 | 6.6 |
| **阳江市** | | | | | | | | | | |
| 江城区 | 1.2 | 4.5 | 0.4 | 2.4 | -2.4 | 4.2 | 3.8 | 5.1 | 0.9 | 4.4 |
| 阳东区 | 0.2 | 1.1 | 1.1 | 3.7 | -3.2 | -1.0 | 5.6 | 2.7 | -0.1 | 1.0 |
| 阳春市 | -1.0 | 3.6 | 6.6 | 5.0 | -10.2 | 0.6 | 0.9 | 4.6 | -1.3 | 3.6 |
| 阳西县 | 3.8 | 6.1 | -0.1 | 1.1 | 9.3 | 13.0 | 2.8 | 4.5 | 3.4 | 6.0 |

## 6-11 续表 2

单位：%

| 地区 | 地区生产总值增长速度 | | 第一产业增长速度 | | 第二产业增长速度 | | 第三产业增长速度 | | 人均地区生产总值增长速度 | |
|---|---|---|---|---|---|---|---|---|---|---|
| | 2022 | 2023 | 2022 | 2023 | 2022 | 2023 | 2022 | 2023 | 2022 | 2023 |
| **湛江市** | | | | | | | | | | |
| 赤坎区 | 2.0 | 3.0 | -1.2 | 5.1 | 1.2 | 0.5 | 2.2 | 3.7 | 0.6 | 2.5 |
| 霞山区 | 1.1 | 2.6 | -13.2 | -7.7 | -3.0 | 0.0 | 4.7 | 4.6 | 0.3 | 1.9 |
| 麻章区 | -12.3 | 1.4 | 5.1 | 3.5 | -19.7 | -0.8 | 4.9 | 5.9 | -13.1 | 0.5 |
| 坡头区 | 7.5 | 2.4 | -10.2 | 1.9 | 9.6 | -0.2 | 7.7 | 8.1 | 6.9 | 2.0 |
| 雷州市 | 2.4 | 3.6 | 3.3 | 3.9 | 8.6 | 5.6 | 0.2 | 2.8 | 2.3 | 3.5 |
| 廉江市 | 2.4 | 5.0 | 2.0 | 3.9 | 10.6 | 5.3 | -4.4 | 5.4 | 2.2 | 4.8 |
| 吴川市 | 1.2 | 2.7 | 10.8 | 3.3 | 1.9 | -0.7 | -1.4 | 4.9 | 1.0 | 2.4 |
| 遂溪县 | 2.3 | 0.8 | 8.2 | 4.2 | 1.6 | -9.1 | -2.1 | 2.9 | 2.0 | 0.5 |
| 徐闻县 | 9.5 | 3.5 | 7.0 | 3.9 | 69.5 | 0.6 | -1.7 | 4.1 | 9.2 | 3.0 |
| **茂名市** | | | | | | | | | | |
| 茂南区 | -3.1 | 3.1 | 1.5 | 5.0 | -15.3 | 3.5 | 10.9 | 2.7 | -4.1 | 2.8 |
| 电白区 | 3.0 | 4.1 | 4.3 | 3.8 | 3.6 | 5.3 | 2.0 | 3.4 | 2.6 | 3.9 |
| 信宜市 | 2.1 | 4.2 | 4.6 | 4.5 | -3.8 | 6.1 | 2.4 | 3.6 | 1.4 | 3.7 |
| 高州市 | 2.3 | 4.0 | 4.8 | 5.2 | 2.9 | 3.5 | 0.7 | 3.5 | 2.4 | 4.0 |
| 化州市 | 1.6 | 3.3 | 6.0 | 4.7 | 0.8 | 1.0 | -0.2 | 3.5 | 1.1 | 2.9 |
| **肇庆市** | | | | | | | | | | |
| 端州区 | -3.3 | 3.8 | 5.9 | 51.6 | -9.7 | 1.9 | -0.7 | 4.4 | -3.4 | 3.8 |
| 鼎湖区 | 6.3 | 5.3 | 2.0 | -0.1 | 19.5 | 9.0 | -4.6 | 2.1 | 4.6 | 3.7 |
| 高要区 | 3.9 | 4.5 | 5.9 | 4.6 | 5.3 | 4.8 | -0.4 | 3.7 | 3.7 | 4.7 |
| 四会市 | 2.6 | 1.9 | 1.9 | 3.8 | 4.5 | -0.4 | 0.2 | 4.7 | 2.2 | 1.4 |
| 广宁县 | 1.1 | 5.0 | 1.3 | 5.0 | 0.8 | 6.5 | 1.0 | 3.7 | 2.1 | 6.5 |
| 德庆县 | -13.3 | 2.2 | 5.1 | 3.5 | -36.6 | -2.7 | -1.2 | 4.5 | -14.1 | 1.2 |
| 封开县 | 3.8 | 6.3 | 1.8 | 5.3 | 6.1 | 9.3 | 3.9 | 4.1 | 3.1 | 5.4 |
| 怀集县 | 4.8 | 4.0 | 5.0 | 4.5 | 4.7 | 3.2 | 4.7 | 4.0 | 5.3 | 4.6 |
| **清远市** | | | | | | | | | | |
| 清城区 | 1.3 | 4.8 | 11.6 | 4.2 | 2.7 | 7.2 | -0.7 | 2.9 | 1.1 | 4.8 |
| 清新区 | 1.2 | 4.0 | 5.9 | 4.4 | -7.3 | 2.8 | 7.5 | 4.8 | 1.0 | 4.0 |
| 英德市 | 1.7 | 4.8 | 10.2 | 8.5 | -1.2 | 5.0 | -0.1 | 2.5 | 1.5 | 4.7 |
| 连州市 | 1.3 | 5.3 | 3.0 | 6.2 | -3.2 | 7.2 | 2.9 | 3.7 | 1.3 | 5.2 |
| 佛冈县 | 2.0 | 4.0 | 10.6 | 6.4 | -5.0 | 5.6 | 7.0 | 1.4 | 1.9 | 4.0 |
| 阳山县 | 1.7 | 3.5 | 1.0 | 4.2 | 8.9 | 1.3 | -0.2 | 3.7 | 1.6 | 3.4 |
| 连山县 | 3.1 | 4.6 | 1.8 | 3.8 | 16.6 | 13.3 | -1.2 | 1.1 | 3.0 | 4.5 |
| 连南县 | 5.2 | 1.2 | 8.4 | 4.1 | 7.2 | -3.9 | 3.1 | 2.5 | 4.9 | 1.1 |
| **潮州市** | | | | | | | | | | |
| 湘桥区 | 2.8 | 0.6 | 5.1 | 4.7 | 4.1 | -6.1 | 2.2 | 3.0 | 2.7 | 0.5 |
| 潮安区 | 1.6 | 3.2 | 4.5 | 1.9 | -0.4 | 2.8 | 5.2 | 4.0 | 1.5 | 3.1 |
| 饶平县 | 3.9 | 4.9 | 6.0 | 5.9 | 6.8 | 5.8 | 0.6 | 3.6 | 3.8 | 5.0 |
| **揭阳市** | | | | | | | | | | |
| 榕城区 | -1.3 | 1.3 | 3.0 | 2.0 | -8.5 | -1.1 | 3.9 | 2.8 | -1.8 | 0.9 |
| 揭东区 | -2.0 | 1.5 | 4.6 | 4.8 | -6.8 | -1.0 | 1.8 | 3.2 | -2.3 | 1.3 |
| 普宁市 | -0.4 | 4.0 | 5.5 | 4.7 | -8.6 | 3.0 | 2.7 | 4.2 | -1.1 | 3.5 |
| 揭西县 | -0.9 | 2.2 | 7.8 | 4.8 | -12.9 | -3.4 | 2.8 | 3.9 | -1.1 | 2.2 |
| 惠来县 | -1.6 | 57.0 | 4.7 | 4.8 | -14.1 | 187.4 | 4.4 | 4.5 | -2.3 | 56.2 |
| **云浮市** | | | | | | | | | | |
| 云城区 | 2.7 | 4.7 | 4.2 | 5.3 | 9.4 | 9.9 | -0.8 | 1.7 | 2.5 | 4.2 |
| 云安区 | 2.7 | 3.0 | 4.2 | 6.5 | -0.4 | 0.3 | 6.9 | 5.5 | 2.4 | 2.7 |
| 罗定市 | 2.0 | 5.1 | 4.2 | 5.2 | -0.6 | 5.8 | 2.5 | 4.7 | 1.7 | 5.1 |
| 新兴县 | 1.9 | 2.1 | 4.1 | 5.4 | -0.1 | -1.3 | 2.2 | 2.7 | 1.7 | 2.2 |
| 郁南县 | 3.1 | 3.5 | 4.2 | 6.6 | -0.3 | 0.7 | 4.1 | 3.1 | 2.9 | 3.5 |

# 七、农村经济综合

# 7-1 历年农林牧渔业总产值及增加值

单位：亿元

| 年份 | 农林牧渔业总产值 | 农业 | 林业 | 牧业 | 渔业 | 农林牧渔专业及辅助性活动 | 农林牧渔业增加值 |
|---|---|---|---|---|---|---|---|
| 1978 | 85.94 | 59.56 | 4.98 | 15.98 | 5.42 | | 55.31 |
| 1979 | 91.53 | 67.19 | 7.67 | 13.58 | 3.09 | | 66.62 |
| 1980 | 126.25 | 97.15 | 6.83 | 17.75 | 4.52 | | 82.97 |
| 1981 | 133.85 | 99.33 | 7.81 | 21.62 | 5.09 | | 94.30 |
| 1982 | 135.52 | 98.33 | 8.33 | 21.73 | 7.13 | | 118.17 |
| 1983 | 169.96 | 120.06 | 10.72 | 28.57 | 10.61 | | 121.24 |
| 1984 | 200.07 | 141.22 | 12.13 | 33.81 | 12.91 | | 145.25 |
| 1985 | 245.21 | 149.09 | 21.09 | 54.68 | 20.35 | | 171.87 |
| 1986 | 279.15 | 168.68 | 24.38 | 60.74 | 25.35 | | 188.37 |
| 1987 | 348.61 | 214.47 | 16.74 | 78.26 | 39.14 | | 232.14 |
| 1988 | 473.78 | 277.38 | 27.66 | 114.28 | 54.46 | | 306.50 |
| 1989 | 548.60 | 323.15 | 28.00 | 134.60 | 62.85 | | 351.73 |
| 1990 | 600.71 | 359.39 | 28.46 | 143.68 | 69.18 | | 384.59 |
| 1991 | 654.82 | 388.90 | 29.64 | 156.08 | 80.20 | | 416.00 |
| 1992 | 737.11 | 428.99 | 32.86 | 175.36 | 99.90 | | 471.85 |
| 1993 | 899.03 | 486.46 | 35.51 | 223.16 | 153.90 | | 566.76 |
| 1994 | 1151.38 | 628.17 | 41.07 | 279.98 | 202.16 | | 702.18 |
| 1995 | 1445.48 | 777.72 | 46.12 | 349.11 | 272.53 | | 876.14 |
| 1996 | 1577.89 | 825.60 | 49.64 | 398.12 | 304.53 | | 948.19 |
| 1997 | 1656.46 | 851.35 | 52.10 | 425.67 | 327.34 | | 993.23 |
| 1998 | 1705.44 | 861.97 | 54.65 | 441.61 | 347.21 | | 1010.79 |
| 1999 | 1745.02 | 859.66 | 58.77 | 457.51 | 369.08 | | 1027.07 |
| 2000 | 1701.18 | 807.94 | 59.64 | 450.18 | 383.42 | | 1005.14 |
| 2001 | 1722.35 | 817.95 | 56.78 | 457.56 | 390.06 | | 1010.58 |
| 2002 | 1781.06 | 841.77 | 57.09 | 465.91 | 416.29 | | 1037.93 |
| 2003 | 1908.66 | 851.72 | 55.72 | 482.83 | 432.74 | 85.65 | 1097.28 |
| 2004 | 2154.79 | 959.97 | 61.72 | 571.09 | 466.45 | 95.56 | 1248.59 |
| 2005 | 2447.57 | 1109.18 | 66.25 | 638.61 | 523.79 | 109.74 | 1428.27 |
| 2006 | 2536.27 | 1235.40 | 67.60 | 623.34 | 519.03 | 90.90 | 1532.17 |
| 2007 | 2810.45 | 1268.70 | 116.96 | 781.97 | 540.58 | 102.24 | 1705.69 |
| 2008 | 3276.02 | 1398.82 | 125.23 | 983.84 | 650.23 | 117.89 | 1969.46 |
| 2009 | 3301.86 | 1442.40 | 139.95 | 939.67 | 657.65 | 122.18 | 1996.38 |
| 2010 | 3697.18 | 1668.66 | 180.20 | 978.33 | 737.01 | 132.97 | 2254.49 |
| 2011 | 4301.86 | 1910.21 | 213.71 | 1193.73 | 835.41 | 148.80 | 2614.59 |
| 2012 | 4550.29 | 2060.91 | 228.75 | 1189.80 | 908.12 | 162.71 | 2778.48 |
| 2013 | 4802.01 | 2229.64 | 256.99 | 1168.73 | 968.42 | 178.23 | 2949.99 |
| 2014 | 5053.72 | 2357.16 | 289.66 | 1145.87 | 1068.00 | 193.03 | 3118.39 |
| 2015 | 5303.63 | 2490.20 | 308.72 | 1195.97 | 1102.12 | 206.62 | 3275.05 |
| 2016 | 5817.55 | 2763.79 | 330.04 | 1318.89 | 1179.15 | 225.68 | 3593.64 |
| 2017 | 5969.87 | 2889.97 | 356.14 | 1202.30 | 1276.11 | 245.34 | 3712.71 |
| 2018 | 6318.12 | 3089.57 | 390.62 | 1184.72 | 1383.81 | 269.39 | 3948.88 |
| 2019 | 7175.89 | 3530.21 | 408.48 | 1404.13 | 1524.78 | 308.30 | 4478.28 |
| 2020 | 7901.92 | 3769.26 | 414.29 | 1778.18 | 1581.54 | 358.64 | 4880.83 |
| 2021 | 8305.84 | 3951.14 | 495.44 | 1707.82 | 1747.34 | 404.10 | 5151.27 |
| 2022 | 8892.29 | 4308.23 | 549.15 | 1680.24 | 1898.24 | 456.43 | 5541.58 |
| 2023 | 9202.09 | 4430.96 | 562.69 | 1696.79 | 2005.31 | 506.35 | 5753.60 |

注：1.本表按当年价格计算。
2.从2010年起，农业产值、林业产值统计范围作了调整，原农业中的野生植物采集归入林业，原林业中板栗、桂皮等归入农业。
3.1991年及以前的农林牧渔业增加值不包括农林牧渔专业及辅助性活动。

# 7-2 主要年份农林牧渔业总产值及增加值指数(1949年=100)

单位：%

| 年份 | 农林牧渔业总产值 | 农业 | 林业 | 牧业 | 渔业 | 农林牧渔专业及辅助性活动 | 农林牧渔业增加值 |
|---|---|---|---|---|---|---|---|
| 1949 | 100.0 | 100.0 | 100.0 | 100.0 | 100.0 |  | 100.0 |
| 2005 | 1554.5 | 1046.3 | 16475.0 | 2630.0 | 6748.0 | 120.5 | 976.1 |
| 2006 | 1616.7 | 1083.5 | 15652.7 | 2710.7 | 7153.1 | 132.3 | 1017.1 |
| 2007 | 1669.8 | 1113.2 | 16116.9 | 2792.4 | 7446.1 | 143.1 | 1050.1 |
| 2008 | 1736.7 | 1133.3 | 16160.1 | 2990.0 | 7796.6 | 155.0 | 1091.1 |
| 2009 | 1823.4 | 1196.3 | 17312.7 | 3103.4 | 8195.6 | 163.2 | 1147.2 |
| 2010 | 1901.2 | 1253.8 | 18089.6 | 3201.4 | 8562.8 | 171.4 | 1199.4 |
| 2011 | 1975.7 | 1324.3 | 19569.0 | 3168.4 | 9017.2 | 180.8 | 1251.7 |
| 2012 | 2049.5 | 1375.5 | 20792.7 | 3230.9 | 9463.6 | 191.1 | 1300.6 |
| 2013 | 2095.6 | 1417.6 | 21943.9 | 3173.1 | 9857.1 | 203.1 | 1333.4 |
| 2014 | 2158.6 | 1481.0 | 23032.7 | 3140.0 | 10214.1 | 213.5 | 1378.0 |
| 2015 | 2225.5 | 1542.1 | 24391.5 | 3128.5 | 10560.5 | 224.6 | 1425.3 |
| 2016 | 2290.6 | 1601.6 | 26038.2 | 3097.1 | 10923.1 | 238.3 | 1470.5 |
| 2017 | 2367.1 | 1675.9 | 27318.7 | 3073.2 | 11328.8 | 255.2 | 1525.5 |
| 2018 | 2465.6 | 1761.1 | 29088.2 | 3108.4 | 11742.5 | 274.2 | 1593.3 |
| 2019 | 2551.4 | 1864.1 | 30569.3 | 2946.4 | 12185.2 | 303.5 | 1657.9 |
| 2020 | 2653.9 | 1968.9 | 30945.3 | 2852.7 | 12883.8 | 344.8 | 1723.9 |
| 2021 | 2843.0 | 2061.1 | 31183.2 | 3283.7 | 13475.3 | 385.5 | 1860.5 |
| 2022 | 2978.3 | 2147.8 | 33631.0 | 3411.6 | 14093.1 | 427.0 | 1960.3 |
| 2023 | 3131.6 | 2223.8 | 36402.3 | 3651.0 | 14786.3 | 472.4 | 2057.9 |

注：指数按可比价格计算。

# 7-3 农林牧渔业总产值及增加值指数（上年=100）

单位：%

| 年份 | 农林牧渔业总产值 | 农业 | 林业 | 牧业 | 渔业 | 农林牧渔专业及辅助性活动 | 农林牧渔业增加值 |
|---|---|---|---|---|---|---|---|
| 1979 | 99.2 | 99.4 | 85.1 | 104.6 | 93.7 | | 106.6 |
| 1980 | 111.1 | 112.5 | 127.3 | 99.8 | 109.7 | | 112.4 |
| 1981 | 102.4 | 98.7 | 110.4 | 117.6 | 108.9 | | 104.6 |
| 1982 | 116.3 | 115.5 | 111.5 | 120.9 | 120.6 | | 112.0 |
| 1983 | 102.6 | 99.9 | 105.2 | 107.6 | 121.7 | | 103.2 |
| 1984 | 109.3 | 109.2 | 105.1 | 109.8 | 112.9 | | 112.0 |
| 1985 | 107.3 | 104.8 | 104.9 | 115.2 | 116.5 | | 105.7 |
| 1986 | 106.1 | 103.8 | 112.0 | 108.6 | 118.9 | | 106.2 |
| 1987 | 109.6 | 109.8 | 96.3 | 108.2 | 121.9 | | 108.6 |
| 1988 | 107.7 | 104.6 | 133.7 | 109.0 | 111.8 | | 105.3 |
| 1989 | 107.8 | 107.8 | 104.1 | 107.8 | 111.3 | | 107.0 |
| 1990 | 107.4 | 107.8 | 92.9 | 109.6 | 110.1 | | 107.1 |
| 1991 | 106.2 | 105.1 | 99.1 | 108.6 | 109.5 | | 105.5 |
| 1992 | 106.0 | 103.9 | 102.4 | 107.6 | 114.1 | | 105.7 |
| 1993 | 103.8 | 97.0 | 101.7 | 111.5 | 120.1 | | 102.7 |
| 1994 | 104.4 | 102.7 | 102.2 | 104.1 | 111.1 | | 103.2 |
| 1995 | 108.3 | 108.0 | 105.3 | 106.8 | 111.7 | | 105.4 |
| 1996 | 106.0 | 103.3 | 102.9 | 109.6 | 110.3 | | 104.8 |
| 1997 | 106.8 | 107.6 | 101.1 | 104.8 | 108.0 | | 104.7 |
| 1998 | 104.8 | 103.4 | 103.6 | 105.2 | 108.4 | | 103.9 |
| 1999 | 105.5 | 105.2 | 105.3 | 105.2 | 106.6 | | 104.0 |
| 2000 | 102.7 | 100.6 | 103.5 | 102.8 | 107.5 | | 102.3 |
| 2001 | 102.8 | 102.4 | 104.5 | 102.2 | 103.8 | | 102.4 |
| 2002 | 106.5 | 109.4 | 97.2 | 101.5 | 106.5 | | 104.3 |
| 2003 | 102.8 | 102.5 | 97.2 | 102.2 | 104.3 | | 102.3 |
| 2004 | 104.5 | 105.7 | 103.4 | 101.8 | 104.8 | 107.8 | 104.1 |
| 2005 | 104.8 | 103.4 | 102.9 | 105.5 | 105.7 | 111.8 | 104.9 |
| 2006 | 104.0 | 103.6 | 95.0 | 103.1 | 106.0 | 109.8 | 104.2 |
| 2007 | 103.3 | 102.7 | 103.0 | 103.0 | 104.1 | 108.2 | 103.2 |
| 2008 | 104.0 | 101.8 | 100.3 | 107.1 | 104.7 | 108.3 | 103.9 |
| 2009 | 105.0 | 105.6 | 107.1 | 103.8 | 105.1 | 105.3 | 105.1 |
| 2010 | 104.3 | 104.8 | 104.5 | 103.2 | 104.5 | 105.0 | 104.5 |
| 2011 | 103.9 | 105.6 | 108.2 | 99.0 | 105.3 | 105.5 | 104.4 |
| 2012 | 103.7 | 103.9 | 106.3 | 102.0 | 105.0 | 105.7 | 103.9 |
| 2013 | 102.3 | 103.1 | 105.5 | 98.2 | 104.2 | 106.3 | 102.5 |
| 2014 | 103.0 | 104.5 | 105.0 | 99.0 | 103.6 | 105.1 | 103.3 |
| 2015 | 103.1 | 104.1 | 105.9 | 99.6 | 103.4 | 105.2 | 103.4 |
| 2016 | 102.9 | 103.9 | 106.8 | 99.0 | 103.4 | 106.1 | 103.2 |
| 2017 | 103.3 | 104.6 | 104.9 | 99.2 | 103.7 | 107.1 | 103.7 |
| 2018 | 104.2 | 105.1 | 106.5 | 101.1 | 103.7 | 107.4 | 104.4 |
| 2019 | 103.5 | 105.8 | 105.1 | 94.8 | 103.8 | 110.7 | 104.1 |
| 2020 | 104.0 | 105.6 | 101.2 | 96.8 | 105.7 | 113.6 | 104.0 |
| 2021 | 107.1 | 104.7 | 100.8 | 115.1 | 104.6 | 111.8 | 107.9 |
| 2022 | 104.8 | 104.2 | 107.8 | 103.9 | 104.6 | 110.8 | 105.4 |
| 2023 | 105.1 | 103.5 | 108.2 | 107.0 | 104.9 | 110.6 | 105.0 |

注：本表按可比价格计算。

# 7-4 农林牧渔业总产值

| 项　　　目 | 按现行价格计算(亿元) | | 2023比2022增长(%) |
|---|---|---|---|
| | 2022年 | 2023年 | |
| 甲 | 1 | 2 | 3 |
| 农林牧渔业总产值 | 8892.29 | 9202.09 | 5.1 |
| 一、农业产值 | 4308.23 | 4430.96 | 3.5 |
| (一)谷物及其他作物 | 812.49 | 828.30 | -0.1 |
| 1.谷　物 | 401.97 | 402.34 | -0.8 |
| 稻　谷 | 373.42 | 373.38 | -1.1 |
| 2.薯　类 | 106.71 | 115.90 | 2.3 |
| 3.油　料 | 111.67 | 119.36 | 3.1 |
| 4.豆　类 | 9.93 | 10.06 | 3.7 |
| 大　豆 | 7.65 | 7.75 | 4.1 |
| 5.生　麻 | 2.37 | 0.39 | -83.4 |
| 6.糖　料 | 82.72 | 83.18 | -1.3 |
| 7.烟　草 | 10.51 | 11.79 | 3.5 |
| 8.其他农作物 | 86.62 | 85.27 | -1.9 |
| (二)蔬菜、食用菌及花卉盆景园艺产品 | 1972.57 | 1998.19 | 3.0 |
| 1.蔬菜(含菜用瓜) | 1634.19 | 1640.68 | 2.3 |
| 2.食用菌 | 46.36 | 51.15 | 2.3 |
| 3.花卉 | 207.80 | 210.92 | 7.3 |
| 4.盆景及园艺产品 | 84.22 | 95.45 | 5.8 |
| (三)水果、坚果、茶、饮料和香料 | 1372.15 | 1443.94 | 6.2 |
| 1.水果 | 1173.73 | 1221.95 | 5.9 |
| 2.坚果 | 13.38 | 14.51 | 6.8 |
| 3.茶及饮料原料 | 176.02 | 197.80 | 8.9 |
| 4.香料原料 | 9.02 | 9.68 | -5.2 |
| (四)中草药材 | 151.03 | 160.53 | 6.1 |
| 二、林业产值 | 549.15 | 562.69 | 8.2 |
| (一)林木的培育和种植 | 35.75 | 45.13 | 14.0 |
| (二)竹木采运 | 174.51 | 180.40 | 8.4 |
| (三)林产品 | 338.89 | 337.15 | 7.5 |
| 三、牧业产值 | 1680.24 | 1696.79 | 7.0 |
| (一)牲畜饲养 | 63.03 | 62.62 | -0.7 |
| 1.牛的饲养 | 28.52 | 28.91 | -1.4 |
| 2.羊的饲养 | 15.05 | 14.36 | -3.1 |
| 3.奶产品 | 19.46 | 19.34 | 2.2 |
| (二)猪的饲养 | 874.34 | 804.53 | 8.5 |
| (三)家禽饲养 | 670.02 | 759.48 | 6.7 |
| 1.肉禽 | 616.13 | 702.18 | 6.5 |
| 2.禽蛋 | 53.88 | 57.30 | 8.2 |
| (四)其他畜牧业 | 72.85 | 70.16 | -1.0 |
| 四、渔业产值 | 1898.24 | 2005.31 | 4.9 |
| (一)海水产品 | 997.50 | 1068.40 | 5.6 |
| 其中：养殖 | 692.74 | 747.42 | 5.9 |
| (二)淡水产品 | 900.73 | 936.91 | 4.1 |
| 其中：养殖 | 888.45 | 924.37 | 4.2 |
| 五、农林牧渔专业及辅助性活动产值 | 456.43 | 506.35 | 10.6 |

注：2023比2022年增长(%)按可比价格计算。

# 7-5 各市农林牧渔业总产值及增加值

(2023年) 单位：亿元

| 市 别 | 农林牧渔业总产值 | 农业 | 林业 | 牧业 | 渔业 | 农林牧渔专业及辅助性活动 | 农林牧渔业增加值 |
|---|---|---|---|---|---|---|---|
| **广东省** | **9202.09** | **4430.96** | **562.69** | **1696.79** | **2005.31** | **506.35** | **5753.60** |
| 广州市 | 582.79 | 311.84 | 8.12 | 37.51 | 129.91 | 95.40 | 357.90 |
| 深圳市 | 49.96 | 15.78 | 0.78 | 2.17 | 28.78 | 2.45 | 25.80 |
| 珠海市 | 129.78 | 13.24 | 0.25 | 4.09 | 100.57 | 11.63 | 74.62 |
| 汕头市 | 267.14 | 129.09 | 0.48 | 35.72 | 83.18 | 18.67 | 150.67 |
| 佛山市 | 449.21 | 152.12 | 1.38 | 61.82 | 195.56 | 38.34 | 244.89 |
| 韶关市 | 393.21 | 225.10 | 36.65 | 112.23 | 14.07 | 5.15 | 240.88 |
| 河源市 | 268.46 | 151.77 | 47.96 | 56.10 | 7.88 | 4.75 | 174.63 |
| 梅州市 | 422.10 | 284.79 | 21.56 | 90.26 | 13.40 | 12.09 | 271.14 |
| 惠州市 | 458.28 | 300.14 | 20.60 | 66.60 | 63.27 | 7.66 | 299.30 |
| 汕尾市 | 321.52 | 120.69 | 7.64 | 34.96 | 140.14 | 18.10 | 200.19 |
| 东莞市 | 56.02 | 41.02 | 0.34 | 1.28 | 11.58 | 1.79 | 37.00 |
| 中山市 | 154.78 | 52.04 | 0.09 | 2.81 | 96.39 | 3.46 | 95.59 |
| 江门市 | 632.63 | 188.23 | 13.95 | 134.80 | 267.78 | 27.87 | 358.75 |
| 阳江市 | 425.91 | 114.77 | 11.57 | 81.12 | 201.30 | 17.15 | 263.04 |
| 湛江市 | 1134.81 | 606.91 | 20.49 | 163.57 | 290.15 | 53.68 | 729.66 |
| 茂名市 | 1153.06 | 608.37 | 97.48 | 261.36 | 142.35 | 43.50 | 742.28 |
| 肇庆市 | 780.54 | 356.28 | 118.29 | 164.58 | 98.95 | 42.44 | 516.76 |
| 清远市 | 570.74 | 281.51 | 55.86 | 168.52 | 23.66 | 41.20 | 360.40 |
| 潮州市 | 222.34 | 134.41 | 2.21 | 23.58 | 48.95 | 13.18 | 137.29 |
| 揭阳市 | 364.25 | 214.35 | 39.57 | 51.10 | 32.40 | 26.83 | 241.41 |
| 云浮市 | 364.56 | 128.51 | 57.42 | 142.60 | 15.04 | 20.99 | 231.39 |

注：本表产值按现行价格计算。

# 7-6 各县(市、区)农林牧渔业总产值

(2023年)　　　　单位：万元

| 地　区 | 合计 | 农业 | 林业 | 牧业 | 渔业 | 农林牧渔专业及辅助性活动 |
|---|---|---|---|---|---|---|
| **广州市** | **5827931** | **3118433** | **81242** | **375147** | **1299080** | **954029** |
| 海珠区 | 28282 | 7291 | | | 18881 | 2110 |
| 荔湾区 | 82284 | 69443 | | | 6956 | 5886 |
| 天河区 | 112084 | 3198 | 1680 | | 47863 | 59343 |
| 白云区 | 721425 | 461731 | 2554 | 33501 | 45707 | 177931 |
| 黄埔区 | 96334 | 52859 | 2611 | | 22141 | 18722 |
| 番禺区 | 640489 | 202092 | 782 | 24406 | 339401 | 73807 |
| 花都区 | 1036716 | 633430 | 19797 | 49186 | 189165 | 145139 |
| 南沙区 | 1255184 | 521404 | 395 | 26029 | 540415 | 166941 |
| 从化区 | 629625 | 378028 | 28235 | 126792 | 15019 | 81550 |
| 增城区 | 1225509 | 788957 | 25187 | 115232 | 73532 | 222600 |
| **深圳市** | **499584** | **157789** | **7797** | **21712** | **287772** | **24514** |
| 福田区 | 45230 | | 95 | | 45135 | |
| 罗湖区 | 7372 | 615 | 362 | | 6395 | |
| 盐田区 | 6192 | 3 | 94 | | 6094 | |
| 南山区 | 37026 | 5635 | 169 | | 31222 | |
| 宝安区 | 33739 | 10582 | 324 | | 22833 | |
| 龙岗区 | 48550 | 27159 | 1967 | | 15246 | 4178 |
| 龙华区 | 10534 | 9007 | 630 | | 896 | |
| 坪山区 | 25040 | 24422 | 517 | | | 101 |
| 光明区 | 40334 | 36539 | 375 | 3420 | | |
| 深汕合作区 | 245569 | 43826 | 3264 | 18292 | 159951 | 20235 |
| **珠海市** | **1297761** | **132357** | **2518** | **40851** | **1005703** | **116331** |
| 香洲区 | 79122 | 8246 | 1197 | | 62554 | 7125 |
| 金湾区 | 251219 | 57116 | 579 | 5451 | 175325 | 12747 |
| 斗门区 | 967419 | 66995 | 741 | 35400 | 767824 | 96459 |
| **汕头市** | **2671367** | **1290914** | **4792** | **357170** | **831751** | **186741** |
| 金平区 | 63075 | 26757 | 105 | | 28004 | 8209 |
| 龙湖区 | 179590 | 97025 | 6 | 40263 | 16158 | 26138 |
| 澄海区 | 970649 | 478361 | 564 | 204764 | 193979 | 92980 |
| 濠江区 | 167351 | 44691 | 107 | 8600 | 108903 | 5049 |
| 潮阳区 | 644536 | 351965 | 1357 | 41896 | 222941 | 26378 |
| 潮南区 | 404395 | 280920 | 1322 | 59337 | 47430 | 15387 |
| 南澳县 | 241772 | 11195 | 1330 | 2311 | 214336 | 12600 |
| **佛山市** | **4492137** | **1521151** | **13764** | **618241** | **1955604** | **383378** |
| 禅城区 | 14852 | 1563 | | | 11199 | 2090 |
| 南海区 | 1325676 | 563441 | 1383 | 45004 | 584728 | 131120 |
| 顺德区 | 1397071 | 460541 | 96 | 28118 | 813460 | 94856 |
| 高明区 | 767914 | 256548 | 11346 | 179357 | 245917 | 74746 |
| 三水区 | 986625 | 239057 | 940 | 365762 | 300300 | 80566 |
| **韶关市** | **3932077** | **2251008** | **366517** | **1122346** | **140726** | **51480** |
| 浈江区 | 148163 | 68528 | 19481 | 36497 | 16101 | 7556 |
| 武江区 | 140121 | 73606 | 13214 | 46238 | 5145 | 1919 |
| 曲江区 | 374648 | 201496 | 25738 | 117938 | 24957 | 4519 |
| 乐昌市 | 553681 | 391325 | 29657 | 104820 | 11822 | 16057 |
| 南雄市 | 637181 | 379815 | 60602 | 159391 | 30737 | 6636 |
| 仁化县 | 438666 | 260490 | 71569 | 85445 | 15995 | 5167 |
| 始兴县 | 466879 | 326852 | 48784 | 75790 | 11958 | 3496 |
| 翁源县 | 668332 | 292988 | 39287 | 319507 | 12291 | 4259 |
| 新丰县 | 330091 | 171047 | 22658 | 129307 | 6077 | 1003 |
| 乳源县 | 174313 | 84861 | 35528 | 47413 | 5642 | 868 |

## 7-6 续表 1

(2023年) 单位：万元

| 地 区 | 合计 | 农业 | 林业 | 牧业 | 渔业 | 农林牧渔专业及辅助性活动 |
|---|---|---|---|---|---|---|
| **河源市** | **2684582** | **1517660** | **479645** | **560975** | **78783** | **47519** |
| 源城区 | 58262 | 37586 | 1290 | 17101 | 2087 | 198 |
| 东源县 | 543066 | 276606 | 90115 | 138793 | 23687 | 13865 |
| 和平县 | 446303 | 219703 | 111225 | 101248 | 8701 | 5426 |
| 龙川县 | 530504 | 273617 | 120622 | 110058 | 17788 | 8419 |
| 紫金县 | 720030 | 441829 | 125317 | 119643 | 15130 | 18111 |
| 连平县 | 386419 | 268317 | 31076 | 74134 | 11391 | 1500 |
| **梅州市** | **4221043** | **2847930** | **215642** | **902574** | **134001** | **120897** |
| 梅江区 | 143523 | 105182 | 5802 | 19953 | 9437 | 3150 |
| 梅县区 | 979456 | 765290 | 15953 | 130464 | 49045 | 18704 |
| 兴宁市 | 904405 | 644086 | 16197 | 211795 | 18584 | 13743 |
| 平远县 | 264090 | 165152 | 19874 | 52790 | 12004 | 14269 |
| 蕉岭县 | 300009 | 154049 | 61596 | 71728 | 6504 | 6132 |
| 大埔县 | 477521 | 378944 | 16299 | 66081 | 6547 | 9651 |
| 丰顺县 | 445692 | 241542 | 31160 | 143579 | 12481 | 16930 |
| 五华县 | 706347 | 393680 | 48760 | 206189 | 19400 | 38318 |
| **惠州市** | **4582785** | **3001428** | **206006** | **666039** | **632737** | **76575** |
| 惠城区 | 696894 | 426496 | 13676 | 101579 | 150075 | 5068 |
| 惠阳区 | 408888 | 360468 | 3415 | 10209 | 30826 | 3969 |
| 惠东县 | 1344717 | 793644 | 79715 | 151332 | 294518 | 25508 |
| 博罗县 | 1493345 | 950449 | 66321 | 318695 | 136488 | 21392 |
| 龙门县 | 638940 | 470370 | 42879 | 84224 | 20830 | 20638 |
| **汕尾市** | **3215237** | **1206907** | **76387** | **349582** | **1401366** | **180995** |
| 市城区 | 714050 | 65985 | 859 | 25747 | 619223 | 2235 |
| 陆丰市 | 1420724 | 567099 | 8732 | 168489 | 593911 | 82493 |
| 海丰县 | 784320 | 394004 | 26062 | 94092 | 184146 | 86016 |
| 陆河县 | 296113 | 179818 | 40711 | 61247 | 4086 | 10251 |
| **东莞市** | **560158** | **410159** | **3447** | **12823** | **115830** | **17900** |
| **中山市** | **1547837** | **520379** | **866** | **28071** | **963879** | **34642** |
| **江门市** | **6326286** | **1882301** | **139500** | **1348016** | **2677770** | **278698** |
| 蓬江区 | 174805 | 40330 | 2663 | 2589 | 106930 | 22293 |
| 江海区 | 137266 | 37031 | 1 | 250 | 98023 | 1960 |
| 新会区 | 1223354 | 371069 | 15615 | 180851 | 571463 | 84356 |
| 台山市 | 2462227 | 557244 | 34557 | 350206 | 1485440 | 34781 |
| 开平市 | 1114120 | 386316 | 30867 | 460417 | 153092 | 83428 |
| 鹤山市 | 642206 | 246268 | 33374 | 150508 | 170350 | 41706 |
| 恩平市 | 572308 | 244043 | 22424 | 203195 | 92471 | 10174 |
| **阳江市** | **4259112** | **1147719** | **115675** | **811168** | **2013000** | **171549** |
| 江城区 | 960473 | 99959 | 2665 | 61337 | 755778 | 40736 |
| 阳东区 | 1018022 | 232592 | 33267 | 210324 | 512578 | 29260 |
| 阳春市 | 1182716 | 605075 | 67895 | 408132 | 44510 | 57103 |
| 阳西县 | 1097920 | 210091 | 11853 | 131392 | 700135 | 44450 |

## 7-6 续表 2

(2023年)

单位：万元

| 地 区 | 合计 | 农业 | 林业 | 牧业 | 渔业 | 农林牧渔专业及辅助性活动 |
|---|---|---|---|---|---|---|
| **湛江市** | **11348102** | **6069129** | **204873** | **1635711** | **2901546** | **536842** |
| 赤坎区 | 17003 | 10444 | 33 | 640 | 5469 | 416 |
| 霞山区 | 54475 | 7795 | 51 | 1347 | 40479 | 4803 |
| 麻章区 | 867348 | 236805 | 5628 | 63251 | 521976 | 39687 |
| 坡头区 | 419203 | 123530 | 1188 | 61709 | 218419 | 14357 |
| 雷州市 | 2537196 | 1577729 | 42871 | 241130 | 584773 | 90693 |
| 廉江市 | 2298293 | 1303442 | 79965 | 468333 | 326956 | 119597 |
| 吴川市 | 704494 | 234586 | 4726 | 173486 | 213911 | 77786 |
| 遂溪县 | 2602987 | 1224195 | 58088 | 483686 | 719622 | 117394 |
| 徐闻县 | 1847102 | 1350602 | 12322 | 142128 | 269940 | 72109 |
| **茂名市** | **11530640** | **6083719** | **974778** | **2613635** | **1423541** | **434967** |
| 茂南区 | 610595 | 282306 | 3452 | 257864 | 36513 | 30459 |
| 电白区 | 2830789 | 938477 | 167192 | 437967 | 1137703 | 149450 |
| 信宜市 | 2513441 | 1562838 | 221906 | 639033 | 35526 | 54139 |
| 高州市 | 3065046 | 2019804 | 209292 | 642985 | 85870 | 107095 |
| 化州市 | 2510770 | 1280295 | 372936 | 635786 | 127930 | 93824 |
| **肇庆市** | **7805393** | **3562766** | **1182862** | **1645817** | **989518** | **424430** |
| 端州区 | 4078 | 3002 | 824 |  | 248 | 4 |
| 鼎湖区 | 250446 | 91651 | 3001 | 34654 | 105770 | 15369 |
| 高要区 | 1896691 | 846622 | 127175 | 441369 | 412353 | 69172 |
| 四会市 | 1207235 | 391735 | 75970 | 307655 | 341861 | 90014 |
| 广宁县 | 890059 | 360288 | 263170 | 233610 | 10540 | 22451 |
| 德庆县 | 713211 | 500810 | 91297 | 59961 | 20564 | 40579 |
| 封开县 | 1015700 | 585696 | 198110 | 146732 | 50910 | 34251 |
| 怀集县 | 1827975 | 782964 | 423304 | 421845 | 47272 | 152590 |
| **清远市** | **5707378** | **2815077** | **558572** | **1685183** | **236566** | **411980** |
| 清城区 | 588715 | 175803 | 32723 | 251948 | 68123 | 60119 |
| 清新区 | 1015922 | 512358 | 77747 | 281066 | 94257 | 50494 |
| 英德市 | 1630197 | 581134 | 242995 | 578526 | 41736 | 185806 |
| 连州市 | 856574 | 545231 | 57293 | 164809 | 11364 | 77877 |
| 佛冈县 | 431626 | 288214 | 29153 | 91897 | 7948 | 14414 |
| 阳山县 | 805783 | 476028 | 56618 | 251813 | 7909 | 13416 |
| 连山县 | 174148 | 107318 | 27761 | 31968 | 2671 | 4431 |
| 连南县 | 204413 | 128993 | 34282 | 33156 | 2559 | 5423 |
| **潮州市** | **2223377** | **1344118** | **22147** | **235840** | **489490** | **131782** |
| 湘桥区 | 164741 | 126434 | 1087 | 27773 | 7310 | 2137 |
| 潮安区 | 500315 | 394401 | 7578 | 33100 | 20757 | 44479 |
| 饶平县 | 1558323 | 823283 | 13483 | 174969 | 461423 | 85166 |
| **揭阳市** | **3642519** | **2143509** | **395672** | **510961** | **324039** | **268338** |
| 榕城区 | 213459 | 149640 | 7413 | 13588 | 24035 | 18783 |
| 揭东区 | 728794 | 488944 | 66765 | 89230 | 40869 | 42985 |
| 普宁市 | 726873 | 526844 | 56678 | 94764 | 12333 | 36253 |
| 揭西县 | 925105 | 501468 | 121709 | 177638 | 27635 | 96655 |
| 惠来县 | 1048288 | 476612 | 143106 | 135742 | 219167 | 73662 |
| **云浮市** | **3645593** | **1285110** | **574206** | **1426006** | **150376** | **209895** |
| 云城区 | 334216 | 152602 | 42486 | 119224 | 13915 | 5989 |
| 云安区 | 293549 | 141935 | 41707 | 92997 | 11840 | 5070 |
| 罗定市 | 1043712 | 354774 | 327810 | 270488 | 52375 | 38265 |
| 新兴县 | 1429493 | 356360 | 130276 | 737409 | 60381 | 145066 |
| 郁南县 | 544664 | 279438 | 31953 | 205901 | 11867 | 15505 |

# 7-7 各市农林牧渔业总产值及增加值发展速度

(2023年)　　单位：%

| 市别 | 农林牧渔业总产值 | 农业 | 林业 | 牧业 | 渔业 | 农林牧渔专业及辅助性活动 | 农林牧渔业增加值 |
|---|---|---|---|---|---|---|---|
| **广东省** | **105.1** | **103.5** | **108.2** | **107.0** | **104.9** | **110.6** | **105.0** |
| 广州市 | 104.2 | 103.1 | 178.7 | 103.3 | 100.7 | 110.3 | 104.2 |
| 深圳市 | 112.5 | 108.2 | 136.5 | 51.8 | 122.2 | 108.9 | 102.8 |
| 珠海市 | 107.6 | 87.5 | 75.7 | 113.5 | 110.7 | 107.1 | 105.2 |
| 汕头市 | 104.0 | 103.0 | 124.9 | 108.2 | 103.0 | 107.9 | 103.6 |
| 佛山市 | 105.5 | 105.0 | 97.0 | 102.9 | 105.3 | 114.3 | 105.3 |
| 韶关市 | 106.6 | 104.5 | 108.0 | 110.3 | 103.8 | 111.8 | 106.2 |
| 河源市 | 106.6 | 103.7 | 110.6 | 110.0 | 112.6 | 111.5 | 106.3 |
| 梅州市 | 105.9 | 104.5 | 114.5 | 108.6 | 101.1 | 109.5 | 105.8 |
| 惠州市 | 106.5 | 104.8 | 130.7 | 108.5 | 105.1 | 114.2 | 106.7 |
| 汕尾市 | 104.9 | 103.1 | 100.8 | 106.3 | 105.7 | 110.5 | 103.2 |
| 东莞市 | 103.5 | 103.3 | 129.5 | 103.8 | 103.3 | 106.4 | 105.1 |
| 中山市 | 105.4 | 104.1 | 105.0 | 87.6 | 106.7 | 106.6 | 105.5 |
| 江门市 | 107.1 | 105.5 | 108.8 | 112.2 | 104.8 | 116.0 | 106.2 |
| 阳江市 | 103.3 | 99.0 | 97.9 | 111.4 | 102.3 | 110.7 | 103.4 |
| 湛江市 | 103.2 | 101.1 | 100.0 | 107.5 | 104.5 | 109.6 | 104.0 |
| 茂名市 | 104.5 | 104.3 | 108.6 | 103.1 | 103.4 | 112.5 | 104.8 |
| 肇庆市 | 104.8 | 103.4 | 106.1 | 106.5 | 103.7 | 109.5 | 104.6 |
| 清远市 | 106.2 | 104.1 | 107.5 | 108.4 | 107.0 | 108.5 | 106.0 |
| 潮州市 | 105.3 | 105.2 | 109.4 | 104.5 | 104.2 | 110.4 | 105.1 |
| 揭阳市 | 105.0 | 103.7 | 106.7 | 106.5 | 104.8 | 110.5 | 105.0 |
| 云浮市 | 106.0 | 104.7 | 107.2 | 106.7 | 100.4 | 109.6 | 105.8 |

注：发展速度按可比价格计算。

# 7-8 农村居民消费价格分类指数

(2023年) (上年=100)

| 项　目 | 指　数 | 项　目 | 指　数 |
|---|---|---|---|
| **居民消费价格指数** | **99.6** | **生活用品及服务** | **100.3** |
| **非食品烟酒价格指数** | **99.2** | 家具及室内装饰品 | 100.0 |
| **服务价格指数** | **99.9** | 家具 | 100.0 |
| **消费品价格指数** | **99.4** | 室内装饰品 | 100.6 |
| **扣除鲜菜鲜果价格指数** | **99.5** | 家用器具 | 98.9 |
| **食品烟酒** | **100.3** | 家用纺织品 | 99.3 |
| 食品 | 100.1 | 家庭日用杂品 | 100.6 |
| 粮食 | 101.2 | 个人护理用品 | 101.2 |
| #大米 | 101.6 | 家庭服务 | 102.4 |
| 粮食制品 | 100.2 | **交通通信** | **96.8** |
| 薯类 | 106.5 | 交通 | 96.2 |
| 豆类 | 100.0 | 交通工具 | 96.5 |
| 食用油 | 99.4 | 交通工具用燃料 | 94.5 |
| 菜及食用菌 | 100.4 | 交通工具使用和维修 | 99.3 |
| #鲜 菜 | 100.4 | 交通费 | 102.1 |
| 畜肉类 | 93.7 | 通信 | 98.5 |
| 猪 肉 | 90.1 | 通信工具 | 95.7 |
| 禽肉类 | 103.0 | 通信服务 | 99.1 |
| 水产品 | 101.2 | 邮递服务 | 99.9 |
| 蛋类 | 102.8 | **教育文化娱乐** | **102.8** |
| 奶类 | 101.0 | 教育 | 103.1 |
| 干鲜瓜果类 | 102.9 | 教育用品 | 102.4 |
| #鲜 果 | 103.3 | 教育服务 | 103.1 |
| 糖果糕点类 | 100.9 | #学前教育 | 103.9 |
| 调味品 | 100.8 | 小学初中教育 | 110.3 |
| 其他食品类 | 100.3 | 高中中职教育 | 102.9 |
| 茶及饮料 | 101.8 | 文化娱乐 | 102.1 |
| 烟酒 | 100.6 | 文娱耐用消费品 | 97.0 |
| 卷烟 | 100.7 | 其他文娱用品 | 99.6 |
| 酒类 | 99.9 | 文化娱乐服务 | 99.9 |
| 在外餐饮 | 100.6 | 旅游 | 113.4 |
| **衣着** | **100.0** | **医疗保健** | **100.4** |
| 服装 | 100.4 | 药品及医疗器具 | 102.0 |
| 衣着材料及配件 | 101.2 | 中药 | 106.1 |
| 衣着服务费 | 98.8 | 西药 | 102.7 |
| 鞋类 | 98.5 | 滋补保健品 | 98.4 |
| 鞋类服务 | 99.9 | 医疗卫生器具 | 96.2 |
| **居住** | **98.1** | 保健器具 | 100.1 |
| 租赁房房租 | 97.4 | 医疗服务 | 100.0 |
| 住房保养维修及管理 | 100.8 | **其他用品及服务** | **100.7** |
| 水电燃料 | 98.5 | 其他用品 | 101.4 |
| 自有住房 | 97.2 | 其他服务 | 99.9 |

# 7-9 农产品生产者价格指数

(上年=100)

| 项　目 | 2018 | 2019 | 2020 | 2021 | 2022 | 2023 |
|---|---|---|---|---|---|---|
| **农产品生产者价格指数** | **101.3** | **107.3** | **104.7** | **98.8** | **100.1** | **98.0** |
| **农业产品** | **100.1** | **103.5** | **99.8** | **100.8** | **102.8** | **97.4** |
| 谷物 | 101.0 | 98.3 | 100.5 | 104.1 | 101.8 | 100.4 |
| #稻谷 | 101.0 | 98.3 | 100.5 | 104.1 | 101.6 | 100.5 |
| 薯类 | 106.3 | 103.1 | 99.4 | 95.5 | 98.8 | 107.3 |
| 油料 | 102.2 | 103.8 | 106.2 | 100.9 | 101.0 | 104.4 |
| 豆类 | 102.2 | 99.4 | 102.3 | 106.6 | 102.2 | 97.6 |
| 糖料 | 91.4 | 93.6 | 105.0 | 101.0 | 104.0 | 102.6 |
| 未加工烟草 | 97.5 | 102.8 | 101.8 | 104.9 | 102.1 | 109.7 |
| 蔬菜及食用菌 | 101.1 | 102.3 | 100.4 | 103.3 | 101.6 | 98.2 |
| #叶菜类蔬菜 | 103.1 | 103.2 | 99.0 | 102.8 | 103.6 | 97.4 |
| 白菜类蔬菜 | 100.6 | 102.3 | 101.0 | 102.6 | 101.3 | 97.8 |
| 芥菜类蔬菜 | 99.2 | 100.7 | 101.3 | 106.5 | 100.8 | 93.2 |
| 甘蓝类蔬菜 | 100.7 | 98.6 | 102.8 | 103.6 | 97.4 | 101.7 |
| 根茎类蔬菜 | 104.9 | 92.8 | 98.5 | 102.7 | 101.0 | 96.1 |
| 瓜菜类蔬菜 | 98.6 | 104.8 | 101.5 | 100.4 | 101.9 | 98.1 |
| 豆类蔬菜 | 99.2 | 105.6 | 97.7 | 108.8 | 102.1 | 99.6 |
| 茄果类蔬菜 | 103.0 | 113.1 | 94.3 | 102.7 | 102.6 | 95.1 |
| 莴苣及菊苣类蔬菜 | 102.9 | 101.3 | 108.7 | 100.0 | 102.5 | 96.4 |
| 葱蒜类蔬菜 | 102.1 | 97.1 | 101.7 | 106.9 | 100.1 | 90.3 |
| 花卉 | 101.6 | 94.5 | 102.3 | 96.0 | 99.5 | 96.6 |
| 盆景及园艺产品 | 99.2 | 94.1 | 93.2 | 98.8 | 100.8 | 96.4 |
| 水果及坚果 | 95.0 | 124.0 | 96.7 | 93.7 | 105.2 | 94.5 |
| 茶及饮料原料 | 104.6 | 102.2 | 99.8 | 101.6 | 102.6 | 100.5 |
| **林业产品** | **99.4** | **98.0** | **99.5** | **109.3** | **99.8** | **98.7** |
| 育种和育苗 | 100.1 | 98.2 | 103.9 | 102.0 | 99.9 | 98.5 |
| 木材采伐产品 | 101.2 | 99.9 | 98.4 | 108.0 | 97.8 | 97.2 |
| 竹材采伐产品 | 100.5 | 100.1 | 96.1 | 102.5 | 100.5 | 99.9 |
| 林产品 | 93.2 | 91.2 | 99.4 | 127.1 | 100.1 | 98.9 |
| **饲养动物及其产品** | **101.6** | **121.0** | **119.5** | **88.2** | **92.0** | **93.6** |
| 活牲畜 | 89.7 | 140.5 | 157.9 | 69.1 | 83.5 | 86.4 |
| #猪 | 89.7 | 140.5 | 157.9 | 69.1 | 83.5 | 86.4 |
| 活家禽 | 107.5 | 109.3 | 89.0 | 103.1 | 102.0 | 103.0 |
| #鸡 | 103.9 | 108.8 | 92.0 | 103.2 | 102.1 | 101.5 |
| 鸭 | 111.9 | 107.5 | 89.3 | 107.0 | 101.5 | 94.4 |
| 畜禽产品 | 120.3 | 95.7 | 88.7 | 104.3 | 103.5 | 98.9 |
| #鸡蛋 | 112.9 | 99.7 | 94.7 | 100.4 | 103.1 | 97.4 |
| 鸭蛋 | 138.4 | 85.9 | 74.0 | 113.9 | 110.7 | 104.1 |
| **渔业产品** | **103.6** | **102.1** | **99.2** | **105.0** | **101.6** | **100.1** |
| 海水养殖产品 | 103.2 | 103.5 | 97.3 | 102.4 | 101.3 | 101.8 |
| #海水养殖鱼 | 104.6 | 105.1 | 99.3 | 101.3 | 98.1 | 101.9 |
| 海水养殖虾 | 100.3 | 99.1 | 99.6 | 101.5 | 103.5 | 103.2 |
| 海水捕捞产品 | 105.6 | 105.2 | 101.2 | 106.0 | 101.6 | 99.0 |
| #海水捕捞鲜鱼 | 106.3 | 105.7 | 100.5 | 101.4 | 100.9 | 98.7 |
| 海水捕捞虾 | 103.4 | 105.0 | 105.8 | 105.8 | 119.4 | 101.0 |
| 淡水养殖产品 | 101.9 | 100.4 | 98.5 | 104.3 | 101.9 | 99.3 |
| #养殖淡水鱼 | 102.0 | 99.4 | 101.5 | 105.2 | 101.3 | 98.0 |
| 淡水养殖虾 | 101.3 | 104.0 | 87.1 | 100.6 | 103.6 | 101.7 |
| 淡水捕捞产品 | 109.9 | 100.2 | 106.2 | 110.1 | | |
| #捕捞淡水鱼 | 112.4 | 100.0 | 107.0 | 102.3 | | |
| 淡水捕捞鲜虾 | 106.7 | 100.1 | 102.5 | 110.1 | | |

# 八、种植业

# 种植业

**【概况】**2023年，我省粮食作物播种面积为3344.26万亩，比国家下达任务3313.3万亩超30.96万亩；产量1285.19万吨，比国家下达任务1270万吨超15.19万吨。蔬菜播种面积2180.59万亩，增长1.8%；产量4099.33万吨，增长2.5%。园林水果种植面积1642.32万亩，增长2.4%；产量1991.87万吨，增长5.1%。荔枝、龙眼、香蕉、菠萝种植面积和产量均居全国第1位。茶园面积168.98万亩，增长13.3%；产量17.89万吨，增长11.3%。中草药材播种面积111.67万亩，增长8.7%。盆栽观赏植物产量增长9.6%，观赏苗木产量增长7.7%。

**【粮食生产】**2023年，广东粮食播种面积3344.26万亩，比国家下达任务3313.3万亩超30.96万亩；粮食产量1285.19万吨，比国家下达任务1270万吨超15.19万吨。其中2023年春收粮食面积221.22万亩，比2022年增加6.9万亩，增幅3.2%，春收粮食产量70.64万吨，比2022年增加2.09万吨，增幅3.0%；我省早稻面积1298.93万亩，比2022年增加2.59万亩，增幅0.2%，总产量529.70万吨，比2022年增加9.61万吨，增幅1.8%，亩产量407.8公斤，增加6.6公斤，增幅1.6%。早稻面积、总产量和亩产量实现“三增”。

**【油料生产】**省委省政府高度重视油料作物生产，积极调整种植结构，压实各级责任，明确扩种任务，油料作物保持稳定增长。2023年，全省油料面积543.15万亩，产量121.01万吨，分别增长1.9%和3.1%。主要油料作物是花生，还有少量油菜和芝麻。广东花生面积位居全国第3，是全国10个花生主产省之一。

**【茶叶产业】**广东产茶历史悠久，是全国重要的茶叶主产区之一，拥有众多优良的茶叶品种，全省形成了粤东单枞乌龙茶区，粤西大叶种绿茶区，粤北优质红茶区和特种绿茶、白毛茶区等特色区域布局。成功举办第五届广东茶叶产业大会。2023年，全省茶叶保持快速增长，茶园面积168.98万亩，产量17.89万吨，分别增长14.0%和11.3%。

**【蔬菜产业】**广东是蔬菜生产大省，地处亚热带地区，一年四季均可种植蔬菜，蔬菜品种十分丰富，适宜蔬菜常年种植。除供应本省市场外，还可北运和出口港澳等地区，成为广东区域特色农业的主导产业和农民增收的支柱产业。2023年，各地立足区位、气候等优势条件，着力打造标准化、规模化特色蔬菜生产示范基地，带动蔬菜播种面积和产量呈现平稳增长态势。全省蔬菜播种面积2180.59万亩，增长1.8%；产量4099.33万吨，增长2.5%。

**【花卉产业】**受后疫情时代市场行情提振、消费需求激增、广东传统迎春花市重开等利好影响，花卉盆栽多重设施生产发展较快，盆栽观赏植物产量增长9.6%，观赏苗木产量增长7.7%。广东是全国最大的盆栽植物生产基地，产量居全国第4。成功举办2023中国（中山）花木产业大会。

**【水果产业】**广东素有"水果之乡"的美称，盛产热带、亚热带水果，有近400种之多。柑桔、香蕉、荔枝、菠萝是传统的岭南四大佳果，龙眼、芒果、李子、番石榴、柚子等热带、亚热带水果在国内外也颇有盛名。成功举办中国国际热作产业大会暨第七届中国荔枝龙眼产业大会系列活动。2023年，全省园林水果种植面积1642.32万亩，增长2.4%；总产量1991.87万吨，增长5.1%。

**【南药产业】**我省是华南地区最大的中药材集散地和中药材出口的重要通商口岸，药材交易市场繁荣发达，长期发展培育形成了著名的广药品牌。2023年，广东中草药材播种面积111.67万亩，增长8.7%。

# 8-1 主要年份农作物播种面积及构成

| 年份 | 农作物播种面积 | 一、粮食作物 | 稻谷 | 薯类 | 大豆 |
|---|---|---|---|---|---|
| 一、绝对数(千公顷) | | | | | |
| 1949 | 5285.95 | 4782.80 | 4126.20 | 495.80 | 92.58 |
| 1952 | 5608.83 | 4942.60 | 4053.60 | 665.60 | 93.81 |
| 1957 | 6326.93 | 5386.67 | 4040.93 | 817.45 | 95.87 |
| 1962 | 5687.57 | 4767.53 | 3655.80 | 787.50 | 77.33 |
| 1965 | 5799.75 | 4589.60 | 3609.07 | 655.65 | 75.33 |
| 1970 | 6254.66 | 4638.80 | 3771.79 | 601.62 | 77.63 |
| 1975 | 6836.83 | 5037.54 | 3914.25 | 612.29 | 131.73 |
| 1978 | 6641.64 | 5068.98 | 3860.66 | 582.01 | 109.14 |
| 1980 | 5969.89 | 4605.35 | 3730.73 | 533.78 | 132.12 |
| 1985 | 5357.88 | 3833.84 | 3210.54 | 487.22 | 116.81 |
| 1990 | 5671.56 | 3881.37 | 3175.78 | 501.13 | 114.96 |
| 1995 | 5304.80 | 3368.16 | 2701.42 | 515.01 | 103.90 |
| 2000 | 5156.90 | 3099.89 | 2412.70 | 426.76 | 96.97 |
| 2005 | 4815.37 | 2786.50 | 2137.60 | 386.50 | 83.80 |
| 2010 | 4262.77 | 2386.33 | 1918.14 | 261.77 | 48.44 |
| 2015 | 4194.55 | 2193.30 | 1804.76 | 213.19 | 34.47 |
| 2017 | 4227.51 | 2169.73 | 1805.42 | 200.02 | 31.16 |
| 2018 | 4279.36 | 2151.04 | 1787.39 | 199.81 | 31.79 |
| 2019 | 4357.38 | 2160.64 | 1793.67 | 202.49 | 32.57 |
| 2020 | 4451.81 | 2204.69 | 1834.44 | 202.89 | 32.61 |
| 2021 | 4498.36 | 2213.04 | 1827.42 | 211.39 | 32.63 |
| 2022 | 4553.47 | 2230.29 | 1835.89 | 216.34 | 34.70 |
| 2023 | 4587.27 | 2229.51 | 1827.61 | 220.35 | 35.86 |
| 二、构成(%) | | | | | |
| 1949 | 100.0 | 90.5 | 78.1 | 9.4 | 1.8 |
| 1952 | 100.0 | 88.1 | 72.3 | 11.9 | 1.7 |
| 1957 | 100.0 | 85.1 | 63.9 | 12.9 | 1.5 |
| 1962 | 100.0 | 83.8 | 64.3 | 13.8 | 1.4 |
| 1965 | 100.0 | 79.1 | 62.2 | 11.3 | 1.3 |
| 1970 | 100.0 | 74.2 | 60.3 | 9.6 | 1.2 |
| 1975 | 100.0 | 73.7 | 57.3 | 9.0 | 1.9 |
| 1978 | 100.0 | 76.3 | 58.1 | 8.8 | 1.6 |
| 1980 | 100.0 | 77.1 | 62.5 | 8.9 | 2.2 |
| 1985 | 100.0 | 71.6 | 59.9 | 9.1 | 2.2 |
| 1990 | 100.0 | 68.4 | 56.0 | 8.8 | 2.0 |
| 1995 | 100.0 | 63.5 | 50.9 | 9.7 | 2.0 |
| 2000 | 100.0 | 60.1 | 46.8 | 8.3 | 1.9 |
| 2005 | 100.0 | 57.9 | 44.4 | 8.0 | 1.7 |
| 2010 | 100.0 | 56.0 | 45.0 | 6.1 | 1.1 |
| 2015 | 100.0 | 52.3 | 43.0 | 5.1 | 0.8 |
| 2017 | 100.0 | 51.3 | 42.7 | 4.7 | 0.7 |
| 2018 | 100.0 | 50.3 | 41.8 | 4.7 | 0.7 |
| 2019 | 100.0 | 49.6 | 41.2 | 4.6 | 0.7 |
| 2020 | 100.0 | 49.5 | 41.2 | 4.6 | 0.7 |
| 2021 | 100.0 | 49.2 | 40.6 | 4.7 | 0.7 |
| 2022 | 100.0 | 49.0 | 40.3 | 4.8 | 0.8 |
| 2023 | 100.0 | 48.6 | 39.8 | 4.8 | 0.8 |

注：2007年起经济作物播种面积为甘蔗、油料作物、麻类、烟叶、药材、蔬菜、瓜果类、其他农作物面积之和，2005年起大豆统计在粮食作物分类中，下表同。

# 8-1 续表

| 年 份 | 二、经济作物 | 糖 蔗 | 花 生 | 黄红麻 | 红(土)烟 | 黄(烤)烟 |
|---|---|---|---|---|---|---|
| 一、绝对数(千公顷) | | | | | | |
| 1949 | 410.57 | 28.93 | 75.33 | 3.72 | 5.00 | 3.00 |
| 1952 | 572.42 | 59.93 | 133.58 | 8.07 | 10.87 | 4.82 |
| 1957 | 844.39 | 96.95 | 201.69 | 22.50 | 16.07 | 6.69 |
| 1962 | 842.71 | 61.49 | 195.95 | 12.89 | 15.54 | 4.13 |
| 1965 | 1134.82 | 148.55 | 287.89 | 17.31 | 15.07 | 5.12 |
| 1970 | 1538.23 | 170.03 | 310.05 | 23.09 | 14.09 | 7.67 |
| 1975 | 1667.56 | 184.28 | 316.87 | 46.21 | 22.85 | 15.35 |
| 1978 | 1463.52 | 172.64 | 324.41 | 63.29 | 18.17 | 27.96 |
| 1980 | 1232.43 | 145.71 | 368.83 | 28.03 | 14.58 | 11.17 |
| 1985 | 1407.23 | 295.22 | 363.85 | 38.87 | 19.13 | 17.71 |
| 1990 | 1675.23 | 279.82 | 323.97 | 4.84 | 14.59 | 31.11 |
| 1995 | 1832.74 | 213.45 | 330.07 | 2.70 | 5.62 | 23.93 |
| 2000 | 1960.04 | 159.74 | 331.07 | 1.03 | 5.32 | 25.78 |
| 2005 | 2028.87 | 125.39 | 309.41 | 0.53 | 5.10 | 26.54 |
| 2010 | 1876.45 | 136.72 | 307.38 | 0.19 | 2.12 | 19.57 |
| 2015 | 2001.26 | 143.57 | 316.58 | 0.10 | 1.97 | 16.30 |
| 2017 | 2057.78 | 146.24 | 319.10 | 0.08 | 1.80 | 15.61 |
| 2018 | 2128.32 | 148.78 | 332.48 | 0.07 | 2.05 | 15.42 |
| 2019 | 2196.74 | 147.06 | 340.52 | 0.07 | 1.99 | 14.74 |
| 2020 | 2247.12 | 136.79 | 347.57 | 0.06 | 1.93 | 14.56 |
| 2021 | 2285.32 | 128.40 | 349.68 | 0.06 | 1.78 | 14.06 |
| 2022 | 2323.18 | 126.10 | 346.79 | 0.04 | 1.35 | 13.97 |
| 2023 | 2357.77 | 122.62 | 353.50 | 0.05 | 0.88 | 14.21 |
| 二、构成(%) | | | | | | |
| 1949 | 7.8 | 0.5 | 1.4 | 0.1 | 0.1 | 0.1 |
| 1952 | 10.2 | 1.1 | 2.4 | 0.1 | 0.2 | 0.1 |
| 1957 | 13.3 | 1.5 | 3.2 | 0.4 | 0.3 | 0.1 |
| 1962 | 14.8 | 1.1 | 3.4 | 0.2 | 0.3 | 0.1 |
| 1965 | 19.6 | 2.6 | 5.0 | 0.3 | 0.3 | 0.1 |
| 1970 | 24.6 | 2.7 | 5.0 | 0.4 | 0.2 | 0.1 |
| 1975 | 24.4 | 2.7 | 4.6 | 0.7 | 0.3 | 0.2 |
| 1978 | 22.0 | 2.6 | 4.9 | 1.0 | 0.3 | 0.4 |
| 1980 | 20.6 | 2.4 | 6.2 | 0.5 | 0.2 | 0.2 |
| 1985 | 26.3 | 5.5 | 6.8 | 0.7 | 0.4 | 0.3 |
| 1990 | 29.5 | 4.9 | 5.7 | 0.1 | 0.3 | 0.5 |
| 1995 | 34.5 | 4.0 | 6.2 | 0.1 | 0.1 | 0.5 |
| 2000 | 38.0 | 3.1 | 6.4 | … | 0.1 | 0.5 |
| 2005 | 42.1 | 2.6 | 6.4 | … | 0.1 | 0.6 |
| 2010 | 44.0 | 3.2 | 7.2 | … | … | 0.5 |
| 2015 | 47.7 | 3.4 | 7.5 | … | … | 0.4 |
| 2017 | 48.7 | 3.5 | 7.5 | … | … | 0.4 |
| 2018 | 49.7 | 3.5 | 7.8 | … | … | 0.4 |
| 2019 | 50.4 | 3.4 | 7.8 | … | … | 0.3 |
| 2020 | 50.5 | 3.1 | 7.8 | … | … | 0.3 |
| 2021 | 50.8 | 2.9 | 7.8 | … | … | 0.3 |
| 2022 | 51.0 | 2.8 | 7.6 | … | … | 0.3 |
| 2023 | 51.4 | 2.7 | 7.7 | … | … | 0.3 |

# 8-2 主要年份农作物产量及指数

| 年 份 | 粮食 | | | | 糖蔗 | 花生 | 黄红麻 | 红(土)烟 | 黄(烤)烟 |
|---|---|---|---|---|---|---|---|---|---|
| | | 稻谷 | 薯类 | 大豆 | | | | | |
| 一、绝对数(万吨) | | | | | | | | | |
| 1949 | 685.85 | 621.35 | 55.85 | 4.62 | 66.91 | 6.63 | 0.48 | 0.58 | 0.23 |
| 1952 | 797.40 | 707.15 | 76.50 | 5.41 | 265.47 | 13.20 | 1.44 | 1.29 | 0.34 |
| 1957 | 1007.15 | 849.10 | 130.15 | 4.39 | 429.72 | 16.86 | 3.98 | 1.63 | 0.49 |
| 1962 | 929.60 | 820.25 | 89.15 | 3.84 | 180.60 | 15.60 | 2.22 | 1.15 | 0.26 |
| 1965 | 1227.65 | 1098.60 | 106.90 | 4.74 | 637.93 | 25.97 | 3.99 | 1.49 | 0.59 |
| 1970 | 1283.82 | 1157.04 | 103.10 | 5.79 | 656.93 | 32.16 | 6.24 | 1.60 | 0.70 |
| 1975 | 1464.58 | 1301.35 | 122.27 | 9.13 | 711.61 | 31.84 | 13.77 | 2.52 | 1.54 |
| 1978 | 1509.51 | 1328.56 | 121.04 | 7.99 | 835.42 | 35.17 | 18.07 | 1.97 | 2.76 |
| 1980 | 1681.91 | 1523.92 | 123.68 | 11.47 | 734.73 | 50.00 | 10.18 | 1.68 | 1.04 |
| 1985 | 1604.37 | 1454.29 | 131.88 | 11.32 | 1831.40 | 57.07 | 11.30 | 2.60 | 2.29 |
| 1990 | 1896.29 | 1687.00 | 167.05 | 13.87 | 2093.46 | 57.95 | 1.04 | 2.44 | 4.64 |
| 1995 | 1803.33 | 1553.90 | 209.40 | 16.50 | 1472.21 | 69.98 | 0.79 | 1.08 | 3.96 |
| 2000 | 1822.33 | 1528.53 | 199.05 | 18.73 | 1137.59 | 77.68 | 0.27 | 1.26 | 4.95 |
| 2005 | 1394.97 | 1116.99 | 185.48 | 18.87 | 946.03 | 75.86 | 0.14 | 1.24 | 5.06 |
| 2010 | 1249.15 | 1041.80 | 129.01 | 11.20 | 1064.09 | 81.59 | 0.03 | 0.56 | 4.44 |
| 2015 | 1211.66 | 1040.82 | 102.34 | 9.03 | 1093.58 | 94.48 | 0.02 | 0.39 | 3.95 |
| 2017 | 1208.56 | 1046.34 | 95.43 | 8.48 | 1144.14 | 98.42 | 0.02 | 0.52 | 3.74 |
| 2018 | 1193.49 | 1032.07 | 94.67 | 8.71 | 1207.97 | 104.40 | 0.02 | 0.58 | 3.75 |
| 2019 | 1240.80 | 1075.05 | 97.41 | 9.04 | 1241.64 | 108.69 | 0.02 | 0.57 | 3.60 |
| 2020 | 1267.56 | 1099.58 | 97.29 | 9.10 | 1176.25 | 112.05 | 0.02 | 0.55 | 3.57 |
| 2021 | 1279.87 | 1104.41 | 102.72 | 8.64 | 1118.20 | 115.87 | 0.02 | 0.48 | 3.39 |
| 2022 | 1291.54 | 1108.63 | 107.01 | 9.27 | 1107.76 | 115.93 | 0.01 | 0.38 | 3.34 |
| 2023 | 1285.19 | 1096.89 | 109.88 | 9.64 | 1087.43 | 119.54 | 0.02 | 0.23 | 3.50 |
| 二、指数 | | | | | | | | | |
| 1949 | 100.0 | 100.0 | 100.0 | 100.0 | 100.0 | 100.0 | 100.0 | 100.0 | 100.0 |
| 1952 | 116.3 | 113.8 | 137.0 | 117.1 | 396.8 | 199.1 | 300.0 | 222.4 | 147.8 |
| 1957 | 146.8 | 136.7 | 233.0 | 95.0 | 642.2 | 254.3 | 829.2 | 281.0 | 213.0 |
| 1962 | 135.5 | 132.0 | 159.6 | 83.1 | 269.9 | 235.3 | 462.5 | 198.3 | 113.0 |
| 1965 | 179.0 | 176.8 | 191.4 | 102.6 | 953.4 | 391.7 | 831.3 | 256.9 | 256.5 |
| 1970 | 187.2 | 186.2 | 184.6 | 125.3 | 981.8 | 485.1 | 1300.0 | 275.9 | 304.3 |
| 1975 | 213.5 | 209.4 | 218.9 | 197.6 | 1063.5 | 480.2 | 2868.8 | 434.5 | 669.6 |
| 1978 | 220.1 | 213.8 | 216.7 | 172.9 | 1248.6 | 530.5 | 3764.6 | 339.7 | 1200.0 |
| 1980 | 245.2 | 245.3 | 221.5 | 248.3 | 1098.1 | 754.1 | 2120.8 | 289.7 | 452.2 |
| 1985 | 233.9 | 234.1 | 236.1 | 245.0 | 2737.1 | 860.8 | 2354.2 | 448.3 | 995.7 |
| 1990 | 276.5 | 271.5 | 299.1 | 300.2 | 3128.8 | 874.1 | 216.7 | 420.7 | 2017.4 |
| 1995 | 262.9 | 250.1 | 374.9 | 357.1 | 2200.3 | 1055.5 | 164.6 | 186.2 | 1721.7 |
| 2000 | 265.7 | 246.0 | 356.4 | 405.4 | 1700.2 | 1171.6 | 56.3 | 217.2 | 2152.2 |
| 2005 | 203.4 | 179.8 | 332.1 | 408.4 | 1413.9 | 1144.2 | 29.2 | 213.8 | 2200.0 |
| 2010 | 182.1 | 167.7 | 231.0 | 242.4 | 1590.3 | 1230.6 | 6.5 | 95.9 | 1930.8 |
| 2015 | 176.7 | 167.5 | 183.2 | 195.5 | 1634.4 | 1425.1 | 3.4 | 66.4 | 1715.7 |
| 2017 | 176.2 | 168.4 | 170.9 | 183.5 | 1710.0 | 1484.4 | 4.3 | 90.3 | 1625.1 |
| 2018 | 174.0 | 166.1 | 169.5 | 188.5 | 1805.4 | 1574.7 | 4.0 | 100.1 | 1631.1 |
| 2019 | 180.9 | 173.0 | 174.4 | 195.7 | 1855.7 | 1639.3 | 3.9 | 97.7 | 1565.0 |
| 2020 | 184.8 | 177.0 | 174.2 | 197.0 | 1758.0 | 1690.1 | 4.2 | 94.0 | 1553.8 |
| 2021 | 186.6 | 177.7 | 183.9 | 187.0 | 1671.2 | 1747.7 | 4.1 | 83.3 | 1476.0 |
| 2022 | 188.3 | 178.4 | 191.6 | 200.6 | 1655.6 | 1748.5 | 3.0 | 65.3 | 1450.0 |
| 2023 | 187.4 | 176.5 | 196.7 | 208.7 | 1625.2 | 1803.1 | 3.3 | 40.3 | 1523.0 |

# 8-3 主要农作物播种面积、单产及总产量

单位：千公顷、千克、万吨

| 项　　目 | 2021年 | | | 2022年 | | | 2023年 | | |
|---|---|---|---|---|---|---|---|---|---|
| | 面积 | 亩产 | 总产量 | 面积 | 亩产 | 总产量 | 面积 | 亩产 | 总产量 |
| **农作物总播种面积** | | | | | | | | | |
| **一、粮食作物** | **2213.04** | **386** | **1279.87** | **2230.29** | **386** | **1291.54** | **2229.51** | **384** | **1285.19** |
| 1.稻谷 | 1827.42 | 403 | 1104.41 | 1835.89 | 403 | 1108.63 | 1827.61 | 400 | 1096.89 |
| 早稻 | 858.56 | 407 | 524.15 | 864.23 | 401 | 520.09 | 865.96 | 408 | 529.70 |
| 晚稻 | 968.86 | 399 | 580.26 | 971.67 | 404 | 588.54 | 961.66 | 393 | 567.19 |
| 2.小麦 | 0.25 | 243 | 0.09 | 0.42 | 235 | 0.15 | 0.66 | 214 | 0.21 |
| 3.玉米 | 129.79 | 312 | 60.80 | 131.91 | 320 | 63.41 | 134.03 | 326 | 65.47 |
| 4.薯类(五折一) | 211.39 | 324 | 102.72 | 216.34 | 330 | 107.01 | 220.35 | 332 | 109.88 |
| 番薯 | 164.87 | 327 | 80.86 | 172.34 | 331 | 85.66 | 176.73 | 334 | 88.60 |
| 马铃薯 | 46.52 | 313 | 21.86 | 44.00 | 323 | 21.35 | 43.61 | 325 | 21.29 |
| 5.大豆 | 32.63 | 177 | 8.64 | 34.70 | 178 | 9.27 | 35.86 | 179 | 9.64 |
| **二、经济作物** | **2285.32** | | | **2323.18** | | | **2357.77** | | |
| 1.甘蔗 | 150.11 | 5803 | 1306.60 | 147.20 | 5852 | 1292.05 | 142.54 | 5945 | 1271.08 |
| 糖蔗 | 128.40 | 5806 | 1118.20 | 126.10 | 5857 | 1107.76 | 122.62 | 5912 | 1087.43 |
| 果蔗 | 21.71 | 5786 | 188.39 | 21.10 | 5823 | 184.30 | 19.92 | 6148 | 183.65 |
| 2.油料作物 | 357.44 | 219 | 117.30 | 355.21 | 220 | 117.43 | 362.10 | 223 | 121.01 |
| 其中：花生 | 349.68 | 221 | 115.87 | 346.79 | 223 | 115.93 | 353.50 | 225 | 119.54 |
| 芝麻 | 3.22 | 131 | 0.63 | 3.24 | 131 | 0.64 | 3.35 | 132 | 0.66 |
| 油菜籽 | 4.42 | 115 | 0.76 | 5.08 | 109 | 0.83 | 5.10 | 100 | 0.77 |
| 3.麻类 | 0.06 | 212 | 0.02 | 0.04 | 245 | 0.01 | 0.05 | 218 | 0.02 |
| 其中：黄红麻 | 0.05 | 219 | 0.02 | 0.04 | 205 | 0.01 | 0.05 | 218 | 0.02 |
| 4.烟叶 | 15.85 | 163 | 3.88 | 15.32 | 162 | 3.71 | 15.10 | 165 | 3.74 |
| 烤烟 | 14.06 | 161 | 3.39 | 13.97 | 159 | 3.34 | 14.21 | 164 | 3.50 |
| 红烟 | 1.78 | 181 | 0.48 | 1.35 | 187 | 0.38 | 0.88 | 176 | 0.23 |
| 5.药材 | 56.38 | | | 68.49 | | | 74.45 | | |
| 6.蔬菜(含菜用瓜) | 1392.25 | 1846 | 3855.73 | 1428.38 | 1867 | 3999.11 | 1453.73 | 1880 | 4099.33 |
| 7.瓜果类 | 43.13 | 2026 | 131.06 | 43.27 | 2052 | 133.20 | 43.85 | 2067 | 135.92 |
| 8.其他农作物 | 270.11 | | | 265.28 | | | 265.96 | | |
| 木薯 | 63.61 | 1429 | 136.33 | 60.98 | 1450 | 132.67 | 60.18 | 1457 | 131.55 |

# 8-4 各市粮食作物播种面积和产量

(2023年)　　单位：公顷、千克、吨

| 市 别 | 粮食作物 | | | #稻谷 | | | #晚稻 | | |
|---|---|---|---|---|---|---|---|---|---|
| | 播种面积 | 亩产 | 总产量 | 播种面积 | 亩产 | 总产量 | 播种面积 | 亩产 | 总产量 |
| **全 省** | **2229508** | **384** | **12851860** | **1827614** | **400** | **10968910** | **961659** | **393** | **5671862** |
| 广州市 | 30084 | 337 | 151919 | 24006 | 345 | 124247 | 11439 | 344 | 59002 |
| 深圳市 | 1588 | 297 | 7073 | 982 | 282 | 4150 | 659 | 262 | 2591 |
| 珠海市 | 5367 | 369 | 29737 | 4445 | 397 | 26463 | 2107 | 373 | 11777 |
| 汕头市 | 69035 | 447 | 462581 | 46038 | 467 | 322731 | 23258 | 480 | 167563 |
| 佛山市 | 9675 | 350 | 50777 | 6940 | 372 | 38768 | 3252 | 346 | 16903 |
| 韶关市 | 121305 | 415 | 755180 | 102327 | 437 | 670429 | 63575 | 449 | 428384 |
| 河源市 | 133720 | 406 | 814587 | 122431 | 420 | 771714 | 62949 | 412 | 389009 |
| 梅州市 | 184428 | 412 | 1138411 | 161891 | 433 | 1050726 | 81859 | 432 | 529982 |
| 惠州市 | 114226 | 360 | 616639 | 85033 | 368 | 469927 | 46489 | 361 | 251607 |
| 汕尾市 | 83155 | 349 | 435275 | 68919 | 360 | 372013 | 34710 | 375 | 194996 |
| 东莞市 | 2258 | 330 | 11179 | 1607 | 368 | 8883 | 831 | 355 | 4423 |
| 中山市 | 3014 | 351 | 15883 | 2514 | 365 | 13773 | 1111 | 344 | 5729 |
| 江门市 | 187387 | 352 | 988631 | 168253 | 361 | 910496 | 85343 | 338 | 432426 |
| 阳江市 | 121220 | 349 | 635348 | 106954 | 362 | 580923 | 58294 | 355 | 310458 |
| 湛江市 | 283407 | 357 | 1518963 | 223850 | 366 | 1228811 | 124623 | 347 | 647881 |
| 茂名市 | 251264 | 406 | 1532053 | 210067 | 424 | 1335360 | 113594 | 421 | 717312 |
| 肇庆市 | 199974 | 408 | 1225315 | 168069 | 428 | 1078089 | 84773 | 425 | 541050 |
| 清远市 | 151433 | 324 | 736764 | 122189 | 346 | 634603 | 61854 | 332 | 307581 |
| 潮州市 | 42789 | 431 | 276581 | 32108 | 462 | 222668 | 15447 | 439 | 101748 |
| 揭阳市 | 131339 | 410 | 807046 | 81151 | 426 | 518645 | 41370 | 414 | 257012 |
| 云浮市 | 102839 | 416 | 641921 | 87841 | 444 | 585491 | 44121 | 445 | 294428 |

## 8-4 续表

(2023年)　　单位：公顷、千克、吨

| 市 别 | #小麦 | | | #薯类 | | | #大豆 | | |
|---|---|---|---|---|---|---|---|---|---|
| | 播种面积 | 亩产 | 总产量 | 播种面积 | 亩产 | 总产量 | 播种面积 | 亩产 | 总产量 |
| **全 省** | **662** | **214** | **2130** | **220348** | **332** | **1098842** | **35861** | **179** | **96437** |
| 广州市 | 14 | 276 | 56 | 2531 | 286 | 10877 | 450 | 173 | 1169 |
| 深圳市 | | | | 230 | 319 | 1100 | 32 | 155 | 74 |
| 珠海市 | | | | 400 | 163 | 982 | 191 | 181 | 520 |
| 汕头市 | 2 | 267 | 8 | 20065 | 402 | 120919 | 437 | 186 | 1220 |
| 佛山市 | 80 | 200 | 240 | 1546 | 279 | 6477 | 104 | 156 | 243 |
| 韶关市 | 18 | 284 | 77 | 4725 | 349 | 24708 | 3222 | 183 | 8830 |
| 河源市 | 126 | 276 | 520 | 3726 | 252 | 14106 | 2715 | 190 | 7744 |
| 梅州市 | 68 | 256 | 261 | 9083 | 286 | 38978 | 4115 | 174 | 10738 |
| 惠州市 | 11 | 281 | 45 | 11067 | 340 | 56512 | 1457 | 166 | 3627 |
| 汕尾市 | 8 | 270 | 34 | 8934 | 299 | 40035 | 1375 | 180 | 3705 |
| 东莞市 | | | | 261 | 247 | 966 | 112 | 148 | 249 |
| 中山市 | | | | 242 | 286 | 1039 | 57 | 172 | 146 |
| 江门市 | | | | 11944 | 265 | 47556 | 2235 | 184 | 6182 |
| 阳江市 | | | | 5485 | 257 | 21145 | 3342 | 172 | 8614 |
| 湛江市 | | | | 34176 | 345 | 177001 | 1978 | 166 | 4925 |
| 茂名市 | 72 | 287 | 311 | 23374 | 316 | 110858 | 3003 | 168 | 7552 |
| 肇庆市 | | | | 19675 | 318 | 93866 | 2412 | 177 | 6415 |
| 清远市 | 244 | 139 | 509 | 7583 | 223 | 25320 | 3516 | 189 | 9943 |
| 潮州市 | | | | 6677 | 325 | 32545 | 815 | 207 | 2528 |
| 揭阳市 | | | | 42897 | 396 | 255010 | 2816 | 187 | 7896 |
| 云浮市 | 19 | 243 | 69 | 5728 | 219 | 18843 | 1477 | 186 | 4117 |

# 8-5 各市农作物播种面积和产量

(2023年) 单位：公顷、千克、吨

| 市别 | 甘蔗 | | | 糖蔗 | | | 油料 | | |
|---|---|---|---|---|---|---|---|---|---|
| | 播种面积 | 亩产 | 总产量 | 播种面积 | 亩产 | 总产量 | 播种面积 | 亩产 | 总产量 |
| **全省** | **142536** | **5945** | **12710761** | **122621** | **5912** | **10874280** | **362100** | **223** | **1210130** |
| 广州市 | 3707 | 8398 | 467041 | | | | 3410 | 196 | 10028 |
| 深圳市 | 15 | 2908 | 634 | 8 | 2888 | 335 | 311 | 147 | 686 |
| 珠海市 | 6 | 4952 | 456 | | | | 196 | 252 | 740 |
| 汕头市 | 90 | 8115 | 10972 | | | | 1264 | 171 | 3235 |
| 佛山市 | 15 | 3048 | 692 | | | | 708 | 211 | 2237 |
| 韶关市 | 2656 | 7424 | 295774 | 408 | 5536 | 33852 | 41437 | 235 | 145792 |
| 河源市 | 693 | 4996 | 51932 | 338 | 5008 | 25376 | 24780 | 217 | 80487 |
| 梅州市 | 1126 | 2631 | 44423 | 23 | 2049 | 717 | 13477 | 198 | 40047 |
| 惠州市 | 961 | 6985 | 100637 | 462 | 7536 | 52218 | 17623 | 205 | 54172 |
| 汕尾市 | 336 | 4290 | 21607 | 70 | 4841 | 5083 | 14388 | 173 | 37239 |
| 东莞市 | 23 | 4717 | 1651 | | | | 38 | 218 | 125 |
| 中山市 | 28 | 4222 | 1765 | 6 | 3736 | 325 | 17 | 302 | 76 |
| 江门市 | 2229 | 5255 | 175684 | 715 | 6432 | 69028 | 13075 | 192 | 37703 |
| 阳江市 | 818 | 3240 | 39738 | 162 | 4686 | 11359 | 21073 | 160 | 50508 |
| 湛江市 | 116303 | 5930 | 10345431 | 111652 | 5948 | 9962365 | 66934 | 258 | 259497 |
| 茂名市 | 7299 | 5079 | 556070 | 6664 | 5176 | 517388 | 46375 | 235 | 163206 |
| 肇庆市 | 1544 | 4830 | 111883 | 136 | 5089 | 10397 | 28897 | 220 | 95177 |
| 清远市 | 3757 | 7452 | 419955 | 1977 | 6267 | 185837 | 39131 | 224 | 131236 |
| 潮州市 | 170 | 7002 | 17854 | | | | 2079 | 181 | 5646 |
| 揭阳市 | 498 | 4482 | 33483 | | | | 8811 | 279 | 36838 |
| 云浮市 | 262 | 3325 | 13080 | | | | 18077 | 205 | 55456 |

## 8-5 续表 1

(2023年) 单位：公顷、千克、吨

| 市别 | # 花生 | | | 麻类 | | | 烟叶 | | |
|---|---|---|---|---|---|---|---|---|---|
| | 播种面积 | 亩产 | 总产量 | 播种面积 | 亩产 | 总产量 | 播种面积 | 亩产 | 总产量 |
| **全省** | **353503** | **225** | **1195425** | **49** | **218** | **160** | **15098** | **165** | **37366.56** |
| 广州市 | 3332 | 198 | 9899 | | | | | | |
| 深圳市 | 218 | 166 | 543 | | | | | | |
| 珠海市 | 191 | 255 | 733 | | | | | | |
| 汕头市 | 1240 | 171 | 3184 | | | | | | |
| 佛山市 | 705 | 209 | 2217 | | | | 1 | 615 | 8 |
| 韶关市 | 36917 | 251 | 139180 | | | | 8975 | 162 | 21816 |
| 河源市 | 24622 | 217 | 80189 | | | | | | |
| 梅州市 | 13353 | 198 | 39722 | | | | 3910 | 164 | 9643 |
| 惠州市 | 17623 | 205 | 54172 | | | | | | |
| 汕尾市 | 13107 | 177 | 34701 | | | | | | |
| 东莞市 | 38 | 218 | 125 | | | | | | |
| 中山市 | 16 | 302 | 74 | | | | | | |
| 江门市 | 12973 | 193 | 37507 | | | | 0 | 183 | 1 |
| 阳江市 | 21018 | 160 | 50436 | | | | 6 | 200 | 17 |
| 湛江市 | 65498 | 261 | 256384 | | | | 36 | 161 | 86 |
| 茂名市 | 46292 | 235 | 162980 | 13 | 100 | 19 | 447 | 215 | 1442 |
| 肇庆市 | 28850 | 220 | 95129 | 12 | 129 | 23 | 1086 | 169 | 2758 |
| 清远市 | 38710 | 225 | 130671 | | | | 632 | 166 | 1576 |
| 潮州市 | 1989 | 181 | 5405 | | | | | | |
| 揭阳市 | 8811 | 279 | 36838 | 24 | 323 | 118 | 4 | 292 | 19 |
| 云浮市 | 17999 | 205 | 55336 | 0 | | | | | |

## 8-5 续表 2

(2023年)　　单位：公顷、千克、吨

| 市　别 | 药材面积 | 蔬菜 | | | 瓜类 | | |
|---|---|---|---|---|---|---|---|
| | | 播种面积 | 亩产 | 总产量 | 播种面积 | 亩产 | 总产量 |
| **全　省** | **74445** | **1453727** | **1880** | **40993332** | **43848** | **2067** | **1359184** |
| 广州市 | 292 | 149216 | 1850 | 4141279 | 407 | 1271 | 7768 |
| 深圳市 | 23 | 9283 | 1238 | 172427 | 217 | 786 | 2563 |
| 珠海市 | 7 | 7106 | 1290 | 137531 | 181 | 987 | 2683 |
| 汕头市 | 38 | 47051 | 2578 | 1819586 | 719 | 2179 | 23490 |
| 佛山市 | 354 | 33867 | 1706 | 866829 | 2220 | 1545 | 51454 |
| 韶关市 | 3149 | 63934 | 1613 | 1547185 | 5166 | 2001 | 155016 |
| 河源市 | 1188 | 41779 | 1357 | 850679 | 505 | 1652 | 12505 |
| 梅州市 | 7068 | 77044 | 2318 | 2678941 | 3448 | 2035 | 105236 |
| 惠州市 | 868 | 126565 | 1891 | 3590734 | 1287 | 1657 | 31987 |
| 汕尾市 | 77 | 57423 | 1811 | 1559569 | 2012 | 2302 | 69496 |
| 东莞市 | 69 | 20088 | 1400 | 421699 | 96 | 969 | 1391 |
| 中山市 | 4 | 15003 | 1675 | 377031 | 173 | 1282 | 3319 |
| 江门市 | 3043 | 76881 | 1753 | 2021126 | 1663 | 1703 | 42473 |
| 阳江市 | 4638 | 58050 | 1163 | 1012303 | 2115 | 1743 | 55286 |
| 湛江市 | 3993 | 166617 | 1876 | 4689035 | 10520 | 2130 | 336159 |
| 茂名市 | 23541 | 130694 | 2022 | 3964935 | 1128 | 1213 | 20515 |
| 肇庆市 | 9384 | 100841 | 2208 | 3339907 | 7590 | 2681 | 305259 |
| 清远市 | 3214 | 167086 | 1670 | 4185061 | 3010 | 2158 | 97421 |
| 潮州市 | 376 | 16552 | 2323 | 576745 | 123 | 1868 | 3437 |
| 揭阳市 | 1169 | 60300 | 2610 | 2360929 | 321 | 2299 | 11079 |
| 云浮市 | 11949 | 28348 | 1599 | 679802 | 948 | 1452 | 20647 |

## 8-5 续表 3

(2023年)　　单位：公顷、千克、吨

| 市　别 | 其他农作物 | #木薯 | | | #青饲料 | #绿肥 |
|---|---|---|---|---|---|---|
| | 面　积 | 播种面积 | 亩产 | 总产量 | 面　积 | 面　积 |
| **全　省** | **265963** | **60178** | **1457** | **1315495** | **43274** | **41238** |
| 广州市 | 24758 | 102 | 1223 | 1873 | 198 | 1122 |
| 深圳市 | 275 | 23 | 1355 | 466 | | 26 |
| 珠海市 | 1194 | 2 | 831 | 27 | 328 | 25 |
| 汕头市 | 733 | 21 | 3435 | 1065 | 106 | 59 |
| 佛山市 | 17953 | 13 | 1832 | 361 | 3669 | 263 |
| 韶关市 | 14821 | 582 | 1681 | 14678 | 3030 | 8811 |
| 河源市 | 7064 | 2355 | 944 | 33344 | 826 | 3736 |
| 梅州市 | 28838 | 6510 | 1173 | 114557 | 10572 | 7451 |
| 惠州市 | 3293 | 66 | 1920 | 1907 | 441 | 97 |
| 汕尾市 | 2396 | 1626 | 2344 | 57176 | 361 | 107 |
| 东莞市 | 1711 | | | | 53 | 172 |
| 中山市 | 9828 | 4 | 1246 | 76 | 10 | |
| 江门市 | 32609 | 2118 | 1578 | 50138 | 2989 | 1076 |
| 阳江市 | 5488 | 3239 | 1077 | 52320 | 95 | 392 |
| 湛江市 | 21535 | 9411 | 1954 | 275802 | 1103 | 18 |
| 茂名市 | 12613 | 5203 | 1380 | 107683 | 1864 | 2037 |
| 肇庆市 | 35780 | 15422 | 1355 | 313555 | 6134 | 5055 |
| 清远市 | 22859 | 3969 | 1338 | 79634 | 7569 | 8472 |
| 潮州市 | 2167 | 161 | 1206 | 2912 | 918 | 1 |
| 揭阳市 | 4436 | 553 | 1653 | 13717 | 1297 | 219 |
| 云浮市 | 15612 | 8797 | 1472 | 194205 | 1711 | 2098 |

# 8-6 各县(市、区)粮食作物播种面积和产量

(2023年) 单位：公顷、千克、吨

| 地　区 | 粮食作物 | | | #稻谷 | | | #薯类(五折一) | | |
|---|---|---|---|---|---|---|---|---|---|
| | 播种面积 | 亩产 | 总产量 | 播种面积 | 亩产 | 总产量 | 播种面积 | 亩产 | 总产量 |
| **广州市** | **30084** | **337** | **151919** | **24006** | **345** | **124247** | **2531** | **286** | **10877** |
| 越秀区 | | | | | | | | | |
| 海珠区 | | | | | | | | | |
| 荔湾区 | | | | | | | | | |
| 天河区 | | | | | | | | | |
| 白云区 | 570 | 357 | 3049 | 377 | 365 | 2060 | 58 | 359 | 312 |
| 黄埔区 | 617 | 292 | 2707 | 379 | 330 | 1879 | 109 | 165 | 269 |
| 番禺区 | 337 | 258 | 1304 | 157 | 226 | 532 | 117 | 246 | 432 |
| 花都区 | 2345 | 317 | 11156 | 726 | 354 | 3855 | 291 | 267 | 1168 |
| 南沙区 | 1508 | 319 | 7224 | 1015 | 326 | 4958 | 177 | 228 | 605 |
| 从化区 | 14281 | 342 | 73224 | 12403 | 348 | 64774 | 1132 | 307 | 5210 |
| 增城区 | 10426 | 341 | 53256 | 8949 | 344 | 46189 | 647 | 297 | 2881 |
| **深圳市** | **1588** | **297** | **7073** | **982** | **282** | **4150** | **230** | **319** | **1100** |
| 福田区 | | | | | | | | | |
| 罗湖区 | | | | | | | | | |
| 盐田区 | | | | | | | | | |
| 南山区 | | | | | | | | | |
| 宝安区 | | | | | | | | | |
| 龙岗区 | 41 | 287 | 177 | 12 | 259 | 48 | 21 | 306 | 95 |
| 龙华区 | | | | | | | | | |
| 坪山区 | | | | | | | | | |
| 光明区 | 64 | 253 | 242 | 28 | 249 | 103 | 13 | 169 | 33 |
| 深汕合作区 | 1483 | 299 | 6653 | 942 | 283 | 3999 | 196 | 330 | 971 |
| **珠海市** | **5367** | **369** | **29737** | **4445** | **397** | **26463** | **400** | **163** | **982** |
| 香洲区 | 63 | 164 | 154 | 21 | 184 | 59 | 31 | 76 | 35 |
| 金湾区 | 636 | 286 | 2728 | 312 | 397 | 1860 | 196 | 70 | 206 |
| 斗门区 | 4668 | 384 | 26854 | 4111 | 398 | 24544 | 173 | 285 | 741 |
| **汕头市** | **69035** | **447** | **462581** | **46038** | **467** | **322731** | **20065** | **402** | **120919** |
| 金平区 | 1533 | 462 | 10618 | 1487 | 464 | 10347 | 46 | 392 | 271 |
| 龙湖区 | 2817 | 479 | 20229 | 2082 | 503 | 15717 | 388 | 415 | 2420 |
| 澄海区 | 12628 | 487 | 92321 | 9700 | 497 | 72323 | 1163 | 440 | 7670 |
| 濠江区 | 2368 | 428 | 15201 | 1202 | 476 | 8587 | 1084 | 387 | 6290 |
| 潮阳区 | 25040 | 435 | 163356 | 15494 | 462 | 107411 | 9282 | 387 | 53953 |
| 潮南区 | 24139 | 434 | 157001 | 15830 | 449 | 106588 | 7846 | 411 | 48316 |
| 南澳县 | 510 | 503 | 3854 | 243 | 483 | 1758 | 255 | 521 | 1998 |
| **佛山市** | **9675** | **350** | **50777** | **6940** | **372** | **38768** | **1546** | **279** | **6477** |
| 禅城区 | | | | | | | | | |
| 南海区 | 1177 | 352 | 6209 | 805 | 364 | 4398 | 213 | 320 | 1023 |
| 顺德区 | 107 | 331 | 531 | | | | 37 | 193 | 107 |
| 高明区 | 5738 | 351 | 30198 | 4352 | 377 | 24593 | 863 | 255 | 3298 |
| 三水区 | 2652 | 348 | 13839 | 1783 | 366 | 9777 | 432 | 316 | 2049 |
| **韶关市** | **121305** | **415** | **755180** | **102327** | **437** | **670429** | **4725** | **349** | **24708** |
| 浈江区 | 3070 | 426 | 19596 | 2577 | 443 | 17143 | 119 | 347 | 618 |
| 武江区 | 3936 | 417 | 24589 | 3431 | 434 | 22344 | 93 | 333 | 466 |
| 曲江区 | 11838 | 428 | 75945 | 10494 | 440 | 69293 | 276 | 378 | 1566 |
| 乐昌市 | 14471 | 415 | 90152 | 10004 | 466 | 69987 | 820 | 388 | 4774 |
| 南雄市 | 35011 | 395 | 207697 | 30235 | 420 | 190536 | 1825 | 276 | 7563 |
| 仁化县 | 10029 | 461 | 69361 | 8487 | 479 | 60998 | 352 | 471 | 2486 |
| 始兴县 | 10686 | 462 | 74088 | 9199 | 482 | 66523 | 190 | 417 | 1186 |
| 翁源县 | 15699 | 405 | 95351 | 14277 | 412 | 88214 | 445 | 408 | 2724 |
| 新丰县 | 9107 | 399 | 54482 | 7996 | 412 | 49421 | 178 | 444 | 1186 |
| 乳源县 | 7458 | 393 | 43917 | 5625 | 426 | 35970 | 426 | 334 | 2137 |

## 8-6 续表 1

(2023年)　　单位：公顷、千克、吨

| 地区 | 粮食作物 | | | # 稻谷 | | | # 薯类(五折一) | | |
|---|---|---|---|---|---|---|---|---|---|
| | 播种面积 | 亩产 | 总产量 | 播种面积 | 亩产 | 总产量 | 播种面积 | 亩产 | 总产量 |
| **河源市** | **133720** | **406** | **814587** | **122431** | **420** | **771714** | **3726** | **252** | **14106** |
| 源城区 | 1907 | 397 | 11369 | 1465 | 417 | 9168 | 142 | 269 | 573 |
| 东源县 | 25531 | 403 | 154277 | 23488 | 417 | 147047 | 756 | 223 | 2525 |
| 和平县 | 21220 | 373 | 118856 | 19704 | 384 | 113629 | 523 | 241 | 1889 |
| 龙川县 | 35427 | 450 | 239210 | 32135 | 469 | 226099 | 880 | 299 | 3942 |
| 紫金县 | 33659 | 397 | 200392 | 31392 | 407 | 191614 | 1036 | 235 | 3648 |
| 连平县 | 15976 | 378 | 90483 | 14247 | 394 | 84156 | 389 | 262 | 1530 |
| **梅州市** | **184428** | **412** | **1138411** | **161891** | **433** | **1050726** | **9083** | **286** | **38978** |
| 梅江区 | 3584 | 398 | 21420 | 2379 | 456 | 16256 | 449 | 279 | 1882 |
| 梅县区 | 22203 | 448 | 149103 | 19140 | 478 | 137265 | 1127 | 304 | 5138 |
| 兴宁市 | 44544 | 456 | 304506 | 41370 | 471 | 292028 | 1015 | 304 | 4630 |
| 平远县 | 15842 | 367 | 87321 | 12799 | 386 | 74166 | 748 | 356 | 3999 |
| 蕉岭县 | 10834 | 419 | 68043 | 9439 | 442 | 62585 | 417 | 291 | 1818 |
| 大埔县 | 9325 | 354 | 49460 | 7393 | 389 | 43137 | 1134 | 209 | 3555 |
| 丰顺县 | 21920 | 362 | 119042 | 17868 | 380 | 101781 | 2639 | 301 | 11932 |
| 五华县 | 56176 | 403 | 339516 | 51503 | 419 | 323508 | 1555 | 258 | 6023 |
| **惠州市** | **114226** | **360** | **616639** | **85033** | **368** | **469927** | **11067** | **340** | **56512** |
| 惠城区 | 16832 | 376 | 94847 | 11439 | 396 | 67983 | 703 | 271 | 2859 |
| 惠阳区 | 8076 | 367 | 44496 | 3555 | 405 | 21613 | 977 | 273 | 3997 |
| 惠东县 | 38008 | 358 | 203946 | 27543 | 360 | 148621 | 7314 | 370 | 40603 |
| 博罗县 | 30304 | 354 | 160829 | 23055 | 364 | 125815 | 1215 | 280 | 5102 |
| 龙门县 | 21005 | 357 | 112521 | 19441 | 363 | 105895 | 858 | 307 | 3951 |
| **汕尾市** | **83155** | **349** | **435275** | **68919** | **360** | **372013** | **8934** | **299** | **40035** |
| 市城区 | 4915 | 342 | 25200 | 4061 | 358 | 21794 | 794 | 273 | 3246 |
| 陆丰市 | 35850 | 339 | 182039 | 28381 | 353 | 150236 | 4952 | 299 | 22214 |
| 海丰县 | 31574 | 360 | 170701 | 27201 | 365 | 149000 | 2507 | 300 | 11290 |
| 陆河县 | 10816 | 353 | 57335 | 9277 | 366 | 50983 | 680 | 322 | 3285 |
| **东莞市** | **2258** | **330** | **11179** | **1607** | **368** | **8883** | **261** | **247** | **966** |
| **中山市** | **3014** | **351** | **15883** | **2514** | **365** | **13773** | **242** | **286** | **1039** |
| **江门市** | **187387** | **352** | **988631** | **168253** | **361** | **910496** | **11944** | **265** | **47556** |
| 蓬江区 | 495 | 316 | 2347 | 255 | 331 | 1264 | 90 | 263 | 353 |
| 江海区 | 128 | 343 | 659 | 114 | 351 | 603 | 4 | 237 | 14 |
| 新会区 | 25898 | 334 | 129714 | 20539 | 349 | 107480 | 3480 | 265 | 13844 |
| 台山市 | 74745 | 360 | 404171 | 69682 | 367 | 383716 | 2822 | 272 | 11498 |
| 开平市 | 43934 | 357 | 234937 | 40087 | 364 | 219082 | 1977 | 261 | 7745 |
| 鹤山市 | 11688 | 352 | 61715 | 10057 | 364 | 54862 | 897 | 264 | 3548 |
| 恩平市 | 30499 | 339 | 155089 | 27519 | 348 | 143489 | 2674 | 263 | 10553 |
| **阳江市** | **121220** | **349** | **635348** | **106954** | **362** | **580923** | **5485** | **257** | **21145** |
| 江城区 | 19077 | 326 | 93196 | 17902 | 331 | 88780 | 643 | 252 | 2437 |
| 阳东区 | 26913 | 338 | 136608 | 23417 | 351 | 123269 | 984 | 237 | 3505 |
| 阳春市 | 51337 | 358 | 275835 | 44344 | 375 | 249363 | 2258 | 249 | 8419 |
| 阳西县 | 23893 | 362 | 129709 | 21291 | 374 | 119511 | 1599 | 283 | 6785 |

# 8-6 续表 2

(2023年) 单位：公顷、千克、吨

| 地区 | 粮食作物 | | | # 稻谷 | | | # 薯类(五折一) | | |
|---|---|---|---|---|---|---|---|---|---|
| | 播种面积 | 亩产 | 总产量 | 播种面积 | 亩产 | 总产量 | 播种面积 | 亩产 | 总产量 |
| **湛江市** | **283407** | **357** | **1518963** | **223850** | **366** | **1228811** | **34176** | **345** | **177001** |
| 赤坎区 | 343 | 370 | 1901 | 244 | 395 | 1446 | 99 | 307 | 455 |
| 霞山区 | 767 | 366 | 4209 | 594 | 359 | 3195 | 133 | 411 | 819 |
| 麻章区 | 15705 | 359 | 84605 | 13209 | 371 | 73570 | 1054 | 277 | 4383 |
| 坡头区 | 13056 | 337 | 66023 | 10613 | 354 | 56361 | 2147 | 262 | 8451 |
| 雷州市 | 68699 | 374 | 384920 | 58912 | 378 | 334121 | 7581 | 352 | 40032 |
| 廉江市 | 78286 | 363 | 425950 | 62581 | 372 | 348803 | 10377 | 349 | 54256 |
| 吴川市 | 31362 | 344 | 161917 | 28516 | 342 | 146161 | 1821 | 403 | 11004 |
| 遂溪县 | 48862 | 350 | 256368 | 36051 | 353 | 190663 | 10067 | 352 | 53144 |
| 徐闻县 | 26327 | 337 | 133070 | 13131 | 378 | 74491 | 896 | 332 | 4457 |
| **茂名市** | **251264** | **406** | **1532053** | **210067** | **424** | **1335360** | **23374** | **316** | **110858** |
| 茂南区 | 24410 | 372 | 136184 | 21213 | 376 | 119670 | 1453 | 370 | 8068 |
| 电白区 | 50528 | 395 | 299343 | 44222 | 404 | 267708 | 4140 | 366 | 22747 |
| 信宜市 | 55620 | 413 | 344866 | 38754 | 447 | 259780 | 8111 | 324 | 39388 |
| 高州市 | 60491 | 447 | 405185 | 55692 | 461 | 384958 | 3068 | 268 | 12334 |
| 化州市 | 60214 | 384 | 346475 | 50186 | 403 | 303244 | 6602 | 286 | 28321 |
| **肇庆市** | **199974** | **408** | **1225315** | **168069** | **428** | **1078089** | **19675** | **318** | **93866** |
| 端州区 | | | | | | | | | |
| 鼎湖区 | 5557 | 382 | 31803 | 4222 | 411 | 26032 | 493 | 269 | 1985 |
| 高要区 | 37594 | 426 | 240119 | 33090 | 437 | 216952 | 3617 | 361 | 19578 |
| 四会市 | 20412 | 394 | 120566 | 13826 | 433 | 89788 | 4659 | 327 | 22843 |
| 广宁县 | 29228 | 413 | 180914 | 23366 | 439 | 153701 | 3823 | 316 | 18114 |
| 德庆县 | 23984 | 387 | 139187 | 21483 | 399 | 128456 | 1534 | 271 | 6240 |
| 封开县 | 33945 | 429 | 218590 | 29251 | 444 | 195017 | 2721 | 339 | 13826 |
| 怀集县 | 49253 | 398 | 294138 | 42831 | 417 | 268143 | 2829 | 266 | 11281 |
| **清远市** | **151433** | **324** | **736764** | **122189** | **346** | **634603** | **7583** | **223** | **25320** |
| 清城区 | 15802 | 292 | 69262 | 14679 | 297 | 65306 | 462 | 236 | 1634 |
| 清新区 | 25747 | 340 | 131148 | 22828 | 356 | 121815 | 1049 | 246 | 3878 |
| 英德市 | 39242 | 327 | 192445 | 32486 | 347 | 169198 | 1544 | 216 | 5001 |
| 连州市 | 21088 | 347 | 109748 | 16632 | 379 | 94597 | 1190 | 210 | 3757 |
| 佛冈县 | 11830 | 326 | 57843 | 11087 | 332 | 55236 | 336 | 242 | 1221 |
| 阳山县 | 22312 | 304 | 101611 | 13528 | 341 | 69214 | 1767 | 215 | 5708 |
| 连山县 | 7552 | 360 | 40748 | 6784 | 371 | 37769 | 262 | 260 | 1023 |
| 连南县 | 7860 | 288 | 33958 | 4164 | 344 | 21468 | 973 | 212 | 3097 |
| **潮州市** | **42789** | **431** | **276581** | **32108** | **462** | **222668** | **6677** | **325** | **32545** |
| 湘桥区 | 3808 | 443 | 25322 | 2901 | 466 | 20266 | 472 | 384 | 2714 |
| 潮安区 | 14686 | 451 | 99348 | 10676 | 476 | 76151 | 2176 | 374 | 12214 |
| 饶平县 | 24296 | 417 | 151910 | 18531 | 454 | 126251 | 4029 | 291 | 17617 |
| **揭阳市** | **131339** | **410** | **807046** | **81151** | **426** | **518645** | **42897** | **396** | **255010** |
| 榕城区 | 9568 | 490 | 70263 | 7582 | 488 | 55513 | 1660 | 520 | 12953 |
| 揭东区 | 25569 | 471 | 180477 | 14912 | 485 | 108471 | 7708 | 501 | 57946 |
| 普宁市 | 33302 | 394 | 196766 | 21444 | 414 | 133094 | 11030 | 366 | 60510 |
| 揭西县 | 29848 | 390 | 174715 | 19794 | 396 | 117456 | 8531 | 371 | 47479 |
| 惠来县 | 33052 | 373 | 184825 | 17418 | 398 | 104111 | 13968 | 363 | 76122 |
| **云浮市** | **102839** | **416** | **641921** | **87841** | **444** | **585491** | **5728** | **219** | **18843** |
| 云城区 | 7982 | 419 | 50133 | 6764 | 443 | 44977 | 561 | 244 | 2059 |
| 云安区 | 12400 | 380 | 70700 | 8526 | 434 | 55503 | 1435 | 232 | 4997 |
| 罗定市 | 39524 | 418 | 247934 | 34412 | 447 | 230825 | 1399 | 165 | 3468 |
| 新兴县 | 20986 | 445 | 140013 | 19298 | 459 | 132947 | 939 | 266 | 3750 |
| 郁南县 | 21947 | 404 | 133140 | 18841 | 429 | 121239 | 1393 | 219 | 4569 |

# 8-7 各县(市、区)农作物播种面积和产量

(2023年)

单位：公顷、千克、吨

| 地区 | 糖蔗 | | | 花生 | | | 蔬菜 | | | 瓜类 | | |
|---|---|---|---|---|---|---|---|---|---|---|---|---|
| | 播种面积 | 亩产 | 总产量 | 播种面积 | 亩产 | 总产量 | 播种面积 | 亩产 | 总产量 | 播种面积 | 亩产 | 总产量 |
| **广州市** | | | | **3332** | **198** | **9899** | **149216** | **1850** | **4141279** | **407** | **1271** | **7768** |
| 越秀区 | | | | | | | | | | | | |
| 海珠区 | | | | | | | 366 | 1426 | 7826 | | | |
| 荔湾区 | | | | | | | 191 | 1027 | 2942 | | | |
| 天河区 | | | | | | | 481 | 897 | 6472 | 6 | 489 | 44 |
| 白云区 | | | | 10 | 255 | 40 | 39101 | 1507 | 883959 | 72 | 1535 | 1667 |
| 黄埔区 | | | | 36 | 232 | 125 | 3469 | 1041 | 54142 | 22 | 837 | 278 |
| 番禺区 | | | | 10 | 365 | 52 | 7856 | 1476 | 173944 | 39 | 712 | 415 |
| 花都区 | | | | 224 | 205 | 688 | 21312 | 1710 | 546513 | 116 | 1409 | 2458 |
| 南沙区 | | | | 13 | 286 | 54 | 18885 | 2347 | 664917 | 44 | 1180 | 774 |
| 从化区 | | | | 2353 | 192 | 6788 | 13951 | 1541 | 322444 | 32 | 881 | 421 |
| 增城区 | | | | 687 | 209 | 2152 | 43605 | 2260 | 1478121 | 76 | 1499 | 1712 |
| **深圳市** | **8** | **2888** | **335** | **218** | **166** | **543** | **9283** | **1238** | **172427** | **217** | **786** | **2563** |
| 福田区 | | | | | | | | | | | | |
| 罗湖区 | | | | | | | 20 | 393 | 116 | 3 | 381 | 16 |
| 盐田区 | | | | | | | 0 | 500 | 2 | | | |
| 南山区 | | | | | | | 8 | 848 | 106 | 1 | 818 | 18 |
| 宝安区 | | | | 0 | 1000 | 5 | 1479 | 1171 | 25970 | 34 | 1092 | 561 |
| 龙岗区 | 7 | 3087 | 318 | 26 | 353 | 136 | 1056 | 1420 | 22485 | 99 | 723 | 1078 |
| 龙华区 | | | | | | | 572 | 1032 | 8855 | 6 | 809 | 72 |
| 坪山区 | | | | 5 | 363 | 29 | 1910 | 1444 | 41385 | 26 | 477 | 187 |
| 光明区 | 1 | 1308 | 17 | 67 | 104 | 104 | 2898 | 905 | 39331 | 47 | 887 | 629 |
| 深汕合作区 | | | | 120 | 149 | 269 | 1339 | 1702 | 34177 | 0 | 1000 | 2 |
| **珠海市** | | | | **191** | **255** | **733** | **7106** | **1290** | **137531** | **181** | **987** | **2683** |
| 香洲区 | | | | | | | 185 | 1204 | 3340 | 5 | 1000 | 80 |
| 金湾区 | | | | 57 | 239 | 204 | 2729 | 1119 | 45789 | 123 | 940 | 1737 |
| 斗门区 | | | | 134 | 262 | 529 | 4192 | 1406 | 88401 | 53 | 1094 | 866 |
| **汕头市** | | | | **1240** | **171** | **3184.3** | **47051** | **2578** | **1819586** | **719** | **2179** | **23490** |
| 金平区 | | | | 2 | 259 | 10 | 1322 | 2369 | 46954 | 1 | 1188 | 19 |
| 龙湖区 | | | | 58 | 216 | 187 | 5166 | 2789 | 216120 | 9 | 2122 | 295 |
| 澄海区 | | | | 90 | 272 | 366 | 18854 | 2633 | 744691 | 530 | 2267 | 18008 |
| 濠江区 | | | | 290 | 167 | 727 | 1676 | 2481 | 62370 | 23 | 2691 | 915 |
| 潮阳区 | | | | 18 | 226 | 61 | 9391 | 2441 | 343887 | 48 | 1325 | 963 |
| 潮南区 | | | | 753 | 153 | 1723 | 10379 | 2527 | 393357 | 90 | 1965 | 2665 |
| 南澳县 | | | | 29 | 254 | 111 | 264 | 3081 | 12207 | 17 | 2441 | 625 |
| **佛山市** | | | | **705** | **209** | **2217** | **33867** | **1706** | **866829** | **2220** | **1545** | **51454** |
| 禅城区 | | | | | | | 138 | 1660 | 3432 | | | |
| 南海区 | | | | | | | 13176 | 1587 | 313738 | 171 | 1168 | 2988 |
| 顺德区 | | | | | | | 4116 | 1181 | 72911 | 13 | 1005 | 190 |
| 高明区 | | | | 498 | 213 | 1587 | 8200 | 1543 | 189799 | 350 | 1772 | 9303 |
| 三水区 | | | | 208 | 202 | 630 | 8236 | 2323 | 286949 | 1687 | 1541 | 38973 |
| **韶关市** | **408** | **5536** | **33852** | **36917** | **251** | **139180** | **63934** | **1613** | **1547185** | **5166** | **2001** | **155016** |
| 浈江区 | | | | 1535 | 288 | 6627 | 2239 | 2157 | 72441 | 264 | 2154 | 8524 |
| 武江区 | | | | 1054 | 226 | 3574 | 2859 | 2144 | 91939 | 294 | 2127 | 9392 |
| 曲江区 | 100 | 4949 | **7424** | 3202 | 258 | 12383 | 3263 | 2291 | 112154 | 109 | 2375 | 3888 |
| 乐昌市 | | | | 3472 | 310 | 16120 | 13560 | 1404 | 285504 | 599 | 1936 | 17390 |
| 南雄市 | | | | 7988 | 235 | 28143 | 10603 | 1615 | 256857 | 633 | 1898 | 18030 |
| 仁化县 | | | | 6247 | 271 | 25355 | 5392 | 1850 | 149614 | 1525 | 2341 | 53553 |
| 始兴县 | 4 | 5200 | 338 | 3783 | 239 | 13543 | 6184 | 2038 | 189032 | 1211 | 1687 | 30653 |
| 翁源县 | 295 | 5820 | 25754 | 4435 | 275 | 18263 | 7403 | 1230 | 136534 | 51 | 1143 | 877 |
| 新丰县 | 8 | 2688 | 336 | 3391 | 199 | 10131 | 8792 | 1422 | 187587 | 216 | 2029 | 6587 |
| 乳源县 | | | | 1810 | 186 | 5041 | 3639 | 1200 | 65523 | 263 | 1554 | 6122 |

# 8-7 续表 1

(2023年) 单位：公顷、千克、吨

| 地 区 | 糖蔗 | | | 花生 | | | 蔬菜 | | | 瓜类 | | |
|---|---|---|---|---|---|---|---|---|---|---|---|---|
| | 播种面积 | 亩产 | 总产量 | 播种面积 | 亩产 | 总产量 | 播种面积 | 亩产 | 总产量 | 播种面积 | 亩产 | 总产量 |
| **河源市** | **338** | **5008** | **25376** | **24622** | **217** | **80189** | **41779** | **1357** | **850679** | **505** | **1652** | **12505** |
| 源城区 | | | | 604 | 233 | 2112 | 2296 | 1356 | 46705 | 28 | 3731 | 1541 |
| 东源县 | 338 | 5008 | 25376 | 6532 | 230 | 22548 | 7253 | 1234 | 134255 | 181 | 1449 | 3923 |
| 和平县 | | | | 2504 | 215 | 8091 | 6283 | 1545 | 145623 | 1 | 1000 | 21 |
| 龙川县 | | | | 5006 | 180 | 13529 | 8577 | 1284 | 165189 | 77 | 1689 | 1961 |
| 紫金县 | | | | 4835 | 231 | 16774 | 10485 | 1513 | 237956 | 180 | 1530 | 4133 |
| 连平县 | | | | 5141 | 222 | 17135 | 6885 | 1171 | 120951 | 38 | 1642 | 926 |
| **梅州市** | **23** | **2049** | **717** | **13353** | **198** | **39722** | **77044** | **2318** | **2678941** | **3448** | **2035** | **105236** |
| 梅江区 | | | | 382 | 215 | 1233 | 4984 | 1659 | 124042 | 93 | 1565 | 2192 |
| 梅县区 | | | | 2508 | 232 | 8711 | 11571 | 3108 | 539400 | 1279 | 2369 | 45432 |
| 兴宁市 | | | | 1781 | 167 | 4449 | 19901 | 3032 | 905133 | 236 | 1731 | 6122 |
| 平远县 | | | | 1204 | 192 | 3474 | 4584 | 1145 | 78744 | 500 | 1410 | 10577 |
| 蕉岭县 | 23 | 2049 | 717 | 2220 | 170 | 5669 | 6274 | 1623 | 152692 | 201 | 1938 | 5847 |
| 大埔县 | | | | 863 | 168 | 2178 | 8937 | 1636 | 219308 | 878 | 2067 | 27218 |
| 丰顺县 | | | | 1554 | 217 | 5054 | 7036 | 2243 | 236692 | 161 | 2156 | 5222 |
| 五华县 | | | | 2842 | 210 | 8955 | 13757 | 2049 | 422929 | 100 | 1754 | 2626 |
| **惠州市** | **462** | **7536** | **52218** | **17623** | **205** | **54172** | **126565** | **1891** | **3590734** | **1287** | **1657** | **31987** |
| 惠城区 | 11 | 6364 | 1031 | 3076 | 217 | 9995 | 20857 | 1970 | 616365 | 174 | 1411 | 3692 |
| 惠阳区 | | | | 1515 | 192 | 4360 | 19108 | 1950 | 558850 | 46 | 2045 | 1417 |
| 惠东县 | | | | 5141 | 235 | 18108 | 33562 | 1858 | 935135 | 774 | 1667 | 19348 |
| 博罗县 | 412 | 7427 | 45875 | 5971 | 180 | 16127 | 40249 | 1827 | 1103020 | 165 | 1817 | 4485 |
| 龙门县 | 39 | 9003 | 5312 | 1920 | 194 | 5582 | 12789 | 1967 | 377364 | 129 | 1578 | 3045 |
| **汕尾市** | **70** | **4841** | **5083** | **13107** | **177** | **34701** | **57423** | **1811** | **1559569** | **2012** | **2302** | **69496** |
| 市城区 | | | | 875 | 150 | 1974 | 3407 | 1558 | 79638 | 19 | 3574 | 1040 |
| 陆丰市 | | | | 8186 | 172 | 21172 | 31115 | 1675 | 781765 | 922 | 2239 | 30962 |
| 海丰县 | 70 | 4841 | 5083 | 2473 | 164 | 6087 | 17670 | 2202 | 583560 | 911 | 2421 | 33072 |
| 陆河县 | | | | 1574 | 232 | 5468 | 5231 | 1461 | 114606 | 160 | 1839 | 4422 |
| **东莞市** | | | | **38** | **218** | **125** | **20088** | **1400** | **421699** | **96** | **969** | **1391** |
| **中山市** | **6** | **3736** | **325** | **16** | **302** | **74** | **15003** | **1675** | **377031** | **173** | **1282** | **3319** |
| **江门市** | **715** | **6432** | **69028** | **12973** | **193** | **37507** | **76881** | **1753** | **2021126** | **1663** | **1703** | **42473** |
| 蓬江区 | 1 | 3000 | 30 | 84 | 254 | 319 | 3142 | 1709 | 80523 | 63 | 2313 | 2195 |
| 江海区 | | | | 2 | 595 | 22 | 2132 | 1725 | 55173 | 207 | 1510 | 4694 |
| 新会区 | 36 | 5035 | 2704 | 355 | 338 | 1797 | 7720 | 1866 | 216103 | 181 | 1409 | 3819 |
| 台山市 | | | | 4929 | 220 | 16255 | 24970 | 1765 | 661224 | 956 | 1842 | 26416 |
| 开平市 | | | | 3560 | 163 | 8685 | 18135 | 1714 | 466341 | 97 | 999 | 1461 |
| 鹤山市 | | | | 975 | 169 | 2467 | 12614 | 1696 | 320875 | 151 | 1635 | 3696 |
| 恩平市 | 679 | 6509 | 66294 | 3068 | 173 | 7962 | 8167 | 1803 | 220887 | 7 | 1778 | 192 |
| **阳江市** | **162** | **4686** | **11359** | **21018** | **160** | **50436** | **58050** | **1163** | **1012303** | **2115** | **1743** | **55286** |
| 江城区 | | | | 1323 | 204 | 4053 | 5936 | 1121 | 99800 | 35 | 1782 | 923 |
| 阳东区 | 53 | 3956 | 3149 | 4895 | 158 | 11622 | 12053 | 1262 | 228096 | 120 | 1277 | 2299 |
| 阳春市 | 109 | 5043 | 8210 | 12269 | 157 | 28975 | 29306 | 1065 | 468316 | 88 | 1655 | 2185 |
| 阳西县 | | | | 2531 | 152 | 5786 | 10755 | 1340 | 216091 | 1872 | 1776 | 49879 |

## 8-7 续表 2

(2023年)　　　　单位：公顷、千克、吨

| 地区 | 糖蔗 | | | 花生 | | | 蔬菜 | | | 瓜类 | | |
|---|---|---|---|---|---|---|---|---|---|---|---|---|
| | 播种面积 | 亩产 | 总产量 | 播种面积 | 亩产 | 总产量 | 播种面积 | 亩产 | 总产量 | 播种面积 | 亩产 | 总产量 |
| **湛江市** | **111652** | **5948** | **9962365** | **65498** | **261** | **256384** | **166617** | **1876** | **4689035** | **10520** | **2130** | **336159** |
| 赤坎区 | | | | 63 | 202 | 190 | 824 | 1378 | 17028 | | | |
| 霞山区 | 0 | 1000 | 3 | 117 | 293 | 514 | 832 | 935 | 11661 | 9 | 1071 | 151 |
| 麻章区 | 3214 | 6118 | 294995 | 2656 | 201 | 8001 | 6267 | 1335 | 125452 | 375 | 1473 | 8277 |
| 坡头区 | 236 | 4359 | 15449 | 3646 | 229 | 12507 | 4654 | 1609 | 112319 | 171 | 2758 | 7093 |
| 雷州市 | 50567 | 5669 | 4299693 | 15879 | 271 | 64473 | 40103 | 1820 | 1094744 | 5865 | 2149 | 189035 |
| 廉江市 | 3922 | 4806 | 282769 | 16343 | 253 | 61970 | 42818 | 1826 | 1172951 | 1170 | 1955 | 34316 |
| 吴川市 | 1098 | 5111 | 84184 | 6355 | 266 | 25371 | 7949 | 1647 | 196342 | 193 | 1853 | 5358 |
| 遂溪县 | 40646 | 6678 | 4071452 | 14930 | 286 | 64067 | 30851 | 2325 | 1075853 | 2708 | 2239 | 90958 |
| 徐闻县 | 11968 | 5091 | 913820 | 5508 | 233 | 19291 | 32319 | 1821 | 882685 | 28 | 2279 | 971 |
| **茂名市** | **6664** | **5176** | **517388** | **46292** | **235** | **162980** | **130694** | **2022** | **3964935** | **1128** | **1213** | **20515** |
| 茂南区 | 418 | 3760 | 23600 | 3868 | 231 | 13381 | 13038 | 2056 | 401999 | 13 | 1169 | 235 |
| 电白区 | 88 | 4216 | 5544 | 14976 | 220 | 49425 | 37665 | 1916 | 1082329 | 71 | 1579 | 1686 |
| 信宜市 | | | | 6816 | 230 | 23565 | 21560 | 2013 | 650910 | 610 | 918 | 8403 |
| 高州市 | 142 | 3275 | 6965 | 8142 | 287 | 35107 | 27088 | 2524 | 1025419 | 28 | 1555 | 650 |
| 化州市 | 6016 | 5333 | 481279 | 12490 | 222 | 41502 | 31344 | 1711 | 804277 | 405 | 1571 | 9542 |
| **肇庆市** | **136** | **5089** | **10397** | **28850** | **220** | **95129** | **100841** | **2208** | **3339907** | **7590** | **2681** | **305259** |
| 端州区 | | | | | | | 164 | 2113 | 5212 | | | |
| 鼎湖区 | | | | 373 | 220 | 1234 | 4322 | 1917 | 124290 | 223 | 2584 | 8658 |
| 高要区 | | | | 3464 | 236 | 12261 | 35759 | 2169 | 1163239 | 2768 | 2602 | 107997 |
| 四会市 | | | | 5928 | 210 | 18705 | 11616 | 2001 | 348686 | 337 | 1575 | 7968 |
| 广宁县 | | | | 3424 | 201 | 10302 | 12464 | 1630 | 304781 | 1046 | 1989 | 31218 |
| 德庆县 | | | | 4135 | 249 | 15433 | 8540 | 2387 | 305737 | 126 | 2906 | 5475 |
| 封开县 | 134 | 5101 | 10223 | 6831 | 237 | 24299 | 10720 | 2445 | 393122 | 936 | 3607 | 50632 |
| 怀集县 | 3 | 4462 | 174 | 4693 | 183 | 12895 | 17255 | 2685 | 694841 | 2154 | 2888 | 93312 |
| **清远市** | **1977** | **6267** | **185837** | **38710** | **225** | **130671** | **167086** | **1670** | **4185061** | **3010** | **2158** | **97421** |
| 清城区 | | | | 3787 | 241 | 13696 | 10587 | 1844 | 292782 | 103 | 1452 | 2247 |
| 清新区 | | | | 6177 | 191 | 17735 | 26672 | 1828 | 731310 | 453 | 2056 | 13971 |
| 英德市 | 1976 | 6269 | 185792 | 10594 | 207 | 32896 | 29682 | 1904 | 847875 | 581 | 1863 | 16226 |
| 连州市 | | | | 4729 | 222 | 15773 | 34361 | 1754 | 904213 | 1439 | 2355 | 50828 |
| 佛冈县 | | | | 3093 | 285 | 13220 | 12276 | 1492 | 274754 | 10 | 1000 | 145 |
| 阳山县 | 1 | 3214 | 45 | 6419 | 203 | 19533 | 37120 | 1454 | 809589 | 298 | 2226 | 9948 |
| 连山县 | | | | 1581 | 264 | 6267 | 7650 | 1417 | 162578 | 105 | 1933 | 3035 |
| 连南县 | | | | 2329 | 331 | 11551 | 8739 | 1236 | 161960 | 22 | 3132 | 1021 |
| **潮州市** | | | | **1989** | **181** | **5405** | **16552** | **2323** | **576745** | **123** | **1868** | **3437** |
| 湘桥区 | | | | 169 | 195 | 493 | 2058 | 2379 | 73420 | 1 | 1333 | 24 |
| 潮安区 | | | | 427 | 175 | 1120 | 5049 | 2257 | 170928 | 61 | 1723 | 1575 |
| 饶平县 | | | | 1393 | 181 | 3792 | 9445 | 2346 | 332397 | 61 | 2024 | 1838 |
| **揭阳市** | | | | **8811** | **279** | **36838** | **60300** | **2610** | **2360929** | **321** | **2299** | **11079** |
| 榕城区 | | | | 93 | 359 | 502 | 5772 | 2530 | 219044 | | | |
| 揭东区 | | | | 1880 | 356 | 10038 | 20008 | 2368 | 710833 | 10 | 1156 | 170 |
| 普宁市 | | | | 1014 | 216 | 3293 | 14294 | 2441 | 523468 | 43 | 2668 | 1729 |
| 揭西县 | | | | 2207 | 332 | 10975 | 9170 | 3044 | 418709 | 40 | 1232 | 733 |
| 惠来县 | | | | 3616 | 222 | 12030 | 11055 | 2948 | 488875 | 229 | 2463 | 8447 |
| **云浮市** | | | | **17999** | **205** | **55336** | **28348** | **1599** | **679802** | **948** | **1452** | **20647** |
| 云城区 | | | | 928 | 234 | 3254 | 1745 | 1443 | 37765 | 38 | 3219 | 1845 |
| 云安区 | | | | 3182 | 182 | 8668 | 4050 | 1267 | 76965 | 446 | 1537 | 10280 |
| 罗定市 | | | | 7514 | 186 | 21007 | 8397 | 985 | 124122 | 326 | 1399 | 6838 |
| 新兴县 | | | | 2999 | 297 | 13374 | 11384 | 2345 | 400512 | 28 | 1540 | 639 |
| 郁南县 | | | | 3377 | 178 | 9033 | 2772 | 972 | 40438 | 110 | 632 | 1045 |

# 8-8 主要年份茶叶、桑叶、水果面积及产量

| 项　目 | 单位 | 1990 | 1995 | 2000 | 2005 | 2010 | 2015 | 2020 | 2022 | 2023 | 2023年比上年增长(%) |
|---|---|---|---|---|---|---|---|---|---|---|---|
| **一、茶叶年末实有面积** | **千公顷** | **42.95** | **45.83** | **43.2** | **36.03** | **41.84** | **52.05** | **78.19** | **99.46** | **112.66** | **13.3** |
| 茶叶总产量 | 万吨 | 2.59 | 3.96 | 4.21 | 4.45 | 5.38 | 8.07 | 12.82 | 16.08 | 17.89 | 11.2 |
| **二、桑叶年末实有面积** | **千公顷** | **19.81** | **25.17** | **17.93** | **29.67** | **28.45** | **34.17** | **26.41** | **20.79** | **20.06** | **-3.5** |
| 桑叶总产量 | 万吨 | | | 51.25 | 81.34 | 94.35 | 113.54 | 105.62 | 90.05 | 88.17 | -2.1 |
| **三、水果年末实有面积** | **千公顷** | **644.74** | **735.64** | **1001.6** | **996.91** | **1007.07** | **968.47** | **1031.31** | **1069.12** | **1094.88** | **2.4** |
| 水果总产量 | 万吨 | 328.58 | 414.51 | 643.52 | 831.69 | 1049.21 | 1298.52 | 1756.16 | 1895.18 | 1991.87 | 5.1 |
| #柑桔橙年末实有面积 | 千公顷 | 192.66 | 113.23 | 82.23 | 166.02 | 217.88 | 197.75 | 194.98 | 191.55 | 193.21 | 0.9 |
| 柑桔橙总产量 | 万吨 | 151.42 | 107.43 | 81.06 | 143.02 | 259.34 | 317.53 | 388.20 | 420.18 | 433.97 | 3.3 |
| 香(大)蕉年末实有面积 | 千公顷 | 68.73 | 87.61 | 101.01 | 128.39 | 114.57 | 108.15 | 111.26 | 110.64 | 106.34 | -3.9 |
| 香(大)蕉总产量 | 万吨 | 105.39 | 157.6 | 235.3 | 330.23 | 334.13 | 357.83 | 478.73 | 488.55 | 478.34 | -2.1 |
| 菠萝年末实有面积 | 千公顷 | 34.10 | 25.74 | 29.72 | 27.13 | 25.88 | 29.72 | 38.96 | 39.16 | 40.95 | 4.6 |
| 菠萝总产量 | 万吨 | 21.47 | 26.30 | 47.53 | 52.10 | 63.21 | 83.76 | 121.02 | 129.47 | 131.96 | 1.9 |
| 荔枝年末实有面积 | 千公顷 | 119.33 | 196.11 | 316.56 | 278.14 | 260.66 | 247.88 | 254.14 | 271.23 | 279.93 | 3.2 |
| 荔枝总产量 | 万吨 | 9.73 | 26.91 | 64.75 | 86.21 | 96.53 | 116.18 | 135.09 | 146.74 | 163.41 | 11.4 |

# 8-9 水果、桑叶和茶叶生产情况

(2023年)　　单位：千公顷、万吨

| 项　目 | 年末实有面积 | 总产量 | 项　目 | 年末实有面积 | 总产量 |
|---|---|---|---|---|---|
| **一、水果** | **1094.88** | **1991.87** | 12.青梅 | 22.41 | 13.65 |
| 1.柑桔橙 | 193.21 | 433.97 | 13.火龙果 | 20.85 | 63.07 |
| 2.香(大)蕉 | 106.34 | 478.34 | 14.黄皮 | 17.28 | 28.06 |
| 3.菠萝 | 40.95 | 131.96 | 15.杨桃 | 6.80 | 14.48 |
| 4.荔枝 | 279.93 | 163.41 | 16.其他杂果 | 150.16 | 195.29 |
| 5.龙眼 | 115.05 | 106.23 | **二、桑叶** | **20.06** | **88.17** |
| 6.梨 | 9.10 | 14.03 | **三、茶叶** | **112.66** | **17.89** |
| 7.柿子 | 10.29 | 13.02 | 1.绿茶 | | 8.66 |
| 8.李子 | 58.50 | 86.70 | 2.青茶(乌龙茶) | | 6.59 |
| 9.番石榴 | 15.68 | 60.89 | 3.红茶 | | 2.36 |
| 10.芒果 | 13.32 | 18.87 | 4.黄茶 | | 0.10 |
| 11.柚子 | 58.17 | 135.96 | 5.其他茶 | | 0.17 |

# 8-10 各市水果、桑叶和茶叶生产情况

(2023年)

单位：公顷、吨

| 市　别 | 一、水果合计 | | 1.柑、桔、橙 | | 2.香(大)蕉 | |
|---|---|---|---|---|---|---|
| | 年末实有面　积 | 总产量 | 年末实有面　积 | 总产量 | 年末实有面　积 | 总产量 |
| **全　省** | **1094881** | **19918697** | **193214** | **4339664** | **106336** | **4783350** |
| 广州市 | 71506 | 844557 | 4136 | 88743 | 4588 | 271964 |
| 深圳市 | 3632 | 40992 | 274 | 6221 | 123 | 2825 |
| 珠海市 | 4895 | 84902 | 46 | 709 | 533 | 26502 |
| 汕头市 | 14701 | 340949 | 770 | 24082 | 2077 | 67264 |
| 佛山市 | 1516 | 44668 | 117 | 3220 | 501 | 24274 |
| 韶关市 | 48399 | 752812 | 22640 | 393086 | 444 | 6525 |
| 河源市 | 38880 | 491282 | 9477 | 142569 | 928 | 12230 |
| 梅州市 | 88945 | 1716060 | 8133 | 169072 | 3818 | 84741 |
| 惠州市 | 73826 | 1116510 | 18495 | 316323 | 9790 | 394684 |
| 汕尾市 | 38273 | 391520 | 1054 | 44957 | 2369 | 45294 |
| 东莞市 | 13459 | 71904 | 22 | 203 | 1409 | 36028 |
| 中山市 | 3596 | 122907 | 96 | 2898 | 1029 | 52762 |
| 江门市 | 28373 | 462654 | 11707 | 212079 | 3218 | 93940 |
| 阳江市 | 50796 | 452380 | 4675 | 97405 | 5214 | 122452 |
| 湛江市 | 118023 | 3409287 | 5835 | 121293 | 25243 | 1208399 |
| 茂名市 | 246951 | 4766479 | 10000 | 184343 | 27694 | 1869184 |
| 肇庆市 | 81877 | 2245301 | 55990 | 1741885 | 7098 | 191850 |
| 清远市 | 47915 | 908013 | 21917 | 435387 | 1976 | 57444 |
| 潮州市 | 16352 | 289139 | 1107 | 25361 | 592 | 31270 |
| 揭阳市 | 58985 | 804649 | 4504 | 101294 | 4132 | 117042 |
| 云浮市 | 43981 | 561732 | 12218 | 228534 | 3560 | 66676 |

## 8-10　续表 1

(2023年)

单位：公顷、吨

| 市　别 | 3.菠萝 | | 4.荔枝 | | 5.龙眼 | |
|---|---|---|---|---|---|---|
| | 年末实有面　积 | 总产量 | 年末实有面　积 | 总产量 | 年末实有面　积 | 总产量 |
| **全　省** | **40947** | **1319582** | **279928** | **1634142** | **115046** | **1062340** |
| 广州市 | 27 | 1500 | 37794 | 118096 | 8026 | 44846 |
| 深圳市 | 99 | 1261 | 2210 | 12454 | 317 | 2702 |
| 珠海市 | 15 | 1106 | 2652 | 6389 | 500 | 1516 |
| 汕头市 | 0 | 4 | 3285 | 12701 | 463 | 6832 |
| 佛山市 | 4 | 209 | 124 | 1235 | 281 | 2921 |
| 韶关市 | 2 | 17 | 3 | 72 | 130 | 1227 |
| 河源市 | 25 | | 3491 | 9490 | 1108 | 7436 |
| 梅州市 | 155 | 1333 | 2994 | 20478 | 3472 | 36313 |
| 惠州市 | 253 | 5155 | 25491 | 122796 | 8878 | 70394 |
| 汕尾市 | 1500 | 13951 | 16538 | 123990 | 2468 | 28328 |
| 东莞市 | | | 10398 | 24403 | 1149 | 5168 |
| 中山市 | 281 | 6585 | 727 | 5223 | 458 | 5015 |
| 江门市 | 52 | 1282 | 5343 | 27709 | 3586 | 18137 |
| 阳江市 | 32 | 375 | 21414 | 86081 | 9827 | 56359 |
| 湛江市 | 33614 | 1174484 | 26126 | 251598 | 3839 | 42400 |
| 茂名市 | 62 | 1340 | 95127 | 620949 | 54518 | 562666 |
| 肇庆市 | 515 | 6528 | 1852 | 30727 | 2242 | 26980 |
| 清远市 | 7 | 60 | 1603 | 13155 | 989 | 10525 |
| 潮州市 | 553 | 9105 | 2331 | 25772 | 3611 | 59918 |
| 揭阳市 | 3646 | 92708 | 12080 | 83234 | 5256 | 39511 |
| 云浮市 | 103 | 2579 | 8344 | 37590 | 3927 | 33146 |

## 8-10　续表 2

(2023年)　　单位：公顷、吨

| 市　别 | 6.梨 | | 7.柿子(鲜) | | 8.李子 | |
|---|---|---|---|---|---|---|
| | 年末实有面　积 | 总产量 | 年末实有面　积 | 总产量 | 年末实有面　积 | 总产量 |
| **全　省** | **9097** | **140297** | **10287** | **130165** | **58504** | **866951** |
| 广州市 | 49 | 207 | 1101 | 11219 | 2526 | 13464 |
| 深圳市 | 25 | 77 | 22 | 166 | 61 | 2342 |
| 珠海市 | | | | | 0 | 3 |
| 汕头市 | 21 | 41 | 135 | 1285 | 26 | 472 |
| 佛山市 | 3 | 40 | 3 | 3 | 3 | 44 |
| 韶关市 | 762 | 9632 | 221 | 1362 | 10068 | 158219 |
| 河源市 | 259 | 3587 | 1777 | 18279 | 7254 | 114230 |
| 梅州市 | 1040 | 8151 | 3333 | 37516 | 6579 | 103297 |
| 惠州市 | 46 | 491 | 119 | 870 | 786 | 7952 |
| 汕尾市 | 178 | 1025 | 946 | 6654 | 1500 | 15589 |
| 东莞市 | | | | | 2 | 3 |
| 中山市 | | | 1 | 1 | 3 | 67 |
| 江门市 | 1 | 32 | 1 | 6 | 19 | 155 |
| 阳江市 | 134 | 401 | 164 | 961 | 1205 | 6886 |
| 湛江市 | | | 4 | 105 | 24 | 347 |
| 茂名市 | 446 | 5751 | 722 | 14027 | 21978 | 329826 |
| 肇庆市 | 896 | 20869 | 898 | 26588 | 1927 | 36214 |
| 清远市 | 4583 | 83746 | 362 | 5392 | 1858 | 28923 |
| 潮州市 | 37 | 248 | 98 | 1580 | 36 | 616 |
| 揭阳市 | 518 | 4633 | 182 | 1836 | 2105 | 41087 |
| 云浮市 | 99 | 1366 | 201 | 2315 | 541 | 7215 |

## 8-10　续表 3

(2023年)　　单位：公顷、吨

| 市　别 | 9.其他 | | 二、桑叶 | | 三、茶叶 | |
|---|---|---|---|---|---|---|
| | 年末实有面　积 | 总产量 | 年末实有面　积 | 总产量 | 年末实有面　积 | 总产量 |
| **全　省** | **150161** | **1952945** | **20057** | **881738** | **112655** | **178872** |
| 广州市 | 6255 | 40193 | | | 328 | 136 |
| 深圳市 | 186 | 3077 | | | 534 | 327 |
| 珠海市 | 75 | 4543 | | | 14 | 1 |
| 汕头市 | 4371 | 87433 | | | 821 | 1377 |
| 佛山市 | 104 | 2712 | 3 | 7 | 77 | 81 |
| 韶关市 | 17770 | 249972 | 1771 | 34801 | 6268 | 6257 |
| 河源市 | 16752 | 237296 | 0 | 10 | 12708 | 9031 |
| 梅州市 | 17164 | 245657 | 94 | 464 | 23610 | 30452 |
| 惠州市 | 2353 | 27820 | 8 | 60 | 7341 | 4322 |
| 汕尾市 | 12771 | 94746 | | | 3835 | 7062 |
| 东莞市 | 157 | 2214 | | | 157 | 12 |
| 中山市 | 139 | 4324 | | | 23 | 9 |
| 江门市 | 955 | 24314 | | | 3925 | 4879 |
| 阳江市 | 3915 | 11159 | 727 | 20762 | 318 | 384 |
| 湛江市 | 578 | 16474 | 1599 | 74791 | 2742 | 9655 |
| 茂名市 | 24724 | 420953 | 7229 | 492543 | 1715 | 2469 |
| 肇庆市 | 6048 | 91355 | 347 | 8791 | 4152 | 9724 |
| 清远市 | 9561 | 150321 | 4062 | 95794 | 13754 | 18783 |
| 潮州市 | 3116 | 45315 | | | 18463 | 32619 |
| 揭阳市 | 17219 | 126660 | | | 9948 | 37842 |
| 云浮市 | 5949 | 66407 | 4218 | 153715 | 1923 | 3450 |

# 8-11 各县(市、区)水果、桑叶和茶叶生产情况

(2023年)

单位：公顷、吨

| 地区 | 一、水果合计 | | 1.柑、桔、橙 | | 2.香(大)蕉 | | 3.菠萝 | |
|---|---|---|---|---|---|---|---|---|
| | 年末实有面积 | 总产量 | 年末实有面积 | 总产量 | 年末实有面积 | 总产量 | 年末实有面积 | 总产量 |
| **广州市** | **71506** | **844557** | **4136** | **88743** | **4588** | **271964** | **27** | **1500** |
| 越秀区 | | | | | | | | |
| 海珠区 | 338 | 5503 | | | 4 | 70 | | |
| 荔湾区 | | | | | | | | |
| 天河区 | 65 | 185 | | | 0 | 3 | | |
| 白云区 | 1647 | 12637 | 13 | 25 | 47 | 1760 | 0 | 5 |
| 黄埔区 | 2770 | 20424 | 28 | 392 | 127 | 1845 | 7 | 96 |
| 番禺区 | 339 | 8827 | 0 | 4 | 51 | 1580 | | |
| 花都区 | 3951 | 31023 | 7 | 46 | 127 | 5574 | | |
| 南沙区 | 5451 | 258618 | 49 | 1179 | 2574 | 157357 | 0 | |
| 从化区 | 32747 | 143139 | 2667 | 30301 | 202 | 3708 | 0 | 1 |
| 增城区 | 24198 | 364201 | 1372 | 56796 | 1454 | 100067 | 20 | 1398 |
| **深圳市** | **3632** | **40992** | **274** | **6221** | **123** | **2825** | **99** | **1261** |
| 福田区 | | | | | | | | |
| 罗湖区 | 86 | 157 | | | | | | |
| 盐田区 | 77 | 1 | | | | | | |
| 南山区 | 566 | 6262 | | | | | | |
| 宝安区 | 238 | 1264 | 1 | 3 | 0 | 14 | | |
| 龙岗区 | 79 | 307 | | | 4 | 19 | 0 | |
| 龙华区 | | | | | | | | |
| 坪山区 | 215 | 157 | 2 | | | | | |
| 光明区 | 900 | 3649 | 1 | 63 | 0 | 4 | 2 | 4 |
| 深汕合作区 | 1472 | 29195 | 270 | 6155 | 118 | 2788 | 98 | 1257 |
| **珠海市** | **4895** | **84902** | **46** | **709** | **533** | **26502** | **15** | **1106** |
| 香洲区 | 278 | 2336 | 3 | | 5 | 94 | | |
| 金湾区 | 2494 | 63425 | 11 | 296 | 302 | 19945 | 10 | 1003 |
| 斗门区 | 2123 | 19141 | 31 | 413 | 226 | 6463 | 5 | 103 |
| **汕头市** | **14701** | **340949** | **770** | **24082** | **2077** | **67264** | **0** | **4** |
| 金平区 | 39 | 1175 | | | | | | |
| 龙湖区 | 11 | 1236 | 3 | 186 | | | | |
| 澄海区 | 2548 | 125628 | 18 | 1470 | 277 | 15326 | | |
| 濠江区 | 52 | 895 | 2 | 27 | 4 | 160 | | |
| 潮阳区 | 6287 | 161182 | 203 | 8374 | 1306 | 38453 | 0 | 4 |
| 潮南区 | 5366 | 45483 | 388 | 11632 | 418 | 11670 | | |
| 南澳县 | 397 | 5350 | 157 | 2393 | 72 | 1655 | | |
| **佛山市** | **1516** | **44668** | **117** | **3220** | **501** | **24274** | **4** | **209** |
| 禅城区 | | | | | | | | |
| 南海区 | 107 | 4099 | 5 | 108 | 24 | 1633 | | |
| 顺德区 | 118 | 6101 | | | 106 | 5577 | | |
| 高明区 | 855 | 14337 | 102 | 2551 | 157 | 4423 | 4 | 209 |
| 三水区 | 436 | 20131 | 10 | 561 | 214 | 12641 | | |
| **韶关市** | **48399** | **752812** | **22640** | **393086** | **444** | **6525** | **2** | **17** |
| 浈江区 | 968 | 20549 | 515 | 11378 | 40 | 727 | | |
| 武江区 | 1007 | 13171 | 436 | 5138 | 35 | 765 | | |
| 曲江区 | 2949 | 37153 | 1866 | 27261 | 52 | 259 | | |
| 乐昌市 | 9429 | 198212 | 3586 | 94411 | 46 | 1150 | | |
| 南雄市 | 5468 | 69869 | 2653 | 34848 | 71 | 1065 | 2 | 17 |
| 仁化县 | 9937 | 144251 | 6528 | 115872 | 56 | 1422 | | |

## 8-11 续表 1

(2023年) 单位：公顷、吨

| 地 区 | 一、水果合计 | | 1.柑、桔、橙 | | 2.香(大)蕉 | | 3.菠萝 | |
|---|---|---|---|---|---|---|---|---|
| | 年末实有面积 | 总产量 | 年末实有面积 | 总产量 | 年末实有面积 | 总产量 | 年末实有面积 | 总产量 |
| 始兴县 | 8389 | 151252 | 3778 | 67051 | 24 | 315 | | |
| 翁源县 | 3821 | 60628 | 450 | 7555 | 16 | 187 | | |
| 新丰县 | 4680 | 35174 | 1851 | 13321 | 95 | 582 | | |
| 乳源县 | 1751 | 22553 | 977 | 16251 | 8 | 53 | | |
| **河源市** | **38880** | **491282** | **9477** | **142569** | **928** | **12230** | **25** | |
| 源城区 | 736 | 5731 | 38 | 1396 | 34 | 1188 | | |
| 东源县 | 4485 | 45968 | 984 | 13346 | 134 | 1356 | 23 | |
| 和平县 | 5707 | 46155 | 620 | 6906 | 12 | 501 | | |
| 龙川县 | 6295 | 86174 | 2213 | 34887 | 134 | 2208 | | |
| 紫金县 | 14013 | 161138 | 3916 | 45439 | 598 | 6751 | 1 | |
| 连平县 | 7643 | 146116 | 1706 | 40595 | 16 | 226 | | |
| **梅州市** | **88945** | **1716060** | **8133** | **169072** | **3818** | **84741** | **155** | **1333** |
| 梅江区 | 2606 | 44684 | 376 | 4312 | 54 | 1863 | | |
| 梅县区 | 26692 | 886511 | 2273 | 70219 | 919 | 26173 | | |
| 兴宁市 | 6362 | 203212 | 446 | 25175 | 165 | 12822 | | |
| 平远县 | 5827 | 87636 | 2519 | 34616 | 330 | 3845 | | |
| 蕉岭县 | 3192 | 65024 | 306 | 6973 | 264 | 6031 | | |
| 大埔县 | 16467 | 250463 | 351 | 5984 | 766 | 11122 | 55 | 797 |
| 丰顺县 | 7220 | 70724 | 426 | 5406 | 704 | 13948 | 43 | 408 |
| 五华县 | 20578 | 107806 | 1436 | 16387 | 616 | 8937 | 58 | 128 |
| **惠州市** | **73826** | **1116510** | **18495** | **316323** | **9790** | **394684** | **253** | **5155** |
| 惠城区 | 6042 | 62294 | 249 | 2559 | 566 | 14249 | 8 | 107 |
| 惠阳区 | 11791 | 61552 | 147 | 3174 | 236 | 8380 | 21 | 1303 |
| 惠东县 | 16591 | 178692 | 1763 | 33235 | 570 | 8640 | 189 | 3373 |
| 博罗县 | 16391 | 284834 | 2903 | 50280 | 2678 | 111725 | 32 | 348 |
| 龙门县 | 23010 | 529138 | 13433 | 227075 | 5740 | 251690 | 3 | 24 |
| **汕尾市** | **38273** | **391520** | **1054** | **44957** | **2369** | **45294** | **1500** | **13951** |
| 市城区 | 1155 | 14637 | 1 | | 33 | 455 | | |
| 陆丰市 | 13906 | 162353 | 233 | 3651 | 522 | 10017 | 1192 | 11117 |
| 海丰县 | 8140 | 81997 | 310 | 11718 | 701 | 14557 | 51 | 810 |
| 陆河县 | 15072 | 132533 | 510 | 29588 | 1113 | 20265 | 257 | 2024 |
| **东莞市** | **13459** | **71904** | **22** | **203** | **1409** | **36028** | | |
| **中山市** | **3596** | **122907** | **96** | **2898** | **1029** | **52762** | **281** | **6585** |
| **江门市** | **28373** | **462654** | **11707** | **212079** | **3218** | **93940** | **52** | **1282** |
| 蓬江区 | 116 | 3426 | 49 | 815 | 29 | 1338 | | |
| 江海区 | 244 | 7431 | 81 | 2414 | 62 | 2226 | | |
| 新会区 | 9357 | 210508 | 7407 | 152790 | 934 | 33332 | 3 | 52 |
| 台山市 | 7316 | 97246 | 849 | 10208 | 625 | 18642 | 36 | 1019 |
| 开平市 | 4612 | 59784 | 1365 | 15072 | 803 | 17586 | 5 | 57 |
| 鹤山市 | 1875 | 26129 | 610 | 7345 | 159 | 5919 | 8 | 129 |
| 恩平市 | 4854 | 58130 | 1345 | 23435 | 607 | 14897 | 0 | 25 |
| **阳江市** | **50796** | **452380** | **4675** | **97405** | **5214** | **122452** | **32** | **375** |
| 江城区 | 2618 | 29032 | 74 | 1287 | 422 | 13816 | 7 | 20 |
| 阳东区 | 16357 | 73893 | 1434 | 19879 | 1071 | 12846 | | |
| 阳春市 | 22192 | 299575 | 3034 | 75127 | 3437 | 89248 | 6 | 178 |
| 阳西县 | 9630 | 49880 | 132 | 1112 | 284 | 6542 | 20 | 177 |
| **湛江市** | **118023** | **3409287** | **5835** | **121293** | **25243** | **1208399** | **33614** | **1174484** |
| 赤坎区 | 40 | 278 | 0 | | 4 | 92 | | |
| 霞山区 | 40 | 558 | 6 | | 3 | 146 | | 1 |

# 8-11 续表 2

(2023年)　　单位：公顷、吨

| 地　区 | 一、水果合计 | | 1.柑、桔、橙 | | 2.香(大)蕉 | | 3.菠萝 | |
|---|---|---|---|---|---|---|---|---|
| | 年末实有面积 | 总产量 | 年末实有面积 | 总产量 | 年末实有面积 | 总产量 | 年末实有面积 | 总产量 |
| 麻章区 | 3730 | 110288 | 47 | 327 | 1737 | 55217 | | 6 |
| 坡头区 | 1077 | 22636 | 7 | 189 | 214 | 12943 | | |
| 雷州市 | 27171 | 890304 | 218 | 2493 | 8292 | 393375 | 11311 | 380864 |
| 廉江市 | 34502 | 556851 | 5027 | 101071 | 1530 | 68123 | 40 | 1207 |
| 吴川市 | 2207 | 70306 | 205 | 8330 | 298 | 21971 | 6 | |
| 遂溪县 | 14760 | 515315 | 304 | 8625 | 5089 | 276027 | 207 | 4460 |
| 徐闻县 | 34496 | 1242751 | 21 | 258 | 8077 | 380505 | 22049 | 787946 |
| **茂名市** | **246951** | **4766479** | **10000** | **184343** | **27694** | **1869184** | **62** | **1340** |
| 茂南区 | 6440 | 51571 | 31 | 543 | 40 | 1920 | | |
| 电白区 | 39538 | 444494 | 560 | 9343 | 1501 | 71212 | 10 | 368 |
| 信宜市 | 60565 | 1308647 | 5574 | 125531 | 5422 | 331847 | | |
| 高州市 | 87187 | 2094221 | 659 | 11612 | 16987 | 1219919 | 0 | 2 |
| 化州市 | 53222 | 867546 | 3177 | 37314 | 3744 | 244286 | 52 | 970 |
| **肇庆市** | **81877** | **2245301** | **55990** | **1741885** | **7098** | **191850** | **515** | **6528** |
| 端州区 | 63 | 791 | | | 3 | 60 | | |
| 鼎湖区 | 1016 | 25812 | 125 | 1063 | 739 | 22714 | | |
| 高要区 | 11100 | 244062 | 5397 | 129763 | 1392 | 42681 | 427 | 6098 |
| 四会市 | 10874 | 200295 | 7158 | 127898 | 2222 | 50327 | 21 | |
| 广宁县 | 11536 | 185654 | 8488 | 134795 | 302 | 7106 | 11 | 107 |
| 德庆县 | 18942 | 551145 | 15819 | 524011 | 377 | 11359 | 13 | 163 |
| 封开县 | 15878 | 491011 | 10339 | 354477 | 1597 | 44783 | 43 | 160 |
| 怀集县 | 12469 | 546531 | 8664 | 469878 | 465 | 12820 | | |
| **清远市** | **47915** | **908013** | **21917** | **435387** | **1976** | **57444** | **7** | **60** |
| 清城区 | 1519 | 39396 | 257 | 7186 | 159 | 3269 | 1 | 14 |
| 清新区 | 10671 | 275244 | 7299 | 168369 | 625 | 29000 | | |
| 英德市 | 3714 | 47367 | 1581 | 25284 | 792 | 11563 | | |
| 连州市 | 11169 | 181381 | 3443 | 58593 | 1 | 1 | | |
| 佛冈县 | 11121 | 180637 | 4097 | 65773 | 350 | 13434 | 6 | 46 |
| 阳山县 | 6488 | 114352 | 4039 | 85949 | 41 | 103 | | |
| 连山县 | 2013 | 42552 | 1014 | 20430 | 6 | 50 | | |
| 连南县 | 1221 | 27084 | 186 | 3803 | 1 | 24 | | |
| **潮州市** | **16352** | **289139** | **1107** | **25361** | **592** | **31270** | **553** | **9105** |
| 湘桥区 | 2067 | 86166 | 154 | 5483 | 198 | 11356 | 1 | 55 |
| 潮安区 | 4005 | 41398 | 331 | 6018 | 226 | 9129 | 417 | 7105 |
| 饶平县 | 10281 | 161575 | 622 | 13860 | 169 | 10785 | 135 | 1945 |
| **揭阳市** | **58985** | **804649** | **4504** | **101294** | **4132** | **117042** | **3646** | **92708** |
| 榕城区 | 1641 | 44547 | 102 | 2545 | 569 | 26467 | 47 | 864 |
| 揭东区 | 4157 | 49340 | 115 | 1898 | 463 | 12422 | 137 | 2242 |
| 普宁市 | 28251 | 316931 | 2996 | 72530 | 1774 | 31514 | 1397 | 22503 |
| 揭西县 | 10901 | 231349 | 1160 | 22145 | 926 | 37061 | 122 | 3667 |
| 惠来县 | 14035 | 162482 | 132 | 2176 | 401 | 9578 | 1943 | 63432 |
| **云浮市** | **43981** | **561732** | **12218** | **228534** | **3560** | **66676** | **103** | **2579** |
| 云城区 | 2694 | 43331 | 1506 | 20440 | 179 | 2659 | 25 | 1137 |
| 云安区 | 4720 | 63456 | 1987 | 39164 | 374 | 6041 | 17 | 148 |
| 罗定市 | 8794 | 103269 | 1923 | 25538 | 544 | 10548 | 48 | 1034 |
| 新兴县 | 7118 | 140537 | 318 | 15533 | 1191 | 31255 | 13 | 260 |
| 郁南县 | 20655 | 211139 | 6483 | 127859 | 1272 | 16173 | | |

# 8-11 续表 3

(2023年)　　单位：公顷、吨

| 地　区 | 4.荔枝 | | 5.龙眼 | | 6.梨 | | 7.柿子(鲜) | |
|---|---|---|---|---|---|---|---|---|
| | 年末实有面积 | 总产量 | 年末实有面积 | 总产量 | 年末实有面积 | 总产量 | 年末实有面积 | 总产量 |
| **广州市** | **37794** | **118096** | **8026** | **44846** | **49** | **207** | **1101** | **11219** |
| 越秀区 | | | | | | | | |
| 海珠区 | 14 | 14 | 105 | 2144 | | | | |
| 荔湾区 | | | | | | | | |
| 天河区 | 23 | 100 | 19 | 72 | | | | |
| 白云区 | 772 | 2959 | 407 | 2202 | | | | |
| 黄埔区 | 1630 | 8413 | 559 | 4273 | | | 1 | 10 |
| 番禺区 | 17 | 108 | 74 | 1012 | | | | |
| 花都区 | 1491 | 7668 | 1415 | 8477 | 13 | 64 | 6 | 25 |
| 南沙区 | 913 | 4671 | 132 | 785 | 0 | | | |
| 从化区 | 19723 | 45967 | 2561 | 11450 | 32 | 143 | 869 | 6645 |
| 增城区 | 13212 | 48196 | 2754 | 14431 | 3 | | 225 | 4539 |
| **深圳市** | **2210** | **12454** | **317** | **2702** | **25** | **77** | **22** | **166** |
| 福田区 | | | | | | | | |
| 罗湖区 | 79 | 108 | 7 | 49 | | | | |
| 盐田区 | 64 | 1 | 13 | | | | | |
| 南山区 | 478 | 5102 | 88 | 1160 | | | | |
| 宝安区 | 214 | 856 | 7 | 131 | | | | |
| 龙岗区 | 59 | 67 | 2 | 5 | | | | |
| 龙华区 | | | | | | | | |
| 坪山区 | 101 | | 82 | 2 | | | | |
| 光明区 | 879 | 3477 | 11 | 83 | | | | |
| 深汕合作区 | 337 | 2843 | 107 | 1272 | 25 | 77 | 22 | 166 |
| **珠海市** | **2652** | **6389** | **500** | **1516** | | | | |
| 香洲区 | 126 | 1452 | 83 | 432 | | | | |
| 金湾区 | 1162 | 1117 | 247 | 503 | | | | |
| 斗门区 | 1364 | 3820 | 170 | 581 | | | | |
| **汕头市** | **3285** | **12701** | **463** | **6832** | **21** | **41** | **135** | **1285** |
| 金平区 | | | | | | | | |
| 龙湖区 | | | | | | | | |
| 澄海区 | 115 | 1500 | 96 | 2393 | | | 2 | 24 |
| 濠江区 | 8 | 70 | 2 | 31 | | | 0 | 9 |
| 潮阳区 | 95 | 770 | 38 | 344 | | | 82 | 880 |
| 潮南区 | 3040 | 10201 | 246 | 3584 | 18 | 23 | 47 | 324 |
| 南澳县 | 28 | 160 | 81 | 480 | 3 | 18 | 3 | 48 |
| **佛山市** | **124** | **1235** | **281** | **2921** | **3** | **40** | **3** | **3** |
| 禅城区 | | | | | | | | |
| 南海区 | | | | | | | | |
| 顺德区 | | | 4 | 71 | | | | |
| 高明区 | 89 | 519 | 198 | 1030 | 3 | 20 | 3 | 3 |
| 三水区 | 35 | 716 | 79 | 1820 | | 20 | | |
| **韶关市** | **3** | **72** | **130** | **1227** | **762** | **9632** | **221** | **1362** |
| 浈江区 | 1 | | 0 | 5 | | | 0 | |
| 武江区 | | | 1 | 3 | 18 | | | |
| 曲江区 | 1 | 39 | 7 | 75 | 21 | 255 | 5 | 72 |
| 乐昌市 | | | 7 | 79 | 346 | 3806 | 14 | 120 |
| 南雄市 | | | | | 92 | 1304 | 1 | 24 |
| 仁化县 | | | | | 2 | 14 | 0 | 4 |

## 8-11 续表 4

(2023年) 单位：公顷、吨

| 地区 | 4.荔枝 | | 5.龙眼 | | 6.梨 | | 7.柿子(鲜) | |
|---|---|---|---|---|---|---|---|---|
| | 年末实有面积 | 总产量 | 年末实有面积 | 总产量 | 年末实有面积 | 总产量 | 年末实有面积 | 总产量 |
| 始兴县 | | | | | 58 | 1175 | 7 | 125 |
| 翁源县 | 1 | 31 | 108 | 1060 | 109 | 1411 | 24 | 316 |
| 新丰县 | 0 | 2 | 4 | 3 | 60 | 879 | 153 | 523 |
| 乳源县 | | | 1 | 2 | 57 | 788 | 16 | 178 |
| **河源市** | **3491** | **9490** | **1108** | **7436** | **259** | **3587** | **1777** | **18279** |
| 源城区 | 305 | 1092 | 248 | 1043 | 2 | | 4 | |
| 东源县 | 93 | 418 | 149 | 685 | 106 | 1392 | 321 | 4877 |
| 和平县 | | | | | 38 | 592 | 56 | 699 |
| 龙川县 | 17 | 302 | 131 | 941 | 62 | 1272 | 1362 | 12333 |
| 紫金县 | 3076 | 7678 | 579 | 4766 | 32 | 182 | 4 | 33 |
| 连平县 | | | 0 | 1 | 20 | 149 | 30 | 337 |
| **梅州市** | **2994** | **20478** | **3472** | **36313** | **1040** | **8151** | **3333** | **37516** |
| 梅江区 | | | 65 | 658 | 16 | 136 | 80 | 1970 |
| 梅县区 | 124 | 2508 | 426 | 8003 | 67 | 1574 | 360 | 9742 |
| 兴宁市 | 167 | 2357 | 1533 | 10179 | 52 | 579 | 249 | 4252 |
| 平远县 | | | 7 | 104 | 27 | 363 | 320 | 3705 |
| 蕉岭县 | 50 | 765 | 423 | 5188 | 6 | 184 | 63 | 1458 |
| 大埔县 | 101 | 1101 | 73 | 712 | 74 | 1038 | 392 | 5150 |
| 丰顺县 | 699 | 6719 | 617 | 8565 | 15 | 162 | 49 | 556 |
| 五华县 | 1853 | 7028 | 329 | 2904 | 783 | 4115 | 1818 | 10683 |
| **惠州市** | **25491** | **122796** | **8878** | **70394** | **46** | **491** | **119** | **870** |
| 惠城区 | 3300 | 14510 | 886 | 5977 | 1 | 18 | 9 | 10 |
| 惠阳区 | 8105 | 18463 | 2467 | 8317 | 8 | 35 | 18 | 100 |
| 惠东县 | 8128 | 39239 | 2097 | 25591 | | | 52 | 394 |
| 博罗县 | 5390 | 48375 | 2605 | 23378 | 20 | 15 | 6 | 27 |
| 龙门县 | 568 | 2209 | 823 | 7131 | 16 | 423 | 35 | 339 |
| **汕尾市** | **16538** | **123990** | **2468** | **28328** | **178** | **1025** | **946** | **6654** |
| 市城区 | 921 | 11778 | 96 | 1183 | | | 32 | 333 |
| 陆丰市 | 8975 | 82084 | 1186 | 13136 | 35 | 71 | 2 | 58 |
| 海丰县 | 4776 | 18534 | 454 | 5082 | 9 | 50 | 21 | 119 |
| 陆河县 | 1867 | 11594 | 733 | 8927 | 133 | 904 | 891 | 6144 |
| **东莞市** | **10398** | **24403** | **1149** | **5168** | | | | |
| **中山市** | **727** | **5223** | **458** | **5015** | | | **1** | **1** |
| **江门市** | **5343** | **27709** | **3586** | **18137** | **1** | **32** | **1** | **6** |
| 蓬江区 | 3 | 38 | 6 | 31 | | | | |
| 江海区 | | | | | | | | |
| 新会区 | 553 | 7396 | 138 | 1837 | 1 | 32 | 0 | |
| 台山市 | 3110 | 8964 | 802 | 3759 | | | | |
| 开平市 | 690 | 2607 | 588 | 1264 | | | | |
| 鹤山市 | 344 | 3600 | 251 | 916 | 0 | | 0 | 6 |
| 恩平市 | 643 | 5104 | 1801 | 10330 | | | | |
| **阳江市** | **21414** | **86081** | **9827** | **56359** | **134** | **401** | **164** | **961** |
| 江城区 | 902 | 6104 | 785 | 3092 | | | | |
| 阳东区 | 9197 | 26484 | 3057 | 9513 | | | | |
| 阳春市 | 3722 | 30508 | 4806 | 37589 | 134 | 401 | 164 | 961 |
| 阳西县 | 7593 | 22985 | 1178 | 6165 | | | 0 | |
| **湛江市** | **26126** | **251598** | **3839** | **42400** | | | **4** | **105** |
| 赤坎区 | 6 | 35 | 6 | 4 | | | | |
| 霞山区 | 7 | 26 | 7 | 14 | | | | |

# 8-11 续表 5

(2023年) 单位：公顷、吨

| 地 区 | 4.荔枝 | | 5.龙眼 | | 6.梨 | | 7.柿子(鲜) | |
|---|---|---|---|---|---|---|---|---|
| | 年末实有面积 | 总产量 | 年末实有面积 | 总产量 | 年末实有面积 | 总产量 | 年末实有面积 | 总产量 |
| 麻章区 | 80 | 1382 | 49 | 428 | | | | |
| 坡头区 | 602 | 4523 | 69 | 557 | | | | |
| 雷州市 | 2623 | 20237 | 357 | 3983 | | | 4 | 105 |
| 廉江市 | 19018 | 193016 | 2268 | 27565 | | | | |
| 吴川市 | 308 | 5321 | 534 | 4965 | | | | |
| 遂溪县 | 2158 | 21000 | 438 | 4018 | | | | |
| 徐闻县 | 1324 | 6058 | 111 | 866 | | | | |
| **茂名市** | **95127** | **620949** | **54518** | **562666** | **446** | **5751** | **722** | **14027** |
| 茂南区 | 4435 | 24789 | 1621 | 17535 | | | | |
| 电白区 | 24507 | 202794 | 7920 | 64734 | | | | |
| 信宜市 | 9080 | 75842 | 9084 | 106584 | 446 | 5751 | 712 | 13981 |
| 高州市 | 39355 | 246442 | 22027 | 227305 | | | 10 | 46 |
| 化州市 | 17751 | 71082 | 13866 | 146508 | | | | |
| **肇庆市** | **1852** | **30727** | **2242** | **26980** | **896** | **20869** | **898** | **26588** |
| 端州区 | | | | | | | | |
| 鼎湖区 | 32 | 299 | 52 | 553 | 10 | 115 | 3 | 68 |
| 高要区 | 958 | 20991 | 767 | 13016 | | | 72 | 1001 |
| 四会市 | 145 | 2332 | 339 | 3500 | 0 | 9 | 22 | 385 |
| 广宁县 | 31 | 428 | 19 | 169 | 59 | 1430 | 96 | 1603 |
| 德庆县 | 563 | 4221 | 479 | 1980 | 85 | 561 | 51 | 1060 |
| 封开县 | 122 | 2444 | 509 | 7012 | 611 | 15712 | 496 | 17686 |
| 怀集县 | 1 | 12 | 77 | 750 | 132 | 3042 | 158 | 4785 |
| **清远市** | **1603** | **13155** | **989** | **10525** | **4583** | **83746** | **362** | **5392** |
| 清城区 | 96 | 1151 | 205 | 2314 | 1 | 2 | 15 | 76 |
| 清新区 | 11 | 71 | 87 | 560 | 79 | 184 | 36 | 695 |
| 英德市 | 1 | 1 | 68 | 660 | 104 | 90 | 3 | 18 |
| 连州市 | 5 | | 4 | | 3523 | 75321 | 148 | 2416 |
| 佛冈县 | 1490 | 11932 | 622 | 6987 | 365 | 1988 | 110 | 1051 |
| 阳山县 | | | 3 | 2 | 409 | 4219 | 2 | 8 |
| 连山县 | | | 0 | 2 | 18 | 116 | 4 | 15 |
| 连南县 | | | | | 83 | 1826 | 43 | 1113 |
| **潮州市** | **2331** | **25772** | **3611** | **59918** | **37** | **248** | **98** | **1580** |
| 湘桥区 | 57 | 2124 | 128 | 1853 | | | 6 | 175 |
| 潮安区 | 139 | 2927 | 139 | 1301 | 15 | 95 | 13 | 146 |
| 饶平县 | 2135 | 20721 | 3344 | 56764 | 22 | 153 | 79 | 1259 |
| **揭阳市** | **12080** | **83234** | **5256** | **39511** | **518** | **4633** | **182** | **1836** |
| 榕城区 | 223 | 3953 | 286 | 3768 | 49 | 1020 | 5 | 20 |
| 揭东区 | 657 | 6894 | 2019 | 14022 | 19 | 157 | 10 | 108 |
| 普宁市 | 2495 | 26956 | 1274 | 7427 | 436 | 3331 | 112 | 771 |
| 揭西县 | 1116 | 7417 | 759 | 5231 | 14 | 123 | 52 | 909 |
| 惠来县 | 7589 | 38014 | 917 | 9063 | 1 | 2 | 3 | 28 |
| **云浮市** | **8344** | **37590** | **3927** | **33146** | **99** | **1366** | **201** | **2315** |
| 云城区 | 84 | 1331 | 89 | 1433 | | | 7 | 79 |
| 云安区 | 533 | 3606 | 547 | 2810 | 16 | 137 | 56 | 496 |
| 罗定市 | 1947 | 8615 | 1391 | 12472 | 64 | 744 | 76 | 1294 |
| 新兴县 | 1677 | 13642 | 1304 | 12473 | 11 | 463 | 23 | 227 |
| 郁南县 | 4103 | 10396 | 596 | 3958 | 9 | 22 | 38 | 219 |

# 8-11 续表 6

(2023年) 单位：公顷、吨

| 地　区 | 8.李子 | | 9.其他 | | 二、桑叶 | | 三、茶叶 | |
|---|---|---|---|---|---|---|---|---|
| | 年末实有面积 | 总产量 | 年末实有面积 | 总产量 | 年末实有面积 | 总产量 | 年末实有面积 | 总产量 |
| **广州市** | **2526** | **13464** | **6255** | **40193** | | | **328** | **136** |
| 越秀区 | | | | | | | | |
| 海珠区 | | | | | | | | |
| 荔湾区 | | | | | | | | |
| 天河区 | | | | | | | | |
| 白云区 | | | 28 | 489 | | | | |
| 黄埔区 | | | 79 | 254 | | | 17 | 2 |
| 番禺区 | | | 11 | 307 | | | | |
| 花都区 | 2 | 12 | 435 | 2658 | | | | |
| 南沙区 | 3 | 47 | 56 | 1198 | | | | |
| 从化区 | 2458 | 12344 | 4971 | 25656 | | | 293 | 132 |
| 增城区 | 63 | 1061 | 675 | 9631 | | | 19 | 2 |
| **深圳市** | **61** | **2342** | **186** | **3077** | | | **534** | **327** |
| 福田区 | | | | | | | | |
| 罗湖区 | | | | | | | | |
| 盐田区 | | | | | | | | |
| 南山区 | | | | | | | | |
| 宝安区 | | | 12 | 185 | | | | |
| 龙岗区 | 0 | | 12 | 108 | | | 2 | |
| 龙华区 | | | | | | | | |
| 坪山区 | | | 18 | 17 | | | | |
| 光明区 | | | 2 | 3 | | | | |
| 深汕合作区 | 61 | 2342 | 142 | 2764 | | | 533 | 327 |
| **珠海市** | **0** | **3** | **75** | **4543** | | | **14** | **1** |
| 香洲区 | | | | | | | | |
| 金湾区 | | | 38 | 3862 | | | | |
| 斗门区 | 0 | 3 | 37 | 681 | | | 14 | 1 |
| **汕头市** | **26** | **472** | **4371** | **87433** | | | **821** | **1377** |
| 金平区 | | | | | | | | |
| 龙湖区 | | | 2 | 482 | | | | |
| 澄海区 | 0 | 20 | 444 | 14199 | | | | |
| 濠江区 | | | 1 | 31 | | | | |
| 潮阳区 | 2 | 46 | 3115 | 69347 | | | | |
| 潮南区 | 21 | 384 | 781 | 3071 | | | 607 | 1159 |
| 南澳县 | 2 | 22 | 28 | 303 | | | 213 | 218 |
| **佛山市** | **3** | **44** | **104** | **2712** | **3** | **7** | **77** | **81** |
| 禅城区 | | | | | | | | |
| 南海区 | | | 51 | 1052 | | | | |
| 顺德区 | | | 2 | 281 | | | | |
| 高明区 | 3 | 33 | 37 | 212 | 3 | 7 | 75 | 79 |
| 三水区 | 0 | 11 | 14 | 1167 | | | 2 | 2 |
| **韶关市** | **10068** | **158219** | **17770** | **249972** | **1771** | **34801** | **6268** | **6257** |
| 浈江区 | 25 | 337 | 160 | 2688 | | | | |
| 武江区 | 91 | 1845 | 359 | 4594 | 6 | 3 | 16 | 41 |
| 曲江区 | 168 | 1501 | 659 | 4049 | | | 771 | 394 |
| 乐昌市 | 3139 | 70710 | 4958 | 89916 | | | 1568 | 1390 |
| 南雄市 | 1622 | 25190 | 2225 | 30328 | 6 | 29 | 582 | 812 |
| 仁化县 | 454 | 3131 | 1010 | 7865 | | | 1251 | 995 |

## 8-11 续表 7

(2023年) 单位：公顷、吨

| 地 区 | 8.李子 | | 9.其他 | | 二、桑叶 | | 三、茶叶 | |
|---|---|---|---|---|---|---|---|---|
| | 年末实有面积 | 总产量 | 年末实有面积 | 总产量 | 年末实有面积 | 总产量 | 年末实有面积 | 总产量 |
| 始兴县 | 1333 | 29837 | 3092 | 55815 | 600 | 9294 | 420 | 838 |
| 翁源县 | 1134 | 7247 | 2374 | 32643 | 1159 | 25475 | 407 | 127 |
| 新丰县 | 1950 | 16773 | 2435 | 17826 | | | 671 | 1279 |
| 乳源县 | 152 | 1648 | 499 | 4248 | | | 583 | 381 |
| **河源市** | **7254** | **114230** | **16752** | **237296** | **0** | **10** | **12708** | **9031** |
| 源城区 | 9 | 129 | 59 | 553 | | | 162 | 28 |
| 东源县 | 867 | 10046 | 1331 | 16586 | | | 3708 | 2460 |
| 和平县 | 240 | 5275 | 3356 | 25159 | | | 1372 | 986 |
| 龙川县 | 1519 | 22205 | 3243 | 40872 | | | 1400 | 1145 |
| 紫金县 | 3231 | 54356 | 3320 | 56616 | 0 | 10 | 4762 | 3637 |
| 连平县 | 1387 | 22219 | 5443 | 97510 | | | 1304 | 775 |
| **梅州市** | **6579** | **103297** | **17164** | **245657** | **94** | **464** | **23610** | **30452** |
| 梅江区 | 135 | 3583 | 390 | 8747 | | | 1653 | 1890 |
| 梅县区 | 1640 | 43784 | 3872 | 106033 | | | 1538 | 1674 |
| 兴宁市 | 1061 | 20103 | 1762 | 43135 | 56 | 239 | 2808 | 4495 |
| 平远县 | 1188 | 23352 | 1738 | 31627 | | | 1212 | 1155 |
| 蕉岭县 | 315 | 4338 | 593 | 12423 | | | 868 | 3490 |
| 大埔县 | 610 | 4328 | 1736 | 12120 | | | 4102 | 6920 |
| 丰顺县 | 29 | 232 | 1194 | 10293 | | | 6598 | 4721 |
| 五华县 | 1602 | 3577 | 5879 | 21279 | 37 | 225 | 4832 | 6107 |
| **惠州市** | **786** | **7952** | **2353** | **27820** | **8** | **60** | **7341** | **4322** |
| 惠城区 | 81 | 572 | 217 | 2853 | | | 53 | 30 |
| 惠阳区 | 148 | 1783 | 311 | 5862 | | | 167 | 49 |
| 惠东县 | 259 | 1411 | 674 | 3934 | | | 3106 | 1309 |
| 博罗县 | 196 | 3271 | 491 | 8712 | | | 3524 | 2504 |
| 龙门县 | 101 | 915 | 660 | 6459 | 8 | 60 | 491 | 430 |
| **汕尾市** | **1500** | **15589** | **12771** | **94746** | | | **3835** | **7062** |
| 市城区 | 9 | 216 | 44 | 580 | | | | |
| 陆丰市 | 181 | 1136 | 1436 | 36121 | | | 310 | 429 |
| 海丰县 | 698 | 10853 | 1438 | 21713 | | | 2341 | 2983 |
| 陆河县 | 613 | 3384 | 9853 | 36332 | | | 1184 | 3650 |
| **东莞市** | **2** | **3** | **157** | **2214** | | | **157** | **12** |
| **中山市** | **3** | **67** | **139** | **4324** | | | **23** | **9** |
| **江门市** | **19** | **155** | **955** | **24314** | | | **3925** | **4879** |
| 蓬江区 | | | 5 | 92 | | | | |
| 江海区 | | | 79 | 2007 | | | | |
| 新会区 | 2 | 63 | 37 | 1999 | | | 156 | 109 |
| 台山市 | | | 339 | 12469 | | | 259 | 242 |
| 开平市 | 9 | 40 | 435 | 7121 | | | 2757 | 3799 |
| 鹤山市 | 8 | 52 | 59 | 626 | | | 619 | 587 |
| 恩平市 | | | | | | | 135 | 142 |
| **阳江市** | **1205** | **6886** | **3915** | **11159** | **727** | **20762** | **318** | **384** |
| 江城区 | | | 142 | 92 | | | | |
| 阳东区 | 3 | 11 | 87 | 152 | 9 | 93 | | |
| 阳春市 | 1190 | 6679 | 3671 | 10714 | 718 | 20669 | 171 | 362 |
| 阳西县 | 12 | 196 | 14 | 201 | | | 147 | 22 |
| **湛江市** | **24** | **347** | **578** | **16474** | **1599** | **74791** | **2742** | **9655** |
| 赤坎区 | | | 3 | 88 | | | | |
| 霞山区 | | | 4 | 29 | | | | |

## 8-11 续表 8

(2023年)　　单位：公顷、吨

| 地区 | 8.李子 | | 9.其他 | | 二、桑叶 | | 三、茶叶 | |
|---|---|---|---|---|---|---|---|---|
| | 年末实有面积 | 总产量 | 年末实有面积 | 总产量 | 年末实有面积 | 总产量 | 年末实有面积 | 总产量 |
| 麻章区 | | | 25 | 957 | | | 5 | 13 |
| 坡头区 | 0 | 9 | 15 | 336 | | | | |
| 雷州市 | 4 | 55 | 161 | 10526 | 211 | 5271 | 21 | 68 |
| 廉江市 | 20 | 283 | 277 | 2461 | 138 | 7991 | 2490 | 9453 |
| 吴川市 | | | 49 | 1476 | | | 2 | 5 |
| 遂溪县 | | | 45 | 601 | 152 | 14567 | | |
| 徐闻县 | | | | | 1097 | 46962 | 224 | 116 |
| **茂名市** | **21978** | **329826** | **24724** | **420953** | **7229** | **492543** | **1715** | **2469** |
| 茂南区 | | | 13 | 141 | | | | |
| 电白区 | 4 | 44 | 161 | 1966 | | | | |
| 信宜市 | 21868 | 328308 | 24016 | 403990 | 1 | 16 | 1176 | 1176 |
| 高州市 | 36 | 958 | 238 | 8371 | 20 | 95 | 271 | 1173 |
| 化州市 | 69 | 516 | 296 | 6485 | 7208 | 492432 | 267 | 120 |
| **肇庆市** | **1927** | **36214** | **6048** | **91355** | **347** | **8791** | **4152** | **9724** |
| 端州区 | | | | | | | | |
| 鼎湖区 | 7 | 62 | 13 | 180 | | | 17 | 20 |
| 高要区 | 80 | 1755 | 459 | 6611 | | | 143 | 578 |
| 四会市 | 8 | 54 | 461 | 5323 | | | 136 | 301 |
| 广宁县 | 194 | 2555 | 1599 | 21131 | | | 479 | 2142 |
| 德庆县 | 247 | 2107 | 1071 | 3586 | 316 | 8403 | 1055 | 1721 |
| 封开县 | 888 | 19467 | 1587 | 38219 | 3 | 27 | 698 | 1478 |
| 怀集县 | 503 | 10214 | 858 | 16305 | 29 | 361 | 1624 | 3484 |
| **清远市** | **1858** | **28923** | **9561** | **150321** | **4062** | **95794** | **13754** | **18783** |
| 清城区 | 6 | 131 | 401 | 14809 | | | 313 | 200 |
| 清新区 | 179 | 5620 | 1066 | 28107 | | | 1843 | 1493 |
| 英德市 | 190 | 2191 | 543 | 4403 | 2854 | 73598 | 7275 | 15014 |
| 连州市 | 257 | 3823 | 3514 | 38449 | | | 957 | 311 |
| 佛冈县 | 299 | 4749 | 1839 | 32626 | | | 17 | 20 |
| 阳山县 | 711 | 5566 | 1197 | 10695 | 601 | 10475 | 763 | 188 |
| 连山县 | 122 | 3056 | 211 | 3880 | | | 594 | 548 |
| 连南县 | 93 | 3787 | 789 | 17352 | 607 | 11721 | 1991 | 1009 |
| **潮州市** | **36** | **616** | **3116** | **45315** | | | **18463** | **32619** |
| 湘桥区 | 6 | 363 | 269 | 13204 | | | 669 | 1965 |
| 潮安区 | 1 | 6 | 204 | 1196 | | | 7423 | 9859 |
| 饶平县 | 30 | 247 | 2643 | 30915 | | | 10371 | 20795 |
| **揭阳市** | **2105** | **41087** | **17219** | **126660** | | | **9948** | **37842** |
| 榕城区 | 3 | 5 | 101 | 957 | | | | |
| 揭东区 | 52 | 997 | 230 | 2360 | | | 3953 | 8421 |
| 普宁市 | 813 | 14159 | 11635 | 55895 | | | 1182 | 2842 |
| 揭西县 | 611 | 10766 | 2583 | 44972 | | | 4500 | 25165 |
| 惠来县 | 626 | 15160 | 2670 | 22476 | | | 313 | 1414 |
| **云浮市** | **541** | **7215** | **5949** | **66407** | **4218** | **153715** | **1923** | **3450** |
| 云城区 | 32 | 194 | 159 | 3673 | 1 | 18 | 29 | 89 |
| 云安区 | 105 | 746 | 366 | 2421 | 292 | 10699 | 227 | 223 |
| 罗定市 | 219 | 3052 | 327 | 4823 | 2984 | 133518 | 1212 | 2497 |
| 新兴县 | 53 | 914 | 1692 | 41659 | 36 | 1768 | 312 | 305 |
| 郁南县 | 131 | 2309 | 3405 | 13831 | 904 | 7712 | 142 | 336 |

# 8-12 全省水稻品种种植面积

（2023年）　　单位：万亩

| 品　　种 | 面积（早稻） | 品　　种 | 面积（晚稻） |
|---|---|---|---|
| **总面积** | **1255.0** | **总面积** | **1459.2** |
| 1.常规稻 | 525.7 | 1.常规稻 | 596.3 |
| 其中：美香占2号 | 50.3 | 其中：美香占2号 | 70.8 |
| 象牙香占 | 38.2 | 19香 | 42.8 |
| 19香 | 38.0 | 象牙香占 | 38.5 |
| 南晶香占 | 28.7 | 南晶香占 | 33.9 |
| 粤禾丝苗 | 24.1 | 粤禾丝苗 | 24.9 |
| 莉香占 | 18.4 | 美巴香占 | 19.7 |
| 美巴香占 | 16.2 | 象竹香丝苗 | 17.7 |
| 象竹香丝苗 | 15.7 | 莉香占 | 17.3 |
| 粤农丝苗 | 13.5 | 特籼占25 | 13.5 |
| 珍桂矮 | 12.5 | 五山丝苗 | 13.4 |
| 2.杂交稻 | 729.3 | 2.杂交稻 | 862.9 |
| 其中：泰丰优208 | 30.5 | 其中：吉丰优1002 | 92.3 |
| 广8优金占 | 22.5 | 野香优莉丝 | 31.9 |
| 野香优莉丝 | 20.4 | 广8优165 | 26.5 |
| 青香优19香 | 15.3 | 泰丰优208 | 25.2 |
| 深优9516 | 14.9 | 香禾优1002 | 23.8 |
| Y两优1173 | 14.8 | 青香优19香 | 17.5 |
| 泰优粤禾丝苗 | 14.7 | 吉优5618 | 14.7 |
| Y两优1378 | 13.0 | 广泰优1002 | 14.5 |
| Y两优3089 | 12.9 | 野香优9号 | 14.1 |
| 深两优870 | 12.9 | 昌两优8号 | 13.3 |
| 3.优质稻(含国标、省标优质、部标优质二级，以及外观一级以上品种) | 931.2 | 3.优质稻(含国标、省标优质、部标优质二级，以及外观一级以上品种) | 1048.8 |
| 其中：美香占2号 | 50.3 | 其中：美香占2号 | 70.8 |
| 象牙香占 | 38.2 | 19香 | 42.8 |
| 19香 | 38.0 | 象牙香占 | 38.5 |
| 泰丰优208 | 30.5 | 南晶香占 | 33.9 |
| 南晶香占 | 28.7 | 野香优莉丝 | 31.9 |
| 粤禾丝苗 | 24.1 | 泰丰优208 | 25.2 |
| 广8优金占 | 22.5 | 粤禾丝苗 | 24.9 |
| 野香优莉丝 | 20.4 | 美巴香占 | 19.7 |
| 莉香占 | 18.4 | 象竹香丝苗 | 17.7 |
| 美巴香占 | 16.2 | 青香优19香 | 17.5 |

# 8-13 主要农作物病虫草鼠螺发生、防治面积及挽回损失

（2023年）　　单位：万亩次；吨

| 项　　目 | 发生面积 | 防治面积 | 挽回损失 | 实际损失 | 发生程度 |
|---|---|---|---|---|---|
| **生物灾害总计** | **27847.63** | **35214.92** | **8026937.59** | **1186937.73** | **4** |
| **一、病虫害合计** | **20289.99** | **26673.28** | **6853890.62** | **1004721.24** | **4** |
| 1.病害小计 | 5915.96 | 8020.59 | 2032256.82 | 321810.31 | 4 |
| 2.虫害小计 | 14374.03 | 18652.69 | 4551333.80 | 682910.93 | 4 |
| **二、农田草害合计** | **4549.11** | **5053.46** | **891510.94** | **87859.48** | **4** |
| **三、农田鼠害合计** | **2014.95** | **2388.70** | **393853.52** | **79146.69** | **3** |
| **四、农田螺害合计** | **993.58** | **1099.48** | **157682.52** | **15210.32** | **3** |

注：发生程度：1——轻发生；2——中偏轻；3——中等；4——中等偏重；5——大发生，下同。

# 8-14 各市农作物病虫草鼠螺发生面积、防治面积及挽回损失

(2023年)

| 市别 | 病虫草鼠螺总计 | | | | | 病虫害合计 | | | | |
|---|---|---|---|---|---|---|---|---|---|---|
| | 发生面积(万亩次) | 防治面积(万亩次) | 挽回损失(吨) | 实际损失(吨) | 发生程度 | 发生面积(万亩次) | 防治面积(万亩次) | 挽回损失(吨) | 实际损失(吨) | 发生程度 |
| **全省** | **27847.63** | **35214.92** | **8026937.59** | **1186937.73** | **4** | **20289.99** | **26673.28** | **6853890.62** | **1004721.24** | **4** |
| 广州 | 868.42 | 1057.49 | 223800.45 | 31691.57 | | 500.95 | 692.28 | 183630.19 | 28005.75 | |
| 韶关 | 2113.04 | 3233.40 | 711957.58 | 59951.66 | | 1619.56 | 2532.46 | 620193.79 | 53032.17 | |
| 深圳 | 28.48 | 76.62 | 676.43 | 26.27 | | 28.48 | 76.62 | 676.43 | 26.27 | |
| 珠海 | 35.64 | 53.97 | 59918.37 | 5243.06 | | 30.14 | 45.92 | 58788.37 | 5049.56 | |
| 汕头 | 428.39 | 931.58 | 144205.97 | 8875.35 | | 347.70 | 820.41 | 122655.81 | 5134.95 | |
| 佛山 | 441.58 | 544.36 | 140978.34 | 15669.33 | | 350.97 | 447.65 | 117503.09 | 12322.67 | |
| 江门 | 2099.09 | 2725.75 | 483947.67 | 66699.05 | | 1160.22 | 1718.62 | 405481.97 | 50928.88 | |
| 湛江 | 3374.15 | 4246.68 | 1280813.29 | 216681.10 | | 2362.05 | 2930.50 | 1028177.15 | 172967.94 | |
| 茂名 | 2974.31 | 2922.64 | 715915.62 | 102161.11 | | 2202.22 | 2162.85 | 588278.29 | 85590.55 | |
| 肇庆 | 1471.38 | 2621.86 | 504507.26 | 45345.82 | | 1118.53 | 2170.82 | 430975.48 | 40320.94 | |
| 惠州 | 2032.18 | 2479.38 | 555863.20 | 148025.40 | | 1546.21 | 1943.07 | 484203.33 | 138581.39 | |
| 梅州 | 1441.14 | 1806.39 | 454214.23 | 37141.35 | | 1158.72 | 1510.30 | 402098.02 | 33120.20 | |
| 汕尾 | 1396.19 | 1936.07 | 302584.45 | 55534.44 | | 956.08 | 1362.54 | 205714.58 | 43030.57 | |
| 河源 | 1981.79 | 2238.33 | 423804.21 | 56812.39 | | 1602.65 | 1832.32 | 370917.99 | 50694.26 | |
| 阳江 | 1545.54 | 1654.20 | 361102.66 | 78044.61 | | 1143.02 | 1262.25 | 277063.26 | 63760.35 | |
| 清远 | 2614.78 | 2995.72 | 839530.46 | 78267.27 | | 1936.18 | 2299.61 | 655618.53 | 63474.91 | |
| 东莞 | 341.78 | 418.87 | 53854.30 | 16583.97 | | 294.78 | 357.89 | 52532.09 | 16266.64 | |
| 中山 | 60.72 | 60.21 | 29483.05 | 1963.91 | | 39.70 | 39.19 | 18171.85 | 1209.83 | |
| 潮州 | 397.92 | 495.89 | 178348.01 | 99473.57 | | 263.30 | 366.51 | 144607.81 | 89222.92 | |
| 揭阳 | 1347.45 | 1641.73 | 377858.73 | 30704.98 | | 974.59 | 1214.35 | 266741.72 | 23363.10 | |
| 云浮 | 853.66 | 1073.80 | 183573.30 | 32041.53 | | 653.97 | 887.13 | 149860.88 | 28617.39 | |

## 8-14 续表 1

(2023年)

| 市别 | 病害合计 | | | | | 虫害合计 | | | | |
|---|---|---|---|---|---|---|---|---|---|---|
| | 发生面积(万亩次) | 防治面积(万亩次) | 挽回损失(吨) | 实际损失(吨) | 发生程度 | 发生面积(万亩次) | 防治面积(万亩次) | 挽回损失(吨) | 实际损失(吨) | 发生程度 |
| **全省** | **5915.96** | **8020.59** | **2032256.82** | **321810.31** | **4** | **14374.03** | **18652.69** | **4551333.80** | **682910.93** | **4** |
| 广州 | 124.46 | 184.17 | 64931.89 | 9015.46 | | 376.49 | 508.11 | 118698.31 | 18990.29 | |
| 韶关 | 503.18 | 777.57 | 152297.42 | 19022.47 | | 1116.38 | 1754.89 | 467896.36 | 34009.70 | |
| 深圳 | 3.92 | 11.51 | 91.93 | 4.01 | | 24.56 | 65.11 | 584.50 | 22.26 | |
| 珠海 | 7.77 | 9.68 | 8042.08 | 619.82 | | 22.36 | 36.24 | 50746.29 | 4429.74 | |
| 汕头 | 68.70 | 188.56 | 16156.83 | 1525.01 | | 279.00 | 631.85 | 106498.98 | 3609.94 | |
| 佛山 | 80.91 | 103.05 | 26219.39 | 4251.09 | | 270.06 | 344.59 | 91283.70 | 8071.58 | |
| 江门 | 347.95 | 583.92 | 115596.05 | 12474.18 | | 812.27 | 1134.71 | 289885.92 | 38454.70 | |
| 湛江 | 701.60 | 962.55 | 349189.11 | 70426.63 | | 1660.45 | 1967.95 | 678988.04 | 102541.31 | |
| 茂名 | 673.46 | 665.18 | 243400.25 | 41302.10 | | 1528.76 | 1497.67 | 344878.04 | 44288.45 | |
| 肇庆 | 395.97 | 681.66 | 151415.21 | 13077.78 | | 722.56 | 1489.16 | 279560.26 | 27243.16 | |
| 惠州 | 426.84 | 566.12 | 179645.95 | 38682.08 | | 1119.37 | 1376.95 | 304557.39 | 99899.31 | |
| 梅州 | 391.29 | 520.34 | 113592.02 | 12730.93 | | 767.43 | 989.96 | 288506.00 | 20389.26 | |
| 汕尾 | 291.73 | 414.46 | 56109.49 | 12483.37 | | 664.34 | 948.08 | 149605.09 | 30547.20 | |
| 河源 | 570.94 | 650.67 | 130469.83 | 18810.62 | | 1031.71 | 1181.65 | 240448.15 | 31883.64 | |
| 阳江 | 289.37 | 322.08 | 63085.57 | 12888.11 | | 853.65 | 940.17 | 213977.68 | 50872.24 | |
| 清远 | 502.24 | 613.83 | 203002.79 | 24153.04 | | 1433.94 | 1685.79 | 452615.74 | 39321.88 | |
| 东莞 | 54.90 | 67.77 | 10229.64 | 3146.51 | | 239.88 | 290.12 | 42302.45 | 13120.13 | |
| 中山 | 9.24 | 9.13 | 4521.27 | 303.53 | | 30.47 | 30.06 | 13650.58 | 906.30 | |
| 潮州 | 52.10 | 81.32 | 23918.10 | 10890.72 | | 211.20 | 285.19 | 120689.71 | 78332.20 | |
| 揭阳 | 257.90 | 323.66 | 82597.84 | 6910.58 | | 716.68 | 890.70 | 184143.87 | 16452.52 | |
| 云浮 | 161.49 | 283.36 | 38044.15 | 9092.27 | | 492.48 | 603.77 | 111816.73 | 19525.12 | |

## 8-14 续表 2

(2023年)

| 市别 | 农田草害合计 | | | | | 农田鼠害合计 | | | | |
|---|---|---|---|---|---|---|---|---|---|---|
| | 发生面积(万亩次) | 防治面积(万亩次) | 挽回损失(吨) | 实际损失(吨) | 发生程度 | 发生面积(万亩次) | 防治面积(万亩次) | 挽回损失(吨) | 实际损失(吨) | 发生程度 |
| **全省** | **4549.11** | **5053.46** | **891510.94** | **87859.48** | **4** | **2014.95** | **2388.70** | **393853.52** | **79146.69** | **3** |
| 广州 | 189.34 | 167.09 | 16125.23 | 1600.57 | | 160.72 | 178.79 | 21306.85 | 1940.97 | |
| 韶关 | 352.95 | 505.97 | 71256.23 | 5232.56 | | 59.74 | 71.62 | 12156.60 | 1137.99 | |
| 深圳 | | | | | | | | | | |
| 珠海 | 1.10 | 1.60 | 540.00 | 58.50 | | 4.00 | 6.00 | 430.00 | 130.00 | |
| 汕头 | 45.26 | 49.91 | 8125.10 | 695.20 | | 34.89 | 59.77 | 13251.47 | 2997.51 | |
| 佛山 | 33.75 | 44.42 | 11335.23 | 771.06 | | 51.81 | 45.34 | 10056.80 | 2059.32 | |
| 江门 | 372.18 | 387.13 | 29045.70 | 3792.17 | | 398.50 | 444.00 | 24966.00 | 8977.00 | |
| 湛江 | 454.45 | 575.58 | 89734.77 | 9904.43 | | 412.64 | 590.05 | 147204.32 | 32077.38 | |
| 茂名 | 497.27 | 490.19 | 87505.44 | 11738.26 | | 169.13 | 164.93 | 28987.22 | 3819.30 | |
| 肇庆 | 261.57 | 328.37 | 50675.80 | 3600.95 | | 70.53 | 93.61 | 19855.55 | 1171.13 | |
| 惠州 | 341.66 | 379.95 | 44771.28 | 6239.78 | | 101.43 | 109.91 | 19721.86 | 2227.05 | |
| 梅州 | 201.31 | 210.50 | 42190.58 | 2343.05 | | 33.19 | 33.35 | 8071.68 | 1346.90 | |
| 汕尾 | 305.43 | 323.77 | 76369.10 | 5070.85 | | 113.33 | 212.10 | 18450.70 | 7184.81 | |
| 河源 | 282.71 | 306.57 | 41793.23 | 4790.90 | | 56.29 | 59.29 | 6688.30 | 811.15 | |
| 阳江 | 260.79 | 248.63 | 61015.61 | 10309.07 | | 58.70 | 62.19 | 9213.95 | 2461.48 | |
| 清远 | 441.56 | 480.37 | 122558.04 | 6528.94 | | 117.65 | 88.21 | 16509.62 | 5702.75 | |
| 东莞 | 43.30 | 56.28 | 1204.56 | 289.09 | | 1.40 | 1.72 | 42.90 | 10.30 | |
| 中山 | 15.35 | 15.35 | 9610.80 | 640.72 | | 2.45 | 2.45 | 734.40 | 48.96 | |
| 潮州 | 88.93 | 84.27 | 26361.30 | 7804.85 | | 38.91 | 37.08 | 6494.90 | 2266.00 | |
| 揭阳 | 241.61 | 280.67 | 85191.12 | 4802.38 | | 74.15 | 78.70 | 14378.10 | 1099.50 | |
| 云浮 | 118.62 | 116.86 | 16101.84 | 1646.15 | | 55.50 | 49.60 | 15332.31 | 1677.20 | |

## 8-14 续表 3

(2023年)

| 市别 | 农田螺害合计 | | | | | 水稻病虫害合计 | | | | |
|---|---|---|---|---|---|---|---|---|---|---|
| | 发生面积(万亩次) | 防治面积(万亩次) | 挽回损失(吨) | 实际损失(吨) | 发生程度 | 发生面积(万亩次) | 防治面积(万亩次) | 挽回损失(吨) | 实际损失(吨) | 发生程度 |
| **全省** | **993.58** | **1099.48** | **157682.52** | **15210.32** | **3** | **8300.36** | **11041.50** | **2134247.60** | **285242.06** | **4** |
| 广州 | 17.41 | 19.33 | 2738.18 | 144.28 | | 70.79 | 86.03 | 29790.26 | 3263.58 | |
| 韶关 | 80.79 | 123.35 | 8350.96 | 548.94 | | 560.28 | 959.89 | 102848.92 | 12119.00 | |
| 深圳 | | | | | | 0.09 | 0.35 | 0.44 | 0.04 | |
| 珠海 | 0.40 | 0.45 | 160.00 | 5.00 | | 15.69 | 21.13 | 14330.87 | 862.21 | |
| 汕头 | 0.55 | 1.50 | 173.60 | 47.69 | | 163.54 | 415.74 | 27670.44 | 1970.53 | |
| 佛山 | 5.05 | 6.95 | 2083.23 | 516.28 | | 59.33 | 63.08 | 5802.78 | 983.64 | |
| 江门 | 168.20 | 176.00 | 24454.00 | 3001.00 | | 679.02 | 1056.02 | 184714.20 | 25832.38 | |
| 湛江 | 145.01 | 150.55 | 15697.05 | 1731.34 | | 993.32 | 1201.52 | 258478.01 | 51491.89 | |
| 茂名 | 105.69 | 104.67 | 11144.67 | 1013.00 | | 835.04 | 832.92 | 300770.58 | 29108.41 | |
| 肇庆 | 20.75 | 29.07 | 3000.44 | 252.80 | | 483.20 | 797.82 | 96161.55 | 8172.15 | |
| 惠州 | 42.89 | 46.46 | 7166.73 | 977.18 | | 444.09 | 570.82 | 106808.43 | 21737.53 | |
| 梅州 | 47.93 | 52.24 | 1853.95 | 331.20 | | 566.49 | 735.47 | 202129.17 | 16640.05 | |
| 汕尾 | 21.35 | 37.67 | 2050.08 | 248.22 | | 372.80 | 530.80 | 46343.83 | 7144.18 | |
| 河源 | 40.15 | 40.15 | 4404.70 | 516.09 | | 790.60 | 926.97 | 174878.56 | 24737.57 | |
| 阳江 | 83.03 | 81.13 | 13809.84 | 1513.71 | | 462.40 | 481.35 | 123520.13 | 21040.39 | |
| 清远 | 119.40 | 127.52 | 44844.28 | 2560.67 | | 757.75 | 938.93 | 209990.75 | 25527.17 | |
| 东莞 | 2.30 | 2.99 | 74.75 | 17.94 | | 13.06 | 16.98 | 1920.01 | 276.00 | |
| 中山 | 3.22 | 3.22 | 966.00 | 64.40 | | 25.44 | 24.93 | 7479.36 | 508.80 | |
| 潮州 | 6.78 | 8.03 | 884.00 | 179.80 | | 120.79 | 158.35 | 16312.21 | 5808.17 | |
| 揭阳 | 57.11 | 68.01 | 11547.80 | 1440.00 | | 470.00 | 619.06 | 127803.95 | 10942.13 | |
| 云浮 | 25.57 | 20.20 | 2278.27 | 100.79 | | 416.64 | 603.34 | 96493.16 | 17076.26 | |

## 8-14 续表 4

(2023年)

| 市别 | 水稻病害小计 | | | | | 水稻稻瘟病 | | | | |
|---|---|---|---|---|---|---|---|---|---|---|
| | 发生面积（万亩次） | 防治面积（万亩次） | 挽回损失（吨） | 实际损失（吨） | 发生程度 | 发生面积（万亩次） | 防治面积（万亩次） | 挽回损失（吨） | 实际损失（吨） | 发生程度 |
| **全　省** | **2700.96** | **3717.89** | **779348.52** | **111418.08** | **4** | **299.44** | **468.21** | **80408.87** | **12391.25** | **2** |
| 广　州 | 23.82 | 29.42 | 9189.02 | 851.92 | | 0.30 | 0.60 | 155.50 | 16.15 | 1 |
| 韶　关 | 215.40 | 360.87 | 32802.62 | 5304.48 | | 43.89 | 95.14 | 9010.34 | 1352.80 | 2 |
| 深　圳 | 0.04 | 0.18 | 0.22 | 0.02 | | | | | | |
| 珠　海 | 5.05 | 4.75 | 4142.08 | 171.82 | | | | | | |
| 汕　头 | 51.10 | 143.93 | 10203.20 | 971.26 | | 0.32 | 5.30 | 116.40 | 21.70 | 2 |
| 佛　山 | 7.80 | 7.93 | 650.47 | 233.26 | | 1.95 | 1.99 | 59.35 | 37.58 | 2 |
| 江　门 | 216.97 | 337.50 | 71617.05 | 7567.93 | | 8.66 | 24.13 | 3470.75 | 499.75 | 2 |
| 湛　江 | 323.34 | 419.31 | 113954.25 | 20537.74 | | 9.60 | 10.42 | 4280.88 | 1215.49 | 2 |
| 茂　名 | 266.08 | 265.02 | 140566.73 | 18559.81 | | 9.97 | 9.88 | 3906.36 | 547.51 | 2 |
| 肇　庆 | 198.72 | 336.72 | 45158.89 | 3716.32 | | 33.56 | 75.66 | 12296.23 | 1075.45 | 3 |
| 惠　州 | 135.27 | 181.81 | 34467.73 | 6686.57 | | 7.65 | 16.31 | 3391.26 | 461.75 | 3 |
| 梅　州 | 201.59 | 266.92 | 54658.17 | 7618.69 | | 27.54 | 32.90 | 5364.85 | 1477.58 | 2 |
| 汕　尾 | 126.72 | 174.38 | 22985.11 | 2409.26 | | 12.03 | 16.82 | 2214.20 | 172.35 | 2 |
| 河　源 | 312.34 | 365.49 | 72285.12 | 10187.40 | | 79.99 | 89.05 | 20118.60 | 2756.75 | 2 |
| 阳　江 | 136.04 | 138.52 | 34453.30 | 5733.69 | | 7.61 | 8.03 | 2121.26 | 281.11 | 2 |
| 清　远 | 217.29 | 271.95 | 57382.85 | 9194.05 | | 30.19 | 41.16 | 6456.45 | 1069.71 | 2 |
| 东　莞 | 2.50 | 3.25 | 367.53 | 52.83 | | | | | | |
| 中　山 | 5.28 | 5.17 | 1552.32 | 105.60 | | | | | | |
| 潮　州 | 34.43 | 40.32 | 7504.10 | 2113.72 | | 5.42 | 6.32 | 966.00 | 306.00 | 2 |
| 揭　阳 | 120.52 | 152.10 | 39295.93 | 3073.45 | | 5.45 | 6.41 | 1802.44 | 144.27 | 2 |
| 云　浮 | 100.68 | 212.35 | 26111.84 | 6328.26 | | 15.32 | 28.10 | 4678.00 | 955.30 | 3 |

## 8-14 续表 5

(2023年)

| 市别 | 水稻纹枯病 | | | | | 水稻白叶枯病 | | | | |
|---|---|---|---|---|---|---|---|---|---|---|
| | 发生面积（万亩次） | 防治面积（万亩次） | 挽回损失（吨） | 实际损失（吨） | 发生程度 | 发生面积（万亩次） | 防治面积（万亩次） | 挽回损失（吨） | 实际损失（吨） | 发生程度 |
| **全　省** | **1799.25** | **2348.30** | **495047.19** | **63813.66** | **4** | **122.02** | **184.69** | **39560.55** | **8367.98** | **3** |
| 广　州 | 18.87 | 22.96 | 6144.72 | 569.79 | 3 | 3.60 | 4.40 | 2525.00 | 213.68 | 2 |
| 韶　关 | 120.44 | 172.34 | 13789.17 | 2373.91 | 2 | 0.36 | 0.41 | 123.00 | 26.00 | 3 |
| 深　圳 | 0.02 | 0.09 | 0.11 | 0.01 | 1 | | | | | |
| 珠　海 | 4.20 | 4.45 | 4101.08 | 160.82 | 3 | 0.85 | 0.30 | 41.00 | 11.00 | 2 |
| 汕　头 | 31.44 | 71.12 | 5856.80 | 395.80 | 2 | 6.20 | 15.40 | 935.00 | 93.50 | 3 |
| 佛　山 | 5.78 | 5.83 | 589.72 | 195.09 | 3 | | | | | |
| 江　门 | 188.57 | 278.43 | 61985.28 | 6262.76 | 3 | 13.36 | 22.72 | 4065.90 | 611.39 | 3 |
| 湛　江 | 180.47 | 230.52 | 46434.83 | 7012.02 | 4 | 36.46 | 65.03 | 17410.34 | 4712.73 | 3 |
| 茂　名 | 210.70 | 210.40 | 97853.73 | 12635.67 | 4 | 8.00 | 7.79 | 2192.38 | 342.40 | 2 |
| 肇　庆 | 104.59 | 146.38 | 22558.34 | 1582.77 | 3 | 14.71 | 21.11 | 1668.12 | 194.27 | 2 |
| 惠　州 | 118.24 | 140.52 | 28309.39 | 5777.79 | 4 | 0.20 | 0.27 | 18.08 | 12.60 | 2 |
| 梅　州 | 128.93 | 172.99 | 38242.40 | 3876.30 | 4 | 6.57 | 7.85 | 1113.30 | 303.56 | 2 |
| 汕　尾 | 48.73 | 68.31 | 14814.24 | 1452.56 | 4 | 11.81 | 16.25 | 1169.70 | 193.93 | 3 |
| 河　源 | 184.98 | 219.01 | 39456.80 | 5476.57 | 4 | | | | | |
| 阳　江 | 116.61 | 116.74 | 29008.25 | 4851.92 | 3 | 4.09 | 4.93 | 1060.99 | 262.00 | 3 |
| 清　远 | 131.96 | 158.09 | 33448.49 | 4243.15 | 3 | 6.35 | 7.72 | 2135.36 | 308.02 | 2 |
| 东　莞 | 2.40 | 3.12 | 352.83 | 50.72 | 2 | 0.10 | 0.13 | 14.70 | 2.11 | 2 |
| 中　山 | 4.80 | 4.70 | 1411.20 | 96.00 | 3 | 0.48 | 0.47 | 141.12 | 9.60 | 3 |
| 潮　州 | 27.85 | 31.22 | 6368.80 | 1717.20 | 3 | 0.10 | 0.10 | 4.00 | 1.25 | 2 |
| 揭　阳 | 97.17 | 124.89 | 28930.51 | 2176.22 | 3 | 5.73 | 4.71 | 3647.56 | 316.20 | 1 |
| 云　浮 | 72.51 | 166.20 | 15390.50 | 2906.60 | 4 | 3.05 | 5.10 | 1295.00 | 753.75 | 2 |

## 8-14 续表 6

(2023年)

| 市别 | 水稻虫害小计 | | | | | 水稻三化螟 | | | | |
|---|---|---|---|---|---|---|---|---|---|---|
| | 发生面积（万亩次） | 防治面积（万亩次） | 挽回损失（吨） | 实际损失（吨） | 发生程度 | 发生面积（万亩次） | 防治面积（万亩次） | 挽回损失（吨） | 实际损失（吨） | 发生程度 |
| **全　省** | **5599.40** | **7323.62** | **1354899.08** | **173823.976** | **4** | **141.040** | **214.858** | **35148.975** | **6009.179** | **2** |
| 广　州 | 46.98 | 56.61 | 20601.24 | 2411.655 | | | | | | |
| 韶　关 | 344.88 | 599.02 | 70046.30 | 6814.520 | | 6.160 | 18.170 | 445.000 | 81.000 | |
| 深　圳 | 0.04 | 0.18 | 0.22 | 0.020 | | | | | | |
| 珠　海 | 10.63 | 16.38 | 10188.79 | 690.390 | | | | | | |
| 汕　头 | 112.44 | 271.82 | 17467.24 | 999.268 | | 8.781 | 31.770 | 494.800 | 5.900 | |
| 佛　山 | 51.53 | 55.15 | 5152.31 | 750.376 | | | | | | |
| 江　门 | 462.05 | 718.52 | 113097.15 | 18264.452 | | 1.900 | 3.000 | 531.000 | 79.000 | |
| 湛　江 | 669.98 | 782.21 | 144523.77 | 30954.146 | | 22.806 | 27.716 | 10624.757 | 2949.560 | |
| 茂　名 | 568.97 | 567.91 | 160203.85 | 10548.600 | | 10.220 | 10.120 | 684.940 | 116.550 | |
| 肇　庆 | 284.48 | 461.10 | 51002.66 | 4455.836 | | 23.940 | 39.410 | 3953.010 | 304.520 | |
| 惠　州 | 308.82 | 389.01 | 72340.70 | 15050.954 | | 5.144 | 6.428 | 743.754 | 311.904 | |
| 梅　州 | 364.90 | 468.55 | 147471.00 | 9021.359 | | 12.440 | 14.215 | 4571.300 | 403.100 | |
| 汕　尾 | 246.08 | 356.42 | 23358.72 | 4734.920 | | 0.400 | 0.400 | 67.000 | 12.000 | |
| 河　源 | 478.27 | 561.48 | 102593.44 | 14550.167 | | 32.849 | 40.599 | 5944.940 | 903.425 | |
| 阳　江 | 326.36 | 342.83 | 89066.83 | 15306.700 | | 0.600 | 0.520 | 109.060 | 12.590 | |
| 清　远 | 540.47 | 666.97 | 152607.90 | 16333.113 | | 7.950 | 15.110 | 4528.414 | 236.130 | |
| 东　莞 | 10.56 | 13.73 | 1552.48 | 223.170 | | | | | | |
| 中　山 | 20.16 | 19.76 | 5927.04 | 403.200 | | | | | | |
| 潮　州 | 86.36 | 118.03 | 8808.11 | 3694.450 | | 0.200 | 1.000 | 34.000 | 21.500 | |
| 揭　阳 | 349.47 | 466.96 | 88508.02 | 7868.680 | | 3.500 | 3.500 | 466.000 | 35.000 | |
| 云　浮 | 315.96 | 390.99 | 70381.32 | 10748.000 | | 4.150 | 2.900 | 1951.000 | 537.000 | |

## 8-14 续表 7

(2023年)

| 市别 | 水稻稻纵卷叶螟 | | | | | 水稻稻飞虱 | | | | |
|---|---|---|---|---|---|---|---|---|---|---|
| | 发生面积（万亩次） | 防治面积（万亩次） | 挽回损失（吨） | 实际损失（吨） | 发生程度 | 发生面积（万亩次） | 防治面积（万亩次） | 挽回损失（吨） | 实际损失（吨） | 发生程度 |
| **全　省** | **1993.82** | **2533.31** | **482681.73** | **58952.86** | **4** | **2327.36** | **3000.06** | **583931.13** | **72281.72** | **4** |
| 广　州 | 18.87 | 21.86 | 8727.43 | 889.04 | 3 | 12.95 | 16.23 | 9256.49 | 1148.58 | |
| 韶　关 | 110.10 | 159.45 | 24996.74 | 2557.02 | 3 | 135.23 | 227.62 | 24163.65 | 2203.55 | |
| 深　圳 | 0.02 | 0.09 | 0.11 | 0.01 | 2 | 0.02 | 0.09 | 0.11 | 0.01 | |
| 珠　海 | 4.81 | 7.47 | 4506.54 | 101.72 | 4 | 5.25 | 7.91 | 5517.16 | 555.84 | |
| 汕　头 | 45.85 | 102.35 | 10036.68 | 429.94 | 2 | 28.70 | 67.81 | 2625.86 | 182.63 | |
| 佛　山 | 24.12 | 25.70 | 2344.89 | 265.14 | 3 | 20.19 | 21.98 | 2466.94 | 405.28 | |
| 江　门 | 167.51 | 281.12 | 51623.00 | 8438.32 | 3 | 172.66 | 280.65 | 51975.48 | 7779.57 | |
| 湛　江 | 266.13 | 329.06 | 47797.75 | 8023.12 | 3 | 224.13 | 251.88 | 30340.01 | 8226.62 | |
| 茂　名 | 258.72 | 260.02 | 79728.02 | 5356.86 | 4 | 256.10 | 255.00 | 73503.72 | 4012.75 | |
| 肇　庆 | 109.10 | 152.00 | 21646.34 | 1690.95 | 3 | 102.62 | 179.72 | 16697.61 | 1694.65 | |
| 惠　州 | 109.30 | 135.90 | 19769.54 | 4580.19 | 4 | 158.38 | 202.23 | 45251.99 | 8173.64 | |
| 梅　州 | 109.43 | 148.58 | 29705.10 | 1397.68 | 3 | 152.83 | 188.28 | 90032.05 | 5385.98 | |
| 汕　尾 | 73.11 | 79.25 | 5133.91 | 1074.91 | 3 | 61.02 | 93.96 | 10269.76 | 1735.41 | |
| 河　源 | 142.20 | 166.78 | 30867.20 | 4765.02 | 3 | 233.56 | 271.69 | 50195.90 | 6101.45 | |
| 阳　江 | 150.60 | 158.15 | 38221.06 | 6003.47 | 4 | 159.30 | 167.55 | 43595.73 | 8361.04 | |
| 清　远 | 149.76 | 171.79 | 49830.42 | 4765.94 | 3 | 210.53 | 260.67 | 43115.61 | 5980.17 | |
| 东　莞 | 3.36 | 4.37 | 493.97 | 71.01 | 2 | 4.80 | 6.24 | 705.67 | 101.44 | |
| 中　山 | 8.16 | 8.00 | 2399.04 | 163.20 | 4 | 9.60 | 9.41 | 2822.40 | 192.00 | |
| 潮　州 | 34.20 | 42.24 | 2699.60 | 1422.00 | 3 | 45.25 | 66.66 | 5414.46 | 1874.60 | |
| 揭　阳 | 116.74 | 156.46 | 29735.05 | 2744.23 | 3 | 135.94 | 183.30 | 36166.96 | 3313.13 | |
| 云　浮 | 91.72 | 122.68 | 22419.32 | 4213.10 | 4 | 198.30 | 241.18 | 39813.56 | 4853.40 | |

## 8-14 续表 8

(2023年)

| 市别 | 花生病虫害合计 | | | | | 柑桔病虫害合计 | | | | |
|---|---|---|---|---|---|---|---|---|---|---|
| | 发生面积（万亩次） | 防治面积（万亩次） | 挽回损失（吨） | 实际损失（吨） | 发生程度 | 发生面积（万亩次） | 防治面积（万亩次） | 挽回损失（吨） | 实际损失（吨） | 发生程度 |
| **全　省** | **1090.34** | **1369.05** | **123968.68** | **20355.97** | **3** | **2116.51** | **2845.17** | **664073.16** | **89356.43** | **3** |
| 广　州 | 6.17 | 9.34 | 1164.30 | 130.57 | | 15.20 | 24.73 | 4662.99 | 986.80 | |
| 韶　关 | 125.63 | 225.20 | 20531.86 | 2228.24 | | 454.66 | 683.04 | 89178.00 | 10404.92 | |
| 深　圳 | | | | | | 0.05 | 0.15 | 5.00 | 1.00 | |
| 珠　海 | 0.30 | 0.40 | 185.00 | 15.00 | | | | | | |
| 汕　头 | 1.49 | 1.58 | 143.00 | 10.60 | | 20.65 | 45.41 | 7125.04 | 129.25 | |
| 佛　山 | 1.72 | 1.95 | 472.87 | 41.01 | | | | | | |
| 江　门 | 32.01 | 33.84 | 2144.41 | 195.16 | | 67.95 | 78.15 | 42471.59 | 5302.85 | |
| 湛　江 | 172.54 | 222.14 | 13168.61 | 2935.44 | | 85.20 | 89.50 | 6987.80 | 1479.20 | |
| 茂　名 | 117.00 | 113.74 | 15158.72 | 1787.11 | | 64.22 | 64.86 | 13953.25 | 5575.36 | |
| 肇　庆 | 39.32 | 67.50 | 4864.08 | 585.76 | | 239.01 | 420.59 | 135274.80 | 14651.86 | |
| 惠　州 | 100.74 | 123.01 | 11409.65 | 2399.46 | | 248.24 | 284.45 | 70521.19 | 10169.72 | |
| 梅　州 | 28.39 | 31.93 | 2268.07 | 512.53 | | 301.42 | 387.65 | 68036.03 | 4860.05 | |
| 汕　尾 | 58.25 | 76.06 | 6797.89 | 1268.39 | | 7.76 | 9.13 | 4659.27 | 784.90 | |
| 河　源 | 117.83 | 125.61 | 14240.70 | 2215.74 | | 159.60 | 177.57 | 48585.00 | 6509.16 | |
| 阳　江 | 120.60 | 140.89 | 12832.39 | 3766.27 | | 72.72 | 87.86 | 17789.79 | 4066.07 | |
| 清　远 | 120.97 | 142.07 | 10306.39 | 1184.18 | | 267.23 | 313.50 | 97775.58 | 7848.47 | |
| 东　莞 | | | | | | | | | | |
| 中　山 | | | | | | | | | | |
| 潮　州 | 2.73 | 2.93 | 609.50 | 198.65 | | 29.06 | 67.49 | 22133.60 | 9990.30 | |
| 揭　阳 | 26.91 | 32.96 | 5388.04 | 393.47 | | 22.73 | 28.50 | 23104.80 | 4464.20 | |
| 云　浮 | 17.76 | 17.91 | 2283.21 | 488.41 | | 60.82 | 82.61 | 11809.42 | 2132.33 | |

## 8-14 续表 9

(2023年)

| 市别 | 蔬菜病虫害合计 | | | | |
|---|---|---|---|---|---|
| | 发生面积（万亩次） | 防治面积（万亩次） | 挽回损失（吨） | 实际损失（吨） | 发生程度 |
| **全　省** | **5018.657** | **6783.643** | **2305910.533** | **412395.14** | **4** |
| 广　州 | 288.123 | 392.563 | 110438.242 | 19608.218 | |
| 韶　关 | 293.06 | 418.18 | 307622.785 | 20113.241 | |
| 深　圳 | 15.766 | 50.219 | 484.575 | 14.727 | |
| 珠　海 | 8.24 | 16.15 | 39196 | 3906 | |
| 汕　头 | 139.278 | 315.689 | 37930.579 | 2547.021 | |
| 佛　山 | 281.436 | 371.273 | 103707.212 | 10947.833 | |
| 江　门 | 287.93 | 345.211 | 135792.276 | 13992.34 | |
| 湛　江 | 524.967 | 717.467 | 283384.283 | 54120.419 | |
| 茂　名 | 274.383 | 263.743 | 80829.233 | 20520.941 | |
| 肇　庆 | 268.114 | 722.519 | 172786.793 | 12830.317 | |
| 惠　州 | 504.288 | 635.448 | 192932.064 | 82631.468 | |
| 梅　州 | 163.26 | 209.356 | 96804.818 | 8344.873 | |
| 汕　尾 | 140.483 | 191.817 | 97097.487 | 23925.331 | |
| 河　源 | 319.696 | 368.575 | 85334.5 | 11181.22 | |
| 阳　江 | 339.71 | 390.93 | 94774.06 | 31416.34 | |
| 清　远 | 583.494 | 670.241 | 252084.406 | 21463.541 | |
| 东　莞 | 197.984 | 257.39 | 49495.88 | 15838.68 | |
| 中　山 | 9.558 | 9.558 | 7168.8 | 477.92 | |
| 潮　州 | 47.562 | 64.102 | 70575.5 | 47292.6 | |
| 揭　阳 | 217.617 | 245.232 | 56201.26 | 4309.62 | |
| 云　浮 | 113.708 | 127.98 | 31269.78 | 6912.49 | |

# 九、林业

2023 年 4 月 27 日，国家公园筹建办揭牌

2023 年 10 月 9 日，绿美广东·岭南美术名家作品展开幕

开展采茶扶贫工作

莲花山脉风光

# 林　业

2023年，全省各级林业部门坚持以习近平新时代中国特色社会主义思想为指导，深入践行绿水青山就是金山银山理念，紧紧围绕省委、省政府和国家林草局决策部署，深入推进绿美广东生态建设，国土绿化、生态修复、自然保护地建设管理、森林资源保护监管和林业生态惠民等工作取得新成效。

## 一、生态建设成效显著

（一）营造林总体情况。

2023年，全省完成造林153937公顷，其中：人工造林14917公顷，低质低效林分改造104949公顷，封山育林34071公顷。完成中幼龄林抚育143431公顷。

人工造林按区域划分：珠三角九市完成人工造林面积3035公顷，占全省20%；山区五市完成人工造林面积8169公顷，占全省55%；东西两翼完成人工造林面积3713公顷，占全省25%。

（二）林业重点工程。

2023年全省共完成高质量水源林工程和沿海防护林体系工程111614公顷，其中高质量水源林106807公顷，沿海防护林体系工程4807公顷。

## 二、林业产业持续发展

2023年，我省持续实施乡村振兴林业行动，着力发展绿色惠民产业，助力广东脱贫攻坚和全面建成小康社会。以扶持发展林下经济、木本粮油为重点，因地制宜发展花卉苗木、林果、林药、森林旅游等特色产业，推进木材加工等传统优势产业转型升级。2023年全省林业产业总产值达8950亿元，增长2.71%。

（一）产业结构方面。第一产业产值1560亿元，第二产业产值5489亿元，第三产业产值1901亿元，一、二、三产业占比分别为17.43%、61.33%、21.24%　，产业结构同上一年基本持平。

（二）行业增长方面。一产、三产显著增长，但二产稍有下降。分行业看，以包括干鲜果品、含油果、茶、中药材以及森林食品等在内的经济林产品、花卉及其他观赏植物种植的第一产业产值为1560亿元，增长9.47%；以家具制造、造纸和纸制品制造、木本油料、果蔬、茶饮料等加工制造的第二产业产值为5489亿元，下降1.81%；而以森林旅游、休闲服务、专业技术服务为主体的第三产业产值为1901亿元，增长16.20%。分地区看，珠三角地区林业产业产值为6676亿元，占全省林业产业产值的74.59%，同比增加0.68%；山区韶关、河源、梅州、清远和云浮五市林业产业产值为1140亿元，占全省林业产业总产值的12.74%，同比增长13.10%；东西两翼地区林业产业产值为1100亿元，占全省林业产业产值的12.29%，同比增长7.11%。林业产业主要还是集中在珠三角地区。2023年，林业产业产值超过300亿元的地市共有9个，分别是广州、深圳、佛山、惠州、东莞、江门、湛江、肇庆、清远，9市林业产业产值合计6951亿元，占全省林业产业总产值的77.66%。

（三）木材（竹子）生产方面。2023年全省木材总产量1376万立方米，比上年增加9.74%。其中原木 1136.24 万立方米，增加 6.78%；薪材 239.77 万立方米，增加 26.31%。2023 年全省人造板产量 909.06 万立方米，比上年增加 48.03%。其中胶合板 181.94 万立方米，纤维板 256.77 万立方米，刨花板 129.36 万立方米，其他人造板 340.99 万立方米。2023 年全省大径竹产量为 43882.46 万根，比上年增长 21.29%。其中毛竹 19046.82 万根，占比 43.4%；其他竹 24835.64 万根，占比 56.6%。

（四）经济林产品方面。2023 年全省各类经济林产品总量达到 1163.5 万吨，比上年增加 2.9%。其中水果产量 942.7 万吨,比上年增加 2.2%；干果产量 20.2 万吨，比上年增加 4.7%；林产饮料产品产量 16.2 万吨，比上年增加 25.6%;林产调料产品产量 12.3 万吨，比上年增加 24.2%;竹笋干、食用菌等森林食品产量 34.4 万吨，比上年增加 4.9%;森林药材产量 38.1 万吨,比上年增加 30.5%；木本油料产量 21.1 万吨，比上年增加 17.2%;林产工业原料产量 78.5 万吨，比上年减少 6.5%。2023 年末全省实有油茶林面积 20.04 万公顷，比上年增长 11.09%；当年油茶籽产量 19.94 万吨，比上年增长 9.9%。2023 年全省松香及其深加工产品产量 15 万吨，比上年下降 21%。

## 三、林业投资稳定增长

2023 年全省林业累计完成投资 119.2 亿元，比上年增长了 7.6 亿元，增长 6.81%。

（一）按资金来源分，其中中央财政资金 10.6 亿元，占总资金的 8.98%；地方财政资金 94.1 亿元，占总资金的 78.68%；自筹资金 10.2 亿元，占总资金 8.56%；国内贷款 0.2 亿元，占总资金 0.17%；其他社会资金 4.0 亿元，占总资金 3.36%。

（二）分区域看，2023 年珠三角地区累计完成林业投资 50.9 亿元，占全部林业投资完成额的 42.70%；山区五市林业完成投 45.8 亿元，占全部林业投资完成额的 38.42%；东西两翼林业完成投资 22.5 亿元，占全部林业投资完成额 18.55%。各区域与上年完成投资额相比，珠三角地区上升 25.51%，山区五市上升 9.41%，东西两翼下降 17.31%。

## 四、林业系统从业人员情况

截至 2023 年底，全省林业系统各种经济类型单位共计 937 个，其中企业 24 家、事业单位 762 家、机关 151 家。

2023 年全省林业系统在岗职工 17091 人，其中高中及高中以下学历 4422 人，中专及大专学历 5590 人，大学本科学历 6239 人，研究生学历 840 人。

2023 年全省林业系统在岗职工年平均工资 142122 元，比上年增长 5.11%。

# 9-1 主要年份林业主要指标

| 年份 | 林业用地面积(千公顷) | 有林地面积(千公顷) | 活立木总蓄积量(万m3) | 森林覆盖率(%) |
|---|---|---|---|---|
| 1965 | 10855 | 4214 | 15186 | 24.1 |
| 1975 | 10973 | 5198 | 16737 | 29.9 |
| 1978 | 10518 | 5165 | 16894 | 30.2 |
| 1980 | 10518 | 5165 | 16894 | 30.2 |
| 1985 | 10204 | 4638 | 14983 | 27.2 |
| 1990 | 10713 | 7998 | 21243 | 48.4 |
| 1995 | 10848 | 9083 | 27313 | 55.9 |
| 2000 | 10823 | 9226 | 31634 | 56.9 |
| 2005 | 11022 | 9212 | 36459 | 59.1 |
| 2010 | 10981 | 9532 | 43936 | 57.0 |
| 2015 | 10959 | 9954 | 56636 | 58.9 |
| 2016 | 10920 | 9932 | 57855 | 59.0 |
| 2017 | 我省开展第四次森林资源二类调查年，无发布森林资源数据。 | | | |
| 2018 | 10634 | 9140 | 56027 | 58.59 |
| 2019 | 10594 | 9144 | 58264 | 58.61 |
| 2020 | 10571 | 9158* | 60422* | 58.66 |
| 2021 | 10560* | 9171* | 62370* | 58.74* |
| 2022 | | | | |
| 2023 | | | | |

注：2022年、2023年森林资源数据尚未发布

## 9-1 续表 1

| 年份 | 造林面积(千公顷) | 人工造林 | 飞机造林 | 迹地更新面积(千公顷) | 人工更新 |
|---|---|---|---|---|---|
| 1970 | 474 | 279 | 195 | 11 | 7.3 |
| 1975 | 359 | 288 | 71 | 35 | 34.7 |
| 1978 | 301 | 301 | | 41 | 38 |
| 1980 | 371 | 201 | 170 | 46 | 39 |
| 1985 | 612 | 353 | 259 | 77 | 64 |
| 1990 | 312 | 259 | 53 | 52 | 51 |
| 1995 | 21 | 21 | | 87 | 83 |
| 2000 | 17 | 17 | | 106 | 97 |
| 2005 | 18 | 18 | | 96 | 92 |
| 2010 | 95 | 92 | | 48 | 48 |
| 2015 | 123 | 118 | | 81 | 81 |
| 2020 | 43 | 20 | | 75 | 75 |
| 2021 | 94 | 20 | | 41 | 41 |
| 2022 | 177 | 10 | | 138 | 93 |
| 2023 | 154 | 15 | | 105 | |

注：本表2020年造林面积包括：人工造林、飞播造林、无林地和疏林地新封山育林。
2021年造林面积包括：人工造林、飞播造林、新封山育林。
2022年造林面积包含人工造林、退化林修复(含人工更新)和封山育林。
2023年造林面积包含人工造林、低质低效林分改造和封山育林，其中低质低效林分改造包含人工更新。

## 9-1 续表 2

| 年份 | 低效林改造面积（千公顷） | 育苗面积（千公顷） | 幼林抚育实际面积（千公顷） | 幼林抚育作业面积（千公顷） | 成林抚育面积（千公顷） |
|---|---|---|---|---|---|
| 1970 | 1 | 1.6 | 281 | 339 | 147 |
| 1975 | 8 | 2.85 | 331 | 390 | 96 |
| 1978 | 17 | 2.57 | 439 | 506 | 123 |
| 1980 | 23 | 1.82 | 314 | 367 | 159 |
| 1985 | 33 | 3.19 | 331 | 403 | 152 |
| 1990 | 113 | 5.47 | 536 | 652 | 268 |
| 1995 | 109 | 1.88 | 390 | 453 | 274 |
| 2000 | 125 | 1.83 | 222 | 294 | 288 |
| 2005 | 46 | 1.00 | 146 | 175 | 122 |
| 2010 | 19 | 0.96 | 173 | 207 | 182 |
| 2015 | 71 | 7.93 | | | |
| 2020 | 64 | 2.38 | — | — | 520 |
| 2021 | 41 | 2.42 | — | — | 296 |
| 2022 | 44 | 1.8 | 75 | 75 | 202 |
| 2023 | 105 | 3.58 | 86 | 86 | 143 |

注：1.从2002年起，森林资源数据包括红树林。
2.从2006年起，森林覆盖率采用新的计算方法。
3.从2019年起，林业统计制度修订后，打“—”线的项目没有纳入统计指标，没有数据。
4.从2019年起,成林抚育面积数值为中、幼龄林抚育面积。
5.2023年低效林改造面积包含人工更新面积。

## 9-1 续表 3

| 年份 | 零星植树（万株） | 油桐籽（吨） | 油茶籽（吨） | 棕片（吨） | 松脂（吨） | 竹笋干（吨） |
|---|---|---|---|---|---|---|
| 1970 | 1120 | 3001 | 30649 | | | |
| 1975 | 5384 | 1780 | 17985 | 327 | 90654 | 74 |
| 1978 | 6975 | 1231 | 11721 | 381 | 96680 | 55 |
| 1980 | 5425 | 976 | 13109 | 340 | 119829 | 125 |
| 1985 | 8252 | 865 | 16303 | 248 | 95917 | 249 |
| 1990 | 8834 | 2622 | 23736 | 466 | 100230 | 2770 |
| 1995 | 8232 | 3536 | 24997 | 606 | 114568 | 9004 |
| 2000 | 6653 | 3817 | 26268 | 663 | 110877 | 14132 |
| 2005 | 6201 | 5193 | 30470 | 1640 | 154593 | 17825 |
| 2010 | 6923 | 6050 | 82417 | 2536 | 181141 | 30291 |
| 2015 | 8066 | 7500 | 149374 | 3463 | 235109 | 39805 |
| 2020 | — | — | 162656 | — | — | 55591 |
| 2021 | — | — | 177662 | — | — | 66153 |
| 2022 | — | — | 179745 | — | — | 88340 |
| 2023 | — | — | 199441 | — | 164192 | 104415 |

## 9-1 续表 4

| 年份 | 板栗（吨） | 乌桕籽（吨） | 木材总产量（万立方米） | | |
|---|---|---|---|---|---|
| | | | | 原木 | 薪材 |
| 1970 | 245 | 108 | 213.90 | 173.50 | 40.40 |
| 1975 | 303 | 39 | 252.00 | 217.10 | 34.90 |
| 1978 | 400 | 20 | 305.80 | 240.80 | 65.00 |
| 1980 | 589 | 68 | 306.40 | 259.50 | 46.90 |
| 1985 | 1614 | 5 | 403.90 | 314.40 | 89.50 |
| 1990 | 3577 | 59 | 211.60 | 188.00 | 23.60 |
| 1995 | 3936 | 70 | 306.70 | 275.40 | 31.30 |
| 2005 | 8637 | 253 | 362.15 | 323.97 | 38.18 |
| 2010 | 10616 | 527 | 654.91 | 611.56 | 43.35 |
| 2015 | 21229 | 900 | 790.83 | 711.74 | 79.09 |
| 2020 | 46006 | — | 1010.54 | 887.59 | 122.96 |
| 2021 | 55592 | — | 1263.71 | 1122.53 | 141.17 |
| 2022 | 64510 | — | 1253.80 | 1064.03 | 189.82 |
| 2023 | 69584 | — | 1372.76 | 1132.99 | 239.77 |

## 9-1 续表 5

| 年份 | 人造板产量（万立方米） | | | | 松香类产品（万吨） |
|---|---|---|---|---|---|
| | | 胶合板 | 纤维板 | 刨花板 | |
| 1970 | 1.21 | 0.73 | 0.48 | | 7.11 |
| 1975 | 2.70 | 0.94 | 1.56 | 0.20 | 8.63 |
| 1978 | 4.06 | 1.05 | 2.90 | 0.11 | 8.97 |
| 1980 | 5.23 | 1.39 | 3.53 | 0.31 | 10.18 |
| 1985 | 6.10 | 1.26 | 4.60 | 0.24 | 8.89 |
| 1990 | 21.39 | 7.80 | 4.30 | 9.30 | 9.42 |
| 1995 | 89.06 | 24.99 | 27.09 | 23.38 | 11.11 |
| 2005 | 340.05 | 58.55 | 261.60 | 15.69 | 7.38 |
| 2010 | 784.11 | 208.53 | 387.48 | 94.65 | 12.91 |
| 2015 | 1815.92 | 1108.40 | 552.01 | 138.30 | 14.00 |
| 2020 | 1059.46 | 218.10 | 501.61 | 215.12 | 18.90 |
| 2021 | 1046.80 | 307.82 | 363.53 | 259.54 | 18.64 |
| 2022 | 614.08 | 279.60 | 148.54 | 82.37 | 14.61 |
| 2023 | 909.06 | 181.93 | 256.77 | 129.36 | 16.41 |

# 9–2　林业主要指标

| 项　　目 | 计算单位 | 1995 | 2000 | 2005 | 2010 | 2015 | 2020 | 2021 | 2022 | 2023 |
|---|---|---|---|---|---|---|---|---|---|---|
| **一、森林资源** | | | | | | | | | | |
| 有林地面积 | 千公顷 | 9083 | 9226 | 9212 | 9532 | 9954 | 9158* | 9171* | | |
| 活立木总蓄积量 | 万m3 | 27313 | 31634 | 36459 | 43936 | 56636 | 60422* | 62823* | | |
| 森林覆盖率 | % | 55.9 | 56.9 | 59.1 | 57.0 | 58.9 | 58.66 | 58.74* | | |
| **二、营林生产** | | | | | | | | | | |
| 造林面积 | 千公顷 | 21 | 17 | 18 | 95 | 123 | 260 | 176 | 177 | 153.94 |
| 人工造林 | 千公顷 | 21 | 17 | 18 | 92 | 118 | 20 | 20 | 10 | 14.92 |
| 飞播造林 | 千公顷 | | | | | | | | | |
| 育苗面积 | 千公顷 | 1.9 | 1.9 | 1.0 | 0.96 | | 2.38 | 2.42 | | 3.58 |
| 幼林抚育实际面积 | 千公顷 | 390 | 236 | 146 | 173 | | — | — | 75 | 85.63 |
| 成林抚育面积 | 千公顷 | 274 | 289 | 122 | 182 | | 521 | 296 | 202 | 143.43 |
| 迹地更新面积 | 千公顷 | 87 | 115 | 96 | 48 | 81 | 75 | 41 | 138 | 104.95 |
| 其中：人工更新 | 千公顷 | 83 | 106 | 92 | 48 | 81 | 75 | 41 | 93 | |
| 低效林改造面积 | 千公顷 | 109 | 127 | 46 | 19 | 71 | 64 | 41 | 44 | 104.95 |
| **三、主要林产品产量** | | | | | | | | | | |
| 油桐籽 | 吨 | 3536 | 3817 | 5193 | 6050 | 7500 | — | — | — | |
| 油茶籽 | 吨 | 24997 | 26268 | 30407 | 82417 | 149374 | 162656 | 177662 | 179745 | 199441 |
| 松脂 | 吨 | 114568 | 113118 | 154593 | 181141 | 235109 | — | — | | |
| 竹笋干 | 吨 | 9004 | 14132 | 17825 | 30291 | 39805 | 55591 | 66153 | 88340 | 104415 |
| 板栗 | 吨 | 3936 | 5440 | 8637 | 10616 | 21229 | 46006 | 55592 | 64510 | 69584 |
| **四、森工主要产品产量** | | | | | | | | | | |
| 木材 | 万m3 | 307 | 275 | 362 | 655 | 791 | 1011 | 1264 | 1254 | 1376 |
| 原木 | 万m3 | 275 | 256 | 324 | 612 | 712 | 888 | 1124 | 1064 | 1136 |
| 薪材 | 万m3 | 31 | 19 | 38 | 43 | 79 | 123 | 141 | 190 | 240 |
| 大径竹 | 万根 | 7180 | 6809 | 11180 | 13252 | 12754 | 25737 | 30907 | 36178 | 43882 |
| 毛竹 | 万根 | 2451 | 2889 | 2669 | 3478 | 4094 | 8530 | 8021 | 13671 | 19047 |
| 其它 | 万根 | 4729 | 3921 | 8510 | 9774 | 8660 | 17203 | 22886 | 22507 | 24835 |
| 人造板 | 万m3 | 89 | 145 | 340 | 784 | 1816 | 1059 | 1047 | 614 | 909 |
| 胶合板 | 万m3 | 25 | 66 | 59 | 209 | 1108 | 218 | 308 | 280 | 182 |
| 纤维板 | 万m3 | 27 | 51 | 262 | 387 | 552 | 502 | 364 | 149 | 257 |
| 刨花板 | 万m3 | 23 | 28 | 16 | 95 | 138 | 215 | 260 | 82 | 129 |
| 松香类产品 | 万吨 | 11 | 10 | 7 | 13 | 14 | 19 | 19 | 15 | 16 |
| 紫胶 | 吨 | 395 | | 20 | 357 | 1119 | 636 | 760 | — | 682 |
| **五、林业系统机构人员** | | | | | | | | | | |
| 单位个数 | 个 | 2062 | 2002 | 1871 | 2159 | 1810 | 1333 | 1221 | 1011 | 937 |
| 在岗职工人数 | 人 | 79952 | 52227 | 37232 | 35916 | 30424 | 21273 | 18285 | 17824 | 17091 |

注：2022年、2023年森林资源数据尚未发布。
　　2023年低质低效林分改造包含人工造林。

# 9-3 各市全部林业生产情况

(2023年)　　单位：公顷

| 市别 | 当年造林面积 | | | |
|---|---|---|---|---|
| | 总计 | 人工造林 | 当年新封山(沙)育林面积 | 低质低效林分改造 |
| 全省 | 153937 | 14917 | 34071 | 104949 |
| 广州 | 10978 | 149 | 2667 | 8162 |
| 深圳 | 553 | 15 | 147 | 390 |
| 珠海 | 733 | 14 | 367 | 352 |
| 汕头 | 1158 | 122 | 380 | 656 |
| 佛山 | 1840 | 14 | 709 | 1118 |
| 韶关 | 13079 | 2219 | 2431 | 8430 |
| 河源 | 24163 | 2376 | 4180 | 17607 |
| 梅州 | 20332 | 474 | 3591 | 16267 |
| 惠州 | 11767 | 404 | 2083 | 9280 |
| 汕尾 | 6103 | 1672 | 2187 | 2244 |
| 东莞 | 674 | | 67 | 607 |
| 中山 | 542 | | | 542 |
| 江门 | 3377 | 127 | 607 | 2643 |
| 阳江 | 4016 | 133 | 1333 | 2549 |
| 湛江 | 1545 | 547 | 336 | 663 |
| 茂名 | 7033 | 443 | 1076 | 5514 |
| 肇庆 | 10828 | 2313 | 2634 | 5881 |
| 清远 | 16659 | 2088 | 4650 | 9921 |
| 潮州 | 4606 | 147 | 1372 | 3087 |
| 揭阳 | 4522 | 647 | 867 | 3008 |
| 云浮 | 8417 | 1012 | 2388 | 5017 |
| 中林雷州林业公司 | 378 | | | 378 |
| 省属林场 | 633 | | | 633 |
| 国家级保护区 | | | | |

# 9-3 续表 1

(2023年) 单位：公顷

| 市　　别 | 育苗面积 | 其中：国有育苗面积 | 中、幼龄林抚育 |
|---|---|---|---|
| 全　　省 | 3577.34 | 369.34 | 143431 |
| 广　　州 | 612.53 | 57.73 | 4238 |
| 深　　圳 | 17.82 | 6.75 | 1869 |
| 珠　　海 | 50.33 | | 341 |
| 汕　　头 | 84.07 | 2.00 | 1547 |
| 佛　　山 | 50.55 | 13.39 | 747 |
| 韶　　关 | 545.80 | 84.53 | 21482 |
| 河　　源 | 101.47 | 14.00 | 17028 |
| 梅　　州 | 94.00 | 9.33 | 17158 |
| 惠　　州 | 193.93 | 8.00 | 11209 |
| 汕　　尾 | 52.81 | 0.19 | 3600 |
| 东　　莞 | 7.77 | 1.20 | 988 |
| 中　　山 | | | 375 |
| 江　　门 | 108.67 | 55.03 | 3633 |
| 阳　　江 | 26.97 | 11.33 | 8007 |
| 湛　　江 | 631.52 | 14.60 | 227 |
| 茂　　名 | 692.43 | 22.35 | 4480 |
| 肇　　庆 | 136.96 | 20.33 | 10376 |
| 清　　远 | 58.40 | 13.87 | 20074 |
| 潮　　州 | 20.93 | 18.93 | 2003 |
| 揭　　阳 | 26.97 | 9.57 | 4912 |
| 云　　浮 | 61.21 | 4.00 | 6761 |
| 中林雷州林业公司 | | | 133 |
| 省直属林场 | 2.20 | 2.20 | 2244 |
| 国家级保护区 | | | |

## 9-3 续表 2

(2023年)

单位：吨

| 市别 | 2.油茶籽 | 5.竹笋干 | 6.板栗 |
| --- | --- | --- | --- |
| 全省 | 199,440.77 | 104,414.86 | 69,584.00 |
| 广州 | 551.25 | 2,460.00 | |
| 深圳 | | | |
| 珠海 | | | |
| 汕头 | 245.00 | 356.30 | |
| 佛山 | 5.15 | | |
| 韶关 | 16,983.00 | 12,656.60 | 4,206.00 |
| 河源 | 93,866.99 | 2,567.20 | 18,218.00 |
| 梅州 | 28,710.49 | 3,411.56 | 876 |
| 惠州 | 3,121.00 | 79.00 | 25 |
| 汕尾 | 465.00 | | |
| 东莞 | | | |
| 中山 | | | |
| 江门 | 12.70 | | 6 |
| 阳江 | 388.00 | 291.00 | 9,302.00 |
| 湛江 | 112.00 | | |
| 茂名 | 24,021.00 | 834.00 | |
| 肇庆 | 12,460.00 | 9,614.00 | 20,089.00 |
| 清远 | 14,338.00 | 56,650.00 | 12,917.00 |
| 潮州 | 12.30 | 897.00 | |
| 揭阳 | 2,114.00 | 6,154.00 | |
| 云浮 | 2,022.00 | 8,444.00 | 3,945.00 |
| 中林雷州林业公司 | | | |
| 省属林场 | 12.89 | | |
| 国家级保护区 | | | |

# 9–4　各县(市、区)当年造林面积

(2023年)　　单位：公顷

| 县(市、区)别 | 人工造林 | 低质低效林分改造 | 封山育林 |
|---|---|---|---|
| **广东省** | **14916.61** | **104948.85** | **34071.23** |
| **广州市** | **148.82** | **8162.32** | **2667.33** |
| 市局本部 | 0.08 | 909.19 | 743.25 |
| 荔湾区 | | | |
| 天河区 | 1.00 | 6.51 | 24.47 |
| 白云区 | 40.00 | 234.10 | 133.42 |
| 黄埔区 | | 340.20 | 138.04 |
| 番禺区 | | 40.56 | 133.51 |
| 花都区 | 35.59 | 2521.99 | 170.78 |
| 南沙区 | | | |
| 增城区 | 72.15 | 1317.15 | 474.28 |
| 从化区 | | 2792.63 | 849.57 |
| 流溪河林场 | | | |
| 大岭山林场 | | | |
| 增城林场 | | | |
| 梳脑林场 | | | |
| **深圳市** | **15.33** | **390.47** | **146.95** |
| 市局本部 | | | |
| 罗湖区 | | 33.94 | |
| 福田区 | | 3.33 | |
| 南山区 | | 6.67 | 29.53 |
| 宝安区 | 1.20 | 37.20 | 13.87 |
| 龙岗区 | 6.67 | 53.33 | 13.33 |
| 盐田区 | | 3.33 | |
| 光明区 | 7.47 | 33.07 | 14.73 |
| 坪山区 | | 44.87 | 11.27 |
| 龙华区 | | 37.93 | 7.00 |
| 大鹏新区 | | 22.20 | 20.01 |
| 深汕合作区 | | 114.60 | 37.20 |
| 大鹏半岛国家地质公园管理处 | | | |
| 市野生动植物保护管理处 | | | |
| 市野生动物救护中心 | | | |
| 广东内伶仃福田国家级自然保护区管理局 | | | |
| 市梧桐山风景区管理处 | | | |
| **珠海市** | **14.00** | **351.67** | **367.13** |
| 珠海市自然资源局 | | | |
| 珠海市自然资源局香洲分局 | | 32.80 | 27.13 |
| 珠海市自然资源局斗门分局 | 14.00 | 100.53 | 146.67 |
| 珠海市自然资源局金湾分局 | | 95.87 | 66.67 |
| 万山海洋开发实验区 | | | |
| 高新技术产业开发区 | | 57.47 | 33.33 |
| 高栏港经济区海洋和农业局 | | | |
| 横琴新区 | | 56.87 | 20.00 |
| 鹤洲新区(筹) | | 8.13 | 73.33 |
| 广东淇澳–担杆岛自然保护区管理处 | | | |
| **汕头市** | **122.00** | **656.33** | **380.00** |
| 市局本部 | | | |
| 龙湖区 | | | |
| 金平区自然资源分局 | 29.33 | 50.67 | |
| 汕头市濠江区自然资源局 | | 40.00 | |

# 9-4　续表 1

(2023年)　　单位：公顷

| 县(市、区)别 | 人工造林 | 低质低效林分改造 | 封山育林 |
|---|---|---|---|
| 潮阳区 | 40.00 | 320.00 | |
| 潮南区 | 46.00 | 145.67 | 253.33 |
| 澄海区 | 6.67 | 20.00 | 26.67 |
| 南澳县自然资源局 | | 80.00 | 100.00 |
| 市林科所 | | | |
| **佛山市** | **13.53** | **1118.11** | **708.70** |
| 市局本部 | | | |
| 佛山市自然资源局禅城分局 | | | |
| 佛山市自然资源局南海分局 | | 74.72 | 66.67 |
| 佛山市自然资源局顺德分局 | | | |
| 自然资源局三水分局三水区 | | 123.07 | 146.67 |
| 佛山市自然资源局高明分局 | 13.54 | 908.72 | 495.37 |
| 云勇林场 | | 13.33 | |
| 市林科所 | | | |
| **韶关市** | **2219.01** | **8429.77** | **2430.67** |
| 市局本部 | | 906.67 | |
| 武江区 | 42.67 | 456.00 | 66.67 |
| 浈江区 | 32.07 | 206.61 | 66.67 |
| 曲江区自然资源局 | 84.00 | 380.67 | 66.67 |
| 始兴县林业局 | 64.00 | 484.00 | 133.33 |
| 仁化县 | 233.33 | 611.20 | 266.67 |
| 翁源县林业局 | 155.08 | 1266.90 | 691.23 |
| 乳源瑶族自治县 | 458.67 | 1033.33 | 466.67 |
| 新丰县林业局 | 240.00 | 1300.00 | 200.00 |
| 乐昌市 | 754.02 | 497.17 | 207.87 |
| 南雄市 | 155.18 | 1287.22 | 264.91 |
| 韶关林场 | | 174.13 | |
| 曲江林场 | | 133.33 | |
| 仁化林场 | | 120.00 | |
| 韶关市国有河口林场 | | 106.67 | |
| 九曲水林场 | | 295.87 | |
| 华溪林场 | | 76.67 | |
| 市林科所 | | | |
| 市野生动植物和自然保护区办 | | | |
| 韶关市国有林场事务中心 | | | |
| 广东丹霞山国家级自然保护区 | | | |
| 广东曲江罗坑鳄蜥省级自然保护区管理处 | | | |
| 广东仁化高坪省级自然保护区 | | | |
| 广东新丰云髻山省级自然保护区管理处 | | | |
| 广东乳源大峡谷省级自然保护区管理处 | | | |
| 广东乐昌大瑶山省级自然保护区管理处 | | | |
| 广东翁源青云山省级自然保护区管理处 | | | |
| 广东粤北华南虎省级自然保护区管理处 | | | |
| 广东曲江沙溪省级自然保护区管理处 | | | |
| 广东乐昌杨东山十二度水省级自然保护区管理处 | | | |
| 广东始兴南山省级自然保护区管理处 | | | |

## 9-4 续表 2

(2023年) 单位：公顷

| 县(市、区)别 | 人工造林 | 低质低效林分改造 | 封山育林 |
|---|---|---|---|
| 广东南雄小流坑-青嶂山省级自然保护区管理处 | | | |
| 广东南雄恐龙化石群省级自然保护区管理处 | | | |
| **河源市** | **2376.24** | **17606.56** | **4179.89** |
| 市局本部 | 53.33 | 40.00 | 219.35 |
| 市江东新区 | 400.00 | 66.67 | 133.33 |
| 源城区 | 146.67 | 144.33 | 133.33 |
| 紫金县林业局 | | 3884.53 | 813.35 |
| 龙川县 | 198.00 | 4091.46 | 666.67 |
| 连平县 | 800.00 | 1410.87 | 666.67 |
| 和平县 | 260.13 | 3741.75 | 747.30 |
| 东源县 | 66.67 | 3600.84 | 466.67 |
| 新丰江林管局 | 451.44 | 626.12 | 333.23 |
| 牛岭水林场 | | | |
| 下石林场 | | 40.00 | |
| 黎明林场 | | | 219.35 |
| 桂山林场 | | | |
| 红星林场 | 53.33 | | |
| 坪山林场 | | | |
| 广东河源大桂山省级自然保护区管理处 | | | |
| 广东东源康禾省级自然保护区管理处 | | | |
| 广东河源新港省级自然保护区管理处 | | | |
| 广东连平黄牛石省级自然保护区管理处 | | | |
| 广东和平黄石坳省级自然保护区管理处 | | | |
| 广东紫金白溪省级自然保护区管理处 | | | |
| 广东龙川枫树坝省级自然保护区管理处 | | | |
| 广东河源恐龙化石省级自然保护区管理处 | | | |
| **梅州市** | **473.60** | **16267.13** | **3591.47** |
| 市局本部 | | | |
| 梅州市梅江区林业局 | | 726.67 | 200.00 |
| 梅县区 | 176.20 | 1701.07 | 400.00 |
| 大埔县 | 164.07 | 3129.53 | 683.07 |
| 丰顺县 | | 3136.87 | 723.20 |
| 五华县林业局 | 20.00 | 3484.47 | 486.80 |
| 平远县林业局 | 113.33 | 1168.53 | 380.00 |
| 蕉岭县 | | 866.67 | 318.40 |
| 兴宁市林业局 | | 1900.00 | 333.33 |
| 市属林场 | | 153.33 | 66.67 |
| 梅南林场 | | | |
| 洲瑞林场 | | | |
| 大埔林场 | | | |
| 梅州市国有水口林场 | | | |
| 七畲径林场 | | | |
| 梅州市农林科学院林业研究所 | | | |
| 广东梅县阴那山省级自然保护区管理处 | | | |
| 广东兴宁铁山渡田河省级自然保护区管理处 | | | |
| 广东蕉岭长潭省级自然保护区管理处 | | | |
| 广东平远龙文-黄田省级自然保护区管理处 | | | |
| 广东大埔丰溪省级自然保护区管理处 | | | |

# 9-4 续表 3

(2023年) 单位：公顷

| 县(市、区)别 | 人工造林 | 低质低效林分改造 | 封山育林 |
|---|---|---|---|
| 广东五华七目嶂省级自然保护区管理处 | | | |
| **惠州市** | **403.80** | **9279.76** | **2083.33** |
| 市局本部 | | | |
| 惠城区自然资源局 | | 733.33 | 160.00 |
| 惠阳区 | | 160.00 | 133.33 |
| 大亚湾区 | | 86.89 | |
| 仲恺区 | | 133.33 | 80.00 |
| 博罗县林业事务中心 | | 2250.00 | 603.33 |
| 惠东县 | 276.67 | 3552.53 | 600.00 |
| 龙门县林业局 | 127.13 | 2141.67 | 406.67 |
| 市属林场 | | 222.00 | 100.00 |
| 梁化林场 | | | |
| 惠州市国有九龙峰林场 | | | |
| 惠州市国有罗浮山林场 | | | |
| 象头山林场 | | | |
| 惠州市国有汤泉林场(广东汤泉森林公园管理处) | | | |
| 平安林场 | | | |
| 鸡笼山林场 | | | |
| 水东陂林场 | | | |
| 油田林场 | | | |
| 东江林场 | | | |
| 惠州市林业科学研究所(惠州植物园管理服务中心) | | | |
| 罗浮山省级自然保护区 | | | |
| 广东龙门南昆山省级自然保护区管理处 | | | |
| 广东古田省级自然保护区管理处 | | | |
| 广东惠东莲花山白盆珠省级自然保护区管理处 | | | |
| 广东大亚湾水产资源省级自然保护区管理处 | | | |
| **汕尾市** | **1671.82** | **2244.47** | **2186.77** |
| 市局本部 | | | |
| 汕尾市城区自然资源局 | 1000.00 | 5414.00 | 4800.00 |
| 红海湾开发区 | 500.00 | 2000.00 | |
| 海丰县 | 4913.00 | 14587.00 | 10000.00 |
| 陆河县林业局 | 2064.30 | 4666.10 | 7001.50 |
| 陆丰市 | 16600.00 | 6000.00 | 11000.00 |
| 黄羌林场 | | | |
| 吉溪林场 | | | |
| 汕尾市国有红岭林场 | | | |
| 罗经嶂林场 | | | |
| 东海岸林场 | | 1000.00 | |
| 湖东林场 | | | |
| **东莞市** | | **607.48** | **66.64** |
| 市局本部 | | | |
| 东莞市自然保护地服务中心 | | | |
| 银瓶山森林公园 | | | |
| 大岭山森林公园 | | | |
| 大屏嶂森林公园 | | | |
| 市林科所 | | | |

# 9-4 续表 4

(2023年) 单位：公顷

| 县(市、区)别 | 人工造林 | 低质低效林分改造 | 封山育林 |
| --- | --- | --- | --- |
| **中山市** | | **541.67** | |
| 中山市自然资源局 | | | |
| 市局本部 | | | |
| 广东中山香山省级自然保护区 | | | |
| **江门市** | **126.94** | **2643.36** | **308.46** |
| 市局本部 | | | |
| 蓬江区 | | | |
| 江海区 | | | |
| 新会区 | | 441.70 | |
| 台山市林业局 | 126.94 | 613.33 | |
| 开平市林业局 | | 508.92 | |
| 鹤山市林业局 | | 527.18 | |
| 恩平市林业局 | | 501.56 | 300.00 |
| 市属林场 | | 50.67 | 8.46 |
| 古兜山林场 | | | |
| 江门市大沙林场 | | | |
| 狮山林场 | | | |
| 河排林场 | | | |
| 江门市西坑林场 | | | |
| 古斗林场 | | | |
| 四堡林场 | | | |
| 市林科所 | | | |
| 广东江门古兜山省级自然保护区管理处 | | | |
| 广东台山上川岛猕猴省级自然保护区管理处 | | | |
| 广东恩平七星坑省级自然保护区管理处 | | | |
| 广东江门中华白海豚省级自然保护区管理处 | | | |
| **阳江市** | **133.33** | **2549.07** | **1333.33** |
| 市局本部 | | 249.73 | |
| 阳江市自然资源局江城分局 | | 33.33 | |
| 阳江市自然资源局海陵分局 | | | |
| 阳江高新区 | | | |
| 阳西县自然资源局 | | 426.00 | 266.67 |
| 阳东区 | | 673.33 | 366.67 |
| 阳春市林业局 | 133.33 | 1166.67 | 700.00 |
| 阳江林场 | | 180.67 | |
| 花滩林场 | | 69.07 | |
| 广东阳江森林公园管理处 | | | |
| 河尾山林场 | | | |
| 阳江市林业有害生物防治检疫管理站 | | | |
| 阳江市野生动植物保护管理站 | | | |
| 广东阳春百涌省级自然保护区管理处 | | | |
| 广东阳春鹅凰嶂省级自然保护区管理处 | | | |
| **湛江市** | **546.87** | **1040.14** | **335.67** |
| 市局本部 | | | |
| 坡头区 | | 48.51 | |
| 麻章区 | 5.35 | 13.38 | |
| 开发区农管局 | | 40.35 | |
| 遂溪县 | 15.50 | 64.47 | 20.07 |
| 徐闻县自然资源局 | 136.42 | 162.93 | |
| 廉江市自然资源局 | 194.55 | 133.39 | 20.05 |

## 9-4 续表 5

(2023年) 单位：公顷

| 县(市、区)别 | 人工造林 | 低质低效林分改造 | 封山育林 |
|---|---|---|---|
| 雷州市自然资源局 | 171.35 | 119.52 | 66.88 |
| 吴川市 | 12.00 | 34.00 | 53.33 |
| 国营防护林场 | | | 175.35 |
| 国营东海林场 | 11.70 | 12.70 | |
| 国营吴川林场 | | | |
| 市林业良种场 | | | |
| 三岭山公园 | | 33.33 | |
| 市林科所 | | | |
| 中林集团雷州林业公司 | | 377.55 | |
| **茂名市** | **443.33** | **5513.53** | **1076.00** |
| 市林业局本部 | | | |
| 广东茂名滨海新区管理委员会农业农村局 | | | |
| 茂南区 | | | |
| 茂名高新技术产业开发区管理委员会政法和社会事务局 | | | |
| 高州市 | 172.20 | 1326.67 | 101.07 |
| 化州市林业局 | 33.33 | 1651.33 | 66.73 |
| 信宜市林业局 | 204.47 | 1641.07 | 256.87 |
| 电白区 | 33.33 | 751.13 | 598.00 |
| 市属林场 | | 143.33 | 53.33 |
| 八一林场 | | | |
| 厚元林场 | | | |
| 大雾岭林场 | | | |
| 东镇林场 | | | |
| 新田林场 | | | |
| 荷塘林场 | | | |
| 文楼林场 | | | |
| 播扬林场 | | | |
| 平定林场 | | | |
| 丽岗林场 | | | |
| 电白林场 | | | |
| 河尾山林场 | | | |
| 茂名市林业科学研究所 | | | |
| 市森林公园管理处 | | | |
| 市野生动物救护中心 | | | |
| 市林业事务中心 | | | |
| 广东云开山国家级自然保护区管理处 | | | |
| 广东茂名林洲顶鳄蜥省级自然保护区管理处 | | | |
| 市辖区 | | | |
| **肇庆市** | **2313.39** | **5881.19** | **2633.63** |
| 市局本部 | | 198.72 | |
| 肇庆市端州区农业农村局 | | 40.05 | |
| 肇庆市自然资源局鼎湖分局 | | 120.00 | |
| 大旺综合经济开发区农林水利管理中心 | | | |
| 广宁县林业局 | 247.38 | 743.96 | 720.13 |
| 怀集县林业局 | 498.99 | 1366.67 | 548.82 |
| 封开县林业局 | 157.00 | 1547.27 | 666.67 |
| 德庆县 | 965.94 | 247.47 | 440.00 |
| 肇庆市自然资源局高要分局 | 74.18 | 1282.99 | 38.00 |
| 四会市林业局 | 369.91 | 334.07 | 220.01 |
| 肇庆市国有北岭山林场 | | | |

## 9-4 续表 6

(2023年)　　　　单位：公顷

| 县(市、区)别 | 人工造林 | 低质低效林分改造 | 封山育林 |
|---|---|---|---|
| 清桂林场 | | | |
| 葵洞林场 | | | |
| 大南山林场 | | | |
| 肇庆市国有大水口林场 | | | |
| 大坑山林场 | | | |
| 新岗林场 | | | |
| 市国有林业总场 | | | |
| 市林科所 | | | |
| 广东怀集三岳省级自然保护区管理处 | | | |
| 广东怀集大稠顶省级自然保护区管理处 | | | |
| 广东封开黑石顶省级自然保护区管理处 | | | |
| **清远市** | **2088.22** | **9921.02** | **4649.88** |
| 市局本部 | | | |
| 清城区 | 201.23 | 578.10 | 333.33 |
| 佛冈县 | 233.33 | 868.80 | 904.33 |
| 阳山县林业局 | 333.41 | 1219.33 | 497.40 |
| 连山壮族瑶族自治县 | 171.74 | 1365.60 | 183.24 |
| 连南瑶族自治县自然资源局(林业局) | 466.90 | 1178.56 | 666.67 |
| 清远市清新区林业局 | 133.33 | 1226.68 | 490.28 |
| 英德市林业局 | 133.34 | 2041.75 | 672.76 |
| 连州市 | 414.93 | 773.20 | 248.87 |
| 市属林场 | | 669.00 | 653.00 |
| 清远市银盏林场 | | | |
| 清远市笔架山林场 | | | |
| 清远市天堂山林场 | | | |
| 清远市英德林场 | | | |
| 清远市金鸡林场 | | | |
| 清远市羊角山林场 | | | |
| 清远市小龙林场 | | | |
| 清远市龙坪林场 | | | |
| 清远市杨梅林场 | | | |
| **潮州市** | **146.67** | **3086.67** | **1372.20** |
| 市局本部 | | | 89.13 |
| 湘桥区 | 13.33 | 157.33 | 26.67 |
| 枫溪区 | 30.67 | 874.67 | 323.07 |
| 潮安区自然资源局 | 102.67 | 2054.67 | 933.33 |
| 饶平县 | | | |
| 潮州市国有韩江林场 | | | |
| 广东潮安凤凰山省级自然保护区 | | | |
| 市野生动物救护中心 | | | |
| 市林业科技推广中心 | | | |
| 广东饶平海山海滩岩田省级自然保护区 | | | |
| 广东潮安海蚀地貌省级自然保护区 | | | |
| 潮州韩江鼋花鳗鲡市级自然保护区 | | | |
| 潮州市国有红山林场 | | | |
| **揭阳市** | **647.40** | **3008.33** | **866.67** |
| 市局本部 | | | |

## 9-4 续表 7

(2023年)

单位：公顷

| 县(市、区)别 | 人工造林 | 低质低效林分改造 | 封山育林 |
| --- | --- | --- | --- |
| 榕城区 | | 17.33 | |
| 揭东区 | 92.07 | 325.93 | |
| 揭西 | 342.00 | 1019.67 | 333.33 |
| 惠来县自然资源局 | 122.67 | 666.07 | 200.00 |
| 普宁市 | 90.67 | 979.33 | 333.33 |
| 空港经济区 | | | |
| 广东揭东桑浦山–双坑省级自然保护区管理处 | | | |
| **云浮市** | **1012.30** | **5016.86** | **2388.14** |
| 市局本部 | 9.40 | 124.06 | 868.14 |
| 云城区 | 200.00 | 526.67 | 200.00 |
| 新兴县林业局 | 195.31 | 1034.17 | 486.67 |
| 郁南县 | 559.28 | 746.93 | 333.33 |
| 云浮市云安区林业局 | 48.30 | 1005.03 | 233.33 |
| 罗定市 | | 1580.00 | 266.67 |
| 大云雾林场 | | 124.06 | 333.37 |
| 云浮市国有龙埇林场 | 9.40 | | 201.06 |
| 飞马林场 | | | 200.08 |
| 云浮市国有同乐林场 | | | 133.64 |
| 水台林场 | | | |
| 林科中心 | | | |
| 省属林场 | | 573.33 | |
| 广东省乳阳林场 | | | |
| 广东省沙头角林场 | | | |
| 广东省龙眼洞林场 | | | |
| 广东省天井山林场 | | | |
| 广东省樟木头林场 | | 40.00 | |
| 广东省乐昌林场 | | 133.33 | |
| 广东省连山林场 | | 66.67 | |
| 广东省东江林场 | | 178.00 | |
| 广东省九连山林场 | | | |
| 广东省西江林场 | | 20.00 | |
| 广东省德庆林场 | | 43.33 | |
| 广东省郁南林场 | | 38.67 | |
| 广东省云浮林场 | | 53.33 | |
| **国家级自然保护区** | | | |
| 广东南岭国家级自然保护区管理局 | | | |
| 广东车八岭国家级自然保护区管理局 | | | |
| 广东象头山国家级自然保护区管理局 | | | |
| 广东湛江红树林国家级自然保护区管理局 | | | |
| 广东石门台国家级自然保护区管理局 | | | |
| 广东南澎列岛海洋生态国家级自然保护区管理局 | | | |
| 广东雷州珍稀海洋生物国家级自然保护区管理局 | | | |
| 广东徐闻珊瑚礁国家级自然保护区管理局 | | | |
| 广东珠江口中华白海豚国家级自然保护区管理局 | | | |
| 广东惠东海龟国家级自然保护区管理局 | | | |

# 9–5 主要经济林产品生产情况

单位：吨

| 项　目 | 2021 | 2022 | 2023 |
| --- | --- | --- | --- |
| **主要经济林产品生产情况** | **12583471** | **8567859** | **12054193** |
| **一、水果产量** | **11703482** | **7427511** | **9837462** |
| **二、干果产量** | **84410** | **98692** | **202173** |
| 其中：板栗 | 55592 | 64510 | 69584 |
| 枣(干重) | 70 | 162 | 6956 |
| **三、林产饮料产品(干重)** | **61619** | **108436** | **169750** |
| **四、林产调料产品(干重)** | **66268** | **56003** | **122659** |
| **五、森林食品(干重)** | **87244** | **162051** | **343606** |
| 其中：竹笋干 | 66153 | 88340 | 104415 |
| **六、森林药材** | **115672** | **250895** | **381383** |
| **七、木本油料** | **193700** | **180060** | **211411** |
| 其中：油茶籽 | 177662 | 179745 | 199441 |
| 其他木本油料 | 16038 | 198 | 11956 |
| **八、林产工业原料** | **271076** | **284211** | **785749** |
| 其中：紫胶(原胶) | 760 | | 682 |

# 9-6 全部林业产业产值

(2023年)　　单位：万元

| 指　　标 | 总产值 | 指　　标 | 总产值 |
|---|---|---|---|
| **林业产业产值** | **89502812** | (3)木质制品制造 | |
| **一、第一产业** | **15604491** | (4)竹、藤、棕、苇制品制造 | |
| (一)涉林产业合计 | | 2.木、竹、藤家具制造 | 18017650 |
| 1.林木育种和育苗 | 411265 | 3.木、竹、苇浆造纸和纸制品 | 23701466 |
| (1)林木育种 | | (1)木、竹、苇浆制造 | |
| (2)林木育苗 | | (2)造纸 | |
| 2.营造林 | 637038.31 | (3)纸制品制造 | |
| 3.木材和竹材采运 | 1723018 | 4.林产化学产品制造 | 794042.2 |
| (1)木材采运 | | 5.木质工艺品和木质文教体育用品制造 | 341472 |
| (2)竹材采运 | | 6.非木质林产品加工制造业 | 3961132 |
| 4.经济林产品的种植与采集 | 9500808 | (1)木本油料、果蔬、茶饮料等加工制造 | |
| (1)水果、坚果、含油果和香料作物种植 | | (2)森林药材加工制造 | |
| (2)坚果、含油果和香料作物种植 | | (3)其他 | |
| (3)茶及其他饮料作物的种植 | | 7.饲草加工 | 373241 |
| (4)森林药材、食品种植 | | 8.其他 | 2775610 |
| (5)森林食品种植 | | (二)林业系统非林产业 | |
| (6)林产品采集 | | **三、第三产业** | **19010369** |
| 5.花卉及其他观赏植物种植 | 2832914 | (一)涉林产业合计 | |
| 6.陆生野生动物繁育与利用 | 21033 | 1.林业生产服务 | 319274 |
| 7.草种植及割草 | 4587 | 2.林业旅游与休闲服务 | 17627619 |
| 8.其他 | 473828 | 3.草原旅游与休闲服务 | 438 |
| (二)林业系统非林产业 | | 4.林业生态服务 | 150986 |
| **二、第二产业** | **54887952** | 5.林业专业技术服务 | 122745 |
| (一)涉林产业合计 | | 6.林业公共管理及其他组织服务 | 247679.95 |
| 1.木材加工和木、竹、藤、棕、苇制品制造 | 4923338.7 | 7.其他 | 541627 |
| (1)木材加工 | | (二)林业系统非林产业 | |
| (2)人造板制造 | | | |

注：1.水果种植产值包含了坚果、含油果和香料作物种植产值，统计数值未进一步细分；
　　2.森林药材种植产值包含了森林食品种植产值，统计数数未进一步细分。

# 9-7 各市全部林业产业产值

(2023年)　　单位：万元

| 市　　别 | 林业产业产值 | 第一产业 | 第二产业 | 第三产业 |
| --- | --- | --- | --- | --- |
| **全　　省** | **89502812** | **15604491** | **54887952** | **19010369** |
| 广　　州 | 14555554 | 1439361 | 10375784 | 2740409 |
| 深　　圳 | 12150750 | 1217700 | 5918000 | 5015050 |
| 珠　　海 | 1316014 | 15345 | 177914 | 1122755 |
| 汕　　头 | 215460 | 53024 | 41090 | 121346 |
| 佛　　山 | 8703456 | 403219 | 8234166 | 66071 |
| 韶　　关 | 2695280 | 1090563 | 540295 | 1064422 |
| 河　　源 | 1714267 | 907759 | 190738 | 615770 |
| 梅　　州 | 2251243 | 882622 | 446796 | 921825 |
| 惠　　州 | 3269399 | 499629 | 1869246 | 900524 |
| 汕　　尾 | 882669 | 249792 | 457742 | 175135 |
| 东　　莞 | 14288674 | 79219 | 13196747 | 1012708 |
| 中　　山 | 2747882 | 294290 | 2392663 | 60929 |
| 江　　门 | 4730352 | 502124 | 3797547 | 430681 |
| 阳　　江 | 2276830 | 334804 | 1181270 | 760756 |
| 湛　　江 | 3016215 | 948192 | 1645762 | 422261 |
| 茂　　名 | 2859759 | 1707221 | 419345 | 733193 |
| 肇　　庆 | 4993564 | 2306476 | 2295446 | 391642 |
| 清　　远 | 3800044 | 1380533 | 1267286 | 1152225 |
| 潮　　州 | 534315 | 229551 | 26958 | 277806 |
| 揭　　阳 | 1211880 | 246966 | 307977 | 656937 |
| 云　　浮 | 936746 | 712451 | 89298 | 134997 |
| 中林雷州林业公司 | 270408 | 95012 | 9968 | 165428 |
| 省属林场 | 63857 | 8536 | 5914 | 49407 |
| 国家级自然保护区 | 14935 | 102 |  | 14833 |
| 省属其他林业单位 | 3259 |  |  | 3259 |

注：省属其他林业单位不包括省级自然保护区管护机构。

# 9-8 各市木材产量

(2023年)　　单位：立方米

| 市　别 | 木材总产量 | | |
|---|---|---|---|
| | 合 计 | 原 木 | 薪 材 |
| **全　省** | **13727639** | **11329959** | **2397680** |
| 广　州 | 548461 | 539425 | 9036 |
| 深　圳 | 55884 | 48244 | 7640 |
| 珠　海 | 4147 | 4147 | |
| 汕　头 | 4714 | 1840 | 2874 |
| 佛　山 | 169739 | 169739 | |
| 韶　关 | 1520026 | 1241449 | 278577 |
| 河　源 | 1282271 | 1080414 | 201857 |
| 梅　州 | 749634 | 492602 | 257032 |
| 惠　州 | 996676 | 702428 | 294248 |
| 汕　尾 | 136113 | 106265 | 29848 |
| 东　莞 | | | |
| 中　山 | 9187 | 9187 | |
| 江　门 | 1151139 | 1051595 | 99544 |
| 阳　江 | 484807 | 368094 | 116713 |
| 湛　江 | 556233 | 471188 | 85045 |
| 茂　名 | 444835 | 384901 | 59934 |
| 肇　庆 | 2288964 | 1922699 | 366265 |
| 清　远 | 1759871 | 1551079 | 208792 |
| 潮　州 | 132028 | 92526 | 39502 |
| 揭　阳 | 161973 | 135447 | 26526 |
| 云　浮 | 646917 | 527427 | 119490 |
| 中林雷州林业公司 | 624020 | 429263 | 194757 |
| 省属林场 | | | |
| 国家级保护区 | | | |

# 9-9　各市大径竹生产情况

(2023年)　　单位：根

| 市　别 | 大径竹总产量 | | |
| --- | --- | --- | --- |
| | 合　计 | 毛　竹 | 其　他 |
| **全　省** | **438824556** | **190468195** | **248356361** |
| 广　州 | 1050000 | 1050000 | |
| 深　圳 | | | |
| 珠　海 | | | |
| 汕　头 | 201000 | | 201000 |
| 佛　山 | | | |
| 韶　关 | 47432466 | 36448036 | 10984430 |
| 河　源 | 10738667 | 9174232 | 1564435 |
| 梅　州 | 8377474 | 8228974 | 148500 |
| 惠　州 | 43217185 | 5804904 | 37412281 |
| 汕　尾 | 206887 | 36980 | 169907 |
| 东　莞 | | | |
| 中　山 | | | |
| 江　门 | 617200 | 527000 | 90200 |
| 阳　江 | 6880000 | 1250000 | 5630000 |
| 湛　江 | 552464 | 185800 | 366664 |
| 茂　名 | 115748585 | 59360800 | 56387785 |
| 肇　庆 | 135651900 | 8194200 | 127457700 |
| 清　远 | 14269217 | 9822230 | 4446987 |
| 潮　州 | 268000 | 130000 | 138000 |
| 揭　阳 | 4031400 | 810000 | 3221400 |
| 云　浮 | 49582111 | 49445039 | 137072 |
| 中林雷州林业公司 | | | |
| 省属林场 | | | |
| 国家级保护区 | | | |

# 9-10 林产工业主要产品产量

| 项　　目 | 计量单位 | 2021 | 2022 | 2023 |
| --- | --- | --- | --- | --- |
| **木材加工及竹藤棕草制品** | | | | |
| 一、锯材 | 立方米 | 4043942 | 1747778 | 1342894 |
| 1.普通锯材 | 立方米 | 4043942 | 1747778 | 1342894 |
| 2.特种锯材 | 立方米 | | | |
| 二、人造板 | 立方米 | 10468017 | 6140750 | 9090619 |
| (一)胶合板 | 立方米 | 3078240 | 2796040 | 1819382 |
| 其中：竹胶合板 | 立方米 | 56820 | | |
| (二)纤维板 | 立方米 | 3635308 | 1485352 | 2567723 |
| 1.木质纤维板 | 立方米 | 3623233 | 1485352 | 2567723 |
| 其中：中密度纤维板 | 立方米 | 2341588 | | |
| 2.非木质纤维板 | 立方米 | 12075 | — | — |
| (三)刨花板 | 立方米 | 2595351 | 823672 | 1293568 |
| 三、木竹地板 | 平方米 | 37749226 | 12445784 | 18191793 |
| 1.实木地板 | 平方米 | 9211251 | 1945848 | 6677937 |
| 2.实木复合木地板 | 平方米 | 16208004 | 632638 | 2258528 |
| **林产化学产品** | | | | |
| 一、松香类产品 | 吨 | 186350 | 146122 | 164192 |
| 1.松香 | 吨 | 131176 | 146122 | 164192 |
| 2.松香油深加工 | 吨 | 55174 | | |
| 六、紫胶类产品 | 吨 | 760 | — | 682 |

# 9-11 各市林产工业主要产品产量

(2023年) 单位：立方米

| 市别 | 锯材 | 人造板 | | |
|---|---|---|---|---|
| | | 合计 | 胶合板 | 纤维板 |
| **全省** | **1342894** | **9090619** | **1819382** | **2567723** |
| 广州 | | 640954 | 65144 | 105255 |
| 深圳 | | | | |
| 珠海 | | | | |
| 汕头 | | | | |
| 佛山 | | 612630 | 445308 | 20000 |
| 韶关 | 193578 | 1538631 | 225239 | 114256 |
| 河源 | 61721 | 201742 | 138905 | |
| 梅州 | 8600 | 26706 | 22253 | |
| 惠州 | 88551 | 1104441 | | |
| 汕尾 | | 54530 | 5000 | 48030 |
| 东莞 | | | | |
| 中山 | | 336981 | | |
| 江门 | 376214 | 950186 | 210363 | 696218 |
| 阳江 | 8500 | 633671 | 72000 | |
| 湛江 | 1510 | 776761 | 467206 | |
| 茂名 | 28603 | 212991 | 21925 | 144170 |
| 肇庆 | 414133 | 1045230 | 56485 | 988745 |
| 清远 | 107699 | 617592 | 52138 | 182212 |
| 潮州 | 4710 | 23650 | 23650 | |
| 揭阳 | 5887 | 7718 | 7718 | |
| 云浮 | 43188 | 306205 | 6048 | 268837 |
| 中林雷州林业公司 | | | | |

注：本表人造板只包括胶合板和纤维板，纤维板只包括木质纤维板。

## 9-11 续表

(2023年) 单位：立方米

| 市别 | 人造板 | | 木竹地板 | 松香类产品 | |
|---|---|---|---|---|---|
| | 刨花板 | 其它 | | (吨) | 松香 |
| **全省** | **1293568** | | | | |
| 广州 | | | | | |
| 深圳 | | | | | |
| 珠海 | | | | | |
| 汕头 | | | | | |
| 佛山 | 78760 | | | | |
| 韶关 | 893386 | | | | |
| 河源 | 42268 | | | | |
| 梅州 | 4453 | | | | |
| 惠州 | | | | | |
| 汕尾 | | | | | |
| 东莞 | | | | | |
| 中山 | | | | | |
| 江门 | | | | | |
| 阳江 | | | | | |
| 湛江 | 226805 | | | | |
| 茂名 | 46896 | | | | |
| 肇庆 | | | | | |
| 清远 | 1000 | | | | |
| 潮州 | | | | | |
| 揭阳 | | | | | |
| 云浮 | | | | | |
| 中林雷州林业公司 | | | | | |

# 9-12　各县(市、区)主要林产品产量

(2023年)

| 县(市、区)别 | 木材(立方米) | | | 大径竹(根) | | | 松香类产品(吨) |
|---|---|---|---|---|---|---|---|
| | 合计 | 原木 | 薪材 | 合计 | 毛竹 | 其他 | |
| **广东省** | | | | | | | |
| **广州市** | | | | | | | |
| 市局本部 | 15061.8 | 15062 | | | | | |
| 荔湾区 | | | | | | | |
| 天河区 | 29.82 | 30 | | | | | |
| 白云区 | 16411.16 | 16411 | | | | | |
| 黄埔区 | 7226.05 | 7226 | | | | | |
| 番禺区 | 3610.68 | 3611 | | | | | |
| 花都区 | 109448.9 | 109449 | | | | | |
| 南沙区 | 195.5 | 196 | | | | | |
| 增城区 | 181982 | 181982 | | 150000 | 150000 | | |
| 从化区 | 199628.5 | 199629 | | 1050321 | 1050321 | | |
| 流溪河林场 | | | | | | | |
| 大岭山林场 | | | | | | | |
| 增城林场 | | | | | | | |
| 梳脑林场 | | | | | | | |
| **深圳市** | | | | | | | |
| 市局本部 | 9437.07 | 9434 | | | | | |
| 罗湖区 | 33.5 | 34 | | | | | |
| 福田区 | | | | | | | |
| 南山区 | 106.4 | 106 | | | | | |
| 宝安区 | 336.14 | 336 | | | | | |
| 龙岗区 | 4072.63 | 4073 | | | | | |
| 盐田区 | 130.1 | 130 | | | | | |
| 光明区 | | | | | | | |
| 坪山区 | | | | | | | |
| 龙华区 | | | | | | | |
| 大鹏半岛国家地质公园管理处 | 38157.16 | 38157 | | | | | |
| 市野生动植物保护管理处 | | | | | | | |
| 市野生动物救护中心 | | | | | | | |
| 广东内伶仃福田国家级自然保护区管理局 | | | | | | | |
| 市梧桐山风景区管理处 | | | | | | | |
| **珠海市** | | | | | | | |
| 珠海市自然资源局 | | | | | | | |
| 珠海市自然资源局香洲分局 | 804.72 | 805 | | | | | |
| 珠海市自然资源局斗门分局 | 1110.7 | 1111 | | | | | |
| 珠海市自然资源局金湾分局 | 503.7 | 504 | | | | | |
| 万山海洋开发实验区 | 22.6 | 23 | | | | | |
| 高新技术产业开发区 | 1705.7 | 1706 | | | | | |
| 高栏港经济区海洋和农业局 | | | | | | | |
| 横琴新区 | | | | | | | |
| 广东淇澳-担杆岛自然保护区管理处 | | | | | | | |
| **汕头市** | | | | | | | |
| 市局本部 | | | | | | | |
| 龙湖区 | | | | | | | |
| 金平区自然资源分局 | | | | 1000 | | 1000 | |
| 汕头市濠江区自然资源局 | | | | | | | |

# 9-12 续表 1

| 县(市、区)别 | 木材(立方米) | | | 大径竹(根) | | | 松香类产品(吨) |
|---|---|---|---|---|---|---|---|
| | 合计 | 原木 | 薪材 | 合计 | 毛竹 | 其他 | |
| 潮阳区 | | | | 60000 | | 60000 | |
| 潮南区 | | | | 40000 | | 40000 | |
| 澄海区 | 1834.6 | 1834.6 | | 100000 | | 100000 | |
| 南澳县自然资源局 | 2600 | | 2600 | | | | |
| 市林科所 | | | | | | | |
| **佛山市** | | | | | | | |
| 市局本部 | | | | | | | |
| 佛山市自然资源局禅城分局 | | | | | | | |
| 佛山市自然资源局南海分局 | 14475 | 14475 | | | | | |
| 佛山市自然资源局顺德分局 | | | | | | | |
| 自然资源局三水分局三水区 | 4415 | 4415 | | | | | |
| 佛山市自然资源局高明分局 | 150849 | 150849 | | | | | |
| 云勇林场 | | | | | | | |
| 市林科所 | | | | | | | |
| **韶关市** | | | | | | | |
| 市局本部 | | | | | | | |
| 武江区 | 127084 | 95313 | 31771 | 699750 | 699750 | | |
| 浈江区 | 118156 | 89652 | 28504 | 485359 | 256961 | 228398 | |
| 曲江区自然资源局 | 239888 | 207062 | 32826 | 976123 | 843110 | 133013 | |
| 始兴县林业局 | 166680 | 125010 | 41670 | 9639989 | 5880393 | 3759596 | |
| 仁化县 | 81760 | 63560 | 18200 | 15519930 | 12933300 | 2586630 | |
| 翁源县林业局 | 282431 | 243252 | 39179 | 2742871 | 2057153 | 685718 | |
| 乳源瑶族自治县 | 127462 | 108397 | 19065 | 97634 | 46208 | 51426 | |
| 新丰县林业局 | 214713 | 160873 | 53840 | 285525 | 119920 | 165605 | |
| 乐昌市 | 80288 | 80288 | | 3330989 | 3330989 | | |
| 南雄市 | 38895 | 32441 | 6454 | 13655232 | 10281424 | 3373808 | |
| 韶关林场 | 11689 | 8898 | 2791 | | | | |
| 曲江林场 | 16597 | 15365 | 1232 | | | | |
| 仁化林场 | 8074 | 8074 | | | | | |
| 韶关市国有河口林场 | 3264 | 3264 | | | | | |
| 九曲水林场 | 3045 | | 3045 | | | | |
| 华溪林场 | | | | | | | |
| 市林科所 | | | | | | | |
| 市野生动植物和自然保护区办 | | | | | | | |
| 韶关市国有林场事务中心 | | | | | | | |
| 广东丹霞山国家级自然保护区 | | | | | | | |
| 广东曲江罗坑鳄蜥省级自然保护区管理处 | | | | | | | |
| 广东仁化高坪省级自然保护区 | | | | | | | |
| 广东新丰云髻山省级自然保护区管理处 | | | | | | | |
| 广东乳源大峡谷省级自然保护区管理处 | | | | | | | |
| 广东乐昌大瑶山省级自然保护区管理处 | | | | | | | |
| 广东翁源青云山省级自然保护区管理处 | | | | | | | |
| 广东粤北华南虎省级自然保护区管理处 | | | | | | | |
| 广东曲江沙溪省级自然保护区管理处 | | | | | | | |
| 广东乐昌杨东山十二度水省级自然保护区管理处 | | | | | | | |
| 广东始兴南山省级自然保护区管理处 | | | | | | | |
| 广东南雄小流坑-青嶂山省级自然保护区管理处 | | | | | | | |
| 广东南雄恐龙化石群省级自然保护区管理处 | | | | | | | |

## 9-12 续表 2

| 县(市、区)别 | 木材(立方米) | | | 大径竹(根) | | | 松香类产品(吨) |
|---|---|---|---|---|---|---|---|
| | 合计 | 原木 | 薪材 | 合计 | 毛竹 | 其他 | |
| **河源市** | | | | | | | |
| 市局本部 | | | | | | | |
| 市江东新区 | 61000 | 57200 | 3800 | 136000 | 94000 | 42000 | |
| 源城区 | 10668 | 8890 | 1778 | 10300 | 10300 | | |
| 紫金县林业局 | 418167 | 271467 | 146699 | 1221005 | 610045 | 610960 | |
| 龙川县 | 132249 | 96572 | 35677 | 2621435 | 1200000 | 1421435 | |
| 连平县 | 119781 | 75199 | 44582 | 627386 | 627386 | | |
| 和平县 | 85000 | 55920 | 29080 | 5602650 | 4103075 | 1499575 | |
| 东源县 | 341021 | 252355 | 88666 | 491000 | 390000 | 101000 | |
| 新丰江林管局 | 55305 | 39504 | 15801 | 54000 | | 54000 | |
| 牛岭水林场 | | | | | | | |
| 下石林场 | | | | | | | |
| 黎明林场 | | | | | | | |
| 桂山林场 | | | | | | | |
| 红星林场 | | | | | | | |
| 坪山林场 | | | | | | | |
| 广东河源大桂山省级自然保护区管理处 | | | | | | | |
| 广东东源康禾省级自然保护区管理处 | | | | | | | |
| 广东河源新港省级自然保护区管理处 | | | | | | | |
| 广东连平黄牛石省级自然保护区管理处 | | | | | | | |
| 广东和平黄石坳省级自然保护区管理处 | | | | | | | |
| 广东紫金白溪省级自然保护区管理处 | | | | | | | |
| 广东龙川枫树坝省级自然保护区管理处 | | | | | | | |
| 广东河源恐龙化石省级自然保护区管理处 | | | | | | | |
| **梅州市** | | | | | | | |
| 市局本部 | | | | | | | |
| 梅州市梅江区林业局 | 9380.97 | 9297.57 | 834 | 10500 | 2800 | 7700 | |
| 梅县区 | 140378 | 88438 | 51940 | 392554 | 392554 | | |
| 大埔县 | 138688 | 107644 | 31044 | 103000 | 103000 | | |
| 丰顺县 | 144083 | 90772 | 53311 | 1608000 | 1608000 | | |
| 五华县林业局 | 179322 | 114027 | 65295 | 30500 | | 30500 | |
| 平远县林业局 | 42402 | 38980 | 3422 | 3987900 | 3887900 | 100000 | |
| 蕉岭县 | 21845.83 | 13378.83 | 8467 | 1180000 | 1180000 | | |
| 兴宁市林业局 | 73937 | 46580 | 27357 | 1045420 | | 1045420 | |
| 梅南林场 | | | | | | | |
| 洲瑞林场 | | | | | | | |
| 大埔林场 | | | | | | | |
| 梅州市国有水口林场 | | | | | | | |
| 七畲径林场 | | | | | | | |
| 梅州市农林科学院林业研究所 | | | | | | | |
| 广东梅县阴那山省级自然保护区管理处 | | | | | | | |
| 广东兴宁铁山渡田河省级自然保护区管理处 | | | | | | | |
| 广东蕉岭长潭省级自然保护区管理处 | | | | | | | |
| 广东平远龙文-黄田省级自然保护区管理处 | | | | | | | |
| 广东大埔丰溪省级自然保护区管理处 | | | | | | | |
| 广东五华七目嶂省级自然保护区管理处 | | | | | | | |

# 9-12 续表 3

| 县(市、区)别 | 木材(立方米) | | | 大径竹(根) | | | 松香类产品(吨) |
|---|---|---|---|---|---|---|---|
| | 合计 | 原木 | 薪材 | 合计 | 毛竹 | 其他 | |
| **惠州市** | | | | | | | |
| 市局本部 | | | | | | | |
| 惠城区自然资源局 | 119812 | 83868 | 35944 | 527500 | | | |
| 惠阳区 | 20790 | 14553 | 6237 | | | | |
| 大亚湾区 | 1103.71 | 773 | 331 | | | | |
| 仲恺区 | 10000 | 7000 | 3000 | | | | |
| 博罗县林业事务中心 | 223127 | 156189 | 66938 | 17560700 | | | |
| 惠东县 | 254979 | 178485 | 76494 | 9948225 | | | |
| 龙门县林业局 | 264286 | 185000 | 79286 | 15180760 | | | |
| 梁化林场 | | | | | | | |
| 惠州市国有九龙峰林场 | | | | | | | |
| 惠州市国有罗浮山林场 | | | | | | | |
| 象头山林场 | | | | | | | |
| 惠州市国有汤泉林场(广东汤泉森林公园管理处) | | | | | | | |
| 平安林场 | 813 | 569 | 244 | | | | |
| 鸡笼山林场 | | | | | | | |
| 水东陂林场 | | | | | | | |
| 油田林场 | | | | | | | |
| 东江林场 | | | | | | | |
| 惠州市林业科学研究所(惠州植物园管理服务中心) | | | | | | | |
| 罗浮山省级自然保护区 | | | | | | | |
| 广东龙门南昆山省级自然保护区管理处 | | | | | | | |
| 广东古田省级自然保护区管理处 | | | | | | | |
| 广东惠东莲花山白盆珠省级自然保护区管理处 | | | | | | | |
| 广东大亚湾水产资源省级自然保护区管理处 | | | | | | | |
| **汕尾市** | | | | | | | |
| 市局本部 | | | | | | | |
| 汕尾市城区自然资源局 | 955 | 955 | | 134000 | 3030 | | |
| 红海湾开发区 | | | | | | | |
| 海丰县 | 58144 | 46481 | 11663 | | | | |
| 陆河县林业局 | 33014 | 14828 | 18186 | 54560 | | | |
| 陆丰市 | 44000 | 44000 | | 57887 | 15980 | | |
| 黄羌林场 | | | | | | | |
| 吉溪林场 | | | | | | | |
| 汕尾市国有红岭林场 | | | | | | | |
| 罗经嶂林场 | | | | | | | |
| 东海岸林场 | | | | | | | |
| 湖东林场 | | | | | | | |
| **东莞市** | | | | | | | |
| 市局本部 | 1000 | 1000 | | | | | |
| 东莞市自然保护地服务中心 | | | | | | | |
| 银瓶山森林公园 | | | | | | | |
| 大岭山森林公园 | | | | | | | |
| 大屏嶂森林公园 | | | | | | | |
| 市林科所 | | | | | | | |

# 9-12 续表 4

| 县(市、区)别 | 木材(立方米) | | | 大径竹(根) | | | 松香类产品(吨) |
|---|---|---|---|---|---|---|---|
| | 合计 | 原木 | 薪材 | 合计 | 毛竹 | 其他 | |
| **中山市** | | | | | | | |
| 市局本部 | 6867.54 | 6867.54 | | | | | |
| 广东中山香山省级自然保护区 | 3.6 | 3.6 | | | | | |
| **江门市** | | | | | | | |
| 市局本部 | | | | | | | |
| 蓬江区 | **31500** | 31500 | | | | | |
| 江海区 | | | | | | | |
| 新会区 | **168710** | 168684 | 26 | 57000 | | | |
| 台山市林业局 | **289412** | 269412 | 20000 | | | | |
| 开平市林业局 | **183818** | 182909 | 909 | 527456 | 527456 | | |
| 鹤山市林业局 | **241989** | 167032 | 74957 | 33237 | | | |
| 恩平市林业局 | **235710** | 232058 | 3652 | | | | |
| 古兜山林场 | | | | | | | |
| 江门市大沙林场 | | | | | | | |
| 狮山林场 | | | | | | | |
| 河排林场 | | | | | | | |
| 江门市西坑林场 | | | | | | | |
| 古斗林场 | | | | | | | |
| 四堡林场 | | | | | | | |
| 市林科所 | | | | | | | |
| 广东江门古兜山省级自然保护区管理处 | | | | | | | |
| 广东台山上川岛猕猴省级自然保护区管理处 | | | | | | | |
| 广东恩平七星坑省级自然保护区管理处 | | | | | | | |
| 广东江门中华白海豚省级自然保护区管理处 | | | | | | | |
| **阳江市** | | | | | | | |
| 市局本部 | | | | | | | |
| 阳江市自然资源局江城分局 | 9183 | 9183 | | | | | |
| 阳江市自然资源局海陵分局 | 2168 | 2168 | | | | | |
| 阳江高新区 | 2036 | 2036 | | | | | |
| 阳西县自然资源局 | 44854 | 44854 | | 900000 | | 900000 | |
| 阳东区 | 105545 | 105545 | | | | | |
| 阳春市林业局 | 255680 | 159003 | 96677 | 5988960 | 1254350 | 4734610 | |
| 阳江林场 | 54151 | 34115 | 20036 | | | | |
| 花滩林场 | 11190 | 11190 | | | | | |
| 广东阳江森林公园管理处 | | | | | | | |
| 河尾山林场 | | | | | | | |
| 阳江市林业有害生物防治检疫管理站 | | | | | | | |
| 阳江市野生动植物保护管理站 | | | | | | | |
| 广东阳春百涌省级自然保护区管理处 | | | | | | | |
| 广东阳春鹅凰嶂省级自然保护区管理处 | | | | | | | |
| **湛江市** | | | | | | | |
| 市局本部 | 12351 | 12351 | | | | | |
| 坡头区 | 14452 | 14452 | | | | | |
| 麻章区 | 3944 | 3194 | 750 | | | | |
| 开发区农管局 | 9209 | 6987 | 2222 | | | | |
| 遂溪县 | 79018 | 79017 | 2 | 366664 | | 366664 | |
| 徐闻县自然资源局 | 30356 | 30356 | | | | | |
| 廉江市自然资源局 | 265005 | 195404 | 69601 | 185800 | 185800 | | |

# 9-12 续表 5

| 县(市、区)别 | 木材(立方米) | | | 大径竹(根) | | | 松香类产品(吨) |
|---|---|---|---|---|---|---|---|
| | 合计 | 原木 | 薪材 | 合计 | 毛竹 | 其他 | |
| 雷州市自然资源局 | 163278 | 163278 | | | | | |
| 吴川市 | 76987 | 64517 | 12470 | | | | |
| 国营防护林场 | | | | | | | |
| 国营东海林场 | 420 | 420 | | | | | |
| 国营吴川林场 | 21 | 21 | | | | | |
| 市林业良种场 | | | | | | | |
| 市林科所 | | | | | | | |
| **茂名市** | | | | | | | |
| 市林业局本部 | | | | | | | |
| 广东茂名滨海新区管理委员会农业农村局 | | | | | | | |
| 茂南区 | 9354 | 9281 | 73 | 20000 | 20000 | | |
| 茂名高新技术产业开发区管理委员会政法和社会事务局 | 113818 | 104693 | 9125 | 12628560 | 12628560 | | |
| 高州市 | 82348 | | | 5775342 | | | |
| 化州市林业局 | 153256 | 128768 | 24488 | 91308000 | 11177696 | 80130304 | |
| 信宜市林业局 | 61331 | 45706 | 15625 | 6016685 | | | |
| 电白区 | 1476 | 1476 | | | | | |
| 八一林场 | | | | | | | |
| 厚元林场 | | | | | | | |
| 大雾岭林场 | | | | | | | |
| 东镇林场 | | | | | | | |
| 新田林场 | 788 | 788 | | | | | |
| 荷塘林场 | 6065 | 6065 | | | | | |
| 文楼林场 | 4070 | 4070 | | | | | |
| 播扬林场 | 1383 | 1383 | | | | | |
| 平定林场 | 5830 | 5830 | | | | | |
| 丽岗林场 | 1270 | 1270 | | | | | |
| 电白林场 | | | | | | | |
| 河尾山林场 | | | | | | | |
| 茂名市林业科学研究所 | | | | | | | |
| 市森林公园管理处 | | | | | | | |
| 市野生动物救护中心 | | | | | | | |
| 市林业事务中心 | | | | | | | |
| 广东云开山国家级自然保护区管理处 | | | | | | | |
| 广东茂名林洲顶鳄蜥省级自然保护区管理处 | | | | | | | |
| 市辖区 | | | | | | | |
| **肇庆市** | | | | | | | |
| 市局本部 | | | | | | | |
| 肇庆市端州区农业农村局 | 10269 | 10269 | | | | | |
| 肇庆市自然资源局鼎湖分局 | 11174 | 11174 | | | | | |
| 大旺综合经济开发区农林水利管理中心 | 4022 | 4022 | | | | | |
| 广宁县林业局 | 279184 | 279184 | | 26176077 | | 26176077 | |
| 怀集县林业局 | 810287 | 484249 | 326038 | 76379666 | 6486584 | 69893082 | |
| 封开县林业局 | 399337 | 399337 | | 23504060 | 1643483 | 21860577 | |
| 德庆县 | 229631 | 207315 | 22316 | 3020700 | 64100 | 2956600 | |
| 肇庆市自然资源局高要分局 | 397419 | 397419 | | 191437 | | | |
| 四会市林业局 | 127291 | 109380 | 17911 | 6380000 | | | |
| 肇庆市国有北岭山林场 | | | | | | | |

## 9-12 续表 6

| 县(市、区)别 | 木材(立方米) | | | 大径竹(根) | | | 松香类产品(吨) |
|---|---|---|---|---|---|---|---|
| | 合计 | 原木 | 薪材 | 合计 | 毛竹 | 其他 | |
| 清桂林场 | | | | | | | |
| 葵洞林场 | | | | | | | |
| 大南山林场 | | | | | | | |
| 肇庆市国有大水口林场 | | | | | | | |
| 大坑山林场 | 1141 | 1141 | | | | | |
| 新岗林场 | | | | | | | |
| 市国有林业总场 | | | | | | | |
| 市林科所 | | | | | | | |
| 广东怀集三岳省级自然保护区管理处 | | | | | | | |
| 广东怀集大稠顶省级自然保护区管理处 | | | | | | | |
| 广东封开黑石顶省级自然保护区管理处 | | | | | | | |
| **清远市** | | | | | | | |
| 市局本部 | | | | | | | |
| 清城区 | 143272 | 143272 | | 1971607 | 1500000 | 471607 | |
| 佛冈县 | 305361 | 251180 | 54181 | 1587980 | 1587980 | | |
| 阳山县林业局 | 121000 | 108790 | 12210 | 2600400 | 2600400 | | |
| 连山壮族瑶族自治县 | 105292 | 105292 | | 219500 | 219500 | | |
| 连南瑶族自治县自然资源局(林业局) | 79000 | 59000 | 20000 | 1375930 | 1315650 | 60280 | |
| 清远市清新区林业局 | 216818 | 180659 | 36159 | 2593780 | 2075024 | 518756 | |
| 英德市林业局 | 641720 | 549826 | 91894 | 3465427 | 68333 | 3397094 | |
| 连州市 | 108655 | 97441 | 11214 | 455400 | 455400 | | |
| 清远市银盏林场 | 6915 | 6915 | | | | | |
| 清远市笔架山林场 | 1677 | 1469 | 208 | | | | |
| 清远市天堂山林场 | 4400 | 4400 | | | | | |
| 清远市英德林场 | 22988 | 19854 | 3134 | | | | |
| 清远市金鸡林场 | | | | | | | |
| 清远市羊角山林场 | 641 | 641 | | | | | |
| 清远市小龙林场 | | | | | | | |
| 清远市龙坪林场 | | | | | | | |
| 清远市杨梅林场 | | | | | | | |
| **潮州市** | | | | | | | |
| 市局本部 | | | | | | | |
| 湘桥区 | 6358 | 4547 | 1812 | | | | |
| 枫溪区 | 955 | 670 | 284 | | | | |
| 潮安区自然资源局 | 30305 | 20901 | 9404 | 190000 | 190000 | | |
| 饶平县 | 84170 | 59216 | 24955 | 78000 | 78000 | | |
| 潮州市国有韩江林场 | 11195 | 7863 | 3332 | | | | |
| 广东潮安凤凰山省级自然保护区 | | | | | | | |
| 市野生动物救护中心 | | | | | | | |
| 市林业科技推广中心 | | | | | | | |
| 广东饶平海山海滩岩田省级自然保护区 | | | | | | | |
| 广东潮安海蚀地貌省级自然保护区 | | | | | | | |
| 潮州韩江鼋花鳗鲡市级自然保护区 | | | | | | | |
| 潮州市国有红山林场 | | | | | | | |
| **揭阳市** | | | | | | | |
| 揭阳市 | | | | | | | |
| 市局本部 | | | | | | | |

# 9-12 续表 7

| 县(市、区)别 | 木材(立方米) | | | 大径竹(根) | | | 松香类产品(吨) |
| --- | --- | --- | --- | --- | --- | --- | --- |
| | 合计 | 原木 | 薪材 | 合计 | 毛竹 | 其他 | |
| 榕城区 | 210 | | | | | | |
| 揭东区 | 13854 | | | | | | |
| 揭西县林业局 | 95332 | | | 1769500 | | | |
| 惠来县自然资源局 | 32340 | | | 1872358 | | | |
| 普宁市 | 33212 | | | 389575 | | | |
| 空港经济区 | | | | | | | |
| 广东揭东桑浦山-双坑省级自然保护区管理处 | | | | | | | |
| **云浮市** | | | | | | | |
| 市局本部 | | | | | | | |
| 云城区 | 114100 | 82400 | 31700 | 3160632 | 3160000 | 632 | |
| 新兴县林业局 | 133556 | 117529 | 16027 | 31000 | | 31000 | |
| 郁南县 | 126412 | 116688 | 9724 | 699199 | 699199 | | |
| 云浮市云安区林业局 | 93123 | 82279 | 10844 | 106072 | | 106072 | |
| 罗定市 | 230800 | 179800 | 51000 | 47948592 | 19179000 | 28769592 | |
| 大云雾林场 | | | | | | | |
| 云浮市国有龙埇林场 | 4900 | 4900 | | | | | |
| 飞马林场 | 2400 | 2400 | | | | | |
| 云浮市国有同乐林场 | 6600 | 6600 | | | | | |
| 水台林场 | 2364 | 2364 | | | | | |
| 林科中心 | | | | | | | |
| **省属林场** | | | | | | | |
| 广东省乳阳林场 | | | | | | | |
| 广东省沙头角林场 | | | | | | | |
| 广东省龙眼洞林场 | | | | | | | |
| 广东省天井山林场 | | | | | | | |
| 广东省樟木头林场 | | | | | | | |
| 广东省乐昌林场 | | | | | | | |
| 广东省连山林场 | | | | | | | |
| 广东省东江林场 | | | | | | | |
| 广东省九连山林场 | | | | | | | |
| 广东省西江林场 | | | | | | | |
| 广东省德庆林场 | | | | | | | |
| 广东省郁南林场 | | | | | | | |
| 广东省云浮林场 | | | | | | | |
| **国家级自然保护区** | | | | | | | |
| 广东南岭国家级自然保护区管理局 | | | | | | | |
| 广东车八岭国家级自然保护区管理局 | | | | | | | |
| 广东象头山国家级自然保护区管理局 | | | | | | | |
| 广东湛江红树林国家级自然保护区管理局 | | | | | | | |
| 广东石门台国家级自然保护区管理局 | | | | | | | |
| 广东南澎列岛海洋生态国家级自然保护区管理局 | | | | | | | |
| 广东雷州珍稀海洋生物国家级自然保护区管理局 | | | | | | | |
| 广东徐闻珊瑚礁国家级自然保护区管理局 | | | | | | | |
| 广东珠江口中华白海豚国家级自然保护区管理局 | | | | | | | |
| 广东惠东海龟国家级自然保护区管理局 | | | | | | | |
| **中林集团雷州林业局** | **624020** | **429263** | **194757** | | | | |

# 9-13 各市林业投资完成情况

(2023年)

单位:万元

| 市　　别 | 合　计 | 造林 | 森林经营 |
|---|---|---|---|
| **全　省** | **1191887.20** | **235725.84** | **111556.64** |
| 广州市 | 147313.61 | 17083.22 | 3432.54 |
| 深圳市 | 32500.08 | 928.14 | 499.80 |
| 珠海市 | 9260.98 | 4697.44 | 547.40 |
| 汕头市 | 5963.93 | 1518.19 | 855.48 |
| 佛山市 | 10816.08 | 2709.28 | 2450.57 |
| 韶关市 | 95615.36 | 23892.42 | 4529.47 |
| 河源市 | 72790.88 | 13809.23 | 4975.36 |
| 梅州市 | 98651.53 | 21356.01 | 11610.27 |
| 惠州市 | 72416.85 | 20622.75 | 2604.29 |
| 汕尾市 | 13457.83 | 4285.68 | 1515.00 |
| 东莞市 | 27587.12 | 361.90 | |
| 中山市 | 2600.76 | 291.47 | 412.45 |
| 江门市 | 51754.65 | 6410.37 | 7422.50 |
| 阳江市 | 20197.25 | 4360.00 | 432.51 |
| 湛江市 | 22200.81 | 4369.11 | 2700.00 |
| 茂名市 | 42161.15 | 6975.65 | 2225.57 |
| 肇庆市 | 69589.57 | 14987.12 | 5641.35 |
| 清远市 | 122020.00 | 13876.00 | 9221.00 |
| 潮州市 | 15818.64 | 3970.08 | 428.05 |
| 揭阳市 | 20125.14 | 6981.07 | 2666.33 |
| 云浮市 | 33910.80 | 3527.06 | 7011.19 |
| 省局直属其他单位 | 67378.61 | 170.00 | 501.38 |
| 省属林场 | 39966.41 | 1342.53 | 16184.86 |
| 国家级保护区 | 97789.16 | 57201.12 | 23689.27 |

# 9-14 林业投资完成与资金来源情况

单位：万元

| 项 目 | 2022年 | 2023年 | 2022年比2023年增长(%) |
|---|---|---|---|
| **总 计** | **1116216.46** | **1191887.20** | **6.78** |
| 一、造林 | 226944.66 | 235725.84 | 3.87 |
| 二、森林经营 | 123702.98 | 111556.64 | -9.82 |
| 三、草原保护修复 | | | |
| 四、湿地保护修复 | 38529.21 | 12767.58 | -66.86 |
| 五、荒漠化治理 | 31.60 | 219.94 | 596.01 |
| 六、林草有害生物防治 | 42376.95 | 37985.28 | -10.36 |
| 七、林草防火 | 43068.65 | 38990.77 | -9.47 |
| 八、自然保护地管理和监测 | 62126.13 | 70534.59 | 13.53 |
| 九、生物多样性保护 | 23228.30 | 9382.39 | -59.61 |
| 十、其他 | 556207.98 | 668060.16 | 20.11 |

# 9-15 林业系统从业人员与劳动报酬

(2023年)

| 项 目 | 单位个数(个) | 单位从业人员(人) | | | | 离岗仍保留劳动关系的职工(人) | 年末离退休人员(人) | 在岗职工年人均工资(元/人) |
|---|---|---|---|---|---|---|---|---|
| | | 合计 | 在岗职工 | | 其他从业人员(人) | | | |
| | | | 小计 | 其中：专业技术人员 | | | | |
| **总 计** | **937** | **19287** | **17091** | **4108** | **2196** | **121** | **23309** | **142122** |
| 一、企业 | 24 | 1742 | 1628 | 121 | 114 | 79 | 3195 | 99392 |
| 二、事业 | 762 | 14158 | 12255 | 3898 | 1903 | 41 | 16908 | 141719 |
| 三、机关 | 151 | 3387 | 3208 | 89 | 179 | 1 | 3206 | 164559 |

# 9-16 各市林业系统从业人员与劳动报酬

(2023年)

| 市别 | 单位个数(个) | 单位从业人员(人) | | | | 离岗仍保留劳动关系的职工(人) | 在岗职工年人均工资(元/人) | 年末离退休人员(人) |
|---|---|---|---|---|---|---|---|---|
| | | 合计 | 在岗职工 | | 其他从业人员 | | | |
| | | | 小计 | 其中:专业技术人员 | | | | |
| **广东** | **937** | **19287** | **17091** | **4108** | **2196** | **121** | **142122** | **23309** |
| 广州市 | 40 | 1558 | 1547 | 189 | 11 | | 156605 | 686 |
| 深圳市 | 18 | 308 | 221 | 44 | 87 | | 275357 | 85 |
| 珠海市 | 14 | 178 | 177 | 27 | 1 | | 121962 | 2 |
| 汕头市 | 15 | 214 | 214 | 39 | | 1 | 143439 | 242 |
| 佛山市 | 9 | 165 | 163 | 92 | 2 | | 151404 | 179 |
| 韶关市 | 153 | 2354 | 1984 | 507 | 370 | 44 | 111029 | 2462 |
| 河源市 | 96 | 1133 | 1082 | 258 | 51 | 1 | 102726 | 1453 |
| 梅州市 | 71 | 887 | 843 | 236 | 44 | | 133916 | 748 |
| 惠州市 | 49 | 917 | 866 | 222 | 51 | | 171355 | 1506 |
| 汕尾市 | 36 | 470 | 416 | 21 | 54 | 23 | 101333 | 574 |
| 东莞市 | 6 | 699 | 221 | 132 | 478 | | 192308 | 272 |
| 中山市 | 4 | 47 | 47 | 25 | | | 216170 | 44 |
| 江门市 | 36 | 767 | 742 | 186 | 25 | | 140685 | 1029 |
| 阳江市 | 24 | 515 | 453 | 174 | 62 | | 121170 | 876 |
| 湛江市 | 43 | 728 | 698 | 58 | 30 | | 85453 | 649 |
| 茂名市 | 40 | 1105 | 972 | 210 | 133 | | 101260 | 1505 |
| 肇庆市 | 82 | 1255 | 1093 | 268 | 162 | | 138937 | 1351 |
| 清远市 | 105 | 1443 | 1390 | 275 | 53 | | 135389 | 1867 |
| 潮州市 | 19 | 298 | 258 | 20 | 40 | 48 | 96960 | 651 |
| 揭阳市 | 19 | 219 | 219 | 23 | | 1 | 78717 | 304 |
| 云浮市 | 22 | 378 | 357 | 91 | 21 | | 124918 | 662 |
| 中林集团雷州林业局 | 1 | 1077 | 1077 | 90 | | | 119330 | 2518 |
| 省属林场 | 18 | 1514 | 1246 | 546 | 268 | 3 | 2990894 | 3061 |
| 国家级保护区 | 10 | 463 | 264 | 67 | 199 | | 2395420 | 49 |
| 省局属其他林业单位 | 7 | 595 | 541 | 308 | 54 | | 2067447 | 534 |

# 十、畜牧业与饲料工业

# 畜牧业与饲料工业

【概况】

2023年，广东省畜牧业总产值1695.1亿元，同比增长5.7%，占农林牧渔业总产值的18.4%；肉类产量507.5万吨，同比增长5.5%；出栏生猪3794.0万头，同比增长8.5%；出栏家禽13.7亿只，同比增长2.8%；出栏肉牛35.06万头，同比减少1.4%；出栏肉羊108.9万头，同比减少3.1%。禽蛋产量49.9万吨，同比增长5.7%；牛奶产量20.2万吨，同比增长2.2%。年末生猪存栏2049.2万头,同比减少6.7%；能繁母猪存栏195.8万头,同比减少4.2%；家禽存栏4.0亿只，同比增长3.7%。2023年全省饲料产品总产量3610.7万吨，同比增长3.2%；饲料工业总产值1660.9亿元,同比增长5.2%。

【畜禽稳产保供】

畜禽生产保障有力有效。严格落实生猪稳产保供属地管理责任。认真落实生猪稳产保供省负总责的要求，督促全省各地严格落实全面推进乡村振兴实绩考核、“菜篮子”市长负责制考核和“百千万工程”重点任务，压实属地管理责任。广东省畜禽稳产保供形势保持平稳，非洲猪瘟之后，广东省生猪产能加快恢复，目前已恢复到非洲猪瘟之前的水平。2023年年末，全省能繁母猪存栏195.8万头，比国家下达的目标任务高3.1个百分点。2023年生猪出栏3794.0万头，同比增长8.5%，生猪自给率76%，超过国家下达我省的70%的任务。年末全省生猪规模场（户）6208家，全年均维持在正常保有量以上水平；2023年家禽出栏13.74亿只，同比增长2.8%，全国排名第2，家禽基本满足自给，与相邻省区有少量调进调出。

落实畜禽生产支持政策。稳定金融、财政、用地、环保、交通运输、收储等长效性支持政策，防止政策“急转弯”“翻烧饼”。强化金融支持政策，发挥广东省金融支农促进会作用，进一步协调金融机构，推动国家级、省级生猪产能调控基地和银行对接，生猪贷款规模持续增长，惠及各类养殖主体。发挥广东省农业供给侧基金作用，投资生猪产业链领域的子基金11只，助力23家生猪产业链企业复产扩产，支持中芯种业开展现代化生猪种业振兴工程。养殖圈舍、生猪活体、土地经营权、大型养殖机械等四类抵押贷款试点全覆盖。创新养殖保险政策，除能繁母猪保险、育肥猪保险、仔猪保险3个政策性生猪保险外，积极推动保险机构创新保险产品，探索生猪价格“保险+期货”试点，在广州、清远等15个地市开办34个生猪价格“保险+期货”项目。加强财政资金保障，2023组织实施生猪良种补贴项目，对已配种或经产母猪进行补贴；组织实施规模养殖场贷款贴息项目，对养殖企业进行贷款补助，缓解生猪养殖企业资金压力。

【生猪产能调控】

落实生猪产调控机制。省分管领导召开专题会议，研究落实国家下达全省的生猪产能调控工作等考核任务目标。强化督导考核，将能繁母猪存栏量、规模猪场（户）保有量指标列入省对各市的乡村振兴实绩考核、“菜篮子”市长负责制考核和“百千万工程”重点任务，督促各地严格落实。开展2022年度生猪产能调控工作专项考核迎检工作，对2022年全省生猪产能调控工作开展情况进行全面总结和自查，及时向农业农村部报送《广东省2022年度生猪产能调控工作考核自查报告》，完成各项考核迎检工作。组织全省各地申报国家级和省级生猪产能调控基地，2023年公布并挂牌67个国家级和51个省级生猪产能基地，积极发挥产能调控基地协调作用。召开全省畜牧工作会议和第四十九届养猪产业大会（广州），部署落实推进畜牧业高质量发展，精准落实生猪产能调控机制。开展全省生猪产能调控工作培训、全省畜牧业统计监测业务培训，对相关政策、项目进行详细解读，不断提升各市、县推动生猪产能调控工作能力水平。在农业农村部开展的2022年度生猪产能调控工作考核中，我省被评为“优秀”等次。

加强监测调度与预警。坚持对全省生猪产能进行月度监测，强化全产业链监测与形势研判，在省农业农村厅门户网站公布每月全省生猪产能监测情况，对生猪产能连续高位运行对地市，予以电话提醒。举办四期畜牧业统计监测专题培训班，开展数据监测地市间结对共建，发挥先进地市的传帮带作用。发挥广东省养猪行业协会和广东省生猪产能调控联盟作用，不定期组织养猪头部企业行业专家、企业代表举行分析座谈会，为行业健康发展提供信息、智力支持。

【畜牧业高质量发展】

推动畜牧业标准化规模化发展。组织国家级标准化示范场、广东省现代化美丽牧场、省级标准化示范场创建活动，示范带动产业高质量发展，2023年共创建国家级标准化示范场8家、广东省现代化美丽牧场18家、省级标准化示范场215家。

开展新畜牧法学习宣贯。制定具体宣传贯彻方案，订购发放《畜牧法》单行本和宣传海报挂图7000余份，通过“请进来”+“走出去”面向全省畜牧系统开展培训，“线上”+“线下”面向社会公众开展普法，累计培训2000余人次。省农业农村厅报送的“‘叻叻猪’‘咕咕鸡’线上线下融合宣传《畜牧法》”项目，被广东省普法办评为“2022–2023年度全省优秀普法工作项目”。

加快畜牧业品牌建设。发挥农产品“12221”市场体系作用,积极开展生猪、优质鸡产品品牌宣传推介活动，举办了“咕咕鸡”飞上广州塔、优质鸡宣传推介直播、畜禽预制菜宣传推广等各类活动，推出“叻叻猪”、“咕咕鸡”表情包，助力广东畜禽产品品牌建设。

【畜禽粪污资源化利用】

加快推进整县推进项目。推进2018–2023年共23个中央财政和中央预算内投资畜禽粪污资源化利用整县推进项目县实施，积极争取农业农村部支持，2023年畜禽粪污资源化利用整县推进项目新增1个、续建2个。重点督促2022年从化区、南雄市和2023年恩平市整县推进项目加快实施，对已完成工程建设任务的主体开展验收工和申请财政资金支付。截至12月底，2020年前启动的项目，开工率、完工率均达到100%，2022年启动的项目，开工率100%、完工率73.3%。

落实资源化利用计划和台账管理。组织全省各地在直联直报信息系统填报2022年度畜禽粪污资源化利用情况。联合省生态环境厅调度畜禽粪污资源化利用工作情况，指导畜禽规模养殖场建立畜禽粪污资源化利用台账，及时准确记录有关信息，确保畜禽粪污去向可追溯。2023年度，广东省已制定粪污资源化利用计划的规模养殖场15213家，占全省规模场数的77%；建立粪污资源化利用台账的规模养殖场15753家，占比80%。

【推进奶业振兴】

2023年末广东奶牛存栏6.1万头，牛奶产量20.2万吨、同比增长2.2%。全省以养殖荷斯坦奶牛为主，约占全省奶牛存栏的94.0%，其中荷斯坦奶牛存栏在100头以上的规模养殖场存栏占97.6%。全省登记在册的生鲜奶收购站43个，主要分布在广州、惠州、清远等大中城市。生鲜奶生产收购运输全部实行持证经营和运输车辆准运证管理，100%实现机械挤奶。2023年生鲜乳质量安全监测合格率100%，生鲜乳收购站和运输车现场检查达标率100%。继续组织实施广东省奶业生产能力提升整县推进项目，提升奶牛养殖设施装备水平和草畜配套水平，进一步提高奶业生产效率和奶农自我发展能力，示范带动奶业高质量发展。

【饲料工业】

2023年，全省各级饲料管理部门认真落实农业农村部和省委省政府的决策部署，积极应对饲料原料紧缺、原料价格暴涨、全球气候变化、消费端疲软等不利因素影响，树立新发展理念，加强饲料行业管理服务，大力推进饲料业转型升级，全省饲料业保持高质量平稳发展。2023年全省饲料工业总产值1660.9亿元，同比增长5.2%。生猪饲料产量接近历史最高水平，家禽饲料产量持平，水产饲料、宠物饲料产量下降。全省饲料质量安全监管工作扎实开展，省级饲料质量安全监督抽查总体合格率为98.2%。

总产量再创历史新高，猪、禽饲料需求旺。2023年，全省饲料总产量为3610.7万吨，同比增长3.2%，饲料总产量创历史新高。生猪行业结构加快调整，大型生猪养殖企业持续扩张、规模化水平不断提升，生猪存栏和能繁母猪都处于高位水平，产能维持高位运行，全省生猪出栏3794.0万头，同比增长8.5%，生猪饲料总产量1503.5万吨，同比增长9.5%。猪饲料产量达到近五年来的最高峰。全省家禽出栏13.7亿只，同比增长2.8%，带动家禽饲料需求量稳中有增，全年蛋禽饲料产量223.6万吨，同比增长0.9%；肉禽饲料产量1112.9万吨，同比增长1.1%。水产饲料需求下降，全年水产饲料总产量740.0万吨，同比下降4.5%。反刍动物饲料需求基本不变，全省反刍饲料总产量9.3万吨，同比下降0.5%，与去年产量基本持平。宠物饲料需求减少，全年宠物饲料总产量2.4万吨，同比下降15.1%。

饲料原料消费量、价格双增长。在2022年原料持续上涨的基础上，2023年前三季度主要的饲料原料玉米、豆粕、菜粕、鱼粉等价格仍处于一路上涨的态势，直到第四季度才开始小幅回落。全年各类饲料原料价格总体以涨为主。由于2023年全年饲料总产量的增长，饲料原料如大麦、小麦、菜粕、糠麸、玉米等的消费大多以增长为主，全年大麦、小麦的消费量比往年高出80%以上，菜粕高出30%。豆粕消费方面，我省大力推行豆粕减量替代，全年豆粕消费量同比减少6%左右。

饲料添加剂产品量增利减。受大环境消费不振、前三季度饲料原料价格大涨的影响，配合饲料企业成本压力大，饲料添加剂企业只能缩小利润空间，来换取销量。由于全年饲料总产量有所增长，饲料添加剂的需求量同步增长，全年饲料添加剂总产量23.1万吨，同比增长8.6%，但总产值57.7亿元，同比下降4.9%。外贸出口方面，同样是保量降利，全年饲料添加剂出口量2.8万吨，同比增长7.3%；出口额7.7亿元，同比下降9.9%。

饲料产业规模化和集中度持续提升。2023年全省共有饲料和饲料添加剂企业约960家，生产许可证1199份，其中隶属于大型饲料集团的企业约192家，这些企业的饲料产量占全省饲料总产量的70%。全年省内饲料总产量超10万吨的饲料生产厂有130家（比2022年多1家），其中饲料总产量超20万吨的有46家（比2022年多9家），超30万吨的饲料生产企业有16家（比2022年多4家）。饲料产量增长明显的主要是各大生猪、家禽饲料集团企业。饲料产业整体规模化水平、集中度持续提升。

**【饲料行业监管】**

推进豆粕减量替代。深入贯彻落实党中央国务院和农业农村部的工作部署，把豆粕减量替代工作贯穿畜牧业稳产保供、高质量发展全过程，强化政府引导，鼓励企业自主创新，多措并举推进豆粕减量替代。印发《广东省饲用豆粕减量替代三年行动方案》，力争饲料中豆粕用量占比每年下降0.5个百分点以上，到2025年饲料中豆粕用量占比降至12.2%以下；引导推动企业聚焦豆粕减量替代开展技术创新，推行精准配方和精细工艺，探索形成一批效果良好的技术路径和模式；支持引导高校和科研院所加强联合攻关，立足本土禀赋，大力发掘可替代资源；积极推进餐桌剩余食物饲料化定向使用试点工作；充分利用主流媒体平台、政务工作群、企业工作群、依托行业协会广泛开展线上线下宣传，凝聚行业共识。

规范饲料生产管理。举办全省饲料和饲料添加剂生产许可证现场审核专家培训班，加强生产许可管理；严格落实饲料生产行政许可、产品委托备案和自由销售证明等各项管理工作。2023年全省共核发饲料和饲料添加剂生产许可证394份，其中省级168份、市级225份；市级核发批准文号29个；办理委托生产备案143批次，产品3686个；办理自由销售证明203批次，产品805个；委托省饲料行业协会开展饲料生产信息月度统计监测及生产形势分析工作，举办全省饲料生产信息统计监测培训班，完成水产饲料生产及行业发展、发酵饲料生产情况等专题调研；做好饲料生产企业安全生产管理工作，举办全省饲料安全生产培训班，培训各地市企业生产、管理人员和技术负责人等近180人。组织开展2023年饲料“安全生产月”活动，督促指导地市及企业加强安全生产管理。

饲料质量安全监管。开展省、市两级“双随机、一公开”饲料质量安全监督抽查。2023年，省级监督抽查饲料生产企业204家，饲料经营门店59家、养殖场（户）43家，共抽检各类商品饲料及自配料产品653批次，其中有12批次产品不合格，总体合格率为98.2%；召开全省饲料质量安全专题座谈会，针对2022年饲料质量安全监督抽检和风险预警监测结果，约谈30余家饲料生产企业，规范企业生产行为，强化饲料质量安全监管；开展省级饲料质量安全风险预警监测，对228批次样品进行真菌毒素、201批次样品进行未知非法添加物和违规违禁药物等项目的高通量风险筛查监测，以及195批次配合饲料和6批次浓缩饲料进行重金属指标风险筛查；开展饲料和饲料添加剂生产企业现场检查，2023年全省共计现场检查饲料和饲料添加剂生产企业7531家次，出动检查人员17908人次；开展饲料标签专项检查，全年全省共出动检查人员13155人次，检查饲料生产企业、经营门店及养殖场（户）共5635家次，对发现饲料标签存在问题的均已要求限期整改。

深化饲料“放管服”工作。做好饲料行政许可委托事项工作，将从事饲料、饲料添加剂生产的企业审批（单一饲料、浓缩饲料、配合饲料、精料补充料、宠物配合饲料）和饲料添加剂产品批准文号核发，委托给深圳市前海深港现代服务业合作区管理局实施。委托广州汇标检测技术中心、广东省科学院测试分析研究所（中国广州分析测试中心）、广东省科学院微生物研究所（广东省微生物分析检测中心）等3家机构，承担全省饲料管理行政许可所需的检测方法验证和产品复核检测工作。配合数字政府建设，持续优化政务服务事项梳理、“双公示”、电子证照等工作。督促指导企业做好饲料添加剂预混合饲料、混合型饲料添加剂产品配方备案工作。

**【重大动物疫病防控】**

抓好重大动物疫病防控。实行网格化排查，加强监测预警，加强生物安全管理，落实动物疫病分区防控机制，有效防控非洲猪瘟疫情。落实落细强制免疫、监测预警、清洗消毒、检疫监管、无害化处理等综合防控措施，有效防控禽流感、口蹄疫等重大动物疫病，全省重大动物疫病形势保持平稳。制定并实施强制免疫计划，印发《广东省动物疫病强制免疫补助政策改革实施方案》，深入推进强制免疫“先打后补”，坚持程序免疫与集中免疫相结合，切实抓好强制免疫。制定并实施全省动物疫病监测与流行病学调查计划，高致病性禽流感、口蹄疫、小反刍兽疫等强制免疫病种免疫密度维持在90%以上，抗体合格率维持在75%以上，构筑了有效免疫屏障。开展“大清洗、大消毒”行动，聚焦养殖、运输、屠宰、无害化处理等关键环节、重点场所，不断净化养殖环境，环境样品监测阳性率持续下降。

抓好畜间人兽共患病防控。开展畜间人兽共患病防治行动，分病种实施防治措施，高致病性禽流感、布鲁氏菌病、结核病、狂犬病等畜间人兽共患病得到稳定控制，人间高致病性禽流感、狂犬病病例连续多年下降趋势。开展畜间布鲁氏菌病防控五年行动，强化监测排查，落实检疫要求，加大调运监管力度，加强宣传培训，布鲁氏菌病阳性率持续控制在较低水平。扎实做好高致病性禽流感强制免疫，做好家禽高致病性禽流感免疫效果监测，督促活禽交易市场落实“1110”制度，降低高致病性禽流感向人间传播风险。通过委托动物诊疗机构开展免疫服务，加强城市犬只狂犬病免疫；通过春秋季动物疫病防控行动加强农村犬只狂犬病免疫，全省连续多年未接到动物狂犬病疫情报告。韶关市曲江区、清远市英德市开展有钉螺区域周边牲畜感染情况排查，禁止相关区域放牧，开展血清学检测，未发现血吸虫感染情况，继续保持无疫状态。

推进动物疫病区域化管理。深入推进动物疫病分区域净化，构建动物疫病净化场、无疫小区和无疫区“三位一体”的新型动物区域化管理格局，推动动物疫病由预防控制向净化消灭转变。推进种畜禽场动物疫病净化，全省共建成11个国家级动物疫病净化场、34个省级动物疫病净化场。其中国家级布鲁氏菌病净化场2个，省级布鲁氏菌病净化场5个。推进非洲猪瘟、布鲁氏菌病等无疫小区建设，全省建成23个国家级非洲猪瘟无疫小区，2个布鲁氏菌病无疫小区，创建数量居全国前列。维持从化无马属动物疫病区无疫状态。落实马属动物疫病监测调查、检疫监管、移动控制等综合防控措施，持续强化从化无马属动物疫病区管理维护，从化无马属动物疫病区连续14年维持无疫，为粤港马产业合作发展提供了坚实保障。

完善动物疫病应急管理机制。修订《广东省突发重大动物疫情应急预案》，完善重大动物疫病应急处置指挥体系，细化动物疫情分级，明确疫情报告、先期处置、应急响应与结束等工作程序和要求。加强应急防疫物资储备，组建应急防疫队伍，定期开展应急演练，常态化做好应急准备。

**【动物检疫监督】**

加强动物检疫管理。严格实施产地检疫、屠宰检疫，全省共出具动物检疫证明5000多万份，出证量居全国第一，有效阻断动物疫病传播途径。完善省动物检疫和溯源信息化系统，在深圳、惠州、湛江、阳江等市开展无纸化出具动物检疫证明试点，开展中南区内省际间无纸化出具动物检疫证明试点，全面推行动物检疫管理信息化，提升检疫工作效能。加强动物防疫监督。坚持日常监督检查与专项监督检查并重，强化对养殖、运输、屠宰等环节的全链条监管，规范动物防疫活动行为。开展动物检疫合格证明专项核查行动，严防违规违法调运动物及动物产品行为，维护动物检疫秩序。制订《广东省动物防疫条件审查场所选址评估办法》，规范动物防疫条件审查场所选址。加强动物运输指定通道查验。认真落实省外动物指定通道进入等制度，全省23个入粤动物运输指定通道，严格实施24小时值守，严格查验入粤动物，防止外疫传入。

**【兽药行业管理】**

强化兽药质量监管。组织实施兽药质量监督抽检、风险监测和跟踪抽检，提升兽药产品质量，保障畜禽产品质量安全。开展兽药领域专项整治。检查指导企业兽药生产经营情况和畜禽养殖用药情况，督促兽药生产、经营和使用企业和单位落实兽药质量安全主体责任，整治违法违规生产经营使用兽药行为。加强兽用抗菌药综合治理。深入推进兽用抗菌药使用减量化行动，开展减抗效果评价。组织实施畜禽产品兽药残留监控计划和动物源细菌耐药性监测计划，不断提升风险管控能力。

**【屠宰行业管理】**

强化畜禽屠宰监管。建立常态化监督检查机制，对所有生猪屠宰企业进行全覆盖监督检查，压实屠宰企业质量安全和安全生产主体责任。开展畜禽屠宰“严规范 促提升 保安全”三年行动，开展畜禽屠宰领域违法违规行为专项整治，屠宰环节质量安全风险监测计划，规范畜禽屠宰行业秩序，保障肉品质量安全。推进生猪屠宰标准化建设。开展国家级和省级标准化屠宰企业创建工作，提升规模化、规范化水平，全省建成共有国家级生猪屠宰标准化示范厂10家、省级标准化屠宰厂75家。做好屠宰统计监测工作。做好全省屠宰生猪及肉品价格日报、周报、月报汇总和数据分析，定期发布全省及各地生猪屠宰数量等动态信息，指导各屠宰场合理安排屠宰产能，保障肉品供应。

（联系人：畜牧饲料处肖瑾怡，电话：020-37288562，15815851664）

# 10-1 种畜禽场情况

(2023年)

| 项　　目 | 单位 | 场个数(个) | 年末存栏 | 能繁母畜 | 当年出场种畜禽 | 当年生产胚胎(枚) | 当年生产冻精(万份) |
|---|---|---|---|---|---|---|---|
| **一、种畜禽场总数** | | **527** | | | | | |
| (一)种牛场 | 头 | 13 | 27860 | 13770 | 658 | 2156 | |
| 1.种乳牛场 | 头 | 9 | 25568 | 13040 | 630 | 2156 | |
| 2.种肉牛场 | 头 | 4 | 2292 | 730 | 28 | | |
| 3.种水牛场 | | | | | | | |
| 4.种牦牛场 | | | | | | | |
| (二)种马场 | | | | | | | |
| (三)种猪场 | 头 | 323 | 3584491 | 657290 | 1266978 | | |
| (四)种羊场 | 只 | 2 | 7467 | 2872 | 2298 | 2150 | |
| 1.种绵羊场 | | 1 | 4812 | 1756 | 300 | 2150 | |
| 其中：种细毛羊场 | | | | | | | |
| 2.种山羊 | 只 | 1 | 2655 | 1116 | 1998 | | |
| 其中：种绒山羊场 | | | | | | | |
| (五)种禽场 | | 177 | | | | | |
| 1.种蛋鸡场 | 套 | 20 | 1231651 | | | | |
| 其中：祖代蛋鸡场 | 套 | | | | | | |
| 父母代蛋鸡场 | 套 | 20 | 1231651 | | | | |
| 2.种肉鸡场 | 套 | 114 | 9955393 | | | | |
| 其中：祖代肉鸡场 | 套 | 20 | 903943 | | 25722686 | | |
| 父母代肉鸡场 | 套 | 94 | 9051450 | | | | |
| 3.种鸭场 | 只 | 11 | 233053 | | | | |
| 4.种鹅场 | 只 | 32 | 324674 | | | | |
| (六)种兔场 | 只 | 1 | 1500 | | | | |
| (七)种蜂场 | 箱 | 1 | 300 | | | | |
| (八)其它 | | 10 | | | | | |
| **二、种畜站总数** | | **5** | | | | | |
| 1.种公牛站 | | | | | | | |
| 2.种公羊站 | | | | | | | |
| 3.种公猪站 | 头 | 5 | 1041 | | | | 65240 |

注：1.本表只统计已颁发许可证的种畜场、站；
　　2.凡已颁发许可证且未列入的第一类(一)至(七)项中的种畜场均列入其它，如种鹿场、种鹌场、种鸽场、种犬场、种狐狸场、种貂场、种鸵鸟场等。

# 10–2 省、市、县畜牧技术机构基本情况

(2023年)

| 指 标 名 称 | 计算单位 | 畜牧站 | 家畜繁育改良站 | 草原工作站 | 饲料监察所 |
|---|---|---|---|---|---|
| **一、省级机构** | **个** | **1** | | | |
| 在编干部职工 | 人 | 15 | | | |
| 其中按职称分 | | | | | |
| 高级技术 | 人 | 7 | | | |
| 中级技术 | 人 | 5 | | | |
| 初级技术 | 人 | 1 | | | |
| 其中按学历 | 人 | | | | |
| 研究生 | 人 | 13 | | | |
| 大学本科 | 人 | 2 | | | |
| 大学专科 | 人 | | | | |
| 中专 | 人 | | | | |
| 离退休人员 | 人 | | | | |
| **二、地(市)级机构** | **人** | **6** | | | **1** |
| 在编干部职工 | 人 | 64 | | | 8 |
| 其中按职称分 | 人 | | | | |
| 高级技术 | 人 | 15 | | | 1 |
| 中级技术 | 人 | 21 | | | 4 |
| 初级技术 | 人 | 15 | | | 3 |
| 其中按学历 | | | | | |
| 研究生 | 人 | 10 | | | 1 |
| 大学本科 | 人 | 39 | | | 7 |
| 大学专科 | 人 | 9 | | | |
| 中专 | 人 | 5 | | | |
| 离退休人员 | 人 | 37 | | | 2 |
| **三、县市级机构** | **人** | **55** | **4** | | **3** |
| 在编干部职工 | 人 | 956 | 61 | | 39 |
| 其中按职称分 | | | | | |
| 高级技术 | 人 | 39 | | | 4 |
| 中级技术 | 人 | 215 | 46 | | 17 |
| 初级技术 | 人 | 265 | 8 | | 11 |
| 其中按学历 | 人 | | | | |
| 研究生 | | 45 | | | |
| 大学本科 | 人 | 292 | 7 | | 13 |
| 大学专科 | 人 | 301 | 8 | | 20 |
| 中专 | 人 | 183 | 36 | | 6 |
| 离退休人员 | 人 | 943 | 114 | | 38 |

# 10-3　乡镇畜牧兽医机构基本情况

(2023年)

| 项　　目 | 计算单位 | 畜牧兽医站 | 项　　目 | 计算单位 | 畜牧兽医站 |
|---|---|---|---|---|---|
| **一、畜牧兽医站站数** | **个** | **512** | **四、经营情况** | | |
| **二、畜牧兽医站职工总数** | **人** | **3083** | 畜牧兽医站盈余站数 | 个 | 2 |
| 畜牧兽医站在编人数 | 人 | 2195 | 畜牧兽医站盈余金额 | 万元 | 1.98 |
| 畜牧兽医站离退休人员 | 人 | 1581 | 畜牧兽医站亏损站数 | 个 | 21 |
| **三、技术职称状况** | | | 畜牧兽医站亏损金额 | 万元 | 304.25 |
| 畜牧兽医站高级技术职称 | 人 | 54 | **五、畜牧兽医站全年总收入** | **万元** | **23120.31** |
| 畜牧兽医站中级技术职称 | 人 | 537 | 其中：畜牧兽医站经营服务收入 | 万元 | 1280.03 |
| 畜牧兽医站初级技术职称 | 人 | 663 | **六、畜牧兽医站全年总支出** | **万元** | **23251.87** |
| 畜牧兽医站技术员 | 人 | 382 | 其中：畜牧兽医站工资总额 | 万元 | 18700.5 |

# 10-4　全省生猪饲养规模情况

(2023年)

计量单位：个、头

| 项　　目 | 场(户)数 | 年出栏数 |
|---|---|---|
| 年出栏数1--49头 | 53881 | 1267482 |
| 年出栏数50--99头 | 16344 | 1220597 |
| 年出栏数100--499头 | 20404 | 4535346 |
| 年出栏数500--999头 | 5539 | 4174648 |
| 年出栏数1000--2999头 | 5146 | 9913854 |
| 年出栏数3000--4999头 | 1243 | 4949780 |
| 年出栏数5000--9999头 | 569 | 4210286 |
| 年出栏数10000--49999头 | 324 | 7339691 |
| 年出栏数50000头以上 | 35 | 3543378 |
| **合　计** | **103485** | **41155062** |

# 10-5 全省肉鸡饲养规模情况

(2023年)　　计量单位：个、只

| 项　　目 | 场(户)数 | 年出栏数 |
|---|---|---|
| 年出栏数1——1999只 | 1465587 | 125129308 |
| 年出栏数2000——9999只 | 11308 | 58108495 |
| 年出栏数10000~29999只 | 9194 | 207462491 |
| 年出栏数30000~49999只 | 6106 | 246753713 |
| 年出栏数50000~99999只 | 2608 | 191856887 |
| 年出栏数100000~499999只 | 596 | 132848775 |
| 年出栏数500000~999999只 | 53 | 38854203 |
| 年出栏数100万只以上 | 48 | 119177194 |
| **合　计** | **1495500** | **1120191066** |

# 10-6 全省蛋鸡饲养规模情况

(2023年)　　计量单位：个、只、吨

| 项　　目 | 场(户)数 | 年存栏数 | 鸡蛋产量 |
|---|---|---|---|
| 年存栏数499只以下 | 319172 | 2882942 | 27183.73 |
| 年存栏数500——1999只 | 551 | 583216 | 5650.54 |
| 年存栏数2000——9999只 | 364 | 1893554 | 19077.94 |
| 年存栏数10000——49999只 | 231 | 6731761 | 64322.92 |
| 年存栏数50000——99999只 | 59 | 4303560 | 45855.55 |
| 年存栏数100000——499999只 | 45 | 8415012 | 91278.08 |
| 年存栏数500000只以上 | 12 | 10554278 | 104162.73 |
| **合　计** | **320434** | **35364323** | **357531.49** |

# 10-7 全省奶牛饲养规模情况

(2023年) 计量单位：个、头、吨

| 项　　目 | 场(户)数 | 年存栏数 | 牛奶产量 |
| --- | --- | --- | --- |
| 年末存栏数1−−49头 | 441 | 2103 | 5064.57 |
| 年末存栏数50−−99头 | 10 | 524 | 1273.89 |
| 年末存栏数100−−199头 | 5 | 735 | 1549.60 |
| 年末存栏数200−−499头 | 5 | 2212 | 9035.9 |
| 年末存栏数500−−999头 | 6 | 4730 | 18588.86 |
| 年末存栏数1000−−1999头 | 13 | 15950 | 60950.56 |
| 年末存栏数2000−−4999头 | 10 | 32797 | 149303.2 |
| 年末存栏数5000头以上 | | | |
| **合　计** | **490** | **59051** | **245766.58** |

# 10-8 全省肉牛饲养规模情况

(2023年) 计量单位：个、头

| 项　　目 | 场(户)数 | 年出栏数 |
| --- | --- | --- |
| 年出栏数1−−9头 | 78143 | 227914 |
| 年出栏数10−−49头 | 3555 | 94332 |
| 年出栏数50−−99头 | 522 | 39661 |
| 年出栏数100−−499头 | 109 | 27798 |
| 年出栏数500−−999头 | 9 | 6122 |
| 年出栏数1000头以上 | 8 | 21796 |
| **合　计** | **82346** | **417623** |

# 10-9 全省养羊饲养规模情况

(2023年) 计量单位：个、只

| 项目 | 场(户)数 | 年出栏数 |
|---|---|---|
| 年出栏数1--29只 | 10762 | 187064 |
| 年出栏数30--99只 | 3434 | 224103 |
| 年出栏数100~199只 | 1071 | 152248 |
| 年出栏数200~499只 | 258 | 96306 |
| 年出栏数500~999只 | 39 | 27932 |
| 年出栏数1000~2999只 | 16 | 30738 |
| 年出栏数3000只以上 | 3 | 17090 |
| **合　计** | **15583** | **735481** |

# 10-10 主要年份畜牧业生产情况

单位：万头、万只

| 年份 | 黄水牛年末存栏头数 | 奶牛年末存栏头数 | 山羊年末存栏只数 | 生猪年末存栏量 | 能繁殖母猪 | 家禽饲养量 |
|---|---|---|---|---|---|---|
| 1949 | | | | | | |
| 1952 | 303.42 | | 3.73 | 477.86 | 34.45 | |
| 1957 | 331.28 | | 11.98 | 721.78 | 50.52 | |
| 1962 | 270.46 | | 14.70 | 543.22 | 38.03 | |
| 1965 | 298.61 | | 17.16 | 161.82 | 83.57 | |
| 1970 | 314.82 | 1.21 | 11.72 | 1425.24 | 123.27 | 773.00 |
| 1975 | 309.90 | 1.18 | 13.70 | 1757.38 | 143.52 | 1034.38 |
| 1978 | 295.67 | 1.51 | 16.38 | 1777.39 | 135.80 | 7192.70 |
| 1980 | 306.02 | 1.52 | 13.38 | 1704.59 | 115.70 | 13337.20 |
| 1985 | 414.58 | 2.01 | 10.23 | 1884.02 | 154.49 | 31646.50 |
| 1990 | 473.55 | 2.95 | 14.21 | 2058.89 | 141.98 | 53199.88 |
| 1995 | 468.97 | 2.56 | 27.30 | 2183.95 | 137.25 | 100729.14 |
| 2000 | 416.92 | 3.72 | 29.33 | 2034.79 | 143.75 | 124800.95 |
| 2005 | 367.43 | 4.83 | 39.20 | 2143.50 | 162.77 | 127070.31 |
| 2010 | 169.92 | 5.57 | 50.52 | 2332.51 | 262.65 | 150315.03 |
| 2015 | 127.13 | 5.79 | 83.55 | 2308.54 | 242.52 | 133755.82 |
| 2017 | 114.70 | 5.98 | 93.30 | 2132.82 | 229.43 | 141953.53 |
| 2018 | 114.59 | 5.97 | 92.96 | 2024.26 | 217.98 | 137498.10 |
| 2019 | 114.61 | 5.97 | 93.57 | 1333.79 | 131.01 | 149749.78 |
| 2020 | 115.56 | 6.84 | 94.31 | 1767.27 | 184.72 | 162660.75 |
| 2021 | 106.79 | 6.20 | 88.64 | 2075.48 | 191.18 | 152443.59 |
| 2022 | 102.34 | 6.20 | 85.12 | 2195.86 | 204.38 | 155068.77 |
| 2023 | 92.37 | 6.13 | 83.82 | 2049.20 | 195.79 | 177616.51 |

注：1.家禽种类主要包括鸡、鸭、鹅三个种类；
　　2.家禽饲养量=家禽年末存栏+家禽全年出栏。

# 10-11 主要年份畜牧业主要产品产量

单位：万头、万吨

| 年份 | 生猪出栏头数 | 猪肉产量 | 出售和自宰的肉用牛 | 牛肉产量 | 羊肉产量 | 牛奶产量 |
|---|---|---|---|---|---|---|
| 1949 | 196.73 | 8.09 | | | | |
| 1952 | 282.54 | 11.62 | | | 0.01 | |
| 1957 | 429.63 | 19.60 | 22.90 | 1.75 | 0.02 | |
| 1962 | 324.57 | 11.02 | 7.64 | 0.59 | 0.03 | |
| 1965 | 677.66 | 24.71 | 8.49 | 0.64 | 0.04 | |
| 1970 | 919.55 | 40.17 | 6.91 | 0.51 | 0.01 | 1.36 |
| 1975 | 956.00 | 45.47 | 5.95 | 0.43 | 0.01 | 1.33 |
| 1978 | 942.70 | 48.09 | 3.17 | 0.34 | 0.02 | 1.66 |
| 1980 | 1026.10 | 62.62 | 7.41 | 0.55 | 0.03 | 2.18 |
| 1985 | 1285.20 | 97.59 | 17.36 | 1.46 | 0.09 | 4.09 |
| 1990 | 1792.85 | 145.35 | 28.21 | 2.88 | 0.16 | 5.51 |
| 1995 | 2395.21 | 188.75 | 51.85 | 5.68 | 0.44 | 5.49 |
| 2000 | 2954.98 | 206.85 | 47.64 | 5.17 | 0.43 | 9.19 |
| 2005 | 3616.74 | 256.28 | 67.08 | 7.21 | 0.71 | 11.64 |
| 2010 | 3863.23 | 285.14 | 42.41 | 4.97 | 1.24 | 15.00 |
| 2015 | 3959.62 | 296.31 | 34.58 | 4.14 | 1.83 | 13.61 |
| 2017 | 3712.00 | 277.96 | 33.27 | 4.08 | 1.96 | 13.88 |
| 2018 | 3757.40 | 281.52 | 33.25 | 4.07 | 1.97 | 13.89 |
| 2019 | 2940.17 | 221.93 | 33.27 | 4.08 | 1.97 | 13.92 |
| 2020 | 2537.36 | 192.42 | 33.62 | 4.22 | 1.92 | 15.10 |
| 2021 | 3336.63 | 263.23 | 34.49 | 4.37 | 1.96 | 17.23 |
| 2022 | 3496.79 | 279.81 | 35.56 | 4.53 | 2.00 | 19.81 |
| 2023 | 3794.01 | 298.00 | 35.06 | 4.43 | 1.94 | 20.25 |

# 10-12 主要年份畜禽头数及肉类产量

| 项　　目 | 单位 | 1990 | 1995 | 2000 | 2005 | 2010 |
|---|---|---|---|---|---|---|
| **一、黄、水牛年末存栏头数** | **万头** | **473.54** | **468.97** | **416.92** | **367.43** | **169.92** |
| **二、奶牛年末存栏头数** | **万头** | **2.95** | **2.56** | **3.72** | **4.83** | **5.57** |
| 牛奶产量 | 万吨 | 5.51 | 5.49 | 9.19 | 11.64 | 15.00 |
| **三、山羊年末存栏只数** | **万只** | **14.21** | **27.30** | **29.33** | **39.20** | **50.52** |
| **四、生猪年末存栏头数** | **万头** | **2058.89** | **2183.95** | **2034.79** | **2143.5** | **2332.51** |
| #能繁殖母猪 | 万头 | 141.98 | 137.25 | 143.75 | 162.77 | 262.65 |
| 肉猪出栏头数 | 万头 | 1792.85 | 2395.21 | 2954.98 | 3616.74 | 3863.23 |
| **五、肉类产量** | **万吨** | **202.45** | **305.06** | **324.48** | **384.31** | **454.86** |
| 猪肉 | 万吨 | 145.35 | 188.75 | 206.85 | 256.28 | 285.14 |
| 牛肉 | 万吨 | 2.88 | 5.68 | 5.17 | 7.21 | 4.97 |
| 羊肉 | 万吨 | 0.15 | 0.44 | 0.43 | 0.71 | 1.24 |
| 禽肉 | 万吨 | 54.02 | 109.94 | 111.5 | 113.66 | 158.04 |
| 兔肉 | 万吨 | 0.05 | 0.24 | 0.53 | 0.64 | 0.65 |
| **六、家禽饲养量** | **万只** | **53199.88** | **100729.14** | **124800.94** | **127070.31** | **150315.03** |
| 其中：活鸡 | 万只 | 36964.58 | 76349.95 | 92969.13 | 93681.21 | 112066.35 |
| **七、禽蛋产量** | **万吨** | **18.76** | **31.11** | **33.08** | **33.19** | **35.50** |
| **八、蚕茧产量** | **万吨** | **2.55** | **3.32** | **3.09** | **6.52** | **9.14** |

10-12　续表

| 项　　目 | 单位 | 2015 | 2020 | 2022 | 2023 | 2023年比上年增长(%) |
|---|---|---|---|---|---|---|
| **一、黄、水牛年末存栏头数** | **万头** | **127.13** | **115.56** | **102.34** | **92.37** | **-9.7** |
| **二、奶牛年末存栏头数** | **万头** | **5.79** | **6.84** | **6.20** | **6.13** | **-1.2** |
| 牛奶产量 | 万吨 | 13.61 | 15.10 | 19.81 | 20.25 | 2.2 |
| **三、山羊年末存栏只数** | **万只** | **83.55** | **94.31** | **85.12** | **83.82** | **-1.5** |
| **四、生猪年末存栏头数** | **万头** | **2308.54** | **1767.27** | **2195.86** | **2049.20** | **-6.7** |
| #能繁殖母猪 | 万头 | 242.52 | 184.72 | 204.38 | 195.79 | -4.2 |
| 肉猪出栏头数 | 万头 | 3959.62 | 2537.36 | 3496.79 | 3794.01 | 8.5 |
| **五、肉类产量** | **万吨** | **454.71** | **400.99** | **481.01** | **507.46** | **5.5** |
| 猪肉 | 万吨 | 296.31 | 192.42 | 279.81 | 298.00 | 6.5 |
| 牛肉 | 万吨 | 4.14 | 4.22 | 4.53 | 4.43 | -2.2 |
| 羊肉 | 万吨 | 1.83 | 1.92 | 2.00 | 1.94 | -2.9 |
| 禽肉 | 万吨 | 145.01 | 195.27 | 189.48 | 194.54 | 2.7 |
| 兔肉 | 万吨 | 0.90 | 0.79 | 0.57 | 0.55 | -4.0 |
| **六、家禽饲养量** | **万只** | **133755.82** | **162660.75** | **155068.77** | **177616.51** | **14.5** |
| 其中：活鸡 | 万只 | 94811.02 | 117638.19 | 118518.33 | 125764.06 | 6.1 |
| **七、禽蛋产量** | **万吨** | **36.40** | **44.63** | **47.20** | **49.91** | **5.7** |
| **八、蚕茧产量** | **万吨** | **11.00** | **11.97** | **8.52** | **8.41** | **-1.3** |

# 10-13 各市畜牧业生产情况

(2023年)　　单位：万头、万只

| 市 别 | 一、牛年末存栏头数 | (1)肉牛 | (2)奶牛 | 二、山羊年末存栏只数 |
|---|---|---|---|---|
| **全 省** | **98.50** | **92.37** | **6.13** | **83.82** |
| 广州市 | 1.22 | 0.28 | 0.95 | 0.55 |
| 深圳市 | 0.14 | 0.03 | 0.11 | 0.26 |
| 珠海市 | 0.00 | 0.00 | | 0.02 |
| 汕头市 | 0.29 | 0.24 | 0.06 | 0.21 |
| 佛山市 | 0.37 | 0.09 | 0.28 | 0.55 |
| 韶关市 | 3.46 | 3.26 | 0.20 | 6.31 |
| 河源市 | 6.04 | 6.03 | 0.01 | 3.46 |
| 梅州市 | 9.00 | 8.71 | 0.30 | 9.35 |
| 惠州市 | 3.64 | 3.01 | 0.63 | 1.93 |
| 汕尾市 | 6.28 | 5.82 | 0.45 | 2.02 |
| 东莞市 | 0.01 | 0.01 | | 0.05 |
| 中山市 | 0.02 | 0.02 | 0.00 | 0.12 |
| 江门市 | 1.79 | 1.57 | 0.22 | 2.57 |
| 阳江市 | 6.65 | 6.26 | 0.39 | 4.31 |
| 湛江市 | 17.35 | 16.93 | 0.41 | 17.52 |
| 茂名市 | 13.04 | 13.04 | 0.00 | 4.59 |
| 肇庆市 | 15.23 | 14.70 | 0.53 | 11.71 |
| 清远市 | 7.55 | 6.33 | 1.22 | 12.11 |
| 潮州市 | 0.53 | 0.52 | 0.01 | 0.14 |
| 揭阳市 | 3.24 | 3.05 | 0.19 | 1.85 |
| 云浮市 | 2.64 | 2.47 | 0.17 | 4.17 |

注：2023年起，牛年末存栏为肉牛、奶牛年末存栏的合计数量。

## 10-13 续表

(2023年)　　单位：万头、万只

| 市 别 | 三、猪年末存栏头数 | 能繁殖母畜 | 四、家禽年末存栏只数 | 其中：鸡 | 五、兔年末存栏只数 |
|---|---|---|---|---|---|
| **全 省** | **2049.20** | **195.79** | **40231.54** | **29210.27** | **124.56** |
| 广州市 | 55.88 | 4.40 | 771.12 | 648.60 | |
| 深圳市 | 0.61 | 0.44 | 21.81 | 9.00 | |
| 珠海市 | 7.43 | 0.79 | 51.32 | 45.81 | |
| 汕头市 | 29.35 | 2.46 | 462.38 | 152.41 | |
| 佛山市 | 50.53 | 4.98 | 1493.50 | 956.09 | |
| 韶关市 | 185.84 | 18.15 | 1946.59 | 1439.24 | 1.43 |
| 河源市 | 97.37 | 9.56 | 2063.67 | 1547.23 | 5.85 |
| 梅州市 | 119.03 | 11.52 | 2215.13 | 1685.84 | 34.66 |
| 惠州市 | 74.48 | 8.85 | 2871.74 | 2601.23 | 0.08 |
| 汕尾市 | 48.72 | 4.68 | 553.60 | 390.46 | 2.12 |
| 东莞市 | 1.27 | 0.10 | 24.92 | 23.83 | |
| 中山市 | 0.86 | 0.10 | 112.76 | 58.83 | 0.03 |
| 江门市 | 125.80 | 12.87 | 4615.55 | 2964.85 | 0.59 |
| 阳江市 | 161.48 | 14.52 | 1319.63 | 924.92 | 0.31 |
| 湛江市 | 284.74 | 25.23 | 2409.38 | 1652.61 | 1.89 |
| 茂名市 | 280.28 | 28.89 | 5464.19 | 4460.81 | 22.47 |
| 肇庆市 | 156.43 | 15.02 | 2990.32 | 1270.90 | 20.24 |
| 清远市 | 175.40 | 14.90 | 4226.87 | 3088.02 | 1.72 |
| 潮州市 | 23.54 | 2.43 | 452.55 | 292.74 | 0.12 |
| 揭阳市 | 68.96 | 6.22 | 697.31 | 527.24 | 0.60 |
| 云浮市 | 101.20 | 9.69 | 5467.21 | 4469.60 | 32.45 |

# 10-14 各县(市、区)畜牧业生产情况

(2023年) 单位：头、只

| 县(市、区)别 | 牛年末存栏头数 | 山羊年末存栏只数 | 猪年末存栏头数 | 能繁殖母畜 | 家禽年末存栏只数 | 兔年末存栏只数 |
|---|---|---|---|---|---|---|
| **广州市** | **12222** | **5535** | **558752** | **43992** | **7711229** | |
| 天河区 | | | | | | |
| 白云区 | 912 | | 23461 | 988 | 98758 | |
| 黄埔区 | | | | | | |
| 花都区 | 197 | 1536 | 209201 | 15838 | 819253 | |
| 从化区 | 6265 | 1446 | 171741 | 19916 | 4047885 | |
| 增城区 | 4693 | 2245 | 91527 | 1848 | 1750729 | |
| 番禺区 | 70 | 20 | | | 518827 | |
| 南沙区 | 85 | 288 | 62822 | 5402 | 475777 | |
| **深圳市** | **1410** | **2600** | **6136** | **4395** | **218096** | |
| 宝安区 | | | | | | |
| 龙岗区 | | | | | | |
| 光明区 | 1149 | | | | | |
| 大鹏区 | | | | | | |
| 坪山区 | | | | | | |
| 深汕合作区 | 261 | 2600 | 6136 | 4395 | 218096 | |
| **珠海市** | **11** | **230** | **74314** | **7910** | **513173** | |
| 香洲区 | | | | | | |
| 金湾区 | 11 | 230 | | | 64077 | |
| 斗门区 | | | 74314 | 7910 | 449096 | |
| **汕头市** | **2920** | **2112** | **293487** | **24591** | **4623786** | |
| 金平区 | | | | | | |
| 龙湖区 | 67 | 20 | | | 890409 | |
| 澄海区 | 599 | 55 | 76635 | 6613 | 3417402 | |
| 濠江区 | 882 | 76 | 8276 | 860 | 65196 | |
| 潮阳区 | 52 | 398 | 80000 | 5544 | 108039 | |
| 潮南区 | 1023 | 863 | 126291 | 11355 | 95766 | |
| 南澳县 | 297 | 700 | 2285 | 219 | 46974 | |
| **佛山市** | **3717** | **5450** | **505315** | **49784** | **14934987** | |
| 禅城区 | | | | | | |
| 南海区 | 48 | | 57066 | 2301 | 139900 | |
| 顺德区 | | | 57969 | 2406 | | |
| 高明区 | 216 | 978 | 143720 | 19321 | 5358220 | |
| 三水区 | 3453 | 4472 | 246560 | 25756 | 9436867 | |
| **韶关市** | **34567** | **63118** | **1858361** | **181536** | **19465890** | **14302** |
| 浈江区 | 836 | 3187 | 125143 | 24841 | 242943 | |
| 武江区 | 1756 | 3225 | 176687 | 36902 | 339637 | |
| 曲江区 | 1879 | 7186 | 230952 | 28939 | 1646094 | |
| 南雄市 | 9365 | 8211 | 175606 | 11876 | 2182128 | 403 |
| 始兴县 | 2448 | 2316 | 102974 | 8508 | 795324 | |
| 翁源县 | 4205 | 3787 | 402186 | 14087 | 9008421 | 8047 |
| 仁化县 | 3061 | 14811 | 220628 | 21956 | 1043303 | 162 |
| 新丰县 | 4207 | 6350 | 109431 | 6335 | 2898247 | 4225 |
| 乳源瑶族自治县 | 3544 | 8697 | 118951 | 14677 | 382918 | |
| 乐昌市 | 3266 | 5348 | 195803 | 13415 | 926875 | 1465 |

## 10-14 续表 1

(2023年)

单位：头、只

| 县(市、区)别 | 牛年末存栏头数 | 山羊年末存栏只数 | 猪年末存栏头数 | 能繁殖母畜 | 家禽年末存栏只数 | 兔年末存栏只数 |
|---|---|---|---|---|---|---|
| **河源市** | **60410** | **34581** | **973660** | **95647** | **20636660** | **58451** |
| 源城区 | 642 | 910 | 596 | 6 | 1004439 | |
| 东源县 | 13454 | 7962 | 382944 | 33330 | 4135160 | 2820 |
| 和平县 | 7512 | 5774 | 115877 | 12304 | 4443668 | 4307 |
| 龙川县 | 15238 | 10309 | 171575 | 21112 | 3280033 | 35696 |
| 紫金县 | 19078 | 6055 | 167758 | 14488 | 4476552 | 8265 |
| 连平县 | 4486 | 3571 | 134910 | 14407 | 3296808 | 7363 |
| **梅州市** | **90035** | **93473** | **1190253** | **115235** | **22151300** | **346618** |
| 梅江区 | 149 | 174 | 26578 | 3024 | 214866 | 217 |
| 梅县区 | 8123 | 18691 | 187380 | 15796 | 2228658 | 119623 |
| 蕉岭县 | 4868 | 15609 | 68829 | 6323 | 1038843 | 26868 |
| 大埔县 | 11749 | 7257 | 117093 | 8264 | 1349037 | 44135 |
| 丰顺县 | 15341 | 7594 | 104737 | 10923 | 5918961 | 2396 |
| 五华县 | 40670 | 20416 | 296236 | 32765 | 4591797 | 79868 |
| 兴宁市 | 4899 | 15281 | 283941 | 27400 | 5899306 | 20222 |
| 平远县 | 4236 | 8451 | 105459 | 10740 | 909832 | 53289 |
| **惠州市** | **36409** | **19297** | **744772** | **88468** | **28717396** | **768** |
| 惠城区 | 6202 | 2877 | 139662 | 20299 | 2572945 | |
| 惠东县 | 11511 | 6502 | 248711 | 25863 | 3884713 | |
| 惠阳区 | 1917 | 2001 | 9535 | 674 | 659125 | |
| 博罗县 | 10879 | 4868 | 296053 | 33398 | 18694167 | |
| 龙门县 | 5900 | 3049 | 50811 | 8234 | 2906446 | 768 |
| **汕尾市** | **62760** | **20206** | **487235** | **46762** | **5536024** | **21208** |
| 汕尾城区 | 900 | 450 | 18284 | 2756 | 128431 | |
| 红海湾区 | 700 | 124 | 1489 | 214 | 12146 | |
| 海丰县 | 9606 | 2950 | 145396 | 13801 | 1002049 | |
| 陆河县 | 20108 | 2886 | 62566 | 6437 | 400482 | 21208 |
| 陆丰市 | 31446 | 13796 | 259500 | 23554 | 3992916 | |
| **东莞市** | **56** | **519** | **12682** | **954** | **249238** | |
| **中山市** | **226** | **1234** | **8617** | **1029** | **1127558** | **348** |
| **江门市** | **17930** | **25697** | **1258049** | **128710** | **46155473** | **5922** |
| 蓬江区 | 26 | 93 | | | 72940 | |
| 江海区 | | | | | 1753 | |
| 新会区 | 1202 | 4556 | 135720 | 11743 | 6353522 | |
| 台山市 | 6729 | 11140 | 220608 | 31925 | 13813366 | 602 |
| 开平市 | 2669 | 4478 | 308874 | 27928 | 17835241 | 5320 |
| 恩平市 | 5794 | 2228 | 358187 | 29843 | 4091498 | |
| 鹤山市 | 1510 | 3202 | 234660 | 27271 | 3987153 | |
| **阳江市** | **66516** | **43077** | **1614837** | **145154** | **13196279** | **3118** |
| 江城区 | 6793 | 2132 | 115889 | 10829 | 1310081 | |
| 阳东区 | 26931 | 21524 | 439381 | 32998 | 2364248 | 1638 |
| 阳西县 | 11100 | 4534 | 198640 | 19793 | 5847432 | 842 |
| 阳春市 | 19588 | 14091 | 857600 | 81231 | 3590576 | 638 |
| 海陵区 | 2104 | 796 | 3327 | 303 | 83942 | |
| **湛江市** | **173479** | **175229** | **2847426** | **252298** | **24093826** | **18907** |
| 赤坎区 | 36 | 80 | | | 39525 | |
| 霞山区 | 396 | 1233 | | | 132263 | |
| 坡头区 | 6949 | 2810 | 69850 | 7250 | 809511 | |

## 10-14 续表 2

(2023年)　　单位：头、只

| 县(市、区)别 | 牛年末存栏头数 | 山羊年末存栏只数 | 猪年末存栏头数 | 能繁殖母畜 | 家禽年末存栏只数 | 兔年末存栏只数 |
|---|---|---|---|---|---|---|
| 麻章区 | 6287 | 12760 | 89161 | 8552 | 1069714 | 111 |
| 吴川市 | 15634 | 6384 | 187679 | 17248 | 4856320 | 6865 |
| 徐闻县 | 11941 | 31952 | 398314 | 32545 | 1211226 | |
| 雷州市 | 36519 | 61009 | 599059 | 49544 | 3616336 | 1068 |
| 遂溪县 | 35786 | 38928 | 653173 | 59942 | 6862900 | 3276 |
| 廉江市 | 59931 | 20073 | 850190 | 77217 | 5496031 | 7587 |
| **茂名市** | **130369** | **45930** | **2802758** | **288945** | **54641937** | **224744** |
| 茂南区 | 3937 | 2894 | 266073 | 26495 | 4164443 | 725 |
| 电白区 | 17999 | 9229 | 632204 | 64082 | 7627818 | 7624 |
| 信宜市 | 37610 | 8955 | 403425 | 34265 | 24575490 | 208847 |
| 高州市 | 34575 | 5024 | 710927 | 83000 | 11012304 | 5798 |
| 化州市 | 36248 | 19828 | 790129 | 81103 | 7261882 | 1750 |
| **肇庆市** | **152337** | **117070** | **1564336** | **150185** | **29903245** | **202402** |
| 端州区 | | | | | | |
| 鼎湖区 | 4183 | 1220 | 5170 | 970 | 695946 | |
| 高要区 | 1301 | 2750 | 388589 | 42600 | 10991979 | |
| 广宁县 | 14333 | 17190 | 160319 | 18427 | 1953257 | 107550 |
| 四会市 | 10480 | 14661 | 142473 | 13070 | 9949305 | 1662 |
| 德庆县 | 6635 | 3260 | 24791 | 2339 | 1750881 | |
| 封开县 | 27390 | 30611 | 200196 | 23224 | 1745439 | 33065 |
| 怀集县 | 88015 | 47378 | 642798 | 49555 | 2816438 | 60125 |
| **清远市** | **75491** | **121140** | **1754019** | **148974** | **42268701** | **17182** |
| 清城区 | 3406 | 10994 | 88980 | 13927 | 10068998 | 6930 |
| 英德市 | 22891 | 19420 | 832554 | 50438 | 11616354 | 1118 |
| 佛冈县 | 3330 | 12140 | 108148 | 12507 | 2328850 | |
| 连山自治县 | 1337 | 2014 | 31881 | 5227 | 506345 | 349 |
| 连南自治县 | 4593 | 6028 | 18921 | 3358 | 660467 | 1220 |
| 连州市 | 9052 | 11683 | 220757 | 21656 | 2043345 | 813 |
| 阳山县 | 25024 | 43292 | 263219 | 22886 | 4590428 | 752 |
| 清新区 | 5858 | 15569 | 189559 | 18975 | 10453914 | 6000 |
| **潮州市** | **5285** | **1408** | **235402** | **24261** | **4525526** | **1150** |
| 湘桥区 | 767 | 96 | 25378 | 3266 | 576465 | |
| 饶平县 | 4101 | 1134 | 148343 | 14681 | 3442296 | 1150 |
| 潮安区 | 417 | 178 | 61681 | 6314 | 506765 | |
| **揭阳市** | **32445** | **18546** | **689617** | **62193** | **6973054** | **6013** |
| 榕城区 | 554 | 601 | 21854 | 1685 | 103966 | |
| 揭东区 | 2029 | 2784 | 164280 | 26984 | 1548633 | |
| 惠来县 | 11608 | 10036 | 189630 | 12659 | 2468370 | |
| 普宁市 | 10249 | 1630 | 160984 | 11532 | 839783 | |
| 揭西县 | 8005 | 3495 | 152869 | 9333 | 2012302 | 6013 |
| **云浮市** | **26389** | **41728** | **1012000** | **96889** | **54672057** | **324470** |
| 云城区 | 524 | 2661 | 106624 | 8754 | 3213235 | 18140 |
| 新兴县 | 4684 | 10181 | 366939 | 35145 | 34177652 | 88947 |
| 郁南县 | 326 | 3209 | 158217 | 5560 | 8070517 | |
| 罗定市 | 15200 | 21015 | 276380 | 36548 | 7865532 | 211452 |
| 云安区 | 5655 | 4662 | 103840 | 10882 | 1345121 | 5931 |

# 10-15 各市畜牧业主要产品产量

(2023年)

单位：万头、万只、吨

| 市　别 | 当年出栏肉猪头数 | 当年出售和自宰的肉用牛 | 当年出售和自宰的肉用羊 | 当年出售和自宰的家禽 | 其中：鸡 | 当年出售和自宰的兔 |
|---|---|---|---|---|---|---|
| **全　省** | **3794.01** | **35.06** | **108.90** | **137384.97** | **96553.79** | **289.46** |
| 广州市 | 69.84 | 0.40 | 0.43 | 2092.73 | 1340.29 | |
| 深圳市 | 5.41 | 0.02 | 0.09 | 95.46 | 22.70 | |
| 珠海市 | 12.16 | 0.00 | 0.01 | 112.07 | 89.78 | |
| 汕头市 | 61.18 | 0.14 | 0.30 | 2105.68 | 724.30 | |
| 佛山市 | 100.73 | 0.07 | 0.33 | 6528.42 | 3767.25 | |
| 韶关市 | 313.27 | 1.23 | 5.90 | 6326.82 | 4541.77 | 1.67 |
| 河源市 | 152.40 | 2.12 | 3.80 | 5955.79 | 4453.29 | 8.23 |
| 梅州市 | 219.56 | 3.01 | 13.50 | 7794.56 | 5806.95 | 70.40 |
| 惠州市 | 152.57 | 1.58 | 2.08 | 6591.59 | 5455.86 | 0.08 |
| 汕尾市 | 99.21 | 2.79 | 2.51 | 2208.68 | 1346.09 | 2.91 |
| 东莞市 | 1.85 | 0.00 | 0.05 | 70.06 | 66.46 | |
| 中山市 | 1.59 | 0.00 | 0.07 | 497.03 | 80.94 | 0.14 |
| 江门市 | 241.20 | 0.60 | 2.21 | 14111.33 | 8216.93 | 6.28 |
| 阳江市 | 291.46 | 2.55 | 4.82 | 3744.29 | 2436.70 | 0.68 |
| 湛江市 | 449.96 | 6.70 | 19.19 | 9435.10 | 6143.65 | 2.45 |
| 茂名市 | 614.87 | 3.12 | 12.01 | 20043.52 | 16169.85 | 39.43 |
| 肇庆市 | 328.49 | 4.40 | 16.94 | 12683.10 | 6121.48 | 84.40 |
| 清远市 | 323.38 | 2.58 | 15.69 | 12700.92 | 9914.88 | 4.18 |
| 潮州市 | 43.52 | 0.47 | 0.21 | 1387.88 | 601.37 | 0.25 |
| 揭阳市 | 127.93 | 2.27 | 2.70 | 3319.52 | 2164.64 | 5.08 |
| 云浮市 | 183.42 | 1.00 | 6.07 | 19580.43 | 17088.61 | 63.30 |

## 10–15 续表 1

(2023年)　　单位：万头、万只、吨

| 市　别 | 肉类产量合　计 | 猪肉产量 | 牛肉产量 | 羊肉产量 | 家禽肉产量 | 兔肉产量 |
|---|---|---|---|---|---|---|
| **全　省** | **5074619** | **2979979** | **44287** | **19427** | **1945364** | **5488** |
| 广州市 | 95704 | 53213 | 506 | 84 | 29627 | |
| 深圳市 | 6789 | 4365 | 29 | 18 | 2213 | |
| 珠海市 | 11187 | 8765 | 2 | 2 | 1956 | |
| 汕头市 | 97918 | 48034 | 217 | 54 | 49456 | |
| 佛山市 | 174963 | 79768 | 98 | 77 | 94360 | |
| 韶关市 | 341665 | 245234 | 1546 | 1024 | 89748 | 36 |
| 河源市 | 208887 | 118194 | 2586 | 629 | 83082 | 137 |
| 梅州市 | 299094 | 173262 | 3684 | 2762 | 108362 | 1521 |
| 惠州市 | 211255 | 118572 | 2031 | 361 | 89321 | 1 |
| 汕尾市 | 116359 | 78261 | 3707 | 460 | 32941 | 56 |
| 东莞市 | 2986 | 1456 | 3 | 7 | 839 | |
| 中山市 | 11219 | 1210 | 6 | 10 | 9551 | 2 |
| 江门市 | 390248 | 188173 | 802 | 452 | 195812 | 151 |
| 阳江市 | 291793 | 231508 | 3184 | 870 | 55040 | 10 |
| 湛江市 | 504459 | 348100 | 8453 | 3628 | 140459 | 87 |
| 茂名市 | 790701 | 492050 | 3734 | 1983 | 282073 | 746 |
| 肇庆市 | 458558 | 257744 | 5511 | 2811 | 178845 | 1263 |
| 清远市 | 440376 | 252384 | 3239 | 2528 | 177671 | 68 |
| 潮州市 | 66872 | 35212 | 676 | 36 | 30549 | 6 |
| 揭阳市 | 152796 | 100834 | 3005 | 448 | 46345 | 125 |
| 云浮市 | 400789 | 143641 | 1269 | 1184 | 247115 | 1278 |

## 10-15 续表 2

(2023年)　　　　单位：万头、万只、吨

| 市　别 | 其他肉产量 | 奶类产量 | 蜂蜜产量 | 蜂蜡产量 | 禽蛋产量 | 蚕茧产量 |
|---|---|---|---|---|---|---|
| **全　省** | **80075** | **203246** | **32336** | **5317** | **499099** | **84124** |
| 广州市 | 12274 | 34717 | 3417 | 407 | 35614 | |
| 深圳市 | 164 | 3000 | 49 | 10 | 757 | |
| 珠海市 | 462 | | | | 3406 | |
| 汕头市 | 158 | 1359 | 313 | | 3575 | |
| 佛山市 | 659 | 8165 | 13 | 3 | 6166 | |
| 韶关市 | 4077 | 8426 | 1326 | 216 | 17333 | 4716 |
| 河源市 | 4258 | 340 | 1579 | 285 | 17129 | 2 |
| 梅州市 | 9505 | 4008 | 4803 | 573 | 38933 | 22 |
| 惠州市 | 968 | 29974 | 4550 | 1575 | 31179 | |
| 汕尾市 | 934 | 13682 | 803 | 110 | 11429 | |
| 东莞市 | 682 | | 115 | 0 | | |
| 中山市 | 440 | 7 | 57 | 6 | 3194 | |
| 江门市 | 4858 | 5494 | 63 | | 41477 | |
| 阳江市 | 1182 | 10504 | 237 | 16 | 7819 | 5579 |
| 湛江市 | 3732 | 8813 | 635 | 189 | 43955 | 10635 |
| 茂名市 | 10115 | 7 | 6941 | 77 | 114657 | 32450 |
| 肇庆市 | 12383 | 19838 | 2942 | 778 | 33480 | 742 |
| 清远市 | 4487 | 52013 | 329 | 16 | 35608 | 16936 |
| 潮州市 | 394 | 268 | 516 | 22 | 14967 | |
| 揭阳市 | 2040 | 2345 | 1761 | 502 | 17852 | |
| 云浮市 | 6303 | 286 | 1887 | 533 | 20569 | 13043 |

# 10-16 各县(市、区)畜牧业主要产品产量

(2023年)

单位：头、只、吨

| 县(市、区)别 | 当年出栏肉猪头数 | 当年出售和自宰的肉用牛 | 当年出售和自宰的肉用羊 | 当年出售和自宰的家禽 | 当年出售和自宰的兔 | 猪肉产量 |
|---|---|---|---|---|---|---|
| **广州市** | **698414** | **4004** | **4292** | **20927255** | | **53213** |
| 天河区 | | | | | | |
| 白云区 | 53590 | 257 | | 513168 | | 3871 |
| 黄埔区 | | | | | | |
| 花都区 | 127126 | 52 | 1863 | 4545010 | | 9029 |
| 从化区 | 297094 | 2345 | 520 | 5027427 | | 20783 |
| 增城区 | 113785 | 1286 | 1352 | 6263183 | | 9964 |
| 番禺区 | | 46 | 313 | 2422270 | | |
| 南沙区 | 106819 | 18 | 244 | 2156197 | | 9566 |
| **深圳市** | **54135** | **189** | **863** | **954554** | | **4365** |
| 宝安区 | | | | | | |
| 龙岗区 | | | | | | |
| 光明区 | | | | | | |
| 大鹏区 | | | | | | |
| 坪山区 | | | | | | |
| 合作区 | 54135 | 189 | 863 | 954554 | | 4365 |
| **珠海市** | **121646** | **18** | **73** | **1120654** | | **8765** |
| 香洲区 | | | | | | |
| 金湾区 | | 18 | 73 | 263561 | | |
| 斗门区 | 121646 | | | 857093 | | 8765 |
| **汕头市** | **611759** | **1440** | **2997** | **21056847** | | **48034** |
| 金平区 | | | | | | |
| 龙湖区 | 1140 | | 80 | 3745442 | | 91 |
| 澄海区 | 173960 | 570 | | 16263657 | | 13192 |
| 濠江区 | 24227 | 192 | 135 | 577723 | | 1813 |
| 潮阳区 | 169073 | 27 | 178 | 254055 | | 14041 |
| 潮南区 | 238436 | 415 | 1412 | 101753 | | 18484 |
| 南澳县 | 4923 | 236 | 1192 | 114217 | | 413 |
| **佛山市** | **1007251** | **721** | **3343** | **65284246** | | **79768** |
| 禅城区 | | | | | | |
| 南海区 | 143268 | | | 1134265 | | 11347 |
| 顺德区 | 106772 | | | | | 8635 |
| 高明区 | 274737 | 109 | 553 | 20645545 | | 21665 |
| 三水区 | 482474 | 612 | 2790 | 43504436 | | 38121 |
| **韶关市** | **3132691** | **12284** | **58995** | **63268150** | **16665** | **245234** |
| 浈江区 | 160189 | 673 | 1944 | 487380 | | 12472 |
| 武江区 | 177442 | 537 | 2580 | 865179 | | 13680 |
| 曲江区 | 400524 | 784 | 5043 | 4266123 | | 32310 |
| 南雄市 | 402652 | 2193 | 8445 | 9695275 | 237 | 31580 |
| 始兴县 | 215961 | 1345 | 2247 | 2687144 | | 16894 |
| 翁源县 | 680676 | 962 | 3876 | 28477875 | 9410 | 51669 |
| 仁化县 | 295245 | 2476 | 19981 | 2864027 | 247 | 23294 |
| 新丰县 | 186194 | 1072 | 4731 | 11155757 | 4722 | 14673 |
| 乳源自治县 | 194545 | 813 | 5328 | 624920 | | 15268 |
| 乐昌市 | 419263 | 1429 | 4820 | 2144470 | 2049 | 33395 |

## 10-16 续表 1

(2023年)　　单位：头、只、吨

| 县(市、区)别 | 当年出栏肉猪头数 | 当年出售和自宰的肉用牛 | 当年出售和自宰的肉用羊 | 当年出售和自宰的家禽 | 当年出售和自宰的兔 | 猪肉产量 |
|---|---|---|---|---|---|---|
| **河源市** | **1524018** | **21161** | **38036** | **59557903** | **82267** | **118194** |
| 源城区 | 715 | 524 | 1090 | 3903815 | | 56 |
| 东源县 | 406353 | 6310 | 8464 | 11785060 | 3994 | 31844 |
| 和平县 | 259629 | 2700 | 6807 | 13288221 | 9605 | 19680 |
| 龙川县 | 357523 | 5271 | 12672 | 8062989 | 52498 | 27909 |
| 紫金县 | 281146 | 4767 | 5396 | 14206480 | 9926 | 21591 |
| 连平县 | 218652 | 1589 | 3607 | 8311338 | 6244 | 17115 |
| **梅州市** | **2195579** | **30114** | **134994** | **77945621** | **703978** | **173262** |
| 梅江区 | 45180 | 245 | 181 | 741331 | 375 | 4123 |
| 梅县区 | 335905 | 2642 | 29015 | 9476925 | 206386 | 27436 |
| 蕉岭县 | 176189 | 6522 | 28094 | 4833913 | 63078 | 14231 |
| 大埔县 | 205944 | 1730 | 7846 | 6198236 | 57580 | 16288 |
| 丰顺县 | 173400 | 5205 | 5977 | 25095738 | 4336 | 14196 |
| 五华县 | 580623 | 7903 | 28989 | 12523515 | 275656 | 45130 |
| 兴宁市 | 537409 | 3088 | 18431 | 16567655 | 30547 | 40574 |
| 平远县 | 140929 | 2779 | 16461 | 2508308 | 66020 | 11284 |
| **惠州市** | **1525662** | **15832** | **20830** | **65915905** | **808** | **118572** |
| 惠城区 | 246033 | 1544 | 1782 | 5797577 | | 18932 |
| 惠东县 | 592339 | 3721 | 7188 | 10735799 | | 46344 |
| 惠阳区 | 16322 | 1596 | 2505 | 1498867 | | 1275 |
| 博罗县 | 514901 | 6535 | 7537 | 40170714 | | 40237 |
| 龙门县 | 156067 | 2436 | 1818 | 7712948 | 808 | 11784 |
| **汕尾市** | **992090** | **27922** | **25072** | **22086761** | **29102** | **78261** |
| 汕尾城区 | 66166 | 291 | 333 | 1711529 | | 4935 |
| 红海湾区 | 6344 | 314 | 129 | 135502 | | 487 |
| 海丰县 | 270117 | 8761 | 5846 | 5449982 | | 21322 |
| 陆河县 | 136584 | 6807 | 2398 | 2915053 | 29102 | 11126 |
| 陆丰市 | 512879 | 11749 | 16366 | 11874695 | | 40390 |
| **东莞市** | **18509** | **18** | **495** | **700575** | | **1456** |
| **中山市** | **15923** | **46** | **699** | **4970262** | **1391** | **1210** |
| **江门市** | **2411968** | **6035** | **22112** | **141113255** | **62757** | **188173** |
| 蓬江区 | | | 60 | 211435 | | |
| 江海区 | | | | 6309 | | |
| 新会区 | 286413 | 37 | 6545 | 21093744 | | 21875 |
| 台山市 | 553035 | 2084 | 9939 | 40780486 | 2227 | 43687 |
| 开平市 | 587526 | 823 | 3740 | 53499950 | 60530 | 46107 |
| 恩平市 | 618133 | 1214 | 823 | 12110604 | | 48074 |
| 鹤山市 | 366861 | 1877 | 1005 | 13410727 | | 28430 |
| **阳江市** | **2914637** | **25488** | **48165** | **37442941** | **6831** | **231508** |
| 江城区 | 225102 | 2338 | 1977 | 2679414 | | 17764 |
| 阳东区 | 715693 | 6709 | 28629 | 8980821 | 3972 | 56343 |
| 阳西县 | 390668 | 6225 | 4046 | 11964361 | 1452 | 30773 |
| 阳春市 | 1576397 | 9650 | 12517 | 13524571 | 1407 | 126081 |
| 海陵区 | 6777 | 566 | 996 | 293774 | | 546 |
| **湛江市** | **4499633** | **66994** | **191944** | **94350966** | **24460** | **348100** |
| 赤坎区 | | 31 | 198 | 105115 | | |
| 霞山区 | | 72 | 655 | 254540 | | |
| 坡头区 | 196612 | 2125 | 4178 | 3047040 | | 15315 |

# 10-16 续表 2

(2023年) 单位：头、只、吨

| 县(市、区)别 | 当年出栏肉猪头数 | 当年出售和自宰的肉用牛 | 当年出售和自宰的肉用羊 | 当年出售和自宰的家禽 | 当年出售和自宰的兔 | 猪肉产量 |
|---|---|---|---|---|---|---|
| 麻章区 | 192349 | 2057 | 12249 | 4229817 | 281 | 14956 |
| 吴川市 | 392211 | 5517 | 5325 | 16596245 | 5130 | 30307 |
| 徐闻县 | 409670 | 4618 | 34082 | 4004368 |  | 31559 |
| 雷州市 | 737548 | 12349 | 73610 | 10676027 | 10929 | 56928 |
| 遂溪县 | 1111295 | 11602 | 31964 | 35269976 | 7113 | 86187 |
| 廉江市 | 1459948 | 28623 | 29683 | 20167838 | 1007 | 112847 |
| **茂名市** | **6148667** | **31224** | **120120** | **200435194** | **394316** | **492050** |
| 茂南区 | 706618 | 1113 | 3998 | 20380517 | 992 | 57032 |
| 电白区 | 1309284 | 5124 | 17318 | 28396420 | 16486 | 104070 |
| 信宜市 | 943713 | 5324 | 80731 | 79934832 | 322492 | 75851 |
| 高州市 | 1443188 | 10835 | 4765 | 49163737 | 50268 | 114828 |
| 化州市 | 1745864 | 8828 | 13308 | 22559688 | 4078 | 140269 |
| **肇庆市** | **3284910** | **43960** | **169365** | **126831045** | **844025** | **257744** |
| 端州区 |  |  |  |  |  |  |
| 鼎湖区 | 3079 | 1165 | 2824 | 2558323 |  | 225.5 |
| 高要区 | 772394 | 282 | 1752 | 47062127 |  | 60968 |
| 广宁县 | 565118 | 7882 | 19513 | 9214426 | 458716 | 43890 |
| 四会市 | 475220 | 3305 | 12624 | 43282445 | 20162 | 37686 |
| 德庆县 | 78522 | 2566 | 2517 | 5760208 |  | 6084 |
| 封开县 | 359084 | 10048 | 24180 | 6334431 | 69654 | 28382 |
| 怀集县 | 1031493 | 18712 | 105955 | 12619085 | 295493 | 80508 |
| **清远市** | **3233817** | **25801** | **156935** | **127009231** | **41773** | **252384** |
| 清城区 | 205504 | 1940 | 10083 | 31484001 | 8032 | 16914 |
| 英德市 | 1329865 | 7271 | 18293 | 36668269 | 1208 | 103062 |
| 佛冈县 | 198470 | 705 | 10914 | 3903892 |  | 15494 |
| 连山自治县 | 84020 | 710 | 4450 | 1611411 | 1224 | 6970 |
| 连南自治县 | 35817 | 1675 | 5299 | 2382746 | 1289 | 2841 |
| 连州市 | 444296 | 5446 | 27877 | 6528713 | 477 | 34757 |
| 阳山县 | 515983 | 5762 | 60267 | 15995734 | 2043 | 40352 |
| 清新区 | 419862 | 2292 | 19752 | 28434465 | 27500 | 31994 |
| **潮州市** | **435217** | **4702** | **2061** | **13878802** | **2481** | **35212** |
| 湘桥区 | 48106 | 1046 | 140 | 1444963 |  | 4055 |
| 饶平县 | 292092 | 3337 | 1461 | 10641610 | 2481 | 23413 |
| 潮安区 | 95019 | 319 | 460 | 1792229 |  | 7744 |
| **揭阳市** | **1279320** | **22654** | **26964** | **33195185** | **50773** | **100834** |
| 榕城区 | 45016 | 170 |  | 345255 |  | 3594 |
| 揭东区 | 234429 | 527 | 507 | 5540559 | 5620 | 18658 |
| 惠来县 | 305280 | 9780 | 13296 | 11107538 |  | 23786 |
| 普宁市 | 305960 | 3331 | 863 | 2589627 |  | 23509 |
| 揭西县 | 388635 | 8846 | 12298 | 13612206 | 45153 | 31286 |
| **云浮市** | **1834226** | **9967** | **60672** | **195804344** | **633002** | **143641** |
| 云城区 | 164461 | 521 | 1928 | 15344986 | 67443 | 13997 |
| 新兴县 | 731811 | 2151 | 27999 | 128972770 | 96168 | 57467 |
| 郁南县 | 322530 | 323 | 2078 | 26558850 |  | 24923 |
| 罗定市 | 457409 | 3943 | 25326 | 19480347 | 461565 | 34917 |
| 云安区 | 158015 | 3029 | 3341 | 5447391 | 7826 | 12337 |

## 10-16 续表 3

(2023年) 单位：头、只、吨

| 县(市、区)别 | 牛肉产量 | 羊肉产量 | 家禽肉产量 | 牛奶产量 | 蜂蜜产量 | 禽蛋产量 |
|---|---|---|---|---|---|---|
| **广州市** | **506** | **84** | **29627** | **34717** | **3417** | **35614** |
| 天河区 | | | | | | |
| 白云区 | 35 | | 933 | 2994 | | 156 |
| 黄埔区 | | | | | | |
| 花都区 | 7 | 33 | 5654 | | 545 | 117 |
| 从化区 | 294 | 11 | 6702 | 21338 | 878 | 31041 |
| 增城区 | 162 | 25 | 9516 | 10364 | 1953 | 2451 |
| 番禺区 | 5 | 11 | 3564 | 1 | 11 | 1782 |
| 南沙区 | 3 | 4 | 3258 | 21 | 30 | 67 |
| **深圳市** | **29** | **18** | **2213** | **3000** | **49** | **757** |
| 宝安区 | | | | | | |
| 龙岗区 | | | | | | |
| 光明区 | | | | 3000 | | |
| 大鹏区 | | | | | | |
| 坪山区 | | | | | | |
| 合作区 | 29 | 18 | 2213 | | 49 | 757 |
| **珠海市** | **2** | **2** | **1956** | | | **3406** |
| 香洲区 | | | | | | |
| 金湾区 | 2 | 2 | 691 | | | |
| 斗门区 | | | 1265 | | | 3406 |
| **汕头市** | **217** | **54** | **49456** | **1359** | **313** | **3575** |
| 金平区 | | | | | | |
| 龙湖区 | | 1 | 8001 | 86 | | 879 |
| 澄海区 | 96 | | 39852 | 23 | | 1336 |
| 濠江区 | 26 | 2 | 747 | 1247 | | 86 |
| 潮阳区 | 4 | 3 | 552 | 3 | | 212 |
| 潮南区 | 56 | 22 | 143 | | 221 | 996 |
| 南澳县 | 35 | 25 | 161 | | 92 | 66 |
| **佛山市** | **98** | **77** | **94360** | **8165** | **13** | **6166** |
| 禅城区 | | | | | | |
| 南海区 | | | 2284 | 1 | | |
| 顺德区 | | | | | | |
| 高明区 | 16 | 12 | 26436 | | 13 | 1785 |
| 三水区 | 83 | 65 | 65640 | 8164 | | 4381 |
| **韶关市** | **1546** | **1024** | **89748** | **8421** | **1326** | **17333** |
| 浈江区 | 83 | 33 | 772 | | | 167 |
| 武江区 | 70 | 46 | 1128 | 4310 | 10 | 421 |
| 曲江区 | 111 | 85 | 6313 | 4111 | 11 | 1470 |
| 南雄市 | 285 | 153 | 14889 | | 386 | 3174 |
| 始兴县 | 155 | 41 | 4052 | | 358 | 1695 |
| 翁源县 | 119 | 57 | 38928 | | 99 | 3574 |
| 仁化县 | 308 | 344 | 3656 | | 30 | 1576 |
| 新丰县 | 132 | 79 | 15748 | | 391 | 1813 |
| 乳源自治县 | 97 | 99 | 935 | | 1 | 1628 |
| 乐昌市 | 187 | 86 | 3327 | | 40 | 1816 |

## 10-16 续表 4

(2023年)　　单位：头、只、吨

| 县(市、区)别 | 牛肉产量 | 羊肉产量 | 家禽肉产量 | 牛奶产量 | 蜂蜜产量 | 禽蛋产量 |
|---|---|---|---|---|---|---|
| **河源市** | **2586** | **629** | **83082** | **340** | **1579** | **17129** |
| 源城区 | 65 | 19 | 5066 | | | 6 |
| 东源县 | 780 | 139 | 16653 | | 99 | 8789 |
| 和平县 | 322 | 113 | 18256 | | 59 | 956 |
| 龙川县 | 609 | 206 | 11256 | 340 | 166 | 2372 |
| 紫金县 | 605 | 90 | 20117 | | 1225 | 3701 |
| 连平县 | 206 | 62 | 11735 | | 31 | 1306 |
| **梅州市** | **3684** | **2762** | **108362** | **3388** | **4803** | **38933** |
| 梅江区 | 56 | 4 | 1264 | | 44 | 249 |
| 梅县区 | 333 | 519 | 12963 | 105 | 1392 | 3950 |
| 蕉岭县 | 743 | 602 | 7191 | 148 | 1846 | 1296 |
| 大埔县 | 227 | 143 | 8483 | 68 | 461 | 1547 |
| 丰顺县 | 611 | 96 | 35836 | 405 | 481 | 3155 |
| 五华县 | 961 | 704 | 18136 | 184 | 95 | 14391 |
| 兴宁市 | 376 | 376 | 20947 | 316 | 189 | 12576 |
| 平远县 | 376 | 318 | 3543 | 2163 | 295 | 1769 |
| **惠州市** | **2031** | **361** | **89321** | **29974** | **4550** | **31179** |
| 惠城区 | 194 | 36 | 7919 | 1832 | 528 | 7497 |
| 惠东县 | 483 | 117 | 14881 | | 439 | 11117 |
| 惠阳区 | 199 | 45 | 2155 | | 58 | 239 |
| 博罗县 | 842 | 132 | 53980 | 5020 | 1556 | 9022 |
| 龙门县 | 313 | 31 | 10386 | 23122 | 1969 | 3304 |
| **汕尾市** | **3707** | **460** | **32941** | **13682** | **803** | **11429** |
| 汕尾城区 | 37 | 6 | 2224 | | | 1278 |
| 红海湾区 | 38 | 3 | 188 | | | 143 |
| 海丰县 | 1165 | 113 | 9513 | | 255 | 5954 |
| 陆河县 | 852 | 60 | 4742 | | 329 | 770 |
| 陆丰市 | 1615 | 279 | 16273 | 13682 | 219 | 3283 |
| **东莞市** | **3** | **7** | **839** | | **115** | |
| **中山市** | **6** | **10** | **9551** | **7** | **57** | **3194** |
| **江门市** | **802** | **452** | **195812** | **5494** | **63** | **41477** |
| 蓬江区 | | 1.1 | 398 | | | 20 |
| 江海区 | | | 8 | | | 5 |
| 新会区 | 5 | 150 | 28996 | 1974 | | 2692 |
| 台山市 | 290 | 202 | 56274 | 425 | 29 | 12598 |
| 开平市 | 108 | 69 | 75179 | 3095 | 33 | 23396 |
| 恩平市 | 160 | 13 | 16547 | | | 1333 |
| 鹤山市 | 240 | 17 | 18410 | | 1.2 | 1432 |
| **阳江市** | **3184** | **870** | **55040** | **10504** | **237** | **7819** |
| 江城区 | 291 | 32 | 4128 | | | 302 |
| 阳东区 | 824 | 508 | 13390 | 9178 | 48 | 2756 |
| 阳西县 | 796 | 74 | 17510 | 1026 | 26 | 2096 |
| 阳春市 | 1203 | 237 | 19595 | 300 | 163 | 2619 |
| 海陵区 | 69 | 19 | 418 | | | 47 |
| **湛江市** | **8453** | **3628** | **140459** | **8813** | **635** | **43955** |
| 赤坎区 | 5 | 3 | 151 | | | 95 |
| 霞山区 | 11 | 13 | 386 | | | 39 |
| 坡头区 | 263 | 89 | 4672 | | | 1996 |

## 10-16 续表 5

(2023年)　　单位：头、只、吨

| 县(市、区)别 | 牛肉产量 | 羊肉产量 | 家禽肉产量 | 牛奶产量 | 蜂蜜产量 | 禽蛋产量 |
|---|---|---|---|---|---|---|
| 麻章区 | 273 | 255 | 6249 | 142 | 2 | 1551 |
| 吴川市 | 699 | 114 | 24664 | 100 | 10 | 10454 |
| 徐闻县 | 562 | 624 | 5554 | | | 397 |
| 雷州市 | 1523 | 1408 | 16019 | | 8 | 9122 |
| 遂溪县 | 1548 | 586 | 52510 | 8571 | 118 | 7667 |
| 廉江市 | 3569 | 536 | 30254 | | 497 | 12635 |
| **茂名市** | **3734** | **1983** | **282073** | **7** | **6941** | **114657** |
| 茂南区 | 139 | 62 | 30294 | | 63 | 2783 |
| 电白区 | 641 | 309 | 42269 | | 167 | 20558 |
| 信宜市 | 642 | 1320 | 112818 | 7 | 93 | 9811 |
| 高州市 | 1269 | 65 | 66732 | | 6450 | 74565 |
| 化州市 | 1042 | 228 | 29960 | | 169 | 6940 |
| **肇庆市** | **5511** | **2811** | **178845** | **19838** | **2942** | **33480** |
| 端州区 | | | | | | |
| 鼎湖区 | 222 | 44 | 3566 | 19200 | 30 | 1053 |
| 高要区 | 36 | 31 | 69463 | | 97 | 14405 |
| 广宁县 | 992 | 299 | 12524 | | 2149 | 990 |
| 四会市 | 421 | 218 | 59552 | 638 | 28 | 7499 |
| 德庆县 | 302 | 39 | 7645 | | 133 | 2629 |
| 封开县 | 1242 | 419 | 8465 | | 329 | 2515 |
| 怀集县 | 2296 | 1761 | 17630 | | 176 | 4389 |
| **清远市** | **3239** | **2528** | **177671** | **52013** | **329** | **35608** |
| 清城区 | 239 | 158 | 46495 | 5827 | 1 | 14040 |
| 英德市 | 881 | 289 | 48747 | 19628 | 63 | 3720 |
| 佛冈县 | 98 | 187 | 6054 | 3333 | 29 | 10272 |
| 连山自治县 | 87 | 60 | 2280 | 5 | 23 | 150 |
| 连南自治县 | 225 | 106 | 3593 | 26 | 43 | 189 |
| 连州市 | 694 | 472 | 8960 | 23195 | 3 | 612 |
| 阳山县 | 729 | 935 | 22234 | | 76 | 3091 |
| 清新区 | 285 | 320 | 39309 | | 91 | 3534 |
| **潮州市** | **676** | **36** | **30549** | **268** | **516** | **14967** |
| 湘桥区 | 149 | 3 | 3654 | | 95 | 942 |
| 饶平县 | 484 | 25 | 22777 | 258 | 276 | 13574 |
| 潮安区 | 43 | 8 | 4118 | 10 | 145 | 452 |
| **揭阳市** | **3005** | **448** | **46345** | **2193** | **1761** | **17852** |
| 榕城区 | 19 | | 452 | 263 | | 305 |
| 揭东区 | 65 | 9 | 8272 | 736 | | 4633 |
| 惠来县 | 1264 | 223 | 15213 | | 464 | 5733 |
| 普宁市 | 463 | 15 | 4119 | 638 | 82 | 3255 |
| 揭西县 | 1193 | 202 | 18288 | 556 | 1215 | 3927 |
| **云浮市** | **1269** | **1184** | **247115** | **286** | **1887** | **20569** |
| 云城区 | 80 | 50 | 21367 | | | 1760 |
| 新兴县 | 251 | 544 | 159344 | 286 | 551 | 2048 |
| 郁南县 | 41 | 31 | 32578 | | 140 | 2752 |
| 罗定市 | 475 | 466 | 26103 | | 1157 | 11340 |
| 云安区 | 422 | 93 | 7722 | | 39 | 2669 |

# 10-17　全省饲料加工企业主要年份饲料生产情况

| 项　　目 | 单位 | 2005 | 2010 | 2015 | 2018 | 2019 |
|---|---|---|---|---|---|---|
| 生产能力 | 吨/小时 | 3698 | 14126.35 | 15828 | 15860.87 | 15860.87 |
| 全年实际产量 | 吨 | 12420678 | 18807084 | 25730232 | 30621653 | 29237982 |
| 配合饲料 | 吨 | 11967447 | 17997638 | 24644169 | 29542161 | 28405199 |
| 配合饲料家禽料 | 吨 | 6772565 | 8422722 | 9719511 | 10201414 | 13109799 |
| 蛋禽料 | 吨 | 983978 | 1502723 | 1683368 | 1697752 | 2041339 |
| 肉禽料 | 吨 | 5788588 | 7009366 | 8036144 | 8503662 | 11068460 |
| 配合饲料猪料 | 吨 | 2855709 | 6339038 | 10425051 | 13316029 | 8805030 |
| 配合饲料水产料 | 吨 | 2264139 | 3145836 | 4346688 | 5817486 | 6361898 |
| 配合饲料其他 | 吨 | 71805 | 81315 | 152919 | 207232 | 128473 |
| 浓缩饲料 | 吨 | 186615 | 289878 | 438174 | 402595 | 242914 |
| 浓缩饲料猪料 | 吨 | 128704 | 232234 | 406222 | 365750 | 216054 |
| 添加剂预混料 | 吨 | 266616 | 519567 | 647889 | 676898 | 573031 |
| 预混料猪料 | 吨 | 187067 | 391820 | 441675 | 424521 | 266493 |
| 预混料禽料 | 吨 | 42122 | 48237 | 72823 | 67006 | 119698 |
| 全年营业收入 | 亿元 | 291 | 582 | 862 | 1160 | 999 |
| 工业总产值 | 亿元 | 300 | 593 | 962 | 1187 | 1012 |

## 10-17　续表

| 项　　目 | 单位 | 2020 | 2021 | 2022 | 2023 | 2023比2022增减(%) |
|---|---|---|---|---|---|---|
| 生产能力 | 吨/小时 | 15860.87 | 15860.87 | 12524.63 | 11904.56 | -4.95 |
| 全年实际产量 | 吨 | 30101910 | 35732738 | 34972440 | 36106508 | 3.24 |
| 配合饲料 | 吨 | 29221197 | 34664418 | 34046664 | 35178024 | 3.32 |
| 配合饲料家禽料 | 吨 | 14765668 | 14344903 | 13071260 | 13209191 | 1.06 |
| 蛋禽料 | 吨 | 2222517 | 2195085 | 2150025 | 2168926 | 0.88 |
| 肉禽料 | 吨 | 12543151 | 12149818 | 10921235 | 11040265 | 1.09 |
| 配合饲料猪料 | 吨 | 7701510 | 12761289 | 13245338 | 14538842 | 9.77 |
| 配合饲料水产料 | 吨 | 6593243 | 7362577 | 7495794 | 7148910 | -4.63 |
| 配合饲料其他 | 吨 | 160776 | 195649 | 141242 | 173043 | 22.52 |
| 浓缩饲料 | 吨 | 276015 | 421635 | 277537 | 255146 | -8.07 |
| 浓缩饲料猪料 | 吨 | 248110 | 289622 | 238532 | 212542 | -10.9 |
| 添加剂预混料 | 吨 | 592040 | 626009 | 619724 | 649127 | 4.74 |
| 预混料猪料 | 吨 | 238330 | 276361 | 253019 | 283492 | 12.04 |
| 预混料禽料 | 吨 | 161468 | 142910 | 138399 | 143556 | 3.73 |
| 全年营业收入 | 亿元 | 1092 | 1439 | 1593 | 1653 | 3.77 |
| 工业总产值 | 亿元 | 1106 | 1482 | 1578 | 1661 | 5.26 |

# 10-18 各市主要年份饲料生产总量

单位：吨

| 市 别 | 1995 | 2000 | 2005 | 2010 | 2015 | 2017 |
|---|---|---|---|---|---|---|
| **合 计** | **6223168** | **8507764** | **12420679** | **18807084** | **25730232** | **29511163** |
| 广 州 | 829278 | 1392240 | 2276190 | 2940760 | 3234175 | 3140106 |
| 深 圳 | 1103488 | 1023976 | 718856 | 688406 | 323968 | 393340 |
| 珠 海 | 227831 | 183353 | 507512 | 626343 | 909826 | 1095494 |
| 汕 头 | 351445 | 357863 | 341779 | 428775 | 466057 | 530525 |
| 佛 山 | 1509331 | 2485870 | 3978825 | 4653046 | 4264050 | 4411336 |
| 韶 关 | 69369 | 24535 | 163492 | 385013 | 586719 | 650829 |
| 河 源 |  | 5589 | 94934 | 147001 | 330799 | 347914 |
| 梅 州 | 31600 | 14867 | 63120 | 139830 | 334648 | 374351 |
| 惠 州 | 98580 | 116222 | 126459 | 399958 | 1276757 | 1570987 |
| 汕 尾 |  |  | 910 | 1215 | 8574 | 24769 |
| 东 莞 | 199210 | 303211 | 379736 | 594626 | 1026796 | 1157797 |
| 中 山 | 116736 | 220899 | 237299 | 452231 | 352742 | 427167 |
| 江 门 | 711549 | 626794 | 800724 | 2136088 | 3795172 | 4230194 |
| 阳 江 | 8632 | 22835 | 23283 | 22310 | 646335 | 1317956 |
| 湛 江 | 411309 | 658061 | 1065288 | 1340679 | 2030280 | 2556824 |
| 茂 名 | 156335 | 211229 | 337855 | 1282489 | 2025907 | 2765584 |
| 肇 庆 | 91647 | 56603 | 200247 | 515213 | 902746 | 1201034 |
| 清 远 | 8022 | 8602 | 190184 | 491797 | 1147692 | 1410317 |
| 潮 州 | 29985 | 16506 | 52620 | 53352 | 109835 | 103663 |
| 揭 阳 | 46303 | 81400 | 75088 | 261647 | 538147 | 722855 |
| 云 浮 | 221894 | 697109 | 786279 | 1246297 | 1419004 | 1078117 |

10-18 续表

单位：吨

| 市 别 | 2018 | 2019 | 2020 | 2021 | 2022 | 2023 |
|---|---|---|---|---|---|---|
| **合 计** | **30621653** | **29237982** | **30101910** | **35732738** | **34972440** | **36106508** |
| 广 州 | 2994994 | 2520910 | 2752472 | 3101556 | 2792955 | 2418203 |
| 深 圳 | 218521 | 182072 | 147024 | 259358 | 189512 | 72757 |
| 珠 海 | 1260684 | 1364188 | 1314438 | 1355243 | 1306204 | 1237798 |
| 汕 头 | 742182 | 662780 | 614324 | 677302 | 634895 | 735088 |
| 佛 山 | 4404625 | 4079165 | 4194051 | 4438858 | 4529676 | 4496256 |
| 韶 关 | 721551 | 809088 | 771464 | 1090053 | 1017481 | 1356177 |
| 河 源 | 411268 | 408968 | 423151 | 546985 | 623799 | 661086 |
| 梅 州 | 432053 | 429966 | 511986 | 824605 | 982536 | 1067467 |
| 惠 州 | 1626756 | 1544634 | 1644644 | 1945490 | 1700434 | 1858563 |
| 汕 尾 | 26693 | 33260 | 35868 |  |  | 4 |
| 东 莞 | 950573 | 1213468 | 1225824 | 1082307 | 984378 | 995588 |
| 中 山 | 406403 | 378193 | 390516 | 361235 | 414894 | 382602 |
| 江 门 | 4372980 | 4559471 | 4706821 | 5494334 | 5359019 | 5558898 |
| 阳 江 | 1480566 | 1340546 | 1580448 | 1994391 | 2007328 | 2340924 |
| 湛 江 | 2763708 | 2787201 | 2993700 | 3886224 | 3452776 | 3268984 |
| 茂 名 | 2935864 | 2201054 | 2341284 | 3271227 | 3547243 | 3509144 |
| 肇 庆 | 1174370 | 904841 | 859381 | 1195015 | 1200131 | 1202452 |
| 清 远 | 1667218 | 1495208 | 1236202 | 1777188 | 1900418 | 2427504 |
| 潮 州 | 122968 | 176770 | 194579 | 215341 | 207848 | 220178 |
| 揭 阳 | 683421 | 664602 | 793412 | 813928 | 762402 | 875206 |
| 云 浮 | 1224255 | 1481597 | 1370319 | 1402097 | 1358511 | 1421629 |

# 十一、渔业

# 2023 年渔业大事记

1. 4 月 10 日至 13 日，中共中央总书记、国家主席、中央军委主席习近平在广东考察。10 日上午，习近平在位于湛江市东海岛的国家 863 计划项目海水养殖种子工程南方基地考察。

图：香鱼

2. 2023 年 5 月，香鱼成为一条“援藏鱼”远赴林芝助力当地高原渔业产业发展。一批“中国香鱼”鱼苗从广东出发横跨 3200 多公里顺利抵达林芝，落户高原，为探索高原渔业发展迈出了坚实一步。

3. 5 月 30 日，省领导到惠州市调研现代化海洋牧场建设工作，实地察看了海上养殖基地及种业基地。

4.6 月 6 日，2023 年湛江市现代化海洋牧场活动月启动仪式在湛江雷州市流沙湾渔港码头举行。

5.7 月 18 日，农业农村部长江流域渔政监督管理办公室、广东省农业农村厅、佛山市人民政府在佛山市高明区明城镇联合举办“守护神兽，鼋来有你”2023 年鼋人工繁育和野化适应性保护活动。

6. 8 月 1 日，加强型重力式深水网箱在江门市台山上川岛附近海域正式下水布设。

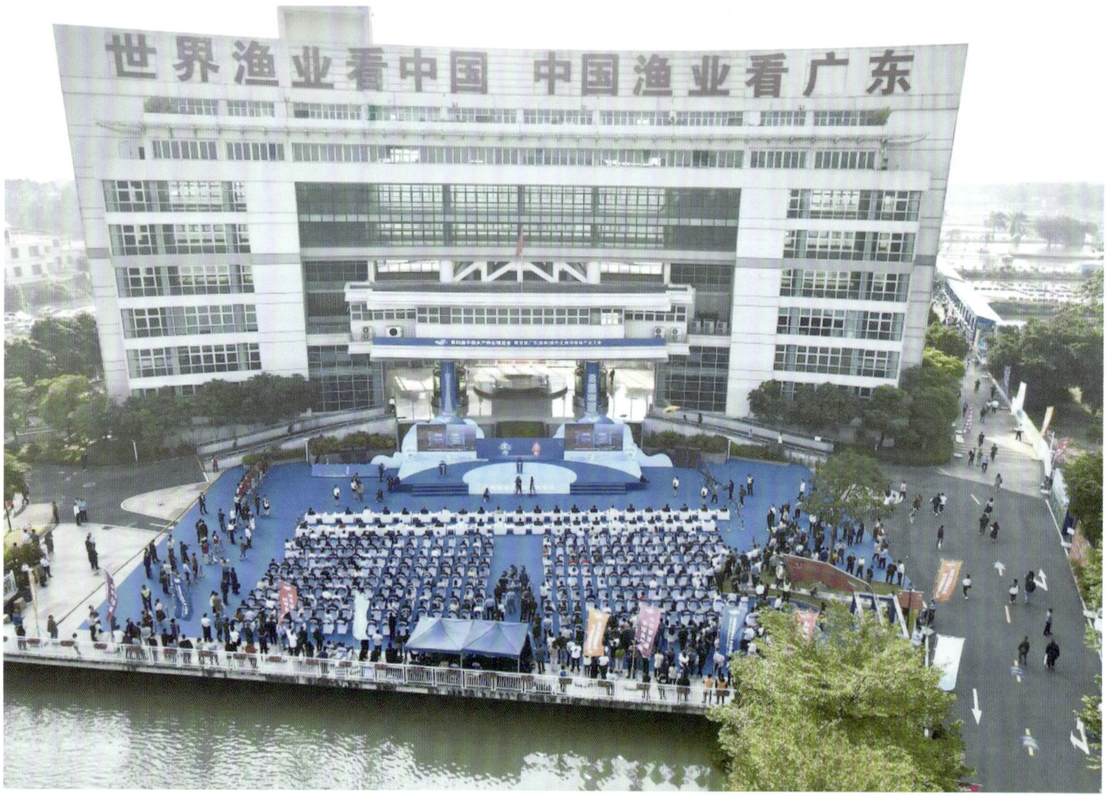


7. 2023 年 11 月 25 日，2023 中国水产种业博览会暨首届广东（国际）现代化海洋牧场产业大会在广州南沙开幕。

# 渔　业

2023年，深入学习贯彻习近平新时代中国特色社会主义思想，以及习近平总书记视察广东重要讲话、重要指示精神，认真贯彻落实省委“1310”具体部署和农村工作会议暨全面推进“百县千镇万村高质量发展工程”促进城乡区域协调发展动员大会精神，推动现代化海洋牧场建设工作，推动渔业产业高质量发展。

## 一、工作亮点

2023年渔业工作主要亮点有：一是推进现代化海洋牧场建设和深远海养殖。二是立足优势，着力抓好种业建设。三是起步稳健，现代化海洋牧场建设开局良好。四是统筹谋划，推动渔港经济区建设。五是协同共管，强化捕捞业综合监管。

## 二、2023年我省渔业经济运行总体情况

2023年广东省水产品总产量924.02万吨，比上年增长3.35%。其中：海洋捕捞产量（不含远洋）113.69万吨，增长了1.13%；远洋渔业7.18万吨，上升15.89%；内陆捕捞产量7.44万吨，下降3.10%。

全省水产养殖产量795.70万吨，增长3.64%，继续位居全国首位。海水养殖产量357.28万吨，增长5.18%；淡水养殖产量438.42万吨，增长2.42%。

水产养殖面积47.73万公顷，比2022年增长0.36万公顷，其中海水养殖17.21万公顷，同比增长3.32%；淡水养殖30.52万公顷，同比减少0.60%。

全省渔民人均纯收入25201.04元，　增长6.80%

2023年我省水产品进出口量122.89万吨，进出口额59.55亿美元；进出口量同比下降3.30%、进出口额下降9.98%。

## 三、2023年渔业经济发展的新亮点

（一）推进现代化海洋牧场建设和深远海养殖。紧紧围绕推进海洋强省建设，以“推进现代化海洋牧场建设和深远海养殖”为课题先后组织赴福建省、山东省等兄弟省份考察学习，赴江门、湛江、阳江、深圳、珠海等12个沿海地市调研，深入基层和一线，登船上岛出海，访企入村进户，向基层请教、向一线问计、向群众求策，与沿海市县镇村干部、企业和专业合作社、养殖户经营主体面对面交流座谈讨论，了解基层情况、掌握一线诉求，发现问题、研究问题，同时，召开现代化海洋牧场建设政策咨询会，研究痛点难点堵点问题，寻找破解加快推进现代化海洋牧场建设难题的“钥匙”。根据调研掌握的情况，收集意见建议百余条，梳理形成调研报告4篇，报送工作台账36次，推动解决实际困难问题一批。

（二）立足优势，着力抓好种业建设。一是优化种业发展空间布局，打造全省“双核、双基地、四节点”种业发展空间布局。建设开放共享的“广东省海洋水产种质资源库”，实现“统一管理、开放利用”。二是开展水产种质资源普查数据综合分析与现场核查，实施活体种质资源收集保存、遗传材料制作及水产养殖种质资源鉴定评价工作，建立了广东省水产养殖种质资源数据库和广东省海洋水产资源库，组织编制了广东省水产养殖种质资源普查报告。三是制定《广东省

现代化海洋牧场种业发展攻坚行动方案》，落实重点种业发展项目。推进广东省水产苗种管理立法，筹建广东省现代化海洋牧场种业创新专家委员会，建立海水种业重点企业联系服务机制，支持种业企业做大做强。今年新认定海水鱼省级水产良种场3家，阳西海水鱼、饶平花鲈等生产基地建设有序推进。四是开展深远海适合养殖品种重点攻关，重点培育金鲳、花鲈、硇洲族大黄鱼等7类深远海适合养殖品种。已培育硇洲族大黄鱼鱼苗1000万尾；花鲈“陆海接力”育苗模式取得突破，省内种苗供应量稳步增长；高体鰤（章红）人工繁殖和规模化苗种培育技术实现突破。

（三）起步稳健，现代化海洋牧场建设开局良好。一是抓部署推动，现代化海洋牧场是一个全新的课题，根据省委、省政府工作部署，3月10日，组织召开全省现代化海洋牧场建设推进会，七个先行示范市第一批现代化海洋牧场建设项目开工建设，形成热火朝天干起来的良好氛围。10月9日，召开全省现代化海洋牧场工作推进会，总结我省现代化海洋牧场建设阶段性工作，加快推动我省现代化海洋牧场项目落地落实。二是抓顶层设计，先后印发《关于加快海洋渔业转型升级　促进现代化海洋牧场高质量发展的若干措施》、《现代化海洋牧场生态养殖技术指引》等政策文件，组织编制的《广东省现代化海洋牧场建设实施方案》，《广东省现代化海洋牧场发展总体规划（2023–2035）（征求意见稿）》。三是抓要素保障。牵头推动各部门建立现代化海洋牧场项目审批联动机制，优化审批程序，促进审批质量和效率“双提升”，落实海域使用金优惠政策。创新海洋产业园开发模式，实现“拎包入住”“拿海即开工”，合理确定用海方式，强化岛海联动发展，做好陆域配套设施及产业用地保障。建立环评管理“绿色通道”，鼓励连片聚集海洋牧场项目作为整体项目“打包”开展环评，下放海洋牧场项目环评审核审批工作，豁免部分海洋牧场项目环评。四是抓装备建设。今年以来，新增重力式网箱791个、桁架类网箱6个，新增深水网箱养殖水体264万立方米。广东首个3万立方智能渔业养殖平台“海威2号”已在湛江流沙湾下水投产；明阳风渔融合试点项目“正菱台”状桁架类网箱已投产，风渔融合发展模式取得实质性进展；积极推动全国首台、广东制造的自升式桁架类网箱在湛江正式下水投产。一批“加强型重力式深水网箱”下水布设，抗风浪能力提升40%以上，为广东省大规模投产新型抗风浪网箱提供了新的理论探索与技术储备。

（四）统筹谋划，推动渔港经济区建设。广东省“渔港一张图”信息管理平台数据已整合运行，我省共规划建设沿海渔港经济区17个，目前17个渔港经济区所在市县已经全部完成渔港经济区建设规划编制工作，建设“渔港一张图”系统工作陆续开展。编制出台《广东省渔港经济区总体布局规划（2021–2030年）》，广州番禺、汕头南澳、茂名滨海新区3个渔港经济区项目已获批国家级沿海渔港经济区试点。

（五）协同共管，强化捕捞业综合监管。一是做好渔船安全生产工作。深入学习贯彻习近平总书记关于安全生产的重要论述精神，落实农业农村部关于渔业安全生产系列会议精神，在省领导推动下，组织召开全省渔船规范管理和安全生产工作电视电话会议，专题部署渔船规范管理和安全生产工作。印发《关于做好休禁渔期间渔船、渔港（停泊区）消防安全工作的通知》，加强消防安全监管。起草《广东省休闲渔业船舶安全管理工作指引》，加强休闲渔业船舶安全管理。完成休渔前后渔业安全生产综合大检查。严查渔船事故隐患，全面开展渔船安全隐患专项排查整治2023行动，重点对载员10人以上渔船，实行“四级排查”。强化安全警示教育宣传，印制渔船安全作业“五必须、五严禁”等宣传海报3万张，开展渔船安全生产宣传日暨应急演练活动，有效提升渔民安全生产意识和安全技能。持续督促追踪全省海洋捕捞渔船插卡式AIS终端设备配备，截至目前全省海洋捕捞渔船插卡式AIS配备率已达88.20%，切实提升渔船安全管理水平，保障渔船安全出航。二是推动远洋渔业发展。全国远洋渔业高质量发展推进会、全国远洋渔业安全生产电视电话会议在我省顺利召开。强化政策宣传，举办特定水域渔民和行政管理队伍的能力提升培训班3期，联合中国船级社广州分社、广东省远洋渔业协会召开远洋渔业安全生产交流会。积极参加农业农村部渔业渔政管理局组织的远洋渔业安全生产实操实战演练活动，督促各远洋企业强化远洋船员安全培训和实操实战演练。在国内外多方面的支持和努力下，推动历时近3年“东港兴13、16”两艘渔船被瓦努阿图扣押事件得到圆满解决。三是推进渔船规范管理。贯彻落实农业农村部683号、684号公告的16项渔船管理便民措施，开展2023年渔业捕捞许可管理业务培训，开展公告解读以及中国渔政管理指挥系统、农业农村部转移支付管理平台、广东省内陆渔船管理系统、广东省粤财扶助平台(省级休禁渔渔民生产生活补助系统）渔船渔港业务和系统操作培训，切实提升政务服务效能，全面提高运用信息化手段管理能力。贯彻落实省委关于实施“百县千镇万村高质量发展工程”促进城乡区域协调发展的部署要求，充分激发县域发展动力活力，系统梳理渔业捕捞许可、渔业船网工具指标审批行政许可事项清单，将“渔业船网工具指标审批（省级权限)、渔业捕捞许可（省级权限)”行政职权调整由有关地级以上市和县（市、区）实施。督促粤东5市加快推进粤东渔船建造。推动落实广东省典型渔业船舶造价评估项目，目前该项目已进入验收阶段。四是推进民生补贴发放。按照巡视整改要求，持续推进渔船相关民生补贴发放，推动海洋渔业资源养护补贴发放系统运行，加快补贴发放进度。推动我省休（禁）渔渔民生产生活补助上线省粤财扶助系统，印发《关于使用广东财政惠企利民服务平台申报“休（禁）渔渔民生产生活补助”项目的通知》，向地市下发操作手册和操作视频，推动各地积极组织符合条件的渔民申报“休（禁）渔渔民生产生活补助”，规范利用平台做好审核工作，简政、高效、便民推进休（禁）渔渔民生产生活补助发放。在我厅公众号发布“@渔民朋友，休（禁）渔补助可线上申领!”手机端和电脑端的文字以及视频的操作指引，做好宣传推广工作。目前，已经有21570个渔民通过线上进行申报，实现业务办理“零跑动”。

# 11-1　主要年份水产品产量及养殖面积

| 年 份 | 水产品产量(万吨) | 海水产品 | 海水捕捞 | 海水养殖 | 淡水产品 | 淡水捕捞 | 淡水养殖 | 养殖面积(千公顷) | 海水养殖 | 淡水养殖 |
|---|---|---|---|---|---|---|---|---|---|---|
| 1957 | 49.89 | 34.44 | 32.79 | 1.65 | 15.45 | 1.06 | 14.39 | 142.26 | 25.64 | 116.62 |
| 1962 | 34.45 | 24.46 | 23.16 | 1.30 | 9.99 | 0.90 | 9.09 | 167.02 | 21.20 | 145.82 |
| 1965 | 49.49 | 34.85 | 33.23 | 1.62 | 14.64 | 1.76 | 12.88 | 180.95 | 28.94 | 152.01 |
| 1970 | 57.32 | 41.71 | 40.41 | 1.30 | 15.61 | 1.12 | 14.49 | | | |
| 1975 | 71.84 | 53.83 | 52.81 | 1.02 | 18.01 | 1.14 | 16.87 | 193.08 | 17.41 | 175.67 |
| 1978 | 65.50 | 46.47 | 45.67 | 0.80 | 19.03 | 0.98 | 18.05 | 187.23 | 16.05 | 171.18 |
| 1980 | 63.34 | 41.54 | 40.78 | 0.76 | 21.80 | 0.85 | 20.95 | 200.29 | 21.54 | 178.75 |
| 1985 | 109.44 | 58.74 | 56.26 | 2.48 | 50.70 | 1.93 | 48.77 | 290.16 | 56.13 | 234.03 |
| 1990 | 207.66 | 124.53 | 110.74 | 13.79 | 83.13 | 4.19 | 78.94 | 43.67 | 92.33 | 251.34 |
| 1995 | 449.86 | 189.41 | 178.71 | 10.70 | 164.23 | 14.45 | 149.78 | 445.82 | 116.15 | 329.67 |
| 2000 | 593.19 | 360.46 | 191.46 | 168.98 | 323.73 | 13.52 | 219.21 | 564.51 | 194.89 | 369.62 |
| 2005 | 695.23 | 397.75 | 172.05 | 225.70 | 297.29 | 13.03 | 284.26 | 604.65 | 224.40 | 380.25 |
| 2010 | 729.03 | 401.50 | 152.43 | 249.07 | 327.53 | 12.86 | 314.67 | 563.41 | 199.26 | 364.16 |
| 2011 | 762.53 | 418.22 | 152.65 | 265.57 | 344.31 | 12.84 | 331.47 | 573.91 | 203.41 | 370.50 |
| 2012 | 739.35 | 408.92 | 153.65 | 255.27 | 330.43 | 12.88 | 317.55 | 575.21 | 201.83 | 373.38 |
| 2013 | 764.29 | 418.58 | 152.88 | 265.70 | 345.71 | 12.81 | 332.91 | 570.14 | 197.20 | 372.94 |
| 2014 | 783.22 | 426.44 | 153.90 | 272.55 | 356.78 | 12.41 | 344.37 | 564.99 | 193.69 | 371.30 |
| 2015 | 803.71 | 434.71 | 154.00 | 280.71 | 369.00 | 12.26 | 356.74 | 565.68 | 194.86 | 370.82 |
| 2016 | 818.28 | 441.53 | 151.01 | 290.52 | 376.75 | 12.12 | 364.63 | 480.80 | 166.20 | 314.60 |
| 2017 | 833.54 | 451.81 | 148.91 | 302.90 | 381.73 | 12.04 | 369.69 | 473.77 | 161.69 | 312.08 |
| 2018 | 842.44 | 449.17 | 132.44 | 316.73 | 393.28 | 11.53 | 381.75 | 478.90 | 165.61 | 313.28 |
| 2019 | 866.40 | 455.49 | 126.36 | 329.13 | 410.91 | 10.90 | 400.01 | 478.21 | 164.99 | 313.22 |
| 2020 | 875.81 | 450.53 | 119.29 | 331.24 | 425.28 | 9.87 | 415.41 | 475.72 | 164.72 | 311.00 |
| 2021 | 884.52 | 455.04 | 118.80 | 336.24 | 429.47 | 8.91 | 420.57 | 475.62 | 165.72 | 309.90 |
| 2022 | 894.03 | 458.29 | 118.61 | 339.68 | 435.74 | 7.68 | 428.06 | 473.66 | 166.60 | 307.06 |
| 2023 | 924.02 | 478.15 | 120.87 | 357.28 | 445.87 | 7.44 | 438.42 | 477.34 | 172.13 | 305.21 |

注：2000年以后的水产品产量数据按照新的标准统计，2016年以后年份的数据以第三次全国农业普查结果为基础做了调整。

# 11-2 水产生产概况

| 项 目 | 计量单位 | 2022 | 2023 | 2023比2022增长(%) |
|---|---|---|---|---|
| 水产品总产量 | 万吨 | 894.03 | 924.02 | 3.35 |
| 海洋捕捞(包括外海) | 万吨 | 118.61 | 120.87 | 1.91 |
| 海水养殖 | 万吨 | 339.67 | 357.28 | 5.19 |
| 淡水捕捞 | 万吨 | 7.68 | 7.44 | -3.08 |
| 淡水养殖 | 万吨 | 428.07 | 438.42 | 2.42 |
| 渔业总产值(按现价计算) | 亿元 | 4226.02 | 4420.28 | 4.60 |
| 水产品产值(不包括种苗) | 亿元 | 1898.24 | 2005.31 | 5.64 |
| 海洋捕捞 | 亿元 | 304.77 | 320.98 | 5.32 |
| 海水养殖 | 亿元 | 692.74 | 747.42 | 7.89 |
| 淡水捕捞 | 亿元 | 12.29 | 12.53 | 1.95 |
| 淡水养殖 | 亿元 | 888.44 | 924.37 | 4.04 |
| 水产种苗 | 亿元 | 83.59 | 97.78 | 16.98 |
| 其中：水产品加工 | 亿元 | 250.36 | 366.63 | 46.44 |
| 渔机修造 | 亿元 | 7.83 | 6.82 | -12.90 |
| 绳网制造 | 亿元 | 2.02 | 5.54 | 174.26 |
| 建筑业 | 亿元 | 5.87 | 8.52 | 45.14 |
| 第三产业产值 | 亿元 | 1875.25 | 1672.96 | -10.79 |
| 渔民人均纯收入 | 元/人 | 23597.40 | 25201.04 | 6.80 |
| 海洋捕捞产量 | 万吨 | 118.61 | 120.87 | 1.91 |
| 其中：鱼类 | 万吨 | 81.50 | 81.50 | 0.00 |
| 虾类 | 万吨 | 13.78 | 14.63 | 6.14 |
| 蟹类 | 万吨 | 7.36 | 7.93 | 7.76 |
| 贝类 | 万吨 | 2.93 | 2.84 | -3.10 |
| 藻类 | 万吨 | 0.46 | 0.42 | -9.74 |
| 头足类 | 万吨 | 4.83 | 4.93 | 2.02 |
| 海水养殖总面积 | 千公顷 | 166.60 | 172.13 | 3.32 |
| 产量 | 万吨 | 339.67 | 357.28 | 5.19 |
| 单产 | 千克/公顷 | 20388.00 | 20756.28 | 1.81 |
| 其中：鱼类面积 | 千公顷 | 35.53 | 36.08 | 1.55 |
| 产量 | 万吨 | 85.14 | 90.38 | 6.15 |
| 单产 | 千克/公顷 | 23963.00 | 25048.11 | 4.53 |
| 虾类面积 | 千公顷 | 56.40 | 57.55 | 2.04 |
| 产量 | 万吨 | 68.10 | 71.90 | 5.59 |
| 单产 | 千克/公顷 | 12074.00 | 12494.70 | 3.48 |
| 蟹类面积 | 千公顷 | 8.46 | 9.37 | 10.80 |
| 产量 | 万吨 | 9.08 | 8.84 | -2.59 |
| 单产 | 千克/公顷 | 10733.00 | 9435.41 | -12.09 |
| 贝类面积 | 千公顷 | 61.65 | 64.68 | 4.92 |
| 产量 | 万吨 | 170.46 | 180.00 | 5.59 |
| 单产 | 千克/公顷 | 27650.00 | 27827.79 | 0.64 |
| 藻类面积 | 千公顷 | 1.93 | 1.91 | -1.05 |
| 产量 | 万吨 | 6.00 | 5.29 | -11.83 |
| 单产 | 千克/公顷 | 31088.00 | 27699.96 | -10.90 |

## 11-2 续表

| 项　　目 | 计量单位 | 2022 | 2023 | 2023比2022增长(%) |
|---|---|---|---|---|
| 淡水养殖总面积 | 千公顷 | 307.06 | 305.21 | -0.60 |
| 产量 | 万吨 | 428.07 | 438.42 | 2.42 |
| 单产 | 千克/公顷 | 13940.00 | 14364.59 | 3.05 |
| 其中：池塘养殖面积 | 千公顷 | 259.20 | 259.23 | 0.01 |
| 产量 | 万吨 | 400.58 | 410.81 | 2.55 |
| 单产 | 千克/公顷 | 15454.00 | 15847.03 | 2.54 |
| 其中：鱼类产量 | 万吨 | 387.50 | 394.74 | 1.87 |
| 虾类产量 | 万吨 | 33.23 | 35.50 | 6.83 |
| 蟹类产量 | 万吨 | 0.39 | 0.35 | -9.92 |
| 淡水捕捞产量 | 万吨 | 7.68 | 7.44 | -3.08 |
| 其中：鱼类 | 万吨 | 5.88 | 5.73 | -2.63 |
| 虾类 | 万吨 | 0.67 | 0.69 | 3.61 |
| 蟹类 | 万吨 | 0.32 | 0.32 | 1.00 |
| 贝类 | 万吨 | 0.74 | 0.63 | -14.73 |
| 水产冷库数量 | 座 | 698.00 | 635.00 | -9.03 |
| 制冰能力 | 吨/日 | 44409.00 | 45264.00 | 1.93 |
| 冻结能力 | 吨/日 | 33777.00 | 35218.00 | 4.27 |
| 冷藏能力 | 吨/次 | 426809.00 | 417875.00 | -2.09 |
| 水产加工品数量 | 万吨 | 152.03 | 153.55 | 1.00 |
| 其中：冷冻品 | 万吨 | 43.41 | 44.60 | 2.74 |
| 渔业乡(镇) | 个 | 79.00 | 88.00 | 11.39 |
| 渔业村 | 个 | 1035.00 | 1084.00 | 4.73 |
| 渔业人口 | 万人 | 214.09 | 213.29 | -0.37 |
| 渔业从业人员 | 万人 | 122.53 | 123.83 | 1.06 |
| 其中：专业 | 万人 | 81.23 | 82.68 | 1.79 |
| 兼业 | 万人 | 34.63 | 34.30 | -0.94 |
| 机动渔船合计艘数 | 艘 | 49189.00 | 50054.00 | 1.76 |
| 吨位 | 吨 | 1127043.00 | 1174438.00 | 4.21 |
| 功率 | 千瓦 | 2237452.00 | 2322026.00 | 3.78 |
| 其中：生产渔船艘数 | 艘 | 46036.00 | 46833.00 | 1.73 |
| 吨位 | 吨 | 1047266.00 | 1093750.00 | 4.44 |
| 功率 | 千瓦 | 1961614.00 | 2045424.00 | 4.27 |
| 非机动渔船艘数 | 艘 | 1006.00 | 1019.00 | 1.29 |
| 吨位 | 吨 | 7939.00 | 8094.00 | 1.95 |

# 11-3 各市渔业生产基本情况

(2023年)

| 市别 | 水产品总产量(吨) | | | | | 渔业经济总产值(万元) | 其中水产品产值 |
|---|---|---|---|---|---|---|---|
| | 合计 | 海洋捕捞(包括外海) | 海水养殖 | 淡水捕捞 | 淡水养殖 | 产值 | 产值 |
| **全省** | **9240225** | **1208704** | **3572835** | **74438** | **4384248** | **44202819** | **20053079** |
| 广州 | 483682 | 31263 | 93227 | 14104 | 345088 | 4540053 | 1299080 |
| 深圳 | 87134 | 63836 | 16370 | | 6928 | 161768 | 287772 |
| 珠海 | 358627 | 11445 | 159377 | 1254 | 186551 | 3415481 | 1005703 |
| 汕头 | 476876 | 120551 | 260054 | 2332 | 93939 | 2469631 | 831751 |
| 佛山 | 802733 | | | 5618 | 797115 | 5743958 | 1955604 |
| 韶关 | 84818 | | | 2328 | 82490 | 240737 | 140726 |
| 河源 | 51920 | | | 2589 | 49331 | 126848 | 78783 |
| 梅州 | 109960 | | | 9130 | 100830 | 415340 | 134001 |
| 惠州 | 220106 | 17395 | 54623 | 814 | 147274 | 1204262 | 632737 |
| 汕尾 | 617555 | 187888 | 376290 | 1586 | 51791 | 2800181 | 1401366 |
| 东莞 | 51955 | 6586 | | 956 | 44413 | 390860 | 115830 |
| 中山 | 394855 | 646 | | 948 | 393261 | 1591798 | 963879 |
| 江门 | 919538 | 64890 | 299484 | 6727 | 548437 | 4295393 | 2677770 |
| 阳江 | 1206817 | 297934 | 800276 | 6350 | 102257 | 2919422 | 2013000 |
| 湛江 | 1284931 | 219644 | 879919 | 6300 | 179068 | 5655762 | 2901546 |
| 茂名 | 944857 | 128021 | 458075 | 836 | 357925 | 3704355 | 1423541 |
| 肇庆 | 529336 | | | 3135 | 526201 | 1968511 | 989518 |
| 清远 | 144426 | | | 1771 | 142655 | 413301 | 236566 |
| 潮州 | 216222 | 15059 | 149349 | 3756 | 48058 | 853421 | 489490 |
| 揭阳 | 153001 | 43546 | 25791 | 2786 | 80878 | 806016 | 324039 |
| 云浮 | 100876 | | | 1118 | 99758 | 485721 | 150376 |

# 11-3 续表

(2023年)

| 市别 | 水产养殖面积合计(公顷) | 海水养殖 | 淡水养殖 | 渔业船舶合计 艘 | 总吨 | 千瓦 |
|---|---|---|---|---|---|---|
| **全省** | **477344.87** | **172132.7** | **305212.17** | **50054** | **1174438** | **2322026** |
| 广州 | 21288.87 | 4794.99 | 16493.88 | 958 | 18777 | 54735 |
| 深圳 | 1229.5 | 855.3 | 374.2 | 1455 | 74192 | 158600 |
| 珠海 | 24777 | 14858 | 9919 | 1481 | 36954 | 76824 |
| 汕头 | 15077.72 | 10615.85 | 4461.87 | 1064 | 77617 | 111294 |
| 佛山 | 35342.98 | | 35342.98 | 1582 | 3042 | 19589 |
| 韶关 | 15760.94 | | 15760.94 | 557 | 597 | 6860 |
| 河源 | 5826 | | 5826 | 756 | 769 | 7255 |
| 梅州 | 10908.05 | | 10908.05 | 453 | 756 | 5903 |
| 惠州 | 16812.97 | 1532 | 15280.97 | 1660 | 12079 | 57041 |
| 汕尾 | 18875.6 | 15092.6 | 3783 | 3638 | 109089 | 234837 |
| 东莞 | 3604.45 | | 3604.45 | 250 | 17470 | 24607 |
| 中山 | 19857.66 | | 19857.66 | 557 | 4614 | 8832 |
| 江门 | 59994.69 | 19102.23 | 40892.46 | 3425 | 140137 | 211583 |
| 阳江 | 37086 | 23283 | 13803 | 4341 | 240036 | 366795 |
| 湛江 | 78390.02 | 57049.73 | 21340.29 | 19266 | 250024 | 634745 |
| 茂名 | 36524.79 | 14466 | 22058.79 | 3083 | 127149 | 195499 |
| 肇庆 | 32158 | | 32158 | 1308 | 2056 | 9176 |
| 清远 | 15597.95 | | 15597.95 | 1049 | 1641 | 11587 |
| 潮州 | 13904.98 | 8748 | 5156.98 | 1602 | 10018 | 44392 |
| 揭阳 | 8261 | 1735 | 6526 | 996 | 46112 | 76004 |
| 云浮 | 6065.7 | | 6065.7 | 573 | 1309 | 5868 |

# 11-4 各市海洋捕捞产量

(2023年) 单位：吨

| 市别 | 海洋捕捞(包括外海) | 鱼类 | 甲壳类 | | | 贝类 | 藻类 | 头足类 | 其它 |
|---|---|---|---|---|---|---|---|---|---|
| | | | | 虾 | 蟹 | | | | |
| **全省** | **1208704** | **815015** | **225575** | **146262** | **79313** | **28393** | **4152** | **49278** | **14518** |
| 广州 | 31263 | 8952 | 884 | 439 | 445 | 524 | | 94 | 5 |
| 深圳 | 63836 | 15335 | 9277 | 6229 | 3048 | 969 | | 1114 | 338 |
| 珠海 | 11445 | 5531 | 1773 | 1202 | 571 | 428 | 107 | 249 | 404 |
| 汕头 | 120551 | 93081 | 20791 | 10373 | 10418 | 2451 | 10 | 4193 | 25 |
| 惠州 | 17395 | 13899 | 1942 | 873 | 1069 | 933 | 8 | 383 | 230 |
| 汕尾 | 187888 | 130256 | 39097 | 21673 | 17424 | 4549 | 875 | 13001 | 110 |
| 东莞 | 6586 | 3702 | 2637 | 1935 | 702 | 165 | | 75 | 7 |
| 中山 | 646 | 317 | 252 | 165 | 87 | 37 | | | 40 |
| 江门 | 64890 | 46985 | 16302 | 8501 | 7801 | 185 | 97 | 249 | 679 |
| 阳江 | 297934 | 212034 | 62193 | 45983 | 16210 | 6144 | 2258 | 9387 | 5918 |
| 湛江 | 219644 | 136384 | 49453 | 32160 | 17293 | 10178 | 429 | 9561 | 2819 |
| 茂名 | 128021 | 109466 | 10966 | 9514 | 1452 | 1212 | 84 | 4800 | 1493 |
| 潮州 | 15059 | 8676 | 2703 | 2102 | 601 | 537 | 214 | 649 | 2280 |
| 揭阳 | 43546 | 30397 | 7305 | 5113 | 2192 | 81 | 70 | 5523 | 170 |

## 11-4 续表

(2023年) 单位：吨

| 市别 | 合计 | 按捕捞渔具分 | | | | | |
|---|---|---|---|---|---|---|---|
| | | 拖网 | 围网 | 刺网 | 张网 | 钓业 | 其他 |
| **全省** | **1136931** | **539204** | **111780** | **375581** | **2210** | **76362** | **31794** |
| 广州 | 10459 | 298 | 291 | 8505 | 41 | 160 | 1164 |
| 深圳 | 27033 | 23606 | 613 | 2283 | | 133 | 398 |
| 珠海 | 8492 | 5284 | 666 | 2128 | 103 | 256 | 55 |
| 汕头 | 120551 | 67102 | 9722 | 31066 | 416 | 10470 | 1775 |
| 惠州 | 17395 | 1761 | 1683 | 9199 | | 2705 | 2047 |
| 汕尾 | 187888 | 123485 | 15425 | 26184 | 666 | 17140 | 4988 |
| 东莞 | 6586 | 2575 | 2435 | 1496 | | 58 | 22 |
| 中山 | 646 | 10 | | 567 | | 54 | 15 |
| 江门 | 64497 | 31427 | 6304 | 25032 | | 1730 | 4 |
| 阳江 | 297934 | 102281 | 61965 | 105928 | | 22996 | 4764 |
| 湛江 | 208824 | 69164 | 4707 | 113765 | 235 | 6281 | 14672 |
| 茂名 | 128021 | 80336 | 4609 | 30853 | | 11593 | 630 |
| 潮州 | 15059 | 4072 | 3337 | 4415 | 749 | 1226 | 1260 |
| 揭阳 | 43546 | 27803 | 23 | 14160 | | 1560 | |

# 11-5 各市海水养殖产量

(2023年)

单位：吨

| 市别 | 合计 | 鱼类 | 甲壳类 | | | 贝类 | 藻类 | 其他 |
|---|---|---|---|---|---|---|---|---|
| | | | | 虾 | 蟹 | | | |
| **全省** | **3572835** | **903785** | **807488** | **719042** | **88446** | **1799967** | **52900** | **8695** |
| 广州 | 93227 | 71307 | 21778 | 17475 | 4303 | | | 142 |
| 深圳 | 16370 | 286 | 6130 | 5432 | 698 | 9896 | 58 | |
| 珠海 | 159377 | 133802 | 14152 | 11806 | 2346 | 11275 | | 148 |
| 汕头 | 260054 | 66635 | 58719 | 37163 | 21556 | 80316 | 47542 | 6842 |
| 惠州 | 54623 | 7486 | 29675 | 28278 | 1397 | 16707 | 5 | 750 |
| 汕尾 | 376290 | 102323 | 79683 | 63957 | 15726 | 193929 | 350 | 5 |
| 东莞 | | | | | | | | |
| 中山 | | | | | | | | |
| 江门 | 299484 | 21760 | 87239 | 80433 | 6806 | 190465 | | 20 |
| 阳江 | 800276 | 171245 | 131253 | 116448 | 14805 | 497381 | | 397 |
| 湛江 | 879919 | 172390 | 219684 | 213794 | 5890 | 487246 | 420 | 179 |
| 茂名 | 458075 | 106283 | 107204 | 102942 | 4262 | 240611 | 3829 | 148 |
| 潮州 | 149349 | 43076 | 37210 | 29276 | 7934 | 68623 | 376 | 64 |
| 揭阳 | 25791 | 7192 | 14761 | 12038 | 2723 | 3518 | 320 | |

## 11-5 续表

(2023年)

单位：吨

| 市别 | 按养殖水域分 | | | 其中：养殖方式分 | | | | | | |
|---|---|---|---|---|---|---|---|---|---|---|
| | 海上 | 滩涂 | 其他 | 深水网箱 | 普通网箱 | 工厂化 | 池塘 | 筏式 | 吊笼 | 底播 |
| **全省** | **1511805** | **1219288** | **841742** | **142984** | **133843** | **17176** | **1025793** | **538212** | **171342** | **545062** |
| 广州 | | | 93227 | | | 1492 | 91735 | | | |
| 深圳 | 10047 | 6194 | 129 | 113 | 111 | 118 | 6201 | | 9827 | |
| 珠海 | 25174 | | 134203 | 11751 | 2000 | | 134203 | 10965 | | 458 |
| 汕头 | 98044 | 93493 | 68517 | 1200 | 3064 | 485 | 55603 | 116125 | 9225 | 20675 |
| 惠州 | 20942 | 31282 | 2399 | 2650 | 939 | 84 | 35808 | | 14900 | 160 |
| 汕尾 | 160945 | 132794 | 82551 | | | 12 | 90162 | 881 | 15651 | 19405 |
| 东莞 | | | | | | | | | | |
| 中山 | | | | | | | | | | |
| 江门 | 190427 | 109057 | | 3512 | 1500 | | 109057 | 171164 | | 14251 |
| 阳江 | 432751 | 229665 | 137860 | 34000 | 34764 | | 95578 | 129206 | 6425 | 105477 |
| 湛江 | 289620 | 378912 | 211387 | 87005 | 38825 | 7785 | 278099 | 77240 | 115314 | 184528 |
| 茂名 | 218479 | 187909 | 51687 | 1703 | 12614 | 1152 | 65675 | 353 | | 168042 |
| 潮州 | 65376 | 44453 | 39520 | 1050 | 40026 | 2875 | 41054 | 32278 | | 32066 |
| 揭阳 | | 5529 | 20262 | | | 3173 | 22618 | | | |

# 11-6 各市海水养殖面积

(2023年) 单位：公顷

| 市别 | 合计 | 鱼类 | 甲壳类 | | | 贝类 | 藻类 | 其他 |
|---|---|---|---|---|---|---|---|---|
| | | | | 虾 | 蟹 | | | |
| **全省** | **172132.7** | **36081.97** | **66921.62** | **57547.78** | **9373.84** | **64682.36** | **1909.75** | **2537** |
| 广州 | 4794.99 | 1942.38 | 2843.61 | 1561.88 | 1281.73 | | | 9 |
| 深圳 | 855.3 | 21.3 | 186 | 163 | 23 | 647 | 1 | |
| 珠海 | 14858 | 5467 | 3165 | 1619 | 1546 | 4750 | | 1476 |
| 汕头 | 10615.85 | 2269.36 | 2901.88 | 2314.88 | 587 | 3625.76 | 1751.85 | 67 |
| 惠州 | 1532 | 218 | 747 | 645 | 102 | 516 | 1 | 50 |
| 汕尾 | 15092.6 | 4638.2 | 4429.9 | 3568.4 | 861.5 | 6014.6 | 8.9 | 1 |
| 东莞 | | | | | | | | |
| 中山 | | | | | | | | |
| 江门 | 19102.23 | 836.73 | 10502.5 | 8820.5 | 1682 | 7763 | | |
| 阳江 | 23283 | 4438 | 7584 | 6688 | 896 | 11191 | | 70 |
| 湛江 | 57049.73 | 9978 | 25210.73 | 24433.12 | 777.61 | 21002 | 16 | 843 |
| 茂名 | 14466 | 3488 | 4524 | 3986 | 538 | 6408 | 46 | |
| 潮州 | 8748 | 2640 | 3495 | 2674 | 821 | 2532 | 60 | 21 |
| 揭阳 | 1735 | 145 | 1332 | 1074 | 258 | 233 | 25 | |

## 11-6 续表

(2023年) 单位：公顷

| 市别 | 按养殖水域分 | | | 其中：养殖方式分 | | | | | | |
|---|---|---|---|---|---|---|---|---|---|---|
| | 海上 | 滩涂 | 其他 | 深水网箱立方水体 | 普通网箱平方米 | 工厂化立方水体 | 池塘 | 筏式 | 吊笼 | 底播 |
| **全省** | **57059.35** | **63707.18** | **51366.17** | **12346008** | **3149740** | **2104397** | **82061.49** | **21140.02** | **5765** | **49268.63** |
| 广州 | | | 4794.99 | | | 36005 | 4794.95 | | | |
| 深圳 | 652.3 | 200 | 3 | | 6000 | 35868 | 11 | | | |
| 珠海 | 6746 | | 8112 | 2000000 | 45000 | | 8105 | 1825 | | 4408 |
| 汕头 | 3495.73 | 3755.12 | 3365 | 63000 | 60498 | 35630 | 3230.38 | 2884 | 356 | 1103.33 |
| 惠州 | 597 | 935 | | 83480 | | 3000 | 935 | 450 | | 12 |
| 汕尾 | 4257.5 | 5920.5 | 4914.6 | | | 412 | 7087.2 | 56 | 1611 | 23147 |
| 东莞 | | | | | | | | | | |
| 中山 | | | | | | | | | | |
| 江门 | 7549 | 11553.23 | | 234000 | 48790 | | 11553.23 | 6599 | | 944 |
| 阳江 | 7165.82 | 11249 | 4868.18 | 2868271 | 363366 | 92 | 13776 | 3740 | 482 | 3374 |
| 湛江 | 16485 | 23604.33 | 16960.4 | 6956460 | 788836 | 88514 | 25657.73 | 4215.02 | 3284 | 5832 |
| 茂名 | 7520 | 4717 | 2229 | 52000 | 37250 | 54876 | 2928 | | | 8449 |
| 潮州 | 2591 | 1678 | 4479 | 88797 | 1800000 | 560000 | 2481 | 1371 | 32 | 1999.3 |
| 揭阳 | | 95 | 1640 | | | 1290000 | 1502 | | | |

# 11-7 各市淡水捕捞产量

(2023年)

单位：吨

| 市别 | 合计 | 鱼类 | 甲壳类 | | | 贝类 | 其他 |
|---|---|---|---|---|---|---|---|
| | | | | 虾 | 蟹 | | |
| **全省** | **74438** | **57255** | **10174** | **6942** | **3232** | **6310** | **699** |
| 广州 | 14104 | 11325 | 2384 | 1068 | 1316 | 388 | 7 |
| 深圳 | | | | | | | |
| 珠海 | 1254 | 931 | 320 | 125 | 195 | 3 | |
| 汕头 | 2332 | 1480 | 755 | 755 | | 47 | 50 |
| 佛山 | 5618 | 2601 | 695 | 644 | 51 | 2322 | |
| 韶关 | 2328 | 1623 | 299 | 232 | 67 | 406 | |
| 河源 | 2589 | 2384 | 187 | 178 | 9 | 18 | |
| 梅州 | 9130 | 8315 | 285 | 245 | 40 | 334 | 196 |
| 惠州 | 814 | 594 | 32 | 32 | | 188 | |
| 汕尾 | 1586 | 1306 | 211 | 146 | 65 | 30 | 39 |
| 东莞 | 956 | 750 | 206 | 135 | 71 | | |
| 中山 | 948 | 682 | 254 | 164 | 90 | 12 | |
| 江门 | 6727 | 4619 | 1171 | 911 | 260 | 937 | |
| 阳江 | 6350 | 3617 | 1982 | 1193 | 789 | 632 | 119 |
| 湛江 | 6300 | 6040 | 203 | 148 | 55 | 44 | 13 |
| 茂名 | 836 | 518 | 49 | 49 | | 165 | 104 |
| 肇庆 | 3135 | 2556 | 175 | 130 | 45 | 401 | 3 |
| 清远 | 1771 | 1381 | 188 | 184 | 4 | 202 | |
| 潮州 | 3756 | 3201 | 403 | 319 | 84 | 21 | 131 |
| 揭阳 | 2786 | 2347 | 276 | 185 | 91 | 126 | 37 |
| 云浮 | 1118 | 985 | 99 | 99 | | 34 | |

# 11-8 各市淡水养殖产量

(2023年) 单位：吨

| 市别 | 合计 | 鱼类 | 甲壳类 | | | 贝类 | 藻类 | 其他 |
|---|---|---|---|---|---|---|---|---|
| | | | | 虾 | 蟹 | | | |
| **全省** | **4384248** | **3947418** | **358519** | **355006** | **3513** | **3357** | | **74954** |
| 广州 | 345088 | 328289 | 12075 | 10926 | 1149 | 225 | | 4499 |
| 深圳 | 6928 | 6750 | 113 | 80 | 33 | | | 65 |
| 珠海 | 186551 | 141102 | 44343 | 44325 | 18 | | | 1106 |
| 汕头 | 93939 | 62817 | 30454 | 30454 | | 161 | | 507 |
| 佛山 | 797115 | 790011 | 3081 | 3081 | | 40 | | 3983 |
| 韶关 | 82490 | 80853 | 697 | 646 | 51 | 183 | | 757 |
| 河源 | 49331 | 48243 | 254 | 246 | 8 | 25 | | 809 |
| 梅州 | 100830 | 98015 | 1269 | 1056 | 213 | 686 | | 860 |
| 惠州 | 147274 | 136765 | 57 | 57 | | | | 10452 |
| 汕尾 | 51791 | 48381 | 2595 | 2395 | 200 | | | 815 |
| 东莞 | 44413 | 40516 | 1447 | 1355 | 92 | | | 2450 |
| 中山 | 393261 | 325640 | 60039 | 59203 | 836 | | | 7582 |
| 江门 | 548437 | 401633 | 134290 | 133961 | 329 | 37 | | 12477 |
| 阳江 | 102257 | 98053 | 3754 | 3754 | | 14 | | 436 |
| 湛江 | 179068 | 176175 | 950 | 796 | 154 | | | 1943 |
| 茂名 | 357925 | 347104 | 9637 | 9637 | | 640 | | 544 |
| 肇庆 | 526201 | 470655 | 43177 | 43159 | 18 | 502 | | 11867 |
| 清远 | 142655 | 140547 | 917 | 905 | 12 | 257 | | 934 |
| 潮州 | 48058 | 44471 | 2582 | 2194 | 388 | 356 | | 649 |
| 揭阳 | 80878 | 68132 | 6420 | 6420 | | | | 6326 |
| 云浮 | 99758 | 93266 | 368 | 356 | 12 | 231 | | 5893 |

## 11-8 续表

(2023年) 单位：吨

| 市别 | 合计 | 其中按水域分 | | | | | 其中养殖方式 | | |
|---|---|---|---|---|---|---|---|---|---|
| | | 池塘 | 湖泊 | 水库 | 河沟 | 稻田 | 围栏 | 网箱 | 工厂化 |
| **全省** | **4384248** | **4108056** | **8506** | **216877** | **7263** | **2490** | | **730** | **14338** |
| 广州 | 345088 | 339958 | | 1088 | | | | | 3957 |
| 深圳 | 6928 | 6775 | | | | | | | 127 |
| 珠海 | 186551 | 186551 | | | | | | | |
| 汕头 | 93939 | 89970 | | 2249 | 900 | | | | |
| 佛山 | 797115 | 795347 | | 1768 | | | | | |
| 韶关 | 82490 | 66444 | | 14609 | | 962 | | 20 | 792 |
| 河源 | 49331 | 38145 | | 8295 | | 168 | | | 4104 |
| 梅州 | 100830 | 70502 | 1121 | 24980 | | 342 | | | 847 |
| 惠州 | 147274 | 143432 | | 1820 | | 10 | | | |
| 汕尾 | 51791 | 40628 | 885 | 5418 | 3358 | | | | |
| 东莞 | 44413 | 44340 | | | | 20 | | | 135 |
| 中山 | 393261 | 393249 | | | | | | | |
| 江门 | 548437 | 544115 | | 1431 | 110 | | | | 1846 |
| 阳江 | 102257 | 92147 | 2819 | 5765 | 605 | | | | |
| 湛江 | 179068 | 155505 | 451 | 21528 | 317 | | | | |
| 茂名 | 357925 | 298562 | | 55588 | 5 | | | | |
| 肇庆 | 526201 | 472038 | | 39872 | 1363 | 26 | | 320 | 970 |
| 清远 | 142655 | 129555 | 2272 | 9237 | 309 | 884 | | 90 | 350 |
| 潮州 | 48058 | 39771 | 958 | 5925 | 89 | 4 | | | |
| 揭阳 | 80878 | 70163 | | 10439 | 207 | | | | 69 |
| 云浮 | 99758 | 90859 | | 6865 | | 74 | | 300 | 1141 |

# 11-9　各市淡水养殖面积

(2023年)

单位：公顷

| 市　别 | 合计 | 按水域分 | | | | | | 集约化养殖方式 | | |
|---|---|---|---|---|---|---|---|---|---|---|
| | | 池塘 | 湖泊 | 水库 | 河沟 | 其它 | 稻田 | 围栏（平方米） | 网箱（平方米） | 工厂化（立方水体） |
| **全　省** | **305212.2** | **259231.88** | **1475.67** | **39896.43** | **725.89** | **3882.3** | **4418.3** | | **52125** | **1372127** |
| 广　州 | 16493.88 | 16098.12 | | 386.93 | | 8.83 | | | | 185479 |
| 深　圳 | 374.2 | 369 | | | | 5.2 | | | | 15740 |
| 珠　海 | 9919 | 9919 | | | | | 1 | | | 8000 |
| 汕　头 | 4461.87 | 4208 | | 126.58 | 45.59 | 81.7 | | | | |
| 佛　山 | 35342.98 | 35128.98 | | 214 | | | | | | 3400 |
| 韶　关 | 15760.94 | 9506.21 | | 6154.73 | | 100 | 2268 | | 2300 | 54550 |
| 河　源 | 5826 | 4782.83 | | 1043.17 | | | 27 | | | 36977 |
| 梅　州 | 10908.05 | 6078.25 | 122.67 | 4269.66 | | 437.47 | 280.67 | | | 59000 |
| 惠　州 | 15280.97 | 14473.7 | | 722.27 | 85 | | 3 | | | |
| 汕　尾 | 3783 | 2646.5 | 44 | 683.5 | 264 | 145 | | | | |
| 东　莞 | 3604.45 | 3600.15 | | | | 4.3 | 10 | | | 15366 |
| 中　山 | 19857.66 | 19857.66 | | | | | | | | |
| 江　门 | 40892.46 | 40715.46 | | 90 | 7 | 80 | | | | 42432 |
| 阳　江 | 13803 | 10010 | 359 | 3178 | 197 | 59 | | | | |
| 湛　江 | 21340.29 | 12809.49 | 302 | 8067.8 | 11 | 150 | | | | |
| 茂　名 | 22058.79 | 16976.79 | | 4928 | 7 | 147 | | | | |
| 肇　庆 | 32158 | 26471 | | 3877 | | 1810 | 66 | | 4240 | 10000 |
| 清　远 | 15597.95 | 11577.36 | 516 | 2953.79 | 69.3 | 481.5 | 1709.13 | | 25000 | 27700 |
| 潮　州 | 5156.98 | 3908.98 | 132 | 827 | 19 | 270 | 3.5 | | | |
| 揭　阳 | 6526 | 5123 | | 1382 | 21 | | | | | 881500 |
| 云　浮 | 6065.7 | 4971.4 | | 992 | | 102.3 | 50 | | 20585 | 31983 |

# 11-10 各市海淡水养殖苗

(2023年)

| 市　别 | 海水鱼苗(万尾) | 虾类苗种量(亿尾) | 贝类苗种量(万粒) | 淡水鱼苗产量(万尾) | 淡水鱼种产量(吨) | 投放鱼种数量(吨) |
|---|---|---|---|---|---|---|
| **全　省** | **677057** | **5967** | **528390** | **77174202** | **172103** | **190783** |
| 广　州 | 6235 | 29 | | 557587 | 11497 | 14290 |
| 深　圳 | 4580 | 22 | 15 | | | |
| 珠　海 | 257506 | 811 | | 432859 | 2770 | 2770 |
| 汕　头 | 650 | 543 | 50990 | 46815 | 7 | 5 |
| 佛　山 | | | | 36483447 | 22121 | 15863 |
| 韶　关 | | | 300 | 105290 | 9443 | 9341 |
| 河　源 | | | | 16542 | 2448 | 2413 |
| 梅　州 | | | | 351198 | 5911 | 5584 |
| 惠　州 | 51705 | 12 | 766 | 603424 | 5578 | 5907 |
| 汕　尾 | 21718 | 575 | 18502 | 1853 | 7 | 7 |
| 东　莞 | | 1 | | 141522 | 72 | 59 |
| 中　山 | | 155 | | 379960 | 2152 | 1130 |
| 江　门 | | 215 | 109945 | 2166108 | 10180 | 7082 |
| 阳　江 | 281006 | 39 | 31195 | 28877663 | 6505 | 6652 |
| 湛　江 | 15790 | 1649 | 148303 | 135406 | 1273 | 11899 |
| 茂　名 | 3165 | 230 | 655 | 2856343 | 26332 | 25327 |
| 肇　庆 | | | | 1335371 | 51896 | 71704 |
| 清　远 | | | | 542100 | 5228 | 5293 |
| 潮　州 | 34702 | 1654 | 34480 | 16654 | 156 | 136 |
| 揭　阳 | | 32 | 133239 | 209254 | 802 | 528 |
| 云　浮 | | | | 1914806 | 7725 | 4793 |

## 11-11 各市水产加工

(2023年)

| 市别 | 一、水产加工企业数量(个) | 加工能力(吨/年) | 二、水产冷库座数 | 冻结能力(吨/日) | 冻藏能力(吨/次) | 制冰能力(吨/日) |
|---|---|---|---|---|---|---|
| **全省** | **995** | **2446712** | **635** | **35218** | **417875** | **45264** |
| 广州 | 4 | 42055 | 12 | 228 | 8800 | 52 |
| 深圳 | | 2800 | | | | |
| 珠海 | 30 | 323385 | 42 | 835 | 29500 | 1120 |
| 汕头 | 62 | 195410 | 85 | 1994 | 46265 | 4010 |
| 佛山 | 30 | 104610 | 47 | 2700 | 56100 | 182 |
| 韶关 | 2 | 49 | 1 | 24 | 25 | 20 |
| 河源 | | | | | | |
| 梅州 | 2 | 40 | | | | |
| 惠州 | 5 | 17629 | 3 | 248 | 202 | 24 |
| 汕尾 | 56 | 138505 | 68 | 760 | 9242 | 1050 |
| 东莞 | | | | | | |
| 中山 | 11 | 87753 | 24 | 1843 | 4115 | 123 |
| 江门 | 82 | 76857 | 71 | 608 | 39772 | 903 |
| 阳江 | 36 | 260222 | 99 | 2776 | 50532 | 2592 |
| 湛江 | 161 | 431962 | 78 | 5469 | 70883 | 28788 |
| 茂名 | 208 | 607000 | 33 | 17080 | 56170 | 5003 |
| 肇庆 | 7 | 75674 | 7 | 142 | 4889 | 28 |
| 清远 | | | | | | |
| 潮州 | 12 | 35120 | 25 | 331 | 8183 | 618 |
| 揭阳 | 286 | 17641 | 35 | 105 | 3197 | 651 |
| 云浮 | 1 | 30000 | 5 | 75 | 30000 | 100 |

## 11-11 续表 1

(2023年)

| 市别 | 三、水产加工品总量(吨) | 淡水加工产品 | (一)水产品冷冻(吨) | 冷冻加工品 | (二)鱼糜制品及干腌制品(吨) | 鱼糜制品 | 干腌品 |
|---|---|---|---|---|---|---|---|
| **全省** | **1535493** | **450032** | **1079171** | **633197** | **205058** | **90076** | **114982** |
| 广州 | 7370 | 7370 | 4336 | 4187 | 3034 | 3000 | 34 |
| 深圳 | 1200 | | 100 | | 25 | | 25 |
| 珠海 | 85648 | 45075 | 58985 | 39985 | 25075 | 75 | 25000 |
| 汕头 | 112508 | 12370 | 82422 | 54562 | 8913 | 8470 | 443 |
| 佛山 | 87893 | 87893 | 57854 | 7573 | 27 | 13 | 14 |
| 韶关 | 49 | 49 | | | 2 | 2 | |
| 河源 | | | | | | | |
| 梅州 | 2891 | 2891 | | | 2891 | 2463 | 428 |
| 惠州 | 9204 | | 6618 | 988 | 2569 | 272 | 2297 |
| 汕尾 | 190511 | 16742 | 117119 | 48895 | 58000 | 14868 | 43132 |
| 东莞 | 58 | 58 | | | 58 | 58 | |
| 中山 | 39535 | 39271 | 30404 | 25224 | 2931 | 21 | 2910 |
| 江门 | 64376 | 14174 | 34718 | 7255 | 5792 | 2707 | 3085 |
| 阳江 | 157691 | 30104 | 103061 | 52591 | 33411 | 27995 | 5416 |
| 湛江 | 328601 | 21786 | 267575 | 210068 | 22277 | 3382 | 18895 |
| 茂名 | 324795 | 110172 | 204727 | 138896 | 31265 | 22426 | 8839 |
| 肇庆 | 43464 | 43464 | 43452 | 16898 | | | |
| 清远 | | | | | | | |
| 潮州 | 40655 | 510 | 38270 | 1060 | 614 | | 614 |
| 揭阳 | 18941 | | 9525 | 5013 | 8076 | 4324 | 3752 |
| 云浮 | 20103 | 18103 | 20005 | 20002 | 98 | | 98 |

## 11-11 续表 2

(2023年)

| 市别 | 藻类加工(吨) | (三)罐制品(吨) | (四)水产饲料(吨) | (五)鱼油制品(吨) |
|---|---|---|---|---|
| **全省** | **6476** | **55973** | **82759** | **63** |
| 广州 | | | | |
| 深圳 | | 300 | | |
| 珠海 | | | | |
| 汕头 | 1031 | 28 | 350 | 22 |
| 佛山 | | 29984 | 6 | 4 |
| 韶关 | | 47 | | |
| 河源 | | | | |
| 梅州 | | | | |
| 惠州 | | | | |
| 汕尾 | 2847 | 3319 | 1858 | |
| 东莞 | | | | |
| 中山 | | 6200 | | |
| 江门 | 1863 | 5754 | | |
| 阳江 | | 1382 | 16204 | 6 |
| 湛江 | | 80 | 36569 | 31 |
| 茂名 | 312 | 8867 | 27174 | |
| 肇庆 | | 12 | | |
| 清远 | | | | |
| 潮州 | 423 | | 598 | |
| 揭阳 | | | | |
| 云浮 | | | | |

## 11-11 续表 3

(2023年)

| 市别 | (六)其它水产加工品(吨) | | | 四、用于加工的水产品量(吨) | |
|---|---|---|---|---|---|
| | | 助剂和添加剂(吨) | 珍珠(公斤) | | 淡水产品 |
| **全省** | **105993** | | **2858** | **1606360** | **563010** |
| 广州 | | | | 5712 | 5712 |
| 深圳 | 775 | | | 1800 | |
| 珠海 | 1588 | | | 93885 | 50500 |
| 汕头 | 19742 | | | 125876 | 19550 |
| 佛山 | 18 | | | 62000 | 62000 |
| 韶关 | | | | | |
| 河源 | | | | | |
| 梅州 | | | | 4258 | 4258 |
| 惠州 | 17 | | | 10093 | |
| 汕尾 | 7368 | | | 145487 | 8135 |
| 东莞 | | | | 124 | 124 |
| 中山 | | | | 35981 | 35622 |
| 江门 | 16249 | | | 95531 | 28426 |
| 阳江 | 3627 | | | 184858 | 23952 |
| 湛江 | 2069 | | 2858 | 213527 | 28684 |
| 茂名 | 52450 | | | 470642 | 201674 |
| 肇庆 | | | | 75469 | 75469 |
| 清远 | | | | | |
| 潮州 | 750 | | | 29816 | 516 |
| 揭阳 | 1340 | | | 30913 | |
| 云浮 | | | | 20388 | 18388 |

# 11-12 各市渔业船舶拥有量

| 市别 | 总计 | | | 机动渔船 | | | | | | | | |
|---|---|---|---|---|---|---|---|---|---|---|---|---|
| | | | | | | | 生产渔船 | | | | | |
| | | | | | | | | | | 捕捞渔船 | | |
| | 艘 | 总吨 | 千瓦 | 艘 | 总吨 | 千瓦 | 艘 | 总吨 | 千瓦 | 艘 | 总吨 | 千瓦 |
| **全省** | **51073** | **1182532** | **2322026** | **50054** | **1174438** | **2322026** | **46833** | **1093750** | **2045424** | **42852** | **1063205** | **1846573** |
| 广州 | 982 | 22579 | 54735 | 958 | 18777 | 54735 | 770 | 14678 | 29337 | 770 | 14678 | 29337 |
| 深圳 | 1455 | 74192 | 158600 | 1455 | 74192 | 158600 | 1198 | 72303 | 149777 | 989 | 71850 | 145283 |
| 珠海 | 1489 | 39768 | 76824 | 1481 | 36954 | 76824 | 1186 | 24576 | 50104 | 1039 | 22757 | 40677 |
| 汕头 | 1064 | 77617 | 111294 | 1064 | 77617 | 111294 | 959 | 66823 | 78017 | 897 | 65912 | 74930 |
| 佛山 | 1618 | 3282 | 19589 | 1582 | 3042 | 19589 | 1557 | 2760 | 16316 | 1557 | 2760 | 16316 |
| 韶关 | 567 | 606 | 6860 | 557 | 597 | 6860 | 552 | 589 | 6434 | 552 | 589 | 6434 |
| 河源 | 779 | 783 | 7255 | 756 | 769 | 7255 | 755 | 766 | 7211 | 704 | 766 | 7211 |
| 梅州 | 453 | 756 | 5903 | 453 | 756 | 5903 | 443 | 593 | 4462 | 443 | 593 | 4462 |
| 惠州 | 1661 | 12080 | 57041 | 1660 | 12079 | 57041 | 1475 | 7805 | 32080 | 1475 | 6000 | 28458 |
| 汕尾 | 3638 | 109089 | 234837 | 3638 | 109089 | 234837 | 3565 | 98090 | 203334 | 3565 | 98090 | 203334 |
| 东莞 | 250 | 17470 | 24607 | 250 | 17470 | 24607 | 237 | 16384 | 22697 | 237 | 16384 | 22697 |
| 中山 | 558 | 4614 | 8832 | 557 | 4614 | 8832 | 549 | 4602 | 8584 | 549 | 4602 | 8584 |
| 江门 | 3454 | 140157 | 211583 | 3425 | 140137 | 211583 | 2995 | 134107 | 183332 | 2925 | 131619 | 176830 |
| 阳江 | 4420 | 240148 | 366795 | 4341 | 240036 | 366795 | 3580 | 224670 | 325818 | 3567 | 223597 | 324210 |
| 湛江 | 19333 | 250105 | 634745 | 19266 | 250024 | 634745 | 18704 | 242403 | 608145 | 16039 | 224354 | 445683 |
| 茂名 | 3083 | 127149 | 195499 | 3083 | 127149 | 195499 | 3009 | 123342 | 179772 | 2997 | 123040 | 179273 |
| 肇庆 | 1320 | 2067 | 9176 | 1308 | 2056 | 9176 | 1287 | 1956 | 8259 | 1287 | 1266 | 8259 |
| 清远 | 1049 | 1641 | 11587 | 1049 | 1641 | 11587 | 1036 | 1386 | 10566 | 1036 | 1386 | 10566 |
| 潮州 | 2054 | 10600 | 44392 | 1602 | 10018 | 44392 | 1439 | 9079 | 40997 | 687 | 6124 | 33847 |
| 揭阳 | 1273 | 46520 | 76004 | 996 | 46112 | 76004 | 964 | 45529 | 74314 | 964 | 45529 | 74314 |
| 云浮 | 573 | 1309 | 5868 | 573 | 1309 | 5868 | 573 | 1309 | 5868 | 573 | 1309 | 5868 |

11-12 续表 1

| 市别 | 机动渔船 | | | | | | | | |
|---|---|---|---|---|---|---|---|---|---|
| | 生产渔船 | | | 辅助渔船 | | | | | |
| | 养殖渔船 | | | | | | 捕捞辅助船 | | |
| | 艘 | 总吨 | 千瓦 | 艘 | 总吨 | 千瓦 | 艘 | 总吨 | 千瓦 |
| **全省** | **3981** | **30545** | **198851** | **3221** | **80688** | **276602** | **2901** | **70777** | **188990** |
| 广州 | | | | 188 | 4099 | 25398 | 156 | 3180 | 12220 |
| 深圳 | 209 | 453 | 4494 | 257 | 1889 | 8823 | 235 | 1067 | 7053 |
| 珠海 | 147 | 1819 | 9427 | 295 | 12378 | 26720 | 242 | 10336 | 19923 |
| 汕头 | 62 | 911 | 3087 | 105 | 10794 | 33277 | 90 | 9650 | 22798 |
| 佛山 | | | | 25 | 282 | 3273 | 12 | 50 | 228 |
| 韶关 | | | | 5 | 8 | 426 | | | |
| 河源 | 51 | | | 1 | 3 | 44 | | | |
| 梅州 | | | | 10 | 163 | 1441 | | | |
| 惠州 | | 1805 | 3622 | 185 | 4274 | 24961 | 150 | 3315 | 10073 |
| 汕尾 | | | | 73 | 10999 | 31503 | 70 | 10977 | 30307 |
| 东莞 | | | | 13 | 1086 | 1910 | 7 | 447 | 962 |
| 中山 | | | | 8 | 12 | 248 | 7 | 11 | 182 |
| 江门 | 70 | 2488 | 6502 | 430 | 6030 | 28251 | 404 | 5475 | 19504 |
| 阳江 | 13 | 1073 | 1608 | 761 | 15366 | 40977 | 749 | 15005 | 34696 |
| 湛江 | 2665 | 18049 | 162462 | 562 | 7621 | 26600 | 534 | 6368 | 16016 |
| 茂名 | 12 | 302 | 499 | 74 | 3807 | 15727 | 69 | 3574 | 10974 |
| 肇庆 | | 690 | | 21 | 100 | 917 | 10 | 26 | 13 |
| 清远 | | | | 13 | 255 | 1021 | 7 | 68 | 130 |
| 潮州 | 752 | 2955 | 7150 | 163 | 939 | 3395 | 127 | 645 | 2221 |
| 揭阳 | | | | 32 | 583 | 1690 | 32 | 583 | 1690 |
| 云浮 | | | | | | | | | |

## 11-12 续表 2

| 市别 | 机动渔船 | | | | | |
|---|---|---|---|---|---|---|
| | 辅助渔船 | | | | | |
| | 渔业执法船 | | | 其它 | | |
| | 艘 | 总吨 | 千瓦 | 艘 | 总吨 | 千瓦 |
| **全省** | **184** | **4981** | **74307** | **136** | **4930** | **13305** |
| 广州 | 29 | 833 | 12861 | 3 | 86 | 317 |
| 深圳 | 2 | 22 | | 20 | 800 | 1770 |
| 珠海 | 3 | 16 | 764 | 50 | 2026 | 6033 |
| 汕头 | 15 | 1144 | 10479 | | | |
| 佛山 | 13 | 232 | 3045 | | | |
| 韶关 | 5 | 8 | 426 | | | |
| 河源 | 1 | 3 | 44 | | | |
| 梅州 | 10 | 163 | 1441 | | | |
| 惠州 | 24 | 469 | 13029 | 11 | 490 | 1859 |
| 汕尾 | 3 | 22 | 1196 | | | |
| 东莞 | | | | 6 | 639 | 948 |
| 中山 | 1 | 1 | 66 | | | |
| 江门 | 23 | 420 | 8293 | 3 | 135 | 454 |
| 阳江 | 12 | 361 | 6281 | | | |
| 湛江 | 21 | 928 | 9834 | 7 | 325 | 750 |
| 茂名 | 5 | 233 | 4753 | | | |
| 肇庆 | 11 | 74 | 904 | | | |
| 清远 | 6 | 52 | 891 | | 135 | |
| 潮州 | | | | 36 | 294 | 1174 |
| 揭阳 | | | | | | |
| 云浮 | | | | | | |

## 11-12 续表 3

| 市别 | 机动渔船按船长分 | | | | | | | | |
|---|---|---|---|---|---|---|---|---|---|
| | 24米以上 | | | 12-24米 | | | 12米以下 | | |
| | 艘 | 总吨 | 千瓦 | 艘 | 总吨 | 千瓦 | 艘 | 总吨 | 千瓦 |
| **全省** | **3071** | **771696** | **1481888** | **5278** | **232342** | **548563** | **41233** | **119312** | **685973** |
| 广州 | 24 | 7196 | 10343 | 344 | 9581 | 29691 | 590 | 2000 | 14701 |
| 深圳 | 135 | 21004 | 72411 | 44 | 1332 | 4473 | 1214 | 1358 | 14372 |
| 珠海 | 104 | 29856 | 38190 | 70 | 4829 | 11939 | 1307 | 2269 | 26695 |
| 汕头 | 278 | 63455 | 82725 | 368 | 13224 | 25589 | 418 | 938 | 2980 |
| 佛山 | | 50 | 223 | 104 | 924 | 2939 | 1491 | 2994 | 16427 |
| 韶关 | | | | | | | 445 | 419 | 6816 |
| 河源 | | | | | | | 756 | 769 | 7255 |
| 梅州 | | 20 | | 3 | 138 | 756 | 262 | 598 | 4934 |
| 惠州 | 17 | 4519 | 11431 | 66 | 3586 | 10541 | 1577 | 4017 | 32111 |
| 汕尾 | 365 | 78443 | 140257 | 418 | 23169 | 44677 | 2855 | 7214 | 47938 |
| 东莞 | 45 | 10979 | 11557 | 96 | 6072 | 11941 | 109 | 419 | 1109 |
| 中山 | 2 | 327 | 516 | 56 | 1661 | 2340 | 493 | 2464 | 4190 |
| 江门 | 255 | 105593 | 129027 | 636 | 27123 | 48616 | 2531 | 6945 | 33024 |
| 阳江 | 808 | 179460 | 281267 | 819 | 49720 | 137518 | 2711 | 11057 | 58726 |
| 湛江 | 516 | 156071 | 549523 | 1066 | 33282 | 98315 | 17688 | 59292 | 342982 |
| 茂名 | 368 | 101373 | 133112 | 314 | 18634 | 39613 | 2401 | 8243 | 25871 |
| 肇庆 | | | | 2 | 34 | 311 | 1202 | 1860 | 8640 |
| 清远 | | | | 8 | 103 | 637 | 1041 | 1331 | 10951 |
| 潮州 | 20 | 1035 | 5051 | 289 | 5568 | 20698 | 1293 | 3415 | 18643 |
| 揭阳 | 134 | 12315 | 16255 | 562 | 33240 | 57749 | 289 | 523 | 1960 |
| 云浮 | | | | 13 | 122 | 220 | 560 | 1187 | 5648 |

## 11-12 续表 4

| 市别 | 捕捞渔船按功率分 | | | | | |
|---|---|---|---|---|---|---|
| | 441千瓦以上(600马力以上) | | | 45-440千瓦 (61-559马力) | | |
| | 艘 | 总吨 | 千瓦 | 艘 | 总吨 | 千瓦 |
| **全省** | **522** | **280598** | **423697** | **5668** | **666468** | **924860** |
| 广州 | 3 | 1579 | 1771 | 215 | 10757 | 20397 |
| 深圳 | 120 | 59628 | 108466 | 73 | 11014 | 26870 |
| 珠海 | 15 | 4653 | 9031 | 116 | 16513 | 21503 |
| 汕头 | 5 | 3474 | 2737 | 331 | 57597 | 65072 |
| 佛山 | | | | | | |
| 韶关 | | | | | | |
| 河源 | | | | | 550 | |
| 梅州 | | | | | | |
| 惠州 | | | | 45 | 3163 | 6382 |
| 汕尾 | 52 | 24881 | 44133 | 629 | 63729 | 109731 |
| 东莞 | 3 | 1169 | 1447 | 121 | 14770 | 20044 |
| 中山 | | | | 16 | 1658 | 2340 |
| 江门 | 95 | 68256 | 88336 | 437 | 52979 | 60229 |
| 阳江 | 67 | 25098 | 45684 | 1476 | 188258 | 258415 |
| 湛江 | 99 | 63653 | 78806 | 690 | 109494 | 119467 |
| 茂名 | 60 | 27265 | 41918 | 575 | 87632 | 115191 |
| 肇庆 | | | | | | |
| 清远 | | | | | | |
| 潮州 | | | | 292 | 4875 | 28619 |
| 揭阳 | 3 | 942 | 1368 | 652 | 43479 | 70600 |
| 云浮 | | | | | | |

## 11-12 续表 5

| 市别 | 捕捞渔船按功率分 | | | 非机动渔船合计 | |
|---|---|---|---|---|---|
| | 44千瓦以下 (60马力以下) | | | | |
| | 艘 | 总吨 | 千瓦 | 艘 | 总吨 |
| **全省** | **36662** | **116139** | **498016** | **1019** | **8094** |
| 广州 | 552 | 2342 | 7169 | 24 | 3802 |
| 深圳 | 796 | 1208 | 9947 | | |
| 珠海 | 908 | 1591 | 10143 | 8 | 2814 |
| 汕头 | 561 | 4841 | 7121 | | |
| 佛山 | 1557 | 2760 | 16316 | 36 | 240 |
| 韶关 | 552 | 589 | 6434 | 10 | 9 |
| 河源 | 704 | 216 | 7211 | 23 | 14 |
| 梅州 | 443 | 593 | 4462 | | |
| 惠州 | 1430 | 2837 | 22076 | 1 | 1 |
| 汕尾 | 2884 | 9480 | 49470 | | |
| 东莞 | 113 | 445 | 1206 | | |
| 中山 | 533 | 2944 | 6244 | 1 | |
| 江门 | 2393 | 10384 | 28265 | 29 | 20 |
| 阳江 | 2024 | 10241 | 20111 | 79 | 112 |
| 湛江 | 15250 | 51207 | 247410 | 67 | 81 |
| 茂名 | 2362 | 8143 | 22164 | | |
| 肇庆 | 1287 | 1266 | 8259 | 12 | 11 |
| 清远 | 1036 | 1386 | 10566 | | |
| 潮州 | 395 | 1249 | 5228 | 452 | 582 |
| 揭阳 | 309 | 1108 | 2346 | 277 | 408 |
| 云浮 | 573 | 1309 | 5868 | | |

## 11-12 续表 6

| 市别 | 海洋渔业机动渔船 | | | 生产渔船 | | | 捕捞渔船 | | |
|---|---|---|---|---|---|---|---|---|---|
| | 艘 | 总吨 | 千瓦 | 艘 | 总吨 | 千瓦 | 艘 | 总吨 | 千瓦 |
| **全省** | **41027** | **1131420** | **2158036** | **40529** | **1127936** | **2158036** | **37428** | **1049642** | **1899054** |
| 广州 | 593 | 17796 | 47621 | 593 | 17796 | 47621 | 439 | 14083 | 26960 |
| 深圳 | 862 | 54931 | 104901 | 862 | 54931 | 104901 | 614 | 53798 | 97728 |
| 珠海 | 1274 | 39403 | 75521 | 1266 | 36589 | 75521 | 975 | 24223 | 48839 |
| 汕头 | 1064 | 77617 | 111294 | 1064 | 77617 | 111294 | 959 | 66823 | 78017 |
| 佛山 | | | | | | | | | |
| 韶关 | | | | | | | | | |
| 河源 | | | | | | | | | |
| 梅州 | | | | | | | | | |
| 惠州 | 1334 | 11724 | 53512 | 1334 | 11724 | 53512 | 1154 | 7507 | 29307 |
| 汕尾 | 3638 | 101297 | 218820 | 3638 | 101297 | 218820 | 3565 | 90605 | 189283 |
| 东莞 | 198 | 17484 | 24590 | 198 | 17484 | 24590 | 185 | 16398 | 22680 |
| 中山 | 338 | 1901 | 4862 | 338 | 1901 | 4862 | 333 | 1892 | 4739 |
| 江门 | 2667 | 138202 | 202949 | 2667 | 138202 | 202949 | 2246 | 132238 | 175918 |
| 阳江 | 4341 | 240043 | 366799 | 4341 | 240043 | 366799 | 3558 | 224677 | 325822 |
| 湛江 | 19318 | 248189 | 636666 | 19251 | 248108 | 636666 | 18691 | 240481 | 610066 |
| 茂名 | 2910 | 126891 | 194715 | 2910 | 126891 | 194715 | 2836 | 123084 | 178988 |
| 肇庆 | | 36 | | | 36 | | | 36 | |
| 清远 | | | | | | | | | |
| 潮州 | 1777 | 10336 | 41727 | 1361 | 9754 | 41727 | 1198 | 8815 | 38332 |
| 揭阳 | 713 | 45570 | 74059 | 706 | 45563 | 74059 | 675 | 44982 | 72375 |
| 云浮 | | | | | | | | | |

## 11-12 续表 7

| 市别 | 海洋渔业机动渔船 | | | | | | | | |
|---|---|---|---|---|---|---|---|---|---|
| | 生产渔船 | | | 辅助渔船 | | | | | |
| | 养殖渔船 | | | 艘 | 总吨 | 千瓦 | 捕捞辅助船 | | |
| | 艘 | 总吨 | 千瓦 | | | | 艘 | 总吨 | 千瓦 |
| **全省** | **3921** | **29495** | **196973** | **3101** | **78294** | **258982** | **2857** | **69728** | **185501** |
| 广州 | | | | 154 | 3713 | 20661 | 137 | 3115 | 11661 |
| 深圳 | 200 | 194 | 2615 | 248 | 1133 | 7173 | 228 | 561 | 5464 |
| 珠海 | 147 | 1819 | 9427 | 291 | 12366 | 26682 | 238 | 10324 | 19885 |
| 汕头 | 62 | 911 | 3087 | 105 | 10794 | 33277 | 90 | 9650 | 22798 |
| 佛山 | | | | | | | | | |
| 韶关 | | | | | | | | | |
| 河源 | | | | | | | | | |
| 梅州 | | | | | | | | | |
| 惠州 | | 1805 | 3622 | 180 | 4217 | 24205 | 150 | 3302 | 10073 |
| 汕尾 | | | | 73 | 10692 | 29537 | 70 | 10692 | 29537 |
| 东莞 | | | | 13 | 1086 | 1910 | 7 | 447 | 962 |
| 中山 | | | | 5 | 9 | 123 | 5 | 9 | 123 |
| 江门 | 70 | 2488 | 6502 | 421 | 5964 | 27031 | 400 | 5471 | 19407 |
| 阳江 | 13 | 1075 | 1609 | 783 | 15366 | 40977 | 771 | 15005 | 34696 |
| 湛江 | 2665 | 17946 | 162462 | 560 | 7627 | 26600 | 534 | 6352 | 16016 |
| 茂名 | 12 | 302 | 499 | 74 | 3807 | 15727 | 69 | 3574 | 10974 |
| 肇庆 | | | | | | | | | |
| 清远 | | | | | | | | | |
| 潮州 | 752 | 2955 | 7150 | 163 | 939 | 3395 | 127 | 645 | 2221 |
| 揭阳 | | | | 31 | 581 | 1684 | 31 | 581 | 1684 |
| 云浮 | | | | | | | | | |

## 11-12 续表 8

| 市别 | 海洋渔业机动渔船 | | | | | |
|---|---|---|---|---|---|---|
| | 辅助渔船 | | | | | |
| | 渔业执法船 | | | 其它 | | |
| | 艘 | 总吨 | 千瓦 | 艘 | 总吨 | 千瓦 |
| **全省** | **108** | **3999** | **60237** | **136** | **4567** | **13244** |
| 广州 | 14 | 512 | 8683 | 3 | 86 | 317 |
| 深圳 | | | | 20 | 572 | 1709 |
| 珠海 | 3 | 16 | 764 | 50 | 2026 | 6033 |
| 汕头 | 15 | 1144 | 10479 | | | |
| 佛山 | | | | | | |
| 韶关 | | | | | | |
| 河源 | | | | | | |
| 梅州 | | | | | | |
| 惠州 | 19 | 425 | 12273 | 11 | 490 | 1859 |
| 汕尾 | 3 | | | | | |
| 东莞 | | | | 6 | 639 | 948 |
| 中山 | | | | | | |
| 江门 | 18 | 358 | 7170 | 3 | 135 | 454 |
| 阳江 | 12 | 361 | 6281 | | | |
| 湛江 | 19 | 950 | 9834 | 7 | 325 | 750 |
| 茂名 | 5 | 233 | 4753 | | | |
| 肇庆 | | | | | | |
| 清远 | | | | | | |
| 潮州 | | | | 36 | 294 | 1174 |
| 揭阳 | | | | | | |
| 云浮 | | | | | | |

## 11-12 续表 9

| 市别 | 海洋渔业捕捞渔船按作业类型分 | | | | | | | | |
|---|---|---|---|---|---|---|---|---|---|
| | 拖网 | | | 围网 | | | 刺网 | | |
| | 艘 | 总吨 | 千瓦 | 艘 | 总吨 | 千瓦 | 艘 | 总吨 | 千瓦 |
| **全省** | **2590** | **428016** | **615282** | **824** | **178320** | **256194** | **25002** | **218540** | **517689** |
| 广州 | 8 | 1415 | 1693 | 37 | 4583 | 5354 | 302 | 4526 | 13911 |
| 深圳 | 41 | 29803 | 20114 | 16 | 9628 | 41542 | 310 | 308 | 4447 |
| 珠海 | 56 | 14861 | 22043 | 20 | 5111 | 5559 | 647 | 1372 | 9669 |
| 汕头 | 89 | 7294 | 11102 | 37 | 14470 | 12477 | 422 | 14539 | 15811 |
| 佛山 | | | | | | | | | |
| 韶关 | | | | | | | | | |
| 河源 | | | | | | | | | |
| 梅州 | | | | | | | | | |
| 惠州 | 1 | 149 | 375 | 58 | 900 | 3590 | 944 | 3021 | 16413 |
| 汕尾 | 626 | 54009 | 107397 | 187 | 6972 | 11493 | 2211 | 15062 | 33258 |
| 东莞 | 61 | 12421 | 13806 | 40 | 2746 | 6206 | 64 | 790 | 2059 |
| 中山 | | 33 | | | | | 314 | 1331 | 4083 |
| 江门 | 145 | 49036 | 56695 | 91 | 43555 | 54304 | 1786 | 28599 | 47288 |
| 阳江 | 300 | 69955 | 103749 | 254 | 41396 | 55290 | 2294 | 56454 | 92059 |
| 湛江 | 235 | 79703 | 88018 | 55 | 35333 | 40244 | 13409 | 67501 | 247215 |
| 茂名 | 347 | 67454 | 109475 | 16 | 12933 | 17860 | 2016 | 19202 | 19056 |
| 肇庆 | | | | | | | | 36 | |
| 清远 | | | | | | | | | |
| 潮州 | 123 | 3642 | 18281 | 10 | 320 | 1622 | 172 | 965 | 5233 |
| 揭阳 | 558 | 38241 | 62534 | 3 | 373 | 653 | 111 | 4834 | 7187 |
| 云浮 | | | | | | | | | |

## 11-12 续表 10

| 市别 | 海洋渔业捕捞渔船按作业类型分 | | | | | | | | |
|---|---|---|---|---|---|---|---|---|---|
| | 张网 | | | 钓业 | | | 其它 | | |
| | 艘 | 总吨 | 千瓦 | 艘 | 总吨 | 千瓦 | 艘 | 总吨 | 千瓦 |
| **全　省** | **130** | **1448** | **3243** | **3541** | **149932** | **240042** | **1429** | **43891** | **69631** |
| 广　州 | 2 | 1096 | 1244 | 41 | 1886 | 3018 | 49 | 577 | 1740 |
| 深　圳 | | | | 23 | 8968 | 17811 | 24 | 4897 | 11199 |
| 珠　海 | 23 | 76 | 225 | 77 | 974 | 1890 | 5 | 10 | 26 |
| 汕　头 | 72 | 88 | 741 | 242 | 24491 | 30371 | 35 | 5030 | 4428 |
| 佛　山 | | | | | | | | | |
| 韶　关 | | | | | | | | | |
| 河　源 | | | | | | | | | |
| 梅　州 | | | | | | | | | |
| 惠　州 | | | | 38 | 259 | 1171 | 113 | 1373 | 4136 |
| 汕　尾 | 20 | 20 | 414 | 409 | 13386 | 28735 | 112 | 1156 | 7986 |
| 东　莞 | | | | 7 | 370 | 431 | 13 | 71 | 178 |
| 中　山 | | | | 8 | 460 | 530 | 11 | 68 | 126 |
| 江　门 | 1 | 2 | 4 | 111 | 7460 | 9428 | 42 | 1098 | 1697 |
| 阳　江 | | | | 593 | 50854 | 67344 | 104 | 4943 | 5771 |
| 湛　江 | | | | 1497 | 19052 | 44711 | 830 | 20946 | 27416 |
| 茂　名 | | | | 404 | 19924 | 28531 | 41 | 3269 | 3567 |
| 肇　庆 | | | | | | | | | |
| 清　远 | | | | | | | | | |
| 潮　州 | 12 | 166 | 615 | 80 | 581 | 4290 | 49 | 186 | 1141 |
| 揭　阳 | | | | 11 | 1267 | 1781 | 1 | 267 | 220 |
| 云　浮 | | | | | | | | | |

## 11-12 续表 11

| 市别 | 海洋渔业机动渔船按船长分 | | | 24米以上 | | | 12-24米 | | |
|---|---|---|---|---|---|---|---|---|---|
| | 艘 | 总吨 | 千瓦 | 艘 | 总吨 | 千瓦 | 艘 | 总吨 | 千瓦 |
| **全　省** | **40538** | **1127936** | **2158036** | **3036** | **795711** | **1098377** | **5041** | **229017** | **492265** |
| 广　州 | 593 | 17796 | 47621 | 23 | 7030 | 9475 | 333 | 9387 | 28487 |
| 深　圳 | 862 | 54931 | 104901 | 101 | 53137 | 88972 | 34 | 983 | 2038 |
| 珠　海 | 1266 | 36589 | 75521 | 104 | 29856 | 38190 | 70 | 4829 | 11939 |
| 汕　头 | 1064 | 77617 | 111294 | 278 | 63455 | 82725 | 368 | 13224 | 25589 |
| 佛　山 | | | | | | | | | |
| 韶　关 | | | | | | | | | |
| 河　源 | | | | | | | | | |
| 梅　州 | | | | | | | | | |
| 惠　州 | 1334 | 11724 | 53512 | 17 | 4519 | 13143 | 63 | 3546 | 11131 |
| 汕　尾 | 3638 | 101297 | 218820 | 365 | 71742 | 132464 | 418 | 22667 | 43298 |
| 东　莞 | 198 | 17484 | 24590 | 45 | 10979 | 11557 | 97 | 6070 | 12325 |
| 中　山 | 338 | 1901 | 4862 | 2 | 327 | 516 | 27 | 234 | 1007 |
| 江　门 | 2667 | 138202 | 202949 | 255 | 105593 | 129027 | 586 | 26747 | 47422 |
| 阳　江 | 4341 | 240043 | 366799 | 808 | 179273 | 243167 | 816 | 49915 | 93832 |
| 湛　江 | 19251 | 248108 | 636666 | 516 | 156077 | 195723 | 1066 | 34125 | 98347 |
| 茂　名 | 2910 | 126891 | 194715 | 368 | 100373 | 132112 | 314 | 18533 | 38514 |
| 肇　庆 | | | | | | | | | |
| 清　远 | | | | | | | | | |
| 潮　州 | 1361 | 9754 | 41727 | 20 | 1035 | 5051 | 287 | 5562 | 20668 |
| 揭　阳 | 715 | 45563 | 74059 | 134 | 12315 | 16255 | 562 | 33195 | 57668 |
| 云　浮 | | | | | | | | | |

## 11-12 续表 12

| 市别 | 海洋渔业机动渔船按船长分 | | | 海洋渔业捕捞渔船按功率分 | | | | | |
|---|---|---|---|---|---|---|---|---|---|
| | 12米以下 | | | | | | 441千瓦以上(600马力以上) | | |
| | 艘 | 总吨 | 千瓦 | 艘 | 总吨 | 千瓦 | 艘 | 总吨 | 千瓦 |
| **全省** | **32461** | **103208** | **567394** | **33507** | **1020147** | **1702081** | **474** | **268174** | **391630** |
| 广州 | 237 | 1379 | 9659 | 439 | 14083 | 26960 | 3 | 1579 | 1771 |
| 深圳 | 727 | 811 | 13891 | 414 | 53604 | 95113 | 72 | 47792 | 78925 |
| 珠海 | 1092 | 1904 | 25392 | 828 | 22404 | 39412 | 15 | 4653 | 9031 |
| 汕头 | 418 | 938 | 2980 | 897 | 65912 | 74930 | 5 | 3474 | 2737 |
| 佛山 | | | | | | | | | |
| 韶关 | | | | | | | | | |
| 河源 | | | | | | | | | |
| 梅州 | | | | | | | | | |
| 惠州 | 1254 | 3659 | 29238 | 1154 | 5702 | 25685 | | | |
| 汕尾 | 2855 | 6888 | 43058 | 3565 | 90605 | 189283 | 52 | 24140 | 43149 |
| 东莞 | 56 | 435 | 708 | 185 | 16398 | 22680 | 3 | 1169 | 1447 |
| 中山 | 309 | 1340 | 3339 | 333 | 1892 | 4739 | | | |
| 江门 | 1826 | 5862 | 26500 | 2176 | 129750 | 169416 | 95 | 68256 | 88336 |
| 阳江 | 2717 | 10855 | 29800 | 3545 | 223602 | 324213 | 67 | 25100 | 44142 |
| 湛江 | 17669 | 57906 | 342596 | 16026 | 222535 | 447604 | 99 | 63804 | 78806 |
| 茂名 | 2228 | 7985 | 24089 | 2824 | 122782 | 178489 | 60 | 27265 | 41918 |
| 肇庆 | | | | | | | | | |
| 清远 | | | | | | | | | |
| 潮州 | 1054 | 3157 | 16008 | 446 | 5860 | 31182 | | | |
| 揭阳 | 19 | 53 | 136 | 675 | 44982 | 72375 | 3 | 942 | 1368 |
| 云浮 | | | | | | | | | |

## 11-12 续表 13

| 市别 | 海洋渔业捕捞渔船按功率分 | | | | | | 非机动渔船合计 | |
|---|---|---|---|---|---|---|---|---|
| | 45-440千瓦 (61-559马力) | | | 44千瓦以下 (60马力以下) | | | | |
| | 艘 | 总吨 | 千瓦 | 艘 | 总吨 | 千瓦 | 艘 | 总吨 |
| **全省** | **5600** | **643534** | **903370** | **27433** | **108439** | **407081** | **498** | **3484** |
| 广州 | 215 | 10757 | 20397 | 221 | 1747 | 4792 | | |
| 深圳 | 33 | 5504 | 11741 | 309 | 308 | 4447 | | |
| 珠海 | 95 | 16508 | 21424 | 718 | 1243 | 8957 | 8 | 2814 |
| 汕头 | 331 | 57597 | 65072 | 561 | 4841 | 7121 | | |
| 佛山 | | | | | | | | |
| 韶关 | | | | | | | | |
| 河源 | | | | | | | | |
| 梅州 | | | | | | | | |
| 惠州 | 45 | 3163 | 6382 | 1109 | 2539 | 19303 | | |
| 汕尾 | 629 | 57325 | 101573 | 2884 | 9140 | 44561 | | |
| 东莞 | 123 | 14884 | 20437 | 59 | 345 | 796 | | |
| 中山 | 6 | 559 | 873 | 327 | 1333 | 3866 | | |
| 江门 | 437 | 52979 | 60229 | 1644 | 8515 | 20851 | | |
| 阳江 | 1473 | 188264 | 259484 | 2005 | 10238 | 20587 | | |
| 湛江 | 695 | 100057 | 121472 | 15232 | 58674 | 247326 | 67 | 81 |
| 茂名 | 575 | 87632 | 115191 | 2189 | 7885 | 21380 | | |
| 肇庆 | | | | | | | | |
| 清远 | | | | | | | | |
| 潮州 | 292 | 4875 | 28619 | 154 | 985 | 2563 | 416 | 582 |
| 揭阳 | 651 | 43430 | 70476 | 21 | 610 | 531 | 7 | 7 |
| 云浮 | | | | | | | | |

# 11-13 各市渔业人口与从业人员

(2023年)

| 市别 | 渔业乡(个) | 海洋渔业 | 渔业村(个) | 海洋渔业 | 渔业户(个) | 海洋渔业 | 渔业人口(人) | 海洋渔业 |
|---|---|---|---|---|---|---|---|---|
| **全省** | **88** | **69** | **1084** | **628** | **503951** | **215191** | **2132892** | **1016757** |
| 广州 | 8 | | 12 | 9 | 10744 | 3554 | 36967 | 8988 |
| 深圳 | | | | | | | 1616 | |
| 珠海 | 3 | 3 | 87 | 8 | 32580 | 866 | 91855 | 2561 |
| 汕头 | 7 | 7 | 43 | 39 | 25022 | 17772 | 107836 | 53799 |
| 佛山 | | | 33 | | 41762 | | 163654 | |
| 韶关 | | | 3 | | 15023 | | 81373 | |
| 河源 | | | 16 | | 5767 | | 25029 | |
| 梅州 | | | | | 35799 | | 89179 | |
| 惠州 | 3 | 3 | 25 | 21 | 13826 | 6357 | 62699 | 32090 |
| 汕尾 | 24 | 22 | 207 | 100 | 36522 | 35961 | 223763 | 169792 |
| 东莞 | 1 | | 30 | 2 | 4749 | 3764 | 16064 | 13330 |
| 中山 | 6 | 1 | 71 | 4 | 5729 | 63 | 16663 | 214 |
| 江门 | | 3 | 80 | 38 | 39965 | 8267 | 103249 | 21105 |
| 阳江 | 5 | 5 | 80 | 89 | 26953 | 22209 | 131420 | 113843 |
| 湛江 | 12 | 12 | 213 | 198 | 84531 | 71838 | 409643 | 366500 |
| 茂名 | 9 | 9 | 62 | 59 | 37539 | 14195 | 192935 | 86976 |
| 肇庆 | 5 | | 10 | | 17456 | | 68403 | |
| 清远 | | | 11 | | 4091 | | 12822 | |
| 潮州 | 3 | 2 | 67 | 38 | 22508 | 15095 | 94288 | 69677 |
| 揭阳 | 2 | 2 | 31 | 23 | 37681 | 15250 | 179254 | 77882 |
| 云浮 | | | 3 | | 5704 | | 24180 | |

## 11-13 续表 1

(2023年)

| 市别 | 渔业人口与从业人员(人) | | | | | | |
|---|---|---|---|---|---|---|---|
| | 传统渔民 | 海洋渔业 | 渔业从业人员 | 专业从业人员 | 女性 | 兼业从业人员 | 女性 |
| **全省** | **885211** | **643284** | **1238251** | **826843** | **143295** | **343049** | **58616** |
| 广州 | 8181 | 6679 | 28539 | 21483 | 3953 | 5721 | 3426 |
| 深圳 | 410 | | 1641 | 1629 | 3 | 12 | |
| 珠海 | 43617 | 2410 | 76452 | 70568 | 33892 | 5159 | 876 |
| 汕头 | 58846 | 31247 | 53381 | 36262 | 2912 | 13439 | 2071 |
| 佛山 | 78023 | | 92506 | 81052 | 17330 | 10319 | 1463 |
| 韶关 | 11469 | | 52020 | 26385 | 4460 | 22441 | 4170 |
| 河源 | 736 | | 15734 | 10005 | 593 | 5508 | 537 |
| 梅州 | 28376 | | 48664 | 29531 | 7860 | 16595 | 2419 |
| 惠州 | 15467 | 25455 | 41748 | 24085 | 4172 | 12368 | 3417 |
| 汕尾 | 133677 | 138078 | 54836 | 41579 | 5040 | 10283 | 1814 |
| 东莞 | 6104 | 6015 | 4657 | 2878 | 289 | 1485 | 217 |
| 中山 | 5713 | 214 | 14837 | 12184 | 1352 | 1619 | 324 |
| 江门 | 23621 | 11718 | 83344 | 56842 | 11286 | 22329 | 5498 |
| 阳江 | 80147 | 81886 | 113141 | 87106 | 8279 | 21176 | 5356 |
| 湛江 | 243746 | 228376 | 246635 | 154702 | 25232 | 71688 | 12426 |
| 茂名 | 60276 | 53326 | 132203 | 70111 | 1714 | 56335 | 2331 |
| 肇庆 | 5983 | | 44155 | 34684 | 8707 | 5806 | 4075 |
| 清远 | 580 | | 13122 | 6637 | 450 | 6174 | 633 |
| 潮州 | 10450 | 12569 | 26188 | 15391 | 1182 | 8614 | 915 |
| 揭阳 | 65502 | 45311 | 79825 | 34298 | 2358 | 42752 | 5358 |
| 云浮 | 4287 | | 14623 | 9431 | 2231 | 3226 | 1290 |

## 11-13 续表 2

(2023年)

| 市别 | 渔业人口与从业人员(人) |  |  |  |  | 海洋渔业人口与从业人员(人) |  |  |
|---|---|---|---|---|---|---|---|---|
|  |  |  | 专业从业人员中 |  |  |  |  |  |
|  | 临时从业人员 | 女性 | 捕捞 | 养殖 | 其它 | 海洋渔业从业人员 | 专业从业人员 | 女性 |
| **全省** | **68359** | **22791** | **231374** | **523026** | **72443** | **472186** | **353497** | **46596** |
| 广州 | 1335 | 272 | 3086 | 18173 | 224 | 4392 | 3582 | 1691 |
| 深圳 |  |  | 1629 |  |  | 1149 | 1132 | 16 |
| 珠海 | 725 | 247 | 2795 | 59912 | 7861 | 6366 | 4738 | 819 |
| 汕头 | 3680 | 699 | 17233 | 15834 | 3195 | 30152 | 24123 | 1172 |
| 佛山 | 1135 | 175 | 3499 | 75122 | 2431 |  |  |  |
| 韶关 | 3194 | 1134 | 1396 | 18351 | 6638 |  |  |  |
| 河源 | 221 | 222 | 1519 | 8012 | 474 |  |  |  |
| 梅州 | 2538 | 757 | 1257 | 27682 | 592 |  |  |  |
| 惠州 | 5295 | 919 | 5834 | 16421 | 1830 | 22564 | 12551 | 2679 |
| 汕尾 | 2974 | 610 | 27585 | 10977 | 3017 | 51074 | 41272 | 4792 |
| 东莞 | 294 | 35 | 1271 | 1570 | 37 | 2212 | 1112 | 290 |
| 中山 | 1034 | 876 | 1539 | 9843 | 802 | 238 | 238 | 99 |
| 江门 | 4173 | 1118 | 13646 | 38486 | 4710 | 21030 | 19696 | 1940 |
| 阳江 | 4859 | 4248 | 42966 | 34955 | 9185 | 73704 | 59291 | 7352 |
| 湛江 | 20245 | 7456 | 64622 | 80311 | 9769 | 153590 | 120473 | 22092 |
| 茂名 | 5757 | 555 | 21803 | 40374 | 7934 | 40477 | 30092 | 405 |
| 肇庆 | 3665 | 2115 | 2088 | 32250 | 346 |  |  |  |
| 清远 | 311 | 125 | 1401 | 5208 | 28 |  |  |  |
| 潮州 | 2183 | 234 | 5103 | 10163 | 125 | 20195 | 12090 | 1044 |
| 揭阳 | 2775 |  | 10024 | 11029 | 13245 | 45043 | 23107 | 2205 |
| 云浮 | 1966 | 994 | 1078 | 8353 |  |  |  |  |

## 11-13 续表 3

(2023年)

| 市别 | 海洋渔业人口与从业人员(人) |  |  |  |  |  |  |
|---|---|---|---|---|---|---|---|
|  |  |  |  |  | 专业从业人员中 |  |  |
|  | 兼业从业人员 | 女性 | 临时从业人员 | 女性 | 捕捞 | 养殖 | 其它 |
| **全省** | **90745** | **25767** | **27944** | **12392** | **196579** | **118815** | **38103** |
| 广州 | 707 | 417 | 103 | 70 | 2051 | 1423 | 108 |
| 深圳 | 17 |  |  |  | 1132 |  |  |
| 珠海 | 1147 | 291 | 481 | 117 | 2467 | 2175 | 96 |
| 汕头 | 4985 | 807 | 1044 | 352 | 16186 | 5332 | 2605 |
| 佛山 |  |  |  |  |  |  |  |
| 韶关 |  |  |  |  |  |  |  |
| 河源 |  |  |  |  |  |  |  |
| 梅州 |  |  |  |  |  |  |  |
| 惠州 | 5523 | 1399 | 4490 | 801 | 5118 | 5606 | 1827 |
| 汕尾 | 7005 | 1289 | 2797 | 470 | 28805 | 9620 | 2847 |
| 东莞 | 856 | 46 | 244 |  | 1112 |  |  |
| 中山 |  |  |  |  | 238 |  |  |
| 江门 | 825 | 507 | 509 | 483 | 11394 | 8008 | 294 |
| 阳江 | 11043 | 5129 | 3370 | 2840 | 35646 | 17697 | 5948 |
| 湛江 | 23404 | 9451 | 9713 | 6908 | 60068 | 53599 | 6806 |
| 茂名 | 6679 | 301 | 3706 | 210 | 18656 | 7027 | 4409 |
| 肇庆 |  |  |  |  |  |  |  |
| 清远 |  |  |  |  |  |  |  |
| 潮州 | 6618 | 772 | 1487 | 141 | 4720 | 7370 |  |
| 揭阳 | 21936 | 5358 |  |  | 8986 | 958 | 13163 |
| 云浮 |  |  |  |  |  |  |  |

# 11-14 渔业灾情

(2023年)

| 市 别 | 受灾养殖面积(公顷) | 台风、洪涝 | 病害 | 干旱 | 污染 | 其它 |
|---|---|---|---|---|---|---|
| **全 省** | **17908.97** | **13054.19** | **3754.88** | **76** | **194.3** | **829.6** |
| 广 州 | 211.46 | 63.17 | 148.29 | | | |
| 深 圳 | | | | | | |
| 珠 海 | 216 | 216 | | | | |
| 汕 头 | 45.12 | 8.12 | 28 | | 9 | |
| 佛 山 | 877.46 | 853 | 24.46 | | | |
| 韶 关 | 135 | 50 | 56 | 28 | 1 | |
| 河 源 | 165 | 159 | 6 | | | |
| 梅 州 | 678.06 | 444.16 | 174 | | 1.3 | 58.6 |
| 惠 州 | 107.5 | 15 | 92.5 | | | |
| 汕 尾 | | | | | | |
| 东 莞 | 15.53 | 9.53 | | | | 6 |
| 中 山 | 17 | 17 | | | | |
| 江 门 | 67.89 | 67.89 | | | | |
| 阳 江 | 2182.63 | 2156.13 | 26.5 | | | |
| 湛 江 | 6825.2 | 4200.2 | 2409 | 38 | 174 | 4 |
| 茂 名 | 1725 | 1725 | | | | |
| 肇 庆 | 2198 | 805 | 637 | | | 756 |
| 清 远 | 261 | 257 | 3 | | | 1 |
| 潮 州 | 20.13 | | 20.13 | | | |
| 揭 阳 | 1506.53 | 1506.53 | | | | |
| 云 浮 | 654.46 | 501.46 | 130 | 10 | 9 | 4 |

## 11-14 续表 1

(2023年)

| 市 别 | 水产品损失(吨) | 台风、洪涝 | 病害 | 干旱 | 污染 | 其它 |
|---|---|---|---|---|---|---|
| **全 省** | **59099** | **38107** | **13790** | **367** | **151** | **6684** |
| 广 州 | 1837 | 1162 | 675 | | | |
| 深 圳 | | | | | | |
| 珠 海 | 1357 | 1357 | | | | |
| 汕 头 | 133 | 30 | 85 | | 18 | |
| 佛 山 | 3219 | 2139 | 1080 | | | |
| 韶 关 | 71 | 56 | 14 | 1 | | |
| 河 源 | 386 | 377 | 9 | | | |
| 梅 州 | 1934 | 1752 | 80 | | 23 | 79 |
| 惠 州 | 179 | 50 | 129 | | | |
| 汕 尾 | | | | | | |
| 东 莞 | 38 | 38 | | | | |
| 中 山 | 33 | 33 | | | | |
| 江 门 | 422 | 422 | | | | |
| 阳 江 | 7586 | 7306 | 280 | | | |
| 湛 江 | 20914 | 10600 | 9907 | 291 | 84 | 32 |
| 茂 名 | 3357 | 3357 | | | | |
| 肇 庆 | 8028 | 1252 | 236 | | | 6540 |
| 清 远 | 1747 | 1734 | 10 | | | 3 |
| 潮 州 | 1101 | | 1101 | | | |
| 揭 阳 | 415 | 415 | | | | |
| 云 浮 | 6342 | 6027 | 184 | 75 | 26 | 30 |

## 11-14 续表 2

(2023年)

| 市 别 | 损毁渔业设施(台风、洪涝) | | | | | |
|---|---|---|---|---|---|---|
| | 池塘<br>(公顷) | 网箱<br>(箱) | 围栏<br>(千米) | 沉船<br>(艘) | 船损<br>(艘) | 堤坝<br>(米) |
| **全 省** | **1931.13** | **471** | | | **16** | **2064** |
| 广 州 | 1 | | | | | |
| 深 圳 | | | | | | |
| 珠 海 | | 268 | | | | |
| 汕 头 | | | | | | |
| 佛 山 | | | | | | |
| 韶 关 | | | | | | |
| 河 源 | 136 | | | | | |
| 梅 州 | 5 | | | | | 1500 |
| 惠 州 | | | | | | |
| 汕 尾 | | | | | | |
| 东 莞 | 6 | | | | | |
| 中 山 | | | | | | |
| 江 门 | | | | | | |
| 阳 江 | 1692.13 | 5 | | | | 60 |
| 湛 江 | 73 | 38 | | | 16 | 504 |
| 茂 名 | | | | | | |
| 肇 庆 | | | | | | |
| 清 远 | | | | | | |
| 潮 州 | 12 | 160 | | | | |
| 揭 阳 | 5 | | | | | |
| 云 浮 | 1 | | | | | |

## 11-14 续表 3

(2023年)

| 市 别 | 损毁渔业设施(台风、洪涝) | | | | | | |
|---|---|---|---|---|---|---|---|
| | 泵站<br>(座) | 涵闸<br>(座) | 码头<br>(米) | 护岸<br>(米) | 防波堤<br>(米) | 工厂化养殖<br>(座) | 苗种繁育场<br>(个) |
| **全 省** | | **15** | **50** | **3995** | **3620** | | **53** |
| 广 州 | | | | | | | |
| 深 圳 | | | | | | | |
| 珠 海 | | | | | | | |
| 汕 头 | | | | | | | |
| 佛 山 | | | | | | | |
| 韶 关 | | | | | | | |
| 河 源 | | | | | | | |
| 梅 州 | | 2 | | | | | |
| 惠 州 | | | | | | | |
| 汕 尾 | | | | | | | |
| 东 莞 | | | | | | | |
| 中 山 | | | | | | | |
| 江 门 | | | | | | | |
| 阳 江 | | | 50 | 3995 | 1320 | | 53 |
| 湛 江 | | 13 | | | 2300 | | |
| 茂 名 | | | | | | | |
| 肇 庆 | | | | | | | |
| 清 远 | | | | | | | |
| 潮 州 | | | | | | | |
| 揭 阳 | | | | | | | |
| 云 浮 | | | | | | | |

## 11-14 续表 4

(2023年)

| 市别 | 人员损失(台风、洪涝)(人) | 失踪 | 死亡 | 重伤 | 直接经济损失合计(万元) |
|---|---|---|---|---|---|
| **全省** | | | | | **90264.16** |
| 广州 | | | | | 3948.31 |
| 深圳 | | | | | |
| 珠海 | | | | | 10462.85 |
| 汕头 | | | | | 315 |
| 佛山 | | | | | 6560 |
| 韶关 | | | | | 107.4 |
| 河源 | | | | | 25.1 |
| 梅州 | | | | | 2711 |
| 惠州 | | | | | 179.4 |
| 汕尾 | | | | | |
| 东莞 | | | | | 104.3 |
| 中山 | | | | | 77 |
| 江门 | | | | | 630.56 |
| 阳江 | | | | | 27238.5 |
| 湛江 | | | | | 18146.3 |
| 茂名 | | | | | 4018.4 |
| 肇庆 | | | | | 4562 |
| 清远 | | | | | 2023 |
| 潮州 | | | | | 501 |
| 揭阳 | | | | | 1117.6 |
| 云浮 | | | | | 7536.44 |

## 11-14 续表 5

(2023年)

| 市别 | 水产品损失(万元) | 台风、洪涝 | 病害 | 干旱 | 污染 | 其它 |
|---|---|---|---|---|---|---|
| **全省** | **82252.16** | **63399.35** | **15718.91** | **575** | **301.4** | **2257.5** |
| 广州 | 3946.31 | 2363 | 1583.31 | | | |
| 深圳 | | | | | | |
| 珠海 | 8882.85 | 8882.85 | | | | |
| 汕头 | 315 | 90 | 198 | | 27 | |
| 佛山 | 6560 | 4682 | 1878 | | | |
| 韶关 | 75.4 | 72 | 3.4 | | | |
| 河源 | 25.1 | 22.8 | 2.3 | | | |
| 梅州 | 2604 | 2380.1 | 111 | | 23.4 | 89.5 |
| 惠州 | 179.4 | 50 | 129.4 | | | |
| 汕尾 | | | | | | |
| 东莞 | 94.3 | 94.3 | | | | |
| 中山 | 77 | 77 | | | | |
| 江门 | 630.56 | 630.56 | | | | |
| 阳江 | 22534 | 21948.5 | 585.5 | | | |
| 湛江 | 17044.8 | 5931.8 | 10318 | 500 | 218 | 77 |
| 茂名 | 4018.4 | 4018.4 | | | | |
| 肇庆 | 4527 | 2282 | 187 | | | 2058 |
| 清远 | 2023 | 2000 | 20 | | | 3 |
| 潮州 | 501 | | 501 | | | |
| 揭阳 | 677.6 | 677.6 | | | | |
| 云浮 | 7536.44 | 7196.44 | 202 | 75 | 33 | 30 |

## 11-14 续表 6

(2023年)

| 市别 | 损毁渔业设施(台风、洪涝)(万元) | 池塘 | 网箱 | 围栏 | 沉船 | 船损 | 堤坝 |
|---|---|---|---|---|---|---|---|
| **全省** | **8012** | **4334.5** | **1943** | | | **13** | **173** |
| 广州 | 2 | 2 | | | | | |
| 深圳 | | | | | | | |
| 珠海 | 1580 | | 1500 | | | | |
| 汕头 | | | | | | | |
| 佛山 | | | | | | | |
| 韶关 | 32 | 15 | | | | | |
| 河源 | | | | | | | |
| 梅州 | 107 | 29 | | | | | 78 |
| 惠州 | | | | | | | |
| 汕尾 | | | | | | | |
| 东莞 | 10 | 10 | | | | | |
| 中山 | | | | | | | |
| 江门 | | | | | | | |
| 阳江 | 4704.5 | 3344.5 | 304 | | | | 20 |
| 湛江 | 1101.5 | 459 | 139 | | | 13 | 75 |
| 茂名 | | | | | | | |
| 肇庆 | 35 | 35 | | | | | |
| 清远 | | | | | | | |
| 潮州 | | | | | | | |
| 揭阳 | 440 | 440 | | | | | |
| 云浮 | | | | | | | |

## 11-14 续表 7

(2023年)

| 市别 | 损毁渔业设施(台风、洪涝)(万元) | | | | | | | |
|---|---|---|---|---|---|---|---|---|
| | 泵站 | 涵闸 | 码头 | 护岸 | 防波堤 | 工厂化养殖 | 苗种繁育场 | 其它 |
| **全省** | | **121** | | **794** | **434** | | **92** | **107.5** |
| 广州 | | | | | | | | |
| 深圳 | | | | | | | | |
| 珠海 | | | | | | | | 80 |
| 汕头 | | | | | | | | |
| 佛山 | | | | | | | | |
| 韶关 | | | | | | | | 17 |
| 河源 | | | | | | | | |
| 梅州 | | | | | | | | |
| 惠州 | | | | | | | | |
| 汕尾 | | | | | | | | |
| 东莞 | | | | | | | | |
| 中山 | | | | | | | | |
| 江门 | | | | | | | | |
| 阳江 | | | | 794 | 150 | | 92 | |
| 湛江 | | 121 | | | 284 | | | 10.5 |
| 茂名 | | | | | | | | |
| 肇庆 | | | | | | | | |
| 清远 | | | | | | | | |
| 潮州 | | | | | | | | |
| 揭阳 | | | | | | | | |
| 云浮 | | | | | | | | |

# 11-15 渔业经济总产值

(2023年) 单位：万元

| 市 别 | 合 计 | 一、渔业<br>(水产品) | 海洋捕捞 | 海水养殖 | 淡水捕捞 |
|---|---|---|---|---|---|
| **全 省** | **44202818.63** | **20053082.84** | **3209804.26** | **7474216.95** | **125345.70** |
| 广 州 | 4540053.24 | 1299080.27 | 115878.57 | 422248.85 | 30910.41 |
| 深 圳 | 161768.11 | 287771.57 | 205375.66 | 73257.79 | |
| 珠 海 | 3415480.90 | 1005703.42 | 18713.12 | 483115.75 | 1409.74 |
| 汕 头 | 2469631.35 | 831751.24 | 269029.35 | 392498.85 | 3839.63 |
| 佛 山 | 5743958.09 | 1955603.51 | | | 15033.28 |
| 韶 关 | 240736.95 | 140725.80 | | | 4886.07 |
| 河 源 | 126848.16 | 78782.90 | | | 5531.48 |
| 梅 州 | 415339.87 | 134000.64 | | | 7203.35 |
| 惠 州 | 1204261.69 | 632737.17 | 60938.63 | 234950.59 | 622.37 |
| 汕 尾 | 2800181.19 | 1401366.23 | 586773.13 | 759308.25 | 1775.37 |
| 东 莞 | 390859.91 | 115830.34 | 15335.26 | | 1857.31 |
| 中 山 | 1591798.30 | 963879.45 | 1584.88 | | 1347.71 |
| 江 门 | 4295392.92 | 2677770.06 | 172324.66 | 597310.20 | 21297.48 |
| 阳 江 | 2919421.86 | 2013000.43 | 751594.05 | 1126296.09 | 7995.56 |
| 湛 江 | 5655761.75 | 2901546.42 | 601867.53 | 2104636.46 | 6575.25 |
| 茂 名 | 3704354.87 | 1423541.44 | 268676.31 | 798476.05 | 552.86 |
| 肇 庆 | 1968510.74 | 989517.74 | | | 2251.97 |
| 清 远 | 413300.89 | 236565.56 | | | 4490.81 |
| 潮 州 | 853421.43 | 489490.19 | 61318.85 | 367794.10 | 5647.33 |
| 揭 阳 | 806015.62 | 324038.91 | 80394.26 | 114323.96 | 1459.05 |
| 云 浮 | 485720.81 | 150375.75 | | | 658.70 |

## 11-15 续表 1

(2023年) 单位：万元

| 市 别 | 淡水养殖 | 水产苗种 | 二、渔业工业<br>和建筑业 | 水产品加工 | 渔业机具制造 |
|---|---|---|---|---|---|
| **全 省** | **9243716** | **977812.32** | **7420142.17** | **3666256.33** | **116372.52** |
| 广 州 | 730042 | 116155 | 1135286.53 | 32676.47 | |
| 深 圳 | 9138 | | 21336.51 | 21336.51 | |
| 珠 海 | 502465 | 36738.77 | 845230.95 | 448057.29 | 3673.04 |
| 汕 头 | 166383 | 1910 | 479534.94 | 469018.36 | 7624.29 |
| 佛 山 | 1940570 | 186293.5 | | | |
| 韶 关 | 135840 | 3141.83 | 123.69 | | 123.69 |
| 河 源 | 73251 | 3003 | 22263.17 | 3334.66 | 165.63 |
| 梅 州 | 126797 | 15881.5 | 22024.02 | 12122.30 | 921.42 |
| 惠 州 | 336226 | 17032 | 309869.39 | 290513.22 | 16400.67 |
| 汕 尾 | 53509 | 7000 | 14756.96 | 366.67 | 2923.89 |
| 东 莞 | 98638 | 1911 | 283774.04 | 53263.84 | |
| 中 山 | 960947 | 21163 | 753907.52 | 252011.09 | 10085.06 |
| 江 门 | 1886838 | 58027.2 | 256965.60 | 168915.64 | |
| 阳 江 | 127115 | 107920 | 579677.15 | 500483.92 | 10244.69 |
| 湛 江 | 188467 | 106260 | 1796833.67 | 642643.83 | 22744.60 |
| 茂 名 | 355836 | 32950 | 631241.53 | 572743.13 | 27574.68 |
| 肇 庆 | 987266 | 120482.8 | 93825.34 | 81568.70 | 372.99 |
| 清 远 | 232075 | 20742.05 | | | |
| 潮 州 | 54730 | 24397 | 42072.44 | 40400.29 | 342.96 |
| 揭 阳 | 127862 | 71327.21 | 87663.04 | 41041.97 | 12062.24 |
| 云 浮 | 149717 | 25476.46 | 43755.66 | 35758.42 | 1112.66 |

## 11-15 续表 2

(2023年)

单位：万元

| 市别 | 渔船渔机修造 | 渔用绳网制造 | 渔用饲料 | 渔用药物 | 建筑 | 其它 |
|---|---|---|---|---|---|---|
| **全省** | **68240.85** | **25386.48** | **3498951.43** | **16247.66** | **85158.77** | **37155.47** |
| 广州 | | | 1102610.06 | | | |
| 深圳 | | | | | | |
| 珠海 | 1874.45 | 221.27 | 384057.24 | 940.39 | 8503.00 | |
| 汕头 | 1995.45 | 1037.65 | 2228.48 | | | 663.80 |
| 佛山 | | | | | | |
| 韶关 | | | | | | |
| 河源 | 99.33 | 66.30 | 14436.11 | 2957.35 | 203.09 | 1166.32 |
| 梅州 | 757.05 | 121.70 | 287.65 | | 8692.65 | |
| 惠州 | 8902.86 | 6476.82 | | | 110.63 | 2844.87 |
| 汕尾 | 2923.89 | | 11118.69 | 31.61 | | 316.10 |
| 东莞 | | | 218980.59 | 5003.81 | 3055.07 | 3470.74 |
| 中山 | 7333.44 | 1087.37 | 487749.53 | 1382.92 | 2631.50 | 47.41 |
| 江门 | | | 85963.72 | 2086.24 | | |
| 阳江 | 7398.24 | 2369.14 | 60930.76 | | 3023.46 | 4994.32 |
| 湛江 | 13516.00 | 5052.80 | 1090716.20 | 2641.02 | 37523.81 | 564.22 |
| 茂名 | 20038.94 | 5824.08 | 20720.12 | | 7358.73 | 2844.87 |
| 肇庆 | 52.16 | 286.07 | 9855.89 | 208.62 | 1107.92 | 711.22 |
| 清远 | | | | | | |
| 潮州 | 178.59 | 164.37 | 1327.61 | 1.58 | | |
| 揭阳 | 2290.12 | 2509.81 | 4278.37 | 728.60 | 10020.26 | 19531.60 |
| 云浮 | 880.33 | 169.11 | 3690.43 | 265.52 | 2928.63 | |

## 11-15 续表 3

(2023年)

单位：万元

| 市别 | 三、渔业流通和服务业 | 水产流通 | 水产(仓储)运输 | 休闲渔业 | 其它 |
|---|---|---|---|---|---|
| **全省** | **16729597.42** | **5311780.34** | **110631.64** | **1283596.80** | **10023588.64** |
| 广州 | 2044152.11 | 928679.88 | | 742.88 | 1114729.35 |
| 深圳 | 46749.41 | | | | 46749.41 |
| 珠海 | 556800.46 | 130101.98 | 216.98 | 259893.04 | 166588.46 |
| 汕头 | 841224.87 | 320842.27 | 1564.16 | 38617.44 | 480201.00 |
| 佛山 | 74146.30 | 1992.54 | | 2828.78 | 69324.98 |
| 韶关 | 32394.24 | 1140.94 | 13.02 | 235.68 | 31004.60 |
| 河源 | 165894.33 | 62877.22 | 367.87 | 678.91 | 101970.33 |
| 梅州 | 243115.23 | 56900.09 | 1220.52 | 64497.86 | 120496.76 |
| 惠州 | 823974.38 | 95784.22 | 27373.27 | 25835.85 | 674981.04 |
| 汕尾 | 221414.80 | 94460.67 | 65.09 | 126579.16 | 309.87 |
| 东莞 | 660704.92 | 135504.81 | 28637.19 | 72125.87 | 424437.04 |
| 中山 | 1262316.92 | 121671.17 | 11066.05 | 11692.97 | 1117886.73 |
| 江门 | 2933738.09 | 1363734.95 | 1064.29 | 177731.06 | 1391207.79 |
| 阳江 | 1036454.48 | 73739.39 | 1732.60 | 18492.16 | 942490.33 |
| 湛江 | 3437652.46 | 1489319.04 | 17348.32 | 254440.03 | 1676545.07 |
| 茂名 | 1064131.30 | 326158.67 | 4412.31 | 83712.01 | 649848.31 |
| 肇庆 | 503680.42 | 9259.68 | 1920.28 | 15986.83 | 476513.63 |
| 清远 | 110634.77 | | | 1114.32 | 109520.44 |
| 潮州 | 256717.29 | 13436.57 | 854.91 | | 242425.82 |
| 揭阳 | 201313.20 | 7905.71 | 4974.30 | 22958.04 | 165475.15 |
| 云浮 | 212387.47 | 78270.57 | 7800.48 | 105433.90 | 20882.53 |

# 十二、农产品进出口贸易

# 12-1 农副产品出口分类值

单位：万美元

| 类别 | 1995 | 2000 | 2005 | 2010 | 2019 |
|---|---|---|---|---|---|
| 活动物 | 21117.00 | 15908.00 | 9885.00 | 17534.00 | 22362.95 |
| 肉及食用杂碎 | 5517.00 | 8104.00 | 12798.00 | 28007.00 | 48685.19 |
| 鱼、甲壳动物、软体动物及其他水生无脊椎动物 | 54464.00 | 25862.00 | 53585.00 | 102449.00 | 101413.37 |
| 乳品；蛋品；天然蜂蜜；其他食用动物产品 | 2526.00 | 3660.00 | 3660.00 | 102449.00 | 7339.02 |
| 其他动物产品 | 8687.00 | 5100.00 | 3264.00 | 3866.00 | 8102.29 |
| 活树及其他活植物；鳞茎、根及类似品；插花及装饰用簇叶 | 885.00 | 785.00 | 2638.00 | 2734.00 | 7545.90 |
| 食用蔬菜、根及块茎 | 25156.00 | 11284.00 | 19896.00 | 29140.00 | 32967.64 |
| 食用水果及坚果；甜瓜或柑橘属水果的果皮 | 13460.00 | 5406.00 | 11819.00 | 17832.00 | 26565.02 |
| 咖啡、茶、马黛茶及调味香料 | 7842.00 | 6569.00 | 9460.00 | 12298.00 | 25873.17 |
| 谷物 | 491.00 | 522.00 | 9.00 | 80.00 | 23.23 |
| 制粉工业产品；麦芽；淀粉；菊粉；面筋 | 1571.00 | 3443.00 | 4528.00 | 10218.00 | 11046.97 |
| 含油子仁及果实；杂项子仁及果仁；工业用或药用植物；稻草、秸秆及饲料 | 24958.00 | 9852.00 | 11014.00 | 13086.00 | 15066.03 |
| 虫胶；树胶、树脂及其他植物液、汁 | 1034.00 | 841.00 | 1439.00 | 2732.00 | 5658.43 |
| 编结植物材料、其他植物产品 | 2400.00 | 1608.00 | 1895.00 | 2301.00 | 4870.00 |
| 动、植物或微生物油、脂及其分解产品；精制的食用油脂；动、植物蜡 | 28350.00 | 6515.00 | 4372.00 | 8684.00 | 29010.59 |

## 12-1 续表

单位：万美元

| 类别 | 2020 | 2021 | 2022 | 2023 |
|---|---|---|---|---|
| 活动物 | 30793.24 | 25659.42 | 25232.20 | 21868.68 |
| 肉及食用杂碎 | 42433.51 | 51191.05 | 57635.95 | 51958.10 |
| 鱼、甲壳动物、软体动物及其他水生无脊椎动物 | 111639.44 | 126835.64 | 121433.84 | 116896.92 |
| 乳品；蛋品；天然蜂蜜；其他食用动物产品 | 7418.09 | 8568.05 | 9965.34 | 11240.13 |
| 其他动物产品 | 5715.46 | 5256.83 | 5186.31 | 4255.62 |
| 活树及其他活植物；鳞茎、根及类似品；插花及装饰用簇叶 | 7784.14 | 11031.78 | 12271.32 | 11829.26 |
| 食用蔬菜、根及块茎 | 38204.62 | 37488.33 | 65236.51 | 59334.36 |
| 食用水果及坚果；甜瓜或柑橘属水果的果皮 | 25438.27 | 36690.13 | 59157.37 | 53277.57 |
| 咖啡、茶、马黛茶及调味香料 | 24320.72 | 21394.57 | 20328.69 | 18630.32 |
| 谷物 | 3.13 | 9.77 | 10.72 | 66.65 |
| 制粉工业产品；麦芽；淀粉；菊粉；面筋 | 10467.40 | 13186.89 | 20758.04 | 24765.99 |
| 含油子仁及果实；杂项子仁及果仁；工业用或药用植物；稻草、秸秆及饲料 | 15694.19 | 16214.26 | 23466.24 | 24522.38 |
| 虫胶；树胶、树脂及其他植物液、汁 | 5208.66 | 7092.41 | 8856.56 | 8788.19 |
| 编结植物材料、其他植物产品 | 5788.12 | 5595.19 | 5111.37 | 5468.56 |
| 动、植物或微生物油、脂及其分解产品；精制的食用油脂；动、植物蜡 | 30047.27 | 33509.54 | 33361.12 | 34956.16 |

注：本表资料按海关统计口径整理。

# 12-2　农副产品及其加工品海关进出口情况

单位：万美元

| 类　别 | 2019 | | 2020 | | 2021 | |
|---|---|---|---|---|---|---|
| | 出口 | 进口 | 出口 | 进口 | 出口 | 进口 |
| **一、活动物、动物产品** | **187903** | **587905** | **198000** | **802914** | **217511** | **950886** |
| 1.活动物 | 22363 | 957 | 30793 | 183 | 25659 | 279 |
| 2.肉及食用杂碎 | 48685 | 290777 | 42434 | 527740 | 51191 | 613706 |
| 3.鱼、甲壳动物、软体动物及其他水生无脊椎动物 | 101413 | 203225 | 111639 | 173959 | 126836 | 214674 |
| 4.乳品；蛋品；天然蜂蜜；其他食用动物产品 | 7339 | 84362 | 7418 | 92716 | 8568 | 108925 |
| 5.其他动物产品 | 8102 | 8584 | 5715 | 8316 | 5257 | 13301 |
| **二、植物产品** | **129616** | **741915** | **132909** | **850037** | **148703** | **1043863** |
| 1.活树及其他活植物；鳞茎、根及类似品；插花及装饰用簇叶 | 7546 | 4099 | 7784 | 5727 | 11032 | 4269 |
| 2.食用蔬菜、根及块茎 | 32968 | 8808 | 38205 | 17191 | 37488 | 10512 |
| 3.食用水果及坚果；甜瓜或柑橘属水果的果皮 | 26565 | 423575 | 25438 | 459098 | 36690 | 528986 |
| 4.咖啡、茶、马黛茶及调味香料 | 25873 | 9608 | 24321 | 14008 | 21395 | 31865 |
| 5.谷物 | 23 | 112722 | 3 | 155951 | 10 | 264612 |
| 6.制粉工业产品；麦芽；淀粉；菊粉；面筋 | 11047 | 16371 | 10467 | 13680 | 13187 | 19599 |
| 7.含油子仁及果实；杂项子仁及果仁；工业用或药用植物；稻草、秸秆及饲料 | 15066 | 157693 | 15694 | 177135 | 16214 | 176133 |
| 8.虫胶；树胶、树脂及其他植物液、汁 | 5658 | 5068 | 5209 | 4518 | 7092 | 5327 |
| 9.编结用植物材料；其他植物产品 | 4870 | 3971 | 5788 | 2730 | 5595 | 2560 |
| **三、动、植物油脂及蜡** | **29011** | **101266** | **30047** | **87669** | **33510** | **134400** |
| 动、植物油、脂及其分解产品；精制的食用油脂；动、植物蜡 | 29011 | 101266 | 30047 | 87669 | 33510 | 134400 |
| **四、食品、烟草及制品** | **627718** | **688256** | **557410** | **672149** | **647066** | **761839** |
| 1.肉、鱼、甲壳动物、软体动物及其他水生无脊椎动物的制品 | 213860 | 4616 | 187251 | 5122 | 238175 | 7100 |
| 2.糖及糖食 | 68204 | 33442 | 58606 | 51862 | 68429 | 65288 |
| 3.可可及可可制品 | 14314 | 14623 | 11739 | 13419 | 13689 | 18466 |
| 4.谷物、粮食粉、淀粉或乳的制品；糕饼点心 | 96061 | 279378 | 71831 | 269888 | 87512 | 243025 |
| 5.蔬菜、水果、坚果或植物其他部分的制品 | 53110 | 37619 | 38294 | 32640 | 32555 | 49948 |
| 6.杂项食品 | 61953 | 103928 | 69735 | 120364 | 76493 | 132851 |
| 7.饮料、酒及醋 | 92605 | 134351 | 88277 | 106773 | 95850 | 150419 |
| 8.食品工业的残渣及废料；配制的动物饲料 | 18584 | 58383 | 22808 | 57607 | 26880 | 80005 |
| 9.烟草、烟草及烟草代用品的制品；非经燃烧吸用的产品，不论是否含有尼古丁；其他供人体摄入尼古丁的含尼古丁的产品 | 9027 | 21916 | 8868 | 14475 | 7483 | 14737 |
| **五、其他** | **895568** | **804186** | **735818** | **775033** | **876230** | **826389** |
| 1.木及木制品；木炭 | 154242 | 274509 | 136903 | 237671 | 169164 | 242953 |
| 2.软木及软木制品 | 246 | 231 | 227 | 207 | 254 | 325 |
| 3.稻草、秸秆、针茅或其他编结材料制品；篮筐及柳条编结品 | 26034 | 276 | 23222 | 241 | 24407 | 326 |
| 4.木浆及其他纤维状纤维素浆；回收(废碎)纸及纸板 | 566 | 243595 | 543 | 228245 | 805 | 212145 |
| 5.纸及纸板；纸浆、纸或纸板制品 | 523239 | 144731 | 438822 | 201846 | 537387 | 237579 |
| 6.蚕丝 | 17639 | 1485 | 4995 | 728 | 6542 | 896 |
| 7.羊毛、动物细毛或粗毛；马毛纱线及其机织物 | 11157 | 13952 | 4713 | 10501 | 4136 | 12829 |
| 8.棉花 | 162446 | 125406 | 126393 | 95593 | 133534 | 119336 |

## 12-2 续表

单位：万美元

| 类别 | 2022 | | 2023 | |
|---|---|---|---|---|
| | 出口 | 进口 | 出口 | 进口 |
| **一、活动物、动物产品** | **219454** | **1000782** | **206219** | **934443** |
| 1.活动物 | 25232 | 2335 | 21869 | 437 |
| 2.肉及食用杂碎 | 57636 | 574116 | 51958 | 540213 |
| 3.鱼、甲壳动物、软体动物及其他水生无脊椎动物 | 121434 | 295012 | 116897 | 290460 |
| 4.乳品；蛋品；天然蜂蜜；其他食用动物产品 | 9965 | 108674 | 11240 | 86571 |
| 5.其他动物产品 | 5186 | 20646 | 4256 | 16762 |
| **二、植物产品** | **215197** | **1252591** | **206683** | **1252702** |
| 1.活树及其他活植物；鳞茎、根及类似品；插花及装饰用簇叶 | 12271 | 3664 | 11829 | 3888 |
| 2.食用蔬菜、根及块茎 | 65237 | 29472 | 59334 | 17202 |
| 3.食用水果及坚果；甜瓜或柑橘属水果的果皮 | 59157 | 612098 | 53278 | 603034 |
| 4.咖啡、茶、马黛茶及调味香料 | 20329 | 26399 | 18630 | 25331 |
| 5.谷物 | 11 | 264990 | 67 | 266163 |
| 6.制粉工业产品；麦芽；淀粉；菊粉；面筋 | 20758 | 19492 | 24766 | 17993 |
| 7.含油子仁及果实；杂项子仁及果仁；工业用或药用植物；稻草、秸秆及饲料 | 23466 | 287257 | 24522 | 310591 |
| 8.虫胶；树胶、树脂及其他植物液、汁 | 8857 | 5504 | 8788 | 5275 |
| 9.编结用植物材料；其他植物产品 | 5111 | 3715 | 5469 | 3224 |
| **三、动、植物油脂及蜡** | **33361** | **152878** | **34956** | **137494** |
| 动、植物油、脂及其分解产品；精制的食用油脂；动、植物蜡 | 33361 | 152878 | 34956 | 137494 |
| **四、食品、烟草及制品** | **1247145** | **779782** | **1399539** | **794692** |
| 1.肉、鱼、甲壳动物、软体动物及其他水生无脊椎动物的制品 | 194184 | 7968 | 143466 | 10559 |
| 2.糖及糖食 | 85709 | 68815 | 95006 | 44767 |
| 3.可可及可可制品 | 13432 | 16129 | 13200 | 16771 |
| 4.谷物、粮食粉、淀粉或乳的制品；糕饼点心 | 83295 | 238644 | 91478 | 230740 |
| 5.蔬菜、水果、坚果或植物其他部分的制品 | 30369 | 51685 | 32280 | 47981 |
| 6.杂项食品 | 82508 | 159091 | 90248 | 173569 |
| 7.饮料、酒及醋 | 104599 | 134965 | 124312 | 156279 |
| 8.食品工业的残渣及废料；配制的动物饲料 | 27172 | 84372 | 31490 | 88286 |
| 9.烟草、烟草及烟草代用品的制品；非经燃烧吸用的产品，不论是否含有尼古丁；其他供人体摄入尼古丁的含尼古丁的产品 | 625878 | 18112 | 778058 | 25740 |
| **五、其他** | **1030650** | **725026** | **935798** | **688997** |
| 1.木及木制品；木炭 | 170756 | 215215 | 175442 | 177173 |
| 2.软木及软木制品 | 228 | 267 | 288 | 170 |
| 3.稻草、秸秆、针茅或其他编结材料制品；篮筐及柳条编结品 | 18490 | 269 | 13952 | 281 |
| 4.木浆及其他纤维状纤维素浆；回收(废碎)纸及纸板 | 1107 | 284150 | 2096 | 270035 |
| 5.纸及纸板；纸浆、纸或纸板制品 | 685948 | 146493 | 619560 | 145115 |
| 6.蚕丝 | 8626 | 596 | 5509 | 990 |
| 7.羊毛、动物细毛或粗毛；马毛纱线及其机织物 | 3711 | 7703 | 4507 | 8022 |
| 8.棉花 | 141785 | 70332 | 114445 | 87212 |

# 12-3 主要农副产品外贸出口情况

| 项目 | 单位 | 2022年 | | | 2023年 | | |
|---|---|---|---|---|---|---|---|
| | | 数量 | 万元人民币 | 万美元 | 数量 | 万元人民币 | 万美元 |
| 农产品 | | | 11579138.16 | 1729838.70 | | 13090475.84 | 1860470.48 |
| 肉类(包含杂碎) | 吨 | 136762.77 | 385722.48 | 57814.57 | 129024.23 | 366573.84 | 52164.66 |
| 水产品 | 吨 | 512261.67 | 1915574.20 | 287234.08 | 447602.94 | 1633449.17 | 232311.19 |
| 蔬菜及食用菌 | 吨 | 618355.84 | 463441.34 | 69278.16 | 648587.39 | 455240.56 | 64805.55 |
| 鲜或冷藏蔬菜 | 吨 | 583279.28 | 390512.40 | 58346.98 | 604874.74 | 375706.14 | 53466.18 |
| 干鲜瓜果及坚果 | 吨 | 375752.20 | 399550.95 | 58907.04 | 360655.13 | 373106.41 | 52979.02 |
| 苹果 | 吨 | 17886.76 | 15425.85 | 2315.07 | 16648.11 | 16266.73 | 2313.72 |
| 茶叶 | 吨 | 4249.63 | 46542.06 | 6954.33 | 4612.78 | 43390.23 | 6143.63 |
| 粮食 | 吨 | 106741.74 | 43731.39 | 6517.94 | 115936.62 | 50395.63 | 7151.02 |
| 罐头 | 吨 | 37926.51 | 49619.17 | 7405.94 | 42041.44 | 65994.94 | 9474.04 |
| 蔬菜罐头 | 吨 | 31511.36 | 35777.81 | 5312.80 | 37255.63 | 54086.59 | 7782.85 |
| 酒类及饮料 | | | 701607.84 | 104703.38 | | 877752.24 | 124599.87 |
| 果蔬汁 | 吨 | 3518.07 | 6387.17 | 942.82 | 4270.40 | 8200.07 | 1175.62 |
| 啤酒 | | | 73931.30 | 11045.18 | | 76563.18 | 10894.37 |
| 烟草及其制品 | 吨 | 6782.66 | 29389.70 | 4471.75 | 7674.04 | 40465.10 | 5737.29 |
| 烤烟 | 吨 | 3809.20 | 5730.03 | 856.35 | 5610.01 | 11517.72 | 1624.44 |
| 卷烟 | 吨 | 694.74 | 13117.54 | 1997.37 | 1160.10 | 23502.97 | 3340.71 |
| 医药材及药品 | 吨 | 105359.01 | 1617183.99 | 243301.67 | 140157.72 | 1788471.06 | 254322.77 |
| 中药材 | 吨 | 25689.53 | 134880.03 | 20045.98 | 25628.04 | 146648.52 | 20825.34 |
| 中式成药 | 吨 | 1407.92 | 31695.55 | 4758.02 | 1250.96 | 30565.59 | 4338.51 |
| 人用疫苗 | 吨 | 19.75 | 2704.82 | 401.12 | 12.99 | 2538.38 | 361.72 |
| 抗菌素(制剂除外) | 吨 | 9608.46 | 328468.58 | 49330.60 | 11365.22 | 365938.33 | 52097.00 |
| 医用敷料 | 吨 | 31720.99 | 268729.83 | 40664.82 | 32545.92 | 220468.75 | 31344.04 |
| 皮革、毛皮及其制品 | | | 1125113.31 | 168707.37 | | 1051152.79 | 149402.67 |
| 裘皮服装 | 吨 | 63.38 | 9894.08 | 1462.58 | 79.69 | 11164.73 | 1578.98 |
| 木及其制品 | 吨 | 818652.36 | 1134792.47 | 170450.71 | 964451.74 | 1212939.55 | 172141.09 |
| 家用或装饰用木制品 | 吨 | 82669.43 | 308706.57 | 46487.81 | 86592.34 | 315518.85 | 44777.66 |
| 胶合板及类似多层板 | 吨 | 281063.24 | 162020.03 | 24381.59 | 273623.32 | 142544.37 | 20240.86 |
| 植物材料编结品 | 吨 | 41026.40 | 122386.18 | 18490.03 | 34978.51 | 98063.02 | 13951.73 |
| 纸浆、纸及其制品 | 吨 | 2143251.52 | 4586936.02 | 687039.64 | 2475929.38 | 4372043.38 | 621634.89 |

# 12-4 农、林、牧、渔利用外资情况

| 年 份 | 企业个数（个） | 合同外资金额（万美元） | 实际使用外资（万美元） | 年 份 | 企业个数（个） | 合同外资金额（万美元） | 实际使用外资（万美元） |
|---|---|---|---|---|---|---|---|
| 1979 | 50 | 1997 | 514 | 2000 | 94 | 10600 | 14451 |
| 1980 | 59 | 5120 | 3471 | 2001 | 104 | 22655 | 17937 |
| 1981 | 45 | 5593 | 610 | 2005 | 166 | 23113 | 7720 |
| 1982 | 79 | 4217 | 946 | 2006 | 192 | 28609 | 11539 |
| 1983 | 48 | 2661 | 1198 | 2007 | 336 | 48282 | 18295 |
| 1984 | 250 | 8806 | 814 | 2008 | 211 | 39901 | 20832 |
| 1985 | 168 | 7901 | 2464 | 2009 | 95 | 28735 | 23922 |
| 1986 | 69 | 8681 | 6537 | 2010 | 84 | 27770 | 14327 |
| 1987 | 88 | 8590 | 4544 | 2011 | 118 | 73110 | 15871 |
| 1988 | 131 | 14668 | 8318 | 2012 | 127 | 66417 | 15264 |
| 1989 | 66 | 5156 | 6062 | 2013 | 121 | 53841 | 15143 |
| 1990 | 76 | 4128 | 3785 | 2014 | 150 | 76376 | 16888 |
| 1991 | 97 | 8372 | 2290 | 2015 | 74 | 64924 | 7880 |
| 1992 | 248 | 30462 | 4475 | 2016 | 78 | 88783 | 11135 |
| 1993 | 494 | 46597 | 6746 | 2017 | 254 | 74432 | 7363 |
| 1994 | 257 | 37439 | 9889 | 2018 | 290 | 123601 | 22212 |
| 1995 | 206 | 33419 | 10654 | 2019 | 70 | 87693 | 18659 |
| 1996 | 149 | 30464 | 16365 | 2020 | 67 | 141120 | 2579 |
| 1997 | 116 | 19766 | 19358 | 2021 | 92 | 338178 | 6809 |
| 1998 | 121 | 11212 | 17243 | 2022 | 84 | 37155 | 174459 |
| 1999 | 104 | 20232 | 20983 | 2023 | 72 | 194735 | 3625 |

注：2018年以后外商直接投资使用商务部反馈人民币数据，计量单位为“万元”。

# 12-5　各市农、林、牧、渔使用外资情况

| 市别 | 2023年企业数(个) | 2023年合同外资金额(万元) | 实际使用外资(万美元) | | | | | | | | |
|---|---|---|---|---|---|---|---|---|---|---|---|
| | | | 2000 | 2005 | 2010 | 2015 | 2019 | 2020 | 2021 | 2022 | 2023 |
| **合　计** | **72** | **194735** | **14451** | **7720** | **14327** | **7880** | **18659** | **2579** | **6809** | **174459** | **3625** |
| 广　州 | 14 | 6470 | 2219 | 222 | 373 | 232 | | 226 | 423 | 77 | 37 |
| 深　圳 | 13 | 53757 | 145 | 146 | | | | | | 167984 | 1995 |
| 珠　海 | 4 | 181 | 545 | 560 | 189 | 37 | | | | | |
| 汕　头 | | | 142 | | 18 | | 118 | 36 | | 10 | |
| 佛　山 | 2 | 400 | 687 | 118 | 60 | 37 | 340 | 50 | 100 | | |
| 韶　关 | 3 | 6400 | 1142 | 187 | 2105 | 204 | 1683 | | 754 | 2880 | |
| 河　源 | 4 | 4246 | 911 | 1120 | 519 | 1531 | 583 | 265 | | 17 | 17 |
| 梅　州 | 2 | -7644 | 1196 | 334 | 689 | 1199 | 43 | 297 | 3431 | 803 | 70 |
| 惠　州 | 5 | 2155 | 2388 | 1516 | 1975 | 45 | 262 | 640 | 30 | 735 | |
| 汕　尾 | 2 | 3204 | 94 | 528 | 242 | 94 | 342 | 126 | | | 184 |
| 东　莞 | 8 | 1057 | | 314 | 62 | 38 | 89 | | 67 | 169 | 195 |
| 中　山 | 3 | 2490 | 22 | 149 | | | 9000 | 206 | | 7 | 255 |
| 江　门 | 6 | 1178 | 713 | 334 | 245 | 237 | 1989 | 363 | 354 | 274 | 571 |
| 阳　江 | | | 184 | 230 | 2933 | 131 | | | 1250 | 249 | |
| 湛　江 | | | 392 | 187 | 26 | 130 | 3000 | | | | |
| 茂　名 | | | 261 | 220 | 126 | 82 | 116 | | | | 173 |
| 肇　庆 | 2 | -937 | 1746 | 944 | 3695 | 3700 | | 27 | 400 | 1254 | 128 |
| 清　远 | 2 | 176 | 543 | 344 | 419 | 13 | 547 | 143 | | | |
| 潮　州 | | | 289 | 104 | 85 | 106 | | | | | |
| 揭　阳 | | -17436 | 576 | 72 | 511 | | | | | | |
| 云　浮 | 2 | 139038 | | 91 | 55 | 64 | 547 | 200 | | | |
| 省　直 | | | 256 | | | | | | | | |

注：2018年以后外商直接投资使用商务部反馈人民币数据，计量单位为“万元”

# 十三、农村经济收入分配与效益

# 13-1 农村集体经济基本情况

(2023年)　　单位：个、万元

| 项　　目 | 数　量 | 项　　目 | 数　量 |
| --- | --- | --- | --- |
| **农村集体经济组织和生产要素情况** | | (2)外出务工劳动力(万人) | 1657.68 |
| 1.汇总镇级经济联合总社数 | | 其中：常年外出务工劳动(万人) | 1309.74 |
| 2.汇总村级经济联合社数(个) | 21881 | ①乡外县内(万人) | 516.91 |
| 3.汇总组级经济合作社数(个) | 223023 | ②县外省内(万人) | 686.83 |
| 4.汇总农户数(万户) | 1488.07 | ③省外(万人) | 106.00 |
| 5.汇总人口数(万人) | 6692.56 | 7.村组集体资产总额(万元) | 104350793.63 |
| 6.汇总劳动力(万人) | 3784.63 | (1)村级集体资产(万元) | 67845413.01 |
| 其中:(1)从事家庭经营(万人) | 1687.30 | (2)组级集体资产(万元) | 36505380.62 |
| 其中:从事第一产业(万人) | 990.63 | | |

# 13-2 村组集体经济组织资产负债情况

(2023年)　　单位：万元

| 项　　目 | 金　额 | 项　　目 | 金　额 |
| --- | --- | --- | --- |
| **一、流动资产合计** | **51599485.87** | **一、流动负债合计** | **26293536.02** |
| 1.货币资金 | 40156714.07 | 1.短期借款 | 731226.90 |
| 2.短期投资 | 1616999.33 | 2.应付款项 | 24859232.35 |
| 3.应收款项 | 9302364.63 | 3.应付工资 | 279332.16 |
| 4.存货 | 523407.83 | 4.应付福利费 | 423744.61 |
| **二、农业资产合计** | **294572.06** | **二、长期负债合计** | **9967060.49** |
| 1.牲畜(禽)资产 | 3061.81 | 1.长期借款及应付款 | 3448853.80 |
| 2.林木资产 | 291510.24 | 2.一事一议资金 | 56008.44 |
| **三、长期资产合计** | **52456735.71** | 3.专项应付款 | 6462198.25 |
| 1.长期投资 | 6712511.72 | **三、所有者权益合计** | **68090197.12** |
| 其中：长期股权投资 | 4918340.51 | 1.实收资本金 | 12330788.43 |
| 2.固定资产合计 | 42519526.44 | 2.公积公益金 | 51039768.95 |
| 其中：(1)固定资产原值 | 48878854.42 | 3.未分配收益 | 4719639.74 |
| (2)减：累计折旧 | 13522944.83 | **四、负债及所有者权益合计** | **104350793.63** |
| (3)固定资产净值 | 35355909.60 | **五、附报：** | |
| (4)固定资产清理 | 129704.09 | 1.经营性资产总额 | 66373868.73 |
| (5)在建工程 | 7033912.76 | 2.负债合计 | 36260596.51 |
| 3.其他资产 | 3224697.55 | 其中：(1)经营性负债 | 11304915.66 |
| **四、资产总计** | **104350793.63** | (2)兴办公益事业负债 | 2151225.54 |

## 13-3　村组集体经济组织收益分配情况

(2023年)　　单位：万元

| 项　　目 | 金　额 | 项　　目 | 金　额 |
|---|---|---|---|
| **一、总收入** | **14869444.19** | **六、可分配收益** | **14086815.68** |
| 1.经营收入 | 8168525.11 | **七、各项分配** | **9042089.26** |
| 2.发包及上交收入 | 2543666.76 | 1.提取公积金、公益金 | 1386189.00 |
| 3.投资收益 | 528007.21 | 2.提取应付福利费 | 1559772.61 |
| 4.补助收入 | 695904.41 | 3.外来投资分利 | 67250.86 |
| 5.其他收入 | 2933340.70 | 4.农户分配 | 5398084.35 |
| **二、总支出** | **5864874.67** | 5.其他分配 | 630792.44 |
| 1.经营支出 | 1762484.45 | **八、年末未分配收益** | **5044726.41** |
| 2.管理费用 | 2344754.38 | **九、附报指标** | |
| 其中：①干部报酬 | 416855.42 | 1.汇入本表村数 | 21303 |
| ②报刊费 | 13071.38 | 2.当年无收益的村 | 9688 |
| 3.其他支出 | 1757635.85 | 3.有集体经营收益的村 | 11615 |
| **三、本年收益** | **9004569.52** | (1)集体经营收益在5万元以下的村 | 1964 |
| **四、年初未分配收益** | **4016139.50** | (2)集体经营收益在5—10万元的村 | 1478 |
| **五、其他转入** | **1066106.66** | (3)集体经营收益在10万元以上的村 | 3463 |

## 13-4　村级集体经济组织资产负债情况

(2023年)　　单位：万元

| 项　　目 | 金额 | 项　　目 | 金额 |
|---|---|---|---|
| **一、流动资产合计** | **29913673.31** | **一、流动负债合计** | **17341570.46** |
| 1.货币资金 | 21998360.69 | 1.短期借款 | 640828.32 |
| 2.短期投资 | 1053596.05 | 2.应付款项 | 16421494.31 |
| 3.应收款项 | 6351252.13 | 3.应付工资 | 186734.44 |
| 4.存货 | 510464.43 | 4.应付福利费 | 92513.39 |
| **二、农业资产合计** | **148696.07** | **二、长期负债合计** | **7124019.56** |
| 1.牲畜(禽)资产 | 2029.19 | 1.长期借款及应付款 | 2792448.74 |
| 2.林木资产 | 146666.88 | 2.一事一议资金 | 42936.19 |
| **三、长期资产合计** | **37783043.63** | 3.专项应付款 | 4288634.64 |
| 1.长期投资 | 5402213.27 | **三、所有者权益合计** | **43379822.99** |
| 其中：长期股权投资 | 3987216.50 | 1.实收资本金 | 7522689.20 |
| 2.固定资产合计 | 30075449.78 | 2.公积公益金 | 33934133.22 |
| 其中：(1)固定资产原值 | 32953316.57 | 3.未分配收益 | 1923000.57 |
| (2)减：累计折旧 | 8555487.69 | **四、负债及所有者权益合计** | **67845413.01** |
| (3)固定资产净值 | 24397828.88 | 五、附报： | |
| (4)固定资产清理 | 64145.60 | 1.经营性资产总额 | 42027467.75 |
| (5)在建工程 | 5613475.31 | 2.负债合计 | 24465590.02 |
| 3.其他资产 | 2305380.58 | 其中：(1)经营性负债 | 7847497.19 |
| **四、资产总计** | **67845413.01** | (2)兴办公益事业负债 | 1685832.04 |

## 13-5 村级集体经济组织收益分配情况

(2023年)　　单位：万元

| 项　　目 | 金额 | 项　　目 | 金额 |
| --- | --- | --- | --- |
| **一、总收入** | **7917231.68** | **六、可分配收益** | **5934676.69** |
| 1.经营收入 | 4306772.81 | **七、各项分配** | **4127893.95** |
| 2.发包及上交收入 | 1170791.06 | 1.提取公积金、公益金 | 708481.40 |
| 3.投资收益 | 360064.46 | 2.提取应付福利费 | 1072071.30 |
| 4.补助收入 | 588475.56 | 3.外来投资分利 | 43838.08 |
| 5.其他收入 | 1491127.78 | 4.农户分配 | 1851372.73 |
| **二、总支出** | **3992544.09** | 5.其他分配 | 452130.44 |
| 1.经营支出 | 1257984.01 | **八、年末未分配收益** | **1806782.74** |
| 2.管理费用 | 1695162.03 | **九、附报指标** | |
| 其中：①干部报酬 | 333899.40 | 1.汇入本表村数 | 21303 |
| ②报刊费 | 11682.70 | 2.当年无收益的村 | 9688 |
| 3.其他支出 | 1039398.06 | 3.有集体经营收益的村 | 11615 |
| **三、本年收益** | **3924687.58** | (1)集体经营收益在5万元以下的村 | 1964 |
| **四、年初未分配收益** | **1448585.35** | (2)集体经营收益在5—10万元的村 | 1478 |
| **五、其他转入** | **561403.75** | (3)集体经营收益在10万元以上的村 | 8173 |

## 13-6 组级集体经济组织资产负债情况

(2023年)　　单位：万元

| 项　　目 | 金额 | 项　　目 | 金额 |
| --- | --- | --- | --- |
| **一、流动资产合计** | **21685812.56** | **一、流动负债合计** | **8951965.56** |
| 1.货币资金 | 18158353.38 | 1.短期借款 | 90398.57 |
| 2.短期投资 | 563403.27 | 2.应付款项 | 8437738.04 |
| 3.应收款项 | 2951112.50 | 3.应付工资 | 92597.73 |
| 4.存货 | 12943.40 | 4.应付福利费 | 331231.21 |
| **二、农业资产合计** | **145875.99** | **二、长期负债合计** | **2843040.93** |
| 1.牲畜(禽)资产 | 1032.62 | 1.长期借款及应付款 | 656405.06 |
| 2.林木资产 | 144843.36 | 2.一事一议资金 | 13072.25 |
| **三、长期资产合计** | **14673692.07** | **3.专项应付款** | **2173563.62** |
| 1.长期投资 | 1310298.46 | 三、所有者权益合计 | **24710374.13** |
| 其中：长期股权投资 | 931124.01 | 1.实收资本金 | 4808099.23 |
| 2.固定资产合计 | 12444076.65 | 2.公积公益金 | 17105635.73 |
| 其中：(1)固定资产原值 | 15925537.86 | **3.未分配收益** | **2796639.17** |
| (2)减：累计折旧 | 4967457.14 | **四、负债及所有者权益合计** | **36505380.62** |
| (3)固定资产净值 | 10958080.72 | 五、附报： | |
| (4)固定资产清理 | 65558.49 | 1.经营性资产总额 | 24346400.98 |
| (5)在建工程 | 1420437.45 | 2.负债合计 | 11795006.49 |
| 3.其他资产 | 919316.97 | 其中：(1)经营性负债 | 3457418.46 |
| **四、资产总计** | **36505380.62** | (2)兴办公益事业负债 | 465393.50 |

# 13-7 组级集体经济组织收益分配情况

(2023年)　　单位：万元

| 项　目 | 金额 | 项　目 | 金额 |
|---|---|---|---|
| **一、总收入** | **6952212.52** | **六、可分配收益** | **8152138.99** |
| 1.经营收入 | 3861752.30 | **七、各项分配** | **4914195.31** |
| 2.发包及上交收入 | 1372875.69 | 1.提取公积金、公益金 | 677707.61 |
| 3.投资收益 | 167942.75 | 2.提取应付福利费 | 487701.31 |
| 4.补助收入 | 107428.85 | 3.外来投资分利 | 23412.78 |
| 5.其他收入 | 1442212.92 | 4.农户分配 | 3546711.62 |
| **二、总支出** | **1872330.58** | 5.其他分配 | 178662.00 |
| 1.经营支出 | 504500.44 | **八、年末未分配收益** | **3237943.67** |
| 2.管理费用 | 649592.35 | **九、附报指标** | |
| 其中：①干部报酬 | 82956.02 | 1.汇入本表村数 | |
| ②报刊费 | 1388.67 | 2.当年无收益的村 | |
| 3.其他支出 | 718237.79 | 3.有集体经营收益的村 | |
| **三、本年收益** | **5079881.94** | (1)集体经营收益在5万元以下的村 | |
| **四、年初未分配收益** | **2567554.15** | (2)集体经营收益在5—10万元的村 | |
| **五、其他转入** | **504702.90** | (3)集体经营收益在10万元以上的村 | |

# 13-8 各市农村经济基本情况

(2023年)　　单位：个、万元

| 市　别 | 汇总村级经济联合社数 | 汇总组级经济合作社数 | 汇　总农户数(万户) | 纯农户数(万户) | 农业兼业户数(万户) | 非农业兼业户数(万户) | 非农户数(万户) | 汇　总人口数(万人) | 汇　总劳动力(万个) | 从事家庭经营 |
|---|---|---|---|---|---|---|---|---|---|---|
| **合　计** | **21881** | **223023** | **1488.07** | | | | | **6692.56** | **3784.63** | **1687.30** |
| 广　州 | 1346 | 12431 | 115.49 | | | | | 361.44 | 243.00 | 111.03 |
| 珠　海 | 149 | 404 | 5.92 | | | | | 28.70 | 15.87 | 7.71 |
| 汕　头 | 1134 | 57 | 93.75 | | | | | 442.91 | 243.90 | 125.17 |
| 佛　山 | 806 | 4307 | 73.84 | | | | | 270.26 | 163.13 | 68.37 |
| 韶　关 | 1230 | 13680 | 57.85 | | | | | 226.53 | 139.98 | 66.85 |
| 河　源 | 1276 | 20941 | 62.56 | | | | | 316.12 | 155.54 | 57.46 |
| 梅　州 | 2060 | 31450 | 102.56 | | | | | 463.05 | 258.96 | 114.57 |
| 惠　州 | 1120 | 10255 | 47.55 | | | | | 236.09 | 150.51 | 58.24 |
| 汕　尾 | 792 | 3512 | 55.45 | | | | | 307.14 | 155.37 | 66.30 |
| 东　莞 | 556 | 2282 | 44.33 | | | | | 157.12 | 91.93 | 28.75 |
| 中　山 | 282 | 2139 | 24.20 | | | | | 117.25 | 72.22 | 29.84 |
| 江　门 | 1123 | 12760 | 67.38 | | | | | 271.27 | 169.95 | 76.92 |
| 阳　江 | 716 | 9543 | 53.24 | | | | | 234.28 | 143.29 | 54.91 |
| 湛　江 | 1733 | 12238 | 141.73 | | | | | 700.83 | 381.45 | 183.75 |
| 茂　名 | 1739 | 31293 | 139.30 | | | | | 710.39 | 370.80 | 146.58 |
| 肇　庆 | 1402 | 20218 | 92.84 | | | | | 376.53 | 223.30 | 102.20 |
| 清　远 | 1112 | 19696 | 82.51 | | | | | 370.05 | 225.13 | 104.88 |
| 潮　州 | 923 | 179 | 49.20 | | | | | 224.55 | 123.10 | 60.05 |
| 揭　阳 | 1477 | 1805 | 114.98 | | | | | 614.08 | 302.37 | 154.94 |
| 云　浮 | 905 | 13833 | 63.41 | | | | | 263.94 | 154.84 | 68.77 |

## 13-8 续表

(2023年)　　单位：万元

| 市　别 | 从事第一产业(万人) | 外出务工劳动力(万人) | 常年外出务工劳动力 | 乡外县内(万人) | 县外省内(万人) | 省外(万人) | 村组集体资产总额(万元) | 村级集体资产(万元) | 组级集体资产(万元) |
|---|---|---|---|---|---|---|---|---|---|
| **合　计** | **990.63** | **1657.68** | **1309.74** | **516.91** | **686.83** | **106.00** | **104350793.63** | **67845413.01** | **36505380.62** |
| 广　州 | 67.11 | 87.98 | 64.14 | 43.95 | 15.79 | 4.40 | 31514177.83 | 20174009.99 | 11340167.83 |
| 珠　海 | 5.60 | 6.39 | 4.55 | 3.28 | 1.13 | 0.14 | 482231.35 | 376766.07 | 105465.28 |
| 汕　头 | 62.84 | 89.34 | 70.33 | 32.23 | 31.07 | 7.03 | 3564595.47 | 3518343.21 | 46252.26 |
| 佛　山 | 21.71 | 57.82 | 40.67 | 28.45 | 9.33 | 2.88 | 12538261.31 | 5183285.09 | 7354976.22 |
| 韶　关 | 47.90 | 59.48 | 50.06 | 14.90 | 32.21 | 2.96 | 1359995.29 | 871610.50 | 488384.78 |
| 河　源 | 37.00 | 82.29 | 68.81 | 19.19 | 45.47 | 4.15 | 739508.46 | 692134.66 | 47373.80 |
| 梅　州 | 67.30 | 123.12 | 97.23 | 29.66 | 60.79 | 6.77 | 892605.62 | 819098.79 | 73506.83 |
| 惠　州 | 36.33 | 79.69 | 63.14 | 34.78 | 25.36 | 2.99 | 2952019.00 | 1320925.29 | 1631093.70 |
| 汕　尾 | 41.99 | 73.89 | 61.78 | 24.34 | 32.57 | 4.87 | 880062.39 | 568398.97 | 311663.42 |
| 东　莞 | 6.07 | 19.23 | 9.78 | 7.81 | 1.46 | 0.51 | 27523488.16 | 19526657.83 | 7996830.32 |
| 中　山 | 13.43 | 29.32 | 19.34 | 14.13 | 3.57 | 1.64 | 6079070.57 | 5388565.21 | 690505.36 |
| 江　门 | 50.60 | 73.00 | 57.72 | 32.06 | 20.89 | 4.77 | 3560885.12 | 2336391.48 | 1224493.63 |
| 阳　江 | 38.93 | 76.29 | 64.00 | 24.01 | 35.30 | 4.69 | 607739.41 | 502006.53 | 105732.88 |
| 湛　江 | 106.54 | 159.79 | 116.27 | 40.07 | 65.37 | 10.84 | 2566903.72 | 969333.13 | 1597570.60 |
| 茂　名 | 94.80 | 191.37 | 152.52 | 39.44 | 95.88 | 17.20 | 1168172.35 | 769807.25 | 398365.10 |
| 肇　庆 | 69.27 | 106.99 | 90.02 | 28.29 | 56.21 | 5.52 | 1589189.97 | 580496.51 | 1008693.47 |
| 清　远 | 69.37 | 104.84 | 85.70 | 28.94 | 50.74 | 6.02 | 1768920.10 | 638840.78 | 1130079.33 |
| 潮　州 | 25.91 | 46.68 | 37.87 | 17.29 | 16.85 | 3.73 | 1201284.66 | 1163660.80 | 37623.86 |
| 揭　阳 | 80.62 | 113.16 | 87.53 | 33.47 | 45.83 | 8.23 | 2693971.51 | 2104544.91 | 589426.60 |
| 云　浮 | 47.33 | 77.02 | 68.27 | 20.62 | 41.00 | 6.65 | 667711.34 | 340536.00 | 327175.33 |

# 13-9 各市村级集体经济组织资产负债情况

(2023年)

单位：万元

| 市别 | 一、流动资产合计 | 1.货币资金 | 2.短期投资 | 3.应收款项 | 4.存货 | 二、农业资产合计 |
|---|---|---|---|---|---|---|
| **合计** | **29913673.31** | **21998360.69** | **1053596.05** | **6351252.13** | **510464.43** | **148696.07** |
| 广州 | 11255346.96 | 9500950.96 | 47029.83 | 1511626.33 | 195739.84 | 3565.89 |
| 珠海 | 214252.93 | 164895.84 | 814.52 | 48200.02 | 342.55 | 2.65 |
| 汕头 | 1452923.79 | 922974.63 | 3162.64 | 526491.63 | 294.88 | 364.16 |
| 佛山 | 2982990.88 | 1734301.61 | 3521.65 | 1225049.05 | 20118.57 | 12.59 |
| 韶关 | 192299.39 | 156556.68 | 9420.37 | 26238.29 | 84.05 | 109883.47 |
| 河源 | 125570.41 | 90965.97 | 392.22 | 34180.11 | 32.10 | 1695.44 |
| 梅州 | 167322.64 | 152522.65 | 2101.17 | 12338.35 | 360.47 | 2203.83 |
| 惠州 | 390939.90 | 351626.44 | 947.81 | 38130.97 | 234.69 | 12585.42 |
| 汕尾 | 182643.41 | 169629.25 | 146.00 | 12763.82 | 104.34 | 362.01 |
| 东莞 | 7409794.61 | 5206435.94 | 896158.37 | 1280555.56 | 26644.74 | 4057.89 |
| 中山 | 2081127.35 | 1103299.49 | 40966.49 | 811836.62 | 125024.75 | 716.37 |
| 江门 | 1265264.46 | 655186.70 | 11651.05 | 460125.19 | 138301.52 | 494.30 |
| 阳江 | 153598.72 | 131132.72 | 530.59 | 21918.38 | 17.04 | 646.94 |
| 湛江 | 300274.97 | 254308.05 | 1094.07 | 44588.10 | 284.75 | 977.90 |
| 茂名 | 228001.74 | 212808.01 | 815.55 | 13784.18 | 594.01 | 806.60 |
| 肇庆 | 211056.24 | 177109.13 | 9456.75 | 24377.16 | 113.21 | 1467.00 |
| 清远 | 177160.62 | 140725.89 | 1607.58 | 34233.48 | 593.66 | 3655.48 |
| 潮州 | 509680.21 | 424406.26 | 14769.79 | 70448.34 | 55.83 | 79.80 |
| 揭阳 | 525468.98 | 369299.16 | 6449.88 | 148305.91 | 1414.03 | 1837.37 |
| 云浮 | 87955.10 | 79225.33 | 2559.74 | 6060.64 | 109.39 | 3280.93 |

## 13-9 续表 1

(2023年)

单位：万元

| 市别 | 1.牲畜(禽)资产 | 2.林木资产 | 三、长期资产合计 | 1.长期投资 | 其中：长期股权投资 | 2.固定资产合计 |
|---|---|---|---|---|---|---|
| **合计** | **2029.19** | **146666.88** | **37783043.63** | **5402213.27** | **3987216.50** | **30075449.78** |
| 广州 | | 3565.89 | 8915097.14 | 1184499.96 | 784029.91 | 7344438.70 |
| 珠海 | | 2.65 | 162510.49 | 20828.60 | 19589.25 | 140105.31 |
| 汕头 | | 364.16 | 2065055.26 | 128003.32 | 72761.14 | 1923320.12 |
| 佛山 | | 12.59 | 2200281.62 | 162613.31 | 111120.98 | 1833061.64 |
| 韶关 | 9.71 | 109873.76 | 569427.65 | 98082.35 | 93711.29 | 469076.85 |
| 河源 | 59.00 | 1636.44 | 564868.81 | 139874.57 | 128813.46 | 423986.03 |
| 梅州 | 119.81 | 2084.02 | 649572.32 | 90054.25 | 52668.82 | 556780.27 |
| 惠州 | 16.04 | 12569.38 | 917399.97 | 30928.05 | 28506.67 | 881236.02 |
| 汕尾 | 13.54 | 348.47 | 385393.55 | 28467.81 | 17947.39 | 356856.92 |
| 东莞 | 228.92 | 3828.98 | 12112805.34 | 2478326.84 | 1813765.21 | 8575831.23 |
| 中山 | | 716.37 | 3306721.49 | 418385.35 | 408453.33 | 2322488.84 |
| 江门 | | 494.30 | 1070632.72 | 136230.23 | 117333.07 | 905671.53 |
| 阳江 | 237.39 | 409.55 | 347760.87 | 25045.64 | 22103.27 | 309306.82 |
| 湛江 | 174.86 | 803.05 | 668080.25 | 68462.66 | 32146.57 | 596143.11 |
| 茂名 | 93.54 | 713.06 | 540998.91 | 100303.91 | 70289.09 | 436641.22 |
| 肇庆 | 152.75 | 1314.25 | 367973.26 | 39109.33 | 31848.23 | 323218.31 |
| 清远 | 9.75 | 3645.73 | 458024.68 | 120193.93 | 96871.95 | 335064.19 |
| 潮州 | | 79.80 | 653900.78 | 17533.55 | 8083.70 | 634783.11 |
| 揭阳 | 610.07 | 1227.30 | 1577238.56 | 57893.97 | 33398.30 | 1515906.56 |
| 云浮 | 303.81 | 2977.12 | 249299.97 | 57375.63 | 43774.86 | 191533.01 |

## 13-9 续表 2

(2023年) 单位：万元

| 市别 | (1)固定资产原值 | (2)减：累计折旧 | (3)固定资产净值 | (4)固定资产清理 | (5)在建工程 | 3.其他资产 | 四、资产总计 |
|---|---|---|---|---|---|---|---|
| **合　计** | **32953316.57** | **8555487.69** | **24397828.88** | **64145.60** | **5613475.31** | **2305380.58** | **67845413.01** |
| 广　州 | 8301613.58 | 2045151.02 | 6256462.56 | 43100.09 | 1044876.04 | 386158.48 | 20174009.99 |
| 珠　海 | 137323.81 | 14803.30 | 122520.51 | 0.43 | 17584.37 | 1576.58 | 376766.07 |
| 汕　头 | 1074382.68 | 65953.78 | 1008428.90 | 1909.13 | 912982.09 | 13731.82 | 3518343.21 |
| 佛　山 | 2008047.39 | 591357.98 | 1416689.41 | 17266.44 | 399105.79 | 204606.67 | 5183285.09 |
| 韶　关 | 492182.44 | 35884.66 | 456297.79 | 877.23 | 11901.83 | 2268.45 | 871610.50 |
| 河　源 | 424729.65 | 52506.77 | 372222.87 | 1238.77 | 50524.39 | 1008.21 | 692134.66 |
| 梅　州 | 507419.76 | 13180.87 | 494238.89 | 490.16 | 62051.23 | 2737.80 | 819098.79 |
| 惠　州 | 864909.65 | 123447.08 | 741462.57 | 716.25 | 139057.20 | 5235.90 | 1320925.29 |
| 汕　尾 | 255567.81 | 3565.80 | 252002.01 | 1956.35 | 102898.55 | 68.82 | 568398.97 |
| 东　莞 | 11353154.06 | 4068609.02 | 7284545.04 | -10271.99 | 1301558.19 | 1058647.27 | 19526657.83 |
| 中　山 | 2889094.44 | 1116473.20 | 1772621.24 | 1299.47 | 548568.14 | 565847.30 | 5388565.21 |
| 江　门 | 981653.18 | 248641.06 | 733012.13 | 269.17 | 172390.23 | 28730.97 | 2336391.48 |
| 阳　江 | 185238.91 | 3931.80 | 181307.11 | 338.95 | 127660.77 | 13408.40 | 502006.53 |
| 湛　江 | 601518.49 | 62841.96 | 538676.54 | 66.91 | 57399.67 | 3474.48 | 969333.13 |
| 茂　名 | 426377.28 | 16659.03 | 409718.25 | 488.51 | 26434.46 | 4053.77 | 769807.25 |
| 肇　庆 | 320932.44 | 25392.03 | 295540.41 | 1005.79 | 26672.11 | 5645.63 | 580496.51 |
| 清　远 | 350805.69 | 33024.22 | 317781.47 | 300.08 | 16982.64 | 2766.56 | 638840.78 |
| 潮　州 | 506466.88 | 13567.70 | 492899.18 | 448.16 | 141435.77 | 1584.12 | 1163660.80 |
| 揭　阳 | 1076284.88 | 10589.94 | 1065694.94 | 2211.99 | 447999.63 | 3438.03 | 2104544.91 |
| 云　浮 | 195613.55 | 9906.47 | 185707.07 | 433.71 | 5392.23 | 391.33 | 340536.00 |

## 13-9 续表 3

(2023年) 单位：万元

| 市别 | 一、流动负债合计 | 1.短期借款 | 2.应付款项 | 3.应付工资 | 4.应付福利费 |
|---|---|---|---|---|---|
| **合　计** | **17341570.46** | **640828.32** | **16421494.31** | **186734.44** | **92513.39** |
| 广　州 | 6743078.55 | 108331.27 | 6577185.53 | 38530.08 | 19031.67 |
| 珠　海 | 122759.95 | 4656.08 | 112689.71 | 157.30 | 5256.85 |
| 汕　头 | 1355494.55 | 50267.00 | 1275219.02 | 36347.42 | -6338.90 |
| 佛　山 | 2154647.52 | 89786.84 | 1974312.27 | 3000.36 | 87548.05 |
| 韶　关 | 120958.58 | 248.32 | 121237.87 | 794.63 | -1322.23 |
| 河　源 | 55895.64 | 901.41 | 56540.93 | 84.81 | -1631.52 |
| 梅　州 | 56010.82 | 1058.04 | 55026.71 | 255.05 | -328.99 |
| 惠　州 | 247257.52 | 4638.06 | 241217.42 | 1042.00 | 360.04 |
| 汕　尾 | 128175.92 | 1033.89 | 126668.20 | 1245.87 | -772.04 |
| 东　莞 | 2445857.49 | 151987.73 | 2221511.65 | 72358.11 | |
| 中　山 | 1520148.70 | 148472.18 | 1342424.51 | 12594.25 | 16657.75 |
| 江　门 | 998856.30 | 36097.69 | 953117.33 | 5089.77 | 4551.52 |
| 阳　江 | 111014.36 | 222.15 | 109855.00 | 842.16 | 95.05 |
| 湛　江 | 139299.78 | 3939.53 | 133199.90 | 1844.80 | 315.55 |
| 茂　名 | 96335.02 | 737.46 | 95198.35 | 677.94 | -278.73 |
| 肇　庆 | 97678.74 | 1271.24 | 94359.66 | 1045.22 | 1002.61 |
| 清　远 | 71945.82 | 10902.70 | 69818.59 | 1033.47 | -9808.95 |
| 潮　州 | 339974.16 | 3265.91 | 336609.48 | 2832.26 | -2733.49 |
| 揭　阳 | 505634.91 | 22799.82 | 495106.45 | 6919.73 | -19191.09 |
| 云　浮 | 30546.13 | 211.00 | 30195.70 | 39.21 | 100.23 |

## 13-9 续表 4

(2023年)

单位：万元

| 市别 | 二、长期负债合计 | 1.长期借款及应付款 | 2.一事一议资金 | 3.专项应付款 | 三、所有者权益合计 | 1.实收资本金 | 2.公积公益金 |
|---|---|---|---|---|---|---|---|
| **合计** | **7124019.56** | **2792448.74** | **42936.19** | **4288634.64** | **43379822.99** | **7522689.20** | **33934133.22** |
| 广州 | 2805590.29 | 877179.44 | 649.16 | 1927761.69 | 10625341.15 | 851889.88 | 9201732.32 |
| 珠海 | 37245.81 | 20337.77 | 0.00 | 16908.04 | 216760.32 | 52993.48 | 154826.52 |
| 汕头 | 820028.92 | 23128.11 | 6935.87 | 789964.93 | 1342819.75 | 342738.79 | 1155811.23 |
| 佛山 | 447853.91 | 149767.61 | 3059.92 | 295026.39 | 2580783.66 | 656921.07 | 1772092.15 |
| 韶关 | 29973.51 | 7668.06 | 61.10 | 22244.35 | 720678.41 | 248603.86 | 291358.06 |
| 河源 | 83087.97 | 17308.00 | 3176.86 | 62603.11 | 553151.04 | 227590.39 | 251563.05 |
| 梅州 | 94960.26 | 2946.90 | 4727.85 | 87285.51 | 668127.72 | 190888.51 | 338954.92 |
| 惠州 | 112238.92 | 16662.58 | 2513.43 | 93062.91 | 961428.85 | 101500.53 | 676472.92 |
| 汕尾 | 92869.19 | 4463.12 | 432.09 | 87973.98 | 347353.86 | 20828.07 | 268930.57 |
| 东莞 | 1208007.56 | 1073965.14 | 1.41 | 134041.00 | 15872792.78 | 2551036.05 | 13321648.13 |
| 中山 | 586196.92 | 419406.10 |  | 166790.81 | 3282219.59 | 843894.20 | 2463636.50 |
| 江门 | 178314.02 | 96121.73 | 5300.11 | 76892.18 | 1159221.17 | 146614.90 | 914930.37 |
| 阳江 | 122363.62 | 4027.21 | 973.01 | 117363.41 | 268628.55 | 63623.68 | 172104.58 |
| 湛江 | 112930.24 | 8650.25 | 555.57 | 103724.42 | 717103.11 | 181735.64 | 441532.01 |
| 茂名 | 101548.29 | 5277.22 | 1565.53 | 94705.54 | 571923.95 | 304900.16 | 214674.44 |
| 肇庆 | 45491.56 | 3851.70 | 4294.37 | 37345.50 | 437326.20 | 103090.86 | 238125.64 |
| 清远 | 44820.32 | 2652.05 | 1367.42 | 40800.84 | 522074.64 | 184608.59 | 273350.28 |
| 潮州 | 83241.44 | 12208.51 | 4377.80 | 66655.14 | 740445.20 | 155734.29 | 535654.73 |
| 揭阳 | 71777.34 | 12287.98 | 2675.21 | 56814.16 | 1527132.66 | 127771.18 | 1197917.56 |
| 云浮 | 45479.50 | 34539.26 | 269.49 | 10670.74 | 264510.37 | 165725.09 | 48817.26 |

## 13-9 续表 5

(2023年)

单位：万元

| 市别 | 3.未分配收益 | 四、负债及所有者权益合计 | 1.经营性资产 | 2.负债合计 | 其中：(1)经营性负债 | (2)兴办公益事业负债 |
|---|---|---|---|---|---|---|
| **合计** | **1923000.57** | **67845413.01** | **42027467.75** | **24465590.02** | **7847497.19** | **1685832.04** |
| 广州 | 571718.94 | 20174009.99 | 14348294.31 | 9548668.85 | 2742931.04 | 257820.20 |
| 珠海 | 8940.33 | 376766.07 | 305924.54 | 150932.09 | 9358.92 | 8076.33 |
| 汕头 | -155730.27 | 3518343.21 | 1188598.75 | 160005.75 | 12380.70 | 2665.32 |
| 佛山 | 151770.44 | 5183285.09 | 3895677.63 | 2175523.46 | 353244.85 | 459277.89 |
| 韶关 | 180716.49 | 871610.50 | 457938.19 | 2602501.43 | 828621.45 | 88080.54 |
| 河源 | 73997.61 | 692134.66 | 232841.33 | 1177170.32 | 616719.47 | 123318.11 |
| 梅州 | 138284.30 | 819098.79 | 255013.52 | 252230.02 | 13222.59 | 28079.03 |
| 惠州 | 183455.40 | 1320925.29 | 448432.69 | 197883.30 | 6663.21 | 21326.16 |
| 汕尾 | 57595.22 | 568398.97 | 106758.63 | 143170.30 | 20461.94 | 19712.73 |
| 东莞 | 108.60 | 19526657.83 | 12821237.55 | 359496.44 | 98180.76 | 16124.54 |
| 中山 | -25311.11 | 5388565.21 | 3679078.36 | 150971.07 | 3522.20 | 39008.97 |
| 江门 | 97675.89 | 2336391.48 | 1834317.93 | 221045.11 | 1220.23 | 27980.03 |
| 阳江 | 32900.29 | 502006.53 | 127583.03 | 138983.61 | 18471.51 | 37459.32 |
| 湛江 | 93835.46 | 969333.13 | 436397.45 | 233377.98 | 6673.93 | 51267.05 |
| 茂名 | 52349.36 | 769807.25 | 362097.98 | 116766.14 | 19573.49 | 8301.19 |
| 肇庆 | 96109.71 | 580496.51 | 271619.92 | 3653865.05 | 2133657.71 | 253103.35 |
| 清远 | 64115.78 | 638840.78 | 330750.81 | 2106345.61 | 875054.66 | 38719.03 |
| 潮州 | 49056.18 | 1163660.80 | 203839.17 | 423215.60 | 18062.17 | 59393.82 |
| 揭阳 | 201443.92 | 2104544.91 | 494869.60 | 577412.25 | 65354.48 | 124338.69 |
| 云浮 | 49968.02 | 340536.00 | 226196.36 | 76025.63 | 4121.87 | 21779.74 |

# 13-10 各市组级集体经济组织资产负债情况

(2023年) 单位：万元

| 市别 | 一、流动资产合计 | 1.货币资金 | 2.短期投资 | 3.应收款项 | 4.存货 | 二、农业资产合计 |
|---|---|---|---|---|---|---|
| **合计** | **21685812.56** | **18158353.38** | **563403.27** | **2951112.50** | **12943.40** | **145875.99** |
| 广州 | 8016645.43 | 7274350.60 | 38001.59 | 704233.81 | 59.43 | 744.89 |
| 珠海 | 71849.77 | 61311.60 | 2.21 | 10517.04 | 18.92 | |
| 汕头 | 38622.87 | 12756.16 | 135.11 | 25731.60 | | |
| 佛山 | 4871539.91 | 3699372.34 | 13758.54 | 1157812.76 | 596.27 | 811.77 |
| 韶关 | 119533.75 | 116576.18 | 48.51 | 2739.84 | 169.22 | 13306.61 |
| 河源 | 8680.39 | 8017.99 | | 660.14 | 2.27 | 3031.79 |
| 梅州 | 19075.63 | 19060.82 | | 6.95 | 7.86 | 1995.21 |
| 惠州 | 899936.73 | 817633.96 | 212.08 | 81871.71 | 218.98 | 3815.49 |
| 汕尾 | 93980.72 | 84040.75 | 17.19 | 9922.78 | | 1469.28 |
| 东莞 | 4690046.02 | 3604031.83 | 493943.92 | 581647.51 | 10422.76 | 790.03 |
| 中山 | 403522.10 | 347750.04 | 2697.62 | 52873.83 | 200.60 | |
| 江门 | 789300.86 | 627498.66 | 3451.73 | 158317.88 | 32.59 | 970.42 |
| 阳江 | 34718.85 | 34587.83 | | 115.00 | 16.02 | 6186.75 |
| 湛江 | 617689.91 | 577949.84 | 1287.07 | 38335.19 | 117.81 | 13569.54 |
| 茂名 | 109010.16 | 107958.88 | 10.00 | 892.93 | 148.35 | 4997.08 |
| 肇庆 | 354361.51 | 302647.67 | 1410.74 | 50267.80 | 35.30 | 4471.53 |
| 清远 | 257294.98 | 247013.37 | 2650.77 | 7105.42 | 525.42 | 85980.70 |
| 潮州 | 12073.75 | 7065.50 | 3401.10 | 1526.98 | 80.16 | 1.39 |
| 揭阳 | 189023.99 | 122871.68 | 1878.00 | 64208.48 | 65.83 | 1870.24 |
| 云浮 | 88905.24 | 85857.68 | 497.11 | 2324.84 | 225.61 | 1863.25 |

## 13-10 续表 1

(2023年) 单位：万元

| 市别 | 1.牲畜(禽)资产 | 2.林木资产 | 三、长期资产合计 | 1.长期投资 | 其中：长期股权投资 | 2.固定资产合计 |
|---|---|---|---|---|---|---|
| **合计** | **1032.62** | **144843.36** | **14673692.07** | **1310298.46** | **931124.01** | **12444076.65** |
| 广州 | 0.30 | 744.59 | 3322777.511 | 342574.73 | 300470.58 | 2808033.85 |
| 珠海 | | | 33615.51395 | 3079.17 | 2773.69 | 29863.91 |
| 汕头 | | | 7629.396242 | | | 7629.40 |
| 佛山 | | 811.77 | 2482624.542 | 89771.08 | 74365.32 | 2073891.78 |
| 韶关 | | 13306.61 | 355544.4195 | 1943.94 | 1607.25 | 353580.48 |
| 河源 | 15.00 | 3016.79 | 35661.61474 | 154.29 | 34.29 | 35144.76 |
| 梅州 | | 1995.21 | 52435.98446 | 2.49 | 0.24 | 52433.49 |
| 惠州 | 0.16 | 3815.33 | 727341.4763 | 5776.55 | 5736.58 | 711241.98 |
| 汕尾 | | 1469.28 | 216213.42 | 1390.59 | 1331.20 | 214246.70 |
| 东莞 | | 790.03 | 3305994.277 | 745618.88 | 442479.10 | 2205540.04 |
| 中山 | | | 286983.2636 | 68593.23 | 65773.36 | 191684.06 |
| 江门 | | 970.42 | 434222.3462 | 18250.67 | 11545.04 | 404600.43 |
| 阳江 | 2.38 | 6184.37 | 64827.28592 | 30.08 | 30.08 | 61495.86 |
| 湛江 | | 13569.54 | 966311.1452 | 668.19 | 405.01 | 964078.33 |
| 茂名 | | 4997.08 | 284357.8629 | 193.93 | 193.93 | 283808.29 |
| 肇庆 | | 4471.53 | 649860.4275 | 14030.08 | 13986.05 | 621557.35 |
| 清远 | 0.42 | 85980.28 | 786803.643 | 6700.77 | 4613.78 | 779427.70 |
| 潮州 | | 1.39 | 25548.72306 | 32.03 | 32.03 | 25449.39 |
| 揭阳 | 1014.35 | 855.89 | 398532.3728 | 11325.48 | 5632.30 | 385368.63 |
| 云浮 | 0.01 | 1863.24 | 236406.8482 | 162.30 | 114.19 | 235000.23 |

## 13-10 续表 2

(2023年)

单位：万元

| 市别 | | | | | | | |
|---|---|---|---|---|---|---|---|
| | | | | | | 3.其他资产 | 四、资产总计 |
| | (1)固定资产原值 | (2)减：累计折旧 | (3)固定资产净值 | (4)固定资产清理 | (5)在建工程 | | |
| **合计** | **15925537.86** | **4967457.14** | **10958080.72** | **65558.49** | **1420437.45** | **919316.97** | **36505380.62** |
| 广州 | 3702894.83 | 1177326.23 | 2525568.60 | 55418.46 | 227046.79 | 172168.93 | 11340167.83 |
| 珠海 | 37691.28 | 9031.76 | 28659.52 | -0.20 | 1204.58 | 672.44 | 105465.28 |
| 汕头 | 4490.79 | | 4490.79 | 7.80 | 3130.81 | | 46252.26 |
| 佛山 | 2279210.22 | 745958.17 | 1533252.05 | 3941.09 | 536698.64 | 318961.68 | 7354976.22 |
| 韶关 | 353361.13 | 5367.02 | 347994.12 | 493.23 | 5093.13 | 20.00 | 488384.78 |
| 河源 | 37193.40 | 2385.80 | 34807.61 | | 337.15 | 362.57 | 47373.80 |
| 梅州 | 52436.59 | 11.49 | 52425.11 | 0.29 | 8.09 | | 73506.83 |
| 惠州 | 706919.52 | 75421.66 | 631497.86 | 2373.04 | 77371.08 | 10322.94 | 1631093.70 |
| 汕尾 | 211851.26 | 353.40 | 211497.86 | | 2748.83 | 576.13 | 311663.42 |
| 东莞 | 4574994.73 | 2664664.12 | 1910330.62 | 707.39 | 294502.04 | 354835.36 | 7996830.32 |
| 中山 | 256752.56 | 88380.34 | 168372.22 | -27.61 | 23339.45 | 26705.98 | 690505.36 |
| 江门 | 430056.14 | 66095.93 | 363960.21 | 376.69 | 40263.52 | 11371.24 | 1224493.63 |
| 阳江 | 60681.04 | 292.86 | 60388.19 | | 1107.67 | 3301.35 | 105732.88 |
| 湛江 | 963392.27 | 44201.00 | 919191.27 | 479.88 | 44407.18 | 1564.62 | 1597570.60 |
| 茂名 | 286039.05 | 6946.05 | 279093.00 | 454.23 | 4261.06 | 355.65 | 398365.10 |
| 肇庆 | 660475.65 | 54788.83 | 605686.83 | 77.94 | 15792.59 | 14273.00 | 1008693.47 |
| 清远 | 791798.01 | 23287.59 | 768510.42 | 902.25 | 10015.03 | 675.17 | 1130079.33 |
| 潮州 | 23742.48 | 562.58 | 23179.90 | | 2269.49 | 67.31 | 37623.86 |
| 揭阳 | 258096.06 | 911.32 | 257184.75 | 314.33 | 127869.56 | 1838.27 | 589426.60 |
| 云浮 | 233460.83 | 1471.02 | 231989.81 | 39.67 | 2970.76 | 1244.32 | 327175.33 |

## 13-10 续表 3

(2023年)

单位：万元

| 市别 | 一、流动负债合计 | 1.短期借款 | 2.应付款项 | 3.应付工资 | 4.应付福利费 |
|---|---|---|---|---|---|
| **合计** | **8951965.56** | **90398.57** | **8437738.04** | **92597.73** | **331231.21** |
| 广州 | 2908735.87 | 18064.50 | 2776377.36 | 64376.68 | 49917.33 |
| 珠海 | 29720.64 | 159.62 | 29393.52 | 84.66 | 82.83 |
| 汕头 | 47939.66 | 1037.68 | 45781.29 | 1120.68 | |
| 佛山 | 3042709.30 | 34347.91 | 2713923.97 | 2431.79 | 292005.62 |
| 韶关 | 37354.17 | 6.55 | 37200.40 | 45.67 | 101.55 |
| 河源 | 2748.22 | | 2745.02 | 0.40 | 2.80 |
| 梅州 | 279.94 | 81.58 | 117.82 | 0.79 | 79.75 |
| 惠州 | 683775.59 | 1776.17 | 678945.35 | 385.84 | 2668.22 |
| 汕尾 | 26324.90 | 240.13 | 26085.31 | 40.18 | -40.71 |
| 东莞 | 1106901.09 | 13220.38 | 1074424.34 | 19256.37 | |
| 中山 | 185002.33 | 5149.38 | 179970.64 | 336.97 | -454.66 |
| 江门 | 350407.35 | 1822.93 | 337290.53 | 600.66 | 10693.23 |
| 阳江 | 4233.90 | | 4163.35 | 70.55 | |
| 湛江 | 217399.18 | 1873.89 | 215168.69 | 318.69 | 37.91 |
| 茂名 | 25978.91 | 54.19 | 25902.59 | 12.58 | 9.54 |
| 肇庆 | 135286.38 | 220.95 | 131667.04 | 1168.70 | 2229.69 |
| 清远 | 25009.02 | 526.61 | 45638.05 | 122.59 | -21278.24 |
| 潮州 | 8606.71 | 222.17 | 8845.88 | 74.96 | -536.30 |
| 揭阳 | 105379.15 | 11582.32 | 95994.14 | 2119.96 | -4317.28 |
| 云浮 | 8173.26 | 11.58 | 8102.76 | 28.98 | 29.94 |

# 13-10 续表 4

(2023年) 单位：万元

| 市别 | 二、长期负债合计 | 1.长期借款及应付款 | 2.一事一议资金 | 3.专项应付款 | 三、所有者权益合计 | 1.实收资本金 | 2.公积公益金 |
|---|---|---|---|---|---|---|---|
| **合计** | **2843040.93** | **656405.06** | **13072.25** | **2173563.62** | **24710374.13** | **4808099.23** | **17105635.73** |
| 广州 | 1729181.19 | 172990.99 | 102.28 | 1556087.93 | 6702250.77 | 696330.72 | 5285301.00 |
| 珠海 | 21483.91 | 13793.16 | | 7690.75 | 54260.73 | 8935.16 | 39992.88 |
| 汕头 | 1091.52 | 180.00 | | 911.52 | -2778.92 | 1678.73 | 39935.36 |
| 佛山 | 585305.01 | 266317.66 | 1730.74 | 317256.61 | 3726961.91 | 689049.72 | 2716788.36 |
| 韶关 | 6350.23 | 21.47 | 68.11 | 6260.65 | 444680.38 | 307309.32 | 75076.77 |
| 河源 | 489.32 | 2.30 | | 487.02 | 44136.26 | 12747.92 | 26283.42 |
| 梅州 | 1158.21 | 8.63 | | 1149.58 | 72068.68 | 8010.28 | 50001.98 |
| 惠州 | 49022.00 | 6069.17 | 1144.48 | 41808.34 | 898296.12 | 99620.10 | 538629.41 |
| 汕尾 | 31425.55 | 415.07 | 153.30 | 30857.18 | 253912.97 | 12497.15 | 212713.79 |
| 东莞 | 164655.84 | 127770.34 | | 36885.50 | 6725273.39 | 1691568.96 | 5033310.73 |
| 中山 | 46709.98 | 40046.45 | 0.19 | 6663.35 | 458793.05 | 40101.26 | 387184.99 |
| 江门 | 49846.93 | 11216.27 | 4009.50 | 34621.16 | 824239.35 | 77301.88 | 610069.90 |
| 阳江 | 564.20 | | 16.00 | 548.20 | 100934.79 | 35979.52 | 48864.76 |
| 湛江 | 63260.75 | 4107.62 | 2809.56 | 56343.57 | 1316910.67 | 266190.79 | 575341.63 |
| 茂名 | 11622.48 | 428.85 | 210.09 | 10983.54 | 360763.71 | 229330.29 | 90998.71 |
| 肇庆 | 26207.74 | 381.82 | 402.60 | 25423.33 | 847199.35 | 162787.24 | 346251.74 |
| 清远 | 21113.73 | 2489.68 | 1089.20 | 17534.86 | 1083956.57 | 324576.62 | 434825.79 |
| 潮州 | 529.86 | 184.28 | 61.84 | 283.74 | 28487.29 | 6831.24 | 20939.20 |
| 揭阳 | 17457.49 | 9978.38 | 826.32 | 6652.79 | 466589.96 | -13960.76 | 506245.36 |
| 云浮 | 15564.97 | 2.92 | 448.05 | 15114.00 | 303437.11 | 151213.08 | 66879.93 |

# 13-10 续表 5

(2023年) 单位：万元

| 市别 | 3.未分配收益 | 四、负债及所有者权益合计 | 1.经营性资产 | 2.负债合计 | 其中：(1)经营性负债 | (2)兴办公益事业负债 |
|---|---|---|---|---|---|---|
| **合计** | **2796639.17** | **36505380.62** | **24346400.98** | **11795006.49** | **3457418.46** | **465393.50** |
| 广州 | 720619.06 | 11340167.83 | 8440102.53 | 4637917.06 | 1027413.95 | 126316.99 |
| 珠海 | 5332.69 | 105465.28 | 72512.08 | 43704.40 | 5866.75 | 1548.54 |
| 汕头 | -44393.01 | 46252.26 | 5094.20 | 51204.55 | 10037.82 | 13.71 |
| 佛山 | 321123.83 | 7354976.22 | 5524502.77 | 49031.18 | 27158.41 | 756.33 |
| 韶关 | 62294.29 | 488384.78 | 127369.90 | 3628014.31 | 1182325.63 | 154059.36 |
| 河源 | 5104.92 | 47373.80 | 13553.22 | 400254.28 | 152960.13 | 62325.46 |
| 梅州 | 14056.42 | 73506.83 | 5942.01 | 280659.93 | 9261.37 | 18566.99 |
| 惠州 | 260046.61 | 1631093.70 | 718408.17 | 37601.39 | 1309.96 | 1120.48 |
| 汕尾 | 28702.02 | 311663.42 | 56657.23 | 161494.12 | 65920.19 | 5257.52 |
| 东莞 | 393.70 | 7996830.32 | 6235176.33 | 732797.58 | 229408.95 | 3506.65 |
| 中山 | 31506.79 | 690505.36 | 525208.83 | 1438.15 | 88.40 | 46.18 |
| 江门 | 136867.58 | 1224493.63 | 858096.58 | 57750.45 | 6868.58 | 1329.22 |
| 阳江 | 16090.50 | 105732.88 | 15409.98 | 3237.54 | -83.14 | 2199.50 |
| 湛江 | 475378.24 | 1597570.60 | 366043.04 | 4798.10 | 3.66 | 76.00 |
| 茂名 | 40434.70 | 398365.10 | 64779.55 | 46122.75 | 7674.65 | 3466.00 |
| 肇庆 | 338160.38 | 1008693.47 | 672446.72 | 1271556.93 | 686650.78 | 62026.33 |
| 清远 | 324554.17 | 1130079.33 | 381904.14 | 231712.31 | 26650.03 | 7986.62 |
| 潮州 | 716.85 | 37623.86 | 18626.98 | 9136.57 | 2360.51 | 61.57 |
| 揭阳 | -25694.64 | 589426.60 | 111195.04 | 122836.64 | 14493.28 | 14439.89 |
| 云浮 | 85344.09 | 327175.33 | 133371.70 | 23738.23 | 1048.56 | 290.16 |

# 13-11 各市村级集体经济组织收益分配情况

(2023年) 单位：万元

| 市别 | 总收入 | 1.经营收入 | 2.发包及上交收入 | 3.投资收益 | 4.补助收入 | 5.其他收入 | 总支出 | 1.经营支出 |
|---|---|---|---|---|---|---|---|---|
| **合计** | **7917231.68** | **4306772.81** | **1170791.06** | **360064.46** | **588475.56** | **1491127.78** | **3992544.09** | **1257984.01** |
| 广州 | 2324319.75 | 1601070.49 | 267352.50 | 59349.39 | 16395.91 | 380151.46 | 1300190.20 | 484906.47 |
| 珠海 | 54252.18 | 18892.89 | 26705.35 | 499.88 | 762.16 | 7391.89 | 11573.09 | 2379.34 |
| 汕头 | 158139.76 | 57854.55 | 57336.65 | 7267.14 | 11419.10 | 24262.33 | 114135.87 | 13037.83 |
| 佛山 | 1207737.90 | 532722.57 | 240788.67 | 15835.11 | 23321.07 | 395070.49 | 411797.51 | 86485.76 |
| 韶关 | 81656.73 | 21792.48 | 8093.92 | 6115.41 | 31000.79 | 14654.13 | 63046.22 | 7410.74 |
| 河源 | 95085.17 | 9458.75 | 5062.89 | 10661.43 | 50505.79 | 19396.31 | 91845.44 | 3046.32 |
| 梅州 | 77165.93 | 9529.79 | 2853.06 | 10618.23 | 30897.90 | 23266.95 | 67430.04 | 2055.29 |
| 惠州 | 138211.85 | 35958.93 | 36305.13 | 4257.54 | 38205.76 | 23484.47 | 118041.02 | 8012.37 |
| 汕尾 | 60939.12 | 5544.66 | 5043.12 | 2434.29 | 37045.83 | 10871.22 | 52243.73 | 632.42 |
| 东莞 | 1890128.15 | 1068507.74 | 220855.36 | 195835.54 | 58981.79 | 345947.72 | 497104.14 | 287743.32 |
| 中山 | 775277.40 | 630674.08 | 79915.99 | 3136.32 | 8971.09 | 52579.92 | 513782.34 | 251943.75 |
| 江门 | 326591.18 | 183988.59 | 79226.97 | 6120.69 | 21836.06 | 35418.86 | 230762.08 | 84149.50 |
| 阳江 | 47304.35 | 2892.03 | 9618.97 | 1511.31 | 20379.04 | 12903.00 | 40597.46 | 299.11 |
| 湛江 | 84311.52 | 36660.46 | 13869.53 | 2653.88 | 18479.83 | 12647.81 | 61048.13 | 2506.10 |
| 茂名 | 86309.82 | 8356.33 | 9788.80 | 7366.42 | 23258.59 | 37539.68 | 71501.73 | 2934.74 |
| 肇庆 | 103999.81 | 14889.07 | 27595.22 | 4166.98 | 37602.25 | 19746.30 | 86934.93 | 5852.19 |
| 清远 | 81419.86 | 11805.15 | 6491.92 | 7749.97 | 37265.39 | 18107.43 | 69988.96 | 1981.35 |
| 潮州 | 129055.70 | 19853.02 | 42379.63 | 2059.13 | 39810.92 | 24953.00 | 83745.76 | 5143.49 |
| 揭阳 | 159918.57 | 29452.82 | 27476.34 | 3556.96 | 71984.52 | 27447.94 | 88413.34 | 6627.72 |
| 云浮 | 35406.90 | 6868.40 | 4031.03 | 8868.84 | 10351.77 | 5286.87 | 18362.11 | 836.22 |

## 13-11 续表 1

(2023年) 单位：万元

| 市别 | 2.管理费用 | 其中：①干部报酬 | ②报刊费 | 3.其他支出 | 三、本年收益 | 四、年初未分配收益 | 五、其他转入 | 六、可分配收益 |
|---|---|---|---|---|---|---|---|---|
| **合计** | **1695162.03** | **333899.40** | **11682.70** | **1039398.06** | **3924687.58** | **1448585.35** | **561403.75** | **5934676.69** |
| 广州 | 624791.60 | 75784.03 | 318.01 | 190492.13 | 1024129.56 | 404793.12 | 155755.62 | 1584678.30 |
| 珠海 | 6064.10 | 468.66 | 3.22 | 3129.64 | 42679.09 | 4028.12 | 3400.18 | 50107.39 |
| 汕头 | 62787.12 | 17569.97 | 266.31 | 38310.92 | 44003.89 | -165083.52 | 50784.00 | -70295.63 |
| 佛山 | 136577.16 | 27399.30 | 880.47 | 188734.60 | 795940.39 | 65122.69 | 170301.68 | 1031364.76 |
| 韶关 | 36664.48 | 10928.69 | 414.55 | 18971.00 | 18610.51 | 165202.76 | 4754.13 | 188567.40 |
| 河源 | 24539.60 | 3583.78 | 329.06 | 64259.52 | 3239.73 | 58253.97 | 13001.42 | 74495.13 |
| 梅州 | 32198.62 | 7754.95 | 382.81 | 33176.13 | 9735.89 | 126599.55 | 9733.96 | 146069.40 |
| 惠州 | 55728.52 | 14139.35 | 417.28 | 54300.13 | 20170.83 | 149117.08 | 6141.79 | 175429.69 |
| 汕尾 | 28410.35 | 7364.94 | 216.88 | 23200.95 | 8695.39 | 49497.46 | 18061.14 | 76254.00 |
| 东莞 | 167964.43 | 52944.62 | 3478.39 | 41396.40 | 1393024.01 | 4127.51 | 29073.02 | 1426224.53 |
| 中山 | 160773.57 | 20152.72 | 898.03 | 101065.02 | 261495.06 | -31939.87 | 18428.84 | 247984.03 |
| 江门 | 97376.81 | 23677.77 | 476.10 | 49235.77 | 95829.09 | 79535.72 | 33653.17 | 209017.98 |
| 阳江 | 25906.99 | 8460.56 | 522.29 | 14391.36 | 6706.89 | 26914.39 | 235.32 | 33856.60 |
| 湛江 | 27453.05 | 1810.37 | 565.34 | 31088.99 | 23263.39 | 63337.26 | 9306.72 | 95907.37 |
| 茂名 | 40098.32 | 3142.07 | 463.38 | 28468.67 | 14808.09 | 45393.12 | 2881.40 | 63082.61 |
| 肇庆 | 40185.61 | 11663.22 | 501.97 | 40897.14 | 17064.88 | 95160.33 | 10454.88 | 122680.09 |
| 清远 | 44089.46 | 20199.73 | 171.91 | 23918.15 | 11430.90 | 54365.04 | 2116.09 | 67912.04 |
| 潮州 | 34611.76 | 11147.81 | 523.45 | 43990.50 | 45309.94 | 44759.89 | 9194.84 | 99264.67 |
| 揭阳 | 37375.46 | 13803.60 | 714.49 | 44410.17 | 71505.24 | 173709.98 | 13567.69 | 258782.90 |
| 云浮 | 11565.01 | 1903.25 | 138.76 | 5960.88 | 17044.79 | 35690.75 | 557.87 | 53293.41 |

## 13-11 续表 2

(2023年) 单位：万元

| 市别 | 七、各项分配 | 1.提取公积金、公益金 | 2.提取应付福利费 | 3.外来投资分利 | 4.农户分配 | 5.其他分配 | 八、年末未分配收益 |
|---|---|---|---|---|---|---|---|
| **合　计** | **4127893.95** | **708481.40** | **1072071.30** | **43838.08** | **1851372.73** | **452130.44** | **1806782.74** |
| 广　州 | 1104094.61 | 118005.63 | 156201.28 | 31109.82 | 704933.70 | 93844.19 | 480583.69 |
| 珠　海 | 41167.06 | 8442.54 | 4717.00 | | 27157.18 | 850.34 | 8940.33 |
| 汕　头 | 85434.64 | 11402.48 | 38730.54 | | 31291.37 | 4010.25 | -155730.27 |
| 佛　山 | 879594.33 | 134362.03 | 194631.42 | 4175.67 | 326781.14 | 219644.07 | 151770.44 |
| 韶　关 | 7850.91 | 1180.71 | 2917.19 | | 2953.81 | 799.20 | 180716.49 |
| 河　源 | 497.52 | 59.06 | 15.00 | | 20.48 | 402.97 | 73997.61 |
| 梅　州 | 7785.11 | 788.11 | 998.08 | 0.22 | 193.47 | 5805.22 | 138284.30 |
| 惠　州 | 23287.36 | 3976.07 | 4999.97 | 10.81 | 12430.97 | 1869.54 | 152142.33 |
| 汕　尾 | 18658.78 | 7968.08 | 2484.37 | | 383.63 | 7822.70 | 57595.22 |
| 东　莞 | 1426115.93 | 331174.81 | 522831.87 | 528.11 | 493203.89 | 78377.26 | 108.60 |
| 中　山 | 267034.94 | 51659.69 | 46418.88 | 7554.97 | 160067.99 | 1333.40 | -19050.91 |
| 江　门 | 111342.09 | 2319.13 | 42061.00 | 177.96 | 51106.62 | 15677.38 | 97675.89 |
| 阳　江 | 956.32 | 107.34 | | | 468.68 | 380.30 | 32900.29 |
| 湛　江 | 2071.91 | 24.86 | 6.59 | | 35.67 | 2004.79 | 93835.46 |
| 茂　名 | 10733.26 | 2002.68 | 3.09 | | 1533.82 | 7193.67 | 52349.36 |
| 肇　庆 | 26570.38 | 787.24 | 7637.16 | 85.83 | 16159.58 | 1900.57 | 96109.71 |
| 清　远 | 3796.25 | 188.35 | 217.44 | | 1427.37 | 1963.10 | 64115.78 |
| 潮　州 | 50208.49 | 11547.66 | 21871.36 | | 15065.90 | 1723.57 | 49056.18 |
| 揭　阳 | 57368.69 | 20954.58 | 25246.39 | 179.69 | 5001.19 | 5986.84 | 201414.22 |
| 云　浮 | 3325.39 | 1530.35 | 82.66 | 15.00 | 1156.28 | 541.09 | 49968.02 |

## 13-11 续表 3

(2023年)

| 市别 | 九、附报指标 | | | | | |
|---|---|---|---|---|---|---|
| | 1.汇入本表村数 | (1)当年无经营收益的村 | (2)当年有经营收益的村 | ①5万元以下的村 | ②5-10万元的村 | ③10万元以上的村 |
| **合　计** | **21303** | **9688** | **11615** | **1964** | **1478** | **8173** |
| 广　州 | 1304 | 240 | 1064 | 40 | 61 | 963 |
| 珠　海 | 139 | 3 | 136 | 1 | | 135 |
| 汕　头 | 887 | 371 | 516 | 65 | 50 | 401 |
| 佛　山 | 593 | 22 | 571 | 2 | 1 | 568 |
| 韶　关 | 1231 | 837 | 394 | 113 | 68 | 213 |
| 河　源 | 1278 | 699 | 579 | 124 | 89 | 366 |
| 梅　州 | 2060 | 1208 | 852 | 394 | 225 | 233 |
| 惠　州 | 1106 | 425 | 681 | 96 | 81 | 504 |
| 汕　尾 | 789 | 534 | 255 | 68 | 53 | 134 |
| 东　莞 | 558 | 1 | 557 | | | 557 |
| 中　山 | 240 | 14 | 226 | 2 | | 224 |
| 江　门 | 1096 | 141 | 955 | 30 | 33 | 892 |
| 阳　江 | 716 | 545 | 171 | 58 | 20 | 93 |
| 湛　江 | 1746 | 860 | 886 | 150 | 169 | 567 |
| 茂　名 | 1737 | 737 | 1000 | 312 | 247 | 441 |
| 肇　庆 | 1404 | 796 | 608 | 122 | 78 | 408 |
| 清　远 | 1112 | 703 | 409 | 65 | 39 | 305 |
| 潮　州 | 924 | 578 | 346 | 80 | 52 | 214 |
| 揭　阳 | 1478 | 736 | 742 | 167 | 131 | 444 |
| 云　浮 | 905 | 238 | 667 | 75 | 81 | 511 |

# 13-12 各市组级集体经济组织收益分配情况

(2023年)

单位：万元

| 市 别 | 总收入 | 1. 经营收入 | 2. 发包及上交收入 | 3. 投资收益 | 4. 补助收入 | 5. 其他收入 |
|---|---|---|---|---|---|---|
| **合 计** | **6952212.52** | **3861752.30** | **1372875.69** | **167942.75** | **107428.85** | **1442212.92** |
| 广 州 | 2125075.48 | 1357867.59 | 299369.90 | 45607.79 | 1321.85 | 420908.36 |
| 珠 海 | 26788.63 | 5588.05 | 18962.50 | 195.61 | 209.02 | 1833.44 |
| 汕 头 | 605.59 | 184.80 | 113.17 |  | 17.27 | 290.36 |
| 佛 山 | 1865120.45 | 1183522.04 | 355893.94 | 27567.22 | 27715.02 | 270422.24 |
| 韶 关 | 29480.78 | 3792.19 | 5095.99 | 135.71 | 1517.11 | 18939.77 |
| 河 源 | 859.68 | 268.13 |  |  | 81.57 | 509.98 |
| 梅 州 | 6575.51 | 407.51 | 378.39 | 270.34 | 96.54 | 5422.73 |
| 惠 州 | 353933.43 | 70151.72 | 69718.90 | 635.74 | 32269.57 | 181157.50 |
| 汕 尾 | 14208.99 | 3956.42 | 3903.29 | 51.48 | 782.26 | 5515.53 |
| 东 莞 | 1281187.30 | 812913.63 | 192861.28 | 86843.37 | 2495.89 | 186073.14 |
| 中 山 | 171802.12 | 70788.31 | 88532.38 | 1825.42 | 1409.47 | 9246.54 |
| 江 门 | 246031.78 | 56445.50 | 150713.05 | 1390.89 | 2420.30 | 35062.05 |
| 阳 江 | 12427.70 | 819.90 | 2908.28 | 18.70 | 273.48 | 8407.33 |
| 湛 江 | 336913.10 | 198976.35 | 25417.79 | 121.03 | 4885.75 | 107512.18 |
| 茂 名 | 12601.07 | 5335.20 | 1726.32 | 16.31 | 327.90 | 5195.34 |
| 肇 庆 | 215876.85 | 56214.72 | 101170.77 | 2517.79 | 7755.56 | 48218.01 |
| 清 远 | 128370.13 | 26372.79 | 33882.22 | 238.07 | 6899.32 | 60977.73 |
| 潮 州 | 4556.14 | 559.22 | 3031.59 | 17.46 | 93.75 | 854.11 |
| 揭 阳 | 47068.76 | 2548.52 | 12012.78 | 477.23 | 14769.76 | 17260.47 |
| 云 浮 | 72729.01 | 5039.71 | 7183.13 | 12.62 | 2087.46 | 58406.10 |

## 13-12 续表 1

(2023年)

单位：万元

| 市 别 | 总支出 | 1. 经营支出 | 2. 管理费用 | 其中：①干部报酬 | ②报刊费 | 3. 其他支出 |
|---|---|---|---|---|---|---|
| **合 计** | **1872330.58** | **504500.44** | **649592.35** | **82956.02** | **1388.67** | **718237.79** |
| 广 州 | 751391.12 | 218852.51 | 388969.18 | 37272.25 | 33.93 | 143569.43 |
| 珠 海 | 5373.29 | 1646.17 | 1451.32 | 250.56 | 1.86 | 2275.80 |
| 汕 头 | 2210.51 | 5.42 | 1156.17 | 476.43 | 0.07 | 1048.92 |
| 佛 山 | 295654.60 | 70287.53 | 96690.47 | 9392.20 | 146.19 | 128676.60 |
| 韶 关 | 18400.32 | 172.97 | 2083.77 | 345.32 | 0.41 | 16143.59 |
| 河 源 | 802.94 |  | 121.22 | 71.08 |  | 681.72 |
| 梅 州 | 1318.51 | 33.06 | 54.71 | 19.98 |  | 1230.73 |
| 惠 州 | 156698.79 | 9861.11 | 19935.82 | 5746.48 | 99.75 | 126901.86 |
| 汕 尾 | 8593.47 | 110.65 | 1766.73 | 340.57 | 5.31 | 6716.09 |
| 东 莞 | 214362.25 | 157905.49 | 45922.65 | 13267.74 | 481.04 | 10534.11 |
| 中 山 | 26794.77 | 8684.54 | 7949.85 | 1416.35 | 73.75 | 10160.38 |
| 江 门 | 116824.47 | 19008.99 | 25895.26 | 3945.09 | 89.73 | 71920.23 |
| 阳 江 | 5919.63 | 68.15 | 142.33 | 54.37 | 0.01 | 5709.15 |
| 湛 江 | 74800.07 | 2904.12 | 19930.56 | 662.10 | 14.64 | 51965.39 |
| 茂 名 | 3928.05 | 464.00 | 212.18 | 5.63 | 0.47 | 3251.86 |
| 肇 庆 | 68616.52 | 11110.45 | 15901.35 | 3009.40 | 25.04 | 41604.72 |
| 清 远 | 70145.20 | 1507.61 | 7278.23 | 915.72 | 0.10 | 61359.36 |
| 潮 州 | 2319.45 | 560.48 | 1232.53 | 600.34 | 4.48 | 526.44 |
| 揭 阳 | 26639.95 | 1270.59 | 10441.15 | 4791.75 | 411.45 | 14928.21 |
| 云 浮 | 21536.67 | 46.60 | 2456.87 | 372.66 | 0.45 | 19033.20 |

## 13-12 续表 2

(2023年)　　单位：万元

| 市别 | 三、本年收益 | 四、年初未分配收益 | 五、其他转入 | 六、可分配收益 | 七、各项分配 | 1.提取公积金、公益金 |
|---|---|---|---|---|---|---|
| **合计** | **5079881.94** | **2567554.15** | **504702.90** | **8152138.99** | **4914195.31** | **677707.61** |
| 广州 | 1373684.36 | 575971.47 | 86536.63 | 2036192.47 | 1312712.48 | 125222.66 |
| 珠海 | 21415.34 | -854.66 | 5134.37 | 25695.05 | 20362.37 | 2024.92 |
| 汕头 | -1604.92 | -42740.96 | 5.48 | -44340.40 | 52.62 | |
| 佛山 | 1569465.85 | 261485.60 | 318510.27 | 2149461.72 | 1828337.89 | 297441.16 |
| 韶关 | 11080.46 | 52634.59 | 1146.55 | 64861.60 | 2567.32 | |
| 河源 | 56.74 | 5035.49 | 13.14 | 5105.37 | 0.45 | |
| 梅州 | 5257.01 | 9649.08 | 286.08 | 15192.17 | 1135.75 | 1123.79 |
| 惠州 | 197234.64 | 674470.62 | 14830.60 | 886535.86 | 189223.07 | 9679.07 |
| 汕尾 | 5615.52 | 28092.18 | 1575.58 | 35283.28 | 6581.26 | 1.19 |
| 东莞 | 1066825.05 | 546.15 | 10648.47 | 1078019.67 | 1077625.97 | 219347.55 |
| 中山 | 145007.35 | 15228.64 | 11388.63 | 171624.62 | 138940.30 | 8926.78 |
| 江门 | 129207.31 | 139805.30 | 9498.97 | 278511.58 | 141644.14 | 3939.60 |
| 阳江 | 6508.07 | 10559.37 | 186.91 | 17254.35 | 1163.85 | 162.52 |
| 湛江 | 262113.03 | 191257.52 | 28863.14 | 482233.69 | 6855.45 | 128.90 |
| 茂名 | 8673.02 | 32001.15 | 746.83 | 41420.99 | 986.29 | 87.69 |
| 肇庆 | 147260.33 | 328013.11 | 7953.39 | 483226.82 | 145066.45 | 3350.72 |
| 清远 | 58224.93 | 283533.18 | 4764.95 | 346523.06 | 21968.89 | 1297.26 |
| 潮州 | 2236.69 | 609.74 | 62.27 | 2908.70 | 2191.85 | 131.40 |
| 揭阳 | 20428.81 | -34898.63 | 1674.62 | -12795.20 | 12899.44 | 4143.64 |
| 云浮 | 51192.35 | 37155.20 | 876.03 | 89223.57 | 3879.48 | 698.73 |

## 13-12 续表 3

(2023年)　　单位：万元

| 市别 | 2.提取应付福利费 | 3.外来投资分利 | 4.农户分配 | 5.其他分配 | 八、年末未分配收益 |
|---|---|---|---|---|---|
| **合计** | **487701.31** | **23412.78** | **3546711.62** | **178662.00** | **3237943.67** |
| 广州 | 28206.53 | 22348.62 | 1075489.11 | 61445.56 | 723479.99 |
| 珠海 | 101.60 | 116.91 | 17521.10 | 597.84 | 5332.69 |
| 汕头 | 52.62 | | | | -44393.01 |
| 佛山 | 255841.78 | 816.20 | 1198972.12 | 75266.62 | 321123.83 |
| 韶关 | 410.91 | | 2124.13 | 32.28 | 62294.29 |
| 河源 | | | | 0.45 | 5104.92 |
| 梅州 | 11.96 | | | | 14056.42 |
| 惠州 | 4825.94 | | 173800.98 | 917.08 | 697312.79 |
| 汕尾 | 2789.81 | | 1565.92 | 2224.33 | 28702.02 |
| 东莞 | 146763.66 | | 694204.25 | 17310.50 | 393.70 |
| 中山 | 9780.65 | 94.78 | 119610.16 | 527.93 | 32684.32 |
| 江门 | 16715.45 | 4.96 | 116785.20 | 4198.93 | 136867.44 |
| 阳江 | | | 429.97 | 571.36 | 16090.50 |
| 湛江 | 115.53 | | 5857.46 | 753.56 | 475378.24 |
| 茂名 | | | 483.98 | 414.62 | 40434.70 |
| 肇庆 | 13324.85 | 18.55 | 121217.35 | 7154.98 | 338160.38 |
| 清远 | 531.73 | | 13430.91 | 6708.99 | 324554.17 |
| 潮州 | 452.10 | | 1608.34 | | 716.85 |
| 揭阳 | 7388.25 | 12.75 | 1191.32 | 163.48 | -25694.64 |
| 云浮 | 387.96 | | 2419.31 | 373.47 | 85344.09 |

# 十四、农村居民收入与消费

# 简要说明

一、2013 年国家统计局实行城乡住户调查一体化改革，将过去城镇与农村分别开展的调查体系，按照统一指标、统一方法、统一标准、统一调查、统一程序的原则，整合为城乡一体化住户调查新体系。由于新旧调查体系在调查范围和对象、城乡划分标准、样本抽选方法、计算和汇总方式、指标名称和口径等都发生了变化，新旧口径指标数据存在不可比因素。

二、旧调查体系的农村居民纯收入指标在新的调查体系中统一为城乡可比的可支配收入，旧调查体系中的城乡经营性收入、财产性收入与转移性收入在新的调查体系中统一为经营净收入、财产净收入与转移净收入。

三、2013 年起为新口径数据；14-1 表、14-2 表、14-4 表 2013 年以前的收入数据为旧调查体系的人均纯收入。

# 2023年广东农村居民收入稳中有增 消费支出加快恢复

2023年，广东省委、省政府坚持稳中求进工作总基调，高效落实稳经济一揽子政策，推动一系列惠企利民政策精准落地，在高质量发展中保障和改善民生。2023年，广东农村居民收支增长呈现“承压回升，企稳恢复”态势，全年收入稳中有增，消费复苏态势明显。

## 一、农村居民收支总体情况

据国家统计局广东调查总队城乡一体化住户抽样调查，2023年，广东农村居民人均可支配收入25142元，同比增长6.5%，增速比2022年同期提升0.7个百分点；扣除价格因素影响，实际增长7.0%，增速比2022年同期加快3.6个百分点。

2023年，农村居民人均可支配收入名义增速和实际增速分别快于城镇居民2.3和3.4个百分点。城乡居民收入比为2.36:1（以农村居民收入为1），比2022年降低0.05，城乡居民收入相对差距继续缩小。农村居民人均消费支出22209元，同比增长6.8%。

## 二、广东农村居民增收的主要特点

（一）工资性收入依然是居民增收的主要支撑点。2023年，广东农村居民人均工资性收入14474元，同比增长6.7%，占可支配收入的比重达57.6%，对可支配收入增长的贡献率达59.2%，拉动可支配收入增长3.9个百分点，是拉动农村居民收入增长的主要动力。2023年，广东各地深入实施就业优先战略，落实落细减负稳岗扩就业各项政策措施，开展“南粤春暖”稳就业促发展特别行动、“薪暖农民工”服务行动，持续深入实施“粤菜师傅”“广东技工”“南粤家政”三项工程，在全省范围内进一步推行“妈妈岗”就业模式，加强灵活就业和新业态劳动者保障，出台职业技能培训补贴政策，居民工资性收入平稳增长，发挥增收“压舱石”作用。

（二）经营净收入稳定增长。2023年，广东出台激发企业活力“59条”、培育扶持个体工商户“31条”，全面实施“百县千镇万村高质量发展工程”，通过扩大投资、减税降费、金融扶持等一揽子政策，有力提振市场主体信心，二三产业加快恢复，农林牧渔业发展态势良好。2023年，广东农村居民人均经营净收入6101元，同比增长5.9%，占可支配收入的比重为24.3%。

（三）财产净收入进一步增长。2023年，广东农村地区与经营相关的投资逐步活跃，各地土地流转进程加快，有力增强村集体经济实力，带动居民红利收入较快增长。加上部分城中村及老旧小区改造，农村转让承包土地经营权费用上涨等因素，共同推动财产性净收入保持增长。广东农村居民人均财产净收入952元，同比增长9.6%，在四项收入中增速最快。

（四）转移净收入平稳增长。2023年，广东加大民生保障力度，推动一系列惠民惠农政策精准落地。如上调离退休人员养老金待遇、城乡居民最低生活保障标准，及时启动社会救助和保障标准与物价上涨挂钩联动机制，有力加强困难群体基本生活保障；实行异地就医直接结算改革和提高职工医

表1 2023年广东农村居民收入增长情况

单位：元

| 指标名称 | 本年 | 上年 | 增幅（%） |
|---|---|---|---|
| **人均可支配收入** | 25142 | 23598 | 6.5 |
| 一、工资性收入 | 14474 | 13560 | 6.7 |
| 二、经营净收入 | 6101 | 5759 | 5.9 |
| 三、财产净收入 | 952 | 869 | 9.6 |
| 四、转移净收入 | 3615 | 3410 | 6.0 |

保门诊共济待遇，进一步提升居民医疗保障水平；提高个税专项附加标准与发放政府惠民消费券等举措，有力带动居民转移净收入稳步增长。广东农村居民人均转移净收入3615元，同比增长6.0%。

## 三、农村居民消费支出加快恢复

2023年，广东农村居民人均消费支出22209元，同比增长6.8%，增速比2022年同期提升2.9个百分点。农村居民消费恢复好于城镇居民，增速快于城镇居民0.3个百分点。从消费类别看，呈现“五升三降”的态势。

（一）食品烟酒支出略有下降。2023年一季度处于新冠疫情暴发高峰期，居民居家隔离，导致居民外出饮食消费减少。2023年，广东农村居民人均食品烟酒支出8342元，同比下降0.6%；居民恩格尔系数为37.6%。

（二）医疗保健支出增速最高。新冠疫情平稳转段后，居民健康意识和健康消费意愿明显增强，养生保健投入增加，加之2023年中药材价格大幅攀升，推动居民医疗保健消费上涨。2023年，广东农村居民居民人均医疗保健1561元，同比增长28.0%，为八大类消费中增长最快的项目。

（三）服务性消费稳步改善。2023年，广东农村居民人均交通通信、教育文化娱乐消费支出分别为2934元、2141元，同比分别增长18.7%、13.8%。2023年以来，随着新冠疫情平稳转段，人员流动逐步恢复，居民消费场景不断扩展，各类体育、演艺活动销售火爆，接触性消费持续回暖，供需两端不断发力共同推动服务性消费稳步增长。

**表2　2023年广东农村居民生活消费支出情况**

单位：元

| 指标名称 | 本年 | 上年 | 增幅（%） |
| --- | --- | --- | --- |
| **生活消费支出** | **22209** | **20800** | **6.8** |
| （一）食品烟酒 | 8342 | 8393 | −0.6 |
| （二）衣着 | 639 | 694 | −7.9 |
| （三）居住 | 5263 | 4783 | 10.0 |
| （四）生活用品及服务 | 922 | 992 | −7.1 |
| （五）交通通信 | 2934 | 2471 | 18.7 |
| （六）教育文化娱乐 | 2141 | 1881 | 13.8 |
| （七）医疗保健 | 1561 | 1220 | 28.0 |
| （八）其他用品及服务 | 407 | 366 | 11.2 |

# 14-1 农村居民收入与支出(1978-2023年)

| 年份 | 人均可支配收入(元) | 增长速度 | | | 人均消费支出(元) | 增长速度(%) | | | 恩格尔系数(%) |
|---|---|---|---|---|---|---|---|---|---|
| | | 名义增长(上年为100) | 实际增长(上年为100) | 实际增长(1978年为100) | | 名义增长(上年为100) | 实际增长(上年为100) | 实际增长(1978年为100) | |
| 1978 | 193.25 | 7.9 | | 100.0 | 184.89 | -2.6 | | 100.0 | 61.7 |
| 1979 | 222.72 | 15.2 | 13.6 | 113.6 | 205.18 | 11.0 | 10.1 | 110.1 | 59.9 |
| 1980 | 274.37 | 23.2 | 19.4 | 135.6 | 222.22 | 8.3 | 3.9 | 114.4 | 60.4 |
| 1981 | 325.37 | 18.6 | 11.4 | 151.1 | 266.05 | 19.7 | 12.1 | 128.2 | 59.3 |
| 1982 | 381.79 | 17.3 | 12.7 | 170.3 | 312.44 | 17.4 | 16.2 | 149.0 | 58.4 |
| 1983 | 395.92 | 3.7 | 7.0 | 182.2 | 328.76 | 5.2 | 6.3 | 158.4 | 60.3 |
| 1984 | 425.34 | 7.4 | 7.2 | 195.3 | 346.19 | 5.3 | 5.0 | 166.3 | 59.3 |
| 1985 | 495.31 | 16.5 | 9.8 | 214.5 | 388.00 | 12.1 | 5.7 | 175.8 | 60.4 |
| 1986 | 546.43 | 10.3 | 7.6 | 230.8 | 454.06 | 17.0 | 11.1 | 195.3 | 58.8 |
| 1987 | 662.24 | 21.2 | 11.1 | 256.4 | 545.25 | 20.1 | 9.5 | 213.9 | 57.3 |
| 1988 | 808.70 | 22.1 | 2.7 | 263.3 | 684.67 | 25.6 | 3.2 | 220.7 | 55.2 |
| 1989 | 955.02 | 18.1 | 2.0 | 268.6 | 870.59 | 27.2 | 7.3 | 236.8 | 53.7 |
| 1990 | 1043.03 | 9.2 | 1.6 | 272.9 | 932.63 | 7.1 | -0.3 | 236.1 | 57.7 |
| 1991 | 1143.06 | 9.6 | 9.4 | 298.5 | 942.40 | 1.1 | 1.2 | 238.9 | 57.4 |
| 1992 | 1307.65 | 14.4 | 10.4 | 329.6 | 1060.29 | 12.5 | 8.8 | 259.9 | 54.0 |
| 1993 | 1674.78 | 28.1 | 6.1 | 349.7 | 1391.01 | 31.2 | 6.8 | 277.6 | 52.8 |
| 1994 | 2181.52 | 30.3 | 3.8 | 363.0 | 1882.00 | 35.3 | 3.6 | 287.6 | 55.6 |
| 1995 | 2699.24 | 23.7 | 6.5 | 386.6 | 2255.01 | 19.8 | 5.3 | 302.9 | 54.5 |
| 1996 | 3183.46 | 17.9 | 7.6 | 415.9 | 2584.16 | 14.6 | 6.9 | 323.8 | 51.6 |
| 1997 | 3467.69 | 8.9 | 4.2 | 433.4 | 2617.65 | 1.3 | 0.3 | 324.7 | 52.3 |
| 1998 | 3527.14 | 1.7 | 3.4 | 448.2 | 2683.18 | 2.5 | 3.8 | 337.1 | 51.1 |
| 1999 | 3628.93 | 2.9 | 6.2 | 475.9 | 2645.94 | -1.4 | 1.7 | 342.8 | 50.7 |
| 2000 | 3654.48 | 0.7 | 0.9 | 480.2 | 2646.02 | … | … | 342.9 | 49.8 |
| 2001 | 3769.79 | 3.2 | 3.5 | 497.0 | 2703.36 | 2.2 | 2.5 | 351.4 | 49.9 |
| 2002 | 3911.91 | 3.8 | 5.1 | 522.4 | 2825.01 | 4.5 | 6.0 | 372.5 | 47.6 |
| 2003 | 4054.58 | 3.6 | 3.4 | 540.1 | 2927.35 | 3.6 | 3.4 | 385.2 | 47.9 |
| 2004 | 4365.87 | 7.7 | 4.0 | 561.8 | 3240.78 | 10.7 | 6.7 | 411.0 | 48.8 |
| 2005 | 4690.49 | 7.4 | 4.5 | 587.0 | 3707.73 | 14.4 | 11.4 | 457.9 | 48.3 |
| 2006 | 5079.78 | 8.3 | 6.4 | 624.6 | 3885.97 | 4.8 | 3.2 | 472.6 | 48.6 |
| 2007 | 5624.04 | 10.7 | 6.5 | 665.5 | 4202.32 | 8.1 | 4.5 | 493.8 | 49.7 |
| 2008 | 6399.77 | 13.8 | 7.6 | 715.8 | 4872.96 | 15.9 | 9.6 | 541.3 | 49.0 |
| 2009 | 6906.93 | 7.9 | 10.7 | 792.4 | 5019.81 | 3.0 | 5.3 | 570.0 | 48.3 |
| 2010 | 7890.25 | 14.2 | 10.3 | 874.0 | 5515.58 | 9.9 | 6.5 | 607.1 | 47.7 |
| 2011 | 9371.73 | 18.8 | 11.9 | 978.0 | 6725.55 | 21.9 | 15.5 | 701.2 | 49.1 |
| 2012 | 10542.84 | 12.5 | 9.3 | 1069.0 | 7458.56 | 10.9 | 7.8 | 755.9 | 49.1 |
| 2013 | 11067.79 | 10.7 | 7.8 | 1152.4 | 8937.76 | 11.9 | 9.0 | 823.9 | 42.1 |
| 2014 | 12245.56 | 10.6 | 8.3 | 1248.0 | 10043.21 | 12.4 | 10.1 | 907.1 | 39.5 |
| 2015 | 13360.44 | 9.1 | 7.7 | 1344.1 | 11103.03 | 10.6 | 9.2 | 990.4 | 40.6 |
| 2016 | 14512.15 | 8.6 | 6.5 | 1431.5 | 12414.84 | 11.8 | 9.6 | 1085.5 | 40.4 |
| 2017 | 15779.74 | 8.7 | 7.8 | 1543.2 | 13199.62 | 6.3 | 5.5 | 1145.2 | 40.2 |
| 2018 | 17167.74 | 8.8 | 6.8 | 1648.1 | 15411.31 | 16.8 | 14.6 | 1312.4 | 36.6 |
| 2019 | 18818.42 | 9.6 | 4.8 | 1727.2 | 16949.43 | 10.0 | 5.2 | 1380.6 | 37.1 |
| 2020 | 20143.43 | 7.0 | 3.9 | 1794.6 | 17132.33 | 1.1 | -1.9 | 1354.4 | 40.8 |
| 2021 | 22306.0 | 10.7 | 10.6 | 1984.8 | 20011.8 | 16.8 | 16.7 | 1580.6 | 39.3 |
| 2022 | 23597.8 | 5.8 | 3.4 | 2052.3 | 20800.0 | 3.9 | 1.6 | 1605.9 | 40.3 |
| 2023 | 25141.8 | 6.5 | 7.0 | 2196.0 | 22209.1 | 6.8 | 7.3 | 1723.1 | 37.6 |

注：表中2012年前为旧口径数据，调查指标为“人均纯收入”。

# 14-2 历年农村居民家庭基本情况

(1949—2023年)

| 年 份 | 平均每户<br>常住人口<br>(人) | 人 均<br>可支配收入<br>(元) | 人 均<br>消费支出<br>(元) | 农村居民家庭<br>恩格尔系数<br>(%) |
|---|---|---|---|---|
| 1949 | 4.67 | 55.62 | 67.85 | 73.4 |
| 1950 | | | | |
| 1952 | 4.65 | 85.32 | 78.76 | 67.7 |
| 1957 | 4.63 | 108.19 | 96.61 | 68.0 |
| 1962 | | 142.60 | 114.08 | |
| 1965 | | 107.73 | 99.11 | |
| 1970 | | | | |
| 1975 | 6.38 | 143.83 | 151.42 | 63.3 |
| 1978 | 5.99 | 193.25 | 184.89 | 61.7 |
| 1979 | 6.01 | 222.72 | 205.18 | 59.9 |
| 1980 | 6.18 | 274.37 | 222.22 | 60.4 |
| 1981 | 6.22 | 325.37 | 266.05 | 59.3 |
| 1982 | 6.12 | 381.79 | 312.44 | 58.4 |
| 1983 | 6.02 | 395.92 | 328.76 | 60.3 |
| 1984 | 5.99 | 425.34 | 346.19 | 59.3 |
| 1985 | 5.95 | 495.31 | 388.00 | 60.4 |
| 1986 | 5.91 | 546.43 | 454.06 | 58.8 |
| 1987 | 5.87 | 662.24 | 545.25 | 57.3 |
| 1988 | 5.79 | 808.70 | 684.67 | 55.2 |
| 1989 | 5.69 | 955.02 | 870.59 | 53.7 |
| 1990 | 5.65 | 1043.03 | 932.63 | 57.7 |
| 1991 | 5.51 | 1143.06 | 942.40 | 57.4 |
| 1992 | 5.49 | 1307.65 | 1060.29 | 54.0 |
| 1993 | 5.39 | 1674.78 | 1391.01 | 52.8 |
| 1994 | 5.38 | 2181.52 | 1882.00 | 55.6 |
| 1995 | 5.36 | 2699.24 | 2255.01 | 54.5 |
| 1996 | 5.25 | 3183.43 | 2584.16 | 51.6 |
| 1997 | 5.17 | 3467.69 | 2617.65 | 52.3 |
| 1998 | 5.15 | 3527.14 | 2683.18 | 51.1 |
| 1999 | 5.08 | 3628.93 | 2645.94 | 50.7 |
| 2000 | 5.15 | 3654.48 | 2646.02 | 49.8 |
| 2001 | 5.10 | 3769.79 | 2703.36 | 49.9 |
| 2002 | 5.08 | 3911.91 | 2825.01 | 47.6 |
| 2003 | 5.04 | 4054.58 | 2927.35 | 47.9 |
| 2004 | 5.01 | 4365.87 | 3240.78 | 48.8 |
| 2005 | 5.00 | 4690.49 | 3707.73 | 48.3 |
| 2006 | 4.98 | 5079.78 | 3885.97 | 48.6 |
| 2007 | 5.00 | 5624.04 | 4202.32 | 49.7 |
| 2008 | 5.00 | 6399.77 | 4872.96 | 49.0 |
| 2009 | 4.99 | 6906.93 | 5019.81 | 48.3 |
| 2010 | 4.95 | 7890.25 | 5515.58 | 47.7 |
| 2011 | 4.84 | 9371.73 | 6725.55 | 49.1 |
| 2012 | 4.82 | 10542.84 | 7458.56 | 49.1 |
| 2013 | 3.71 | 11067.79 | 8937.76 | 42.1 |
| 2014 | 3.54 | 12245.56 | 10043.21 | 39.5 |
| 2015 | 3.60 | 13360.44 | 11103.03 | 40.6 |
| 2016 | 3.69 | 14512.15 | 12414.84 | 40.4 |
| 2017 | 3.65 | 15779.74 | 13199.62 | 40.2 |
| 2018 | 3.45 | 17167.74 | 15411.31 | 36.6 |
| 2019 | 3.47 | 18818.42 | 16949.43 | 37.1 |
| 2020 | 3.45 | 20143.43 | 17132.33 | 40.8 |
| 2021 | 3.74 | 22306.0 | 20011.8 | 39.3 |
| 2022 | 3.72 | 23597.8 | 20800.0 | 40.3 |
| 2023 | 3.57 | 25141.8 | 22209.1 | 37.6 |

# 14-3　主要年份农村居民家庭生活基本情况

| 项　目 | 单位 | 2000年 | 2005年 | 2010年 | 2015年 | 2020年 | 2021年 | 2022年 | 2023年 |
|---|---|---|---|---|---|---|---|---|---|
| **人均可支配收入** | **元** | **3654.48** | **4690.49** | **7890.25** | **13360.44** | **20143.43** | **22306.0** | **23597.8** | **25141.8** |
| 工资性收入 | 元 | 1362.16 | 2562.39 | 4799.52 | 6724.01 | 10613.46 | 12765.0 | 13560.2 | 14473.8 |
| 经营净收入 | 元 | 2002.93 | 1731.97 | 2203.74 | 3590.14 | 4584.94 | 5438.8 | 5759.3 | 6100.6 |
| 财产净收入 | 元 | 73.68 | 167.25 | 401.15 | 337.01 | 616.11 | 795.3 | 868.8 | 952.2 |
| 转移净收入 | 元 | 215.71 | 228.88 | 485.85 | 2709.27 | 4328.92 | 3306.8 | 3409.5 | 3615.2 |
| **人均消费支出** | **元** | **2646.02** | **3707.73** | **5515.58** | **11103.03** | **17132.33** | **20011.8** | **20800.0** | **22209.1** |
| 食品烟酒 | 元 | 1317.48 | 1789.42 | 2630.05 | 4511.34 | 6991.83 | 7867.4 | 8393.1 | 8342.1 |
| 衣　着 | 元 | 104.21 | 143.50 | 215.51 | 367.13 | 506.85 | 721.4 | 694.0 | 639.1 |
| 居　住 | 元 | 378.86 | 530.30 | 986.70 | 2494.84 | 3829.21 | 4722.4 | 4782.7 | 5263.1 |
| 生活用品及服务 | 元 | 125.65 | 152.12 | 235.01 | 654.65 | 803.20 | 1014.2 | 992.5 | 921.6 |
| 交通通信 | 元 | 205.52 | 411.64 | 637.08 | 1160.44 | 1958.12 | 2222.9 | 2471.2 | 2934.4 |
| 教育文化娱乐 | 元 | 313.46 | 360.73 | 326.53 | 952.41 | 1275.50 | 1789.4 | 1881.0 | 2140.8 |
| 医疗保健 | 元 | 100.31 | 203.85 | 307.43 | 723.15 | 1517.85 | 1342.2 | 1219.6 | 1560.9 |
| 其他用品和服务 | 元 | 100.53 | 116.17 | 177.27 | 239.09 | 249.76 | 331.8 | 365.9 | 407.0 |
| **消费支出构成** | **(%)** | **100.0** | **100.0** | **100.0** | **100.0** | **100.0** | **100.0** | **100.0** | **100.0** |
| 食品烟酒 | (%) | 49.8 | 48.3 | 47.7 | 40.6 | 40.8 | 39.3 | 40.3 | 37.6 |
| 衣　着 | (%) | 3.9 | 3.9 | 3.9 | 3.3 | 3.0 | 3.6 | 3.3 | 2.9 |
| 居　住 | (%) | 14.3 | 14.3 | 17.9 | 22.5 | 22.3 | 23.6 | 23.0 | 23.7 |
| 生活用品及服务 | (%) | 4.7 | 4.1 | 4.3 | 5.9 | 4.7 | 5.1 | 4.8 | 4.2 |
| 交通通信 | (%) | 7.8 | 11.1 | 11.6 | 10.5 | 11.4 | 11.1 | 11.9 | 13.2 |
| 教育文化娱乐 | (%) | 11.9 | 9.7 | 5.9 | 8.6 | 7.4 | 8.9 | 9.0 | 9.6 |
| 医疗保健 | (%) | 3.8 | 5.5 | 5.6 | 6.5 | 8.9 | 6.7 | 5.9 | 7.0 |
| 其他用品和服务 | (%) | 3.8 | 3.1 | 3.2 | 2.2 | 1.5 | 1.7 | 1.8 | 1.8 |

注：2013年起为新口径数据。

# 14-4 农村居民家庭平均每百户主要耐用物品年末拥有量

| 年份 | 家用小汽车（辆） | 摩托车（辆） | 洗衣机（台） | 电冰箱（台） | 彩色电视机（台） | 空调机（台） | 热水器（台） | 电话机（台） | 移动电话（部） | 计算机（台） |
|---|---|---|---|---|---|---|---|---|---|---|
| 1980 | | | | | | | | | | |
| 1981 | | | | | | | | | | |
| 1982 | | | | | | | | | | |
| 1983 | | | 0.17 | 0.03 | | | | | | |
| 1984 | | | 0.06 | 0.06 | | | | | | |
| 1985 | | 0.34 | 0.17 | 0.03 | 1.84 | | | | | |
| 1986 | | 0.52 | 0.45 | 0.24 | 3.53 | | | | | |
| 1987 | | 0.97 | 1.53 | 0.23 | 4.39 | | | | | |
| 1988 | | 1.12 | 2.46 | 0.45 | 5.45 | | | 1.20 | | |
| 1989 | | 1.71 | 3.57 | 0.83 | 7.29 | | | | | |
| 1990 | | 1.84 | 4.26 | 1.17 | 9.80 | | | 1.20 | | |
| 1991 | | 2.11 | 4.84 | 1.13 | 12.42 | | | | | |
| 1992 | | 4.04 | 5.54 | 2.17 | 16.38 | | | | | |
| 1993 | | 8.19 | 10.56 | 5.08 | 23.10 | 0.24 | | 3.83 | | |
| 1994 | | 12.34 | 12.58 | 6.73 | 28.83 | 0.40 | | 6.49 | | |
| 1995 | | 15.73 | 14.88 | 7.90 | 34.35 | 0.65 | 5.56 | 9.40 | | |
| 1996 | | 22.50 | 17.89 | 9.34 | 38.98 | 0.51 | 8.67 | 14.34 | | |
| 1997 | | 26.56 | 18.91 | 9.92 | 46.09 | 0.66 | 10.27 | 20.94 | | |
| 1998 | | 34.02 | 20.27 | 11.02 | 55.43 | 1.29 | 12.50 | 26.09 | | |
| 1999 | | 40.74 | 22.07 | 11.88 | 63.09 | 1.48 | 16.25 | 32.03 | | |
| 2000 | 0.35 | 54.18 | 25.00 | 15.12 | 73.20 | 3.05 | 20.94 | 40.82 | 14.49 | 1.95 |
| 2001 | 0.94 | 59.02 | 26.56 | 16.17 | 79.45 | 3.28 | 23.59 | 49.30 | 24.88 | 4.96 |
| 2002 | 0.51 | 64.49 | 28.24 | 18.32 | 84.57 | 4.73 | 26.80 | 59.22 | 38.79 | 6.99 |
| 2003 | 0.70 | 71.41 | 28.28 | 18.95 | 92.27 | 7.07 | 30.39 | 70.20 | 55.82 | 5.04 |
| 2004 | 0.86 | 77.07 | 29.02 | 20.35 | 96.13 | 9.30 | 33.48 | 78.01 | 79.30 | 6.33 |
| 2005 | 0.94 | 86.88 | 29.49 | 24.73 | 103.91 | 18.13 | 38.67 | 82.38 | 116.41 | 9.26 |
| 2006 | 2.15 | 89.73 | 31.88 | 27.54 | 108.44 | 20.27 | 42.07 | 85.78 | 132.58 | 10.23 |
| 2007 | 1.91 | 94.34 | 34.77 | 31.68 | 111.72 | 24.49 | 45.70 | 83.67 | 149.53 | 12.46 |
| 2008 | 2.03 | 97.81 | 37.07 | 34.88 | 114.18 | 27.77 | 48.28 | 85.16 | 162.81 | 14.26 |
| 2009 | 2.70 | 101.56 | 40.55 | 41.33 | 116.60 | 30.98 | 51.64 | 82.15 | 184.38 | 16.21 |
| 2010 | 3.98 | 107.11 | 45.78 | 49.10 | 119.26 | 36.17 | 57.89 | 82.38 | 203.83 | 19.53 |
| 2011 | 5.86 | 107.90 | 50.84 | 60.94 | 116.94 | 50.58 | 62.58 | 68.58 | 241.97 | 29.52 |
| 2012 | 6.60 | 108.16 | 55.16 | 66.39 | 118.32 | 55.29 | 65.94 | 69.29 | 244.48 | 31.68 |
| 2013 | 8.97 | 101.20 | 52.45 | 66.10 | 113.24 | 45.04 | 64.98 | 54.12 | 236.45 | 27.23 |
| 2014 | 7.48 | 108.06 | 54.43 | 68.36 | 114.28 | 46.67 | 69.36 | 60.49 | 248.41 | 30.40 |
| 2015 | 10.67 | 116.95 | 64.82 | 78.29 | 117.22 | 62.15 | 77.71 | 55.31 | 267.18 | 33.93 |
| 2016 | 14.63 | 122.27 | 74.43 | 84.90 | 119.49 | 81.17 | 84.93 | 46.06 | 279.89 | 37.73 |
| 2017 | 17.57 | 123.63 | 78.46 | 87.93 | 120.47 | 91.33 | 88.49 | 42.75 | 287.12 | 41.61 |
| 2018 | 22.73 | 116.73 | 84.71 | 92.94 | 116.51 | 113.53 | 94.02 | 31.06 | 290.44 | 35.29 |
| 2019 | 26.01 | 116.58 | 89.98 | 97.00 | 116.47 | 129.63 | 97.99 | 26.01 | 286.34 | 38.45 |
| 2020 | 27.69 | 115.45 | 90.32 | 97.48 | 115.93 | 132.71 | 101.7 | 20.7 | 277.85 | 39.75 |
| 2021 | 31.84 | 110.87 | 96.62 | 102.86 | 112.01 | 173.09 | 101.59 | 14.48 | 293.90 | 36.02 |
| 2022 | 36.93 | 109.43 | 97.18 | 103.27 | 112.65 | 177.77 | 103.20 | 13.27 | 296.27 | 36.14 |
| 2023 | 44.23 | 93.17 | 98.58 | 104.11 | 109.63 | 185.26 | 103.76 | 9.02 | 289.26 | 32.15 |

# 14-5 2023年各市农村居民人均可支配收入和消费支出

| 市　别 | 人均可支配收入（元/人） | 城乡居民收入比 | 人均消费支出（元/人） |
|---|---|---|---|
| 广　州 | 38606.7 | 2.09 | 27960.9 |
| 珠　海 | 38025.2 | 1.78 | 26701.3 |
| 汕　头 | 22969.9 | 1.66 | 18186.3 |
| 佛　山 | 41423.4 | 1.66 | 27585.1 |
| 韶　关 | 22603.3 | 1.78 | 17309.9 |
| 河　源 | 21875.0 | 1.52 | 17822.0 |
| 梅　州 | 21706.9 | 1.62 | 17990.6 |
| 惠　州 | 30530.0 | 1.72 | 21494.0 |
| 汕　尾 | 22741.3 | 1.61 | 18025.7 |
| 东　莞 | 46864.7 | 1.44 | 32111.3 |
| 中　山 | 45770.2 | 1.42 | 31113.9 |
| 江　门 | 26130.0 | 1.83 | 18085.8 |
| 阳　江 | 24657.1 | 1.52 | 19124.0 |
| 湛　江 | 22762.0 | 1.65 | 16207.5 |
| 茂　名 | 23856.2 | 1.48 | 17928.3 |
| 肇　庆 | 24808.8 | 1.60 | 16421.6 |
| 清　远 | 22099.3 | 1.75 | 17250.0 |
| 潮　州 | 21721.5 | 1.44 | 17875.4 |
| 揭　阳 | 19846.7 | 1.58 | 17257.4 |
| 云　浮 | 21908.7 | 1.53 | 15667.4 |
| 按经济区域分 | | | |
| 珠三角 | 33682.3 | 2.08 | 23446.2 |
| 粤东西北 | 22388.8 | 1.60 | 17419.8 |
| 东　翼 | 21422.9 | 1.62 | 17718.3 |
| 西　翼 | 23478.8 | 1.56 | 17325.8 |
| 山　区 | 22007.6 | 1.66 | 17269.7 |

注：1.城乡居民收入比=城镇居民人均可支配收入/农村居民人均可支配收入。
2.深圳因完全城市化，无相关数据。
3.珠三角地区9市：广州、深圳、珠海、佛山、惠州、东莞、中山、江门、肇庆市。
4.粤东西北地区12市：汕头、韶关、河源、梅州、汕尾、阳江、湛江、茂名、清远、潮州、揭阳和云浮市。
5.粤东地区4市：汕头、汕尾、潮州、揭阳市。
6.粤西地区3市：阳江、湛江、茂名市。
7.山区地区5市：韶关、河源、梅州、清远、云浮市。

# 14-6 各县(市、区)农村居民人均可支配收入

(2023年)

单位：元/人

| 县(市、区)别 | 人均可支配收入 | 增速(%) |
|---|---|---|
| **广州市** | | |
| 白云区 | 39120 | 7.6 |
| 番禺区 | 51569 | 5.9 |
| 花都区 | 36537 | 5.2 |
| 南沙区 | 44824 | 6.3 |
| 从化区 | 29613 | 6.6 |
| 增城区 | 36474 | 7.8 |
| **珠海市** | | |
| 斗门区 | 38025 | 6.1 |
| **汕头市** | | |
| 龙湖区 | | |
| 澄海区 | 25403 | 5.1 |
| 濠江区 | 22818 | 5.2 |
| 潮阳区 | 21302 | 4.0 |
| 潮南区 | 22445 | 5.1 |
| 南澳县 | 18158 | 8.1 |
| **佛山市** | | |
| 南海区 | 48426 | 6.1 |
| 高明区 | 36320 | 7.0 |
| 三水区 | 40090 | 6.5 |
| **韶关市** | | |
| 浈江区 | 24995 | 5.1 |
| 武江区 | 26434 | 5.0 |
| 曲江区 | 24541 | 5.8 |
| 乐昌市 | 21702 | 7.6 |
| 南雄市 | 21904 | 6.3 |
| 仁化县 | 23620 | 5.6 |
| 始兴县 | 22439 | 5.7 |
| 翁源县 | 21721 | 6.8 |
| 新丰县 | 21726 | 7.7 |
| 乳源县 | 21710 | 7.7 |
| **河源市** | | |
| 源城区 | 30016 | 7.8 |
| 东源县 | 22307 | 8.7 |
| 和平县 | 21544 | 8.6 |
| 龙川县 | 21928 | 8.9 |
| 紫金县 | 22364 | 8.3 |
| 连平县 | 21810 | 8.3 |
| **梅州市** | | |
| 梅江区 | 26444 | 4.9 |
| 梅县区 | 27350 | 7.4 |
| 兴宁市 | 23934 | 8.8 |
| 平远县 | 23691 | 5.5 |
| 蕉岭县 | 24394 | 9.6 |
| 大埔县 | 19413 | 7.6 |
| 丰顺县 | 19346 | 6.9 |
| 五华县 | 18245 | 9.8 |
| **惠州市** | | |
| 惠城区 | 31730 | 6.5 |
| 惠阳区 | 32845 | 4.8 |
| 惠东县 | 29380 | 4.7 |
| 博罗县 | 29359 | 4.9 |
| 龙门县 | 28309 | 4.4 |
| 仲恺区 | 33907 | 5.3 |
| 大亚湾区 | 33797 | 6.3 |
| **汕尾市** | | |
| 市城区 | 23725 | 6.5 |
| 陆丰市 | 22561 | 7.2 |
| 海丰县 | 25339 | 7.4 |
| 陆河县 | 17636 | 7.0 |
| **江门市** | | |
| 新会区 | 31921 | 7.3 |
| 台山市 | 23172 | 1.0 |
| 开平市 | 25753 | 6.4 |
| 鹤山市 | 26442 | 7.5 |
| 恩平市 | 21896 | 6.9 |

## 14-6 续表

(2023年) 单位：元/人

| 县(市、区)别 | 人均可支配收入 | 增速(%) |
|---|---|---|
| **阳江市** | | |
| 江城区 | 29289 | 6.2 |
| 阳东区 | 25500 | 2.1 |
| 阳春市 | 23238 | 5.8 |
| 阳西县 | 25744 | 7.6 |
| **湛江市** | | |
| 霞山区 | 21959 | 2.7 |
| 麻章区 | 24613 | 6.1 |
| 坡头区 | 21984 | 3.3 |
| 雷州市 | 18666 | 5.7 |
| 廉江市 | 25055 | 5.7 |
| 吴川市 | 26471 | 4.5 |
| 遂溪县 | 23407 | 3.6 |
| 徐闻县 | 22795 | 4.5 |
| 开发区 | 22808 | 0.8 |
| **茂名市** | | |
| 茂南区 | 24332 | 5.6 |
| 电白区 | 24021 | 6.0 |
| 信宜市 | 23813 | 6.3 |
| 高州市 | 24150 | 7.2 |
| 化州市 | 23950 | 6.3 |
| **肇庆市** | | |
| 鼎湖区 | 32545 | 4.8 |
| 高要区 | 28349 | 3.5 |
| 四会市 | 31801 | 4.3 |
| 广宁县 | 21224 | 6.5 |
| 德庆县 | 25545 | 1.6 |
| 封开县 | 20960 | 5.9 |
| 怀集县 | 21613 | 3.8 |
| **清远市** | | |
| 清城区 | 27826 | 6.9 |
| 清新区 | 22240 | 6.6 |
| 英德市 | 22634 | 6.6 |
| 连州市 | 19553 | 6.1 |
| 佛冈县 | 21988 | 6.3 |
| 阳山县 | 20311 | 6.2 |
| 连山县 | 18980 | 6.4 |
| 连南县 | 19114 | 5.0 |
| **潮州市** | | |
| 湘桥区 | 23584 | 6.6 |
| 潮安区 | 23677 | 7.1 |
| 饶平县 | 20534 | 6.5 |
| **揭阳市** | | |
| 揭东区 | 22885 | 5.1 |
| 普宁市 | 22362 | 5.0 |
| 揭西县 | 16075 | 4.5 |
| 惠来县 | 17867 | 5.5 |
| **云浮市** | | |
| 云城区 | 22660 | 5.0 |
| 云安区 | 21426 | 5.2 |
| 罗定市 | 21251 | 5.2 |
| 新兴县 | 24665 | 6.1 |
| 郁南县 | 20749 | 5.6 |

注：深圳市因完全城市化，无农村居民相关数据。
城乡住户调查一体化改革后，针对城乡范围的划分标准发生了变化，部分原属于农村范围的地区改革后划归到城镇。
部分市辖区全部属城镇范围，没有农村常住居民的数据。

# 十五、农垦

2月9日，省政府党组成员陈良贤到广东农垦调研，参观广东农垦展览馆，并召开座谈会。陈良贤在座谈会上肯定了广东农垦2022年做作出的成绩，寄望广东农垦新的一年再接再厉、再创佳绩，在抓好粮食和重要农产品稳产保供上当先锋做模范，在强化农业科技和装备支撑上当先锋做模范，在实施“百县千镇万村高质量发展工程”上当先锋做模范，在深入实施绿美广东生态建设上当先锋做模范，弛而不息全面从严治党。

2月17日，广东省委宣传部在广东广播电视台举行第十三期“南粤楷模”发布仪式。经省委批准，授予广垦橡胶集团柬埔寨春丰有限公司原总经理甘学德“南粤楷模”称号。发布仪式宣读了对甘学德的颁奖词：“无悔扎根海外，立志为国植胶，从一粒种子到十万亩胶林，每一片树叶都饱含艰辛，十一载似水流年，抹不去你对理想和信念的不懈追求，你用自己短暂的一生践行了诺言，将宝贵的生命奉献在共建‘一带一路’的崇高事业上，你是‘为国种胶’的开路先锋，是新时代农垦战线的先进代表。”

2月24日，中国工程院院士、国家农业信息化工程技术研究中心主任赵春江一行到广东农垦调研，并主讲“广东农垦大讲堂”2023年第1期，以“数字技术助力广东农垦高质量发展”为题为垦区干部职工作专题讲座。

6月6日，以“耕海牧渔奋发‘湛’放”为主题的2023年湛江市现代化海洋牧场活动月启动仪式在雷州市流沙湾渔港码头举行。广东省农垦集团公司与广东海威农业集团有限公司、中国水产科学院南海水产研究所分别签订战略合作框架协议。年底，广东广垦畜牧集团有限公司与惠来县华深水产养殖有限公司、惠来葵阳城乡投资有限公司公司合资设立广东广垦华深海洋科技股份有限公司，与广东海威农业集团有限公司合资设立广东广垦海威海洋科技有限公司，两个公司的成立表明广东农垦现代化海洋牧场建设迈出实质性步伐，为奋力打造“海上新广东”和“粤海粮仓”、推进海洋强省建设作出新贡献。

10月12日至13日农业农村部党组成员、副部长邓小刚，广东省农垦集团公司（农垦总局）党委书记、董事长（局长）冯彤到广垦橡胶集团泰华公司调研。期间邓小刚副部长对广东农垦近年来全面深化农垦改革、推进高质量发展，特别是积极响应“一带一路”倡议、大力推动天然橡胶等产业“走出去”发展的做法和成效给予了肯定。

10月27日至28日，首届全国绿色优质农产品产业发展研讨会在四川省成都市召开，广东省农垦集团公司党委书记、董事长冯彤围绕广东农垦打造绿色优质南药产业链作主题报告。会议期间举行了国家绿色优质农产品产业联盟分中心和产业研究中心授牌仪式。其中，依托广东省农垦集团公司成立国家绿色优质农产品产业联盟岭南中心，依托广垦研究院有限公司成立国家绿色优质农产品产业联盟广东农垦产业研究中心，并加挂国家绿色优质农产品产业联盟试验基地牌子。

11 月 9 日至 12 日，以“奋进新征程、强农促振兴”为主题的第二十届中国国际农产品交易会在山东青岛举行。图为农业农村部党组成员、副部长张兴旺，农业农村部农垦局局长左常升，广东省农垦集团公司党委委员、副总经理莫仕文到广东农垦展位参观指导。本届展会上，“广垦茶油”入选中国农业品牌目录 2022 农产品品牌名单，23 个品牌入选《中国农垦品牌目录（2023）》，“燕塘 A2β-酪蛋白牛奶”、“广垦腊味”2 个产品获评“我最喜爱的农垦美味”。

12 月 20 日，华润广垦中药产业园开工奠基仪式在化州市举行，标志着广东农垦与华润三九强强联合、推动南药全产业链高质量发展又迈出了重要一步。图为广东省农垦集团公司党委委员、副总经理黄文沐，华润三九医药股份有限公司副总裁王亮出席开工奠基仪式。

# 广东农垦2023年国民经济和社会发展情况公报

2023年，广东农垦认真贯彻落实农业农村部、财政部和省委、省政府决策部署，启动实施广东农垦再造战略，全面落实“1339”工作部署，积极开展“十项行动”，深入开展学习贯彻习近平新时代中国特色社会主义思想主题教育，高质量推进省里交办的优质绿化苗木储备和现代海洋牧场建设等新的重要任务，努力克服外部环境复杂严峻等不利因素，较好的完成了各项工作，开创了高质量发展新局面。

## 一、综合

2023年，广东农垦实现生产总值207.07亿元，比上年增长3.72%，其中：第一产业增加值73.24亿元，增加3.58%；第二产业增加值68.47亿元，增长1.01%；第三产业增加值65.36亿元，增长6.88%；三次产业结构由上年的35.42:33.95:30.65变为35.37:33.06:31.57。人均农垦生产总值53283元，增长3.95%。国有在岗职工年均纯收入81762元，增长6.54%，垦区居民人均可支配收入31964元，增长4.96%。全年国有企业营业收入269.57亿，利润6.23亿，资产总额424.38亿，净资产170.39亿。

## 二、农业

2023年，广东农垦实现第一产业增加值73.24亿元，增长3.58%。农林牧渔业总产值(按现行价计算) 137.28亿元，同比增长4.12%，农林牧渔业商品产值为122.41亿元，农业商品率为89.17%。

2023年，实现农作物总播种面积4.51万公顷，增加0.06%，其中：粮食播种面积0.83万公顷，增加4.59%；糖蔗种植面积2.20万公顷，减少1.48%；油料播种面积0.18万公顷，减少2.44%；蔬菜播种面积0.75万公顷，减少1.00%。

垦区国内外橡胶年末实有面积7.12万公顷，其中：国内基地橡胶年末实有面积4.58万公顷，减少2.50%；水果年末实有面积3.60万公顷，增加2.13%；剑麻0.28万公顷，减少5.25%；茶叶735公顷，减少1.53%。

全年生猪饲养量212.5万头，增长11.04%，其中年末存栏83.7万头；牛年末存栏3.4万头，其中奶牛2.8万头；全年水产养殖面积0.39万公顷。

全年粮食产量4.69万吨，增加2.12%；糖蔗产量173.46万吨，减少0.06%；油料产量0.50万吨，减少3.57%；蔬菜产量21.00万吨，增长0.30%；干胶产量94.27万吨（包含海外、海南和云南），增长3.67%；水果产量96.40万吨，增加0.81%；剑麻直纤维产量5354吨，减少2.05%；茶叶产量582.51吨，增加2.31%。

全年肉类总产量14.48万吨，增长5.67%，其中猪肉产量12.12万吨，增长29.29%；禽肉产量2.18万吨，增加1.39%，禽蛋产量8017吨，增加82.87%。全年水产品产量4.42万吨，增长2.30%，其中海水养殖1.94万吨，淡水养殖2.48万吨。鲜牛奶产量9.12万吨，增长6.39%。

全年农业固定资产投入9.04亿元，减少47.61%。年末农业机械总动力为48.49万千瓦，减少0.37%。全年农用化肥施用量（折纯）5.83万吨，减少0.08%；农用塑料薄膜用量762吨，增加2.19%；农药施用量3943吨，减少0.66%；有效灌溉面积2.73万公顷，增加3.72%。

2023年完成农业龙头企业的申报和监测工作，至2023年末，垦区共有18家省级及以上龙头企业，其中3家为国家级重点龙头企业。

## 三、工业和建筑业

2023年，实现工业增加值58.03亿元，增长

0.27%，占生产总值的28.02%。

2023年，垦区各类工业企业629家，其中：规模以上工业企业49家，垦区各类工业企业全年实现工业总产值按现行价计算（下同）为244.77亿元，减少2.39%，规模以上工业总产值212.41亿元，占工业总产值的86.78%，工业产品销售率为96.81%，全年实现工业利润是17.77亿元，应交税金4.61亿元。

2023年垦区工业主要产品产量及其增减情况

| 产品名称 | 单位 | 产量 | 比上年增减% |
|---|---|---|---|
| 机制糖 | 吨 | 234738 | –23.9 |
| 罐头 | 吨 | 1483 | –49.14 |
| 酒精 | 吨 | 1995 | 94.82 |
| 乳制品 | 吨 | 221090 | 3.71 |
| 大米 | 吨 | 35342 | 7.39 |
| 有机复混肥 | 吨 | 39102 | –0.25 |
| 饲料 | 吨 | 158731 | –6.6 |
| 水泥 | 吨 | 117193 | –13.65 |
| 家具 | 万件 | 203 | 5.41 |
| 发电量 | 万千瓦时 | 107780 | 8.99 |

2023年垦区二十三大类工业产品中，产值排前十位的行业是：化学原料和化学制品制造业产值95.99亿元，占39.22%；其他制造业产值51.75亿元，占21.14%；食品制造业22.00亿元，占8.99%；农副食品加工业产值21.34亿元，占8.72%；橡胶和塑料制品业11.13亿元，占4.55%；金属制品业10.28亿元，占4.2%；家具制造业产值6.01亿元，占2.45%；电力、热力生产和供应业5.78亿元，占2.36%；纺织服装、服饰业3.77亿元，占1.54%；木材加工和木、竹、藤、棕、草制品业3.24亿元，占1.32%。这十大产业总产值231.30亿元，占工业总产值的94.50%。

2023年，全年完成建筑业产值26.16亿元，增加5.19%，房屋施工面积50.52万平方米，房屋竣工面积46.21万平方米。建筑业增加值达10.44亿元，增加5.33%。

**四、固定资产投资**

2023年，全年全社会固定资产投资总额51.96亿元，减少0.70%，其中国有固定资产投资完成15.77亿元，减少35.71%，非国有投资完成36.19亿元，增加30.20%。

分三次产业看，第一产业投资9.04亿元，减少47.61%。第二产业投资34.37亿元，增加45.95%。第三产业投资8.55亿元，减少25.82%。

**五、交通运输业、批零贸易业、餐饮业、服务业及出口商品**

2023年，现有主要运输工具2596台，全年货运量608.38万吨；客运量808.82万人，营业总收入6.67亿元。

2023年，年末批零贸易业、餐饮业、其它服务业营业单位总数达6161个，营业网点6348个，从业人员33164人，年末固定资产原值65.06亿元，营业用房196.50万平方米，销售和营业总额215.37亿元。

2023年，出口商品总金额达到43.95亿元，增加1.56%。其中：工业品出口38.71亿元，占出口总额的88.08%。2023年末，垦区境外企业达12家，境外企业全年总收入90.38亿元，利润总额1.72亿元。

**六、科技生产、土地**

2023年，广东农垦聚焦产业发展需要，大力推进创新驱动工程，开展科技创新赋能行动，加强科技创新，加快科技成果转化，提升科技服务水平，以科技助力垦区产业高质量发展。截至年末，共有科研单位7家、科技人员448人，主要农作物耕种收综合机械化水平和良种覆盖率分别达到 76.3%和100%。

加快科技创新与转化。一是特种胶研发取得新突破。特种天然橡胶研发生产线成功获得国产航空轮胎胶生产供货资质。目前，垦区特种胶生产线可实现2吨/天连续生产，达到产能400吨/年，为生产供货奠定坚实基础。二是引进熟化旱粮、蔬菜等良种良法。先后引进试种旱粮、蔬菜等品种91个，开展旱粮试验4项，已取得阶段性成果。

壮大农技服务体系与能力。一是健全农技推广体系。建立农技推广服务驿站4个，初步建立垦区农技专家库，制定专家库管理办法，开发农技专家库管理系统，首期遴选入库专家165名，组建农技服务“轻骑兵”107名。二是提升农技服务能力。编制印发《广东农垦南药知识读本》，全面普及南药产业常识；采用“集中授课+现场教学+实操训练+双考核”模式，统筹开展垦区农技推广人员培训，并组织一线生产人员技术培训，共培训人员2200人次以上。三是创新农技服务形式。组建团队首期制作垦区农业技术短视频6个，开展田头直播大讲堂2期，丰富农技推广手段；组织农技“轻骑兵”开展产业调研12次、应急性服务10期；开展垦区主产业病虫害监测与防治，发布病虫害监测与防治简报43期。

培育科技平台与成果。一是持续创建科技创新平台。积极利用广垦书香平台，拓宽农技宣教渠道；推进省热作学会换届，成立了12个专业委员会；广垦橡胶联合组建省级制造业创新中心，已完成前沿弹性体创新中心（广东）有限公司注册；燕塘乳业成功获得广州市工业设计中心认定，完成12款新产品的包装设计及延展设计等；畜牧集团成功创建高新技术企业，同时打造兽医卫生技术中心，已完成设施设备配套；广垦研究院创建橡胶重点实验室、菠萝产业研究院，已完成橡胶实验室一期建设工程及仪器设备安装，菠萝研究院已完成条件建设和仪器设备配套。二是积极开展科技成果申报。获得各类科技奖项15项、新品种保护权4项，1个品种通过省级评定，获得专利82项（发明专利11项），制（修）订各类标准13项，获得软件著作登记24项，出版著作14部，发表论文473篇。其中，品种选育取得了新突破，填补了垦区自主品种的空白。

2023年垦区国有土地总面积222647公顷，其中耕地57470公顷，园地88037公顷，水面面积5999公顷，林地37963公顷。

农垦土地管理。推进土地信息化建设，垦区物业租赁、农用地对外承包和职工超岗位承包全部在广东农垦国资电子交易平台参与公开竞价；通过平台完成土地、物业交易3453宗，总交易额79821.77万元，总委托规模78898.4万元，溢价923.38万元，溢价率1.17%。开展耕地种植现状调查，配合省里开展“田长制”前期准备工作，坚决落实耕地管理目标责任制；积极发挥省耕地保护协会会长单位示范带头和协会平台作用，推动梅陇农场打造全国首个“耕地认保+消费帮扶”水稻种植示范基地。开展被占地收回攻坚行动，通过协议、公证、起诉、政府收回和强制收回等多种方式收回被占地，全年共收回24925亩，新增被占地承包租金2469万，已到账934万。提升土地价值潜力，湛江垦区制定建设用地等级价，初步建立区域价格体系；提升涉矿土地前期收益和光伏农业租金收益。垦区建设用地拆旧复垦项目已全部施工完毕，实施面积9558亩，预计2024年上半年完成终验，形成并提请复垦指标交易。扎实推进保障性租赁住房项目，黄陂地块项目完成土地权属调整、控规调整等一系列前期工作，取得项目认定；燕塘地块项目完成土地归宗，按计划推进调规工作。国土空间专项规划已基本完成成果初稿，并与省自然资源厅协商确立编审报批规程。

**七、教育和卫生**

教育事业。2023年，垦区有普通高等学校1所，在校学生18929人，当年新招生人数6191人，当年毕业生5970人；中专1所，在校学生5073人，当年毕业生1225人；技工学校2所，在校学生2127人，当年毕业生356人。

2023年垦区职业教育产教融合取得新进展。

省农垦集团公司与省教育厅签约共建农工商学院，共同推动学院建成热带农业产业特色鲜明的“国内一流，世界水平”的高职院校，成为广东职业教育产教融合、科教融汇的示范者，全国行业办学的标杆者和服务“一带一路”倡议的开拓者。由省农垦集团公司（农垦总局）主办，华南农业大学、广东农工商职业技术学院承办的南亚热带农业产教融合共同体正式成立。共同体汇聚了来自云南、广东、广西、贵州、海南、黑龙江等108家成员单位，其中有企业59家、高水平大学7家、职业院校22家、科研院所7家、行业组织11家。共同体将促进教育链、人才链、产业链、创新链的有机融合，促进职业教育不断优化专业布局结构，提升教育科研与产业发展匹配度，促进垦区职业教育与垦区产业体系之间的双向互动。

省农工商学校引进江苏京东金科信息技术有限公司、深圳京才教育科技有限公司、广东汇贤智能装备科技有限公司、广东中山伊登高职业技能培训学校有限公司等5家优质企业，吸引企业投资近2000万元，在校内共建产学一体的实践基地，拓宽人才培养新路径。茂名技校与茂名农垦热带作物科学研究所共建物联网应用技术专业（现代农业方向）实训基地7000平方米，与深圳比比卡汽车连锁公司共建汽车实训基地2000平方米，与火星农场共建“火星优品”电商实训基地，与东莞天弘精密技术有限公司开展密切合作，共建数控加工实训车间。

由学院出品的大型原创话剧《突破北纬十七度》在广东歌舞剧院首次公演。话剧以广东农垦红色文化和先进人物事迹为主要题材，讲述了三代农垦人突破北纬十七度、实现天然橡胶大面积北移种植，开创发展新中国天然橡胶事业的壮阔历程。舞台剧的上映，对于教育引导广大垦区干部职工传承红色基因、弘扬“艰苦奋斗、勇于开拓、守正创新、志求卓越”的广东农垦精神具有重要意义。

高素质农民培训助力人才强垦。2023年垦区高素质农民培训工作共投入700万元，开展培训33期，累计培训2259人，完成计划任务的105%。

坚持聚焦主产业，顺利完成大规模胶工培训，全年共培训胶工748人（其中，湛江405人、茂名98人、阳江150人、揭阳50人、汕尾45人）。扩展社会服务面，顺利组织了吴川、广宁等挂钩联系单位的高素质农民培训，培训人数100人。持续扩大影响力，10月，中央农广校党委书记刘明国、副校长李仕宝到广东农垦调研高素质农民培训工作开展情况，对广东农垦高素质农民培训开展、产教融合推进、农广校体系阵地拓展等工作给予了充分肯定。11月，广东农垦代表、幸福农场陈远亮相第五届全国农民教育培训发展论坛，受邀参加中央媒体访谈，讲述了他在广东农垦的创业故事，展现农垦职工新形象。

医疗卫生事业。2023年，垦区医疗机构全年业务收入18.3亿元，同比增长7.1%。省农垦中心医院新增省临床重点专科1个、湛江市临床重点专科5个，肿瘤专科再次入围全国50强，在建的7.4万平方米门诊综合楼顺利封顶。湛垦医疗集团2023年基本公共卫生服务工作获评全市第一，“医养结合”模式得到属地政府支持，全年争取中央专项彩票公益资金和国家普惠养老项目资金共2121万元。茂名农垦医院新开设两个专科。全年新建成胜利、新华、梅陇农场医院专科综合楼，进一步挖掘专科潜力。广东燕岭医院融入广东省第二医院紧密型医联体建设，开启全面合作新篇章。

截至2023年末，垦区有医疗单位43家，其中：三级综合医院1家，二级综合医院、专科医院共4家，一级医院37家，疾病预防控制中心（含卫生防疫站）2家，疗养院1家；当年关停农场医院2家。全垦区医疗单位实际开放病床数8354张，医疗系统职工总数4962人。

**八、人口、职工与垦区居民收入**

2023年全垦区年末总人口39.08万人。

国有单位从业人员年末总数4.11万人，其中：国有在岗职工为3.12万人。全年国有在岗职工纯收入合计25.66亿元，国有在岗职工年均纯收入81762元，增长6.54%。

2023年末从业人员124597人，其中：从事第一产业56577人，占从业人员总数的45.41%；从事第二产业30759人，占从业人员总数的24.68%；从事第三产业37261人，占从业人员总数的29.91%。从业人员年平均纯收入51840元，增长3.95%。2023年垦区居民人均可支配收入31964元，增长4.96%。

**九、财务状况**

资产负债情况：2023年末垦区资产总额为424.38亿元，比年初数减少13.47亿元，负债总额253.99亿元，比年初减少13.39亿元，资产负债率为59.85%。

所有者权益增减变动情况：2023年末所有者权益170.39亿元（其中:归属于母公司的所有者权益为153.39亿元），比年初减少0.08亿元，减少的主要原因是回购了少数股东权益。

资产运营效率及债务风险情况：广东垦区2023年资产负债率为59.85%，总体债务风险可控；流动比率97.42%，比上年下降了8.22个百分点；资产现金回收率4.08%，同比上年上升3.2个百分点，经营活动现金流量净流入17.61亿元；净资产利润率和总资产报酬率分别为2.39%和2.21%，企业资产的运营效率较好。

国有营业总收入、利润情况：2023年垦区实现营业总收入269.57亿元，比上年增加了7.93亿元，增幅3.03%；实现利润总额6.23亿元，比上年减少了4.07亿元，减幅39.51%。税金缴纳情况：垦区2023年共实现各项税费6.90亿元。

# 15-1 主要年份广东农垦统计指标

| 项　　目 | 计量单位 | 1957 | 1962 | 1965 | 1970 | 1975 | 1985 | 1990 | 1995 | 2000 | 2005 |
|---|---|---|---|---|---|---|---|---|---|---|---|
| 土地总面积 | 公顷 | 198620 | 347113 | 236953 | 254767 | 250980 | 238980 | 220026 | 219038 | 217705 | 221793 |
| 农垦总人口 | 人 | | 117529 | 158740 | 248600 | 295340 | 317136 | 347144 | 337737 | 352608 | 350249 |
| 国有在岗职工人数 | 人 | 21181 | 61066 | 77856 | 130255 | 151145 | 169606 | 167169 | 123892 | 101698 | 65714 |
| 国有职工工资总额 | 万元 | 1094 | 2305 | 2671 | 4358 | 6441 | 16199 | 37206 | 75000 | 65145 | 64852 |
| 工农业总产值(现行价) | 万元 | | | | | | | 143320 | 345274 | 415136 | 616773 |
| 其中：农业总产值 | 万元 | | | | | | 32568 | 77132 | 157695 | 186062 | 273438 |
| 工业总产值 | 万元 | | | | | | 21475 | 66188 | 187579 | 229074 | 343335 |
| 农垦社会总产值(现价) | 万元 | | | | | | 63405 | 162320 | 464602 | 522934 | 750248 |
| 农垦生产总值(现价) | 万元 | | | | | | 31233 | 71970 | 176407 | 171361 | 323933 |
| 利润总额 | 万元 | -357 | 75 | 1521 | 1734 | 3367 | 3582 | 3825 | 23521 | -20713 | 14568 |
| 交纳税金 | 万元 | 19 | 121 | 828 | 1230 | 481 | 2109 | 7449 | 15900 | 14279 | 15361 |
| 国有固定资产原值 | 万元 | | | | | | 95570 | 125191 | 213315 | 469584 | 682053 |
| 国有固定资产净值 | 万元 | | | | | | 70312 | 89256 | 168452 | 336609 | 546608 |
| 出口商品总金额 | 万元 | 118 | 125 | 446 | 32 | 193 | 217 | 10134 | 31833 | 28123 | 78937 |
| 出口创汇金额 | 万美元 | | | | | | 76 | 2073 | 3826 | 3386 | 9915 |
| 农产品销售金额 | 万元 | 174 | 357 | 810 | 738 | 12374 | 26165 | 59015 | 121698 | 132871 | 210751 |
| 干胶总产量(国内基地) | 吨 | | 1388 | 3426 | 7232 | 12361 | 24408 | 30241 | 27158 | 20034 | 21307 |
| 剑麻纤维产量 | 吨 | 64 | 74 | 1337 | 3016 | 5695 | 10893 | 10538 | 16889 | 17873 | 14410 |
| 干毛茶产量 | 吨 | | 1 | 2 | 1 | 8 | 1431 | 3135 | 2613 | 2320 | 1737 |
| 水果总产量 | 吨 | 875 | 966 | 1002 | 2426 | 795 | 16783 | 62134 | 74575 | 143415 | 236156 |
| 年末林地面积 | 公顷 | 33099 | 30223 | 36297 | 39716 | 39972 | 32385 | 38077 | 33680 | 24755 | 24635 |
| 鲜牛奶产量 | 吨 | 106 | 250 | 604 | 656 | 1469 | 3162 | 3423 | 5062 | 3158 | 19711 |
| 肉类产量 | 吨 | 809 | 1265 | 681 | 2400 | 2466 | 13033 | 15306 | 21736 | 37905 | 42117 |
| 水产品产量 | 吨 | 18 | 104 | 32 | 79 | 423 | 791 | 2834 | 8128 | 15391 | 21755 |
| 机制糖产量 | 吨 | 393 | 1878 | 13281 | 13134 | 12168 | 39111 | 79506 | 113893 | 183434 | 352576 |
| 水泥产量 | 吨 | | | | | 21023 | 120598 | 171199 | 594066 | 432540 | 483468 |
| 固定资产投资额 | 万元 | 1239 | 2355 | 2385 | 4766 | 4454 | 9596 | 8580 | 88376 | 30250 | 59761 |

# 15-1 续表

| 项　目 | 计量单位 | 2010 | 2015 | 2016 | 2017 | 2018 | 2019 | 2020 | 2021 | 2022 | 2023 |
|---|---|---|---|---|---|---|---|---|---|---|---|
| 土地总面积 | 公顷 | 226031 | 228305 | 228834 | 228364 | 223729 | 223102 | 223000 | 222907 | 222811 | 222647 |
| 农垦总人口 | 人 | 375095 | 377975 | 382887 | 389346 | 390400 | 391906 | 391035 | 389360 | 389984 | 390796 |
| 国有在岗职工人数 | 人 | 59370 | 47512 | 46127 | 43264 | 39749 | 34941 | 33249 | 32771 | 32457 | 31174 |
| 国有职工工资总额 | 万元 | 101106 | 221171 | 227502 | 237889 | 249786 | 246718 | 242716 | 258913 | 271220 | 278275 |
| 工农业总产值(现行价) | 万元 | 1593241 | 2759359 | 2782341 | 3521951 | 3519462 | 3630582 | 3327645 | 3632010 | 3826136 | 3820519 |
| 其中：农业总产值 | 万元 | 434598 | 913121 | 994468 | 1076861 | 1142092 | 1139022 | 1127335 | 1213826 | 1318477 | 1372836 |
| 工业总产值 | 万元 | 1158643 | 1846238 | 1787873 | 2445090 | 2377370 | 2491560 | 2200310 | 2418184 | 2507659 | 2447683 |
| 农垦社会总产值(现价) | 万元 | 1938973 | 3475153 | 3581996 | 4392133 | 4447843 | 4636004 | 4288257 | 4657730 | 4882285 | 4945127 |
| 农垦生产总值(现价) | 万元 | 836254 | 1512954 | 1613180 | 1727574 | 1849995 | 1919608 | 1803921 | 1920422 | 1996457 | 2070700 |
| 利润总额 | 万元 | 33848 | 38062 | 32572 | 33288 | 30285 | 36977 | 28888 | 38741 | 102956 | 62289 |
| 交纳税金 | 万元 | 26551 | 30608 | 46724 | 53649 | 52524 | 58590 | 50692 | 58173 | 53172 | 68962 |
| 国有固定资产原值 | 万元 | 772743 | 1583426 | 1817613 | 1877682 | 1982831 | 2081950 | 2161247 | 2301116 | 2474019 | 2648506 |
| 国有固定资产净值 | 万元 | 580666 | 1272136 | 1364954 | 1450760 | 1502552 | 1537986 | 1565045 | 1689357 | 1785338 | 1836068 |
| 出口商品总金额 | 万元 | 452321 | 692905 | 764445 | 791713 | 776474 | 666384 | 443396 | 441802 | 432741 | 439477 |
| 出口创汇金额 | 万美元 | 69400 | 108071 | 111204 | 114954 | 105656 | 89078 | 63601 | 57167 | 70202 | 70804 |
| 农产品销售金额 | 万元 | 367085 | 789697 | 821199 | 912964 | * | * | * | * | * | * |
| 干胶总产量(国内基地) | 吨 | 13383 | 12970 | 12923 | 14006 | 13882 | 16226 | 16136 | 17826 | 16782 | 16166 |
| 剑麻纤维产量 | 吨 | 13610 | 7929 | 3279 | 2715 | 2663 | 3312 | 4078 | 5118 | 5466 | 5354 |
| 干毛茶产量 | 吨 | 1092 | 617 | 685 | 702 | 856 | 820 | 532 | 590 | 569 | 583 |
| 水果总产量 | 吨 | 401505 | 875421 | 896783 | 889913 | 900609 | 938931 | 880164 | 944064 | 956311 | 964014 |
| 年末林地面积 | 公顷 | 23225 | 28002 | 28628 | 29532 | 83359 | 81907.5 | 34212 | 36477 | 37402 | 37963 |
| 鲜牛奶产量 | 吨 | 26303 | 45618 | 48196 | 58300 | 63199 | 64116 | 70116 | 79900 | 85695 | 91171 |
| 肉类产量 | 吨 | 64140 | 119212 | 119812 | 128517 | 132757 | 97323 | 76291 | 109945 | 137010 | 144778 |
| 水产品产量 | 吨 | 30386 | 36746 | 38871 | 43908 | 41917 | 42184.2 | 42758 | 43149 | 43245 | 44239 |
| 机制糖产量 | 吨 | 518025 | 364552 | 350028 | 339925 | 377957 | 387500 | 277100 | 270054 | 308454 | 234738 |
| 水泥产量 | 吨 | 520730 | 309376 | 293584 | 250807 | 128643 | 130855 | 112547 | 131185 | 135720 | 117193 |
| 固定资产投资额 | 万元 | 202232 | 274278 | 294540 | 257554 | 297414 | 314942 | 336194 | 519237 | 523278 | 519598 |

# 15-2 广东农垦2023年主要指标完成情况

| 指标名称 | 单位 | 总局合计 | | 湛江局 | 茂名局 | 阳江局 | 揭阳局 | 汕尾局 | 直属单位 |
|---|---|---|---|---|---|---|---|---|---|
| | | 完成数 | 增长率(%) | | | | | | |
| **一、农垦总人口** | **人** | **390796** | **0.21** | **145076** | **94083** | **14159** | **51448** | **35634** | **50396** |
| 其中:从业人数 | 人 | 124597 | 0.63 | 33087 | 24927 | 3746 | 15573 | 14412 | 32852 |
| 内:国有在岗职工 | 人 | 31174 | -3.95 | 10997 | 5041 | 1580 | 507 | 426 | 12623 |
| **二、土地总面积** | **公顷** | **222647** | **-0.07** | **90773** | **55486** | **30175** | **11761** | **9345** | **25107** |
| 其中:耕地 | 公顷 | 57470 | 6.17 | 36334 | 269 | 1508 | 1647 | 1491 | 16221 |
| 高标准农田 | 公顷 | 27549 | 1.59 | 18633 | | | | 866 | 8051 |
| **三、农业生产** | | | | | | | | | |
| 1.橡胶年末面积 | 公顷 | 45766 | -3 | 6426 | 28688 | 7344 | 1999 | 1051 | 257 |
| 橡胶年末株数 | 万株 | 1338 | -5 | 219 | 776 | 226 | 63 | 49 | 6 |
| 全年干胶总产 | 吨 | 942745 | 4 | 2176 | 10251 | 3231 | 304 | 205 | 926579 |
| 其中:国内干胶总产 | 吨 | 16166 | -4 | 2176 | 10251 | 3231 | 304 | 205 | |
| 单株年产干胶 | 公斤 | 2.00 | -5 | 2 | 2 | 2 | 1 | 2 | |
| 公顷年产干胶 | 公斤 | 594.00 | 0 | 520 | 617 | 602 | 354 | 1029 | |
| 2.剑麻年末面积 | 公顷 | 2824 | -5.25 | 2824 | | | | | |
| 纤维总产 | 吨 | 5354 | -2.05 | 5354 | | | | | |
| 3.茶叶年末面积 | 公顷 | 735 | -1.53 | 243 | 237 | 37 | 199 | 20 | |
| 茶叶总产 | 吨 | 583 | 2.31 | 117 | 246 | | 196 | 24 | |
| 4.水果年末面积 | 公顷 | 36008 | 2.13 | 19345 | 5248 | 1276 | 3016 | 1238 | 5885 |
| 水果总产量 | 吨 | 964014 | 0.81 | 621690 | 31201 | 3637 | 16443 | 9419 | 281623 |
| 其中：柑桔橙年末面积 | 公顷 | 1074 | 0.92 | 905 | 59 | 52 | 55 | | 3 |
| 总产量 | 吨 | 14400 | 12.54 | 11294 | 106 | 963 | 2018 | | 19 |
| 菠萝年末面积 | 公顷 | 12060 | 4.43 | 7104 | 26 | | 76 | 117 | 4738 |
| 总产量 | 吨 | 456126 | 5.46 | 216506 | 151 | | 2280 | 3000 | 234189 |
| 荔枝年末面积 | 公顷 | 6724 | -2.87 | 2080 | 2597 | 349 | 850 | 849 | |
| 总产量 | 吨 | 40150 | 16.34 | 17125 | 13244 | 241 | 4365 | 5174 | |
| 香蕉年末面积 | 公顷 | 7709 | -1.09 | 6242 | 257 | 40 | 98 | 57 | 1016 |
| 总产量 | 吨 | 359239 | -7.88 | 304973 | 8465 | 542 | 760 | 495 | 44004 |

# 15-2 续表 1

| 指标名称 | 单位 | 总局合计 | | 湛江局 | 茂名局 | 阳江局 | 揭阳局 | 汕尾局 | 直属单位 |
|---|---|---|---|---|---|---|---|---|---|
| | | 完成数 | 增长率(%) | | | | | | |
| 5.粮食播种面积 | 公顷 | 8314 | 4.59 | 3187 | 736 | 230 | 1768 | 2386 | 8 |
| 粮食总产量 | 吨 | 46942 | 2.12 | 18181 | 3992 | 1307 | 9388 | 14007 | 68 |
| 其中：水稻播种面积 | 公顷 | 3962 | -1.65 | 592 | 241 | 122 | 965 | 2042 | |
| 水稻总产量 | 吨 | 23804 | -2.03 | 3751 | 1808 | 753 | 5415 | 12078 | |
| 6.糖蔗播种面积 | 公顷 | 21964 | -1.48 | 12154 | 37 | 39 | | | 9734 |
| 糖蔗总产量 | 吨 | 1734591 | -0.06 | 993674 | 1923 | 2145 | | | 736849 |
| 7.油料播种面积 | 公顷 | 1825 | -2.44 | 830 | 609 | 135 | 167 | 54 | 30 |
| 油料总产量 | 吨 | 4991 | -3.57 | 2250 | 1780 | 370 | 383 | 126 | 81 |
| 8.蔬菜种植面积 | 公顷 | 7467 | -1.00 | 4684 | 1038 | 184 | 704 | 694 | 163 |
| 蔬菜产量(含菜用瓜) | 吨 | 210007 | 0.30 | 158057 | 17569 | 2350 | 14694 | 12548 | 4788 |
| 9.油茶年末面积 | 公顷 | 5403 | -18.62 | | 5120 | 215 | 68 | | |
| 油茶鲜果产量 | 吨 | 6977 | -0.97 | | 6890 | 40 | 47 | | |
| 10.生猪年出栏量 | 万头 | 128.79 | 29.29 | 22.52 | 15.65 | 10.60 | 4.63 | 1.20 | 74.19 |
| 生猪年末存栏量 | 万头 | 83.68 | -8.79 | 13.07 | 13.48 | 6.91 | 2.71 | 0.38 | 47.13 |
| 11.牛年末存栏量 | 万头 | 3.38 | -27.09 | 0.31 | 0.01 | 0.05 | 0.14 | 0.03 | 2.84 |
| 其中：奶牛 | 万头 | 2.79 | -29.64 | 0.01 | | | | | 2.78 |
| 12.肉类总产量 | 吨 | 144778 | 5.67 | 26677 | 19045 | 11603 | 5311 | 5990 | 76152 |
| 其中：猪肉 | 吨 | 121215 | 27.03 | 19331 | 12098 | 9125 | 3791 | 915 | 75954 |
| 13.牛奶产量 | 吨 | 91171 | 6.39 | 140 | | | | | 91031 |
| 14.水产养殖面积 | 公顷 | 3934 | 4.54 | 930 | 489 | 1356 | 142 | 962 | 56 |
| 水产品产量 | 吨 | 44239 | 2.30 | 7940 | 6199 | 23909 | 1059 | 5078 | 54 |
| 15.农业机械总动力 | 千瓦 | 484871 | -0.37 | 127459 | 76002 | 82408 | 9681 | 34059 | 155262 |
| **四、工业生产** | | | | | | | | | |
| 1.工业企业个数* | 个 | 629 | 0.16 | 208 | 193 | 18 | 76 | 71 | 63 |
| 2.工业产品产量 | | | | | | | | | |
| 其中：水泥 | 吨 | 117193 | -13.65 | | | 117193 | | | |
| 机制糖 | 吨 | 234738 | -23.90 | | | | | | 234738 |
| 罐头 | 吨 | 1483 | -49.14 | 1483 | | | | | |
| 饲料 | 吨 | 158371 | -6.60 | | 4087 | | | 1375 | 152909 |
| 酒精 | 吨 | 1995 | 94.82 | | | | | | 1995 |

注:* 本栏工业企业个数包括了各个层次各种所有制的全部工业企业个数。

## 15-2 续表 2

| 指标名称 | 单位 | 总局合计 | | 湛江局 | 茂名局 | 阳江局 | 揭阳局 | 汕尾局 | 直属单位 |
|---|---|---|---|---|---|---|---|---|---|
| | | 完成数 | 增长率(%) | | | | | | |
| 乳制品 | 吨 | 221090 | 3.71 | | | | | | 221090 |
| 家具 | 万件 | 203 | 5.41 | 142 | 6 | 15 | | | 40 |
| 有机复混肥 | 吨 | 39102 | -0.25 | | 19124 | 15955 | | | 4023 |
| 砖 | 万块 | 34726 | -16.68 | 10117 | 8444 | 10684 | 326 | 4545 | 610 |
| 食用油 | 吨 | 8724 | -6.11 | 708 | 3031 | | | | 4985 |
| 大米 | 吨 | 35342 | 7.39 | 453 | 550 | | 4449 | 11390 | 18500 |
| 发电量 | 万千瓦时 | 107780 | 8.99 | 34210 | 26 | 30000 | 32156 | 63 | 11327 |
| **五、全部固定资产投资** | **万元** | **519598** | **-0.70** | **148739** | **56691** | **169353** | **46454** | **20082** | **78280** |
| 1.第一产业 | 万元 | 90398 | -47.61 | 19439 | 21414 | 5611 | 7076 | 7195 | 29663 |
| 2.第二产业 | 万元 | 343721 | 45.95 | 107090 | 11862 | 161969 | 35401 | 8487 | 18913 |
| 3.第三产业 | 万元 | 85479 | -25.82 | 22210 | 23416 | 1773 | 3977 | 4400 | 29704 |
| 其中:国有固定资产投资 | 万元 | 157705 | -35.71 | 38536 | 28187 | 7391 | 5574 | 2869 | 75149 |
| **六、工农业总产值(现价)** | **万元** | **3820519** | **0.10** | **728241** | **334081** | **165543** | **108837** | **153320** | **2330498** |
| 1.农林牧渔业总产值 | 万元 | 1372836 | 4.12 | 557707 | 244869 | 128757 | 63087 | 42532 | 335884 |
| 2 工业总产值 | 万元 | 2447683 | -2.39 | 170534 | 89211 | 36786 | 45750 | 110788 | 1994614 |
| **七、农垦生产总值(现价)** | **万元** | **2070700** | **3.72** | **571437** | **361620** | **122938** | **80888** | **87747** | **846072** |
| 1.第一产业增加值 | 万元 | 732424 | 3.58 | 305907 | 156505 | 78030 | 33646 | 23640 | 134696 |
| 2.第二产业增加值 | 万元 | 684656 | 1.01 | 96896 | 70356 | 20227 | 22981 | 43227 | 430969 |
| 其中：工业 | 万元 | 580287 | 0.27 | 51190 | 33021 | 13728 | 15646 | 37455 | 429247 |
| 3.第三产业增加值 | 万元 | 653620 | 6.88 | 168634 | 134758 | 24680 | 24261 | 20880 | 280407 |
| **八、出口商品总金额** | **万元** | **439477** | **1.54** | **1522** | | **52375** | | | **385580** |
| **九、全年利税总额** | **万元** | **99114** | **-36.52** | **27069** | **29742** | **10235** | **1931** | **536** | **29601** |
| 其中：利润 | 万元 | 62289 | -39.50 | 22761 | 25496 | 9469 | 1809 | 519 | 2236 |
| **十、按农垦人口计算** | | | | | | | | | |
| 1.人均农垦生产总值 | 元 | 53283 | 3.95 | 39788 | 38308 | 90355 | 15759 | 24603 | 169204 |
| 2.国有在岗职工年均收入 | 元 | 81762 | 6.54 | 79953 | 64288 | 60101 | 63481 | 60595 | 94875 |
| 3.农垦人口人均纯收入 | 元 | 31964 | 4.96 | 29520 | 30031 | 33575 | 22105 | 25015 | 57271 |
| 4.从业人员年均纯收入 | 元 | 51840 | 3.95 | 53571 | 46144 | 51611 | 28976 | 39052 | 71111 |

# 15-3 农垦基本情况

| 指标名称 | 计量单位 | 农垦总局 | 湛江局 | 茂名局 | 阳江局 | 揭阳局 | 汕尾局 | 直属单位 |
|---|---|---|---|---|---|---|---|---|
| **一、农垦农场情况** | | | | | | | | |
| 1.农场个数 | 个 | 45 | 16 | 12 | 6 | 6 | 3 | 2 |
| **二、农垦人口情况** | | | | | | | | |
| 1.农垦年末总人口 | 人 | 390796 | 145076 | 94083 | 14159 | 51448 | 35634 | 50396 |
| 其中：农场人口 | 人 | 332065 | 128925 | 91631 | 13466 | 50741 | 35589 | 11713 |
| 2.农垦年内平均人口 | 人 | 388620 | 143620 | 94397 | 13606 | 51329 | 35665 | 50003 |
| **三、从业人员情况** | | | | | | | | |
| 从业人员年末数 | 人 | 124597 | 33087 | 24927 | 3746 | 15573 | 14412 | 32852 |
| 第一产业 | 人 | 56577 | 18831 | 10802 | 2099 | 10647 | 8920 | 5278 |
| 第二产业 | 人 | 30759 | 4502 | 5102 | 708 | 2787 | 3242 | 14418 |
| 第三产业 | 人 | 37261 | 9754 | 9023 | 939 | 2139 | 2250 | 13156 |
| 从业人员工资总额 | 万元 | 725545 | 217386 | 113502 | 23501 | 45525 | 55076 | 270555 |
| **四、职工及工资总额** | | | | | | | | |
| 职工期末人数 | 人 | 41122 | 11710 | 5315 | 1622 | 2585 | 426 | 19464 |
| 其中：在岗职工人数 | 人 | 31174 | 10997 | 5041 | 1580 | 507 | 426 | 12623 |
| 职工工资总额 | 万元 | 317016 | 101192 | 34225 | 10123 | 10527 | 2581 | 158368 |
| 其中：在岗职工工资总额 | 万元 | 278275 | 94299 | 33573 | 10001 | 3263 | 2581 | 134558 |
| **五、收入及住房情况** | | | | | | | | |
| 1.居民人均可支配收入 | 元 | 31964 | 29520 | 30031 | 33575 | 22105 | 25015 | 57271 |
| 2.年末实有住房面积 | 平方米 | 14298325 | 5701807 | 3432663 | 472754 | 1765227 | 1364370 | 1561504 |
| **六、小城镇情况** | | | | | | | | |
| 1.小城镇个数 | 个 | 40 | 15 | 12 | 3 | 4 | 2 | 4 |
| 2.小城镇人口 | 人 | 146248 | 56569 | 41491 | 6775 | 19636 | 8740 | 13037 |
| 3.小城镇占地面积 | 平方米 | 59705124 | 26880000 | 14435124 | 2810000 | 3830000 | 4450000 | 7300000 |

# 15-4 土地利用面积和耕地变动情况

| 指标名称 | 计量单位 | 农垦总局 | 湛江局 | 茂名局 | 阳江局 | 揭阳局 | 汕尾局 | 直属单位 |
|---|---|---|---|---|---|---|---|---|
| **一、土地总面积** | **公顷** | **222647** | **90773** | **55486** | **30175** | **11761** | **9345** | **25107** |
| 1.耕地面积 | 公顷 | 57470 | 36334 | 269 | 1508 | 1647 | 1491 | 16221 |
| 其中：水田 | 公顷 | 3899 | 928 | 193 | 868 | 665 | 1157 | 87 |
| 高标准农田面积 | 公顷 | 27549 | 18633 | | | | 866 | 8051 |
| 永久基本农田 | 公顷 | 40848 | 26286 | 8 | 869 | 698 | 1050 | 11937 |
| 2.牧草地面积 | 公顷 | 127 | 102 | | | 25 | | 0 |
| 3.林地面积 | 公顷 | 37963 | 11664 | 8661 | 11312 | 3818 | 1499 | 1009 |
| 4.水面面积 | 公顷 | 5999 | 1579 | 758 | 1395 | 618 | 1385 | 264 |
| 其中：可养殖水面 | 公顷 | 4115 | 957 | 673 | 1367 | 146 | 952 | 19 |
| 5.园地面积 | 公顷 | 88037 | 27571 | 36609 | 11760 | 4002 | 2302 | 5793 |
| 6.可垦荒地面积 | 公顷 | 1612 | 1200 | 55 | 111 | 55 | 180 | 10 |
| 7.宜林地面积 | 公顷 | 1700 | 166 | 55 | | 328 | 1151 | |
| 8.居民点及工矿用地面积 | 公顷 | 9001 | 4095 | 2343 | 594 | 582 | 411 | 977 |
| 9.其他面积 | 公顷 | 20739 | 8063 | 6736 | 3496 | 686 | 927 | 832 |
| **二、现代农业园区情况** | | | | | | | | |
| 1.现代农业园区个数 | 个 | 5 | 4 | 1 | | | | |
| 2.现代农业园区占地面积 | 公顷 | 100361 | 45061 | 55300 | | | | |
| **三、土地变动情况** | | | | | | | | |
| 1.年初实有耕地面积 | 公顷 | 54133 | 32995 | 269 | 1453 | 1647 | 1491 | 16276 |
| 2.当年增加的耕地面积 | 公顷 | 3531 | 3476 | | 56 | | | |
| 3.当年被政府收回的土地 | 公顷 | 295 | 11 | 76 | 208 | | | |
| 4.当年减少的耕地面积 | 公顷 | 194 | 137 | | 1 | | | 56 |

# 15-5 农作物播种面积和产量

| 指标名称 | 计量单位 | 农垦总局 | 湛江局 | 茂名局 | 阳江局 | 揭阳局 | 汕尾局 | 直属单位 |
|---|---|---|---|---|---|---|---|---|
| **农作物播种面积总计** | **公顷** | **45090** | **24218** | **2792** | **1531** | **2758** | **3139** | **10653** |
| **一、粮食作物** | | | | | | | | |
| 播种面积 | 公顷 | 8314 | 3187 | 736 | 230 | 1768 | 2386 | 8 |
| 总产量 | 吨 | 46942 | 18181 | 3992 | 1307 | 9388 | 14007 | 68 |
| 每公顷产量 | 公斤/公顷 | 5646 | 5704 | 5427 | 5692 | 5310 | 5871 | 8236 |
| 其中：夏收作物 | | | | | | | | |
| 播种面积 | 公顷 | 2596 | 489 | 183 | 112 | 600 | 1213 | |
| 总产量 | 吨 | 14868 | 3429 | 1452 | 721 | 3034 | 6232 | |
| 每公顷产量 | 公斤/公顷 | 5728 | 7016 | 7930 | 6451 | 5060 | 5139 | |
| (一)谷物合计 | | | | | | | | |
| 播种面积 | 公顷 | 4888 | 1176 | 290 | 134 | 989 | 2293 | 6 |
| 总产量 | 吨 | 30021 | 8024 | 2071 | 821 | 5482 | 13570 | 53 |
| 每公顷产量 | 公斤/公顷 | 6141 | 6820 | 7135 | 6117 | 5542 | 5919 | 9584 |
| 1.稻 谷 | | | | | | | | |
| 播种面积 | 公顷 | 3962 | 592 | 241 | 122 | 965 | 2042 | |
| 总产量 | 吨 | 23804 | 3751 | 1808 | 753 | 5415 | 12078 | |
| 每公顷产量 | 公斤/公顷 | 6008 | 6335 | 7513 | 6149 | 5611 | 5915 | |
| 其中：早 稻 | | | | | | | | |
| 播种面积 | 公顷 | 1877 | 203 | 110 | 23 | 478 | 1064 | |
| 总产量 | 吨 | 10787 | 1287 | 718 | 152 | 2574 | 6056 | |
| 每公顷产量 | 公斤/公顷 | 5748 | 6350 | 6559 | 6654 | 5385 | 5694 | |
| 2.玉 米 | | | | | | | | |
| 播种面积 | 公顷 | 904 | 584 | 35 | 12 | 17 | 251 | 6 |
| 总产量 | 吨 | 6133 | 4273 | 199 | 68 | 48 | 1492 | 53 |
| 每公顷产量 | 公斤/公顷 | 6784 | 7312 | 5736 | 5788 | 2814 | 5952 | 9584 |
| 3.其他谷物 | | | | | | | | |
| 播种面积 | 公顷 | 22 | | 15 | | 7 | | |
| 总产量 | 吨 | 83 | | 64 | | 19 | | |
| 每公顷产量 | 公斤/公顷 | 3790 | | 4295 | | 2714 | | |
| (二)豆类合计 | | | | | | | | |
| 播种面积 | 公顷 | 213 | 62 | 39 | 10 | 102 | | |
| 总产量 | 吨 | 619 | 136 | 143 | 23 | 317 | | |
| 每公顷产量 | 公斤/公顷 | 2909 | 2211 | 3722 | 2193 | 3096 | | |
| 1.大 豆 | | | | | | | | |
| 播种面积 | 公顷 | 157 | 58 | 13 | 8 | 78 | | |
| 总产量 | 吨 | 378 | 125 | 35 | 16 | 203 | | |
| 每公顷产量 | 公斤/公顷 | 2411 | 2173 | 2636 | 1958 | 2596 | | |
| 2.杂 豆 | | | | | | | | |
| 播种面积 | 公顷 | 55 | 4 | 25 | 2 | 23 | | |
| 总产量 | 吨 | 241 | 11 | 109 | 7 | 114 | | |
| 每公顷产量 | 公斤/公顷 | 4386 | 2750 | 4289 | 3009 | 4914 | | |

# 15-5 续表

| 指标名称 | 计算单位 | 农垦总局 | 湛江局 | 茂名局 | 阳江局 | 揭阳局 | 汕尾局 | 直属单位 |
|---|---|---|---|---|---|---|---|---|
| (三)薯 类 | | | | | | | | |
| 播种面积 | 公顷 | 3213 | 1950 | 407 | 85 | 676 | 93 | 3 |
| 总产量 | 吨 | 16303 | 10021 | 1778 | 463 | 3589 | 437 | 15 |
| 每公顷产量 | 公斤/公顷 | 5074 | 5140 | 4370 | 5452 | 5306 | 4699 | 5474 |
| **二、油料合计** | | | | | | | | |
| 播种面积 | 公顷 | 1825 | 830 | 609 | 135 | 167 | 54 | 30 |
| 总产量 | 吨 | 4991 | 2250 | 1780 | 370 | 383 | 126 | 81 |
| 每公顷产量 | 公斤/公顷 | 2734 | 2711 | 2922 | 2741 | 2295 | 2333 | 2705 |
| 1.花 生 | | | | | | | | |
| 播种面积 | 公顷 | 1780 | 795 | 609 | 135 | 167 | 54 | 19 |
| 总产量 | 吨 | 4893 | 2162 | 1780 | 370 | 383 | 126 | 72 |
| 每公顷产量 | 公斤/公顷 | 2750 | 2720 | 2922 | 2741 | 2295 | 2333 | 3677 |
| 2.芝 麻 | | | | | | | | |
| 播种面积 | 公顷 | 41 | 35 | | | | | 6 |
| 总产量 | 吨 | 96 | 87 | | | | | 9 |
| 每公顷产量 | 公斤/公顷 | 2343 | 2486 | | | | | 1483 |
| **三、麻类合计** | | | | | | | | |
| 播种面积 | 公顷 | 2824 | 2824 | | | | | |
| 总产量 | 吨 | 5354 | 5354 | | | | | |
| 每公顷产量 | 公斤/公顷 | 1896 | 1896 | | | | | |
| **四、甘蔗合计** | | | | | | | | |
| 播种面积 | 公顷 | 21964 | 12154 | 37 | 39 | | | 9734 |
| 总产量 | 吨 | 1734591 | 993674 | 1923 | 2145 | | | 736849 |
| 每公顷产量 | 公斤/公顷 | 78976 | 81754 | 52606 | 55000 | | | 75702 |
| **五、药材类合计** | | | | | | | | |
| 播种面积 | 公顷 | 1638 | 405 | 314 | 919 | | | |
| **六、蔬菜、瓜类合计** | | | | | | | | |
| 播种面积 | 公顷 | 7467 | 4684 | 1038 | 184 | 704 | 694 | 163 |
| 总产量 | 吨 | 210007 | 158057 | 17569 | 2350 | 14694 | 12548 | 4788 |
| 每公顷产量 | 公斤/公顷 | 28124 | 33746 | 16919 | 12809 | 20867 | 18081 | 29341 |
| 1.蔬 菜 | | | | | | | | |
| 播种面积 | 公顷 | 6755 | 4265 | 960 | 168 | 606 | 694 | 62 |
| 总产量 | 吨 | 193661 | 150569 | 16286 | 2252 | 11173 | 12548 | 833 |
| 每公顷产量 | 公斤/公顷 | 28668 | 35305 | 16959 | 13395 | 18432 | 18081 | 13483 |
| 2.瓜 类 | | | | | | | | |
| 播种面积 | 公顷 | 712 | 419 | 78 | 15 | 98 | | 101 |
| 总产量 | 吨 | 16245 | 7388 | 1282 | 99 | 3521 | | 3955 |
| 每公顷产量 | 公斤/公顷 | 22822 | 17636 | 16421 | 6412 | 35930 | | 39000 |
| **七、其他作物** | | | | | | | | |
| 播种面积 | 公顷 | 1058 | 133 | 58 | 25 | 119 | 5 | 718 |
| 其中：青饲料播种面积 | 公顷 | 787 | 27 | 3 | 5 | 29 | 5 | 718 |

# 15-6 茶、果、桑生产情况

| 指标名称 | 计量单位 | 农垦总局 | 湛江局 | 茂名局 | 阳江局 | 揭阳局 | 汕尾局 | 直属单位 |
|---|---|---|---|---|---|---|---|---|
| **一、茶 叶** | | | | | | | | |
| 年末实有面积 | 公顷 | **735** | 243 | 237 | 37 | 199 | 20 | |
| 收获面积 | 公顷 | 538 | 178 | 166 | | 174 | 20 | |
| 产量 | 吨 | 583 | 117 | 246 | | 196 | 24 | |
| **二、水 果** | | | | | | | | |
| 年末实有面积 | 公顷 | 36008 | 19345 | 5244 | 1276 | 3016 | 1238 | 5888 |
| 收获面积 | 公顷 | 28741 | 15102 | 4345 | 750 | 2776 | 1238 | 4529 |
| 产量 | 吨 | 964014 | 621690 | 31189 | 3637 | 16443 | 9419 | 281635 |
| 1.香 蕉 | | | | | | | | |
| 年末实有面积 | 公顷 | 7709 | 6242 | 257 | 40 | 98 | 57 | 1016 |
| 收获面积 | 公顷 | 6762 | 5556 | 252 | 35 | 95 | 57 | 767 |
| 产量 | 吨 | 359239 | 304973 | 8465 | 542 | 760 | 495 | 44004 |
| 2.柑、橘、橙、柚 | | | | | | | | |
| 年末实有面积 | 公顷 | 1074 | 905 | 59 | 52 | 55 | | 3 |
| 收获面积 | 公顷 | 940 | 835 | 8 | 41 | 53 | | 3 |
| 产量 | 吨 | 14400 | 11294 | 106 | 963 | 2018 | | 19 |
| 3.葡萄 | | | | | | | | |
| 年末实有面积 | 公顷 | 9 | 3.0 | | | 6 | | |
| 收获面积 | 公顷 | 9 | 3 | | | 6 | | |
| 产量 | 吨 | 35 | 18 | | | 17 | | |
| 3.菠 萝 | | | | | | | | |
| 年末实有面积 | 公顷 | 12060 | 7104 | 26 | | 76 | 117 | 4738 |
| 收获面积 | 公顷 | 7987 | 4087 | 20 | | 75 | 117 | 3688 |
| 产量 | 吨 | 456126 | 216506 | 151 | | 2280 | 3000 | 234189 |
| 4.荔 枝 | | | | | | | | |
| 年末实有面积 | 公顷 | 6724 | 2080 | 2597 | 349 | 850 | 849 | |
| 收获面积 | 公顷 | 5894 | 1885 | 2200 | 159 | 802 | 849 | |
| 产量 | 吨 | 40150 | 17125 | 13244 | 241 | 4365 | 5174 | |
| 5.龙 眼 | | | | | | | | |
| 年末实有面积 | 公顷 | 3042 | 287 | 1643 | 632 | 344 | 136 | |
| 收获面积 | 公顷 | 2495 | 285 | 1421 | 366 | 288 | 136 | |
| 产量 | 吨 | 11877 | 2018 | 6213 | 285 | 2961 | 400 | |
| 6.芒 果 | | | | | | | | |
| 年末实有面积 | 公顷 | 137 | 59 | 35 | | 43 | | |
| 收获面积 | 公顷 | 104 | 25 | 35 | | 43 | | |
| 产量 | 吨 | 335 | 150 | 64 | | 121 | | |
| 7.杨 桃 | | | | | | | | |
| 年末实有面积 | 公顷 | 198 | 1 | 186 | | 5 | | 5 |
| 收获面积 | 公顷 | 182 | 1 | 174 | | 5 | | 1 |
| 产量 | 吨 | 2156 | 27 | 1981 | | 142 | | 6 |
| 8.火龙果 | | | | | | | | |
| 年末实有面积 | 公顷 | 1492 | 1315 | 14 | 69 | | | 94 |
| 收获面积 | 公顷 | 1366 | 1239 | 11 | 65 | | | 51 |
| 产量 | 吨 | 47124 | 43149 | 79 | 1065 | | | 2832 |
| 9.番石榴 | | | | | | | | |
| 年末实有面积 | 公顷 | 880 | 781 | 84 | | | | 14 |
| 收获面积 | 公顷 | 836 | 753 | 69 | | | | 14 |
| 产量 | 吨 | 20650 | 20104 | 374 | | | | 172 |
| 10.其他 | | | | | | | | |
| 年末实有面积 | 公顷 | 2685 | 569 | 343 | 134 | 1541 | 79 | 19 |
| 收获面积 | 公顷 | 2167 | 433 | 156 | 84 | 1410 | 79 | 5 |
| 产量 | 吨 | 11921 | 6326 | 513 | 542 | 3779 | 350 | 412 |
| **三、桑 园** | | | | | | | | |
| 年末实有面积 | 公顷 | 265 | 195 | | 7 | | | 63 |
| 收获面积 | 公顷 | 264 | 195 | | 6 | | | 63 |
| 产量 | 吨 | 11972 | 10190 | | 121 | | | 1661 |

# 15-7 林业生产情况

| 指标名称 | 计量单位 | 农垦总局 | 湛江局 | 茂名局 | 阳江局 | 揭阳局 | 汕尾局 | 直属单位 |
|---|---|---|---|---|---|---|---|---|
| **1.当年造林面积合计** | **公顷** | **687** | **101** | **100** | **172** | **307** | **3** | **4** |
| (1)用材林 | 公顷 | 161 | 57 | 30 | 56 | 19 | | |
| (2)经济林 | 公顷 | 232 | 44 | 68 | 116 | | 3 | |
| (3)防护林 | 公顷 | 53 | | | | 49 | | 4 |
| (4)薪炭林 | 公顷 | 225 | | | | 225 | | |
| (5)特种用材林 | 公顷 | 16 | | 2 | | 14 | | |
| 2.年末森林面积 | 公顷 | 92374 | 14491 | 46505 | 21823 | 7770 | 1054 | 730 |
| 3.当年零星植树 | 百株 | 1470.8 | 654.8 | 362.0 | 150.0 | | 290.0 | 14 |
| 4.年末实有育苗面积 | 公顷 | 23 | | 1 | | | 1 | 21 |
| 其中：当年新育面积 | 公顷 | 2 | | 1 | | | 1 | |
| 5.幼林抚育面积 | 公顷 | 7161 | 637 | 6008 | 477 | | 39 | |
| 6.成林抚育面积 | 公顷 | 42446 | 2708 | 30149 | 8221 | 1329 | 40 | |
| 7.森林覆盖率(计算型指标) | % | 41 | 16 | 84 | 72 | 66 | 11 | 3 |

# 15-8 畜牧业生产情况

| 指标名称 | 计量单位 | 农垦总局 | 湛江局 | 茂名局 | 阳江局 | 揭阳局 | 汕尾局 | 直属单位 |
| --- | --- | --- | --- | --- | --- | --- | --- | --- |
| **一、畜牧业饲养情况** | | | | | | | | |
| (一)大牲畜年末总头数 | 头 | 33754 | 3094 | 121 | 477 | 1363 | 300 | 28399 |
| 其中：能繁殖母畜 | 头 | 16042 | 442 | 18 | 140 | 231 | | 15211 |
| 当年生仔畜 | | 5576 | 61 | 16 | | 175 | | 5324 |
| 其中：牛年末存栏 | 头 | 33754 | 3094 | 121 | 477 | 1363 | 300 | 28399 |
| 能繁殖母畜 | 头 | 16042 | 442 | 18 | 140 | 231 | | 15211 |
| 当年生仔畜 | 头 | 5576 | 61 | 16 | | 175 | | 5324 |
| 1.肉牛年末存栏 | 头 | 5868 | 3029 | 121 | 477 | 1363 | 300 | 578 |
| 其中：能繁殖母畜 | 头 | 776 | 387 | 18 | 140 | 231 | | |
| 当年生仔畜 | 头 | 236 | 45 | 16 | | 175 | | |
| 2.奶牛年末存栏 | 头 | 27886 | 65 | | | | | 27821 |
| 其中：能繁殖母畜 | 头 | 15261 | 50 | | | | | 15211 |
| 当年生仔畜 | 头 | 5336 | 12 | | | | | 5324 |
| (三)猪年末存栏 | 头 | 836780 | 130652 | 134824 | 69131 | 27070 | 3845 | 471258 |
| 其中：能繁殖母畜 | 头 | 83097 | 16134 | 8578 | 8527 | 1452 | 610 | 47796 |
| (四)山羊年末存栏 | 只 | 2910 | 1432 | 1252 | 86 | 140 | | |
| 其中：能繁殖母畜 | 只 | 86 | 86 | | | | | |
| (五)家禽年末存栏 | 只 | 3770900 | 762991 | 1587854 | 223120 | 225215 | 955000 | 16720 |
| **二、规模化饲养情况** | | | | | | | | |
| (一)牛 | | | | | | | | |
| 规模化养殖场 | 个 | 9 | 1 | | | | | 8 |
| 规模化养殖量 | 头 | 28021 | 200 | | | | | 27821 |
| 带动农户个数 | 个 | 5000 | | | | | | 5000 |
| (二)猪 | | | | | | | | |
| 规模化养殖场 | 个 | 73 | 15 | 4 | 26 | 2 | | 26 |
| 模化养殖量 | 头 | 1545016 | 147929 | 5326 | 150957 | 3900 | | 1236904 |
| 带动农户个数 | 个 | 125 | 27 | 8 | 90 | | | |
| (三)家 禽 | | | | | | | | |
| 规模化养殖场 | 个 | 42 | 8 | 4 | 7 | | 23 | |
| 模化养殖量 | 只 | 4810063 | 323900 | 1242163 | 744000 | | 2500000 | |
| 带动农户个数 | 个 | 86 | 8 | 41 | 37 | | | |
| **三、畜产品** | | | | | | | | |
| (一)肉类总产量 | 吨 | 144778 | 26677 | 19045 | 11603 | 5311 | 5990 | 76152 |
| 1.当年出栏肉猪 | 头 | 1287885 | 225239 | 156452 | 105958 | 46301 | 12020 | 741915 |
| 猪肉产量 | 吨 | 121215 | 19331 | 12098 | 9125 | 3791 | 915 | 75954 |
| 2.当年出售和自宰的肉用牛 | 头 | 3257 | 1460 | 120 | 263 | 1109 | 70 | 235 |
| 牛肉产量 | 吨 | 624 | 305 | 28 | 49 | 202 | 7 | 32 |
| 3.当年出售和自宰的肉用羊 | 只 | 3675 | 1713 | 1543 | 419 | | | |
| 羊肉产量 | 吨 | 91 | 40 | 43 | 7 | | | |
| 4.兔肉产量 | 吨 | 158 | 1 | 116 | | | | 41 |
| 5.禽肉产量 | 吨 | 21828 | 6521 | 6670 | 2187 | 1258 | 5068 | 125 |
| (二)牛奶产量 | 吨 | 91171 | 140 | | | | | 91031 |
| (三)蜂蜜产量 | 吨 | 46 | 7 | 20 | 3 | 14 | 2 | |
| (四)禽蛋产量 | 吨 | 8017 | 797 | 6722 | 131 | 40 | 286 | 40 |
| (五)蚕茧产量 | 吨 | 800 | 737 | | | | | 63 |
| 桑蚕茧 | 吨 | 800 | 737 | | | | | 63 |

# 15-9 渔业生产情况

| 指标名称 | 计量单位 | 农垦总局 | 湛江局 | 茂名局 | 阳江局 | 揭阳局 | 汕尾局 | 直属单位 |
|---|---|---|---|---|---|---|---|---|
| **一、水产品总产量合计** | **吨** | **44239** | **7940** | **6199** | **23909** | **1059** | **5078** | **54** |
| 海 水 | 吨 | 19424 | 245 | | 15240 | | 3939 | |
| 淡 水 | 吨 | 24815 | 7695 | 6199 | 8669 | 1059 | 1139 | 54 |
| 其中：养殖产量合计 | 吨 | 44219 | 7939 | 6183 | 23909 | 1059 | 5075 | 54 |
| 海 水 | 吨 | 19421 | 245 | | 15240 | | 3936 | |
| 淡 水 | 吨 | 24798 | 7694 | 6183 | 8669 | 1059 | 1139 | 54 |
| 1.鱼类合计 | 吨 | 28071 | 7688 | 6192 | 10886 | 1059 | 2195 | 51 |
| 海 水 | 吨 | 3294 | 21 | | 2217 | | 1056 | |
| 淡 水 | 吨 | 24777 | 7667 | 6192 | 8669 | 1059 | 1139 | 51 |
| 2.虾蟹类合计 | 吨 | 16158 | 252 | | 13023 | | 2883 | |
| 海 水 | 吨 | 16130 | 224 | | 13023 | | 2883 | |
| 淡 水 | 吨 | 28 | 28 | | | | | |
| 其中：对虾合计 | 吨 | 12694 | 252 | | 10888 | | 1554 | |
| 海 水 | 吨 | 12666 | 224 | | 10888 | | 1554 | |
| 淡 水 | 吨 | 28 | 28 | | | | | |
| 3.其他 | 吨 | 10 | | 8 | | | | 3 |
| 海 水 | 吨 | | | | | | | |
| 淡 水 | 吨 | 10 | | 7 | | | | 3 |
| **二、养殖面积合计** | **公顷** | **3934** | **930** | **489** | **1356** | **142** | **962** | **56** |
| 海 水 | 公顷 | 1818 | 24 | | 937 | | 857 | |
| 淡 水 | 公顷 | 2116 | 906 | 489 | 419 | 142 | 105 | 56 |
| 其中：对虾养殖面积合计 | 公顷 | 1052 | 22 | | 773 | | 257 | |
| 海 水 | 公顷 | 1050 | 20 | | 773 | | 257 | |
| 淡 水 | 公顷 | 2 | 2 | | | | | |

# 15-10 橡胶生产情况

| 指标名称 | 计量单位 | 农垦总局 | 湛江局 | 茂名局 | 阳江局 | 揭阳局 | 汕尾局 | 直属单位 |
|---|---|---|---|---|---|---|---|---|
| 1.年末实有面积(国内基地) | 公顷 | 45766 | 6426 | 28688 | 7344 | 1999 | 1051 | 257 |
| 年末实有株数(国内基地) | 万株 | 1338 | 219 | 776 | 226 | 63 | 49 | 6 |
| 其中：当年定植面积 | 公顷 | 191 | 48 | 80 | 64 | | | |
| 当年定植株数 | 株 | 56792 | 1123 | 30000 | 25669 | | | |
| 2.当年补换植株数 | 株 | 512 | | 512 | | | | |
| 3.当年更新倒树面积 | 公顷 | 1450 | 136 | 1314 | | | | |
| 4.当年更新定植面积 | 公顷 | 1480 | 248 | 1212 | 20 | | | |
| 5.年末苗圃存苗株数 | 株 | 952800 | | 952800 | | | | |
| 6.未开割树本年平均增粗 | 厘米 | 5.1 | 5.7 | 5.2 | 4.9 | 4.3 | 4.9 | 1.9 |
| 7.年内实际到达开割面积 | 公顷 | 31613 | 4260 | 20427 | 5867 | 859 | 199 | |
| 当年新开割面积 | 公顷 | 1032 | 245 | 386 | 145 | 235 | 21 | |
| 8.开割到达株数 | 株 | 8449109 | 1262434 | 5248463 | 1533412 | 261000 | 111000 | 32800 |
| 当年新开割株数 | 株 | 341273 | 76288 | 139121 | 56568 | 59296 | 10000 | |
| 9.年内实有停割株数 | 株 | 796355 | 24000 | 491881 | 238674 | | 9000 | 32800 |
| 10.全年干胶总产量(国内基地) | 吨 | 16166 | 2176 | 10251 | 3231 | 304 | 205 | |
| 其中：标准胶 | 吨 | 4229 | 1834 | 1643 | 243 | 304 | 205 | |
| 烟胶片 | 吨 | | | | | | | |
| 浓缩乳胶(折干胶) | 吨 | 10616 | 328 | 7667 | 2621 | | | |
| 胶清片 | 吨 | 1322 | 14 | 941 | 367 | | | |
| 11.单株年产干胶 | 公斤 | 2.0 | 1.8 | 2.1 | 2.2 | 1.3 | 1.8 | |
| 12.公顷年产干胶 | 公斤 | 594 | 520 | 617 | 602 | 354 | 1029 | |
| 13.橡胶加工厂 | 个 | 34 | | 1 | 1 | | | 32 |
| 其中：标准胶厂 | 个 | 22 | | 1 | | | | 21 |
| 浓缩乳胶厂 | 个 | 6 | | | 1 | | | 5 |
| 烟片厂 | 个 | 6 | | | | | | 6 |
| 14.境外橡胶年末面积 | 公顷 | 25400 | | | | | | 25400 |
| 15.境外干胶总产 | 吨 | 10112 | | | | | | 10112 |
| 16.本年收购民营胶(折干胶) | 吨 | 101674 | | | | | | 101674 |

# 15-11 农业机械化、生产投入与技术推广情况

| 指标名称 | 计量单位 | 农垦总局 | 湛江局 | 茂名局 | 阳江局 | 揭阳局 | 汕尾局 | 直属单位 |
|---|---|---|---|---|---|---|---|---|
| **一、农业机械化情况** | | | | | | | | |
| (一)农业机械总动力 | 千瓦 | 484871 | 127459 | 76002 | 82408 | 9681 | 34059 | 155262 |
| 1.柴油发动机动力 | 千瓦 | 276834 | 99474 | 35779 | 53510 | 5926 | 19099 | 63046 |
| 2.汽油发动机动力 | 千瓦 | 55606 | 12571 | 26879 | 6705 | 2930 | 5065 | 1456 |
| 3.电动机动力 | 千瓦 | 146232 | 14571 | 10154 | 21215 | 537 | 9895 | 89860 |
| 4.其它机械动力 | 千瓦 | 6199 | 843 | 3190 | 978 | 288 | | 900 |
| (二)农业机械数量 | | | | | | | | |
| 1.大中型农用拖拉机 | 台 | 750 | 311 | 109 | | 5 | 100 | 225 |
| 2.小型及手扶拖拉机 | 台 | 3843 | 2742 | 503 | 67 | 67 | 142 | 322 |
| 3.排灌动力机械 | 台 | 10123 | 1969 | 2215 | 4835 | 293 | 601 | 210 |
| 4.联合收获机 | 台 | 66 | 7 | 3 | | | 31 | 25 |
| 5.农用飞机 | 架 | 13 | 1 | 1 | 1 | | | 10 |
| (三)机械化耕种情况 | | | | | | | | |
| 1.当年实际机耕面积(按耕地面积计算) | 公顷 | 45135 | 22286 | 17 | 279 | 409 | 918 | 21225 |
| 其中：机械深耕深松面积 | 公顷 | 2483 | 799 | | 16 | | | 1668 |
| 2.当年实际机播面积(按播种面积计算) | 公顷 | 8364 | 2300 | | | | 13 | 6051 |
| 其中:机械插秧面积(按插秧面积计算) | 公顷 | 13 | | | | | 13 | |
| 3.当年机械收割面积(按收获面积计算) | 公顷 | 5433 | 1047 | 6 | 92 | 86 | 873 | 3330 |
| 4.飞机播种面积 | 公顷 | | | | | | | |
| 其中：使用无人机播种面积 | 公顷 | | | | | | | |
| 5.飞机施肥面积 | 公顷 | 4055 | 1055 | | | | | 3000 |
| 其中：使用无人机施肥面积 | 公顷 | 3720 | 720 | | | | | 3000 |
| 6.飞机病虫害防治面积 | 公顷 | 3642 | 665 | | | | | 2977 |
| 其中：使用无人机防治面积 | 公顷 | 3642 | 665 | | | | | 2977 |
| 7.精准平地(激光、卫星导航) | 公顷 | | | | | | | |
| 8.免耕播种 | 公顷 | 18 | 18 | | | | | |
| **二、农业生产用电量** | **千瓦小时** | **143689943** | **15017200** | **31077706** | **1308535** | **6585651** | **15353643** | **74347209** |
| **三、农业用水量** | **立方米** | **19393892** | **8399342** | **2041334** | **146021** | **744865** | **3369242** | **4693087** |
| **四、农药施用量** | **吨** | **3943** | **2014** | **950** | **256** | **129** | **270** | **325** |
| **五、农用肥料施用情况** | | | | | | | | |
| (一)农用化肥施用总量(实物量) | 吨 | 218906 | 148287 | 19225 | 1091 | 7636 | 11583 | 31084 |
| (二)农用化肥施用总量(折纯量) | 吨 | 58263 | 35011 | 5818 | 448 | 2551 | 4955 | 9481 |
| 其中:施用于农作物的数量 | 吨 | 48414 | 33792 | 3218 | 94 | 1783 | 46 | 9481 |

## 15-11 续表

| 指标名称 | 计量单位 | 农垦总局 | 湛江局 | 茂名局 | 阳江局 | 揭阳局 | 汕尾局 | 直属单位 |
|---|---|---|---|---|---|---|---|---|
| (三)生物肥施用量(实物量) | 吨 | 33358 | 11601 | 13934 | 5012 | 2811 | | |
| (四)有机肥施用量(实物量) | 吨 | 157454 | 112289 | 19290 | 1862 | 9135 | 4567 | 10312 |
| (五)测土配方施肥面积 | 公顷 | 44843 | 15654 | 25638 | | | 67 | 3483 |
| (六)肥料高效利用技术应用面积 | 公顷 | 38039 | 16354 | 4783 | 3646 | 909 | 767 | 11580 |
| 其中：有机肥施用面积 | 公顷 | 31545 | 15145 | 4262 | 3513 | 889 | 767 | 6969 |
| 肥料机械深施面积 | 公顷 | 1130 | 1000 | | | | | 130 |
| 水肥一体化技术应用面积 | 公顷 | 718 | 113 | 520 | | 20 | | 65 |
| **六、农用塑料薄膜使用量** | **吨** | **762** | **445** | **5** | | **14** | **8** | **290** |
| 其中：地膜使用量 | 吨 | 734 | 439 | 5 | | 14 | 8 | 268 |
| 地膜覆盖面积 | 公顷 | 14970 | 8263 | 153 | | 46 | 24 | 6483 |
| **七、沼气池** | **个** | **375** | **190** | **72** | **76** | | **1** | **36** |
| 沼气池体积 | 立方米 | 488076 | 21037 | 32226 | 844 | | 15000 | 418969 |
| **八、农田水利情况** | | | | | | | | |
| (一)有效灌溉面积 | 公顷 | 27347 | 19711 | 1832 | 352 | 1006 | 1379 | 3068 |
| 1.节水灌溉面积 | 公顷 | 8375 | 5486 | 1363 | 112 | 350 | | 1064 |
| 其中：喷灌面积 | 公顷 | 6235 | 4311 | 762 | | 99 | | 1063 |
| 滴灌面积 | 公顷 | 1784 | 1154 | 556 | 74 | | | 1 |
| 2.漫灌面积(自流灌溉面积) | 公顷 | 3488 | 916 | 97 | 242 | 640 | 1076 | 516 |
| (二)机电井数量 | 眼 | 2665 | 1642 | 225 | 69 | | 365 | 364 |
| **九、绿色防控技术应用面积** | **公顷** | **8644** | **4106** | **5** | | | | **4533** |
| (一)农作物统防统治面积 | 公顷 | 5289 | 756 | | | | | 4533 |
| 1.粮食 | 公顷 | 718 | 718 | | | | | |
| 2.棉花 | 公顷 | | | | | | | |
| 3.油料 | 公顷 | 38 | 38 | | | | | |
| 4.糖料 | 公顷 | 4533 | | | | | | 4533 |
| 5.茶叶 | 公顷 | | | | | | | |
| (二)生物防治技术应用面积 | 公顷 | 3350 | 3350 | | | | | |
| (三)物理防治技术应用面积 | 公顷 | 5 | | 5 | | | | |
| (四)生物农药应用面积 | 公顷 | | | | | | | |
| **十、秸秆综合利用** | | | | | | | | |
| 其中：1.秸秆还田面积 | 公顷 | 5774 | 3402 | | | | 605 | 1767 |
| 2.秸秆饲用面积 | 公顷 | 3900 | 3900 | | | | | |

# 15-12 绿色食品、有机食品、农产品地理标志情况

| 指标名称 | 计量单位 | 农垦总局 | 湛江局 | 茂名局 | 阳江局 | 揭阳局 | 汕尾局 | 直属单位 |
|---|---|---|---|---|---|---|---|---|
| **一、绿色食品认证情况** | | | | | | | | |
| 认证个数 | 个 | 16 | 9 | 1 | | | | 6 |
| 已认证绿色食品产量 | 吨 | 233086 | 11341 | 45 | | | | 221700 |
| 其中：1.水稻 | | | | | | | | |
| 认证个数 | 个 | 1 | | | | | | 1 |
| 已认证绿色食品产量 | 吨 | 500 | | | | | | 500 |
| 2.茶叶 | | | | | | | | |
| 认证个数 | 个 | 4 | 3 | 1 | | | | |
| 已认证绿色食品产量 | 吨 | 159 | 114 | 45 | | | | |
| 3.柑桔橙柚 | | | | | | | | |
| 认证个数 | 个 | 1 | 1 | | | | | |
| 已认证绿色食品产量 | 吨 | 10792 | 10792 | | | | | |
| 4.桃 | | | | | | | | |
| 认证个数 | 个 | 1 | | | | | | 1 |
| 已认证绿色食品产量 | 吨 | 200 | | | | | | 200 |
| 5.果脯加工 | | | | | | | | |
| 认证个数 | 个 | 5 | 5 | | | | | |
| 已认证绿色食品产量 | 吨 | 435 | 435 | | | | | |
| 6.糖类加工 | | | | | | | | |
| 认证个数 | 个 | 4 | | | | | | 4 |
| 已认证绿色食品产量 | 吨 | 221000 | | | | | | 221000 |
| **二、有机食品认证情况** | | | | | | | | |
| 认证个数 | 个 | 3 | | | | | | 3 |
| 已认证有机食品产量 | 吨 | 280 | | | | | | 280 |
| 其中：1.油料 | | | | | | | | |
| 认证个数 | 个 | 1 | | | | | | 1 |
| 已认证有机食品产量 | 吨 | 50 | | | | | | 50 |
| 2.其它水果 | | | | | | | | |
| 认证个数 | 个 | 2 | | | | | | 2 |
| 已认证有机食品产量 | 吨 | 230 | | | | | | 230 |
| **三、农产品地理标志认证情况** | | | | | | | | |
| **1.菠萝** | | | | | | | | |
| 认证个数 | 个 | 1 | 1 | | | | | |
| 已认证产品面积 | 公顷 | 2145 | 2145 | | | | | |
| 已认证产品产量 | 吨 | 72300 | 72300 | | | | | |
| 2.剑麻 | | | | | | | | |
| 认证个数 | 个 | 1 | 1 | | | | | |
| 已认证产品面积 | 公顷 | 2867 | 2867 | | | | | |
| 已认证产品产量 | 吨 | 5240 | 5240 | | | | | |
| **四、绿色食品原料标准化生产基地面积** | **公顷** | | | | | | | |

# 15-13 农作物种业基本情况

| 指标名称 | 计量单位 | 农垦总局 | 湛江局 | 茂名局 | 阳江局 | 揭阳局 | 汕尾局 | 直属单位 |
|---|---|---|---|---|---|---|---|---|
| **一、种子基地播种面积及生产量** | | | | | | | | |
| 1.种子播种面积合计 | 公顷 | 53 | 53 | | | | | |
| 原种播种面积 | 公顷 | | | | | | | |
| 良种播种面积 | 公顷 | 53 | 53 | | | | | |
| 2.生产量合计 | 吨 | 91 | 91 | | | | | |
| 原种生产量 | 吨 | | | | | | | |
| 良种生产量 | 吨 | 91 | 91 | | | | | |
| 其中：水稻 | 吨 | 91 | 91 | | | | | |
| **二、晒场面积** | **平方米** | **8000** | **8000** | | | | | |
| **三、仓储面积** | **平方米** | **1000** | **1000** | | | | | |
| **四、库存能力** | **吨** | **100** | **100** | | | | | |
| **五、种子公司个数** | **个** | **2** | **2** | | | | | |
| **六、年末从业人数** | **人** | **56** | **56** | | | | | |
| 其中：技术人员人数 | 人 | 7 | 7 | | | | | |
| 种子质量检验员 | 人 | 2 | 2 | | | | | |

# 15-14 农林牧渔业总产值

| 指标名称 | 计量单位 | 农垦总局 | 湛江局 | 茂名局 | 阳江局 | 揭阳局 | 汕尾局 | 直属单位 |
|---|---|---|---|---|---|---|---|---|
| **一、农林牧渔业总产值(现行价)** | **万元** | **1372836** | **557707** | **244869** | **128757** | **63087** | **42532** | **335884** |
| 1.种植业产值 | 万元 | 729608 | 467315 | 68007 | 9164 | 37320 | 10986 | 136817 |
| 2.林业产值 | 万元 | 78919 | 6909 | 47072 | 7866 | 6516 | 1013 | 9543 |
| 其中：橡胶产值 | 万元 | 40765 | 2502 | 20694 | 5294 | 2467 | 265 | 9543 |
| 3.牧业产值 | 万元 | 436312 | 72567 | 104855 | 37256 | 17093 | 16226 | 188314 |
| 4.渔业产值 | 万元 | 124060 | 10122 | 22690 | 74471 | 2158 | 14307 | 312 |
| 5.农林牧渔服务业产值 | 万元 | 3937 | 794 | 2245 | | | | 898 |
| **二、农林牧渔业商品总产值** | **万元** | **1224132** | **500772** | **197395** | **122306** | **44457** | **34272** | **324930** |

# 15-15 工业总产值(现行价)

| 指标名称 | 计量单位 | 农垦总局 | 湛江局 | 茂名局 | 阳江局 | 揭阳局 | 汕尾局 | 直属单位 |
|---|---|---|---|---|---|---|---|---|
| **一、工业总产值(现行价)** | **万元** | **2447683** | **170534** | **88685** | **36786** | **45750** | **110788** | **1995140** |
| 工业企业个数 | 个 | 629 | 208 | 192 | 18 | 76 | 71 | 64 |
| 其中：国有及国有控股(总产值) | 万元 | 1470093 | 34879 | 5442 | 7574 | | | 1422198 |
| (企业数) | 个 | 51 | 16 | 4 | 4 | | | 27 |
| **二、按工业主要行业划分** | | | | | | | | |
| 煤炭开采和洗选业 | 万元 | | | | | | | |
| 石油和天然气开采 | 万元 | | | | | | | |
| 黑色金属矿采选业 | 万元 | | | | | | | |
| 有色金属矿采选业 | 万元 | | | | | | | |
| 非金属矿采选业 | 万元 | 6529 | | 6529 | | | | |
| 开采专业及辅助性活动 | 万元 | 11051 | 9075 | 1976 | | | | |
| 其他采矿业 | 万元 | 15570 | 15570 | | | | | |
| 农副食品加工业 | 万元 | 213367 | 2993 | 7072 | | 615 | 3537 | 199149 |
| 食品制造业 | 万元 | 220007 | 2116 | 632 | | 13394 | | 203865 |
| 酒、饮料和精致茶制造业 | 万元 | 11548 | 2407 | 2839 | 87 | 1308 | 3228 | 1679 |
| 烟草制品业 | 万元 | | | | | | | |
| 纺织业 | 万元 | 25713 | 24563 | 238 | | 552 | | 360 |
| 纺织服装、服饰业 | 万元 | 37735 | 31529 | 356 | | | | 5850 |
| 皮革、毛皮、羽毛及其制品和制鞋业 | 万元 | 8185 | 13 | 6788 | 1149 | | | 235 |
| 木材加工和木、竹、藤、棕、草制品业 | 万元 | 32418 | 18468 | 8444 | 286 | 4770 | 450 | |
| 家具制造业 | 万元 | 60066 | 93 | 8636 | 1473 | 364 | | 49500 |
| 造纸和纸制品业 | 万元 | 7221 | 6779 | 442 | | | | |
| 印刷和记录媒介复制业 | 万元 | 465 | | | | | 250 | 215 |
| 文教、工美、体育和娱乐用品制造业 | 万元 | 32 | 32 | | | | | |
| 石油、煤炭及其他燃料加工业 | 万元 | | | | | | | |
| 化学原料和化学制品制造业 | 万元 | 959923 | | | 2621 | | | 957302 |
| 医药制造业 | 万元 | 1003 | 869 | 134 | | | | |
| 化学纤维制造业 | 万元 | | | | | | | |
| 橡胶和塑料制品业 | 万元 | 111333 | 2316 | 8366 | 529 | | | 100123 |
| 非金属矿物制品业 | 万元 | 10150 | 50 | 6210 | 1341 | | 2100 | 449 |
| 黑色金属冶炼和压延加工业 | 万元 | | | | | | | |
| 有色金属冶炼和压延加工业 | 万元 | 2521 | | | | | 2521 | |
| 金属制品业 | 万元 | 102826 | 2321 | 1617 | | 1058 | | 97830 |
| 通用设备制造业 | 万元 | | | | | | | |
| 专用设备制造业 | 万元 | 3058 | 203 | | | 2855 | | |
| 汽车制造业 | 万元 | | | | | | | |
| 铁路、船舶、航空航天和其他运输设备制造业 | 万元 | 560 | | 560 | | | | |
| 电气机械和器材制造业 | 万元 | | | | | | | |
| 计算机、通信和其他电子设备制造业 | 万元 | 16079 | | 779 | | | | 15300 |
| 仪器仪表制造业 | 万元 | | | | | | | |
| 其他制造业 | 万元 | 517482 | 26812 | 20128 | 8720 | 8527 | 92094 | 361201 |
| 废弃资源综合利用业 | 万元 | 1048 | 1048 | | | | | |
| 金属制品、机械和设备修理业 | 万元 | 11428 | | 5468 | | 460 | 5500 | |
| 电力、热力生产和供应业 | 万元 | 57838 | 23203 | | 20581 | 11847 | 125 | 2082 |
| 燃气生产和供应业 | 万元 | 1471 | | 1471 | | | | |
| 水的生产和供应业 | 万元 | 1055 | 72 | | | | 983 | |

# 15-16 主要工业产品产量

| 指标名称 | 计量单位 | 农垦总局 | 湛江局 | 茂名局 | 阳江局 | 揭阳局 | 汕尾局 | 直属单位 |
|---|---|---|---|---|---|---|---|---|
| 大 米 | 吨 | 35342 | 453 | 550 | | 4449 | 11390 | 18500 |
| 饲 料 | 吨 | 158371 | | 4087 | | | 1375 | 152909 |
| 其中：配合饲料 | 吨 | 156269 | | 2660 | | | 700 | 152909 |
| 混合饲料 | 吨 | 2102 | | 1427 | | | 675 | |
| 精制食用植物油 | 吨 | 8724 | 708 | 3031 | | | | 4985 |
| 成品糖 | 吨 | 234738 | | | | | | 234738 |
| 鲜、冷藏肉 | 吨 | 2804 | | 114 | | | | 2690 |
| 乳制品 | 吨 | 221090 | | | | | | 221090 |
| 其中：液体乳 | 吨 | 221090 | | | | | | 221090 |
| 罐 头 | 吨 | 1483 | 1483 | | | | | |
| 饮料酒 | 千升 | 1493 | 52 | 1099 | | | 342 | |
| 其中：白酒(折65度，商品量) | 千升 | 1441 | | 1099 | | | 342 | |
| 软饮料 | 吨 | 82 | 82 | | | | | |
| 其中：果汁和蔬菜汁饮料类 | 吨 | 213 | 115 | 63 | 11 | | 24 | |
| 纱 | 吨 | 6131 | 6131 | | | | | |
| 服 装 | 件 | 11990081 | 8595821 | 39260 | | | 20000 | 3335000 |
| 皮革鞋靴 | 双 | 5487471 | 1840 | 5365631 | 120000 | | | |
| 家 具 | 件 | 2030523 | 1422314 | 58209 | 150000 | | | 400000 |
| 机制纸及纸板(外购原纸加工除外) | 吨 | 13312 | 13109 | 203 | | | | |
| 农用氮、磷、钾化学肥料总计(折纯) | 吨 | | | | | | | |
| 其中：氮肥(折含N100%) | 吨 | | | | | | | |
| 磷肥(折五氧化二磷100%) | 吨 | | | | | | | |
| 钾肥(折氧化钾100%) | 吨 | | | | | | | |
| 化学农药原药(折有效成分100%) | 吨 | | | | | | | |
| 其中：杀虫剂原药 | 吨 | | | | | | | |
| 除草剂原药 | 吨 | | | | | | | |
| 化学药品原药 | 吨 | | | | | | | |
| 中成药 | 吨 | 800 | 790 | 10 | | | | |
| 塑料制品 | 吨 | 33507 | 3284 | 2 | | | | 30221 |
| 水 泥 | 吨 | 117193 | | | 117193 | | | |
| 砖 | 万块 | 34726 | 10117 | 8444 | 10684 | 326 | 4545 | 610 |
| 瓦 | 万片 | 1678 | | 1678 | | | | |
| 发电量 | 万千瓦小时 | 107780 | 34210 | 26 | 30000 | 32156 | 84 | 11306 |
| 自来水生产量 | 万立方米 | 637918 | | | | 89478 | 548440 | |

# 15-17 规模以上工业企业基本情况

| 指标名称 | 计量单位 | 农垦总局 | 湛江局 | 茂名局 | 阳江局 | 揭阳局 | 汕尾局 | 直属单位 |
|---|---|---|---|---|---|---|---|---|
| **一、企业个数合计** | **个** | **49** | **12** | **1** | **1** | **2** | **2** | **31** |
| 其中：国有 | 个 | 33 | 6 | 1 | 1 | | | 25 |
| 亏损企业个数 | 个 | 16 | 4 | | 1 | | | 11 |
| 其中：国有 | 个 | 15 | 3 | | 1 | | | 11 |
| **二、从业人员期末人数** | **人** | **16765** | **1011** | **37** | **42** | **28** | **1955** | **13692** |
| 其中：国有 | 人 | 9353 | 737 | 37 | 42 | | | 8537 |
| **三、从业人员平均人数** | **人** | **16619** | **1034** | **37** | **50** | **28** | **1955** | **13515** |
| 其中：国有 | 人 | 9245 | 748 | 37 | 50 | | | 8410 |
| **四、从业人员年工资总额** | **万元** | **150389** | **5529** | **309** | **206** | **241** | **10163** | **133941** |
| 其中：国有 | 万元 | 61396 | 3696 | 309 | 206 | | | 57185 |
| **五、工业总产值(现价)** | **万元** | **2124080** | **49564** | **3754** | **3938** | **10199** | **89174** | **1967451** |
| 其中：国有 | 万元 | 1448965 | 22722 | 3754 | 3938 | | | 1418551 |
| **六、工业销售产值(现价)** | **万元** | **2056312** | **44143** | **1135** | **3903** | **10199** | **83707** | **1913224** |
| 其中：国有 | 万元 | 1387334 | 17972 | 1135 | 3903 | | | 1364324 |
| **七、主营业务收入** | **万元** | **2216917** | **49097** | **3468** | **3903** | **10199** | **67492** | **2082758** |
| 其中：国有 | 万元 | 1558031 | 16803 | 3468 | 3903 | | | 1533858 |
| **八、主营业务成本** | **万元** | **1851099** | **41317** | **3211** | **3962** | **4602** | **55622** | **1742385** |
| 其中：国有 | 万元 | 1419353 | 16160 | 3211 | 3962 | | | 1396020 |
| **九、主营业务费用** | **万元** | **124931** | **4716** | **363** | **186** | **2308** | **7400** | **109959** |
| 其中：国有 | 万元 | 49665 | 2669 | 363 | 186 | | | 46448 |
| **十、主营业务税金及附加** | **万元** | **60484** | **990** | **19** | **5** | **9** | **1750** | **57711** |
| 其中：国有 | 万元 | 35222 | 127 | 19 | 5 | | | 35071 |
| **十一、主营业务利润** | **万元** | **177744** | **1670** | **166** | **-250** | **3592** | **4500** | **168067** |
| 其中：国有 | 万元 | 48617 | -2153 | 166 | -250 | | | 50854 |
| **十二、利润总额** | **万元** | **192807** | **215** | **158** | **-250** | **3593** | **9500** | **179591** |
| 其中：国有 | 万元 | 43817 | -4679 | 158 | -250 | | | 48588 |
| 亏损企业亏损额 | 万元 | 15107 | | | 250 | | 9500 | 5357 |
| 其中：国有 | 万元 | 5607 | | | 250 | | | 5357 |
| **十三、应缴税金** | **万元** | **46053** | **1140** | **44** | **182** | **13** | **2550** | **42124** |
| 其中：国有 | 万元 | 25636 | 646 | 44 | 182 | | | 24764 |
| **十四、固定资产原值** | **万元** | **753517** | **68743** | **1537** | **4375** | **46455** | **38441** | **593966** |
| 其中：国有 | 万元 | 639898 | 60206 | 1537 | 4375 | | | 573780 |
| 生产经营用 | 万元 | 713445 | 59469 | 65 | 2967 | 46455 | 36549 | 567941 |
| 其中：国有 | 万元 | 604992 | 51505 | 65 | 2967 | | | 550455 |
| **十五、固定资产净值** | **万元** | **357450** | **38755** | **782** | **585** | **44047** | **36000** | **237282** |
| 其中：国有 | 万元 | 255890 | 32511 | 782 | 585 | | | 222013 |

# 15-18 建筑业基本情况

| 指标名称 | 计量单位 | 农垦总局 | 湛江局 | 茂名局 | 阳江局 | 揭阳局 | 汕尾局 | 直属单位 |
|---|---|---|---|---|---|---|---|---|
| **一、年末单位个数** | **个** | **218** | **106** | **34** | **15** | **33** | **27** | **3** |
| 其中：国有及国有控股 | 个 | 5 | 3 | | 1 | | | 1 |
| **二、年末从业人员** | **人** | **6155** | **1461** | **2610** | **359** | **1131** | **473** | **121** |
| 其中：国有及国有控股 | 人 | 380 | 229 | | 50 | | | 101 |
| **三、全年从业人员报酬** | **万元** | **51061** | **27590** | **14643** | **2388** | **4227** | **1630** | **583** |
| 其中：国有及国有控股 | 万元 | 16074 | 15397 | | 245 | | | 432 |
| **四、年末固定资产原值** | **万元** | **42844** | **22366** | **10086** | **3805** | **1996** | **1077** | **3514** |
| 其中：国有及国有控股 | 万元 | 9881 | 7954 | | 125 | | | 1802 |
| **五、年末拥有机械设备总台数** | **台** | **972** | **267** | **614** | **17** | **13** | **25** | **36** |
| 其中：国有及国有控股 | 台 | 30 | 21 | | 3 | | | 6 |
| **六、全年施工房屋建筑面积** | **平方米** | **505235** | **141864** | **221552** | **37005** | **43942** | **43756** | **17115** |
| 其中：国有及国有控股 | 平方米 | 13174.5 | 6379.5 | | 2100.0 | | | 4695 |
| **七、房屋建筑竣工面积** | **平方米** | **462053** | **129139** | **204933** | **36405** | **35840** | **39071** | **16665** |
| 其中：国有及国有控股 | 平方米 | 12724.5 | 6379.5 | | 2100.0 | | | 4245 |
| **八、建筑业总产值** | **万元** | **261619** | **127486** | **85704** | **10470** | **16583** | **17292** | **4084** |
| 其中：国有及国有控股 | 万元 | 51629 | 47985 | | 2044 | | | 1600 |

# 15-19 交通运输业基本情况

| 指标名称 | 计量单位 | 农垦总局 | 湛江局 | 茂名局 | 阳江局 | 揭阳局 | 汕尾局 | 直属单位 |
|---|---|---|---|---|---|---|---|---|
| **一、年末单位个数** | **个** | **875** | **151** | **569** | **33** | **29** | **85** | **8** |
| 其中：国有及国有控股 | 个 | 7 | 1 | | | | | 6 |
| **二、年末从业人员** | **人** | **4154** | **460** | **1987** | **77** | **331** | **231** | **1068** |
| 其中：国有及国有控股 | 人 | 744 | 2 | | | | | 742 |
| **三、全年从业人员报酬** | **万元** | **22363** | **2736** | **10780** | **788** | **1882** | **1371** | **4806** |
| 其中：国有及国有控股 | 万元 | 3574 | 15 | | | | | 3559 |
| **四 、年末固定资产原值** | **万元** | **36237** | **4469** | **12955** | **659** | **1754** | **2029** | **14371** |
| 其中：国有及国有控股 | 万元 | 9021 | 214 | | | | | 8807 |
| **五、年末拥有主要运输工具** | **台** | **2596** | **353** | **1038** | **54** | **108** | **113** | **930** |
| 其中：国有及国有控股 | 台 | 760 | 6 | | | | | 754 |
| **六、全年客货运输量** | | | | | | | | |
| 1.货运量 | 吨 | 6083838 | 1042870 | 3310630 | 186106 | 70757 | 289059 | 1184417 |
| 其中：国有及国有控股 | 吨 | | | | | | | |
| 2.客运量 | 万人 | 809 | 71 | 43 | | 198 | 21 | 476 |
| 其中：国有及国有控股 | 万人 | 500 | 24 | | | | | 476 |
| **七、营业总收入** | **万元** | **66653** | **8304** | **37306** | **3748** | **3610** | **2409** | **11277** |
| 其中：国有及国有控股 | 万元 | 5069 | 46 | | | | | 5023 |
| 货运及装卸收入 | 万元 | 45489 | 6303 | 25069 | 3748 | 1757 | 2359 | 6254 |
| 其中：国有及国有控股 | 万元 | | | | | | | |

## 15-20 批发零售业基本情况

| 指标名称 | 计量单位 | 农垦总局 | 湛江局 | 茂名局 | 阳江局 | 揭阳局 | 汕尾局 | 直属单位 |
|---|---|---|---|---|---|---|---|---|
| **一、年末单位个数** | **个** | **3597** | **1238** | **463** | **167** | **230** | **307** | **1192** |
| 其中：国有及国有控股 | 个 | 23 | 5 | 2 | 1 | 3 |  | 12 |
| **二、年末从业人员** | **人** | **12366** | **2132** | **2202** | **253** | **1063** | **1053** | **5663** |
| 其中：国有及国有控股 | 人 | 2535 | 49 | 8 | 4 | 14 |  | 2460 |
| **三、全年从业人员报酬** | **万元** | **73739** | **8983** | **10274** | **1375** | **4964** | **4234** | **43909** |
| 其中：国有及国有控股 | 万元 | 18724 | 172 | 26 | 48 | 104 |  | 18374 |
| **四、营业网点个数** | **个** | **3603** | **1201** | **463** | **167** | **236** | **307** | **1229** |
| 其中：国有及国有控股 | 个 | 61 | 6 | 4 | 1 | 3 |  | 47 |
| **五、年末固定资产原值** | **万元** | **147280** | **10661** | **10129** | **5721** | **28859** | **3537** | **88373** |
| 其中：国有及国有控股 | 万元 | 69250 | 298 | 170 | 10 | 679 |  | 68093 |
| **六、年末营业用房面积** | **平方米** | **255390** | **60559** | **38674** | **10663** | **11266** | **29395** | **104833** |
| 其中：国有及国有控股 | 平方米 | 28725 | 1274 | 1589 | 40 | 2800 |  | 23022 |
| **七、销售总额或营业收入** | **万元** | **1653157** | **129662** | **73728** | **36605** | **17647** | **30700** | **1364815** |
| 其中：国有及国有控股 | 万元 | 1166534 | 8524 | 4182 | 27532 | 900 |  | 1125396 |

## 15-21 餐饮业基本情况

| 指标名称 | 计量单位 | 农垦总局 | 湛江局 | 茂名局 | 阳江局 | 揭阳局 | 汕尾局 | 直属单位 |
|---|---|---|---|---|---|---|---|---|
| **一、年末单位个数** | **个** | **786** | **232** | **173** | **27** | **58** | **55** | **241** |
| 其中：国有及国有控股 | 个 | 9 | 7 |  |  |  |  | 2 |
| **二、年末从业人员** | **人** | **5182** | **1076** | **1247** | **96** | **314** | **292** | **2157** |
| 其中：国有及国有控股 | 人 | 184 | 84 |  |  |  |  | 100 |
| **三、全年从业人员报酬** | **万元** | **27982** | **4607** | **5638** | **667** | **1464** | **740** | **14867** |
| 其中：国有及国有控股 | 万元 | 1211 | 402 |  |  |  |  | 809 |
| **四、营业网点个数** | **个** | **785** | **233** | **171** | **27** | **58** | **55** | **241** |
| 其中：国有及国有控股 | 个 | 9 | 7 |  |  |  |  | 2 |
| **五、年末固定资产原值** | **万元** | **37339** | **5163** | **8358** | **779** | **8611** | **781** | **13646** |
| 其中：国有及国有控股 | 万元 | 561 | 425 |  |  |  |  | 136 |
| **六、年末营业用房面积** | **平方米** | **256775** | **162475** | **22139** | **5578** | **16149** | **2342** | **48092** |
| 其中：国有及国有控股 | 平方米 | 4534 | 3334 |  |  |  |  | 1200 |
| **七、销售总额或营业收入** | **万元** | **111549** | **16335** | **19643** | **3124** | **4053** | **1880** | **66515** |
| 其中：国有及国有控股 | 万元 | 3135 | 986 |  |  |  |  | 2149 |

## 15-22　其它服务业基本情况

| 指标名称 | 计量单位 | 农垦总局 | 湛江局 | 茂名局 | 阳江局 | 揭阳局 | 汕尾局 | 直属单位 |
|---|---|---|---|---|---|---|---|---|
| **一、年末单位个数** | **个** | **1778** | **489** | **621** | **42** | **108** | **123** | **395** |
| 其中：国有及国有控股 | 个 | 97 | 43 | 10 | 8 | | | 36 |
| **二、年末从业人员** | **人** | **15616** | **6049** | **3411** | **513** | **431** | **650** | **4562** |
| 其中：国有及国有控股 | 人 | 8271 | 3953 | 1012 | 273 | | | 3033 |
| **三、全年从业人员报酬** | **万元** | **160099** | **64630** | **21520** | **3735** | **2622** | **2015** | **65578** |
| 其中：国有及国有控股 | 万元 | 124919 | 58447 | 10192 | 2534 | | | 53746 |
| **四、营业网点个数** | **个** | **1960** | **489** | **666** | **47** | **112** | **123** | **523** |
| 其中：国有及国有控股 | 个 | 109 | 41 | 10 | 12 | | | 46 |
| **五、年末固定资产原值** | **万元** | **465956** | **154615** | **52741** | **11965** | **935** | **1149** | **244550** |
| 其中：国有及国有控股 | 万元 | 427121 | 141055 | 42945 | 10526 | | | 232594 |
| **六、年末营业用房面积** | **平方米** | **1452850** | **406447** | **89810** | **190512** | **9537** | **2906** | **753639** |
| 其中：国有及国有控股 | 平方米 | 1099276 | 315400 | 53940 | 86929 | | | 643007 |
| **七、销售总额或营业收入** | **万元** | **388950** | **120907** | **80718** | **10521** | **5285** | **8270** | **163249** |
| 其中：国有及国有控股 | 万元 | 249698 | 86782 | 38436 | 7112 | | | 117368 |

## 15-23　外贸出口供货商品

| 指标名称 | 计量单位 | 农垦总局 | 湛江局 | 茂名局 | 阳江局 | 揭阳局 | 汕尾局 | 直属单位 |
|---|---|---|---|---|---|---|---|---|
| **一、外贸出口供货商品金额** | **万元** | **439477** | **1522** | | **52375** | | | **385580** |
| 其中：农产品 | 万元 | | | | | | | |
| 林产品 | 万元 | | | | | | | |
| 畜产品 | 万元 | | | | | | | |
| 水产品 | 万元 | 52375 | | | 52375 | | | |
| 工业品 | 万元 | 387102 | 1522 | | | | | 385580 |
| 其中：医药 | 万元 | | | | | | | |
| 食品 | 万元 | | | | | | | |
| 纺织品 | 万元 | 652 | 467 | | | | | 185 |

## 15-24 农垦科研基本情况

| 指标名称 | 计量单位 | 农垦总局 | 湛江局 | 茂名局 | 阳江局 | 揭阳局 | 汕尾局 | 直属单位 |
|---|---|---|---|---|---|---|---|---|
| **一、科研单位情况** | – | – | – | – | – | – | – | – |
| 科研单位个数 | 个 | 5 | 1 | 1 | | | | 3 |
| 职工合计 | 人 | 156 | 53 | 55 | | | | 48 |
| 科技人员 | 人 | 106 | 37 | 43 | | | | 26 |
| 其中：本科及以上 | 人 | 80 | 30 | 24 | | | | 26 |
| 其他人员 | 人 | 50 | 16 | 12 | | | | 22 |
| 科研经费合计 | 万元 | 3038 | 594 | 1308 | | | | 1135 |
| 政府拨款 | 万元 | 1385 | 159 | 1225 | | | | 2 |
| 企业自筹 | 万元 | 1652 | 436 | 83 | | | | 1133 |
| 实验地面积 | 公顷 | 74 | 9 | 23 | | | | 42 |
| **二、企业科技创新情况** | – | | | | | | | |
| 科技人员 | 人 | 342 | 28 | 12 | 6 | 10 | 13 | 273 |
| 科研经费合计 | 万元 | 9852 | 275 | 80 | | 4 | | 9494 |
| 其中：财政经费 | 万元 | 1061 | 3 | 75 | | | | 984 |
| 企业自筹 | 万元 | 8791 | 272 | 5 | | 4 | | 8510 |

## 15-25 固定资产投资完成情况

| 指标名称 | 计量单位 | 农垦总局 | 湛江局 | 茂名局 | 阳江局 | 揭阳局 | 汕尾局 | 直属单位 |
|---|---|---|---|---|---|---|---|---|
| **一、本年完成投资总额（按工程用途分）** | **万元** | **519598** | **148739** | **56691** | **169353** | **46454** | **20082** | **78280** |
| 其中：国 有 | 万元 | 157705 | 38536 | 28187 | 7391 | 5574 | 2869 | 75149 |
| 1.第一产业 | 万元 | 90398 | 19439 | 21414 | 5611 | 7076 | 7195 | 29663 |
| 其中：国 有 | 万元 | 63930 | 10552 | 14408 | 4159 | 3779 | 1369 | 29663 |
| 2.第二产业 | 万元 | 343721 | 107090 | 11862 | 161969 | 35401 | 8487 | 18913 |
| 其中：国 有 | 万元 | 35466 | 9704 | 4826 | 1660 | 364 | | 18913 |
| 3.第三产业 | 万元 | 85479 | 22210 | 23416 | 1773 | 3977 | 4400 | 29704 |
| 其中：国 有 | 万元 | 58309 | 18280 | 8171 | 1571 | 1431 | 1500 | 27356 |
| **二、资金来源合计** | **万元** | **519598** | **148739** | **56691** | **169353** | **46454** | **20082** | **78280** |
| 其中：国 有 | 万元 | 157705 | 38536 | 28187 | 7391 | 5574 | 2869 | 75149 |
| 1.国家预算内资金 | 万元 | 59315 | 20501 | 23961 | 4142 | 2279 | 4242 | 4190 |
| 其中：国 有 | 万元 | 52188 | 19905 | 20131 | 4142 | 1278 | 2542 | 4190 |
| 2.国内贷款 | 万元 | 623 | | | | | | 623 |
| 其中：国 有 | 万元 | 623 | | | | | | 623 |
| 3.利用外资 | 万元 | | | | | | | |
| 其中：国 有 | 万元 | | | | | | | |
| 4.自筹资金 | 万元 | 214852 | 36523 | 8458 | 95156 | 2189 | 362 | 72164 |
| 其中：国 有 | 万元 | 97495 | 18516 | 5543 | 3243 | 799 | 362 | 69033 |
| 5.其他资金 | 万元 | 244808 | 91715 | 24272 | 70055 | 42071 | 15513 | 1183 |
| 其中：国 有 | 万元 | 7399 | 115 | 2513 | 6 | 3582 | | 1183 |
| **三、当年新增固定资产** | **万元** | **365014** | **134691** | **56651** | **75812** | **17669** | **15702** | **64489** |
| 其中：国 有 | 万元 | 128871 | 28256 | 28238 | 5577 | 3495 | 2869 | 60435 |

# 15-26　农垦生产总值(按产业分类)

| 指标名称 | 计量单位 | 农垦总局 | 湛江局 | 茂名局 | 阳江局 | 揭阳局 | 汕尾局 | 直属单位 |
|---|---|---|---|---|---|---|---|---|
| **合　计** | | | | | | | | |
| 增加值合计(按当年价格算) | 万元 | 2070700 | 571437 | 361620 | 122938 | 80888 | 87747 | 846072 |
| 合计中：国有部分 | 万元 | 1291729 | 439555 | 192390 | 84486 | 39319 | 26103 | 509877 |
| 其中：劳动者报酬 | 万元 | 969034 | 334463 | 164413 | 26070 | 55574 | 51872 | 336642 |
| 固定资产折旧 | 万元 | 220600 | 56399 | 61281 | 10572 | 6821 | 4233 | 81296 |
| 生产税净额 | 万元 | 174339 | 14065 | 22592 | 2470 | 3730 | 6393 | 125090 |
| 另：政府补贴 | 万元 | 1066 | 372 | | 25 | | | 670 |
| 营业盈余 | 万元 | 706726 | 166510 | 113335 | 83826 | 14763 | 25249 | 303044 |
| (一)第一产业 | | | | | | | | |
| 增加值合计(按当年价格算) | 万元 | 732424 | 305907 | 156505 | 78030 | 33646 | 23640 | 134696 |
| 合计中：国有部分 | 万元 | 729896 | 303579 | 156305 | 78030 | 33646 | 23640 | 134696 |
| 其中：劳动者报酬 | 万元 | 359344 | 176726 | 71329 | 14312 | 26534 | 21204 | 49239 |
| 固定资产折旧 | 万元 | 106317 | 31140 | 30206 | 5606 | 2775 | 282 | 36308 |
| 生产税净额 | 万元 | 6189 | 1147 | 60 | | | | 4982 |
| 另：政府补贴 | 万元 | 187 | 187 | | | | | |
| 营业盈余 | 万元 | 260574 | 96894 | 54910 | 58112 | 4337 | 2154 | 44167 |
| (二)第二产业 | | | | | | | | |
| 增加值合计(按当年价格算) | 万元 | 684656 | 96896 | 70356 | 20227 | 22981 | 43227 | 430969 |
| 合计中：国有部分 | 万元 | 245708 | 32945 | 4161 | 877 | | | 207725 |
| 其中：劳动者报酬 | 万元 | 248313 | 51840 | 28806 | 4362 | 13496 | 19902 | 129906 |
| 固定资产折旧 | 万元 | 52651 | 8157 | 10023 | 2746 | 2287 | 2076 | 27362 |
| 生产税净额 | 万元 | 130124 | 9391 | 9638 | 946 | 2004 | 4803 | 103342 |
| 另：政府补贴 | 万元 | 25 | | | 25 | | | |
| 营业盈余 | 万元 | 253568 | 27506 | 21889 | 12174 | 5194 | 16446 | 170358 |
| 1.工　业 | | | | | | | | |
| 增加值合计(按当年价格算) | 万元 | 580287 | 51190 | 33021 | 13728 | 15646 | 37455 | 429247 |
| 合计中：国有部分 | 万元 | 222007 | 10661 | 2745 | 877 | | | 207725 |
| 其中：劳动者报酬 | 万元 | 193579 | 22434 | 12861 | 2046 | 8845 | 18304 | 129088 |
| 固定资产折旧 | 万元 | 43003 | 5200 | 5510 | 2558 | 1555 | 1050 | 27129 |
| 生产税净额 | 万元 | 118835 | 4451 | 5619 | 577 | 1255 | 3807 | 103125 |
| 另：政府补贴 | 万元 | 25 | | | 25 | | | |
| 营业盈余 | 万元 | 224870 | 19104 | 9031 | 8547 | 3991 | 14294 | 169904 |
| 2.建筑业 | | | | | | | | |
| 增加值合计(按当年价格算) | 万元 | 104370 | 45706 | 37335 | 6500 | 7335 | 5772 | 1722 |
| 合计中：国有部分 | 万元 | 23700 | 22284 | 1416 | | | | |
| 其中：劳动者报酬 | 万元 | 54734 | 29406 | 15945 | 2315 | 4651 | 1598 | 818 |
| 固定资产折旧 | 万元 | 9649 | 2957 | 4513 | 188 | 732 | 1026 | 233 |
| 生产税净额 | 万元 | 11290 | 4940 | 4019 | 369 | 748 | 996 | 217 |
| 另：政府补贴 | 万元 | | | | | | | |
| 营业盈余 | 万元 | 28697 | 8402 | 12858 | 3627 | 1204 | 2152 | 454 |

# 15-26 续表 1

| 指标名称 | 计量单位 | 农垦总局 | 湛江局 | 茂名局 | 阳江局 | 揭阳局 | 汕尾局 | 直属单位 |
|---|---|---|---|---|---|---|---|---|
| (三)第三产业 | | | | | | | | |
| 增加值合计(按当年价格算) | 万元 | 653620 | 168634 | 134758 | 24680 | 24261 | 20880 | 280407 |
| 合计中：国有部分 | 万元 | 316126 | 103031 | 31923 | 5579 | 5673 | 2463 | 167457 |
| 其中：劳动者报酬 | 万元 | 361378 | 105897 | 64277 | 7397 | 15544 | 10766 | 157497 |
| 固定资产折旧 | 万元 | 61632 | 17101 | 21052 | 2219 | 1759 | 1875 | 17626 |
| 生产税净额 | 万元 | 38026 | 3526 | 12893 | 1524 | 1727 | 1590 | 16766 |
| 另：政府补贴 | 万元 | 855 | 185 | | | | | 670 |
| 营业盈余 | 万元 | 192585 | 42110 | 36536 | 13541 | 5231 | 6649 | 88519 |
| 1.农、林、牧、渔专业及辅助性活动 | | | | | | | | |
| 增加值合计(按当年价格算) | 万元 | 12082 | 901 | 3308 | 411 | 201 | 966 | 6295 |
| 合计中：国有部分 | 万元 | 9486 | 192 | 1942 | 411 | | 646 | 6295 |
| 其中：劳动者报酬 | 万元 | 9954 | 608 | 2251 | 316 | 201 | 863 | 5715 |
| 固定资产折旧 | 万元 | 1091 | 16 | 709 | 40 | | 103 | 223 |
| 生产税净额 | 万元 | 253 | 2 | 111 | 5 | | | 135 |
| 另：政府补贴 | 万元 | 139 | | | | | | 139 |
| 营业盈余 | 万元 | 784 | 275 | 237 | 50 | | | 222 |
| 2.批发和零售业 | | | | | | | | |
| 增加值合计(按当年价格算) | 万元 | 129067 | 28596 | 24292 | 6185 | 9310 | 6991 | 53694 |
| 合计中：国有部分 | 万元 | 10999 | 2662 | 1111 | 112 | 750 | | 6363 |
| 其中：劳动者报酬 | 万元 | 62511 | 12585 | 9752 | 1472 | 5748 | 4047 | 28906 |
| 固定资产折旧 | 万元 | 7161 | 1695 | 2871 | 356 | 525 | 182 | 1532 |
| 生产税净额 | 万元 | 9384 | 1795 | 3104 | 460 | 703 | 460 | 2861 |
| 另：政府补贴 | 万元 | | | | | | | |
| 营业盈余 | 万元 | 50011 | 12521 | 8564 | 3897 | 2333 | 2302 | 20394 |
| 3.交通运输、仓储和邮政业 | | | | | | | | |
| 增加值合计(按当年价格算) | 万元 | 51165 | 7232 | 26330 | 2845 | 4032 | 2658 | 8069 |
| 合计中：国有部分 | 万元 | 5002 | 146 | | | | | 4856 |
| 其中：劳动者报酬 | 万元 | 22609 | 3616 | 9707 | 836 | 2020 | 1535 | 4895 |
| 固定资产折旧 | 万元 | 9235 | 913 | 5526 | 347 | 542 | 215 | 1691 |
| 生产税净额 | 万元 | 5092 | 211 | 3579 | 102 | 378 | 226 | 597 |
| 另：政府补贴 | 万元 | | | | | | | |
| 营业盈余 | 万元 | 14228 | 2491 | 7517 | 1560 | 1092 | 682 | 885 |
| 4.住宿和餐饮业 | | | | | | | | |
| 增加值合计(按当年价格算) | 万元 | 88588 | 10537 | 15222 | 5637 | 3263 | 1493 | 52437 |
| 合计中：国有部分 | 万元 | 27324 | 804 | | | | | 26520 |
| 其中：劳动者报酬 | 万元 | 46324 | 5874 | 5044 | 1272 | 1733 | 689 | 31712 |
| 固定资产折旧 | 万元 | 5154 | 801 | 2025 | 328 | 235 | 125 | 1641 |
| 生产税净额 | 万元 | 7439 | 285 | 2041 | 309 | 314 | 109 | 4381 |
| 另：政府补贴 | 万元 | 1 | | | | | | 1 |
| 营业盈余 | 万元 | 29671 | 3576 | 6111 | 3728 | 982 | 570 | 14704 |

## 15-26 续表 2

| 指标名称 | 计量单位 | 农垦总局 | 湛江局 | 茂名局 | 阳江局 | 揭阳局 | 汕尾局 | 直属单位 |
|---|---|---|---|---|---|---|---|---|
| 5.信息传输、软件和信息技术服务业 | | | | | | | | |
| 增加值合计(按当年价格算) | 万元 | 10729 | 3796 | | | | | 6933 |
| 合计中：国有部分 | 万元 | | | | | | | |
| 其中：劳动者报酬 | 万元 | 8084 | 2352 | | | | | 5732 |
| 固定资产折旧 | 万元 | 1100 | 900 | | | | | 200 |
| 生产税净额 | 万元 | 281 | 11 | | | | | 270 |
| 另：政府补贴 | 万元 | | | | | | | |
| 营业盈余 | 万元 | 1265 | 534 | | | | | 731 |
| 6.金融业 | | | | | | | | |
| 增加值合计(按当年价格算) | 万元 | 8738 | | 157 | | | | 8581 |
| 合计中：国有部分 | 万元 | 8581 | | | | | | 8581 |
| 其中：劳动者报酬 | 万元 | 2515 | | 72 | | | | 2443 |
| 固定资产折旧 | 万元 | 164 | | 34 | | | | 130 |
| 生产税净额 | 万元 | 513 | | | | | | 513 |
| 另：政府补贴 | 万元 | | | | | | | |
| 营业盈余 | 万元 | 5546 | | 51 | | | | 5495 |
| 7.房地产业 | | | | | | | | |
| 增加值合计(按当年价格算) | 万元 | 22341 | 1477 | | | | 3569 | 17295 |
| 合计中：国有部分 | 万元 | 17295 | | | | | | 17295 |
| 其中：劳动者报酬 | 万元 | 7003 | 107 | | | | 700 | 6196 |
| 固定资产折旧 | 万元 | 2530 | 81 | | | | 340 | 2109 |
| 生产税净额 | 万元 | 3552 | 86 | | | | 500 | 2966 |
| 另：政府补贴 | 万元 | | | | | | | |
| 营业盈余 | 万元 | 9256 | 1203 | | | | 2029 | 6024 |
| 8.租赁和商务服务业 | | | | | | | | |
| 增加值合计(按当年价格算) | 万元 | 56224 | 3926 | 462 | 3797 | 875 | | 47164 |
| 合计中：国有部分 | 万元 | 49458 | 2728 | 462 | 2245 | 875 | | 43149 |
| 其中：劳动者报酬 | 万元 | 18257 | 1792 | | 386 | 705 | | 15374 |
| 固定资产折旧 | 万元 | 2572 | 362 | | 577 | 170 | | 1464 |
| 生产税净额 | 万元 | 3182 | 114 | | 509 | | | 2559 |
| 另：政府补贴 | 万元 | 12 | | | | | | 12 |
| 营业盈余 | 万元 | 32213 | 1659 | 462 | 2325 | | | 27767 |
| 9.科学研究和技术服务业 | | | | | | | | |
| 增加值合计(按当年价格算) | 万元 | 2415 | 518 | 10 | | | 62 | 1825 |
| 合计中：国有部分 | 万元 | 2343 | 518 | | | | | 1825 |
| 其中：劳动者报酬 | 万元 | 759 | 358 | 8 | | | 52 | 341 |
| 固定资产折旧 | 万元 | 283 | 92 | 2 | | | 10 | 179 |
| 生产税净额 | 万元 | 13 | 13 | | | | | 0 |
| 另：政府补贴 | 万元 | 518 | | | | | | 518 |
| 营业盈余 | 万元 | 1359 | 55 | | | | | 1304 |

## 15-26 续表 3

| 指标名称 | 计量单位 | 农垦总局 | 湛江局 | 茂名局 | 阳江局 | 揭阳局 | 汕尾局 | 直属单位 |
|---|---|---|---|---|---|---|---|---|
| 10.水利、环境和公共设施管理业 | | | | | | | | |
| 增加值合计(按当年价格算) | 万元 | 261 | | 261 | | | | |
| 合计中：国有部分 | 万元 | 260 | | 260 | | | | |
| 其中：劳动者报酬 | 万元 | 261 | | 261 | | | | |
| 固定资产折旧 | 万元 | | | | | | | |
| 生产税净额 | 万元 | | | | | | | |
| 另：政府补贴 | 万元 | | | | | | | |
| 营业盈余 | 万元 | | | | | | | |
| 11.居民服务、修理和其他服务业 | | | | | | | | |
| 增加值合计(按当年价格算) | 万元 | 89717 | 20638 | 32836 | 1289 | 2534 | 3456 | 28964 |
| 合计中：国有部分 | 万元 | 11970 | 6711 | 215 | 533 | 63 | 132 | 4316 |
| 其中：劳动者报酬 | 万元 | 46342 | 11984 | 16267 | 694 | 1243 | 1961 | 14193 |
| 固定资产折旧 | 万元 | 8989 | 2209 | 4231 | 158 | 153 | 134 | 2105 |
| 生产税净额 | 万元 | 7740 | 801 | 4057 | 56 | 332 | 295 | 2200 |
| 另：政府补贴 | 万元 | 29 | 29 | | | | | |
| 营业盈余 | 万元 | 26646 | 5644 | 8282 | 382 | 807 | 1066 | 10465 |
| 12.教育 | | | | | | | | |
| 增加值合计(按当年价格算) | 万元 | 36406 | 6340 | 1428 | | | | 28638 |
| 合计中：国有部分 | 万元 | 34758 | 5863 | 257 | | | | 28638 |
| 其中：劳动者报酬 | 万元 | 29155 | 4112 | 1073 | | | | 23969 |
| 固定资产折旧 | 万元 | 5450 | 580 | 220 | | | | 4651 |
| 生产税净额 | 万元 | 4 | 4 | | | | | |
| 另：政府补贴 | 万元 | 27 | 27 | | | | | |
| 营业盈余 | 万元 | 1798 | 1644 | 135 | | | | 18 |
| 13.卫生、社会工作、文化、体育、娱乐 | | | | | | | | |
| 增加值合计(按当年价格算) | 万元 | 110894 | 77812 | 22106 | 2204 | 543 | | 8229 |
| 合计中：国有部分 | 万元 | 104691 | 77577 | 19330 | -33 | 482 | | 7334 |
| 其中：劳动者报酬 | 万元 | 80673 | 58309 | 14126 | 1063 | 474 | | 6701 |
| 固定资产折旧 | 万元 | 13554 | 8576 | 3755 | 183 | 52 | | 988 |
| 生产税净额 | 万元 | 311 | 200 | 2 | | | | 109 |
| 另：政府补贴 | 万元 | 129 | 129 | | | | | |
| 营业盈余 | 万元 | 16356 | 10727 | 4223 | 958 | 17 | | 431 |
| 14.公共管理、社会保障和社会组织 | | | | | | | | |
| 增加值合计(按当年价格算) | 万元 | 34993 | 6863 | 8346 | 2311 | 3503 | 1685 | 12285 |
| 合计中：国有部分 | 万元 | 33960 | 5830 | 8346 | 2311 | 3503 | 1685 | 12285 |
| 其中：劳动者报酬 | 万元 | 26930 | 4200 | 5715 | 1357 | 3420 | 919 | 11319 |
| 固定资产折旧 | 万元 | 4347 | 876 | 1678 | 231 | 82 | 766 | 713 |
| 生产税净额 | 万元 | 264 | 5 | | 83 | | | 175 |
| 另：政府补贴 | 万元 | | | | | | | |
| 营业盈余 | 万元 | 3452 | 1781 | 953 | 640 | | | 78 |

# 十六、供销合作社

# 广东省供销合作联社 2023 年基本情况

2023 年，是全面贯彻落实党的二十大精神开局之年，也是全省供销合作社高质量发展的关键之年。在省委省政府的正确领导下，省供销社党组全面贯彻党的二十大和二十届二中全会精神，深入学习贯彻习近平总书记视察广东重要讲话、重要指示精神以及对供销合作社工作的重要指示批示精神，锚定“走在前列”总目标，认真落实省委“1310”具体部署，聚焦落实“百千万工程”，在全国率先建设面向小农户的公共型农业社会化服务体系，广东供销为农服务高质量发展走在全国前列。省供销社党组坚持严的基调，落实严的举措，营造严的氛围，持之以恒严抓班子、严管队伍，班子队伍凝聚力战斗力进一步增强，干事创业的精气神持续提振，风清气正的政治生态得到有效巩固。省供销社在 2023 年度全国供销系统综合业绩考核中再获“一等奖”，连续四年实现赶超进位。2023 年 7 月 3 日,全国供销总社党组书记、理事会副主任韩立平莅临广东出席全国供销社系统高质量发展推进会,与省主要领导进行工作交流，充分肯定我省供销合作社改革发展成效。

**一、深入推进政治建设，把坚持“两个确立”、做到“两个维护”贯穿供销合作社工作全过程各方面**

一是旗帜鲜明讲政治抓政治。严格执行省委坚决做到“两个维护”制度机制，切实增强坚定坚持“两个确立”、坚决做到“两个维护”的思想自觉、政治自觉和行动自觉。严格执行政治要件闭环落实机制，实行“专账、专件、专人、专督”，全年政治要件纳账管理 64 件。二是筑牢政治忠诚。坚持用习近平新时代中国特色社会主义思想凝心铸魂，严格落实“第一议题”制度，常态化开展政治忠诚教育和党性教育，推动学习贯彻党的二十大精神、习近平总书记视察广东重要讲话、重要指示精神以及习近平总书记关于“三农”工作的重要论述走深走实。全年党组第一议题学习 43 次，开展供销大讲堂 5 次，召开“讲政治、严纪律、守规矩,以案促改、以案为鉴”党性分析会 7 场。三是严守政治纪律和政治规矩。严格执行党章和党内政治生活准则，严格执行民主集中制，严格落实“三会一课”、民主生活会、组织生活会。召开李朝明严重违纪违法案以案促改专题民主生活会，深刻汲取李朝明案件教训，全面梳理问题，持续抓好 7 个方面问题 78 条措施整改落实。严格落实重大事项请示报告制度，全年就重大事项向省委、省政府和全国供销总社专题报告工作 29 次。四是从严从实抓好省委专项巡视整改落实工作。坚决扛起巡视整改主体责任，把落实巡视整改作为重要政治任务，成立由党组书记任组长的巡视整改工作领导小组，研究制定整改工作方案及整改工作台账，实行挂图作战、倒排工期、压茬推进、专人督办，每周梳理对账，逐项核实，逐项销号。对照巡视整改“回头看”检查反馈意见，制定整改方案，对整改任务再部署、责任再压实。目前，根据巡视反馈 3 个方面 29 个具体问题制定的 110 条整改措施及“回头看”整改措施已全面整改到位。

**二、深入学习贯彻习近平总书记关于主题教育系列重要讲话精神，高标准严要求推进主题教育走深走实**

一是突出主题主线开展深入学习。围绕“学思想、强党性、重实践、建新功”的总要求，坚持读原著学原文悟原理，通过举办主题教育读书班、理论学习中心组、专家辅导、供销大讲堂等多种形式，组织党员干部研读《习近平著作选读》等重要书目，深刻感悟科学理论的真理力量和实践伟力。开展党组会议第一议题学习15次，党组理论学习中心组学习4次，直属单位党组织开展第一议题学习80次，党员干部讲主题教育专题党课60次。二是突出主责主业开展调查研究。用好习近平总书记提出的“深、实、细、准、效”调研五字诀，聚焦“三农”领域和供销合作社为农服务难点堵点问题，党组成员带头深入基层开展调研。建立调研成果转化清单，实行一周一报告，推动调研成果转化落地见效，形成9篇专题调研报告，建立8项工作机制，形成17项制度性成果。三是突出实干实效推动为农服务高质量发展。围绕高质量发展首要任务，认真落实省委“1310”具体部署，聚焦“三农”工作大局，深入落实“百千万工程”，推动供销农资农技服务网成为主渠道，加快构建完善供销公共型粮食全程社会化服务体系，推动广东供销公共型冷链物流骨干网组网投产。四是突出标本兼治推动检视整改见行见效。紧盯省委9大专项整治突出问题，重点查摆农民群众急难愁盼、为农服务痛点堵点等突出问题，结合省委巡视反馈、审计、民主生活会等发现的问题，深查细照、全面梳理4个方面7个问题，研究制定27条整改措施。建立整改整治台账，制定专项整治方案，实行清单动态管理，推动整改整治工作取得扎实成效。

**三、深入落实“百县千镇万村高质量发展工程”，推动供销合作社为农服务高质量发展**

**（一）强化组织领导，认真谋划部署，以“头号工程”力度扎实推动落实“百千万工程”。**一是第一时间召开党组扩大会议、五届四次理事会传达学习省委“百千万工程”部署要求，在全省系统形成从战略和全局高度去看去谋去抓落实的共识。二是召开全省供销合作社落实“百县千镇万村高质量发展工程”动员部署会，成立省供销社推动落实“百千万工程”工作专班。三是印发实施《关于聚焦实施“百千万工程”加快推进供销合作社为农服务高质量发展的实施方案》，建设完善面向小农户和新型农业经营主体的公共型农业社会化服务体系。

**（二）围绕壮大县域经济和构建现代乡村产业体系，建强上下贯通一体化运营的联动服务网络。**一是聚焦服务保障粮食安全，完善供销公共型粮食全程社会化服务体系。发展丝苗米产、购、储、加、销全程社会化服务，牵头建设3个丝苗米省级现代农业产业园，在8个粮食产区市县承建10个粮食烘干、育秧项目，建设粮食保供仓储集群，建成粮食仓容55万吨，承储省、市、区三级储备粮超35万吨。二是大力实施“绿色农资”升级行动，推动供销农资农技服务网成为主渠道。构建以省级龙头企业为支撑、市县平台为枢纽、乡镇为重点、村级为终端的绿色农资流通体系，建设农资农技服务中心1254个，供应绿色农资占全省市场份额50%以上。全省系统提供统防统治、统配统施等各类农业生产社会化服务规模2863万亩次，实施土地全托管服务面积241万亩。三是实施冷链物流基础设施补短板工程，推动供销公共型冷链物流骨干网组网投产。已在全省建设项目74个，总库容531万立方米，基本实现冷链服务县域全覆盖。建设公共型农产品冷链加工中心40.65万平方米，服务海洋水产品以及优势特色农产品加工产业发展。推动冷链服务功能下沉镇村，在70个乡镇建设冷链设施84个。优化冷链运营管理、运输配送等，形成运行服务体系与服务保障体系的双线协同机制，打响“供销冷链　助农优鲜”服务品牌。四是加快发展放心农产品产销对接，健全联结产地到消费终端的现代农产品流通网络。做强省级平台、区域配送中心和供销农场，在21个地级市建设区域配送中心93个，形成覆盖机关、学校和重点保供单位保障新模式。培育发展供销农场668个，面积37.86万亩。五是高质量建设大湾区绿色农产品生产供应基地，打造优质农产品

"入湾出海"桥头堡。已建成运营首期农产品加工集配中心16万平方米、粮库15万吨、冷库4万吨。2023年出口农产品11652吨,实现产值28亿元，打造大湾区粮食应急保障中心和国家级农产品流通保供基地。

**(三)围绕助力新型农村集体经济发展和农民增收，加快完善面向小农户的县镇村综合服务体系。**一是探索供销社集体经济与农村集体经济融合、联动发展。推动社有企业资源下沉，通过龙头企业引领带动,对接联农带农基层组织和农村集体经济,按照合作制原则加快推进供销社、村集体和各类农业经营主体的组织联合、共建共享。初步形成了创新组织形式共建村供销社、开展股权合作共建运营实体、共同领办供销农场生产合作社、专项资金投入涉农项目参与分红、获取居间服务收益等五种"社村"合作模式。二是做实做优联农扩面五项工程。建立社有企业对接赋能基层联农组织机制，建成运营县镇村助农服务中心1293个，累计发展供销合作社基层联农带农组织超1万个，带动服务农户超420万户，不断提高联农带农能力水平。三是打造一批示范乡镇农产品综合服务站。选取8个市开展供销合作社生产、供销、信用综合合作试点，在农业主产区示范建设镇村农产品综合服务站31个，采用订单农业、保价收购、保底分红、二次返利、吸纳就业等形式，引导小农户、种植大户、家庭农场等入站。

**(四)围绕提升合作经济运行效率，纵深推进供销合作社综合改革。**一是规范联合社治理。推动各级联合社按照章程如期召开社员代表大会、理事会和监事会会议,推动联合社创新治理机制、优化职能，按期召开社员代表大会的市级社20个、县级社95个，建立社资委的市级社20个、县级社95个。二是深化社有企业改革。推动各级联合社细化联合社、社资委、社有企业权责,完善社有企业市场化经营机制,不断增强企业发展活力和内生动力。全省系统发展年销售额超亿元企业202家，其中国家农业龙头企业1家、省级农业龙头企业12家，上市企业1家。三是初步搭建广东数字供销云平台。建设全省统一的数字供销系统，公共型"粤供销"系统上线试运行，初步搭建"供销一盘货"仓网系统。"粤供销农服"子系统上线推广、服务全省水稻农服电子签约230万余亩，为农户提供精准高效数字化服务。

**四、坚定不移加强党的全面领导和党的建设,以高质量党建引领和保障供销合作事业高质量发展**

一是严格落实管党治党政治责任。党组书记履行第一责任人职责，班子成员严格履行"一岗双责"，驻社纪检监察组发挥监督专责作用，形成工作合力。制定《关于把加强党的全面领导和党的建设落实到供销合作社改革发展全过程各领域的指导意见》，压紧压实管党治党主体责任。制定《省供销社2023年党风廉政建设和反腐败工作要点》，召开2023年全省系统全面从严治党从严治社暨党风廉政建设工作会议，持之以恒推进监督具体化精准化常态化。严格落实意识形态工作责任制，从严从实抓好保密和安全生产工作。二是织密建强组织体系。制定《省供销社"四强"党支部创建实施方案》，评选命名第一批8个"四强"党支部。增设天业冷链公司3个党支部，实现55个在建和运营冷链项目党组织全覆盖。在汕尾等地省市县共建项目设立8个临时党支部，推动党的组织体系和工作力量直达基层。印发《关于进一步落实严格党的组织生活制度的通知》，从8个方面进一步推进党内组织生活规范化制度化。三是打造为农服务高素质干部队伍。坚持党管干部原则，按照"4个注重选拔、4个坚决不用"要求，突出政治标准，注重在为农服务一线选育管用干部。全年提拔使用机关处级领导干部6名，开展职级晋升36人，选拔调整直属单位班子成员29名。选派15名优秀干部到冷链物流骨干网、大湾区农产品基地、纵向帮扶等重点项目和重要岗位进行培养锻炼。完善中青年干部人才信息库,持续优化干部队伍梯次结构。组织全体党员干部参加学习贯彻党的二十大精神专题培训。面向基层加强干部教育培训，围绕加强党的全面领导、深化综合改革、岗位能力提升等举办 15 期专题培训班，培训 3697 人。四是强化作风纪律建设。严格落实中央八项规定及其实施细则精神，持续纠“四风”树新风。深入开展纪律教育学习月活动，开展党章党规党纪教育和警示教育，集中观看警示教育片 10 场次，前往广东省反腐倡廉教育基地等地开展廉洁教育活动 5 场次。全面强化监管，深入推动纪检监察、监事会、社资委、审计、财务、人事等部门形成协同监督约束机制。对 8 个地级市冷链物流骨干网、农产品直供配送、现代农业产业园等 22 个乡村振兴重点项目建设情况进行重点监督，对立项招标、项目建设、资金使用等方面开展检查。建立完善省社机关科级以下和直属单位中层干部廉政档案。

下一步，省供销社党组将坚持以习近平新时代中国特色社会主义思想为指导,全面贯彻落实党的二十大和二十届二中全会精神，深入贯彻落实习近平总书记视察广东重要讲话、重要指示精神及对供销合作社工作的重要指示批示精神，深刻把握推进中国式现代化是最大政治，聚焦高质量发展首要任务，学习运用“千万工程”经验，认真落实省委“1310”具体部署，深入落实“百千万工程”，加快推进广东供销粮食全程社会化服务提升行动，推动供销公共型冷链骨干网运营提质增效，积极探索开展与村集体经济组织合作发展，切实加强党对供销合作社工作的全面领导，推动供销合作社为农服务高质量发展，为广东在推进中国式现代化建设中走在前列贡献供销力量。

# 2023年全省供销合作社系统基本情况统计公报

2023年，是全面贯彻落实党的二十大精神开局之年，也是全省供销合作社高质量发展的关键之年。在省委省政府的正确领导下，省供销社党组全面贯彻党的二十大和二十届二中全会精神，深入学习贯彻习近平总书记视察广东重要讲话、重要指示精神以及对供销合作社工作的重要指示批示精神，锚定“走在前列”总目标，认真落实省委“1310”具体部署，聚焦落实“百千万工程”，在全国率先建设面向小农户的公共型农业社会化服务体系，广东供销为农服务高质量发展走在全国前列。省供销社党组坚持严的基调，落实严的举措，营造严的氛围，持之以恒严抓班子、严管队伍，班子队伍凝聚力战斗力进一步增强，干事创业的精气神持续提振，风清气正的政治生态得到有效巩固。省供销社在2023年度全国供销系统综合业绩考核中再获“一等奖”，连续四年实现赶超进位。

## 一、全省系统综合经营服务情况

### （一）销售总额

全年实现销售总额3064.40亿元，增长13.68%；其中，基层社自营销售额129.02亿元，出资农民专业合作社销售23.73亿元。

1. 分行业看，四大主营业务销售增长稳定。其中，农业生产资料类销售总额691.86亿元，增长18.66%，占销售总额的（以下简称“占比”）22.58%；农产品类销售总额966.85亿元，增长13.11%，占比31.55%；消费品类销售总额416.33亿元，增长20.86%，占比13.59%；再生资源类销售总额274.31亿元，增长28.87%，占比8.95%。

2. 分层级看，县级供销合作社增长较快。省社本级企业、市级供销社、县级供销社和基层社分别实现销售总额540.04亿元、167.23亿元、927.44亿元和1429.70亿元，分别增长22.66%、–21.59%、47.51%和1.16%，占比分别为17.62%、5.46%、30.26%和46.66%。

3. 分区域看，地级市销售持续增长。14个市社销售总额实现增长，其中珠海市社、湛江市社、云浮市社等增速靠前，增速均超过30%。销售总额超过40亿元的地区有15个，较上年增加1个，其中广州市社、东莞市社、江门市社、茂名市社、梅州市社等5个地区超过200亿元；肇庆市社、湛江市社、佛山市社、中山市社均超过100亿元；惠州市社超过90亿元；韶关市社、云浮市社、河源市社、阳江市社、汕头市社超过40亿元；清远市社、汕尾市社、揭阳市社、珠海市社超过20亿元。

4. 连锁经营销售额增长。全省系统连锁经营销售额528.44亿元，增长19.53%。其中，农业生产资料类连锁经营企业连锁销售额293.66亿元，增长0.75%；消费品类连锁经营企业连锁销售额33.17亿元，增长13.77%。

5. 进出口额增加。全年商品进出口总额8.90亿元，增长66.98%。其中，进口额7.32亿元，增长64.13%；出口额1.58亿元，增长81.61%。

### （二）综合服务情况

全年综合服务营业额286.85亿元，下降5.86%。

1. 电子商务综合服务额0.27亿元，增长4.39%。

2. 居民生活服务营业额51.39亿元，增长1.10%，其中住宿餐饮业营业额11.01亿元，下降16.69%；旅游业营业额2.93亿元，增长70.84%。

3. 资产经营额 48.57 亿元，增长 9.20%，其中租赁经营额 24.87 亿元，下降 4.75%。

4. 农业生产服务收入额 8.29 亿元，增长 63.73%。

5. 其他服务营业额 178.60 亿元，下降 12.59%。

**（三）直接收购的农产品**

全年直接从农业生产者购进的农产品 617.80 亿元，增长 2.29%。

**（四）物流业情况**

全年物流业营业额 360.72 亿元，增长 32.91%；其中冷链物流业营业额 290.14 亿元，增长 43.27%；县及县以下快递、配送营业额 76.85 亿元，增长 1.47%。

**（五）平台交易额**

全年平台交易额 446.14 亿元，与上年基本持平。其中：

商品交易市场交易额 437.59 亿元，与上年基本持平，其中农产品批发市场交易额 421.03 亿元，增长 6.93%。

自建电子商务平台交易额 8.55 亿元，下降 32.86%。

**（六）金融服务情况**

全年金融服务额 18.86 亿元，增长 27.60%。其中，资金互助额 0.55 亿元；保险服务额 5.86 亿元；其他（含典当）金融服务额 12.27 亿元。

2023 年，全省供销合作社发挥系统联农带农组织体系和经营服务网络优势，与金融机构共同优化“银行+供销合作社+农户”绿色融资通道，进一步完善“供银担”支农体系建设，为农户和新型农业经营主体提供安全便捷高效的金融服务。大力探索具有供销特色的农村金融服务试点，推动“粤供易贷”、“粤供园区贷”提质扩面，支持条件成熟企业探索开展全产业链供应链金融服务试点。2023 年全省供销社系统共协助 2407 户农户和新型农业经营主体办理贷款 19.34 亿元，全年开展金融业务培训 8450 人次。

## 二、县及县以上机关情况

**（一）总体情况**

年末，全省系统有省级供销合作社 1 个，地级以上市供销合作社 20 个，县（区、市）级供销合作社 96 个。

**（二）经费来源**

财政全额拨款的单位 113 个，占 96.58%，其中，省社 1 个，地级以上市社 20 个，县社 92 个。差额拨款的单位 1 个，占 0.85%。财政定额补贴的单位 2 个，占 1.71%。实行自收自支的单位 1 个，占 0.85%。

**（三）人员编制**

全省系统县及县以上供销合作社机关人员编制 2196 人。事业编制 2107 人，占总人员编制数的 95.95%，其中，参照公务员法管理的人员编制 1377 人，占总人员编制数的 62.70%；企业及其他编制 89 人，占总人员编制数的 4.05%。

**（四）其他情况**

设立理事会的机关 116 个，设立监事会的机关 116 个，与去年持平。建立供销合作社合作发展基金的机关 111 个。建立社有资产管理委员会的机关 116 个。建立社有资本投资公司的机关 105 个，比去年增加 12 个。

## 三、社有企业情况

**（一）总体情况**

年末，全省系统共有各类法人企业 2154 个。其中省社所属企业 353 个，地级以上市社所属企业 236 个，县（区、市）级社以下所属企业 1565 个。

**（二）股权结构情况**

供销社系统全资企业 795 个，比去年增加 16 个；供销社系统控股企业 298 个，比去年增加 7 个；供销社系统参股企业 154 个，比去年增加 21 个；开放办社企业 901 个，比去年增加 440 个。

**（三）产业类别情况**

农业生产资料经营企业 367 个、农产品经营企业756个、消费品经营企业304个、再生资源经营企业148个、烟花爆竹经营企业63个。

生产加工企业87个，其中工业生产企业20个，农产品加工企业63个、再生资源加工企业4个。

商品交易市场28个。

其他服务业企业401个，其中，仓储运输企业86个,资产控股、租赁和商务服务业企业65个，房地产开发企业3个,金融企业4个，其他法人企业243个。

**（四）连锁企业情况**

全省系统连锁企业406家，配送中心419个，连锁门店18029个。其中：

农业生产资料连锁经营企业169家，配送中心175个，连锁经营门店6827个；

农产品连锁经营企业95家，配送中心71个，连锁经营门店3912个；

消费品连锁经营企业65家，配送中心28个，连锁经营门店1905个；

再生资源连锁经营企业22家，配送中心3个连锁经营门店1476个；

烟花爆竹及其他连锁经营企业38家，配送中心22个，连锁门店3049个。

**四、基层供销合作社情况**

年末，全省系统有基层社2139个，其中：集体所有制1336个，其他803个；由县社垂直管理的1471个，实行属地管理及其他的668个。社员96.06万人，其中农民社员57.74万人。

基层社经营网点13875个。其中：日用消费品经营网点6510个，农业生产资料经营网点4578个，农产品经营网点1203个，再生资源经营网点923个，农贸市场54个。农村电子商务服务站156个。

**五、农民合作社情况**

**（一）总体情况**

年末，全省系统创办、领办各类专业合作社4574个，比上年减少1059个；入社成员15.29万个。其中，农民合作社联合社231个。

**（二）经营类型**

各类合作社中，农产品类3672个，农业生产资料类493个，综合服务类249个，其他类160个。

在农产品类合作社中，干鲜果蔬合作社1882个；粮油作物合作社401个；茶叶合作社166个；中药材合作社116个；水产合作社238个；畜禽合作社282个；其他587个。

**（三）注册商标及认证情况**

通过有机、绿色、无公害等认证的合作社711个，其中，通过有机认证的114个、通过绿色认证的147个、通过无公害认证的450个。拥有产品注册商标263个。

**六、事业单位情况**

年末，各级供销合作社所属事业单位5个。其中，省社所属事业单位2个；地级以上市社所属事业单位1个；县（区、市）社所属事业单位2个。

从经费来源看，差额补助的2个，自收自支的3个。

**七、社会组织情况**

年末，全省系统各类社团组织175个，会员17109个（人）。

从性质看，协会（商会）139个，学会（研究会）3个，联合会24个，民办非企业单位9个。

从服务类型看，农产品行业协会35个，农产品流通经纪人协会8个，农业生产资料协会31个，再生资源协会22个，烟花爆竹协会22个，电子商务协会7个，其他协会14个。

从会员情况看，团体会员8211个，个人会员8898人。

**八、为农综合服务情况**

**（一）农村综合服务社**

年末，全省系统共建立农村综合服务社9179个，比上年末减少114个；其中，与村委会共建254个。庄稼医院1886个，比上年末减少80个。

**（二）农业生产社会化服务**

全年土地流转面积60.64万亩，增长21.82%；土地托管面积687.10万亩，增长16.13%；智慧农业生产服务面积83.39万亩；农业生产社会化服务共计2863.33万亩次，增长39.80%,其中：配方施肥1141.66万亩次，增长20.70%；统防统治937.61万亩次，增长33.78%；农机作业784.05万亩次，增长95.02%。

**（三）科技服务**

培训农村实用人才89.20万人次；科技特派员92人。

**（四）农村人居环境整治**

全年回收农村生活垃圾649.41万吨，废旧农膜3.89万吨，农药包装废弃物76.95万件。

**九、从业人员情况**

**（一）总体情况**

年末，全省系统共有从业人员122114人，离开本单位仍保留劳动关系的人员12626人，离退休人员60371人。

离退休人员中，未参加社会统筹养老保险的人员1370人，占1.12%。

**（二）分布状况**

各级联合社机关、事业单位2903人，占2.38%；企业39866人，占32.65%；基层社39606人，占32.44%；专业合作社37635人，占30.82%。

**（三）年龄结构情况**

从业人员（不含专业合作社管理人员）中，35岁及以下的27006人,占22.12%；36-45岁的31468人，占25.77%；46-55岁的19024人，占15.58%；55岁以上的6981人，占5.72%。

**（四）受教育情况**

从业人员（不含专业合作社管理人员）中，高中、中专学历及以下的57847人，占47.37%；大专学历的18126人，占14.84%；本科学历及以上的8506人，占6.96%。

# 16-1　广东省供销合作社为农综合服务情况统计表

| 单位名称 | 土地流转面积（亩） | 土地托管面积（亩） | | 培训农村实用人才（人） | 配方施肥面积（亩次） |
|---|---|---|---|---|---|
| | | 全年累计 | 全托管面积 | | |
| **合　计** | **606429.97** | **6870971.56** | **2405018.27** | **891963** | **11416646.07** |
| 广州市供销合作总社 | 44363.97 | 372969.91 | 120837.83 | 564 | 941718.24 |
| 深圳市(宝安、龙岗区社) | | | | | |
| 珠海市供销合作社 | | 58267 | 54250 | | 86481.37 |
| 汕头市供销合作社 | | 43370.05 | 38582 | | 327936 |
| 佛山市供销合作社 | 1995 | 67759.05 | 63852 | 27 | 12456.64 |
| 韶关市供销合作社 | 31558 | 356708.8 | 259361 | 17558 | 379119.9 |
| 河源市供销合作社 | 36528.82 | 116554 | 79981 | 970 | 170183.07 |
| 梅州市供销合作社 | 9611 | 221874.4 | 137303.2 | 73822 | 160728.2 |
| 惠州市供销合作社 | 6236 | 159370.28 | 87904.2 | 15531 | 105812.4 |
| 汕尾市供销合作社 | 30937 | 123037.93 | 14625 | 38697 | 71448.7 |
| 东莞市供销合作社 | | 78970.73 | 53233.73 | | 51843.42 |
| 中山市供销合作社 | 33020.39 | 13170 | 13170 | 1229 | 154569.7 |
| 江门市供销合作联社 | 28915 | 269378 | 268598 | 250 | 1159191 |
| 阳江市供销合作社 | 6190 | 42339 | 6150 | | 426810 |
| 湛江市供销合作社联合社 | 39743 | 178215.5 | 139675.5 | 201562 | 117017 |
| 茂名市供销合作社 | | 455080.13 | 145409.26 | 22373 | 907953.04 |
| 肇庆市供销合作社 | 61020 | 220686 | 218446 | 45034 | 391731.2 |
| 清远市供销合作社 | 4645 | 131224.5 | 58227 | 2233 | 75063.3 |
| 潮州市供销合作社 | | 56151 | 9416 | | 72604 |
| 揭阳市供销合作社 | 235560.54 | 331398.46 | 320636 | 16130 | 108321.1 |
| 云浮市供销合作社 | 28236.25 | 174446.82 | 156944.47 | | 172052.87 |
| 广东省直属企业 | 7870 | 3400000 | 158416.08 | 455983 | 5523604.92 |

注：2022年按中华全国供销合作总社通知要求，对部分纳统单位进行调整。

## 16-1 续表

| 单位名称 | 统防统治面积(亩次) | 农机作业面积(亩次) | 智慧农业生产服务(亩) | 为农服务形式(个) | | |
|---|---|---|---|---|---|---|
| | | | | 生产性为农服务中心 | 庄稼医院 | 农村综合服务社 |
| **合　计** | **9376086.88** | **7840540.15** | **833889.55** | **1111** | **1887** | **9182** |
| 广州市供销合作总社 | 1046491.8 | 1673413.88 | 40349 | 190 | 52 | 658 |
| 深圳市(宝安、龙岗区社) | | | | | | |
| 珠海市供销合作社 | 36624.48 | 81484.43 | | 10 | 21 | 60 |
| 汕头市供销合作社 | 262388 | 35080 | | 31 | 68 | 204 |
| 佛山市供销合作社 | 5195.5 | 6317 | 26510 | 3 | 6 | 9 |
| 韶关市供销合作社 | 586334.9 | 384908.61 | 74420 | 51 | 104 | 444 |
| 河源市供销合作社 | 140572 | 110276.38 | 730 | 14 | 18 | 53 |
| 梅州市供销合作社 | 258732.08 | 122204.64 | | 158 | 218 | 693 |
| 惠州市供销合作社 | 211304.1 | 127347.59 | | 34 | 80 | 269 |
| 汕尾市供销合作社 | 167544.14 | 262750.74 | 380 | 53 | 11 | 168 |
| 东莞市供销合作社 | 53505.6 | 45697.6 | | 1 | 4 | 50 |
| 中山市供销合作社 | 71218 | 38259.57 | | 5 | 26 | 54 |
| 江门市供销合作联社 | 2936423.5 | 1727069 | | 173 | 178 | 922 |
| 阳江市供销合作社 | 288869.1 | 525 | | 112 | 37 | 707 |
| 湛江市供销合作社联合社 | 343811 | 109835 | | 8 | 110 | 360 |
| 茂名市供销合作社 | 1221791.56 | 487655 | | 58 | 126 | 1888 |
| 肇庆市供销合作社 | 346259.4 | 395623.9 | 6861.28 | 77 | 83 | 1286 |
| 清远市供销合作社 | 277662.65 | 148789.5 | 1657.02 | 19 | 102 | 154 |
| 潮州市供销合作社 | 119401.76 | 78782.72 | | 1 | 24 | 52 |
| 揭阳市供销合作社 | 147854.19 | 154771.6 | | 108 | 93 | 444 |
| 云浮市供销合作社 | 181120.87 | 145999.87 | | 3 | 10 | 173 |
| 广东省直属企业 | 672982.25 | 1703748.12 | 682982.25 | 2 | 516 | 534 |

注：2022年按中华全国供销合作总社通知要求，对部分纳统单位进行调整。

# 16-2 广东省供销合作社经营情况统计表

单位：万元

| 单位名称 | 从农业生产者购进的农产品购进总额 | 售给农民的农业生产资料销售额 | 农产品批发市场交易额 | 农产品电子商务销售额 | 消费品零售额 | |
|---|---|---|---|---|---|---|
| | | | | | 全年累计 | 乡村 |
| **合　计** | **6178029.27** | **5786090.16** | **4210258.34** | **1670532.05** | **8050897.68** | **2357698.42** |
| 广州市供销合作总社 | 855702.25 | 232008.48 | 1037673.51 | 322475.74 | 2095378.32 | 466673.26 |
| 深圳市(宝安、龙岗区社) | | 149.07 | | | 270.31 | 270.31 |
| 珠海市供销合作社 | 45331.68 | 43461.89 | 12010.29 | 1791.27 | 92938.54 | 26503.91 |
| 汕头市供销合作社 | 174196.42 | 109751.11 | 239250.16 | 21090.38 | 116718.39 | 16024.9 |
| 佛山市供销合作社 | 22058.29 | 28566.3 | 344960.41 | 1391.31 | 82603.2 | 25647 |
| 韶关市供销合作社 | 285870.37 | 158061.06 | 121194.23 | 103321.79 | 332898.67 | 90004.2 |
| 河源市供销合作社 | 106011.9 | 93845 | 20689.15 | 42193.71 | 194148.97 | 91617 |
| 梅州市供销合作社 | 869258.38 | 462505.6 | 233399.68 | 119042.42 | 414265.04 | 151858.16 |
| 惠州市供销合作社 | 301997.21 | 212279.7 | 200185.66 | 100069.5 | 176717.5 | 4231.45 |
| 汕尾市供销合作社 | 103411.35 | 44394.76 | 20124.4 | 1515.55 | 58379.69 | 17302.37 |
| 东莞市供销合作社 | 210033.3 | 124227.21 | 110946.48 | 2690.96 | 714938.36 | 7579.5 |
| 中山市供销合作社 | 243802.78 | 6601.65 | 4004.78 | 69399.31 | 132731.23 | 77384.19 |
| 江门市供销合作联社 | 401529.39 | 452589.07 | 862770 | 6409.06 | 575042.29 | 277629.94 |
| 阳江市供销合作社 | 104486.77 | 46208.87 | 41754.83 | 17936.59 | 228284.79 | 24062.03 |
| 湛江市供销合作社联合社 | 195520.59 | 523426.72 | 124498.5 | 46894.41 | 416944.2 | 138969.23 |
| 茂名市供销合作社 | 582743.34 | 372717.96 | 290472.37 | 329140.07 | 940833.98 | 518113.4 |
| 肇庆市供销合作社 | 629933.6 | 280825.61 | 314870.4 | 105695.3 | 653963.04 | 192017.94 |
| 清远市供销合作社 | 133386.43 | 58958.72 | 1812 | 44817.9 | 110515.42 | 44567.7 |
| 潮州市供销合作社 | 17408.13 | 10617.31 | 674.6 | 1795.31 | 47751.84 | 23391.37 |
| 揭阳市供销合作社 | 91346.53 | 42141.32 | 2424 | 17209.2 | 56638.75 | 25898.75 |
| 云浮市供销合作社 | 283147.73 | 107288.11 | 103742.46 | 38923.57 | 394604.42 | 137951.81 |
| 广东省直属企业 | 520852.83 | 2375464.64 | 122800.43 | 276728.7 | 214330.73 | |

注：2023年按中华全国供销合作总社通知要求，对部分纳统单位进行调整。

# 16-3 广东省供销合作社农资类销售总额统计表

单位：万元

| 单位名称 | 全年累计 | 肥料类 | 农药类 | 农用薄膜类 | 农用机械类 | 种子种苗饲料类 | 其他 |
|---|---|---|---|---|---|---|---|
| **合　计** | **6918597.67** | **5532936.32** | **931378.95** | **48515.85** | **30784.74** | **123838.84** | **251142.97** |
| 广州市供销合作总社 | 268125.19 | 186843.32 | 30037.33 | 6915.49 | 816.28 | 734.57 | 42778.2 |
| 深圳市(宝安、龙岗区社) | 410.94 | 272.31 | 138.63 | | | | |
| 珠海市供销合作社 | 43487.39 | 29885.43 | 6316.5 | 43.3 | 2258.5 | 3848.39 | 1135.27 |
| 汕头市供销合作社 | 126258.33 | 43494.75 | 10644.84 | 531.22 | 1184 | 69583 | 820.52 |
| 佛山市供销合作社 | 28566.3 | 17021.8 | 2264.8 | 1285.6 | | 7914.9 | 79.2 |
| 韶关市供销合作社 | 159833.83 | 126503.91 | 24190.1 | 2400.06 | 2257.56 | 2181.88 | 2300.32 |
| 河源市供销合作社 | 94032.06 | 65135.22 | 7866.84 | 2916.46 | 7305.95 | 8330.59 | 2477 |
| 梅州市供销合作社 | 480148.39 | 316639.63 | 28885.57 | 5054.52 | 4016.5 | 5662.83 | 119889.34 |
| 惠州市供销合作社 | 212902 | 143497.99 | 54151.97 | 6775.1 | 2400.01 | 2219.02 | 3857.91 |
| 汕尾市供销合作社 | 48904.41 | 39120.35 | 7658.71 | 1189.04 | 118.1 | 783.34 | 34.87 |
| 东莞市供销合作社 | 124969.33 | 71895.19 | 11256.24 | 1294.31 | 3115 | 1008.7 | 36399.89 |
| 中山市供销合作社 | 6604.86 | 2365.39 | 936.44 | 10.73 | 221.01 | 3040.37 | 30.92 |
| 江门市供销合作联社 | 514431.44 | 426783.86 | 73658.09 | 4553.3 | 2971.16 | 6465.03 | |
| 阳江市供销合作社 | 46208.87 | 40130.2 | 4712.47 | 143.8 | 186.5 | 990.9 | 45 |
| 湛江市供销合作社联合社 | 535296.89 | 441204.97 | 93599.48 | 179.93 | 162 | 150.51 | |
| 茂名市供销合作社 | 420420.5 | 315269.78 | 57118.2 | 8182.47 | 159.15 | 1084.84 | 38606.06 |
| 肇庆市供销合作社 | 310841.61 | 232633.73 | 66195.88 | 5873.5 | 2948 | 1247.5 | 1943 |
| 清远市供销合作社 | 72367.47 | 51001.33 | 19839.88 | 489.94 | 23.69 | 1012.13 | 0.5 |
| 潮州市供销合作社 | 10637.51 | 7330.77 | 2624.14 | 73 | 124.1 | 317 | 168.5 |
| 揭阳市供销合作社 | 47377.2 | 35510.54 | 11113.91 | 399.84 | 62.6 | 187.5 | 102.81 |
| 云浮市供销合作社 | 107511.61 | 85197 | 21617.37 | 204.24 | 46 | | 447 |
| 广东省直属企业 | 3259261.54 | 2855198.85 | 396551.56 | | 408.63 | 7075.84 | 26.66 |

注：2022年按中华全国供销合作总社通知要求，对部分纳统单位进行调整。

# 16-4 广东省供销合作社农资类销售量统计表

单位：吨

| 单位名称 | 肥料类 | 氮肥类 | | | 磷肥类 | |
|---|---|---|---|---|---|---|
| | | 全年累计 | 尿素 | 碳铵 | 全年累计 | 二铵 |
| **合　计** | **14817358.52** | **4495537.92** | **3383375.59** | **634704.34** | **1813592.55** | **678448.56** |
| 广州市供销合作总社 | 500362.21 | 19540.5 | 15853.08 | 3420.66 | 5008.31 | 109.48 |
| 深圳市(宝安、龙岗区社) | 214.11 | 23 | 13 | 10 | 70 | |
| 珠海市供销合作社 | 71736.37 | 27425.08 | 16320.86 | 11104.22 | 6232.69 | 787.01 |
| 汕头市供销合作社 | 106231.39 | 71247.42 | 10950.82 | 1440.5 | 703 | |
| 佛山市供销合作社 | 46872.8 | 16885.7 | 8449.4 | 8436 | 8334.1 | |
| 韶关市供销合作社 | 389290.84 | 80843.95 | 54627.9 | 25091.88 | 35917.79 | 1343.95 |
| 河源市供销合作社 | 236805.01 | 73735.19 | 45128.59 | 28484.6 | 35062.58 | 4394.5 |
| 梅州市供销合作社 | 1107754.61 | 426335.66 | 136265.05 | 210222.11 | 115261.58 | 69353.61 |
| 惠州市供销合作社 | 391252.34 | 97761.42 | 71343.88 | 26340.54 | 57950.75 | 1125 |
| 汕尾市供销合作社 | 246037.39 | 49433.15 | 23198.4 | 1733.4 | 44524.33 | |
| 东莞市供销合作社 | 118002.77 | 34070.39 | 23927.39 | 1183 | 17891.03 | 822 |
| 中山市供销合作社 | 8299.02 | 2510.12 | 1620.63 | 861.69 | 1834.7 | 127.8 |
| 江门市供销合作联社 | 877843.38 | 134065.76 | 92057.75 | 39953.36 | 51643.13 | 408.97 |
| 阳江市供销合作社 | 115407.15 | 29539.59 | 20988.94 | 8425.15 | 14171 | |
| 湛江市供销合作社联合社 | 1276663.68 | 372963.37 | 318541.3 | 38455.07 | 276567.65 | 24175.36 |
| 茂名市供销合作社 | 1146872.93 | 311070.45 | 194125.83 | 99942.41 | 141095.97 | 19815 |
| 肇庆市供销合作社 | 706166.23 | 178969.45 | 58571.6 | 32527.5 | 62147 | 33 |
| 清远市供销合作社 | 168525.43 | 44402.4 | 23668.33 | 20217.52 | 22622.71 | 2428.71 |
| 潮州市供销合作社 | 34323.42 | 10057.62 | 7933.23 | 1483.45 | 6629.37 | |
| 揭阳市供销合作社 | 145874.2 | 47740.94 | 28815.03 | 18209.91 | 40563.5 | 32.4 |
| 云浮市供销合作社 | 324497.06 | 100743.05 | 45839.34 | 54872.91 | 45442.45 | 2781 |
| 广东省直属企业 | 6798326.18 | 2366173.71 | 2185135.24 | 2288.46 | 823918.91 | 550710.77 |

注：2023年按中华全国供销合作总社通知要求，对部分纳统单位进行调整。

## 16-4 续表 1

单位：吨

| 单位名称 | 钾肥类 | 复合肥类 | | 水溶肥 | 有机肥 | |
|---|---|---|---|---|---|---|
| | | 全年累计 | 掺混肥 | | 全年累计 | 生物有机肥 |
| **合　计** | **2198340.61** | **3697616.53** | **683018.81** | **1192592.44** | **1419678.47** | **103331.9** |
| 广州市供销合作总社 | 4418.29 | 103516.58 | 557 | 76394.4 | 291484.13 | 1897.39 |
| 深圳市(宝安、龙岗区社) | 25 | 96.11 | | | | |
| 珠海市供销合作社 | 4380.91 | 20159.47 | 268.5 | 9057.6 | 4480.62 | 1359 |
| 汕头市供销合作社 | 7817.7 | 12902.99 | 55 | 12223.2 | 1337.08 | |
| 佛山市供销合作社 | 8468 | 9581.7 | | 1848.7 | 1754.6 | |
| 韶关市供销合作社 | 40180.32 | 77893.81 | 1293.2 | 37357.71 | 117097.26 | 4192.18 |
| 河源市供销合作社 | 16958.69 | 62223.85 | 10627.15 | 21623.5 | 27201.2 | 8636.8 |
| 梅州市供销合作社 | 38159.24 | 346890.79 | 291745.53 | 86397.32 | 94710.02 | 4800 |
| 惠州市供销合作社 | 37865.72 | 114960.24 | 15698.22 | 34929.62 | 47784.59 | 9881.8 |
| 汕尾市供销合作社 | 18920.61 | 92166.2 | 5347 | 799.8 | 40193.3 | 13548.9 |
| 东莞市供销合作社 | 13748.25 | 31080.08 | 3069 | 9324 | 11889.02 | 506 |
| 中山市供销合作社 | 275.25 | 2900.01 | 380.3 | 162.76 | 616.18 | 365.44 |
| 江门市供销合作联社 | 37939.51 | 216943.82 | 27095.02 | 272692.78 | 164558.38 | 9201.92 |
| 阳江市供销合作社 | 11156.7 | 33886.46 | 2551 | 9045.1 | 17608.3 | 259 |
| 湛江市供销合作社联合社 | 199351.49 | 267678.28 | 13857 | 67360.77 | 92742.12 | 10325 |
| 茂名市供销合作社 | 105991.17 | 190782.74 | 29417.5 | 208737.47 | 189195.13 | 6164.1 |
| 肇庆市供销合作社 | 63961.58 | 177283.2 | 29 | 100584.5 | 123220.5 | 7172 |
| 清远市供销合作社 | 13453.08 | 50899.98 | 4814.61 | 17953.69 | 19193.57 | 1637.73 |
| 潮州市供销合作社 | 4265.86 | 9531.46 | 295.5 | 966.8 | 2872.31 | 4.5 |
| 揭阳市供销合作社 | 8308.17 | 18708.18 | 1.5 | 13758.78 | 16794.63 | 20 |
| 云浮市供销合作社 | 11904.7 | 79263.13 | 14145.4 | 32920.39 | 54223.34 | 7235 |
| 广东省直属企业 | 1550790.37 | 1778267.45 | 261771.38 | 178453.55 | 100722.19 | 16125.14 |

注：2022年按中华全国供销合作总社通知要求，对部分纳统单位进行调整。

# 16-4　续表 2

单位：吨

| 单位名称 | 化学农药 | | | | 农膜 | |
|---|---|---|---|---|---|---|
| | 全年累计 | 杀虫剂 | 杀菌剂 | 除草剂 | 全年累计 | 地膜 |
| **合　计** | **404165.54** | **137675.81** | **92233.25** | **156713.25** | **46409.41** | **8656.04** |
| 广州市供销合作总社 | 9162.44 | 2748.99 | 2869.25 | 3509.78 | 8079.88 | 3231.24 |
| 深圳市(宝安、龙岗区社) | 32.63 | 13.4 | 11 | 5.8 | | |
| 珠海市供销合作社 | 2484.54 | 1178.73 | 1093.34 | 212.47 | 20.25 | 20.25 |
| 汕头市供销合作社 | 5231.05 | 2003.49 | 1085.33 | 1697.23 | 205.3 | 1.8 |
| 佛山市供销合作社 | 2706.51 | 879.01 | 933.3 | 894.1 | 942.2 | 872.2 |
| 韶关市供销合作社 | 7748.67 | 2838.52 | 1940.14 | 2935.61 | 1415.74 | 1065.84 |
| 河源市供销合作社 | 6964.03 | 2613.45 | 2056.58 | 2048.33 | 2563.51 | 418.5 |
| 梅州市供销合作社 | 13487.91 | 5579.27 | 3101.73 | 4351.18 | 1658.99 | 892.34 |
| 惠州市供销合作社 | 33637.84 | 10358.76 | 6302.2 | 15053.68 | 16586.64 | 320.8 |
| 汕尾市供销合作社 | 3484.3 | 1152.29 | 976.24 | 1238.3 | 144.44 | 58.5 |
| 东莞市供销合作社 | 7749.78 | 4535.74 | 1311.76 | 1547.78 | 2528.7 | 198.4 |
| 中山市供销合作社 | 610.66 | 239.11 | 155 | 207.02 | 13.59 | 7.8 |
| 江门市供销合作联社 | 48880.89 | 11830.12 | 5898.9 | 31027.92 | 2451.18 | 1016.89 |
| 阳江市供销合作社 | 3800.03 | 1546.67 | 861.74 | 1342.32 | 110.58 | 83.5 |
| 湛江市供销合作社联合社 | 66746.21 | 22730.42 | 19149.81 | 22752.92 | 290.8 | |
| 茂名市供销合作社 | 45791.65 | 16347.7 | 14973.18 | 14271.77 | 5329 | 11 |
| 肇庆市供销合作社 | 17455.9 | 5357.1 | 3406 | 3785.5 | 2695 | 194 |
| 清远市供销合作社 | 6966.31 | 2694.91 | 1821.78 | 2020.96 | 342.92 | 258.98 |
| 潮州市供销合作社 | 1602.3 | 612.66 | 419.78 | 555.97 | 55 | 4 |
| 揭阳市供销合作社 | 8553.15 | 4134.85 | 3427.61 | 966.73 | 582.9 | |
| 云浮市供销合作社 | 45636.3 | 21749.11 | 7205.13 | 15525.16 | 392.79 | |
| 广东省直属企业 | 65432.44 | 16531.51 | 13233.45 | 30762.72 | | |

注：2022年按中华全国供销合作总社通知要求，对部分纳统单位进行调整。

# 十七、分区域主要经济指标

# 17-1 主要农作物播种面积

(2023年) 单位：公顷

| 项　目 | 珠三角 | 粤东 | 粤西 | 粤北 |
|---|---|---|---|---|
| **农作物总播种面积** | | | | |
| **一、粮食作物总计** | **553573** | **326319** | **655891** | **693725** |
| 按品种分 | | | | |
| 稻谷 | 461848 | 228215 | 540871 | 596679 |
| 早稻 | 225845 | 113430 | 244360 | 282320 |
| 晚稻 | 236003 | 114785 | 296512 | 314359 |
| 小麦 | 104 | 10 | 72 | 475 |
| 薯类 | 47896 | 78572 | 63034 | 30845 |
| 大豆 | 7049 | 5444 | 8323 | 15045 |
| **二、经济作物** | **768032** | **223556** | **700235** | **665943** |
| 甘蔗 | 8528 | 1094 | 124420 | 8494 |
| 糖蔗 | 1327 | 70 | 118478 | 2746 |
| 油料作物 | 64276 | 26542 | 134381 | 136902 |
| 花生 | 63947 | 25146 | 132808 | 131601 |
| 麻类 | 12 | 24 | 13 | 0 |
| 烟叶 | 1087 | 4 | 489 | 13518 |
| 药材 | 14044 | 1660 | 32173 | 26568 |
| 蔬菜 | 538849 | 181325 | 355361 | 378191 |
| 果用瓜 | 13834 | 3175 | 13763 | 13077 |
| 其他农作物 | 127402 | 9732 | 39635 | 89194 |
| 木薯 | 17751 | 2361 | 17853 | 22213 |

# 17-2 主要农作物总产量

(2023年) 单位：吨

| 项　目 | 珠三角 | 粤东 | 粤西 | 粤北 |
|---|---|---|---|---|
| **一、粮食作物总计** | **3097152** | **1981482** | **3686364** | **4086862** |
| 按品种分 | | | | |
| 稻谷 | 2674796 | 1436057 | 3145094 | 3712963 |
| 早稻 | 1349288 | 714738 | 1469443 | 1763579 |
| 晚稻 | 1325508 | 721319 | 1675651 | 1949384 |
| 小麦 | 341 | 42 | 311 | 1436 |
| 薯类 | 219375 | 448510 | 309004 | 121954 |
| 大豆 | 18625 | 15349 | 21091 | 41372 |
| **二、经济作物** | | | | |
| 甘蔗 | 860442 | 83916 | 10941239 | 825163 |
| 糖蔗 | 132303 | 5083 | 10491112 | 245782 |
| 油料作物 | 200943 | 82959 | 473211 | 453017 |
| 花生 | 200398 | 80129 | 469800 | 445098 |
| 麻类 | 23 | 118 | 19 | |
| 烟叶 | 2767 | 19 | 1545 | 33035 |
| 蔬菜 | 15068564 | 6316828 | 9666273 | 9941668 |
| 果用瓜 | 448897 | 107502 | 411960 | 390825 |
| 其他农作物 | | | | |
| 木薯 | 368402 | 74870 | 435805 | 436418 |

# 17-3 茶叶、桑叶、水果面积及产量

(2023年)　　单位：公顷、吨

| 项　目 | 珠三角 | 粤东 | 粤西 | 粤北 |
|---|---|---|---|---|
| **一、茶叶年末实有面积** | **16552** | **33066** | **4775** | **58262** |
| 茶叶总产量 | 19491 | 78900 | 12508 | 67973 |
| **二、桑地年末实有面积** | **358** | | **9554** | **10144** |
| 桑叶总产量 | 8858 | | 588096 | 284784 |
| **三、水果年末实有面积** | **282681** | **128310** | **415770** | **268120** |
| 水果总产量 | 5034395 | 1826257 | 8628146 | 4429899 |
| 柑橘橙年末实有面积 | 90883 | 7435 | 20510 | 74386 |
| 柑橘橙总产量 | 2372281 | 195694 | 403041 | 1368648 |
| 香(大)蕉年末实有面积 | 28288 | 9171 | 58152 | 10725 |
| 香(大)蕉总产量 | 1094829 | 260870 | 3200035 | 227616 |
| 菠萝年末实有面积 | 1246 | 5700 | 33708 | 292 |
| 菠萝总产量 | 23626 | 115768 | 1176199 | 3989 |
| 荔枝年末实有面积 | 86590 | 34235 | 142668 | 16436 |
| 荔枝总产量 | 349032 | 245697 | 958628 | 80785 |
| 龙眼年末实有面积 | 25438 | 11799 | 68184 | 9626 |
| 龙眼总产量 | 177679 | 134589 | 661425 | 88647 |

# 17-4 畜牧头数及产肉类量

(2023年)

| 项　目 | 单位 | 珠三角 | 粤东 | 粤西 | 粤北 |
|---|---|---|---|---|---|
| **一、黄、水牛年末存栏头数** | **头** | **224318** | **103410** | **370364** | **286892** |
| **二、奶牛年末存栏头数** | **头** | **27227** | **7124** | **8048** | **18870** |
| 奶类产量 | 吨 | 101195 | 17654 | 19324 | 65073 |
| **三、山羊年末存栏只数** | **只** | **177632** | **42272** | **264236** | **354040** |
| **四、生猪年末存栏头数** | **头** | **4732973** | **1705741** | **7265021** | **6788293** |
| 能繁殖母猪 | 头 | 475427 | 157807 | 686397 | 638281 |
| 肉猪出栏头数 | 头 | 9138418 | 3318386 | 13562937 | 11920331 |
| **五、肉类产量** | **吨** | **1362909** | **433946** | **1586953** | **1690811** |
| 猪肉 | 吨 | 713267 | 262340 | 1071657 | 932715 |
| 牛肉 | 吨 | 8989 | 7605 | 15370 | 12323 |
| 羊肉 | 吨 | 3822 | 998 | 6481 | 8126 |
| 禽肉 | 吨 | 602524 | 159291 | 477572 | 705977 |
| 兔肉 | 吨 | 1418 | 187 | 843 | 3040 |
| 其他肉 | 吨 | 32891 | 3525 | 15029 | 28630 |
| **六、禽蛋产量** | **吨** | **155272** | **47823** | **166431** | **129572** |

# 17-5 珠三角林业主要经济指标

| 项　　目 | 计算单位 | 2022年 | 2023年 | 2023年比2022年增长(%) | 2023年占全省比重(%) |
|---|---|---|---|---|---|
| **一、森林资源** | | | | | |
| 林业用地面积 | 千公顷 | | | | |
| 有林地面积 | 千公顷 | | | | |
| 活立木总蓄积量 | 万立方米 | | | | |
| 森林覆盖率 | % | | | | |
| **二、林业产业总产值(当年价)** | **万元** | **66307515.28** | **66755645** | **0.68%** | **0.75** |
| 第一产业产值 | 万元 | 6409953.96 | 6757363 | 5.42% | 0.43 |
| 第二产业产值 | 万元 | 49932250.6 | 48257513 | -0.03 | 0.88 |
| 第三产业产值 | 万元 | 9965310.72 | 11740769 | 17.82% | 0.62 |
| **三、营林生产** | | | | | |
| 人工造林面积 | 公顷 | 639 | 3036 | 375.41% | 20% |
| 人工更新面积 | 公顷 | 40155 | | | |
| 退化林修复面积 | 公顷 | 10059 | 28976 | 188.06% | 28% |
| 育苗面积 | 公顷 | 736.07 | 1178.57 | 60.12 | 32.95 |
| 中幼龄林抚育面积 | 公顷 | 78434 | 33776 | -56.94% | 24% |
| **四、主要林产品产量** | | | | | |
| 油桐籽 | 吨 | | | | |
| 油茶籽 | 吨 | 15099.6 | 16163 | 7.0 | 8.1 |
| 松脂 | 吨 | | | | |
| **五、森工主要产品产量** | | | | | |
| 1.商品材 | 万立方米 | 454.8606 | 1370 | 201.19 | 38.1 |
| 原木 | 万立方米 | 384.4411 | 1131 | 194.19 | 40.0 |
| 薪材 | 万立方米 | 70.4195 | 239 | 239.41 | 32.3 |
| 2.大径竹 | 万根 | 65373.57 | 43882 | -32.87 | 41.1 |
| 毛竹 | 万根 | 1231.19 | 19047 | 69.59 | 8.2 |
| 其它竹 | 万根 | 64142.38 | 16510.09 | -97.42 | 66.5 |
| 3.松香类产品 | 吨 | 112988 | 95696 | 45.31 | 73.8 |

注：2023年未单独对人工更新进行统计。

# 17-6　粤北林业主要经济指标

| 项　　目 | 计算单位 | 2022年 | 2023年 | 2023年比2022年增长(%) | 2023年占全省比重(%) |
| --- | --- | --- | --- | --- | --- |
| **一、森林资源** | | | | | |
| 林业用地面积 | 千公顷 | | | | |
| 有林地面积 | 千公顷 | | | | |
| 活立木总蓄积量 | 万立方米 | | | | |
| 森林覆盖率 | % | | | | |
| **二、林业产业总产值(当年价)** | **万元** | **10080118.63** | **11397580** | **0.13** | **0.13** |
| 第一产业产值 | 万元 | 4730907.83 | 4973928 | 0.05 | 0.32 |
| 第二产业产值 | 万元 | 2279582.64 | 2534413 | 0.11 | 0.05 |
| 第三产业产值 | 万元 | 3069628.16 | 3889239 | 0.27 | 0.20 |
| **三、营林生产** | | | | | |
| 人工造林面积 | 公顷 | 7548.50 | 8169.37 | 0.08 | 55% |
| 人工更新面积 | 公顷 | 28022.11 | | | |
| 退化林修复面积 | 公顷 | 22104.29 | 57241.35 | 1.59 | 55% |
| 育苗面积 | 公顷 | 393.47 | 863.07 | 119.35 | 24.13 |
| 中幼龄林抚育面积 | 公顷 | 78987.27 | 82503.22 | 0.04 | 58% |
| **四、主要林产品产量** | | | | | |
| 油桐籽 | 吨 | | | | |
| 油茶籽 | 吨 | 139503.6 | 155921 | 11.8 | 78.2 |
| 松脂 | 吨 | | | | |
| **五、森工主要产品产量** | | | | | |
| 1.商品材 | 万立方米 | 561.06 | 850.00 | 51.50 | 38.7 |
| 原木 | 万立方米 | 487.00 | 688.00 | 41.30 | 37.8 |
| 薪材 | 万立方米 | 74.06 | 162.00 | 118.70 | 39.6 |
| 2.大径竹 | 万根 | 11641.44 | 25829.00 | 121.90 | 18.9 |
| 毛竹 | 万根 | 10006.51 | 17489.00 | 74.80 | 91.8 |
| 其它竹 | 万根 | 1634.93 | 8339.00 | 410.10 | 6.8 |
| 3.松香类产品 | 吨 | 22448 | 43116.00 | 92.10 | 26.3 |

注：2023年未单独对人工更新进行统计。

# 17-7 粤东粤西林业主要经济指标

(2023年)

| 项　　目 | 计算单位 | 粤东粤西合计 | 粤东 | 粤西 | 粤东粤西占全省比重(%) |
|---|---|---|---|---|---|
| **一、森林资源** | | | | | |
| 林业用地面积 | 千公顷 | | | | |
| 有林地面积 | 千公顷 | | | | |
| 活立木总蓄积量 | 万立方米 | | | | |
| 森林覆盖率 | % | | | | |
| **二、林业产业总产值(当年价)** | **万元** | **10997128** | **2844324** | **8152804** | **0.12** |
| 第一产业产值 | 万元 | 3769550 | 779333 | 2990217 | 0.24 |
| 第二产业产值 | 万元 | 4080144 | 833767 | 3246377 | 0.07 |
| 第三产业产值 | 万元 | 3147434 | 1231224 | 1916210 | 0.17 |
| **三、营林生产** | | | | | |
| 造林面积 | 公顷 | 3711.43 | 2587.89 | 1123.54 | 25% |
| 迹地更新面积 | 公顷 | | | | |
| 低产林改造面积 | 公顷 | 18098.54 | 8995.81 | 9102.74 | 17% |
| 育苗面积 | 公顷 | 1535.70 | 184.78 | 1350.92 | 42.93 |
| 中幼龄林抚育面积 | 公顷 | 24907.80 | 12061.60 | 12846.20 | 17% |
| **四、主要林产品产量** | | | | | |
| 油桐籽 | 吨 | | | | |
| 油茶籽 | 吨 | 27357 | 2836 | 24521 | 13.7 |
| 松脂 | 吨 | | | | |
| **五、森工主要产品产量** | | | | | |
| 1.木材 | 万立方米 | 319.16 | 43.48 | 275.68 | 23.2 |
| 原木 | 万立方米 | 251.70 | 33.61 | 218.09 | 22.2 |
| 薪材 | 万立方米 | 67.47 | 9.88 | 57.59 | 28.1 |
| 2.竹材 | 万根 | 17744.00 | 469.00 | 17275.00 | 40.00 |
| 毛竹 | 万根 | 11121.00 | 97.00 | 11024.00 | 58.39 |
| 其他竹 | 万根 | 6624.00 | 373.00 | 6584.00 | 26.7 |
| 3.松香类产品 | 吨 | 25288.00 | 500 | 24788 | 15.4 |

## 17-8 珠三角渔业现状概况

| 项　　目 | 单位 | 2022年 | 2023年 | 2023年比2022年增长(%) | 2023年全省 | 2023年占全省比重(%) |
|---|---|---|---|---|---|---|
| 渔业乡 | 个 | 18 | 26 | 0.44 | 88 | 29.55 |
| 渔业村 | 个 | 313 | 348 | 0.11 | 1084 | 32.10 |
| 渔业人口 | 个 | 505027 | 561170 | 0.11 | 2132892 | 26.31 |
| 水产品产量 | 吨 | 3693673 | 3847966 | 0.04 | 9240225 | 41.64 |
| 其中：海洋捕捞 | 吨 | 185346 | 196061 | 0.06 | 1208704 | 16.22 |
| 海水养殖 | 吨 | 546346 | 623082 | 0.14 | 3572835 | 17.44 |
| 淡水捕捞 | 吨 | 35004 | 33556 | -0.04 | 74438 | 45.08 |
| 淡水养殖 | 吨 | 2926977 | 2995268 | 0.02 | 4384248 | 68.32 |
| 水产品产值 | 亿元 | 938.6 | 992.8 | 0.06 | 2005.307904 | 49.51 |
| 其中：海洋捕捞 | 亿元 | 113.07 | 119 | 0.05 | 320.980426 | 37.07 |
| 海水养殖 | 亿元 | 217.62 | 181.1 | -0.17 | 747.421695 | 24.23 |
| 淡水捕捞 | 亿元 | 6.17 | 7.5 | 0.22 | 12.53457 | 59.83 |
| 淡水养殖 | 亿元 | 544.18 | 685.2 | 0.26 | 924.3715932 | 74.13 |
| 水产养殖总面积 | 公顷 | 212972.33 | 215066.12 | 0.01 | 477344.87 | 45.05 |
| 其中：海水养殖 | 公顷 | 38812.24 | 41142.52 | 0.06 | 172132.70 | 23.90 |
| 淡水养殖 | 公顷 | 174160.09 | 173923.6 | 0.00 | 305212.17 | 56.98 |

## 17-9 粤北渔业现状概况

| 项　　目 | 单位 | 2022年 | 2023年 | 2023年比2022年增长(%) | 2023年全省 | 2023年占全省比重(%) |
|---|---|---|---|---|---|---|
| 渔业人口 | 个 | 237838 | 232583 | -2.21 | 2132892 | 10.90 |
| 水产品产量 | 吨 | 475869 | 492000 | 3.39 | 9240225 | 5.32 |
| 水产品产值 | 亿元 | 147 | 74 | -49.56 | 2005 | 3.69 |
| 淡水养殖面积 | 公顷 | 54941 | 54159 | -1.42 | 305212 | 17.74 |
| 产量 | 吨 | 475869 | 475064 | -0.17 | 4384248 | 10.84 |
| 单产 | 千克/公顷 | 8661 | 8772 | 1.27 | 14365 | 61.06 |
| 其中：池塘面积 | 公顷 | 36927 | 36916 | -0.03 | 259232 | 14.24 |
| 产量 | 吨 | 379225 | 395505 | 0.04 | 4108056 | 9.63 |
| 单产 | 千克/公顷 | 10270 | 10714 | 0.04 | 15847 | 67.61 |
| 水库面积 | 公顷 | 16310 | 15413 | -0.05 | 39896 | 38.63 |
| 产量 | 吨 | 67093 | 63986 | -0.05 | 216877 | 29.50 |
| 单产 | 千克/公顷 | 4114 | 4151 | 0.01 | 5436 | 76.37 |

# 17-10 粤东地区渔业现状概况

| 项目 | 单位 | 2022年 | 2023年 | 2023年比2022年增长(%) | 2023年全省 | 2023年占全省比重(%) |
|---|---|---|---|---|---|---|
| 渔业乡 | 个 | 36 | 36 |  | 88 | 40.91 |
| 渔业村 | 个 | 348 | 348 |  | 1084 | 32.10 |
| 渔业人口 | 个 | 617987 | 605141 | -2.08 | 2132892 | 28.37 |
| 水产品产量 | 吨 | 1431278 | 1463654 | 2.26 | 9240225 | 15.84 |
| 其中：海洋捕捞 | 吨 | 360489 | 367044 | 1.82 | 1208704 | 30.37 |
| 海水养殖 | 吨 | 790529 | 811484 | 2.65 | 3572835 | 22.71 |
| 淡水捕捞 | 吨 | 10368 | 10460 | 0.89 | 74438 | 14.05 |
| 淡水养殖 | 吨 | 269892 | 274666 | 1.77 | 4384248 | 6.26 |
| 水产品产值 | 亿元 | 285 | 304.664657 | 6.90 | 2005.307904 | 15.19 |
| 其中：海洋捕捞 | 亿元 | 93 | 99.751559 | 7.26 | 320.980426 | 31.08 |
| 海水养殖 | 亿元 | 152 | 163.392516 | 7.50 | 747.421695 | 21.86 |
| 淡水捕捞 | 亿元 | 1.2 | 1.272138 | 6.01 | 12.53457 | 10.15 |
| 淡水养殖 | 亿元 | 40 | 40.248444 | 0.62 | 924.3715932 | 4.35 |
| 水产养殖总面积 | 公顷 | 55615 | 56119.3 | 0.91 | 477344.87 | 11.76 |
| 其中：海水养殖 | 公顷 | 35546 | 36191.45 | 1.82 | 172132.70 | 21.03 |
| 淡水养殖 | 公顷 | 20069 | 19927.85 | -0.70 | 305212.17 | 6.53 |

# 17-11 粤西地区渔业现状概况

| 项目 | 单位 | 2022年 | 2023年 | 2023年比2022年增长(%) | 2023年全省 | 2023年占全省比重(%) |
|---|---|---|---|---|---|---|
| 渔业乡 | 个 | 25 | 26 | 4.00 | 88 | 29.55 |
| 渔业村 | 个 | 341 | 355 | 4.11 | 1084 | 32.75 |
| 渔业人口 | 个 | 601027 | 733998 | 22.12 | 2132892 | 34.41 |
| 水产品产量 | 吨 | 3339471 | 3436605 | 2.91 | 9240225 | 37.19 |
| 其中：海洋捕捞 | 吨 | 640303 | 645599 | 0.83 | 1208704 | 53.41 |
| 海水养殖 | 吨 | 2059861 | 2138270 | 3.81 | 3572835 | 59.85 |
| 淡水捕捞 | 吨 | 13927 | 13486 | -3.17 | 74438 | 18.12 |
| 淡水养殖 | 吨 | 625380 | 639250 | 2.22 | 4384248 | 14.58 |
| 水产品产值 | 亿元 | 602 | 633.808829 | 5.28 | 2005.307904 | 31.61 |
| 其中：海洋捕捞 | 亿元 | 98 | 162.213789 | 65.52 | 320.980426 | 50.54 |
| 海水养殖 | 亿元 | 323 | 402.94086 | 24.75 | 747.421695 | 53.91 |
| 淡水捕捞 | 亿元 | 2.8 | 1.512367 | -45.99 | 12.53457 | 12.07 |
| 淡水养殖 | 亿元 | 235 | 67.141813 | -71.43 | 924.3715932 | 7.26 |
| 水产养殖总面积 | 公顷 | 150127 | 114726.58 | -23.58 | 477344.87 | 24.03 |
| 其中：海水养殖 | 公顷 | 92237 | 94798.73 | 2.78 | 172132.7 | 55.07 |
| 淡水养殖 | 公顷 | 57890 | 19927.85 | -65.58 | 305212.17 | 6.53 |

# 十八、县镇村主要经济指标

# 18-1 县(市、区)社会经济主要指标

(2022年)

| 地 区 | 行政区域面积(平方公里) | 户籍人口(万人) | 地方一般公共预算收入(万元) | 地方一般公共预算支出(万元) | 住户存款余额(万元) | 年末金融机构各项贷款余额(万元) |
|---|---|---|---|---|---|---|
| 白云区 | 796 | 119.4 | 747474 | 1919114 | 29700600 | 27908800 |
| 黄埔区 | 484.2 | 67.2 | 1820952 | 3357432 | 15528735 | 35451480 |
| 番禺区 | 529.9 | 116.7 | 1042625 | 1675581 | 27272930 | 33489357 |
| 花都区 | 970.1 | 88.4 | 757825 | 1488690 | 14168050 | 17282858 |
| 南沙区 | 783.9 | 54.2 | 1170157 | 2949974 | 8849959.5 | 25605100 |
| 从化区 | 1974.5 | 66.0 | 272242 | 889031 | 4660429 | 6522477 |
| 增城区 | 1616.5 | 108.4 | 968540 | 1972757 | 13497930 | 23688059 |
| 香洲区 | 163.5 | 77.3 | 420834 | 981973 | | |
| 金湾区 | 570.9 | 21.6 | 424882 | 787729 | 2561600 | 5370300 |
| 斗门区 | 699 | 45.4 | 230724 | 734293 | | |
| 澄海区 | 345.2 | 79.1 | 161629 | 460046 | 6427814 | 3545491 |
| 潮阳区 | 667.9 | 188.1 | 163077 | 706067 | 6428284 | 2533035 |
| 潮南区 | 600.7 | 150.7 | 84137 | 572875 | 4930781 | 1607848 |
| 南澳县 | 115 | 7.5 | 12814 | 126057 | 369300 | 393842 |
| 禅城区 | 153.9 | 74.9 | 1140234 | 1258454 | 25422426.5 | 47334528.8 |
| 南海区 | 1071.8 | 174.9 | 2584057 | 2687158 | 42321091.6 | 62228497.1 |
| 顺德区 | 806.6 | 162.4 | 2656521 | 2693925 | 40042588 | 55796445 |
| 高明区 | 938 | 34.0 | 440601 | 603835 | 3569334 | 5423992 |
| 三水区 | 827.7 | 49.2 | 692533 | 790466 | 6961841.7 | 10040019.1 |
| 浈江区 | 572.3 | 31.0 | 39312 | 175438 | 3311458.7 | 3851413.5 |
| 武江区 | 677.7 | 30.7 | 37339 | 166993 | 3311458.7 | 3851413.5 |
| 曲江区 | 1620.7 | 31.1 | 77573 | 266800 | 1910983.5 | 1453209.1 |
| 乐昌市 | 2419.3 | 52.4 | 84924 | 397948 | 2059996.7 | 1440722.5 |
| 南雄市 | 2326.2 | 48.9 | 75023 | 416224 | 1794815.6 | 1182310.6 |
| 仁化县 | 2223.2 | 24.2 | 49803 | 266951 | 1046734 | 746207 |
| 始兴县 | 2131.9 | 26.3 | 41556 | 253740 | 1224627 | 868334.1 |
| 翁源县 | 2175 | 42.1 | 67295 | 331794 | 1764367 | 1374073 |
| 新丰县 | 1967.5 | 26.7 | 52013.1 | 254733.9 | 922400 | 987200 |
| 乳源瑶族自治县 | 2299 | 23.3 | 52416 | 288312 | 862829.5 | 758315.9 |
| 源城区 | 361.5 | 34.4 | 335473 | 782949 | 3372974 | 9128591 |
| 东源县 | 4009.1 | 58.7 | 126830 | 555692 | 1381938.6 | 2173254.7 |
| 和平县 | 2292 | 55.9 | 41316 | 376462 | 1222973.8 | 1272177.8 |
| 龙川县 | 3081 | 96.7 | 65668 | 679183 | 2591900 | 1968400 |
| 紫金县 | 3228.1 | 75.2 | 83948 | 511955 | 1601900 | 1390800 |
| 连平县 | 2275.1 | 40.9 | 46599 | 347737 | 1117700 | 690100 |
| 梅江区 | 570.6 | 36.1 | 59280 | 274513 | 5260395 | 7580488 |

## 18−1　续表 1

(2022年)

| 地　区 | 行政区域面积(平方公里) | 户籍人口(万人) | 地方一般公共预算收入(万元) | 地方一般公共预算支出(万元) | 住户存款余额(万元) | 年末金融机构各项贷款余额(万元) |
|---|---|---|---|---|---|---|
| 梅县区 | 2477 | 61.7 | 132291 | 640055 | 3090224 | 3146795 |
| 兴宁市 | 2075.5 | 115.0 | 95618 | 709259 | 3795971 | 2828415 |
| 平远县 | 1374 | 25.7 | 53478 | 315987 | 960426 | 738541 |
| 蕉岭县 | 962.4 | 23.0 | 63156 | 291224 | 1067712 | 692116 |
| 大埔县 | 2461.9 | 53.8 | 51505 | 437546 | 1578330 | 1209302 |
| 丰顺县 | 2706 | 72.2 | 67326 | 491814 | 1985537 | 1288709 |
| 五华县 | 3237.8 | 151.9 | 124300 | 881547 | 3172143.2 | 2354007.5 |
| 惠城区 | 1157 | 109.4 | 417359 | 881509 | 17547487 | 55972080 |
| 惠阳区 | 917.1 | 45.2 | 684057 | 871009 | 5699215 | 11870583 |
| 惠东县 | 3526.7 | 91.2 | 405813 | 900812 | 4219762 | 5330201.4 |
| 博罗县 | 2855.1 | 96.6 | 662169 | 1104548 | 6427283 | 9983611 |
| 龙门县 | 2267.2 | 35.8 | 196465 | 490692 | 1394981 | 1887791 |
| 城　区 | 288.9 | 39.0 | 78483 | 337969 | 1926200 | 4874200 |
| 陆丰市 | 1703 | 191.0 | 114400 | 943778 | 1889437.4 | 1974541.2 |
| 海丰县 | 1310 | 78.0 | 135867 | 695419 | 2447545 | 2268523 |
| 陆河县 | 986 | 35.6 | 45746 | 336796 | 847415.9 | 723081 |
| 蓬江区 | 322.2 | 53.8 | 299552 | 412092 | | |
| 江海区 | 109.2 | 19.0 | 142820 | 241898 | | |
| 新会区 | 1362.1 | 76.6 | 546809 | 834111 | 9544597.8 | 10142518.4 |
| 台山市 | 3308.3 | 95.8 | 355166 | 834627 | 6607481 | 6829691 |
| 开平市 | 1656.9 | 68.3 | 307742 | 566454 | 6344024 | 5731800 |
| 鹤山市 | 1082.7 | 39.6 | 357292 | 489526 | 4480666 | 5904473 |
| 恩平市 | 1693.9 | 50.4 | 134418 | 410785 | 2958153 | 2271997 |
| 江城区 | 434 | 52.4 | 49811 | 238447 | 5715536.5 | 10093954.2 |
| 阳东区 | 1704.5 | 52.1 | 174944 | 440680 | 2649732 | 1761364 |
| 阳春市 | 4038 | 122.4 | 168865 | 737612 | 3825844.6 | 3189001.1 |
| 阳西县 | 1435.2 | 56.0 | 136050 | 392631 | 1629877.9 | 2156017 |
| 赤坎区 | 79 | 27.5 | 29726 | 140221 | | |
| 霞山区 | 105 | 38.2 | 65088 | 175979 | | |
| 麻章区 | 477 | 31.5 | 66565 | 158260 | | 957531 |
| 坡头区 | 565.5 | 44.3 | 45251 | 200681 | 1428191 | 939886 |
| 雷州市 | 3709 | 189.2 | 88140 | 721195 | 3383917 | 2393961 |
| 廉江市 | 2867 | 187.6 | 169956 | 836460 | 4599723 | 2963253 |
| 吴川市 | 877.2 | 124.9 | 88739 | 526433 | 3348127 | 1966554 |
| 遂溪县 | 2131.6 | 112.7 | 57031 | 530282 | 2985071 | 2010584 |

# 18-1 续表 2

(2022年)

| 地　区 | 行政区域面积(平方公里) | 户籍人口(万人) | 地方一般公共预算收入(万元) | 地方一般公共预算支出(万元) | 住户存款余额(万元) | 年末金融机构各项贷款余额(万元) |
|---|---|---|---|---|---|---|
| 徐闻县 | 1987.8 | 79.5 | 61403 | 474107 | 2266648 | 1794149 |
| 茂南区 | 587.8 | 108.6 | 120630 | 481962 | | 10282031 |
| 电白区 | 2138.8 | 199.7 | 277424 | 1119373 | 5128500 | 3482800 |
| 信宜市 | 3083.7 | 152.0 | 127238 | 808506 | 4363807 | 3245759 |
| 高州市 | 3270 | 185.6 | 173744 | 909258 | 6075586 | 4177304 |
| 化州市 | 2356.5 | 180.1 | 152410 | 830672 | 4379193 | 2920979 |
| 端州区 | 154 | 45.5 | 111615 | 287355 | | 12956020 |
| 鼎湖区 | 552.4 | 17.6 | 81926 | 155699 | 1776523 | 1596322 |
| 高要区 | 2185.7 | 81.9 | 281811 | 539566 | 3793588 | 2670189 |
| 四会市 | 1166.4 | 43.6 | 184301 | 426113 | 3491500 | 4918400 |
| 广宁县 | 2456.8 | 58.0 | 79421 | 347827 | 1638543 | 1251163 |
| 德庆县 | 2002.8 | 41.1 | 47975 | 341810.9 | 1370963 | 1072104 |
| 封开县 | 2724 | 52.3 | 262218 | 447896 | 1530324 | 937333 |
| 怀集县 | 3554 | 112.5 | 73857.3 | 565965.3 | 2006409.5 | 1979231 |
| 清城区 | 1296.1 | 81.5 | 167636 | 485909 | 7985300 | 15208310 |
| 清新区 | 2354.2 | 73.1 | 170043 | 527508 | 2523300 | 3300856.7 |
| 英德市 | 5634.3 | 120.9 | 291590 | 830408 | 4257803 | 3913064 |
| 连州市 | 2667.6 | 53.6 | 62450 | 375962 | 2157295 | 1366093 |
| 佛冈县 | 1295.2 | 36.2 | 127658 | 381372 | 1561130 | 1886417 |
| 阳山县 | 3329.5 | 57.9 | 63179 | 387344 | 1496391 | 1171364 |
| 连山壮族瑶族自治县 | 1218.5 | 12.5 | 24380 | 171892 | 367764.3 | 268694 |
| 连南瑶族自治县 | 1240.9 | 17.8 | 23959 | 222277 | 460371.9 | 258056.2 |
| 湘桥区 | 325.4 | 51.8 | 58181 | 261034 | 6379980 | 4470872 |
| 潮安区 | 1064 | 106.3 | 126791 | 712828 | 4866546 | 1647894 |
| 饶平县 | 1745.7 | 104.8 | 89199 | 632471 | 2779756 | 1253764 |
| 榕城区 | 337.4 | 101.8 | 55484 | 317190 | 5790191 | 5233184 |
| 揭东区 | 709.6 | 112.3 | 64272 | 515831 | 4201827 | 1973815 |
| 普宁市 | 1620 | 251.7 | 217798 | 1056892 | 8264266 | 3808428 |
| 揭西县 | 1347.3 | 97.4 | 37871 | 603924 | 3015233.1 | 1630360.9 |
| 惠来县 | 1251.7 | 149.5 | 91725 | 702791 | 1931697 | 1462132 |
| 云城区 | 778.1 | 35.2 | 55638 | 318482 | 3001110.2 | 3764602 |
| 云安区 | 1188.5 | 34.8 | 218113 | 351295 | 536480 | 693053 |
| 罗定市 | 2334.7 | 129.2 | 135479 | 699692 | 3677218.7 | 2802391.3 |
| 新兴县 | 1521.7 | 49.3 | 145736 | 414519 | 2702200 | 3704708 |
| 郁南县 | 1962 | 52.9 | 206254 | 379568 | 1618309.6 | 1252732.6 |

## 18-1 续表 3

(2022年)

| 地 区 | 规模以上工业企业(个) | 固定电话用户(户) | 普通中学在校学生(个) | 小学在校学生(个) | 医疗卫生机构床位(张) | 提供住宿的民政服务机构(个) | 提供住宿的民政服务机构床位数(张) |
|---|---|---|---|---|---|---|---|
| 白云区 | 1089 | 340075 | 69540 | 174659 | 23600 | 5 | 2344 |
| 黄埔区 | 1264 | 175443 | 41545 | 85776 | 4565 | 14 | 5195 |
| 番禺区 | 1178 | 292499 | 82849 | 171940 | 6550 | 22 | 4722 |
| 花都区 | 1152 | 122398 | 62526 | 146072 | 4471 | 17 | 6456 |
| 南沙区 | 734 | 86305 | 32709 | 62965 | 1854 | 17 | 1447 |
| 从化区 | 300 | 38016 | 36641 | 67039 | 2653 | 12 | 1301 |
| 增城区 | 842 | 108764 | 61982 | 135261 | 5835 | 22 | 2682 |
| 香洲区 | 374 | | 41238 | 100146 | 8704 | 9 | 1032 |
| 金湾区 | 654 | 39164 | 12628 | 33588 | 1485 | 3 | 1120 |
| 斗门区 | 320 | | 20586 | 51480 | 2033 | 8 | 898 |
| 澄海区 | 353 | 81857 | 48544 | 71376 | 1584 | 10 | 338 |
| 潮阳区 | 512 | 144004 | 125685 | 182991 | 3261 | 14 | 351 |
| 潮南区 | 512 | 100300 | 98257 | 155853 | 3768 | 9 | 187 |
| 南澳县 | 6 | 7798 | 1956 | 4205 | 129 | 3 | 138 |
| 禅城区 | 605 | 267600 | 52306 | 95863 | 13142 | 5 | 1878 |
| 南海区 | 4302 | 469142 | 162861 | 278262 | 11019 | 24 | 6515 |
| 顺德区 | 3070 | 470100 | 139245 | 213656 | 11935 | 29 | 5238 |
| 高明区 | 615 | 51271 | 23267 | 39639 | 1937 | 13 | 1423 |
| 三水区 | 1114 | 78669 | 34981 | 58891 | 2994 | 12 | 2348 |
| 浈江区 | 59 | 33775 | 18297 | 28399 | 2538 | 13 | 1685 |
| 武江区 | 85 | 35294 | 27632 | 36106 | 5996 | 11 | 1617 |
| 曲江区 | 96 | 40057 | 16809 | 24097 | 1677 | 12 | 943 |
| 乐昌市 | 73 | 31100 | 25508 | 39222 | 3979 | 19 | 1063 |
| 南雄市 | 74 | 21773 | 21252 | 30567 | 2303 | 21 | 718 |
| 仁化县 | 38 | 34125 | 12073 | 17346 | 881 | 13 | 297 |
| 始兴县 | 42 | 13744 | 11461 | 18180 | 971 | 13 | 751 |
| 翁源县 | 65 | 32972 | 19649 | 34239 | 2057 | 16 | 1424 |
| 新丰县 | 42 | 19700 | 11744 | 18831 | 1052 | 9 | 634 |
| 乳源瑶族自治县 | 62 | 26200 | 10807 | 18354 | 672 | 8 | 573 |
| 源城区 | 245 | 107500 | 62484 | 87873 | 7325 | 3 | 460 |
| 东源县 | 117 | 25129 | 25768 | 29810 | 2353 | 20 | 730 |
| 和平县 | 45 | 22464 | 30009 | 33941 | 1432 | 13 | 547 |
| 龙川县 | 72 | 54075 | 52895 | 56220 | 4879 | 26 | 534 |
| 紫金县 | 60 | 47709 | 39053 | 50300 | 2526 | 19 | 716 |
| 连平县 | 53 | 21867 | 20162 | 26571 | 1535 | 14 | 375 |
| 梅江区 | 74 | | 18935 | 39156 | 4302 | 15 | 1583 |

# 18-1 续表 4

（2022年）

| 地 区 | 规模以上工业企业（个） | 固定电话用户（户） | 普通中学在校学生（个） | 小学在校学生（个） | 医疗卫生机构床位（张） | 提供住宿的民政服务机构（个） | 提供住宿的民政服务机构床位数（张） |
|---|---|---|---|---|---|---|---|
| 梅县区 | 110 | | 29847 | 51425 | 3579 | 27 | 1305 |
| 兴宁市 | 81 | 72770 | 52460 | 71876 | 3157 | 50 | 3509 |
| 平远县 | 54 | 18401 | 11733 | 15491 | 947 | 16 | 691 |
| 蕉岭县 | 52 | 24687 | 10618 | 14522 | 1108 | 10 | 635 |
| 大埔县 | 44 | 24534 | 23466 | 29116 | 2458 | 17 | 1084 |
| 丰顺县 | 71 | 46660 | 33389 | 42609 | 2204 | 18 | 672 |
| 五华县 | 54 | 41148 | 77004 | 101125 | 5488 | 17 | 727 |
| 惠城区 | 463 | | 102065 | 164947 | 2932 | 27 | 2987 |
| 惠阳区 | 991 | 116469 | 65076 | 99043 | 3368 | 14 | 1623 |
| 惠东县 | 383 | 145129 | 68508 | 112090 | 3783 | 18 | 1061 |
| 博罗县 | 990 | 153227 | 87967 | 126013 | 4526 | 19 | 750 |
| 龙门县 | 78 | 52125 | 21199 | 30981 | 1364 | 11 | 535 |
| 城 区 | 59 | 66611 | 19930 | 33685 | 972 | 2 | 143 |
| 陆丰市 | 84 | 115851 | 81551 | 128873 | 3564 | 20 | 518 |
| 海丰县 | 119 | 86975 | 54824 | 83034 | 4521 | 14 | 585 |
| 陆河县 | 28 | 28909 | 18937 | 26387 | 1707 | 8 | 376 |
| 蓬江区 | 559 | 221155 | 31363 | 65413 | 9056 | 9 | 1508 |
| 江海区 | 413 | 155436 | 18040 | 30439 | 625 | 4 | 1320 |
| 新会区 | 673 | 136174 | 51935 | 70158 | 5008 | 27 | 5012 |
| 台山市 | 293 | 118484 | 39848 | 53468 | 4814 | 25 | 2932 |
| 开平市 | 404 | 87527 | 38928 | 55336 | 2912 | 17 | 2232 |
| 鹤山市 | 589 | 68615 | 27846 | 43837 | 1873 | 12 | 1312 |
| 恩平市 | 159 | 46983 | 26083 | 39841 | 1768 | 15 | 2002 |
| 江城区 | 112 | | 24309 | 61745 | 183 | 15 | 2127 |
| 阳东区 | 187 | | 33804 | 49913 | 2432 | 19 | 2659 |
| 阳春市 | 74 | 107201 | 65019 | 90766 | 6208 | 36 | 3076 |
| 阳西县 | 55 | 26000 | 26958 | 39518 | 2047 | 13 | 1125 |
| 赤坎区 | 29 | | 37277 | 50629 | 4836 | 3 | 1166 |
| 霞山区 | 61 | | 43212 | 65474 | 7382 | 1 | 25 |
| 麻章区 | 62 | | 26782 | 36030 | 945 | 3 | 113 |
| 坡头区 | 63 | 16724 | 15312 | 34720 | 1061 | 6 | 167 |
| 雷州市 | 61 | 31278 | 76768 | 135654 | 8757 | 24 | 1747 |
| 廉江市 | 178 | 88298 | 94368 | 158788 | 7685 | 29 | 2745 |
| 吴川市 | 129 | 57102 | 58179 | 98463 | 4628 | 8 | 1073 |
| 遂溪县 | 120 | 28382 | 45561 | 82813 | 3847 | 21 | 1080 |

## 18-1 续表 5

(2022年)

| 地 区 | 规模以上工业企业(个) | 固定电话用户(户) | 普通中学在校学生(个) | 小学在校学生(个) | 医疗卫生机构床位(张) | 提供住宿的民政服务机构(个) | 提供住宿的民政服务机构床位数(张) |
|---|---|---|---|---|---|---|---|
| 徐闻县 | 46 | 23099 | 40226 | 73619 | 4139 | 18 | 711 |
| 茂南区 | 116 | 216900 | 33689 | 58284 | 2225 | 26 | 3761 |
| 电白区 | 222 | 79470 | 96808 | 165167 | 7684 | 16 | 1789 |
| 信宜市 | 52 | 91200 | 87312 | 123330 | 6637 | 28 | 1155 |
| 高州市 | 154 | 99817 | 110428 | 148901 | 8455 | 44 | 7082 |
| 化州市 | 129 | 45608 | 111468 | 161628 | 6527 | 29 | 5575 |
| 端州区 | 137 | 112755 | 36405 | 55064 | 7073 | 15 | 2138 |
| 鼎湖区 | 107 | 24674 | 14219 | 20704 | 662 | 2 | 183 |
| 高要区 | 430 | 59138 | 46133 | 67528 | 2359 | 14 | 803 |
| 四会市 | 323 | 77255 | 31879 | 53156 | 2338 | 16 | 1289 |
| 广宁县 | 83 | 48001 | 25036 | 35932 | 1842 | 2 | 423 |
| 德庆县 | 88 | 43875 | 23939 | 31803 | 1341 | 4 | 566 |
| 封开县 | 41 | 33393 | 24123 | 35136 | 1186 | 5 | 278 |
| 怀集县 | 64 | 45563 | 58586 | 88858 | 3380 | 25 | 2183 |
| 清城区 | 380 | 117145 | 78543 | 124713 | 6534 | 17 | 2190 |
| 清新区 | 165 | 44487 | 39562 | 65876 | 2466 | 12 | 1135 |
| 英德市 | 205 | 69687 | 58908 | 103139 | 4652 | 23 | 1459 |
| 连州市 | 58 | 26700 | 22699 | 35569 | 2556 | 5 | 789 |
| 佛冈县 | 119 | 33176 | 22401 | 31996 | 1172 | 8 | 601 |
| 阳山县 | 28 | 23762 | 19475 | 36581 | 1851 | 11 | 299 |
| 连山壮族瑶族自治县 | 7 | 6418 | 6221 | 10042 | 435 | 7 | 281 |
| 连南瑶族自治县 | 13 | 11953 | 9065 | 15549 | 471 | 8 | 123 |
| 湘桥区 | 165 | 151711 | 39182 | 33979 | 477 | 1 | 32 |
| 潮安区 | 643 | 162500 | 53946 | 89040 | 1961 | 1 | 80 |
| 饶平县 | 148 | 86506 | 30803 | 58313 | 1501 | 22 | 1294 |
| 榕城区 | 433 |  | 62203 | 96678 | 3357 | 4 | 480 |
| 揭东区 | 374 | 86422 | 57856 | 77910 | 3124 | 16 | 2836 |
| 普宁市 | 344 | 135700 | 158186 | 229394 | 8830 | 29 | 3934 |
| 揭西县 | 112 | 65351 | 43415 | 55700 | 2641 | 22 | 5922 |
| 惠来县 | 94 | 51265 | 69871 | 104946 | 3024 | 15 | 1271 |
| 云城区 | 99 | 56702 | 23036 | 48795 | 544 | 8 | 732 |
| 云安区 | 74 | 12435 | 12885 | 21828 | 899 | 7 | 866 |
| 罗定市 | 81 | 83487 | 77303 | 110466 | 5222 | 23 | 850 |
| 新兴县 | 112 | 57300 | 29363 | 39908 | 1969 | 14 | 1066 |
| 郁南县 | 59 | 25800 | 24340 | 38684 | 2205 | 7 | 308 |

# 18-2 各地区乡镇基本情况

(2022年)

| 地 区 | 行政区域面积(公顷) | 居民委员会(社区)个数(个) | 村民委员会个数(个) | 户籍人口(人) | 工业企业个数(个) | #规模以上(个) | 营业面积50平方米以上的商店或超市个数(个) |
|---|---|---|---|---|---|---|---|
| 荔湾区冲口街道 | 370.0 | 10 | | 32706 | 116 | 7 | 10 |
| 荔湾区花地街道 | 170.0 | 8 | | 28637 | 24 | 1 | 18 |
| 荔湾区石围塘街道 | 464.0 | 15 | | 49918 | 98 | 7 | 48 |
| 荔湾区茶滘街道 | 400.0 | 11 | | 38586 | 64 | 4 | 15 |
| 荔湾区东漖街道 | 448.0 | 6 | | 30162 | 75 | 6 | 48 |
| 荔湾区海龙街道 | 950.0 | 6 | | 24906 | 401 | 18 | 12 |
| 荔湾区中南街道 | 670.0 | 2 | | 10508 | 89 | 5 | 25 |
| 海珠区瑞宝街道 | 630.0 | 19 | | 80731 | 1058 | 5 | 20 |
| 海珠区江海街道 | 380.0 | 17 | | 40142 | 243 | 6 | 75 |
| 海珠区琶洲街道 | 1513.0 | 12 | | 34549 | 103 | 13 | 21 |
| 海珠区南洲街道 | 1457.3 | 13 | | 36105 | 752 | 8 | 18 |
| 海珠区华洲街道 | 1210.0 | 7 | | 21245 | 462 | 8 | 19 |
| 海珠区官洲街道 | 1140.0 | 7 | | 20105 | 115 | 4 | 33 |
| 天河区员村街道 | 537.0 | 16 | | 53368 | 40 | 1 | 17 |
| 天河区车陂街道 | 560.0 | 17 | | 54560 | 219 | 1 | 245 |
| 天河区棠下街道 | 742.0 | 20 | | 90530 | 283 | 4 | 157 |
| 天河区黄村街道 | 617.0 | 9 | | 29524 | 44 | 3 | 55 |
| 天河区长兴街道 | 1320.0 | 11 | | 28840 | 126 | 7 | 14 |
| 天河区龙洞街道 | 550.0 | 8 | | 33081 | 185 | 7 | 20 |
| 天河区凤凰街道 | 2298.0 | 4 | | 18695 | 290 | 20 | 37 |
| 天河区前进街道 | 490.0 | 11 | | 31356 | 169 | 2 | 25 |
| 天河区珠吉街道 | 1000.0 | 8 | | 29615 | 500 | 12 | 20 |
| 天河区新塘街道 | 1080.0 | 8 | | 15247 | 425 | 20 | 22 |
| 白云区均禾街道 | 1507.0 | 11 | | 31850 | 2275 | 69 | 25 |
| 白云区石井街道 | 1820.0 | 12 | | 26484 | 294 | 10 | 48 |
| 白云区白云湖街道 | 1780.0 | 15 | | 38760 | 3041 | 54 | 109 |
| 白云区石门街道 | 2028.0 | 8 | | 24678 | 1395 | 24 | 109 |
| 白云区龙归街道 | 2671.0 | 6 | 7 | 43873 | 2127 | 136 | 120 |
| 白云区大源街道 | 2768.0 | 3 | 3 | 24481 | 826 | 21 | 42 |
| 白云区人和镇 | 7440.0 | 3 | 25 | 110320 | 2137 | 134 | 278 |
| 白云区太和镇 | 16462.0 | 3 | 11 | 55808 | 1078 | 72 | 226 |
| 白云区钟落潭镇 | 23047.0 | 5 | 37 | 156676 | 2580 | 227 | 244 |
| 白云区江高镇 | 10228.0 | 10 | 35 | 137376 | 1380 | 199 | 202 |
| 黄埔区黄埔街道 | 739.0 | 16 | | 57607 | 70 | 3 | 82 |
| 黄埔区红山街道 | 977.0 | 6 | | 18445 | 103 | 13 | 2 |
| 黄埔区鱼珠街道 | 911.0 | 9 | | 33393 | 140 | 10 | 69 |
| 黄埔区大沙街道 | 782.0 | 7 | | 25868 | 140 | 15 | 207 |
| 黄埔区文冲街道 | 1000.0 | 8 | | 33543 | 8 | 6 | 10 |
| 黄埔区穗东街道 | 1212.0 | 4 | | 14747 | 155 | 13 | 40 |
| 黄埔区南岗街道 | 1374.0 | 12 | | 42196 | 22 | 21 | 59 |
| 黄埔区长洲街道 | 1150.0 | 4 | | 20905 | 4 | 2 | 25 |
| 黄埔区萝岗街道 | 2510.0 | 8 | | 44741 | 81 | 30 | 47 |
| 黄埔区云埔街道 | 4601.0 | 14 | | 93216 | 1230 | 382 | 184 |
| 黄埔区联和街道 | 5160.0 | 11 | | 46811 | 1112 | 319 | 208 |
| 黄埔区永和街道 | 3275.0 | 8 | | 34280 | 500 | 231 | 37 |
| 黄埔区长岭街道 | 5375.0 | 9 | | 33426 | 64 | 4 | 88 |

## 18-2 续表 1

(2022年)

| 地　区 | 行政区域面积(公顷) | 居民委员会(社区)个数(个) | 村民委员会个数(个) | 户籍人口(人) | 工业企业个数(个) | #规模以上(个) | 营业面积50平方米以上的商店或超市个数(个) |
|---|---|---|---|---|---|---|---|
| 黄埔区九佛街道 | 5567.0 | 1 | 9 | 30034 | 121 | 49 | 10 |
| 黄埔区龙湖街道 | 4750.0 | 7 | 8 | 57103 | 109 | 4 | 10 |
| 黄埔区新龙镇 | 7539.0 | 2 | 11 | 43100 | 22 | 11 | 33 |
| 番禺区沙头街道 | 1810.0 | 2 | 9 | 27823 | 1580 | 53 | 40 |
| 番禺区东环街道 | 1100.0 | 4 | 8 | 36958 | 509 | 51 | 72 |
| 番禺区桥南街道 | 1785.0 | 10 | 4 | 65072 | 568 | 32 | 21 |
| 番禺区大石街道 | 1934.0 | 6 | 14 | 77844 | 956 | 69 | 160 |
| 番禺区洛浦街道 | 2538.0 | 9 | 9 | 113289 | 657 | 18 | 84 |
| 番禺区石壁街道 | 2701.0 | 1 | 9 | 29990 | 727 | 58 | 60 |
| 番禺区钟村街道 | 2341.0 | 6 | 8 | 99004 | 788 | 66 | 279 |
| 番禺区大龙街道 | 2480.0 | 6 | 12 | 77535 | 2025 | 154 | 252 |
| 番禺区沙湾街道 | 3745.0 | 5 | 14 | 69050 | 1568 | 116 | 127 |
| 番禺区南村镇 | 4700.0 | 12 | 16 | 121855 | 3196 | 109 | 534 |
| 番禺区新造镇 | 1412.0 | 1 | 10 | 19344 | 136 | 16 | 27 |
| 番禺区化龙镇 | 6028.0 | 2 | 13 | 36845 | 270 | 82 | 107 |
| 番禺区石楼镇 | 12650.0 | 3 | 22 | 131295 | 850 | 173 | 260 |
| 番禺区石碁镇 | 4620.0 | 2 | 17 | 56580 | 2336 | 172 | 137 |
| 花都区新华街道 | 2626.0 | 33 | 8 | 205969 | 634 | 18 | 538 |
| 花都区花城街道 | 3301.0 | 10 | 9 | 96819 | 582 | 38 | 154 |
| 花都区秀全街道 | 5022.0 | 6 | 7 | 63768 | 1551 | 295 | 232 |
| 花都区新雅街道 | 3425.0 | 4 | 11 | 77621 | 2002 | 172 | 321 |
| 花都区梯面镇 | 9120.0 | 1 | 8 | 11148 | 19 | 4 | 7 |
| 花都区花山镇 | 11687.0 | 3 | 26 | 95759 | 1667 | 135 | 187 |
| 花都区花东镇 | 20844.0 | 5 | 45 | 138166 | 908 | 121 | 223 |
| 花都区炭步镇 | 11350.0 | 2 | 27 | 57344 | 909 | 96 | 19 |
| 花都区赤坭镇 | 16010.0 | 2 | 30 | 60818 | 234 | 32 | 29 |
| 花都区狮岭镇 | 13619.0 | 7 | 17 | 76593 | 4921 | 211 | 162 |
| 南沙区南沙街道 | 8400.0 | 12 | 15 | 133012 | 1071 | 79 | 275 |
| 南沙区珠江街道 | 3622.4 | 9 |  | 22848 | 99 | 75 | 17 |
| 南沙区龙穴街道 | 12891.0 | 1 |  | 1800 | 21 | 5 | 12 |
| 南沙区万顷沙镇 | 14285.0 | 1 | 15 | 37605 | 48 | 19 | 60 |
| 南沙区横沥镇 | 5400.0 | 2 | 14 | 34272 | 108 | 27 | 21 |
| 南沙区黄阁镇 | 7650.0 | 3 | 14 | 71431 | 240 | 70 | 24 |
| 南沙区东涌镇 | 9153.0 | 2 | 22 | 90804 | 975 | 234 | 383 |
| 南沙区大岗镇 | 9007.7 | 6 | 25 | 86376 | 797 | 101 | 61 |
| 南沙区榄核镇 | 7450.0 | 1 | 23 | 61771 | 695 | 124 | 63 |
| 从化区街口街道 | 5480.0 | 18 | 9 | 88238 | 78 | 2 | 281 |
| 从化区江埔街道 | 10260.0 | 12 | 21 | 93369 | 194 | 17 | 342 |
| 从化区城郊街道 | 12960.0 | 10 | 24 | 86172 | 519 | 146 | 257 |
| 从化区温泉镇 | 21090.0 | 4 | 22 | 55078 | 79 | 10 | 56 |
| 从化区良口镇 | 52890.0 | 3 | 30 | 48673 | 25 | 2 | 3 |
| 从化区吕田镇 | 38890.0 | 2 | 21 | 32054 | 21 | 1 | 4 |
| 从化区太平镇 | 20890.0 | 4 | 33 | 104195 | 492 | 100 | 83 |
| 从化区鳌头镇 | 34990.0 | 4 | 61 | 151977 | 324 | 21 | 60 |
| 增城区荔城街道 | 8227.0 | 20 | 17 | 134396 | 207 | 4 | 236 |
| 增城区增江街道 | 8618.0 | 6 | 11 | 47050 | 229 | 41 | 138 |
| 增城区朱村街道 | 9407.0 | 2 | 12 | 53667 | 163 | 24 | 38 |

# 18-2 续表 2

(2022年)

| 地区 | 行政区域面积(公顷) | 居民委员会(社区)个数(个) | 村民委员会个数(个) | 户籍人口(人) | 工业企业个数(个) | #规模以上(个) | 营业面积50平方米以上的商店或超市个数(个) |
|---|---|---|---|---|---|---|---|
| 增城区永宁街道 | 4941.2 | 14 | 9 | 79596 | 606 | 21 | 72 |
| 增城区荔湖街道 | 4522.4 | 2 | 7 | 41568 | 90 | 7 | 13 |
| 增城区宁西街道 | 5376.0 | 3 | 13 | 33980 | 397 | 141 | 28 |
| 增城区新塘镇 | 8632.0 | 20 | 33 | 190015 | 5486 | 392 | 1075 |
| 增城区石滩镇 | 16197.3 | 6 | 44 | 132681 | 320 | 83 | 115 |
| 增城区中新镇 | 23237.0 | 3 | 35 | 103686 | 366 | 51 | 120 |
| 增城区正果镇 | 23941.0 | 1 | 31 | 65945 | 71 | 6 | 30 |
| 增城区派潭镇 | 28965.0 | 1 | 36 | 90950 | 119 | 1 | 42 |
| 增城区小楼镇 | 13667.3 | 1 | 20 | 56190 | 72 | 6 | 71 |
| 增城区仙村镇 | 5665.0 | 2 | 17 | 50619 | 266 | 65 | 45 |
| 武江区西联镇 | 7329.8 | 5 | 7 | 43915 | 328 | 70 | 50 |
| 武江区西河镇 | 6390.1 | 1 | 13 | 21938 | 19 | 4 | 26 |
| 武江区龙归镇 | 22769.9 | 1 | 15 | 39962 | 29 | 4 | 24 |
| 武江区江湾镇 | 23383.1 | 1 | 6 | 7356 | | | 4 |
| 武江区重阳镇 | 7043.2 | 1 | 8 | 18087 | 4 | | 8 |
| 浈江区新韶镇 | 10600.0 | 1 | 12 | 21266 | 69 | 2 | 17 |
| 浈江区乐园镇 | 2918.0 | 6 | 7 | 47878 | 78 | 15 | 55 |
| 浈江区十里亭镇 | 5449.0 | 10 | 6 | 57460 | 144 | 12 | 20 |
| 浈江区犁市镇 | 30478.6 | 3 | 18 | 45015 | 127 | 29 | 5 |
| 浈江区花坪镇 | 7650.0 | 2 | 5 | 8552 | 5 | | 3 |
| 曲江区马坝镇 | 17786.2 | 8 | 16 | 113494 | 151 | 24 | 134 |
| 曲江区大塘镇 | 17280.4 | 1 | 15 | 36394 | 54 | 21 | 12 |
| 曲江区枫湾镇 | 19691.0 | 1 | 9 | 18432 | 8 | 2 | 29 |
| 曲江区小坑镇 | 16445.6 | 1 | 5 | 5972 | 4 | | 10 |
| 曲江区沙溪镇 | 19576.0 | 2 | 7 | 19654 | 40 | 6 | 8 |
| 曲江区乌石镇 | 11865.8 | 2 | 6 | 17052 | 32 | 9 | 13 |
| 曲江区樟市镇 | 22559.9 | 2 | 11 | 29199 | 17 | 1 | 22 |
| 曲江区白土镇 | 13905.0 | 1 | 11 | 26123 | 96 | 26 | 142 |
| 曲江区罗坑镇 | 21866.2 | 1 | 5 | 10976 | 20 | | 4 |
| 始兴县太平镇 | 28724.6 | 6 | 18 | 65375 | 110 | 24 | 97 |
| 始兴县马市镇 | 27709.6 | 1 | 18 | 41737 | 34 | 5 | 17 |
| 始兴县澄江镇 | 21029.0 | 1 | 7 | 17758 | 13 | | 1 |
| 始兴县顿岗镇 | 9500.0 | 1 | 11 | 26001 | 20 | 4 | 57 |
| 始兴县罗坝镇 | 31419.0 | 1 | 12 | 22083 | 23 | | 4 |
| 始兴县司前镇 | 25788.9 | 1 | 9 | 17040 | 25 | | 22 |
| 始兴县隘子镇 | 31072.0 | 1 | 13 | 22334 | 29 | | 4 |
| 始兴县城南镇 | 5286.0 | 1 | 10 | 22543 | 17 | | 17 |
| 始兴县沈所镇 | 12513.0 | 1 | 11 | 20214 | 6 | | 2 |
| 始兴县深渡水乡 | 19040.0 | | 4 | 7639 | 16 | 1 | |
| 仁化县丹霞街道 | 23700.0 | 4 | 13 | 63087 | 106 | 11 | 47 |
| 仁化县闻韶镇 | 9800.0 | 1 | 5 | 5796 | 3 | | 7 |
| 仁化县扶溪镇 | 18000.0 | 1 | 9 | 13759 | 20 | | 11 |
| 仁化县长江镇 | 31300.0 | 1 | 16 | 27226 | 69 | | 7 |
| 仁化县城口镇 | 32200.0 | 1 | 7 | 10853 | 21 | 1 | 5 |
| 仁化县红山镇 | 16670.0 | 1 | 8 | 11082 | 6 | | 10 |
| 仁化县石塘镇 | 8000.0 | 1 | 6 | 13504 | 8 | 1 | 12 |
| 仁化县董塘镇 | 19300.0 | 3 | 17 | 41591 | 43 | 9 | 7 |

## 18-2 续表 3

(2022年)

| 地区 | 行政区域面积(公顷) | 居民委员会(社区)个数(个) | 村民委员会个数(个) | 户籍人口(人) | 工业企业个数(个) | #规模以上(个) | 营业面积50平方米以上的商店或超市个数(个) |
|---|---|---|---|---|---|---|---|
| 仁化县大桥镇 | 16900.0 | 1 | 6 | 10901 | 10 | 1 | 8 |
| 仁化县周田镇 | 28900.0 | 1 | 15 | 28562 | 67 | 14 | 17 |
| 仁化县黄坑镇 | 17500.0 | 1 | 7 | 15261 | 26 | | 10 |
| 翁源县龙仙镇 | 43161.5 | 6 | 34 | 126043 | 150 | 3 | 83 |
| 翁源县坝仔镇 | 38297.7 | 2 | 22 | 53461 | 43 | | 16 |
| 翁源县江尾镇 | 33355.0 | 3 | 24 | 48269 | 47 | 1 | 9 |
| 翁源县官渡镇 | 23694.0 | 2 | 19 | 51563 | 136 | 21 | 11 |
| 翁源县周陂镇 | 21380.6 | 2 | 18 | 49577 | 20 | 1 | 13 |
| 翁源县翁城镇 | 13719.9 | 1 | 17 | 38203 | 95 | 34 | 39 |
| 翁源县新江镇 | 34297.6 | 1 | 19 | 48468 | 30 | 2 | 18 |
| 翁源县铁龙镇 | 9586.1 | 1 | 3 | 5910 | 25 | 3 | 5 |
| 乳源瑶族自治县乳城镇 | 20798.1 | 5 | 13 | 69270 | 159 | 53 | 100 |
| 乳源瑶族自治县一六镇 | 7748.9 | 1 | 7 | 17757 | 8 | 1 | 7 |
| 乳源瑶族自治县桂头镇 | 12446.0 | 1 | 14 | 38484 | 48 | 8 | 39 |
| 乳源瑶族自治县洛阳镇 | 58879.0 | 1 | 12 | 10415 | 52 | | 6 |
| 乳源瑶族自治县大布镇 | 22002.2 | 1 | 7 | 13985 | 13 | | 3 |
| 乳源瑶族自治县大桥镇 | 46546.8 | 1 | 21 | 45272 | 22 | | 36 |
| 乳源瑶族自治县东坪镇 | 33806.8 | 1 | 11 | 13835 | 19 | | 17 |
| 乳源瑶族自治县游溪镇 | 13366.7 | 1 | 11 | 13087 | 20 | | 2 |
| 乳源瑶族自治县必背镇 | 14305.5 | 1 | 7 | 8384 | 11 | | 3 |
| 新丰县丰城街道 | 27619.0 | 7 | 25 | 89047 | 144 | 17 | 62 |
| 新丰县黄礤镇 | 25664.0 | 1 | 13 | 18946 | 14 | | 3 |
| 新丰县马头镇 | 50947.0 | 3 | 30 | 45440 | 38 | 13 | 20 |
| 新丰县梅坑镇 | 33352.0 | 2 | 20 | 28671 | 32 | 1 | 36 |
| 新丰县沙田镇 | 24398.0 | 1 | 17 | 23825 | 12 | 1 | 3 |
| 新丰县遥田镇 | 19333.0 | 1 | 19 | 37787 | 12 | | 8 |
| 新丰县回龙镇 | 15432.0 | 1 | 17 | 22883 | 28 | 10 | 17 |
| 乐昌市乐城街道 | 18564.3 | 11 | 16 | 116617 | 204 | 13 | 31 |
| 乐昌市北乡镇 | 11040.2 | | 8 | 15967 | 25 | | 16 |
| 乐昌市九峰镇 | 19272.9 | 1 | 12 | 21562 | 14 | | 5 |
| 乐昌市廊田镇 | 16311.8 | 1 | 17 | 37464 | 86 | 45 | 7 |
| 乐昌市长来镇 | 9408.4 | 1 | 12 | 25787 | 24 | 4 | 23 |
| 乐昌市梅花镇 | 19756.7 | 1 | 17 | 60713 | 20 | 1 | 23 |
| 乐昌市三溪镇 | 7240.4 | | 8 | 12446 | 5 | | 2 |
| 乐昌市坪石镇 | 27086.3 | 4 | 25 | 53132 | 59 | 6 | 9 |
| 乐昌市黄圃镇 | 7761.8 | 1 | 10 | 19076 | 5 | | 5 |
| 乐昌市五山镇 | 18564.2 | | 11 | 22205 | 20 | | 10 |
| 乐昌市两江镇 | 13093.7 | | 7 | 13267 | 17 | | 9 |
| 乐昌市沙坪镇 | 11832.5 | | 7 | 24950 | 9 | | 1 |
| 乐昌市云岩镇 | 6642.2 | | 9 | 16959 | 1 | | 11 |
| 乐昌市秀水镇 | 5573.1 | | 10 | 20471 | 13 | 2 | 5 |
| 乐昌市大源镇 | 32988.4 | | 9 | 10976 | 35 | 1 | 1 |
| 乐昌市庆云镇 | 8838.0 | | 8 | 12719 | 6 | 1 | 1 |
| 乐昌市白石镇 | 7951.9 | | 9 | 16813 | 2 | | 1 |
| 南雄市雄州街道 | 9668.9 | 11 | 13 | 89806 | 100 | 4 | 136 |
| 南雄市乌迳镇 | 15750.1 | 1 | 21 | 47818 | 12 | | 11 |
| 南雄市界址镇 | 5608.2 | 1 | 8 | 15811 | 1 | | 10 |

## 18-2 续表 4

(2022年)

| 地区 | 行政区域面积(公顷) | 居民委员会(社区)个数(个) | 村民委员会个数(个) | 户籍人口(人) | 工业企业个数(个) | #规模以上(个) | 营业面积50平方米以上的商店或超市个数(个) |
|---|---|---|---|---|---|---|---|
| 南雄市坪田镇 | 13826.4 | 1 | 14 | 27562 | 11 | | 11 |
| 南雄市黄坑镇 | 5851.0 | 1 | 10 | 25369 | 14 | 2 | 8 |
| 南雄市邓坊镇 | 11831.0 | 1 | 9 | 16661 | 15 | | 11 |
| 南雄市油山镇 | 14678.2 | 1 | 17 | 33056 | 12 | 1 | 4 |
| 南雄市南亩镇 | 11110.1 | 1 | 11 | 17515 | 6 | | 6 |
| 南雄市水口镇 | 11396.9 | 1 | 13 | 24878 | 13 | | 6 |
| 南雄市江头镇 | 13269.7 | 1 | 9 | 12343 | 20 | | 5 |
| 南雄市湖口镇 | 7322.3 | 1 | 12 | 35315 | 27 | 2 | 15 |
| 南雄市珠玑镇 | 19753.1 | 1 | 22 | 45520 | 32 | 3 | 54 |
| 南雄市主田镇 | 16547.1 | 1 | 8 | 14321 | 11 | 1 | 2 |
| 南雄市古市镇 | 11281.4 | 1 | 8 | 21418 | 175 | 58 | 21 |
| 南雄市全安镇 | 19044.2 | 1 | 13 | 29062 | 50 | 2 | 14 |
| 南雄市百顺镇 | 19129.0 | 1 | 9 | 13101 | 32 | 1 | 3 |
| 南雄市澜河镇 | 13930.1 | 1 | 6 | 10415 | 17 | | 3 |
| 南雄市帽子峰镇 | 12610.2 | 1 | 5 | 9522 | 8 | | 6 |
| 罗湖区东门街道 | 210.0 | 15 | | 58781 | 4 | 3 | 11 |
| 罗湖区东湖街道 | 2905.5 | 12 | | 53923 | 29 | 1 | 68 |
| 福田区福田街道 | 825.0 | 13 | | 190322 | 418 | 5 | |
| 福田区莲花街道 | 773.0 | 12 | | 184052 | 72 | 5 | |
| 南山区蛇口街道 | 1429.0 | 13 | | 74352 | 99 | 9 | 115 |
| 南山区西丽街道 | 5600.0 | 12 | | 132133 | 1803 | 379 | 285 |
| 宝安区西乡街道 | 5855.0 | 25 | | 213571 | 7325 | 339 | 1231 |
| 宝安区航城街道 | 4562.0 | 9 | | 44970 | 4284 | 441 | 29 |
| 宝安区福永街道 | 3760.0 | 7 | | 57535 | 1159 | 337 | 48 |
| 宝安区新桥街道 | 2800.0 | 8 | | 30859 | 4300 | 441 | 330 |
| 宝安区燕罗街道 | 3600.0 | 5 | | 19048 | 4727 | 517 | 145 |
| 宝安区石岩街道 | 6580.0 | 22 | | 21788 | 5900 | 734 | 228 |
| 龙岗区平湖街道 | 4106.3 | 12 | | 79183 | 4166 | 348 | 295 |
| 龙岗区坪地街道 | 5314.0 | 9 | | 36279 | 3457 | 415 | |
| 龙岗区南湾街道 | 2506.0 | 14 | | 133388 | 1979 | 169 | 185 |
| 龙岗区坂田街道 | 2851.0 | 16 | | 155388 | 2951 | 210 | 252 |
| 龙岗区龙岗街道 | 5603.0 | 7 | | 101825 | 3223 | 206 | |
| 龙岗区横岗街道 | 2311.0 | 9 | | 81320 | 1585 | 118 | 585 |
| 龙岗区吉华街道 | 1890.0 | 7 | | 70087 | 1338 | 80 | 23 |
| 龙岗区宝龙街道 | 4950.0 | 7 | | 63536 | 4021 | 443 | 2188 |
| 盐田区梅沙街道 | 2183.0 | 4 | | 8539 | 7 | | 20 |
| 盐田区盐田街道 | 4511.0 | 6 | | 37730 | 92 | 29 | 20 |
| 盐田区海山街道 | 635.6 | 6 | | 33879 | 113 | 35 | 195 |
| 龙华区观湖街道 | 2565.0 | 17 | | 55717 | 2644 | 297 | 500 |
| 龙华区福城街道 | 2991.0 | 13 | | 49952 | 2841 | 285 | 546 |
| 龙华区观澜街道 | 3374.0 | 17 | | 30654 | 3950 | 516 | 55 |
| 坪山区马峦街道 | 4386.0 | 4 | | 28308 | 345 | 42 | 80 |
| 坪山区碧岭街道 | 2535.0 | 3 | | 14382 | 722 | 54 | 465 |
| 坪山区石井街道 | 3681.3 | 4 | | 11298 | 233 | 35 | 138 |
| 坪山区龙田街道 | 2614.0 | 4 | | 33176 | 1166 | 272 | 369 |
| 光明区光明街道 | 3011.0 | 6 | | 40600 | 732 | 154 | 62 |
| 光明区公明街道 | 2360.0 | 5 | | 17809 | 3000 | 290 | 11 |

## 18-2 续表 5

(2022年)

| 地 区 | 行政区域面积(公顷) | 居民委员会(社区)个数(个) | 村民委员会个数(个) | 户籍人口(人) | 工业企业个数(个) | #规模以上(个) | 营业面积50平方米以上的商店或超市个数(个) |
|---|---|---|---|---|---|---|---|
| 光明区新湖街道 | 4093.0 | 3 | | 18316 | 1726 | 235 | 258 |
| 光明区凤凰街道 | 2186.0 | 5 | | 27558 | 1371 | 202 | 21 |
| 光明区玉塘街道 | 2150.0 | 4 | | 21346 | 2076 | 439 | 22 |
| 光明区马田街道 | 1776.0 | 8 | | 43877 | 2731 | 427 | 489 |
| 龙岗区葵涌街道 | 10072.4 | 9 | | 29939 | 262 | 43 | 300 |
| 龙岗区大鹏街道 | 7817.0 | 7 | | 14141 | 125 | 28 | 167 |
| 龙岗区南澳街道 | 11657.9 | 9 | | 9061 | | | 26 |
| 海丰县赤石镇 | 30681.0 | 2 | 11 | 27453 | 30 | | 9 |
| 海丰县小漠镇 | 3645.0 | 1 | 6 | 14455 | 7 | 1 | 11 |
| 海丰县鹅埠镇 | 9020.0 | 1 | 10 | 19352 | 115 | 39 | 38 |
| 海丰县鮜门镇 | 3450.0 | 1 | 7 | 19703 | 8 | 1 | 10 |
| 香洲区凤山街道 | 3280.0 | 10 | | 47917 | 340 | 21 | 196 |
| 香洲区唐家湾镇 | 13900.0 | 18 | | 76808 | 1438 | 275 | 103 |
| 香洲区南屏镇 | 6070.0 | 13 | | 60693 | 356 | 14 | 300 |
| 香洲区横琴镇 | 10600.0 | 4 | | 32627 | 914 | 16 | 31 |
| 香洲区桂山镇 | 1423.0 | | 2 | 1280 | 3 | 2 | 3 |
| 香洲区万山镇 | 2300.0 | | 2 | 1010 | 17 | 1 | 1 |
| 香洲区担杆镇 | 234200.0 | | 3 | 753 | 3 | 2 | |
| 斗门区白藤街道 | 3914.0 | 8 | | 41749 | 64 | 4 | 40 |
| 斗门区莲洲镇 | 8660.0 | 3 | 27 | 47207 | 38 | 10 | 21 |
| 斗门区斗门镇 | 10500.0 | 1 | 10 | 48312 | 38 | 6 | 65 |
| 斗门区乾务镇 | 19062.0 | 2 | 16 | 58374 | 383 | 26 | 228 |
| 斗门区白蕉镇 | 17800.0 | 4 | 33 | 127451 | 480 | 75 | 176 |
| 斗门区井岸镇 | 9960.0 | 10 | 15 | 126851 | 233 | 81 | 93 |
| 金湾区三灶镇 | 20304.1 | 5 | 4 | 54380 | 783 | 223 | 508 |
| 金湾区南水镇 | 15000.0 | 3 | 5 | 15162 | 311 | 161 | 123 |
| 金湾区红旗镇 | 7079.0 | 9 | 5 | 80914 | 727 | 177 | 666 |
| 金湾区平沙镇 | 15500.0 | 11 | | 65141 | 448 | 93 | 51 |
| 龙湖区珠池街道 | 1300.0 | 19 | | 124475 | 262 | 11 | 38 |
| 龙湖区新津街道 | 722.0 | 26 | | 70622 | 408 | 70 | 74 |
| 龙湖区鸥汀街道 | 1485.0 | 18 | | 48792 | 185 | 51 | 50 |
| 龙湖区龙祥街道 | 960.0 | 9 | | 35537 | 422 | 56 | 41 |
| 龙湖区外砂街道 | 1556.0 | | 9 | 50465 | 385 | 17 | 124 |
| 龙湖区龙华街道 | 1245.0 | | 8 | 38510 | 1047 | 16 | 37 |
| 龙湖区新溪街道 | 1050.0 | 1 | 8 | 32245 | 25 | 7 | 15 |
| 龙湖区新海街道 | 2695.0 | | 8 | 40803 | 219 | 9 | 42 |
| 龙湖区龙腾街道 | 980.0 | 5 | | 20601 | 14 | 1 | 15 |
| 金平区东方街道 | 1154.5 | 11 | | 60385 | 4 | 3 | 135 |
| 金平区岐山街道 | 906.8 | 10 | | 22479 | 466 | 27 | 57 |
| 金平区鮀莲街道 | 6627.0 | 16 | | 61960 | 92 | 17 | 28 |
| 金平区鮀江街道 | 2213.8 | 18 | | 54368 | 116 | 19 | 21 |
| 金平区月浦街道 | 932.0 | 5 | | 26824 | 427 | 39 | 31 |
| 濠江区达濠街道 | 2300.0 | 10 | | 75763 | 132 | 13 | 13 |
| 濠江区马窖街道 | 780.0 | 7 | | 33092 | 31 | 8 | 8 |
| 濠江区礐石街道 | 4662.2 | 17 | | 56778 | 115 | 20 | 13 |
| 濠江区广澳街道 | 2670.0 | 7 | | 35687 | 57 | 17 | 5 |
| 濠江区滨海街道 | 1993.3 | 9 | | 36097 | 28 | 14 | 18 |

# 18-2 续表 6

(2022年)

| 地 区 | 行政区域面积(公顷) | 居民委员会(社区)个数(个) | 村民委员会个数(个) | 户籍人口(人) | 工业企业个数(个) | #规模以上(个) | 营业面积50平方米以上的商店或超市个数(个) |
|---|---|---|---|---|---|---|---|
| 濠江区河浦街道 | 3000.0 | 5 | | 44698 | 21 | 5 | 9 |
| 濠江区玉新街道 | 1300.0 | 6 | | 24437 | 65 | 16 | 15 |
| 潮阳区文光街道 | 1203.0 | 10 | | 166217 | 64 | 9 | 21 |
| 潮阳区棉北街道 | 2978.4 | 9 | | 53849 | 67 | 9 | 21 |
| 潮阳区城南街道 | 2587.8 | 14 | | 110814 | 58 | 9 | 42 |
| 潮阳区金浦街道 | 4416.6 | 1 | 4 | 100380 | 108 | 12 | 18 |
| 潮阳区海门镇 | 3153.0 | 11 | 5 | 137935 | 98 | 19 | 26 |
| 潮阳区河溪镇 | 5557.3 | 1 | 11 | 95220 | 3 | | 7 |
| 潮阳区和平镇 | 5894.0 | 19 | 2 | 200553 | 703 | 98 | 71 |
| 潮阳区西胪镇 | 10981.6 | 4 | 23 | 207895 | 14 | | 134 |
| 潮阳区关埠镇 | 5455.7 | 4 | 27 | 139350 | 38 | 1 | 24 |
| 潮阳区谷饶镇 | 7029.0 | 5 | 22 | 192469 | 1840 | 242 | 100 |
| 潮阳区贵屿镇 | 5212.6 | 8 | 19 | 175949 | 580 | 71 | 77 |
| 潮阳区铜盂镇 | 4290.7 | 3 | 25 | 145043 | 568 | 35 | 90 |
| 潮阳区金灶镇 | 7913.5 | 4 | 42 | 155638 | 28 | 4 | 129 |
| 潮南区峡山街道 | 4594.1 | 12 | 24 | 238877 | 1052 | 182 | 130 |
| 潮南区井都镇 | 4606.8 | 4 | 9 | 104004 | 42 | 2 | 40 |
| 潮南区成田镇 | 5708.0 | 3 | 12 | 103124 | 57 | 16 | 28 |
| 潮南区司马浦镇 | 3064.5 | 6 | 13 | 145887 | 391 | 62 | 83 |
| 潮南区陈店镇 | 2606.0 | 10 | 13 | 135347 | 443 | 95 | 90 |
| 潮南区两英镇 | 8519.7 | 13 | 17 | 224318 | 423 | 61 | 105 |
| 潮南区仙城镇 | 5471.9 | 3 | 9 | 128328 | 50 | 6 | 69 |
| 潮南区胪岗镇 | 5020.2 | 4 | 10 | 174895 | 720 | 46 | 75 |
| 潮南区红场镇 | 6956.0 | 1 | 23 | 39276 | 13 | | 16 |
| 潮南区雷岭镇 | 6228.6 | 1 | 14 | 48748 | 5 | 1 | 16 |
| 潮南区陇田镇 | 7145.5 | 8 | 23 | 153850 | 156 | 14 | 51 |
| 澄海区凤翔街道 | 4116.0 | 19 | | 147486 | 1420 | 81 | 89 |
| 澄海区广益街道 | 1632.0 | 13 | | 47270 | 1080 | 44 | 103 |
| 澄海区澄华街道 | 1305.0 | 10 | | 68633 | 240 | 25 | 133 |
| 澄海区上华镇 | 2174.1 | | 18 | 38319 | 192 | 25 | 23 |
| 澄海区隆都镇 | 3384.0 | 1 | 14 | 79487 | 113 | 12 | 39 |
| 澄海区莲下镇 | 5609.0 | | 30 | 119681 | 2538 | 76 | 168 |
| 澄海区莲上镇 | 2950.0 | | 8 | 61161 | 319 | 23 | 35 |
| 澄海区溪南镇 | 4066.0 | | 21 | 71306 | 175 | 25 | 25 |
| 澄海区东里镇 | 3492.0 | 3 | 19 | 77666 | 429 | 19 | 22 |
| 澄海区盐鸿镇 | 3774.0 | 1 | 8 | 51512 | 130 | 20 | 9 |
| 澄海区莲华镇 | 1991.0 | | 19 | 28857 | 165 | 3 | 1 |
| 南澳县后宅镇 | 4198.6 | 3 | 20 | 42946 | 33 | 2 | 6 |
| 南澳县云澳镇 | 2046.0 | 1 | 8 | 19330 | 6 | 1 | 6 |
| 南澳县深澳镇 | 4705.0 | 1 | 13 | 13216 | 6 | 3 | 9 |
| 禅城区南庄镇 | 7605.0 | 5 | 18 | 121528 | 1714 | 266 | 135 |
| 南海区桂城街道 | 8430.0 | 45 | | 370165 | 3863 | 281 | 166 |
| 南海区九江镇 | 9525.0 | 20 | 7 | 116546 | 2918 | 305 | 535 |
| 南海区西樵镇 | 17356.0 | 24 | 9 | 188183 | 2093 | 383 | 701 |
| 南海区丹灶镇 | 14249.0 | 22 | 6 | 125613 | 3770 | 494 | 613 |
| 南海区狮山镇 | 33525.0 | 48 | 28 | 400335 | 13277 | 1818 | 398 |
| 南海区大沥镇 | 9164.0 | 43 | | 346282 | 4550 | 307 | 178 |

# 18−2 续表 7

(2022年)

| 地 区 | 行政区域面积(公顷) | 居民委员会(社区)个数(个) | 村民委员会个数(个) | 户籍人口(人) | 工业企业个数(个) | #规模以上(个) | 营业面积50平方米以上的商店或超市个数(个) |
|---|---|---|---|---|---|---|---|
| 南海区里水镇 | 14830.0 | 24 | 16 | 201381 | 6526 | 714 | 283 |
| 顺德区伦教街道 | 5929.7 | 2 | 8 | 108661 | 1992 | 238 | 103 |
| 顺德区勒流街道 | 9078.0 | 5 | 17 | 131781 | 3816 | 412 | 165 |
| 顺德区大良街道 | 8029.0 | 19 | 2 | 299949 | 1976 | 345 | 435 |
| 顺德区容桂街道 | 8027.0 | 23 | 3 | 271440 | 5889 | 421 | 103 |
| 顺德区陈村镇 | 5070.0 | 8 | 7 | 111398 | 1394 | 201 | 27 |
| 顺德区北滘镇 | 9211.0 | 10 | 10 | 175603 | 2818 | 368 | 380 |
| 顺德区乐从镇 | 7785.0 | 7 | 19 | 155793 | 2469 | 118 | 246 |
| 顺德区龙江镇 | 7385.0 | 10 | 13 | 122702 | 5165 | 357 | 129 |
| 顺德区杏坛镇 | 12198.0 | 6 | 24 | 146804 | 2761 | 406 | 183 |
| 顺德区均安镇 | 7945.0 | 8 | 5 | 100166 | 1518 | 208 | 275 |
| 三水区西南街道 | 14567.0 | 12 | 8 | 199875 | 1172 | 178 | 92 |
| 三水区云东海街道 | 9089.0 | 2 | 10 | 54884 | 620 | 123 | 58 |
| 三水区大塘镇 | 9818.3 | 1 | 7 | 46099 | 512 | 173 | 36 |
| 三水区乐平镇 | 19807.4 | 3 | 14 | 92628 | 1599 | 369 | 331 |
| 三水区白坭镇 | 6667.0 | 1 | 2 | 31573 | 621 | 158 | 11 |
| 三水区芦苞镇 | 10386.4 | 1 | 6 | 39522 | 492 | 106 | 68 |
| 三水区南山镇 | 12436.7 | 4 | 1 | 26957 | 57 | 24 | 5 |
| 高明区荷城街道 | 17902.5 | 16 | 15 | 168108 | 1322 | 284 | 538 |
| 高明区杨和镇 | 22836.1 | 3 | 7 | 44915 | 487 | 139 | 70 |
| 高明区明城镇 | 18355.5 | 1 | 13 | 54654 | 436 | 118 | 72 |
| 高明区更合镇 | 34687.3 | 3 | 19 | 72761 | 257 | 74 | 27 |
| 蓬江区潮连街道 | 1268.0 | 6 |  | 14050 | 249 | 52 | 9 |
| 蓬江区环市街道 | 3100.0 | 21 |  | 136264 | 456 | 57 | 63 |
| 蓬江区棠下镇 | 13102.4 | 3 | 23 | 85950 | 901 | 154 | 75 |
| 蓬江区荷塘镇 | 3918.0 | 1 | 13 | 49196 | 1341 | 135 | 91 |
| 蓬江区杜阮镇 | 8052.0 | 4 | 19 | 52528 | 1646 | 161 | 78 |
| 江海区外海街道 | 4472.5 | 9 | 12 | 63199 | 3296 | 327 | 115 |
| 江海区礼乐街道 | 5040.0 | 4 | 24 | 70578 | 799 | 52 | 65 |
| 新会区会城街道 | 14377.8 | 22 | 29 | 284456 | 1386 | 186 | 106 |
| 新会区大泽镇 | 8344.7 | 1 | 14 | 41912 | 542 | 56 | 41 |
| 新会区司前镇 | 8955.6 | 1 | 13 | 64454 | 575 | 92 | 51 |
| 新会区罗坑镇 | 11789.0 | 2 | 15 | 34953 | 230 | 30 | 25 |
| 新会区双水镇 | 20744.3 | 2 | 37 | 91723 | 607 | 61 | 50 |
| 新会区崖门镇 | 25569.7 | 2 | 17 | 37267 | 180 | 52 | 48 |
| 新会区沙堆镇 | 9577.2 | 1 | 11 | 34440 | 89 | 34 | 41 |
| 新会区古井镇 | 11231.9 | 1 | 17 | 41870 | 163 | 33 | 60 |
| 新会区三江镇 | 8243.4 | 1 | 15 | 51308 | 325 | 49 | 20 |
| 新会区睦洲镇 | 7979.3 | 1 | 15 | 44722 | 350 | 60 | 23 |
| 新会区大鳌镇 | 5256.9 | 1 | 16 | 35603 | 58 | 8 | 21 |
| 新会区银湖湾滨海新区 | 4046.0 | 1 |  | 366 |  |  | 2 |
| 台山市台城街道 | 15677.0 | 14 | 26 | 183308 | 358 | 68 | 198 |
| 台山市大江镇 | 6903.0 | 3 | 18 | 45419 | 350 | 47 | 29 |
| 台山市水步镇 | 11461.0 | 1 | 20 | 45228 | 208 | 43 | 8 |
| 台山市四九镇 | 24659.0 | 3 | 20 | 36892 | 140 | 40 | 19 |
| 台山市白沙镇 | 16984.0 | 2 | 18 | 61735 | 42 | 9 | 15 |
| 台山市三合镇 | 21406.0 | 1 | 9 | 43576 | 82 | 8 | 9 |

# 18-2 续表 8

(2022年)

| 地 区 | 行政区域面积(公顷) | 居民委员会(社区)个数(个) | 村民委员会个数(个) | 户籍人口(人) | 工业企业个数(个) | #规模以上(个) | 营业面积50平方米以上的商店或超市个数(个) |
|---|---|---|---|---|---|---|---|
| 台山市冲蒌镇 | 11471.1 | 1 | 16 | 35565 | 65 | 18 | 8 |
| 台山市斗山镇 | 13705.0 | 1 | 18 | 51065 | 21 | 9 | 19 |
| 台山市都斛镇 | 15835.7 | 1 | 17 | 47740 | 21 | 2 | 19 |
| 台山市赤溪镇 | 28369.0 | 2 | 10 | 35775 | 15 | 3 | 21 |
| 台山市端芬镇 | 29931.0 | 1 | 16 | 53434 | 24 | 10 | 11 |
| 台山市广海镇 | 13792.0 | 2 | 7 | 41469 | 85 | 6 | 13 |
| 台山市海宴镇 | 24590.9 | 2 | 23 | 83738 | 23 | 4 | 24 |
| 台山市汶村镇 | 16434.2 | 1 | 15 | 61434 | 26 | 6 | 25 |
| 台山市深井镇 | 32172.5 | 2 | 16 | 61158 | 5 | 1 | 15 |
| 台山市北陡镇 | 17943.0 | 1 | 11 | 34526 | 8 | 1 | 14 |
| 台山市川岛镇 | 28048.0 | 2 | 17 | 35482 | 4 | | 17 |
| 开平市三埠街道 | 3120.0 | 11 | 7 | 115875 | 156 | 41 | 23 |
| 开平市长沙街道 | 5430.0 | 9 | 13 | 82706 | 148 | 29 | 78 |
| 开平市沙塘镇 | 8530.0 | 1 | 15 | 31983 | 70 | 20 | 12 |
| 开平市苍城镇 | 12810.0 | 1 | 12 | 31937 | 73 | 22 | 20 |
| 开平市龙胜镇 | 16380.0 | 2 | 16 | 37759 | 49 | 5 | 10 |
| 开平市大沙镇 | 21560.0 | 1 | 14 | 33318 | | | 10 |
| 开平市马冈镇 | 9336.0 | 2 | 20 | 56872 | 14 | 2 | 5 |
| 开平市塘口镇 | 7280.0 | 1 | 16 | 31035 | 37 | 3 | 19 |
| 开平市赤坎镇 | 6210.0 | 1 | 19 | 43297 | 36 | 14 | 9 |
| 开平市百合镇 | 6630.0 | 1 | 13 | 24884 | 40 | 7 | 27 |
| 开平市蚬冈镇 | 6790.0 | 1 | 11 | 18839 | 16 | 2 | 4 |
| 开平市金鸡镇 | 12050.0 | 1 | 11 | 20956 | 18 | 4 | 3 |
| 开平市月山镇 | 12120.0 | 2 | 18 | 45576 | 129 | 25 | 17 |
| 开平市赤水镇 | 28390.0 | 3 | 16 | 39205 | 15 | 3 | 8 |
| 开平市水口镇 | 8050.0 | 5 | 25 | 70064 | 832 | 133 | 203 |
| 鹤山市沙坪街道 | 4180.0 | 13 | 15 | 140096 | 568 | 53 | 102 |
| 鹤山市龙口镇 | 15735.6 | 1 | 15 | 37084 | 149 | 54 | 15 |
| 鹤山市雅瑶镇 | 8253.1 | 3 | 10 | 30047 | 324 | 65 | 116 |
| 鹤山市古劳镇 | 6822.1 | 1 | 12 | 29966 | 293 | 55 | 25 |
| 鹤山市桃源镇 | 5546.3 | 2 | 11 | 20294 | 281 | 59 | 53 |
| 鹤山市鹤城镇 | 15912.5 | 1 | 15 | 28812 | 209 | 71 | 63 |
| 鹤山市共和镇 | 8992.3 | 2 | 9 | 27031 | 377 | 147 | 144 |
| 鹤山市址山镇 | 9821.6 | 2 | 11 | 30351 | 490 | 69 | 25 |
| 鹤山市宅梧镇 | 20656.4 | 1 | 10 | 32653 | 60 | 10 | 52 |
| 鹤山市双合镇 | 12346.6 | 1 | 4 | 19884 | 18 | 6 | 20 |
| 恩平市恩城街道 | 14742.0 | 10 | 18 | 187887 | 221 | 17 | 105 |
| 恩平市横陂镇 | 20100.6 | 2 | 19 | 40344 | 30 | 9 | 15 |
| 恩平市圣堂镇 | 4919.5 | 1 | 11 | 27326 | 36 | 12 | 40 |
| 恩平市良西镇 | 12175.2 | 1 | 8 | 24316 | | | 2 |
| 恩平市沙湖镇 | 16486.0 | 1 | 21 | 59415 | 49 | 18 | 58 |
| 恩平市牛江镇 | 12657.9 | 1 | 12 | 23041 | 8 | 5 | 7 |
| 恩平市君堂镇 | 9798.0 | 2 | 18 | 45919 | 31 | 10 | 21 |
| 恩平市大田镇 | 39926.7 | 2 | 10 | 32506 | 15 | | 68 |
| 恩平市那吉镇 | 19315.3 | 1 | 7 | 20988 | 17 | 1 | 11 |
| 恩平市大槐镇 | 9856.6 | 1 | 12 | 20186 | 25 | 10 | 7 |
| 恩平市东成镇 | 11235.0 | 2 | 15 | 28665 | 90 | 6 | 15 |

# 18-2 续表 9

(2022年)

| 地 区 | 行政区域面积(公顷) | 居民委员会(社区)个数(个) | 村民委员会个数(个) | 户籍人口(人) | 工业企业个数(个) | #规模以上(个) | 营业面积50平方米以上的商店或超市个数(个) |
|---|---|---|---|---|---|---|---|
| 赤坎区调顺街道 | 650.0 | 1 | 1 | 7012 | 51 | 4 | 6 |
| 赤坎区南桥街道 | 1619.1 | 4 | 7 | 62466 | 165 | 8 | 61 |
| 赤坎区北桥街道 | 1350.0 | 2 | 8 | 27700 | 70 | 8 | 19 |
| 霞山区爱国街道 | 750.0 | 5 | 1 | 41200 | 20 | 2 | 4 |
| 霞山区工农街道 | 336.0 | 4 | 2 | 37989 | 2 |  | 7 |
| 霞山区友谊街道 | 1260.0 | 3 | 6 | 55573 | 82 | 18 | 47 |
| 霞山区新兴街道 | 1003.0 | 4 | 2 | 39723 | 27 | 11 | 30 |
| 霞山区建设街道 | 470.0 | 4 | 6 | 32598 | 46 | 3 | 19 |
| 霞山区东新街道 | 880.0 | 4 | 4 | 35465 | 41 |  | 34 |
| 霞山区新园街道 | 350.0 | 6 | 1 | 46251 | 20 | 1 | 26 |
| 霞山区海头街道 | 3145.0 | 1 | 11 | 20964 | 76 | 13 | 34 |
| 坡头区南调街道 | 3600.0 | 7 | 3 | 64413 | 62 | 5 | 16 |
| 坡头区麻斜街道 | 1976.0 | 1 | 2 | 13106 | 12 | 2 | 3 |
| 坡头区南三镇 | 16463.0 | 1 | 13 | 101645 | 16 | 3 | 117 |
| 坡头区坡头镇 | 8910.0 | 1 | 11 | 82692 | 32 | 7 | 180 |
| 坡头区乾塘镇 | 4889.0 | 1 | 7 | 43455 | 10 | 1 | 58 |
| 坡头区龙头镇 | 11341.4 | 1 | 11 | 73504 | 51 | 9 | 48 |
| 坡头区官渡镇 | 9505.0 | 1 | 14 | 65261 | 123 | 35 | 58 |
| 麻章区东山街道 | 11195.0 | 1 | 13 | 86330 | 11 | 10 | 60 |
| 麻章区东简街道 | 14330.0 |  | 7 | 66150 | 57 | 20 | 62 |
| 麻章区民安街道 | 6454.7 |  | 10 | 67381 | 12 |  | 22 |
| 麻章区麻章镇 | 13444.0 | 6 | 34 | 97603 | 316 | 51 | 176 |
| 麻章区太平镇 | 12135.0 | 1 | 30 | 115674 | 25 | 5 | 12 |
| 麻章区湖光镇 | 15242.0 | 2 | 27 | 85241 | 29 | 2 | 53 |
| 麻章区硇洲镇 | 5600.0 | 3 | 5 | 50543 | 1 |  | 23 |
| 遂溪县遂城街道 | 12881.5 | 14 | 12 | 158978 | 172 | 32 | 133 |
| 遂溪县黄略镇 | 14900.0 | 1 | 25 | 117931 | 72 | 13 | 68 |
| 遂溪县洋青镇 | 16833.0 | 1 | 40 | 89149 | 28 | 11 | 19 |
| 遂溪县界炮镇 | 13300.9 | 1 | 20 | 80394 | 10 | 2 | 18 |
| 遂溪县乐民镇 | 9660.0 |  | 10 | 47150 | 16 |  | 49 |
| 遂溪县江洪镇 | 5950.1 | 1 | 8 | 37048 | 17 | 1 | 11 |
| 遂溪县杨柑镇 | 18710.0 | 2 | 26 | 102289 | 31 | 7 | 11 |
| 遂溪县城月镇 | 20909.0 | 3 | 23 | 113924 | 119 | 7 | 38 |
| 遂溪县乌塘镇 | 4970.0 |  | 34 | 20735 | 6 | 1 | 12 |
| 遂溪县建新镇 | 5620.0 |  | 28 | 28047 | 5 | 2 | 14 |
| 遂溪县岭北镇 | 10906.0 |  | 7 | 32397 | 97 | 23 | 24 |
| 遂溪县北坡镇 | 16400.0 | 2 | 15 | 58336 | 20 | 4 | 12 |
| 遂溪县港门镇 | 10534.1 |  | 12 | 43897 | 2 | 1 | 14 |
| 遂溪县草潭镇 | 12280.5 | 2 | 31 | 73565 | 12 |  | 37 |
| 遂溪县河头镇 | 14400.0 |  | 11 | 41035 | 13 | 1 | 168 |
| 遂溪县附城镇 | 12883.9 |  | 20 | 65542 | 92 | 7 | 26 |
| 徐闻县徐城街道 | 2675.0 | 7 | 3 | 86266 | 33 | 3 | 55 |
| 徐闻县迈陈镇 | 15543.1 | 2 | 11 | 78076 | 10 | 2 | 10 |
| 徐闻县海安镇 | 4188.0 | 2 | 5 | 25471 | 15 | 3 | 10 |
| 徐闻县曲界镇 | 30843.4 | 3 | 14 | 60788 | 44 | 6 | 82 |
| 徐闻县前山镇 | 11521.0 | 2 | 13 | 47000 | 6 | 3 | 3 |
| 徐闻县西连镇 | 8270.5 | 1 | 15 | 46250 | 5 |  | 16 |

# 18-2 续表 10

(2022年)

| 地 区 | 行政区域面积(公顷) | 居民委员会(社区)个数(个) | 村民委员会个数(个) | 户籍人口(人) | 工业企业个数(个) | #规模以上(个) | 营业面积50平方米以上的商店或超市个数(个) |
|---|---|---|---|---|---|---|---|
| 徐闻县下桥镇 | 28982.6 | 4 | 12 | 57257 | 11 | 7 | 62 |
| 徐闻县龙塘镇 | 23133.7 | 3 | 11 | 67961 | 6 | 2 | 30 |
| 徐闻县下洋镇 | 10048.0 | 1 | 11 | 33851 | 2 | 1 | 11 |
| 徐闻县锦和镇 | 10454.2 | 4 | 17 | 49298 | 12 | | 33 |
| 徐闻县和安镇 | 10279.0 | 1 | 9 | 39169 | 13 | 4 | 10 |
| 徐闻县新寮镇 | 8595.4 | | 10 | 34535 | 2 | 1 | 8 |
| 徐闻县南山镇 | 15502.0 | | 18 | 82166 | 21 | 2 | 61 |
| 徐闻县城北乡 | 12963.0 | | 14 | 48402 | 5 | 4 | 7 |
| 徐闻县角尾乡 | 4962.2 | | 12 | 34825 | 4 | 3 | 5 |
| 廉江市城南街道 | 3100.0 | 4 | 4 | 36592 | 131 | 4 | 216 |
| 廉江市城北街道 | 1500.0 | 5 | 3 | 46053 | 32 | 6 | 69 |
| 廉江市石城镇 | 12638.0 | | 17 | 89234 | 64 | 7 | 28 |
| 廉江市新民镇 | 10200.0 | 1 | 15 | 62254 | 38 | 8 | 41 |
| 廉江市吉水镇 | 11100.0 | 2 | 17 | 88134 | 236 | 64 | 146 |
| 廉江市河唇镇 | 16002.0 | 2 | 18 | 110634 | 46 | 7 | 61 |
| 廉江市石角镇 | 16400.0 | 1 | 20 | 74117 | 21 | | 93 |
| 廉江市良垌镇 | 33136.1 | 1 | 37 | 146354 | 73 | 8 | 142 |
| 廉江市横山镇 | 18561.0 | 1 | 19 | 138078 | 122 | 15 | 70 |
| 廉江市安铺镇 | 8550.0 | 14 | 18 | 131061 | 105 | 6 | 116 |
| 廉江市营仔镇 | 20400.0 | 1 | 21 | 107602 | 47 | 4 | 257 |
| 廉江市青平镇 | 24281.0 | 2 | 23 | 113064 | 52 | 6 | 360 |
| 廉江市车板镇 | 11100.0 | 1 | 15 | 54842 | 25 | 2 | 129 |
| 廉江市高桥镇 | 12118.0 | 1 | 8 | 55595 | 15 | 8 | 41 |
| 廉江市石岭镇 | 24071.9 | 3 | 24 | 139953 | 246 | 23 | 79 |
| 廉江市雅塘镇 | 7600.0 | 2 | 11 | 57714 | 26 | 1 | 20 |
| 廉江市石颈镇 | 9549.4 | 1 | 14 | 59404 | 18 | 2 | 32 |
| 廉江市长山镇 | 16783.9 | 1 | 18 | 84867 | 43 | 2 | 40 |
| 廉江市塘蓬镇 | 16000.0 | 1 | 23 | 106269 | 58 | 4 | 37 |
| 廉江市和寮镇 | 10760.7 | 1 | 15 | 58434 | 13 | | 30 |
| 雷州市雷城街道 | 846.0 | 11 | | 89258 | 2 | 1 | 40 |
| 雷州市西湖街道 | 560.0 | 8 | | 23789 | 2 | 1 | 6 |
| 雷州市新城街道 | 540.8 | 8 | | 34946 | 4 | 2 | 19 |
| 雷州市白沙镇 | 11052.9 | | 27 | 105698 | 98 | 6 | 83 |
| 雷州市沈塘镇 | 6659.9 | 1 | 17 | 68623 | 31 | | 85 |
| 雷州市客路镇 | 35276.0 | 2 | 30 | 153767 | 48 | 1 | 36 |
| 雷州市杨家镇 | 16764.2 | | 25 | 98472 | 4 | 2 | 28 |
| 雷州市唐家镇 | 19200.0 | 2 | 14 | 60891 | 59 | 6 | 28 |
| 雷州市企水镇 | 10928.0 | 1 | 20 | 62160 | 7 | | 5 |
| 雷州市纪家镇 | 33913.0 | 2 | 28 | 121943 | 70 | 3 | 45 |
| 雷州市松竹镇 | 6793.0 | 1 | 16 | 85202 | 25 | 1 | 24 |
| 雷州市南兴镇 | 13500.0 | 1 | 33 | 122726 | 36 | | 45 |
| 雷州市雷高镇 | 16503.0 | 2 | 21 | 61691 | 6 | 2 | 6 |
| 雷州市东里镇 | 14225.0 | 1 | 20 | 103695 | 1 | | 20 |
| 雷州市调风镇 | 36818.8 | 3 | 18 | 82102 | 28 | 5 | 19 |
| 雷州市龙门镇 | 46301.7 | 6 | 21 | 105918 | 68 | 11 | 42 |
| 雷州市英利镇 | 34169.0 | 4 | 27 | 100100 | 54 | 4 | 35 |
| 雷州市北和镇 | 19996.0 | 3 | 28 | 96460 | 3 | 1 | 5 |

# 18-2 续表 11

(2022年)

| 地　区 | 行政区域面积(公顷) | 居民委员会(社区)个数(个) | 村民委员会个数(个) | 户籍人口(人) | 工业企业个数(个) | | 营业面积50平方米以上的商店或超市个数(个) |
|---|---|---|---|---|---|---|---|
| | | | | | | #规模以上(个) | |
| 雷州市乌石镇 | 12690.0 | 2 | 25 | 103121 | 30 | 4 | 2 |
| 雷州市覃斗镇 | 10400.0 | 1 | 19 | 59623 | 5 | 2 | 13 |
| 雷州市附城镇 | 12612.0 | | 33 | 148680 | 3 | 2 | 114 |
| 雷州市湛江奋勇高新技术产业开发区 | 4493.0 | | | 5570 | 46 | 7 | 7 |
| 吴川市梅菉街道 | 1415.1 | 18 | | 144925 | 13 | 11 | 35 |
| 吴川市塘尾街道 | 2454.0 | 7 | | 41809 | 24 | 8 | 22 |
| 吴川市大山江街道 | 2338.7 | 6 | | 27940 | 337 | 19 | 15 |
| 吴川市博铺街道 | 1123.6 | 6 | | 17187 | 250 | 12 | 8 |
| 吴川市海滨街道 | 2168.9 | 5 | | 42694 | 27 | 9 | 51 |
| 吴川市浅水镇 | 7680.6 | 1 | 7 | 43125 | 54 | 4 | 22 |
| 吴川市长岐镇 | 5831.5 | 1 | 14 | 93827 | 30 | 6 | 56 |
| 吴川市覃巴镇 | 7953.8 | | 15 | 94497 | 73 | 5 | 66 |
| 吴川市王村港镇 | 2782.5 | 1 | 5 | 30085 | 19 | 4 | 23 |
| 吴川市振文镇 | 5826.4 | 1 | 16 | 146060 | 23 | 6 | 65 |
| 吴川市樟铺镇 | 5199.7 | | 10 | 68520 | 23 | 3 | 31 |
| 吴川市吴阳镇 | 9187.6 | 4 | 15 | 108244 | 25 | 1 | 50 |
| 吴川市塘?镇 | 15402.7 | 2 | 25 | 163138 | 20 | 8 | 75 |
| 吴川市黄坡镇 | 14395.3 | 1 | 29 | 187759 | 121 | 9 | 64 |
| 吴川市兰石镇 | 3311.6 | | 7 | 42045 | 1 | 1 | 12 |
| 茂南区城南街道 | 1668.6 | 9 | 3 | 28692 | 85 | 6 | 895 |
| 茂南区金塘镇 | 10443.0 | 1 | 22 | 80308 | 49 | 6 | 48 |
| 茂南区公馆镇 | 10267.3 | 1 | 22 | 77561 | 11 | 10 | 53 |
| 茂南区新坡镇 | 2475.0 | 1 | 13 | 33335 | 426 | 10 | 27 |
| 茂南区镇盛镇 | 5959.0 | 1 | 18 | 70339 | 105 | 7 | 20 |
| 茂南区鳌头镇 | 5508.0 | 1 | 25 | 93405 | 5 | 1 | 31 |
| 茂南区袂花镇 | 2792.3 | 1 | 17 | 53513 | 86 | 2 | 19 |
| 茂南区高山镇 | 1219.0 | 1 | 5 | 18107 | 158 | 5 | 30 |
| 茂南区山阁镇 | 4474.1 | 1 | 10 | 39891 | 46 | 8 | 33 |
| 茂南区羊角镇 | 10956.2 | 1 | 22 | 184109 | 158 | 6 | 141 |
| 电白区南海街道 | 3196.4 | 8 | | 40381 | 81 | 12 | 13 |
| 电白区高地街道 | 2253.7 | 8 | | 45874 | 87 | 7 | 25 |
| 电白区水东街道 | 2792.0 | 10 | 6 | 125951 | 144 | 4 | 126 |
| 电白区电海街道 | 2085.8 | 1 | 3 | 24965 | 147 | 24 | 15 |
| 电白区陈村街道 | 2397.0 | | 6 | 41172 | 23 | 6 | 7 |
| 电白区马踏镇 | 16191.0 | 1 | 19 | 96037 | 20 | 3 | 18 |
| 电白区岭门镇 | 10399.0 | 1 | 17 | 93500 | 39 | 8 | 22 |
| 电白区坡心镇 | 5254.3 | 1 | 17 | 99908 | 38 | 6 | 48 |
| 电白区七迳镇 | 8107.0 | 3 | 17 | 86403 | 134 | 54 | 75 |
| 电白区树仔镇 | 6259.0 | 1 | 13 | 71484 | 63 | 11 | 24 |
| 电白区沙院镇 | 4814.0 | 2 | 10 | 59346 | 85 | 10 | 17 |
| 电白区麻岗镇 | 9427.6 | 1 | 20 | 83574 | 71 | 13 | 48 |
| 电白区旦场镇 | 8756.3 | 1 | 15 | 85479 | 38 | 7 | 55 |
| 电白区小良镇 | 6194.6 | 1 | 14 | 69139 | 24 | 5 | 20 |
| 电白区霞洞镇 | 11907.0 | 1 | 24 | 111379 | 26 | 3 | 62 |
| 电白区观珠镇 | 18963.6 | 1 | 24 | 117504 | 30 | 5 | 75 |
| 电白区沙琅镇 | 11224.2 | 3 | 15 | 90200 | 25 | 7 | 11 |
| 电白区黄岭镇 | 7831.8 | 1 | 14 | 53440 | 14 | 7 | 45 |

## 18-2 续表 12

(2022年)

| 地 区 | 行政区域面积(公顷) | 居民委员会(社区)个数(个) | 村民委员会个数(个) | 户籍人口(人) | 工业企业个数(个) | #规模以上(个) | 营业面积50平方米以上的商店或超市个数(个) |
|---|---|---|---|---|---|---|---|
| 电白区望夫镇 | 9532.9 | 1 | 10 | 46202 | 9 | 2 | 9 |
| 电白区罗坑镇 | 15110.3 | 1 | 15 | 41972 | 39 | 1 | 19 |
| 电白区那霍镇 | 14105.0 | 1 | 15 | 75889 | 36 | 2 | 25 |
| 电白区博贺镇 | 5666.6 | 5 | 10 | 79282 | 51 | 6 | 30 |
| 电白区林头镇 | 14572.0 | 2 | 33 | 154106 | 48 | 11 | 99 |
| 电白区电城镇 | 16508.6 | 4 | 28 | 190420 | 55 | 8 | 95 |
| 高州市石仔岭街道 | 4200.0 | 2 | 8 | 44892 | 69 | 11 | 51 |
| 高州市山美街道 | 3900.0 | 1 | 6 | 27014 | 54 | 12 | 22 |
| 高州市金山街道 | 5900.0 | 1 | 10 | 48157 | 125 | 37 | 27 |
| 高州市潘州街道 | 2500.0 | 13 |  | 149018 | 299 | 8 | 79 |
| 高州市宝光街道 | 15900.0 | 4 | 18 | 85872 | 60 | 10 | 62 |
| 高州市谢鸡镇 | 8000.0 | 1 | 19 | 63586 | 16 | 1 | 33 |
| 高州市新垌镇 | 16800.0 | 1 | 19 | 81084 | 30 | 3 | 46 |
| 高州市云潭镇 | 8400.0 | 1 | 13 | 56269 | 41 | 3 | 109 |
| 高州市分界镇 | 6100.0 | 1 | 12 | 53263 | 45 | 4 | 48 |
| 高州市根子镇 | 8700.0 | 1 | 17 | 80159 | 25 | 5 | 78 |
| 高州市泗水镇 | 7600.0 | 1 | 12 | 66054 | 24 | 3 | 44 |
| 高州市镇江镇 | 10100.0 | 1 | 14 | 59740 | 22 | 3 | 21 |
| 高州市沙田镇 | 9800.0 | 1 | 13 | 50317 | 7 | 3 | 15 |
| 高州市南塘镇 | 14400.0 | 1 | 14 | 60125 | 23 | 5 | 53 |
| 高州市荷花镇 | 10800.0 | 1 | 18 | 61784 | 15 |  | 23 |
| 高州市石板镇 | 9100.0 | 1 | 13 | 53557 | 45 | 1 | 70 |
| 高州市大井镇 | 13400.0 | 1 | 14 | 57961 | 5 | 1 | 22 |
| 高州市潭头镇 | 8200.0 | 1 | 14 | 53274 | 18 | 1 | 28 |
| 高州市大坡镇 | 23600.0 | 1 | 25 | 86887 | 50 | 1 | 53 |
| 高州市平山镇 | 14900.0 | 1 | 15 | 46740 | 11 | 1 | 28 |
| 高州市深镇镇 | 10300.0 | 1 | 13 | 33266 | 40 |  | 40 |
| 高州市马贵镇 | 16700.0 | 1 | 14 | 42015 | 38 | 3 | 16 |
| 高州市古丁镇 | 11300.0 | 1 | 14 | 41680 | 23 | 1 | 41 |
| 高州市曹江镇 | 12500.0 | 2 | 23 | 78016 | 55 | 8 | 39 |
| 高州市荷塘镇 | 11600.0 | 1 | 12 | 40573 | 4 | 1 | 31 |
| 高州市石鼓镇 | 15500.0 | 3 | 29 | 128708 | 123 | 18 | 109 |
| 高州市东岸镇 | 26000.0 | 2 | 27 | 97814 | 18 | 5 | 39 |
| 高州市长坡镇 | 21400.0 | 2 | 33 | 96345 | 32 | 5 | 52 |
| 化州市河西街道 | 3293.5 | 5 | 7 | 136772 | 156 | 11 | 74 |
| 化州市东山街道 | 3065.5 | 4 | 6 | 87077 | 104 | 5 | 86 |
| 化州市下郭街道 | 4245.4 | 3 | 9 | 45568 | 108 | 5 | 251 |
| 化州市南盛街道 | 4507.2 | 1 | 6 | 40296 | 68 | 8 | 20 |
| 化州市石湾街道 | 7737.9 | 1 | 10 | 56714 | 94 | 8 | 46 |
| 化州市鉴江街道 | 3940.4 | 1 | 5 | 54573 | 172 | 14 | 66 |
| 化州市长岐镇 | 3787.7 | 1 | 13 | 67593 | 32 | 1 | 55 |
| 化州市同庆镇 | 6302.6 | 1 | 17 | 78469 | 34 | 9 | 51 |
| 化州市杨梅镇 | 8993.8 | 1 | 19 | 93221 | 35 | 8 | 117 |
| 化州市良光镇 | 10431.3 | 1 | 17 | 81663 | 25 | 5 | 63 |
| 化州市笪桥镇 | 8291.9 | 1 | 13 | 55695 | 8 | 7 | 86 |
| 化州市丽岗镇 | 7788.5 | 1 | 11 | 62812 | 13 | 4 | 69 |
| 化州市新安镇 | 15670.8 | 2 | 15 | 68544 | 16 | 3 | 9 |

## 18-2 续表 13

(2022年)

| 地区 | 行政区域面积(公顷) | 居民委员会(社区)个数(个) | 村民委员会个数(个) | 户籍人口(人) | 工业企业个数(个) | #规模以上(个) | 营业面积50平方米以上的商店或超市个数(个) |
|---|---|---|---|---|---|---|---|
| 化州市官桥镇 | 11727.1 | 1 | 10 | 63990 | 18 | 5 | 27 |
| 化州市林尘镇 | 12931.2 | 1 | 21 | 87952 | 20 | 2 | 83 |
| 化州市合江镇 | 17487.4 | 1 | 23 | 118083 | 16 | 5 | 111 |
| 化州市那务镇 | 17399.3 | 1 | 30 | 102119 | 15 | 5 | 31 |
| 化州市播扬镇 | 12677.4 | 1 | 14 | 63086 | 15 | 3 | 51 |
| 化州市宝圩镇 | 5150.4 | 1 | 10 | 29882 | 18 | 3 | 28 |
| 化州市平定镇 | 21946.6 | 1 | 24 | 126145 | 182 | 7 | 88 |
| 化州市文楼镇 | 16377.6 | 1 | 16 | 85948 | 4 | 3 | 19 |
| 化州市江湖镇 | 5573.5 | 1 | 8 | 33020 | 27 | 3 | 31 |
| 化州市中垌镇 | 26323.0 | 2 | 30 | 127762 | 67 | 5 | 41 |
| 信宜市东镇街道 | 12537.3 | 17 | 6 | 206974 | 879 | 6 | 41 |
| 信宜市玉都街道 | 8266.3 | 9 | 6 | 92303 | 75 | 6 | 11 |
| 信宜市镇隆镇 | 8126.6 | 2 | 20 | 70531 | 108 | 3 | 69 |
| 信宜市水口镇 | 12292.4 | 1 | 20 | 84148 | 39 | 4 | 68 |
| 信宜市丁堡镇 | 8221.4 | 1 | 12 | 54725 | 45 | 4 | 25 |
| 信宜市池洞镇 | 14768.9 | 1 | 21 | 83483 | 33 | 1 | 69 |
| 信宜市贵子镇 | 15868.6 | 1 | 16 | 44273 | 21 | 1 | 31 |
| 信宜市怀乡镇 | 16199.8 | 2 | 24 | 93718 | 86 | 4 | 46 |
| 信宜市茶山镇 | 10087.3 | 1 | 11 | 28423 | 9 |  | 37 |
| 信宜市洪冠镇 | 14800.9 | 1 | 14 | 49062 | 63 |  | 54 |
| 信宜市白石镇 | 17963.1 | 1 | 19 | 76983 | 28 |  | 70 |
| 信宜市大成镇 | 12985.3 | 1 | 15 | 52610 | 46 | 1 | 42 |
| 信宜市钱排镇 | 20353.0 | 1 | 15 | 79008 | 77 | 1 | 121 |
| 信宜市合水镇 | 14172.2 | 1 | 16 | 52845 | 135 |  | 53 |
| 信宜市新宝镇 | 18434.0 | 1 | 16 | 52207 | 30 |  | 38 |
| 信宜市平塘镇 | 19236.2 | 1 | 21 | 65238 | 24 |  | 44 |
| 信宜市思贺镇 | 17973.4 | 1 | 12 | 47024 | 23 |  | 32 |
| 信宜市金垌镇 | 19504.3 | 2 | 23 | 82824 | 8 | 1 | 52 |
| 信宜市朱砂镇 | 28234.7 | 3 | 32 | 99086 | 83 |  | 46 |
| 信宜市北界镇 | 18342.4 | 2 | 33 | 101386 | 63 |  | 62 |
| 端州区端州区黄岗街道 | 6201.0 | 12 |  | 112566 | 383 | 47 | 102 |
| 端州区端州区睦岗街道 | 6510.0 | 12 |  | 48046 | 369 | 71 | 15 |
| 鼎湖区坑口街道 | 4689.3 | 6 |  | 21595 | 71 | 2 | 11 |
| 鼎湖区桂城街道 | 2194.0 | 5 |  | 24168 | 158 | 18 | 10 |
| 鼎湖区广利街道 | 3708.4 | 12 |  | 27924 | 58 | 10 | 4 |
| 鼎湖区永安镇 | 7834.6 | 2 | 18 | 33601 | 92 | 43 | 18 |
| 鼎湖区沙浦镇 | 11899.5 | 1 | 13 | 23901 | 10 |  | 5 |
| 鼎湖区凤凰镇 | 16192.1 | 1 | 9 | 12863 | 27 | 5 | 3 |
| 鼎湖区莲花镇 | 8721.5 | 1 | 13 | 32381 | 94 | 29 | 18 |
| 高要区南岸街道 | 5975.0 | 14 | 5 | 72243 | 216 | 34 | 16 |
| 高要区河台镇 | 14805.1 | 2 | 19 | 39729 | 14 | 3 | 3 |
| 高要区乐城镇 | 9456.6 | 1 | 14 | 30911 | 3 | 1 | 8 |
| 高要区水南镇 | 11069.1 | 1 | 14 | 15604 | 7 |  | 1 |
| 高要区禄步镇 | 25137.8 | 1 | 25 | 73396 | 52 | 9 | 3 |
| 高要区小湘镇 | 19976.0 | 2 | 18 | 34764 | 26 | 9 | 9 |
| 高要区大湾镇 | 10163.2 | 3 | 14 | 41928 | 38 | 10 | 26 |
| 高要区新桥镇 | 3444.0 | 3 | 10 | 38899 | 60 | 15 | 18 |

# 18-2 续表 14

(2022年)

| 地 区 | 行政区域面积(公顷) | 居民委员会(社区)个数(个) | 村民委员会个数(个) | 户籍人口(人) | 工业企业个数(个) | #规模以上(个) | 营业面积50平方米以上的商店或超市个数(个) |
|---|---|---|---|---|---|---|---|
| 高要区白诸镇 | 12744.3 | 2 | 21 | 42246 | 76 | 10 | 22 |
| 高要区莲塘镇 | 11978.6 | 1 | 20 | 65932 | 41 | 15 | 6 |
| 高要区活道镇 | 23111.3 | 1 | 33 | 47706 | 37 | 5 | 16 |
| 高要区蛟塘镇 | 12989.7 | 1 | 20 | 34517 | 66 | 27 | 2 |
| 高要区回龙镇 | 11386.7 | 3 | 14 | 28661 | 45 | 19 | 6 |
| 高要区白土镇 | 10749.0 | 7 | 23 | 84991 | 126 | 28 | 24 |
| 高要区金渡镇 | 13134.2 | 16 |  | 52894 | 292 | 66 | 36 |
| 高要区金利镇 | 15239.9 | 13 | 19 | 80289 | 717 | 154 | 47 |
| 高要区蚬岗镇 | 7204.6 | 2 | 10 | 34401 | 92 | 25 | 10 |
| 广宁县南街街道 | 18919.0 | 5 | 18 | 120015 | 108 | 15 | 513 |
| 广宁县排沙镇 | 15367.6 | 2 | 12 | 33191 | 31 | 4 | 41 |
| 广宁县潭布镇 | 13290.7 | 1 | 13 | 34659 | 9 | 1 | 6 |
| 广宁县江屯镇 | 24724.7 | 1 | 18 | 62908 | 34 | 1 | 52 |
| 广宁县螺岗镇 | 9743.7 | 1 | 5 | 14313 | 9 |  | 2 |
| 广宁县北市镇 | 23051.0 | 1 | 9 | 24511 | 22 | 1 | 21 |
| 广宁县坑口镇 | 18099.5 | 1 | 12 | 33214 | 7 | 1 | 13 |
| 广宁县赤坑镇 | 17993.4 | 1 | 9 | 23796 | 23 |  | 15 |
| 广宁县宾亨镇 | 17163.0 | 3 | 13 | 50682 | 75 | 24 | 18 |
| 广宁县五和镇 | 11615.2 | 1 | 6 | 23547 | 30 | 15 | 25 |
| 广宁县横山镇 | 13753.3 | 1 | 10 | 46846 | 44 | 11 | 17 |
| 广宁县木格镇 | 12316.9 | 1 | 6 | 22612 | 10 | 2 | 12 |
| 广宁县石咀镇 | 8372.9 | 1 | 5 | 17962 |  |  | 7 |
| 广宁县古水镇 | 25980.7 | 1 | 14 | 49713 | 27 | 8 | 38 |
| 广宁县洲仔镇 | 15291.6 | 1 | 6 | 22171 | 24 |  | 8 |
| 怀集县怀城街道 | 18067.0 | 8 | 18 | 108467 | 169 | 10 | 50 |
| 怀集县幸福街道 | 24282.0 | 3 | 22 | 75167 | 158 | 33 | 66 |
| 怀集县坳仔镇 | 22152.0 | 1 | 16 | 45775 | 29 | 4 | 11 |
| 怀集县汶朗镇 | 8668.0 |  | 5 | 16516 | 9 |  | 4 |
| 怀集县甘洒镇 | 12827.0 |  | 13 | 31336 | 25 | 1 | 2 |
| 怀集县凤岗镇 | 27782.0 | 1 | 20 | 47567 | 32 | 2 | 3 |
| 怀集县洽水镇 | 52580.0 | 1 | 21 | 38551 | 106 |  | 12 |
| 怀集县梁村镇 | 8784.0 | 2 | 18 | 91503 | 58 |  | 70 |
| 怀集县大岗镇 | 11749.0 | 1 | 20 | 92220 | 50 |  | 8 |
| 怀集县岗坪镇 | 5527.0 | 1 | 13 | 45719 | 27 | 1 | 20 |
| 怀集县冷坑镇 | 19323.0 | 1 | 32 | 137699 | 44 | 3 | 5 |
| 怀集县马宁镇 | 5878.0 | 1 | 16 | 56625 | 23 |  | 44 |
| 怀集县蓝钟镇 | 19850.0 |  | 8 | 25282 | 51 |  | 20 |
| 怀集县永固镇 | 18824.9 | 1 | 12 | 55844 | 5 |  | 3 |
| 怀集县诗洞镇 | 32950.0 | 1 | 19 | 78582 | 10 |  | 75 |
| 怀集县桥头镇 | 21064.0 | 1 | 13 | 66661 | 40 | 3 | 32 |
| 怀集县中洲镇 | 25184.0 | 1 | 16 | 55311 | 33 | 2 | 20 |
| 怀集县连麦镇 | 12258.0 | 1 | 14 | 44119 | 22 |  | 6 |
| 怀集县下帅壮族瑶族乡 | 7659.1 |  | 5 | 11665 | 9 |  | 12 |
| 封开县江口街道 | 18031.0 | 5 | 10 | 62422 | 98 | 9 | 14 |
| 封开县江川镇 | 11980.0 | 1 | 7 | 12484 | 6 |  | 10 |
| 封开县白垢镇 | 14139.8 | 1 | 7 | 15715 | 12 |  | 17 |
| 封开县大洲镇 | 16268.7 | 1 | 8 | 18388 | 11 |  | 2 |

# 18-2 续表 15

(2022年)

| 地 区 | 行政区域面积(公顷) | 居民委员会(社区)个数(个) | 村民委员会个数(个) | 户籍人口(人) | 工业企业个数(个) | #规模以上(个) | 营业面积50平方米以上的商店或超市个数(个) |
|---|---|---|---|---|---|---|---|
| 封开县渔涝镇 | 10297.5 | 1 | 9 | 22126 | 14 | | 12 |
| 封开县河儿口镇 | 37452.0 | 1 | 15 | 25773 | 79 | | 3 |
| 封开县连都镇 | 25580.7 | 1 | 11 | 33451 | 28 | 1 | 58 |
| 封开县杏花镇 | 15608.1 | 1 | 11 | 33204 | 17 | 1 | 15 |
| 封开县罗董镇 | 13644.0 | 1 | 9 | 25044 | 23 | 2 | 3 |
| 封开县长岗镇 | 15128.5 | 1 | 13 | 24989 | 45 | 10 | 20 |
| 封开县平凤镇 | 11178.2 | 1 | 11 | 21762 | 28 | 14 | 20 |
| 封开县南丰镇 | 30806.0 | 2 | 30 | 104005 | 35 | 4 | 5 |
| 封开县大玉口镇 | 13118.1 | 1 | 9 | 18125 | 5 | | 10 |
| 封开县都平镇 | 13081.2 | 1 | 7 | 13339 | 10 | | 1 |
| 封开县金装镇 | 11915.7 | 1 | 11 | 45148 | 14 | | 10 |
| 封开县长安镇 | 14207.7 | 1 | 10 | 47010 | 16 | | 7 |
| 德庆县德城街道 | 2460.0 | 4 | 4 | 57830 | 182 | 50 | 4 |
| 德庆县新圩镇 | 11518.0 | 1 | 11 | 26480 | 34 | 3 | 10 |
| 德庆县回龙镇 | 15812.0 | 1 | 9 | 23621 | 15 | 2 | 2 |
| 德庆县官圩镇 | 23256.0 | 2 | 23 | 37688 | 37 | 4 | 4 |
| 德庆县马圩镇 | 11065.0 | 1 | 11 | 24280 | 8 | 2 | 4 |
| 德庆县高良镇 | 29470.0 | 1 | 23 | 36324 | 13 | 2 | 12 |
| 德庆县莫村镇 | 26950.0 | 2 | 15 | 33864 | 21 | 1 | 7 |
| 德庆县永丰镇 | 13241.0 | 1 | 11 | 25212 | 8 | 1 | 4 |
| 德庆县武垄镇 | 8747.0 | 1 | 11 | 19919 | 7 | | 3 |
| 德庆县播植镇 | 8001.0 | 1 | 10 | 20834 | 11 | | 4 |
| 德庆县凤村镇 | 13676.0 | 1 | 18 | 34999 | 13 | 2 | 2 |
| 德庆县悦城镇 | 20623.0 | 1 | 15 | 36955 | 50 | 13 | 2 |
| 德庆县九市镇 | 15461.0 | 1 | 14 | 32666 | 20 | 3 | 2 |
| 四会市城中街道 | 4915.0 | 10 | 6 | 67452 | 98 | 14 | 43 |
| 四会市东城街道 | 8053.0 | 13 | 4 | 85011 | 228 | 45 | 410 |
| 四会市贞山街道 | 12234.0 | 5 | 8 | 32866 | 51 | 11 | 62 |
| 四会市龙甫镇 | 7999.0 | 1 | 7 | 18188 | 149 | 14 | 23 |
| 四会市地豆镇 | 9090.0 | 1 | 12 | 29107 | 19 | 7 | 3 |
| 四会市威整镇 | 6402.0 | 1 | 8 | 16735 | 13 | 2 | 2 |
| 四会市罗源镇 | 2623.0 | 1 | 5 | 9030 | 5 | 1 | 7 |
| 四会市迳口镇 | 9750.0 | 1 | 8 | 21736 | 23 | 5 | 3 |
| 四会市大沙镇 | 8628.0 | 3 | 13 | 36348 | 177 | 53 | 55 |
| 四会市石狗镇 | 14247.0 | 1 | 10 | 27407 | 8 | 1 | 7 |
| 四会市黄田镇 | 8745.0 | 1 | 6 | 16226 | 16 | | 1 |
| 四会市江谷镇 | 13278.0 | 2 | 13 | 42040 | 18 | 1 | 7 |
| 四会市下茆镇 | 10677.0 | 2 | 13 | 33798 | 77 | 29 | 15 |
| 惠城区桥东街道 | 1284.3 | 11 | 2 | 110620 | 56 | 5 | 293 |
| 惠城区江南街道 | 3332.0 | 6 | 2 | 61243 | 40 | 14 | 18 |
| 惠城区江北街道 | 1900.0 | 9 | 2 | 73203 | 30 | 9 | 21 |
| 惠城区龙丰街道 | 3506.4 | 8 | 1 | 96743 | 39 | 8 | 9 |
| 惠城区河南岸街道 | 4500.0 | 10 | 6 | 155663 | 19 | 8 | 55 |
| 惠城区水口街道 | 11431.0 | 7 | 17 | 72510 | 425 | 82 | 190 |
| 惠城区小金口街道 | 6569.5 | 4 | 7 | 59407 | 682 | 112 | 90 |
| 惠城区汝湖镇 | 15700.2 | 4 | 23 | 58556 | 178 | 24 | 78 |
| 惠城区三栋镇 | 6773.7 | 2 | 10 | 35775 | 231 | 48 | 28 |

# 18-2 续表 16

(2022年)

| 地 区 | 行政区域面积(公顷) | 居民委员会(社区)个数(个) | 村民委员会个数(个) | 户籍人口(人) | 工业企业个数(个) | #规模以上(个) | 营业面积50平方米以上的商店或超市个数(个) |
|---|---|---|---|---|---|---|---|
| 惠城区马安镇 | 7297.1 | 2 | 13 | 40928 | 340 | 54 | 48 |
| 惠城区横沥镇 | 31808.6 | 3 | 40 | 79459 | 45 | 7 | 35 |
| 惠城区芦洲镇 | 20295.5 | 2 | 19 | 30889 | 2 | 1 | 5 |
| 惠阳区淡水街道 | 8006.1 | 22 | 8 | 190330 | 448 | 45 | 168 |
| 惠阳区秋长街道 | 10994.0 | 1 | 10 | 37849 | 3690 | 252 | 102 |
| 惠阳区三和街道 | 6404.0 | 1 | 5 | 18863 | 358 | 90 | 20 |
| 惠阳区大亚湾澳头街 | 9683.0 | 9 | 10 | 75375 | 142 | 12 | 122 |
| 惠阳区大亚湾霞涌街 | 4507.0 | 5 | 6 | 21374 | 62 | 38 | 26 |
| 惠阳区大亚湾西区街 | 9580.0 | 14 | 10 | 94866 | 631 | 156 | 519 |
| 惠阳区沙田镇 | 7383.0 | 1 | 8 | 16926 | 300 | 68 | 119 |
| 惠阳区新圩镇 | 15351.5 | 2 | 11 | 33249 | 2758 | 261 | 315 |
| 惠阳区镇隆镇 | 14941.0 | 2 | 13 | 32772 | 1056 | 161 | 145 |
| 惠阳区永湖镇 | 11465.0 | 1 | 13 | 31654 | 165 | 48 | 66 |
| 惠阳区良井镇 | 7200.0 | 1 | 17 | 42131 | 40 | 21 | 69 |
| 惠阳区平潭镇 | 9970.0 | 1 | 17 | 48673 | 140 | 45 | 313 |
| 博罗县罗阳街道 | 32871.2 | 19 | 31 | 186241 | 505 | 115 | 119 |
| 博罗县龙溪街道 | 11639.0 | 3 | 20 | 74357 | 426 | 164 | 172 |
| 博罗县石坝镇 | 17802.0 | 2 | 22 | 51701 | 15 | 2 | 36 |
| 博罗县麻陂镇 | 8612.5 | 1 | 13 | 27801 | 36 | 6 | 6 |
| 博罗县观音阁镇 | 10401.0 | 1 | 14 | 28735 | 10 | 2 | 9 |
| 博罗县公庄镇 | 29837.0 | 2 | 22 | 53813 | 131 | 12 | 36 |
| 博罗县杨村镇 | 12518.0 | 2 | 20 | 47522 | 69 | 22 | 11 |
| 博罗县柏塘镇 | 26744.5 | 2 | 36 | 65005 | 85 | 17 | 36 |
| 博罗县泰美镇 | 20193.9 | 1 | 20 | 45677 | 94 | 37 | 38 |
| 博罗县湖镇镇 | 25001.9 | 2 | 35 | 58459 | 192 | 52 | 129 |
| 博罗县长宁镇 | 23004.0 | 2 | 14 | 47745 | 117 | 25 | 39 |
| 博罗县福田镇 | 9369.0 | 1 | 17 | 36237 | 329 | 35 | 68 |
| 博罗县龙华镇 | 5945.0 | 1 | 10 | 26625 | 101 | 26 | 16 |
| 博罗县园洲镇 | 11076.4 | 2 | 27 | 82748 | 1981 | 221 | 284 |
| 博罗县石湾镇 | 8134.6 | 2 | 12 | 67246 | 2455 | 227 | 301 |
| 博罗县杨侨镇 | 8921.0 | 2 |  | 34415 | 125 | 20 | 33 |
| 博罗县横河镇 | 23434.6 | 1 | 18 | 31660 | 4 | 3 | 5 |
| 惠东县平山街道 | 32917.2 | 17 | 24 | 213802 | 279 | 41 | 120 |
| 惠东县大岭街道 | 16023.5 | 7 | 12 | 63978 | 513 | 47 | 103 |
| 惠东县白花镇 | 20389.0 | 2 | 26 | 82256 | 385 | 63 | 48 |
| 惠东县梁化镇 | 26310.0 | 1 | 21 | 66634 | 76 | 9 | 82 |
| 惠东县稔山镇 | 19155.0 | 3 | 17 | 77718 | 55 | 12 | 83 |
| 惠东县铁涌镇 | 11666.0 | 1 | 19 | 45442 | 12 | 8 | 35 |
| 惠东县平海镇 | 23858.0 | 3 | 22 | 72484 | 58 | 4 | 57 |
| 惠东县吉隆镇 | 12802.0 | 3 | 7 | 40774 | 230 | 51 | 62 |
| 惠东县黄埠镇 | 8424.0 | 7 | 11 | 40001 | 282 | 81 | 271 |
| 惠东县多祝镇 | 40901.7 | 1 | 27 | 74282 | 69 | 8 | 30 |
| 惠东县安墩镇 | 47910.0 | 1 | 22 | 66191 | 25 | 2 | 69 |
| 惠东县高潭镇 | 19621.0 | 1 | 13 | 18347 | 11 |  | 2 |
| 惠东县宝口镇 | 32925.4 | 2 | 12 | 27065 | 30 |  | 17 |
| 惠东县白盆珠镇 | 39772.0 | 1 | 12 | 23400 | 35 |  | 25 |
| 龙门县龙城街道 | 13326.1 | 6 | 19 | 74873 | 138 | 5 | 262 |

# 18-2 续表 17

(2022年)

| 地　区 | 行政区域面积(公顷) | 居民委员会(社区)个数(个) | 村民委员会个数(个) | 户籍人口(人) | 工业企业个数(个) | #规模以上(个) | 营业面积50平方米以上的商店或超市个数(个) |
|---|---|---|---|---|---|---|---|
| 龙门县平陵街道 | 13709.0 | 1 | 14 | 40489 | 91 | 12 | 110 |
| 龙门县麻榨镇 | 24013.9 | 1 | 18 | 30933 | 68 | 7 | 31 |
| 龙门县永汉镇 | 39184.4 | 7 | 22 | 59029 | 76 | 6 | 72 |
| 龙门县龙田镇 | 17425.0 |  | 15 | 26640 | 14 | 4 | 29 |
| 龙门县龙潭镇 | 25746.4 | 2 | 14 | 27748 | 79 | 1 | 43 |
| 龙门县地派镇 | 25374.4 | 2 | 11 | 18777 | 15 | 1 | 17 |
| 龙门县龙华镇 | 37453.6 | 2 | 20 | 39175 | 93 | 6 | 117 |
| 龙门县龙江镇 | 17187.5 | 2 | 16 | 28819 | 14 | 6 | 19 |
| 龙门县蓝田瑶族乡 | 13214.8 | 1 | 7 | 11094 | 15 | 3 | 1 |
| 惠城区惠环街道 | 3600.0 | 4 | 3 | 42187 | 1672 | 235 | 186 |
| 惠城区陈江街道 | 8330.0 | 4 | 11 | 66552 | 1756 | 141 | 468 |
| 惠城区潼湖镇 | 11261.0 | 1 | 11 | 32048 | 205 | 42 | 84 |
| 惠城区沥林镇 | 4900.0 | 1 | 10 | 22383 | 1084 | 153 | 180 |
| 惠城区潼侨镇 | 3098.0 | 5 | 3 | 15345 | 716 | 103 | 66 |
| 梅江区金山街道 | 3520.0 | 12 | 11 | 64356 | 3 | 2 | 21 |
| 梅江区西郊街道 | 653.0 | 7 | 5 | 33055 | 32 | 4 | 14 |
| 梅江区三角镇 | 3951.6 | 6 | 13 | 55726 | 98 | 35 | 53 |
| 梅江区长沙镇 | 9477.4 | 1 | 6 | 12395 |  |  | 8 |
| 梅江区城北镇 | 12000.0 | 5 | 20 | 52116 | 4 | 3 | 151 |
| 梅江区西阳镇 | 27268.4 | 3 | 27 | 36139 | 73 | 15 | 56 |
| 梅县区城东镇 | 7941.0 | 1 | 12 | 21077 | 25 | 10 | 36 |
| 梅县区石扇镇 | 9104.1 | 1 | 12 | 21369 | 14 | 3 | 20 |
| 梅县区梅西镇 | 9270.0 | 2 | 17 | 30857 | 22 | 4 | 36 |
| 梅县区大坪镇 | 7670.0 | 1 | 12 | 20075 | 2 |  | 24 |
| 梅县区石坑镇 | 8807.0 | 1 | 17 | 27256 |  |  | 17 |
| 梅县区水车镇 | 12290.0 | 1 | 18 | 23098 | 10 | 1 | 14 |
| 梅县区梅南镇 | 12599.1 | 1 | 16 | 16364 | 27 | 7 | 20 |
| 梅县区丙村镇 | 17083.0 | 1 | 21 | 42010 | 45 | 8 | 26 |
| 梅县区白渡镇 | 18761.0 | 1 | 24 | 28584 | 62 | 9 | 35 |
| 梅县区松源镇 | 14950.0 | 1 | 22 | 42125 | 5 |  | 5 |
| 梅县区隆文镇 | 11340.0 | 1 | 14 | 22800 | 18 |  | 17 |
| 梅县区桃尧镇 | 11800.0 | 1 | 15 | 17140 | 16 |  | 5 |
| 梅县区畲江镇 | 17561.6 | 2 | 23 | 50106 | 70 | 12 | 30 |
| 梅县区雁洋镇 | 18300.0 | 2 | 27 | 34488 | 46 | 8 | 62 |
| 梅县区松口镇 | 33936.0 | 5 | 41 | 62242 | 6 | 1 | 78 |
| 梅县区南口镇 | 26332.0 | 3 | 46 | 70011 | 66 | 5 | 51 |
| 梅县区程江镇 | 5800.0 | 3 | 14 | 45670 | 208 | 9 | 210 |
| 大埔县湖寮镇 | 20145.2 | 4 | 19 | 85173 | 13 | 8 | 35 |
| 大埔县青溪镇 | 16405.0 |  | 13 | 20240 | 8 | 1 | 6 |
| 大埔县三河镇 | 15223.5 | 1 | 12 | 19694 | 38 | 5 | 30 |
| 大埔县银江镇 | 20807.0 |  | 13 | 26373 | 2 | 1 | 7 |
| 大埔县洲瑞镇 | 8328.2 |  | 9 | 17728 | 5 | 1 | 2 |
| 大埔县光德镇 | 12596.1 | 1 | 10 | 34440 | 44 | 10 | 25 |
| 大埔县桃源镇 | 7675.9 |  | 6 | 18713 | 10 | 3 | 3 |
| 大埔县百侯镇 | 11227.3 | 1 | 14 | 28548 | 15 |  | 7 |
| 大埔县大东镇 | 9826.3 |  | 13 | 23035 |  |  | 25 |
| 大埔县大麻镇 | 22981.8 | 1 | 22 | 37102 | 5 | 1 | 17 |

## 18-2 续表 18

(2022年)

| 地　区 | 行政区域面积(公顷) | 居民委员会(社区)个数(个) | 村民委员会个数(个) | 户籍人口(人) | 工业企业个数(个) | #规模以上(个) | 营业面积50平方米以上的商店或超市个数(个) |
|---|---|---|---|---|---|---|---|
| 大埔县枫朗镇 | 16783.0 | | 23 | 51357 | 24 | 2 | 46 |
| 大埔县茶阳镇 | 28881.0 | 1 | 26 | 52364 | 37 | 2 | 29 |
| 大埔县高陂镇 | 30892.0 | 1 | 35 | 83332 | 109 | 14 | 25 |
| 大埔县西河镇 | 20872.5 | 1 | 27 | 35165 | 1 | | 33 |
| 丰顺县北斗镇 | 9044.0 | | 8 | 17686 | 18 | | 3 |
| 丰顺县汤西镇 | 19182.8 | 1 | 12 | 59500 | 88 | 8 | 52 |
| 丰顺县汤南镇 | 4501.0 | 1 | 8 | 51900 | 51 | 3 | 8 |
| 丰顺县埔寨镇 | 9794.0 | 1 | 9 | 44764 | 41 | 5 | 26 |
| 丰顺县建桥镇 | 9378.5 | | 10 | 29528 | 18 | | 25 |
| 丰顺县龙岗镇 | 11299.4 | | 11 | 21154 | 25 | 1 | 5 |
| 丰顺县潘田镇 | 14823.0 | 1 | 13 | 40008 | 21 | | 104 |
| 丰顺县黄金镇 | 15589.4 | 1 | 24 | 37779 | 17 | | 26 |
| 丰顺县小胜镇 | 7532.4 | | 11 | 16204 | 8 | | 5 |
| 丰顺县砂田镇 | 14070.0 | 1 | 16 | 19493 | 18 | | 25 |
| 丰顺县八乡山镇 | 18851.0 | | 15 | 22785 | 26 | 1 | 16 |
| 丰顺县丰良镇 | 24924.4 | 1 | 22 | 63907 | 27 | | 50 |
| 丰顺县潭江镇 | 22179.0 | 1 | 18 | 29652 | 82 | 1 | 40 |
| 丰顺县汤坑镇 | 22072.0 | 11 | 32 | 145264 | 610 | 33 | 118 |
| 丰顺县留隍镇 | 42268.0 | 1 | 36 | 101282 | 110 | 3 | 68 |
| 丰顺县大龙华镇 | 22673.0 | | 16 | 20703 | 26 | | 33 |
| 五华县转水镇 | 17567.0 | 1 | 21 | 72562 | 22 | 3 | 48 |
| 五华县潭下镇 | 23006.0 | 1 | 21 | 62851 | 22 | 1 | 86 |
| 五华县郭田镇 | 13660.0 | 1 | 12 | 46227 | 17 | 1 | 7 |
| 五华县双华镇 | 14444.5 | 1 | 16 | 43545 | 19 | 1 | 22 |
| 五华县梅林镇 | 13584.6 | 1 | 18 | 62314 | 19 | | 112 |
| 五华县华阳镇 | 14889.7 | 1 | 13 | 66129 | 13 | | 16 |
| 五华县华城镇 | 22416.0 | 3 | 34 | 124109 | 45 | 2 | 101 |
| 五华县周江镇 | 20129.0 | 2 | 22 | 61217 | 7 | | 72 |
| 五华县水寨镇 | 8342.0 | 6 | 24 | 169871 | 194 | 31 | 142 |
| 五华县河东镇 | 23894.4 | 3 | 43 | 154432 | 65 | 3 | 325 |
| 五华县岐岭镇 | 15486.2 | 2 | 25 | 76817 | 19 | 2 | 21 |
| 五华县长布镇 | 30401.2 | 2 | 25 | 76305 | 41 | | 12 |
| 五华县横陂镇 | 24068.6 | 3 | 35 | 117571 | 29 | 3 | 77 |
| 五华县安流镇 | 24706.3 | 4 | 42 | 160474 | 40 | 4 | 60 |
| 五华县棉洋镇 | 24291.0 | 2 | 26 | 115235 | 9 | | 217 |
| 五华县龙村镇 | 32894.5 | 3 | 37 | 109570 | 43 | 1 | 183 |
| 平远县石正镇 | 10100.0 | 1 | 17 | 33289 | 160 | 14 | 13 |
| 平远县八尺镇 | 10850.0 | 1 | 11 | 14538 | 21 | 2 | 4 |
| 平远县差干镇 | 9472.0 | | 7 | 8349 | 28 | 2 | 13 |
| 平远县河头镇 | 8442.0 | | 9 | 10638 | 11 | | 6 |
| 平远县中行镇 | 7260.0 | | 6 | 8771 | 27 | 1 | 19 |
| 平远县上举镇 | 9892.0 | | 6 | 7337 | 14 | | 8 |
| 平远县泗水镇 | 13162.0 | | 8 | 10554 | 38 | | 11 |
| 平远县长田镇 | 6822.7 | | 7 | 9338 | 20 | 4 | 16 |
| 平远县热柘镇 | 10484.0 | | 8 | 12841 | 19 | 1 | 14 |
| 平远县东石镇 | 16313.0 | 1 | 17 | 33891 | 61 | 3 | 41 |
| 平远县仁居镇 | 18840.0 | 1 | 15 | 23106 | 23 | 1 | 6 |

# 18-2 续表 19

(2022年)

| 地 区 | 行政区域面积(公顷) | 居民委员会(社区)个数(个) | 村民委员会个数(个) | 户籍人口(人) | 工业企业个数(个) | #规模以上(个) | 营业面积50平方米以上的商店或超市个数(个) |
|---|---|---|---|---|---|---|---|
| 平远县大柘镇 | 15440.1 | 3 | 25 | 84401 | 105 | 27 | 148 |
| 蕉岭县三圳镇 | 9600.0 | 1 | 9 | 17201 | 3 | | 1 |
| 蕉岭县文福镇 | 12270.0 | 1 | 8 | 21312 | 43 | 7 | 3 |
| 蕉岭县广福镇 | 10713.0 | 1 | 10 | 14979 | 6 | 2 | 9 |
| 蕉岭县新铺镇 | 18499.0 | 1 | 21 | 42356 | 45 | 6 | 52 |
| 蕉岭县蓝坊镇 | 12880.0 | 1 | 11 | 18407 | 3 | | 1 |
| 蕉岭县南礤镇 | 17390.0 | | 16 | 21963 | | | 7 |
| 蕉岭县蕉城镇 | 5733.2 | 4 | 11 | 64828 | 38 | 12 | 32 |
| 蕉岭县长潭镇 | 9159.0 | 1 | 11 | 20926 | | | 29 |
| 兴宁市兴田街道 | 1486.0 | 16 | 6 | 147424 | 63 | 4 | 143 |
| 兴宁市福兴街道 | 3186.2 | 4 | 10 | 36660 | 38 | 5 | 11 |
| 兴宁市宁新街道 | 2274.0 | 8 | 12 | 50819 | 89 | 2 | 382 |
| 兴宁市永和镇 | 10905.7 | 1 | 24 | 44867 | 18 | 2 | 27 |
| 兴宁市新圩镇 | 10192.1 | 1 | 19 | 44366 | 30 | 4 | 4 |
| 兴宁市罗浮镇 | 27444.3 | 1 | 25 | 57359 | 11 | | 3 |
| 兴宁市罗岗镇 | 14855.5 | 1 | 30 | 74604 | 10 | | 139 |
| 兴宁市黄槐镇 | 9295.0 | 1 | 12 | 34556 | 10 | | 20 |
| 兴宁市龙田镇 | 4590.0 | 1 | 16 | 42869 | 27 | 3 | 6 |
| 兴宁市石马镇 | 10575.5 | 1 | 26 | 37288 | 5 | | 20 |
| 兴宁市宁中镇 | 4363.8 | 1 | 23 | 35109 | 27 | 4 | 25 |
| 兴宁市径南镇 | 14106.0 | 1 | 24 | 33603 | 11 | 1 | 34 |
| 兴宁市坭陂镇 | 8787.7 | 1 | 31 | 80364 | 29 | 3 | 12 |
| 兴宁市水口镇 | 22340.0 | 1 | 38 | 82050 | 43 | 21 | 13 |
| 兴宁市黄陂镇 | 12658.7 | 1 | 28 | 74040 | 14 | 1 | 36 |
| 兴宁市合水镇 | 10062.0 | 2 | 21 | 37205 | 24 | 4 | 20 |
| 兴宁市大坪镇 | 16685.8 | 1 | 37 | 75462 | 11 | 1 | 33 |
| 兴宁市叶塘镇 | 13736.6 | 1 | 41 | 82313 | 95 | 21 | 9 |
| 兴宁市新陂镇 | 4311.7 | 1 | 13 | 38888 | 34 | 4 | 20 |
| 兴宁市刁坊镇 | 5686.4 | 1 | 22 | 39965 | 13 | | 3 |
| 城区新港街道 | 2286.0 | 5 | 5 | 55280 | 17 | 2 | 10 |
| 城区香洲街道 | 2250.6 | 14 | 2 | 72173 | 88 | 4 | 10 |
| 城区凤山街道 | 1379.6 | 11 | 3 | 72400 | 87 | 11 | 12 |
| 城区田墘街道 | 5431.0 | 5 | 7 | 55184 | 8 | 4 | 13 |
| 城区东洲街道 | 2160.0 | | 5 | 24329 | 9 | 2 | 7 |
| 城区遮浪街道 | 2734.3 | 1 | 10 | 28047 | 3 | 1 | 5 |
| 城区马宫街道 | 2498.5 | 2 | 6 | 21082 | 13 | 2 | 15 |
| 城区红草镇 | 6826.9 | 1 | 14 | 42648 | 98 | 12 | 5 |
| 城区东涌镇 | 8858.7 | 3 | 15 | 71363 | 22 | 6 | 25 |
| 城区捷胜镇 | 4797.7 | 4 | 14 | 55368 | 19 | 3 | 20 |
| 海丰县梅陇镇 | 14760.5 | 8 | 31 | 108533 | 492 | 14 | 46 |
| 海丰县联安镇 | 5213.0 | 1 | 16 | 38858 | 7 | 1 | 25 |
| 海丰县陶河镇 | 6414.2 | 1 | 17 | 36616 | 5 | 1 | 14 |
| 海丰县赤坑镇 | 10510.0 | 1 | 20 | 72856 | 19 | 4 | 10 |
| 海丰县大湖镇 | 3185.0 | 1 | 5 | 13961 | | | 4 |
| 海丰县可塘镇 | 7673.0 | 1 | 21 | 65750 | 230 | 10 | 64 |
| 海丰县黄羌镇 | 15156.0 | 1 | 22 | 41662 | 11 | | 24 |
| 海丰县平东镇 | 13374.9 | 1 | 9 | 30849 | 12 | | 40 |

## 18-2 续表 20

(2022年)

| 地 区 | 行政区域面积(公顷) | 居民委员会(社区)个数(个) | 村民委员会个数(个) | 户籍人口(人) | 工业企业个数(个) | #规模以上(个) | 营业面积50平方米以上的商店或超市个数(个) |
|---|---|---|---|---|---|---|---|
| 海丰县海城镇 | 23129.0 | 15 | 9 | 150899 | 95 | 1 | 561 |
| 海丰县公平镇 | 15414.0 | 7 | 23 | 71771 | 47 | 12 | 118 |
| 海丰县附城镇 | 6959.0 | 6 | 14 | 67853 | 81 | 10 | 432 |
| 海丰县城东镇 | 7523.0 | 2 | 16 | 69881 | 142 | 60 | 75 |
| 陆河县河田镇 | 8354.0 | 5 | 16 | 82227 | 130 | 5 | 86 |
| 陆河县水唇镇 | 15100.0 | 1 | 15 | 47193 | 32 | 1 | 58 |
| 陆河县河口镇 | 16196.0 | 1 | 18 | 63079 | 14 | 13 | 69 |
| 陆河县新田镇 | 14462.0 | 1 | 13 | 40138 | 24 | 5 | 9 |
| 陆河县上护镇 | 11113.6 | 1 | 13 | 40455 | 18 | 3 | 28 |
| 陆河县螺溪镇 | 14455.0 | 1 | 15 | 38694 | 20 | 1 | 14 |
| 陆河县东坑镇 | 7800.0 | 1 | 13 | 27649 | | | 18 |
| 陆河县南万镇 | 11110.0 | | 14 | 16145 | 16 | | 1 |
| 陆丰市东海街道 | 5274.3 | 8 | 15 | 215128 | 2497 | 25 | 135 |
| 陆丰市河西街道 | 5112.7 | 1 | 12 | 46553 | 19 | 2 | 21 |
| 陆丰市城东街道 | 6467.8 | 1 | 10 | 82181 | 15 | 1 | 40 |
| 陆丰市甲子镇 | 1573.3 | 14 | 1 | 125965 | 55 | 4 | 13 |
| 陆丰市碣石镇 | 11101.6 | 5 | 37 | 248503 | 67 | 20 | 41 |
| 陆丰市湖东镇 | 5882.0 | 4 | 18 | 111868 | 7 | 1 | 90 |
| 陆丰市大安镇 | 9421.3 | 1 | 16 | 61477 | 9 | | 84 |
| 陆丰市博美镇 | 5846.0 | 1 | 11 | 85601 | 19 | | 30 |
| 陆丰市内湖镇 | 3551.3 | | 9 | 44025 | 1 | | 24 |
| 陆丰市南塘镇 | 16763.5 | 5 | 24 | 154652 | 12 | 2 | 31 |
| 陆丰市陂洋镇 | 17643.3 | 1 | 13 | 56507 | 1 | | 35 |
| 陆丰市八万镇 | 13040.7 | 1 | 11 | 38311 | | | 37 |
| 陆丰市金厢镇 | 5862.0 | 1 | 12 | 61617 | 1 | | 118 |
| 陆丰市潭西镇 | 7373.7 | 1 | 14 | 82682 | 13 | 1 | 26 |
| 陆丰市甲东镇 | 5565.0 | 1 | 15 | 104945 | 9 | 1 | 59 |
| 陆丰市河东镇 | 5927.9 | | 10 | 45720 | 3 | 2 | 168 |
| 陆丰市上英镇 | 4853.5 | | 14 | 37015 | | | 60 |
| 陆丰市桥冲镇 | 6597.3 | | 10 | 67872 | 4 | 1 | 20 |
| 陆丰市甲西镇 | 9573.5 | | 22 | 158548 | 3 | 1 | 72 |
| 陆丰市西南镇 | 8065.3 | 1 | 11 | 41923 | 10 | | 60 |
| 陆丰市华侨管理区 | 3200.0 | 6 | 3 | 19948 | 28 | 2 | 4 |
| 源城区东埔街道 | 3800.0 | 15 | 3 | 124909 | 25 | 6 | 59 |
| 源城区源西街道 | 6300.0 | 12 | 4 | 58544 | 75 | 13 | 20 |
| 源城区高埔岗街道 | 1050.0 | 3 | | 3839 | 11 | 9 | 9 |
| 源城区城东街道 | 2100.0 | 2 | 2 | 16336 | 1 | | 70 |
| 源城区源南镇 | 9786.3 | 2 | 5 | 24591 | 102 | 9 | 1512 |
| 源城区埔前镇 | 13067.0 | 2 | 16 | 50589 | 60 | 19 | 243 |
| 紫金县紫城镇 | 38480.0 | 12 | 31 | 162891 | 63 | 29 | 177 |
| 紫金县龙窝镇 | 42872.0 | 1 | 33 | 84654 | 14 | 2 | 116 |
| 紫金县九和镇 | 25497.0 | 1 | 13 | 31412 | 13 | | 28 |
| 紫金县上义镇 | 17894.0 | 1 | 7 | 24906 | 22 | 1 | 30 |
| 紫金县蓝塘镇 | 30190.3 | 1 | 26 | 77532 | 22 | 8 | 224 |
| 紫金县凤安镇 | 13000.0 | 1 | 11 | 27508 | 2 | 1 | 24 |
| 紫金县义容镇 | 35620.0 | 1 | 24 | 59609 | 28 | 7 | 26 |
| 紫金县古竹镇 | 27810.0 | 1 | 18 | 55534 | 22 | 9 | 108 |

# 18-2 续表 21

(2022年)

| 地　区 | 行政区域面积(公顷) | 居民委员会(社区)个数(个) | 村民委员会个数(个) | 户籍人口(人) | 工业企业个数(个) | #规模以上(个) | 营业面积50平方米以上的商店或超市个数(个) |
|---|---|---|---|---|---|---|---|
| 紫金县临江镇 | 13500.0 | 2 | 10 | 39267 | 238 | 33 | 44 |
| 紫金县柏埔镇 | 13498.4 | 1 | 14 | 35777 | 6 | 4 | 19 |
| 紫金县黄塘镇 | 22628.0 | 1 | 12 | 42763 | 14 | | 62 |
| 紫金县敬梓镇 | 10909.9 | 1 | 13 | 35846 | | | 15 |
| 紫金县水墩镇 | 11483.0 | 1 | 10 | 26523 | 2 | | 31 |
| 紫金县南岭镇 | 10098.0 | 1 | 6 | 19516 | | | 13 |
| 紫金县苏区镇 | 12500.0 | 1 | 8 | 23348 | 3 | 2 | 60 |
| 紫金县瓦溪镇 | 23000.0 | 1 | 16 | 34381 | 19 | | 5 |
| 紫金县好义镇 | 9288.0 | 1 | 8 | 16318 | 6 | 5 | 36 |
| 紫金县中坝镇 | 17633.0 | 1 | 13 | 48910 | 5 | 1 | 6 |
| 龙川县老隆镇 | 10756.5 | 15 | 14 | 139479 | 90 | 5 | 130 |
| 龙川县义都镇 | 10640.0 | 1 | 9 | 30896 | | | 7 |
| 龙川县佗城镇 | 14952.0 | 1 | 17 | 44231 | 30 | 12 | 37 |
| 龙川县鹤市镇 | 5200.0 | 1 | 9 | 28817 | 10 | | 2 |
| 龙川县黄布镇 | 5614.0 | 1 | 6 | 28958 | 3 | | 6 |
| 龙川县紫市镇 | 10974.0 | 1 | 9 | 32225 | 6 | | 6 |
| 龙川县通衢镇 | 10856.7 | 2 | 17 | 37441 | 26 | | 38 |
| 龙川县登云镇 | 6892.9 | 1 | 7 | 23761 | 39 | 1 | 8 |
| 龙川县丰稔镇 | 13512.0 | 1 | 15 | 41645 | 13 | 1 | 30 |
| 龙川县四都镇 | 8057.0 | 1 | 8 | 20725 | 1 | | 33 |
| 龙川县铁场镇 | 19758.0 | 3 | 30 | 80491 | 4 | | 89 |
| 龙川县龙母镇 | 14911.0 | 1 | 17 | 54470 | | | 7 |
| 龙川县田心镇 | 8860.0 | 1 | 16 | 44965 | | | 27 |
| 龙川县黎咀镇 | 13701.0 | 1 | 18 | 33026 | 17 | 1 | 18 |
| 龙川县黄石镇 | 10954.0 | 1 | 10 | 18013 | 3 | 1 | 6 |
| 龙川县赤光镇 | 14239.0 | 1 | 16 | 47210 | 13 | 2 | 22 |
| 龙川县廻龙镇 | 8350.0 | 1 | 14 | 35008 | 6 | | 8 |
| 龙川县新田镇 | 6730.0 | 1 | 6 | 17977 | | | 32 |
| 龙川县车田镇 | 31200.0 | 2 | 23 | 64819 | | | 12 |
| 龙川县岩镇镇 | 12163.6 | 1 | 6 | 21210 | 5 | 1 | 15 |
| 龙川县麻布岗镇 | 18156.0 | 1 | 15 | 44862 | 16 | | 20 |
| 龙川县贝岭镇 | 10499.0 | 1 | 8 | 19069 | | | 4 |
| 龙川县细坳镇 | 14405.0 | 1 | 12 | 23026 | 14 | | 9 |
| 龙川县上坪镇 | 20818.2 | 1 | 13 | 33665 | 1 | | 3 |
| 连平县元善镇 | 28500.0 | 5 | 15 | 73688 | 37 | 5 | 45 |
| 连平县上坪镇 | 30095.0 | 1 | 15 | 34243 | 16 | 1 | 3 |
| 连平县内莞镇 | 23100.0 | | 11 | 19356 | 6 | | 22 |
| 连平县陂头镇 | 36432.2 | 1 | 16 | 34564 | 21 | 2 | 4 |
| 连平县溪山镇 | 11099.0 | | 9 | 18588 | 2 | 1 | 29 |
| 连平县隆街镇 | 24064.0 | 1 | 20 | 44773 | 6 | 3 | 14 |
| 连平县田源镇 | 12978.0 | | 7 | 13758 | 4 | | 7 |
| 连平县油溪镇 | 28355.6 | 1 | 18 | 37472 | 57 | 3 | 24 |
| 连平县忠信镇 | 8767.8 | 5 | 12 | 53078 | 219 | 5 | 43 |
| 连平县高莞镇 | 6767.3 | | 10 | 24704 | 7 | | 3 |
| 连平县大湖镇 | 6423.5 | 1 | 8 | 22094 | 9 | 1 | 14 |
| 连平县三角镇 | 4707.0 | | 9 | 17614 | 42 | 21 | 50 |
| 连平县绣缎镇 | 6205.9 | 1 | 9 | 15548 | 1 | | 4 |

# 18-2 续表 22

(2022年)

| 地 区 | 行政区域面积(公顷) | 居民委员会(社区)个数(个) | 村民委员会个数(个) | 户籍人口(人) | 工业企业个数(个) | #规模以上(个) | 营业面积50平方米以上的商店或超市个数(个) |
|---|---|---|---|---|---|---|---|
| 和平县阳明镇 | 18838.0 | 12 | 22 | 105854 | 796 | | 32 |
| 和平县大坝镇 | 17818.0 | 1 | 15 | 42190 | 65 | | 7 |
| 和平县长塘镇 | 16918.0 | 1 | 12 | 24235 | | | 17 |
| 和平县下车镇 | 13449.0 | 1 | 11 | 23252 | 2 | | 4 |
| 和平县上陵镇 | 14336.1 | 1 | 17 | 30521 | | | 20 |
| 和平县优胜镇 | 11731.0 | 1 | 8 | 17599 | | | 11 |
| 和平县贝墩镇 | 13248.7 | 1 | 15 | 31555 | 3 | | 4 |
| 和平县古寨镇 | 6428.0 | 1 | 7 | 14873 | 2 | 1 | 1 |
| 和平县彭寨镇 | 20888.9 | 5 | 27 | 71536 | 26 | 2 | 12 |
| 和平县合水镇 | 12416.0 | 1 | 12 | 29786 | | | 4 |
| 和平县公白镇 | 6377.0 | 1 | 7 | 13565 | | | 32 |
| 和平县青州镇 | 11950.7 | 1 | 10 | 18562 | | | 11 |
| 和平县浰源镇 | 13211.0 | 1 | 8 | 22594 | 7 | 5 | 14 |
| 和平县热水镇 | 17253.9 | 1 | 7 | 18417 | | | 9 |
| 和平县东水镇 | 15388.1 | 1 | 19 | 41555 | 14 | | 8 |
| 和平县礼士镇 | 7414.3 | 1 | 8 | 21481 | 55 | | 2 |
| 和平县林寨镇 | 9308.0 | 1 | 11 | 30492 | | | 7 |
| 东源县仙塘镇 | 16410.1 | 5 | 13 | 32037 | 42 | 26 | 62 |
| 东源县灯塔镇 | 19835.0 | 1 | 13 | 40624 | 48 | 11 | 48 |
| 东源县骆湖镇 | 9849.0 | 1 | 9 | 22372 | 17 | 9 | 30 |
| 东源县船塘镇 | 19228.5 | 3 | 21 | 69080 | 50 | 2 | 33 |
| 东源县顺天镇 | 11427.8 | 1 | 11 | 24500 | 13 | 2 | 9 |
| 东源县上莞镇 | 9748.6 | 1 | 13 | 36561 | 22 | 1 | 21 |
| 东源县曾田镇 | 13957.6 | 1 | 9 | 19687 | | | 9 |
| 东源县柳城镇 | 9855.3 | 1 | 9 | 21584 | 56 | 7 | 10 |
| 东源县义合镇 | 17912.5 | 1 | 9 | 20842 | 5 | 1 | 12 |
| 东源县蓝口镇 | 19697.4 | 2 | 22 | 44191 | 39 | 10 | 17 |
| 东源县黄田镇 | 24525.0 | 2 | 17 | 24638 | 18 | 1 | 14 |
| 东源县叶潭镇 | 16482.8 | 1 | 13 | 34272 | 1 | | 6 |
| 东源县黄村镇 | 23484.9 | 1 | 16 | 54544 | | | 25 |
| 东源县康禾镇 | 23092.5 | 1 | 11 | 25155 | 9 | | 7 |
| 东源县锡场镇 | 40235.6 | 1 | 11 | 11191 | 10 | | 4 |
| 东源县新港镇 | 24496.8 | 3 | 9 | 18403 | | | 6 |
| 东源县双江镇 | 12128.5 | 1 | 11 | 15985 | | | 8 |
| 东源县涧头镇 | 17410.6 | 1 | 12 | 18163 | 3 | | 36 |
| 东源县新回龙镇 | 38986.7 | | 10 | 9696 | | | 2 |
| 东源县半江镇 | 25321.7 | | 9 | 9919 | 1 | | 9 |
| 东源县漳溪乡 | 6824.6 | 1 | 10 | 20633 | 5 | 4 | 14 |
| 江城区南恩街道 | 731.0 | 15 | 1 | 83733 | 140 | | 20 |
| 江城区城南街道 | 735.0 | 17 | 1 | 103564 | 168 | 2 | 50 |
| 江城区城北街道 | 2378.0 | 9 | 5 | 56083 | 244 | 11 | 27 |
| 江城区中洲街道 | 2447.0 | 1 | 8 | 34869 | 366 | 15 | 32 |
| 江城区城东街道 | 3651.0 | 5 | 2 | 50330 | 52 | 2 | 21 |
| 江城区岗列街道 | 3683.0 | 2 | 9 | 55113 | 80 | 1 | 12 |
| 江城区城西街道 | 2211.0 | 1 | 7 | 28165 | 176 | 9 | 20 |
| 江城区白沙街道 | 8930.0 | 1 | 12 | 47552 | 81 | 7 | 25 |
| 江城区埠场镇 | 6354.0 | 1 | 9 | 42782 | 112 | 1 | 15 |

## 18-2 续表 23

(2022年)

| 地区 | 行政区域面积(公顷) | 居民委员会(社区)个数(个) | 村民委员会个数(个) | 户籍人口(人) | 工业企业个数(个) | #规模以上(个) | 营业面积50平方米以上的商店或超市个数(个) |
|---|---|---|---|---|---|---|---|
| 江城区平冈镇 | 21300.0 | 2 | 22 | 103912 | 303 | 60 | 51 |
| 江城区闸坡镇 | 13258.9 | 5 | 19 | 99993 | 40 | 6 | 23 |
| 江城区双捷镇 | 9610.2 | 2 | 10 | 33749 | 16 | 3 | 17 |
| 阳东区东城镇 | 4054.0 | 8 | 8 | 54015 | 1025 | 75 | 109 |
| 阳东区北惯镇 | 11373.4 | 2 | 13 | 47977 | 846 | 82 | 60 |
| 阳东区那龙镇 | 15515.3 | 2 | 15 | 31405 | 23 | 6 | 21 |
| 阳东区东平镇 | 12936.0 | 1 | 10 | 44407 | 17 | 2 | 102 |
| 阳东区雅韶镇 | 6873.0 | 1 | 7 | 29183 | 45 | 5 | 14 |
| 阳东区大沟镇 | 10559.9 | 1 | 15 | 47654 | 15 | 4 | 14 |
| 阳东区新洲镇 | 26937.1 | 2 | 16 | 58760 | 38 | 1 | 38 |
| 阳东区合山镇 | 9027.4 | 1 | 13 | 43931 | 61 | 6 | 60 |
| 阳东区塘坪镇 | 20328.2 | 2 | 16 | 48931 | 16 | 2 | 60 |
| 阳东区大八镇 | 30377.3 | 1 | 21 | 65810 | 15 |  | 20 |
| 阳东区红丰镇 | 9464.0 | 1 | 14 | 48961 | 75 | 4 | 45 |
| 阳西县织篢镇 | 33775.5 | 10 | 27 | 145936 | 459 | 35 | 94 |
| 阳西县程村镇 | 19735.0 | 1 | 21 | 70009 | 59 | 4 | 27 |
| 阳西县塘口镇 | 19391.6 | 1 | 15 | 44920 | 19 |  | 39 |
| 阳西县上洋镇 | 17160.0 | 1 | 18 | 73662 | 12 |  | 38 |
| 阳西县溪头镇 | 20572.7 | 1 | 21 | 95657 | 32 | 4 | 30 |
| 阳西县沙扒镇 | 2937.2 | 5 | 4 | 32935 | 13 |  | 15 |
| 阳西县儒洞镇 | 12948.0 | 2 | 12 | 56847 | 71 | 1 | 24 |
| 阳西县新圩镇 | 18100.0 | 1 | 13 | 39279 | 62 | 4 | 66 |
| 阳春市春城街道 | 23244.0 | 14 | 14 | 153015 | 192 | 43 | 115 |
| 阳春市河西街道 | 8730.5 | 5 | 11 | 81515 | 81 | 4 | 75 |
| 阳春市河朗镇 | 19800.0 | 1 | 14 | 49285 | 20 | 2 | 51 |
| 阳春市松柏镇 | 17412.0 | 1 | 17 | 54213 | 22 |  | 74 |
| 阳春市石望镇 | 10947.0 | 1 | 10 | 41606 | 5 | 1 | 21 |
| 阳春市春湾镇 | 34241.0 | 3 | 25 | 105112 | 52 | 3 | 56 |
| 阳春市合水镇 | 23804.0 | 3 | 18 | 70666 | 17 | 2 | 25 |
| 阳春市陂面镇 | 12300.0 | 2 | 17 | 64483 | 31 | 2 | 44 |
| 阳春市圭岗镇 | 38598.0 | 1 | 22 | 59287 | 35 | 1 | 14 |
| 阳春市永宁镇 | 36474.0 | 1 | 24 | 60863 | 67 |  | 61 |
| 阳春市马水镇 | 13985.0 | 1 | 15 | 50038 | 42 | 7 | 29 |
| 阳春市岗美镇 | 19426.0 | 1 | 19 | 65173 | 14 | 2 | 38 |
| 阳春市河口镇 | 21697.0 | 1 | 14 | 33332 | 35 | 2 | 35 |
| 阳春市潭水镇 | 22985.0 | 2 | 22 | 83699 | 35 | 1 | 31 |
| 阳春市三甲镇 | 30911.0 | 3 | 24 | 77209 | 6 | 2 | 18 |
| 阳春市双窖镇 | 27298.0 | 1 | 23 | 80199 | 37 |  | 77 |
| 阳春市八甲镇 | 41931.0 | 1 | 20 | 86306 | 59 | 2 | 55 |
| 清城区凤城街道 | 2327.0 | 28 |  | 96401 | 141 | 6 | 52 |
| 清城区东城街道 | 10179.7 | 9 | 10 | 93330 | 3 | 2 | 138 |
| 清城区洲心街道 | 8008.6 | 22 |  | 189017 | 11 | 10 | 123 |
| 清城区横荷街道 | 9034.8 | 5 | 6 | 76111 | 192 | 21 | 95 |
| 清城区源潭镇 | 22733.7 | 5 | 16 | 98375 | 113 | 39 | 100 |
| 清城区龙塘镇 | 21899.7 | 10 | 6 | 78320 | 409 | 112 | 57 |
| 清城区石角镇 | 17818.6 | 7 | 15 | 97321 | 74 | 73 | 100 |
| 清城区飞来峡镇 | 37149.0 | 7 | 18 | 85987 | 12 | 8 | 146 |

# 18-2 续表 24

(2022年)

| 地　区 | 行政区域面积(公顷) | 居民委员会(社区)个数(个) | 村民委员会个数(个) | 户籍人口(人) | 工业企业个数(个) | #规模以上(个) | 营业面积50平方米以上的商店或超市个数(个) |
|---|---|---|---|---|---|---|---|
| 清新区太和镇 | 18264.7 | 7 | 18 | 90253 | 322 | 47 | 736 |
| 清新区太平镇 | 21328.6 | 1 | 22 | 71272 | 252 | 64 | 58 |
| 清新区山塘镇 | 8709.1 | 1 | 14 | 62055 | 116 | 16 | 40 |
| 清新区三坑镇 | 11215.0 | 1 | 14 | 52000 | 37 | 6 | 62 |
| 清新区龙颈镇 | 55330.6 | 5 | 36 | 122540 | 132 | 8 | 28 |
| 清新区禾云镇 | 43129.0 | 4 | 32 | 120267 | 112 | 18 | 46 |
| 清新区浸潭镇 | 47196.4 | 2 | 30 | 116300 | 56 | 2 | 3 |
| 清新区石潭镇 | 30217.6 | 2 | 20 | 96110 | 42 | 4 | 52 |
| 佛冈县石角镇 | 40005.0 | 7 | 17 | 130430 | 147 | 42 | 193 |
| 佛冈县水头镇 | 14622.1 | 1 | 10 | 32171 | 15 | 3 | 12 |
| 佛冈县汤塘镇 | 22937.7 | 2 | 19 | 78998 | 42 | 30 | 95 |
| 佛冈县龙山镇 | 16047.9 | 1 | 14 | 52099 | 48 | 26 | 93 |
| 佛冈县高岗镇 | 17402.2 | 1 | 8 | 33310 |  |  | 8 |
| 佛冈县迳头镇 | 18504.0 | 1 | 10 | 34916 | 24 | 14 | 90 |
| 阳山县青莲镇 | 21356.7 |  | 12 | 40810 | 15 | 1 | 7 |
| 阳山县江英镇 | 31375.6 |  | 15 | 46882 | 14 | 1 | 31 |
| 阳山县杜步镇 | 16170.5 |  | 8 | 34846 | 5 | 2 | 48 |
| 阳山县七拱镇 | 31582.2 | 1 | 17 | 72766 | 55 | 5 | 156 |
| 阳山县太平镇 | 27276.8 |  | 12 | 44725 | 18 | 1 | 4 |
| 阳山县杨梅镇 | 16480.9 |  | 6 | 6881 | 12 | 1 | 5 |
| 阳山县大崀镇 | 9680.4 |  | 8 | 17501 | 21 | 1 | 2 |
| 阳山县小江镇 | 23202.9 | 1 | 13 | 41815 | 33 | 5 | 17 |
| 阳山县岭背镇 | 23004.5 |  | 12 | 44321 | 11 | 1 | 7 |
| 阳山县黄坌镇 | 16386.5 |  | 7 | 16190 | 7 |  | 4 |
| 阳山县黎埠镇 | 28271.5 | 1 | 18 | 70115 | 21 | 2 | 8 |
| 阳山县阳城镇 | 31212.8 | 5 | 21 | 123569 | 154 | 7 | 133 |
| 阳山县秤架瑶族乡 | 56948.3 |  | 10 | 18832 | 47 | 1 | 6 |
| 连山壮族瑶族自治县 | 19904.0 | 1 | 9 | 24309 | 31 | 1 | 14 |
| 连山壮族瑶族自治县 | 17340.0 | 2 | 8 | 30148 | 56 | 4 | 29 |
| 连山壮族瑶族自治县 | 14765.0 | 1 | 7 | 14568 | 29 |  | 4 |
| 连山壮族瑶族自治县 | 12767.0 |  | 4 | 8804 | 20 |  | 6 |
| 连山壮族瑶族自治县 | 18937.2 |  | 8 | 21557 | 13 |  | 8 |
| 连山壮族瑶族自治县 | 28074.0 |  | 9 | 20333 | 49 | 1 | 6 |
| 连山壮族瑶族自治县 | 10200.0 |  | 4 | 5399 | 15 |  | 5 |
| 连南瑶族自治县三江 | 21887.1 | 1 | 10 | 42665 | 132 | 5 | 16 |
| 连南瑶族自治县大麦 | 14353.6 |  | 9 | 20901 | 37 |  |  |
| 连南瑶族自治县寨岗 | 33060.5 | 1 | 23 | 50872 | 150 | 7 | 8 |
| 连南瑶族自治县三排 | 14963.6 |  | 10 | 28539 | 11 |  |  |
| 连南瑶族自治县涡水 | 13203.1 |  | 6 | 8448 | 33 |  |  |
| 连南瑶族自治县大坪 | 9894.6 |  | 5 | 13880 | 12 |  |  |
| 连南瑶族自治县香坪 | 16770.8 |  | 6 | 12216 | 17 |  |  |
| 英德市英城街道 | 16502.0 | 5 | 6 | 144154 | 233 | 24 | 90 |
| 英德市沙口镇 | 32227.0 | 1 | 13 | 49437 | 8 | 7 | 77 |
| 英德市望埠镇 | 20730.1 | 3 | 13 | 56731 | 14 | 13 | 196 |
| 英德市横石水镇 | 11847.0 | 1 | 6 | 36293 |  |  | 22 |
| 英德市桥头镇 | 14555.0 | 1 | 10 | 40463 | 9 | 6 | 106 |
| 英德市青塘镇 | 12151.0 | 1 | 7 | 38377 | 7 | 1 | 5 |

# 18-2 续表 25

(2022年)

| 地 区 | 行政区域面积(公顷) | 居民委员会(社区)个数(个) | 村民委员会个数(个) | 户籍人口(人) | 工业企业个数(个) | #规模以上(个) | 营业面积50平方米以上的商店或超市个数(个) |
|---|---|---|---|---|---|---|---|
| 英德市白沙镇 | 16279.5 | 1 | 10 | 41098 | 32 | 7 | 17 |
| 英德市大站镇 | 24597.0 | 1 | 11 | 44931 | 6 | 5 | 14 |
| 英德市西牛镇 | 24522.5 | 1 | 12 | 57696 | 21 | 1 | 14 |
| 英德市九龙镇 | 23561.1 | 1 | 16 | 65706 | 12 | 3 | 5 |
| 英德市浛洸镇 | 23594.4 | 3 | 14 | 73442 | 26 | 2 | 42 |
| 英德市大湾镇 | 38206.8 | 3 | 15 | 87373 | 3 | 1 | 11 |
| 英德市石灰铺镇 | 22695.0 | 1 | 14 | 44828 | 10 | 1 | 24 |
| 英德市石牯塘镇 | 33255.0 | 1 | 12 | 40704 | 8 | 1 | 3 |
| 英德市下石太镇 | 17410.2 | 1 | 5 | 13063 | 3 | 2 | 6 |
| 英德市波罗镇 | 17296.1 |  | 9 | 15798 |  |  | 1 |
| 英德市横石塘镇 | 20182.8 | 2 | 9 | 31060 | 4 | 2 | 3 |
| 英德市大洞镇 | 18477.5 | 1 | 7 | 20282 |  |  | 7 |
| 英德市连江口镇 | 38044.6 | 2 | 9 | 38863 | 8 | 2 | 16 |
| 英德市黎溪镇 | 28500.0 | 1 | 11 | 39050 | 8 | 3 | 30 |
| 英德市水边镇 | 10514.0 | 1 | 6 | 19885 |  |  | 5 |
| 英德市英红镇 | 21875.0 | 6 | 6 | 36890 | 201 | 44 | 25 |
| 英德市东华镇 | 55870.1 | 4 | 24 | 115889 | 231 | 67 | 45 |
| 英德市黄花镇 | 20547.0 | 1 | 11 | 57302 |  |  | 10 |
| 连州市连州镇 | 17563.7 | 10 | 19 | 139836 | 10 | 4 | 37 |
| 连州市星子镇 | 47161.2 | 1 | 20 | 69778 | 11 | 2 | 48 |
| 连州市大路边镇 | 22335.4 |  | 20 | 60443 | 17 | 1 | 136 |
| 连州市龙坪镇 | 30327.1 |  | 16 | 40701 | 36 | 8 | 111 |
| 连州市西岸镇 | 21715.0 |  | 14 | 51656 |  |  | 7 |
| 连州市保安镇 | 18110.5 |  | 16 | 42339 | 19 | 7 | 56 |
| 连州市丰阳镇 | 17043.2 |  | 11 | 30810 |  |  | 131 |
| 连州市东陂镇 | 10854.8 |  | 9 | 32245 | 8 |  | 14 |
| 连州市九陂镇 | 16268.1 |  | 13 | 32328 | 33 | 21 | 10 |
| 连州市西江镇 | 18533.3 |  | 11 | 18385 | 48 | 15 | 7 |
| 连州市瑶安瑶族乡 | 22039.7 |  | 10 | 13397 |  |  | 2 |
| 连州市三水瑶族乡 | 13721.5 |  | 4 | 4381 |  |  |  |
| 东莞市东城街道 | 10508.0 | 24 |  | 181674 | 8704 | 493 | 3637 |
| 东莞市南城街道 | 5662.0 | 18 |  | 182139 | 1434 | 90 | 436 |
| 东莞市万江街道 | 4848.7 | 30 |  | 121511 | 5090 | 269 | 245 |
| 东莞市石碣镇 | 3621.0 | 1 | 14 | 72262 | 4082 | 378 | 460 |
| 东莞市石龙镇 | 1383.0 | 3 | 7 | 89311 | 662 | 65 | 3223 |
| 东莞市茶山镇 | 4539.5 | 2 | 16 | 61569 | 5369 | 397 | 1167 |
| 东莞市石排镇 | 4872.0 | 1 | 18 | 55565 | 5775 | 405 | 306 |
| 东莞市企石镇 | 5822.0 | 1 | 19 | 53809 | 3934 | 304 | 277 |
| 东莞市横沥镇 | 4467.0 | 2 | 16 | 60363 | 5816 | 528 | 6341 |
| 东莞市桥头镇 | 5600.0 | 6 | 11 | 51500 | 5024 | 463 | 430 |
| 东莞市谢岗镇 | 9103.8 | 1 | 11 | 27073 | 2544 | 227 | 808 |
| 东莞市东坑镇 | 2382.5 | 2 | 14 | 43268 | 3925 | 285 | 588 |
| 东莞市常平镇 | 10326.9 | 2 | 31 | 129918 | 9497 | 625 | 3935 |
| 东莞市寮步镇 | 7254.0 | 10 | 20 | 136135 | 9034 | 643 | 7770 |
| 东莞市樟木头镇 | 11870.4 | 10 |  | 57880 | 4762 | 196 | 326 |
| 东莞市大朗镇 | 9754.3 | 12 | 16 | 110623 | 11580 | 700 | 17909 |
| 东莞市黄江镇 | 9286.0 | 7 |  | 50754 | 6111 | 425 | 1872 |

# 18-2 续表 26

(2022年)

| 地 区 | 行政区域面积(公顷) | 居民委员会(社区)个数(个) | 村民委员会个数(个) | 户籍人口(人) | 工业企业个数(个) | #规模以上(个) | 营业面积50平方米以上的商店或超市个数(个) |
|---|---|---|---|---|---|---|---|
| 东莞市清溪镇 | 14000.0 | 1 | 20 | 61954 | 8848 | 778 | 719 |
| 东莞市塘厦镇 | 12800.0 | 20 | | 103530 | 15433 | 890 | 1060 |
| 东莞市凤岗镇 | 8243.0 | 1 | 11 | 54594 | 10274 | 479 | 6756 |
| 东莞市大岭山镇 | 9553.0 | 2 | 21 | 75076 | 8420 | 490 | 1120 |
| 东莞市长安镇 | 8153.0 | 15 | | 97877 | 19905 | 971 | 364 |
| 东莞市虎门镇 | 17850.0 | 30 | | 187236 | 15333 | 755 | 6930 |
| 东莞市厚街镇 | 12570.0 | 24 | | 147839 | 9419 | 581 | 955 |
| 东莞市沙田镇 | 10759.4 | 2 | 16 | 62581 | 3018 | 282 | 334 |
| 东莞市道滘镇 | 5427.0 | 1 | 13 | 70496 | 2196 | 253 | 1104 |
| 东莞市洪梅镇 | 3320.0 | 1 | 9 | 28245 | 363 | 85 | 151 |
| 东莞市麻涌镇 | 9111.0 | 2 | 13 | 93378 | 1727 | 163 | 70 |
| 东莞市望牛墩镇 | 3157.0 | 1 | 21 | 55509 | 1039 | 197 | 229 |
| 东莞市中堂镇 | 5988.5 | 5 | 15 | 91067 | 2945 | 250 | 3345 |
| 东莞市高埗镇 | 3460.0 | 1 | 18 | 49404 | 2554 | 264 | 2463 |
| 中山市 石岐街道 | 2258.1 | 19 | | 192029 | 507 | 21 | 72 |
| 中山市 东区街道 | 7321.3 | 11 | | 154573 | 742 | 25 | 3925 |
| 中山市 中山港街道 | 9234.0 | 7 | | 126312 | 3647 | 422 | 145 |
| 中山市 西区街道 | 2518.0 | 9 | | 101704 | 536 | 61 | 127 |
| 中山市 南区街道 | 4914.0 | 5 | | 44933 | 1063 | 104 | 459 |
| 中山市 五桂山街道 | 10123.0 | 1 | 4 | 10452 | 247 | 37 | 94 |
| 中山市 民众街道 | 12412.0 | 3 | 16 | 86532 | 962 | 150 | 451 |
| 中山市 南朗街道 | 21886.0 | 2 | 13 | 50611 | 1438 | 248 | 65 |
| 中山市 黄圃镇 | 8837.6 | 4 | 12 | 99962 | 3033 | 327 | 225 |
| 中山市 东凤镇 | 5624.3 | 5 | 9 | 101752 | 5731 | 304 | 332 |
| 中山市 古镇镇 | 5220.0 | 1 | 12 | 90761 | 875 | 226 | 2952 |
| 中山市 沙溪镇 | 5239.4 | 2 | 15 | 93034 | 2158 | 103 | 212 |
| 中山市 坦洲镇 | 12958.0 | 7 | 7 | 104301 | 3817 | 274 | 149 |
| 中山市 港口镇 | 7127.0 | 8 | 2 | 83696 | 1527 | 140 | 255 |
| 中山市 三角镇 | 7010.0 | 1 | 7 | 66741 | 1539 | 272 | 79 |
| 中山市 横栏镇 | 7573.3 | 1 | 10 | 79851 | 8729 | 311 | 568 |
| 中山市 南头镇 | 2574.0 | 6 | | 57566 | 3515 | 291 | 246 |
| 中山市 阜沙镇 | 3539.9 | 1 | 8 | 42857 | 1099 | 133 | 120 |
| 中山市 三乡镇 | 9362.2 | 5 | 12 | 81472 | 3831 | 272 | 150 |
| 中山市 板芙镇 | 7968.4 | 1 | 10 | 45871 | 1003 | 125 | 111 |
| 中山市 大涌镇 | 4066.1 | 9 | 2 | 32137 | 1332 | 62 | 154 |
| 中山市 神湾镇 | 6093.0 | 1 | 5 | 21847 | 604 | 77 | 25 |
| 中山市 小榄镇 | 14729.5 | 23 | 6 | 313747 | 16759 | 926 | 852 |
| 湘桥区桥东街道 | 4254.0 | 4 | 5 | 31741 | 130 | 8 | 26 |
| 湘桥区城西街道 | 1200.0 | 10 | 10 | 71442 | 134 | 7 | 106 |
| 湘桥区凤新街道 | 2600.0 | 5 | 12 | 52577 | 279 | 28 | 134 |
| 湘桥区意溪镇 | 7200.0 | 3 | 24 | 50546 | 112 | 10 | 40 |
| 湘桥区磷溪镇 | 7640.0 | 1 | 31 | 89862 | 273 | 16 | 13 |
| 湘桥区铁铺镇 | 6579.1 | 1 | 23 | 40580 | 84 | 22 | 24 |
| 湘桥区官塘镇 | 3109.0 | 1 | 15 | 34350 | 130 | 11 | 4 |
| 潮安区古巷镇 | 6112.0 | 1 | 18 | 71977 | 762 | 95 | 74 |
| 潮安区登塘镇 | 15732.0 | 2 | 27 | 43556 | 241 | 27 | 33 |
| 潮安区凤塘镇 | 3858.0 | 1 | 30 | 91278 | 865 | 90 | 59 |

# 18-2 续表 27

(2022年)

| 地 区 | 行政区域面积(公顷) | 居民委员会(社区)个数(个) | 村民委员会个数(个) | 户籍人口(人) | 工业企业个数(个) | #规模以上(个) | 营业面积50平方米以上的商店或超市个数(个) |
|---|---|---|---|---|---|---|---|
| 潮安区浮洋镇 | 3884.3 | 4 | 35 | 108731 | 487 | 67 | 55 |
| 潮安区龙湖镇 | 2082.0 | 1 | 15 | 62955 | 415 | 14 | 42 |
| 潮安区金石镇 | 2245.8 | 1 | 21 | 75858 | 372 | 15 | 37 |
| 潮安区沙溪镇 | 3487.0 | 1 | 17 | 64198 | 161 | 12 | 48 |
| 潮安区彩塘镇 | 4386.8 | 1 | 32 | 120349 | 1521 | 90 | 239 |
| 潮安区东凤镇 | 3423.4 | 1 | 34 | 97102 | 1366 | 39 | 57 |
| 潮安区庵埠镇 | 3040.9 | 6 | 31 | 137041 | 2012 | 142 | 59 |
| 潮安区江东镇 | 3804.0 | 1 | 29 | 80541 | 137 | 16 | 63 |
| 潮安区归湖镇 | 12817.0 | 2 | 32 | 31136 | 84 | 2 | 7 |
| 潮安区文祠镇 | 7146.0 | 1 | 22 | 18562 | 25 | 6 | 2 |
| 潮安区凤凰镇 | 22706.4 | 2 | 27 | 45031 | 6 | 2 | 7 |
| 潮安区赤凤镇 | 8856.7 | 1 | 17 | 13767 | | | |
| 潮安区万峰林场 | 2816.6 | 1 | 5 | 1083 | | | |
| 潮安区枫溪镇 | 2447.0 | 6 | 26 | 118135 | 823 | 108 | 163 |
| 饶平县黄冈镇 | 10172.0 | 12 | 24 | 193891 | 209 | 27 | 48 |
| 饶平县上饶镇 | 9937.3 | 2 | 22 | 65140 | 26 | | 41 |
| 饶平县饶洋镇 | 8741.0 | 1 | 25 | 71345 | 22 | 3 | 20 |
| 饶平县新丰镇 | 11740.7 | 3 | 14 | 69725 | 103 | 8 | 21 |
| 饶平县建饶镇 | 7237.7 | | 15 | 17527 | 22 | | 20 |
| 饶平县三饶镇 | 9217.0 | 1 | 18 | 58728 | 71 | 33 | 19 |
| 饶平县新塘镇 | 7994.7 | | 14 | 22979 | 13 | | |
| 饶平县汤溪镇 | 8083.0 | | 13 | 11856 | 14 | | 15 |
| 饶平县浮滨镇 | 15935.7 | | 32 | 26672 | 182 | 2 | 18 |
| 饶平县浮山镇 | 6970.8 | 1 | 18 | 33360 | 11 | 4 | 13 |
| 饶平县东山镇 | 7456.9 | | 10 | 23459 | 1 | | 26 |
| 饶平县新圩镇 | 9327.0 | | 30 | 37308 | 24 | 1 | 15 |
| 饶平县樟溪镇 | 10820.8 | | 21 | 20021 | 14 | 8 | 13 |
| 饶平县钱东镇 | 12266.0 | 3 | 25 | 96998 | 134 | 32 | 40 |
| 饶平县高堂镇 | 2542.0 | | 12 | 25709 | 20 | 1 | 17 |
| 饶平县联饶镇 | 8204.1 | | 24 | 39421 | 31 | 10 | 7 |
| 饶平县所城镇 | 5281.1 | 1 | 11 | 44198 | 11 | 2 | 17 |
| 饶平县大埕镇 | 3175.0 | | 7 | 34621 | 11 | | 5 |
| 饶平县柘林镇 | 1422.1 | 3 | 4 | 16175 | 31 | 7 | 7 |
| 饶平县汫洲镇 | 3832.7 | 8 | 5 | 60988 | 48 | 8 | 8 |
| 饶平县海山镇 | 6918.4 | 5 | 12 | 78546 | 26 | 1 | 13 |
| 榕城区西马街道 | 332.3 | 7 | | 34885 | 52 | 6 | 4 |
| 榕城区东兴街道 | 684.8 | 3 | 9 | 58128 | 75 | 8 | 31 |
| 榕城区榕东街道 | 974.1 | 2 | 15 | 39250 | 564 | 30 | 49 |
| 榕城区仙桥街道 | 4753.7 | 1 | 15 | 135785 | 551 | 127 | 108 |
| 榕城区梅云街道 | 2691.4 | 1 | 19 | 76051 | 570 | 82 | 43 |
| 榕城区东升街道 | 1063.6 | 2 | 6 | 51398 | 116 | 5 | 18 |
| 榕城区东阳街道 | 930.4 | 1 | 12 | 28827 | 168 | 19 | 22 |
| 榕城区渔湖街道 | 4338.0 | 1 | 36 | 124707 | 638 | 95 | 86 |
| 榕城区炮台镇 | 5249.0 | 1 | 11 | 132473 | 310 | 22 | 80 |
| 榕城区地都镇 | 8528.6 | 1 | 23 | 111311 | 285 | 29 | 61 |
| 榕城区登岗镇 | 3504.6 | 1 | 13 | 81504 | 22 | 2 | 28 |
| 揭东区曲溪街道 | 3373.4 | 3 | 18 | 99324 | 101 | 32 | 147 |

## 18-2 续表 28

(2022年)

| 地 区 | 行政区域面积(公顷) | 居民委员会(社区)个数(个) | 村民委员会个数(个) | 户籍人口(人) | 工业企业个数(个) | #规模以上(个) | 营业面积50平方米以上的商店或超市个数(个) |
|---|---|---|---|---|---|---|---|
| 揭东区磐东街道 | 2014.6 | 1 | 16 | 81968 | 269 | 29 | 113 |
| 揭东区云路镇 | 6804.0 | 1 | 20 | 91675 | 151 | 35 | 29 |
| 揭东区玉窖镇 | 4461.2 | 1 | 10 | 57886 | 85 | 36 | 62 |
| 揭东区锡场镇 | 5078.7 | 1 | 12 | 126101 | 159 | 47 | 88 |
| 揭东区新亨镇 | 9276.4 | 1 | 13 | 120341 | 175 | 26 | 95 |
| 揭东区玉湖镇 | 13523.2 | 1 | 20 | 115703 | 108 | 7 | 30 |
| 揭东区埔田镇 | 7308.3 | 1 | 19 | 69649 | 101 | 31 | 29 |
| 揭东区霖磐镇 | 2877.8 | 1 | 11 | 84151 | 60 | 10 | 55 |
| 揭东区月城镇 | 1736.6 | 1 | 14 | 59331 | 105 | 24 | 41 |
| 揭东区白塔镇 | 6093.1 | 1 | 18 | 105827 | 63 | 18 | 52 |
| 揭东区龙尾镇 | 5227.8 | 1 | 9 | 38521 | 16 | 3 | 20 |
| 揭东区桂岭镇 | 3189.0 | 1 | 16 | 72530 | 9 | 8 | 18 |
| 揭西县河婆街道 | 9308.6 | 9 | 26 | 128169 | 113 | 17 | 44 |
| 揭西县龙潭镇 | 7796.0 | 1 | 15 | 38722 | 13 | 2 | 25 |
| 揭西县南山镇 | 13454.0 | 1 | 18 | 37516 | 26 | 4 | 12 |
| 揭西县五经富镇 | 16861.0 | 2 | 26 | 56809 | 40 | 2 | 30 |
| 揭西县京溪园镇 | 7345.5 | 1 | 13 | 50623 | 44 | 8 | 30 |
| 揭西县灰寨镇 | 5358.0 | 1 | 16 | 43462 | 22 | 4 | 28 |
| 揭西县塔头镇 | 2934.8 | 1 | 14 | 54278 | 27 | 2 | 3 |
| 揭西县东园镇 | 2605.7 | 1 | 10 | 40298 | 5 | 3 | 16 |
| 揭西县凤江镇 | 3465.9 | 1 | 15 | 87818 | 200 | 15 | 15 |
| 揭西县棉湖镇 | 3039.5 | 13 | 14 | 104845 | 252 | 41 | 40 |
| 揭西县金和镇 | 4846.7 | 1 | 13 | 78554 | 108 | 10 | 29 |
| 揭西县大溪镇 | 3535.0 | 1 | 16 | 28048 | | | 8 |
| 揭西县钱坑镇 | 4668.0 | 1 | 13 | 46080 | 25 | 2 | 2 |
| 揭西县坪上镇 | 9305.0 | 1 | 19 | 43293 | 25 | | 3 |
| 揭西县五云镇 | 14597.9 | 1 | 20 | 56287 | 13 | 1 | 4 |
| 揭西县上砂镇 | 12589.0 | 1 | 22 | 57723 | 12 | | 18 |
| 揭西县良田乡 | 13022.0 | 1 | 10 | 21913 | 21 | | 6 |
| 惠来县惠城镇 | 17800.0 | 14 | 19 | 181773 | 228 | 8 | 151 |
| 惠来县华湖镇 | 6170.0 | 1 | 17 | 80720 | 30 | 9 | 41 |
| 惠来县仙庵镇 | 8350.6 | 1 | 20 | 105247 | 74 | 5 | 79 |
| 惠来县靖海镇 | 4935.0 | 2 | 21 | 76541 | 40 | 9 | 29 |
| 惠来县周田镇 | 7433.2 | 1 | 17 | 90390 | 30 | 2 | 26 |
| 惠来县前詹镇 | 6114.2 | 1 | 20 | 66313 | 7 | 7 | 19 |
| 惠来县神泉镇 | 5926.4 | 2 | 19 | 109011 | 76 | 14 | 25 |
| 惠来县东陇镇 | 5395.0 | 1 | 12 | 115309 | 5 | 4 | 30 |
| 惠来县岐石镇 | 5264.9 | 1 | 10 | 101721 | 15 | 5 | 27 |
| 惠来县隆江镇 | 12568.0 | 3 | 35 | 186873 | 15 | 8 | 42 |
| 惠来县溪西镇 | 6272.3 | 1 | 20 | 94574 | 20 | | 35 |
| 惠来县鳌江镇 | 6306.1 | 1 | 16 | 69724 | 13 | 2 | 59 |
| 惠来县东港镇 | 5091.6 | 1 | 15 | 42230 | 71 | | 8 |
| 惠来县葵潭镇 | 14429.7 | 3 | 23 | 125751 | 6 | 5 | 74 |
| 惠来县侨园镇 | 4578.8 | 4 | 14 | 21581 | 7 | 2 | 6 |
| 惠来县东埔农场 | 2153.0 | 1 | 5 | 15766 | | | 4 |
| 惠来县葵潭农场 | 2054.4 | 1 | 2 | 5912 | 1 | | 25 |
| 惠来县青坑林场 | 3465.1 | | 1 | 1537 | | | |

## 18-2 续表 29

(2022年)

| 地 区 | 行政区域面积(公顷) | 居民委员会(社区)个数(个) | 村民委员会个数(个) | 户籍人口(人) | 工业企业个数(个) | #规模以上(个) | 营业面积50平方米以上的商店或超市个数(个) |
|---|---|---|---|---|---|---|---|
| 普宁市流沙东街道 | 2565.1 | 3 | 14 | 123400 | 253 | 52 | 31 |
| 普宁市流沙南街道 | 1137.4 | 4 | 9 | 65896 | 122 | 31 | 72 |
| 普宁市流沙西街道 | 978.8 | 9 | 4 | 99350 | 18 | 3 | 8 |
| 普宁市流沙北街道 | 777.6 | 7 | 6 | 74561 | 66 | 13 | 40 |
| 普宁市池尾街道 | 4094.6 | 2 | 19 | 84085 | 133 | 32 | 41 |
| 普宁市燎原街道 | 3010.6 | 1 | 10 | 93505 | 79 | 9 | 39 |
| 普宁市大南山街道 | 10310.2 | 1 | 18 | 43123 | 49 | 5 | 22 |
| 普宁市赤岗镇 | 2364.6 | 1 | 15 | 62845 | 94 | 14 | 23 |
| 普宁市大坝镇 | 6017.2 | 1 | 26 | 117856 | 85 | 17 | 26 |
| 普宁市洪阳镇 | 6513.4 | 2 | 32 | 175004 | 43 | 6 | 61 |
| 普宁市南溪镇 | 4873.6 | 1 | 40 | 128851 | 22 | 5 | 67 |
| 普宁市广太镇 | 3587.2 | 1 | 21 | 67046 | 16 | 2 | 37 |
| 普宁市麒麟镇 | 5598.3 | 1 | 19 | 136351 | 13 | 4 | 71 |
| 普宁市南径镇 | 5336.6 | 1 | 20 | 156089 | 24 | 5 | 29 |
| 普宁市占陇镇 | 5024.4 | 2 | 37 | 199518 | 210 | 41 | 112 |
| 普宁市军埠镇 | 2527.9 | 1 | 15 | 132660 | 90 | 13 | 30 |
| 普宁市下架山镇 | 8291.7 | 1 | 32 | 113526 | 66 | 9 | 29 |
| 普宁市高埔镇 | 10479.7 | 1 | 16 | 75175 | 68 | 4 | 46 |
| 普宁市云落镇 | 10449.6 | 2 | 18 | 78773 | 34 | 8 | 67 |
| 普宁市大坪镇 | 7679.9 | 1 | 12 | 34101 | 20 | 2 | 5 |
| 普宁市船埔镇 | 12801.0 | 1 | 28 | 58276 | 29 | | 16 |
| 普宁市梅林镇 | 14606.6 | 1 | 36 | 77443 | 23 | 2 | 16 |
| 普宁市里湖镇 | 9620.3 | 2 | 23 | 117214 | 91 | 9 | 25 |
| 普宁市梅塘镇 | 7586.4 | 1 | 23 | 147868 | 59 | 10 | 63 |
| 普宁市普侨镇 | 1538.2 | 1 | 5 | 11941 | 35 | 10 | 16 |
| 普宁市后溪乡 | 6691.5 | 1 | 6 | 14364 | 12 | 1 | 15 |
| 普宁市大池农场 | 1725.9 | 1 | 8 | 9241 | 2 | | 21 |
| 普宁市马鞍山农场 | 2995.6 | 2 | 7 | 10665 | 14 | 5 | 6 |
| 普宁市大坪农场 | 2818.3 | 1 | 4 | 7782 | | | |
| 云城区云城街道 | 10080.0 | 14 | 15 | 148000 | 1101 | 3 | 81 |
| 云城区高峰街道 | 4800.0 | 5 | 6 | 38599 | 35 | 8 | 3 |
| 云城区河口街道 | 7446.7 | 1 | 12 | 26016 | 507 | 30 | 16 |
| 云城区安塘街道 | 8200.0 | 1 | 13 | 24024 | 936 | 22 | 9 |
| 云城区腰古镇 | 10781.1 | 1 | 12 | 33798 | 182 | 8 | 15 |
| 云城区思劳镇 | 9665.9 | 1 | 14 | 22690 | 190 | 15 | 24 |
| 云城区前锋镇 | 12899.0 | 1 | 11 | 27341 | 25 | | 15 |
| 云城区南盛镇 | 13933.7 | 1 | 15 | 38803 | | | 44 |
| 云安区六都镇 | 16461.0 | 1 | 13 | 54012 | 288 | 38 | 52 |
| 云安区高村镇 | 18459.6 | 1 | 14 | 37137 | 4 | 2 | 25 |
| 云安区白石镇 | 7230.9 | 1 | 9 | 33765 | 12 | 1 | 22 |
| 云安区镇安镇 | 11000.0 | 1 | 13 | 48882 | 56 | 1 | 89 |
| 云安区富林镇 | 17233.1 | 1 | 15 | 61270 | 18 | | 43 |
| 云安区石城镇 | 18187.8 | 2 | 21 | 56204 | 398 | 1 | 25 |
| 云安区都杨镇 | 25295.8 | 2 | 20 | 56518 | 66 | 27 | 91 |
| 新兴县新城镇 | 11776.0 | 21 | 15 | 112159 | 260 | 72 | 61 |
| 新兴县车岗镇 | 8847.7 | 1 | 18 | 30169 | 26 | 4 | 15 |

## 18-2 续表 30

(2022年)

| 地区 | 行政区域面积(公顷) | 居民委员会(社区)个数(个) | 村民委员会个数(个) | 户籍人口(人) | 工业企业个数(个) | #规模以上(个) | 营业面积50平方米以上的商店或超市个数(个) |
|---|---|---|---|---|---|---|---|
| 新兴县水台镇 | 7680.0 | 1 | 9 | 16042 | 14 | 9 | 8 |
| 新兴县稔村镇 | 11245.0 | 1 | 15 | 38910 | 14 | 8 | 16 |
| 新兴县东成镇 | 12000.0 | 1 | 15 | 30426 | 270 | 4 | 8 |
| 新兴县太平镇 | 15282.0 | 2 | 17 | 62722 | 72 | 2 | 69 |
| 新兴县里洞镇 | 9045.0 | 1 | 7 | 20097 | 13 | | 8 |
| 新兴县大江镇 | 10592.0 | 1 | 4 | 11106 | | | 13 |
| 新兴县天堂镇 | 13390.1 | 5 | 17 | 64295 | 40 | 2 | 42 |
| 新兴县河头镇 | 16936.7 | 1 | 7 | 24172 | 14 | 1 | 15 |
| 新兴县簕竹镇 | 10180.0 | 1 | 8 | 15622 | 11 | 3 | 12 |
| 新兴县六祖镇 | 18695.9 | 2 | 29 | 66832 | 18 | 4 | 40 |
| 郁南县都城镇 | 9260.0 | 5 | 11 | 78962 | 188 | 23 | 56 |
| 郁南县平台镇 | 13280.0 | 1 | 13 | 28431 | 8 | 3 | 20 |
| 郁南县桂圩镇 | 16690.0 | 2 | 20 | 38410 | 13 | | 8 |
| 郁南县通门镇 | 15800.0 | 1 | 11 | 18880 | 2 | 1 | 14 |
| 郁南县建城镇 | 22891.6 | 2 | 20 | 41439 | 24 | 4 | 40 |
| 郁南县宝珠镇 | 9690.0 | 1 | 5 | 14495 | 6 | 1 | 11 |
| 郁南县大方镇 | 6545.0 | 1 | 6 | 13593 | 5 | 1 | 7 |
| 郁南县千官镇 | 18347.7 | 2 | 19 | 49158 | 8 | 3 | 31 |
| 郁南县大湾镇 | 4590.0 | 1 | 7 | 22438 | 25 | 12 | 4 |
| 郁南县河口镇 | 7645.3 | 1 | 11 | 36499 | 2 | 1 | 5 |
| 郁南县宋桂镇 | 8180.0 | 1 | 7 | 27103 | 18 | 2 | 5 |
| 郁南县东坝镇 | 10697.4 | 1 | 11 | 43016 | 4 | 2 | 20 |
| 郁南县连滩镇 | 9510.0 | 2 | 10 | 59704 | 15 | | 33 |
| 郁南县历洞镇 | 13300.0 | 1 | 12 | 20697 | 12 | | 14 |
| 郁南县南江口镇 | 24900.0 | 1 | 14 | 39041 | 37 | 7 | 8 |
| 罗定市罗城街道 | 880.0 | 10 | | 102910 | 190 | 7 | 56 |
| 罗定市素龙街道 | 10140.0 | 1 | 23 | 127617 | 80 | 6 | 235 |
| 罗定市附城街道 | 19260.0 | 1 | 22 | 66465 | 344 | 10 | 80 |
| 罗定市双东街道 | 2400.0 | 1 | 8 | 24265 | 23 | 21 | 8 |
| 罗定市罗镜镇 | 16140.0 | 1 | 24 | 105122 | 167 | 2 | 41 |
| 罗定市太平镇 | 9382.0 | 1 | 16 | 72470 | 32 | 2 | 35 |
| 罗定市分界镇 | 9750.0 | 1 | 9 | 32562 | 15 | | 5 |
| 罗定市罗平镇 | 13580.0 | 1 | 23 | 93590 | 70 | 1 | 25 |
| 罗定市船步镇 | 12812.3 | 1 | 18 | 88968 | 26 | | 375 |
| 罗定市朗塘镇 | 8410.0 | 1 | 12 | 50381 | 17 | 2 | 14 |
| 罗定市苹塘镇 | 8840.0 | 1 | 11 | 44913 | 20 | 5 | 9 |
| 罗定市金鸡镇 | 8610.0 | 1 | 10 | 37696 | 50 | 3 | 55 |
| 罗定市围底镇 | 6610.0 | 1 | 15 | 47717 | 56 | 4 | 18 |
| 罗定市华石镇 | 6250.0 | 1 | 10 | 37597 | 16 | 5 | 2 |
| 罗定市榃滨镇 | 15410.0 | 1 | 13 | 52630 | 61 | 6 | 30 |
| 罗定市黎少镇 | 13420.0 | 1 | 18 | 60291 | 9 | 2 | 24 |
| 罗定市生江镇 | 6200.0 | 1 | 11 | 41837 | 19 | 1 | 6 |
| 罗定市连州镇 | 12584.0 | 1 | 16 | 61125 | 3 | | 21 |
| 罗定市泗纶镇 | 23380.0 | 1 | 27 | 81212 | 35 | 1 | 64 |
| 罗定市加益镇 | 8689.2 | 1 | 9 | 28938 | 5 | 1 | 2 |
| 罗定市龙湾镇 | 12620.0 | 1 | 11 | 35201 | 2 | 1 | 7 |

# 18-3 村社会经济基本情况

(2022年)

| 地 区 | 村(含涉农居委)(个) | 地 区 | 村(含涉农居委)(个) |
|---|---|---|---|
| **行政区域面积** | | 10~19户 | 807 |
| 0~100公顷(不含100公顷) | 1461 | 20~29户 | 210 |
| 100~200公顷(不含200公顷) | 2071 | 30~39户 | 74 |
| 200~300公顷(不含300公顷) | 2116 | 40~49户 | 25 |
| 300~400公顷(不含400公顷) | 1952 | 50户及以上 | 114 |
| 400~500公顷(不含500公顷) | 1930 | **营业面积50平方米以上的商店或超市** | |
| 500~1000公顷(不含1000公顷) | 6318 | 0~5个 | 18470 |
| 大于1000公顷 | 5217 | 6~9个 | 1002 |
| **户籍人口** | | 10个及以上 | 1593 |
| 1~999人 | 1687 | **全年村集体收入** | |
| 1000~1999人 | 5378 | 0~10万元(不含10万元) | 6621 |
| 2000~2999人 | 5058 | 10~20万元(不含20万元) | 4922 |
| 3000~3999人 | 3491 | 20~30万元(不含30万元) | 1917 |
| 4000~4999人 | 2150 | 30~40万元(不含40万元) | 1200 |
| 5000人及以上 | 3301 | 40~50万元(不含50万元) | 813 |
| **种植规模户** | | 50万元及以上 | 5592 |
| 0~9户 | 19835 | | |